새로 쓴
고용관계론

이 영 면 편저

Employment Relations

| 머리말 |

고용관계란 일하는 사람과 일을 시키는 회사와의 관계를 전제로 한다. 과거에는 인사관리와 노사관계라는 표현을 많이 사용해 왔다. 인사관리는 회사의 관점에서 근로자를 채용한 다음 일을 시키고 보상하는 회사 주도적인 관계에 초점을 두었다. 그리고 노사관계는 노동조합을 전제해서 노동조합을 결성하고 사용자와 단체교섭을 진행하며 경우에 따라서는 파업이라는 단체행동을 하기도 하는 과정에 초점을 두었다.

그런데 2000년을 전후해서 전 세계적으로 노동조합 조직률이 올라가기보다는 오히려 감소하거나 정체하는 현상을 보였다. 미국이나 영국뿐만 아니라, 독일이나 프랑스의 유럽 국가들, 그리고 일본도 예외가 아니었다. 우리나라의 경우는 1989년의 19% 내외의 조직률을 기록한 이후 큰 감소와 작은 증가를 겪으면서 2024년에 13% 정도의 노동조합 조직률을 기록하고 있다. 더구나 30인 미만의 소규모 사업장에서 일하는 근로자들은 1천2백만 명이 넘지만 노동조합 조직률은 0.1%에 불과한 수준이다. 그들에게 노동조합은 멀리 있는 이야기일 뿐이다.

그렇다면 중소기업 근로자들을 포함한 취약근로자들 그리고 기존의 근로기준법을 제대로 적용받지 못하는 특수형태근로종사자, 최근에 증가하는 프리랜서와 플랫폼 노동자들은 누가 보호해 주고, 일과 관련된 계약은 어떻게 관리되어야 할 것인가? 이러한 고민에서 시작된 개념이 고용관계라고 할 수 있다. 따라서 고용관계라고 할 때는 기업이 주도하는 인사관리와 달리 제3자적인 관점에서 근로자와 사용자 간의 근로계약을 살펴보는 것이며, 노사관계와는 달리 집단적인 관계만이 아닌 개인적인 근로관계도 중요한 내용으로 살펴본다고 할 수 있다.

기업의 환경이 급변하는 것과 마찬가지로, 고용과 관련된 환경도 급변하고 있다. 우선은 제4차 산업혁명이라는 거대한 물결이 고용에 미치는 영향이다. 취약근로자들에게 최저임금은 불만스럽게 인상되고 있지만 요즘 커피전문점이나 식당에는 자동주문기가 일반화되었고, 서빙로봇도 어렵지 않게 볼 수 있다. 편의점에서 물건을 사면 배달로봇이 깃발을 달고 보도를 달린다. 편의점의 알바생들은 점주의 가족으로 바뀌어가고 있다. 은행의 금전거래나 증권회사의 주식거래는 앱으로 이루어지고 거리의 현금인출기나 지점들은 자취를 감추고 있다. 그와 함께 매년 말 수천 명의 금융인들은 희망퇴직이란 이름하에 일자리에서 쫓겨나고 있다.

공장은 자동화를 넘어서서 스마트공장으로, 다시 로봇으로 대체되어가고 있다. 대형 제조회사들도 생산직 사원을 로봇으로 대체해가고 있다. AI로 대표되는 기술의 발전은 과거 사람이 하던 일을 짧은 시간에 마무리 지어줄 뿐만 아니라 그럴듯한 아이디어까지 제시해준다. 앞으로 수년 내에 수백 수천만 개의 일자리가 사라질 것이란 예측이 여기저기서 제시되고 있다. 물론 새로운 일자리들도 생겨나고 있지만 아무리 생각해도 없어지는 일자리가 훨씬 많을 것으로 보인다.

우리나라의 저출산과 고령화는 세계 최고 수준이다. 출산율은 세계에서 가장 낮고, 2024년 12월에 초고령사회에 진입했는데 고령화 속도 또한 세계에서 가장 빠르고, 고령화가 2070년까지 계속되어 그때가 되면 우리나라 국민의 중위 연령이 67세가 된다고 한다. 국민의 절반이 67세 이상이라는 설명이다. 이러한 고령화는 노동시장에서 젊은 노동력의 진입 감소를 의미하며, 2025년 우리나라에 공식적으로 수입된 외국인 근로자는 20만 명이 넘는다. 여기에 불법체류자도 상당수에 이른다. 하지만 이미 고령화된 고령인구들은 턱없이 부족한 국민연금 때문에 추가적인 일자리를 찾고 있는데 저임금 일자리만 보인다. 대기업의 근로자들을 대표하는 한국노총과 민주노총은 법정 정년을 65세로 늘려야 한다고 주장해 왔고, 곧 법제화될 것으로 보인다.

2025년 6월에 출범한 이재명 정부는 그동안 통과되지 못한 노란봉투법을 비롯해 주 4.5일제, 일하는 사람의 기본법 등 다수의 노동관련법을 법제화하겠다고 발표하였으며, 노란봉투법은 2025년 8월 국회를 통과해서 6개월 후에 시행될 예정이다. 하청회사 근로자들이 원청회사에 단체교섭을 요구할 수 있도록 하는 노란봉투법은 경영계에서 많은 우려를 표시하고 있다.

가치와 문화의 변화도 고용시장에서 큰 영향을 미치고 있다. MZ세대들은 이제 회사의 중심 인력으로 역할을 수행하는데, 기존의 베이비부머나 X세대와 다른 가치관을 가지고 있어서 조직문화의 새로운 변화를 요구하고 있다. 일-생활 균형(Work-Life Balance, 워라밸)이 직장생활의 중요한 기준이 되고 있으며, 팀워크보다는 개인적인 사생활을 중시한다.

수년 전 성희롱이 사회적 이슈로 제기된 바 있으며, 이제는 직장 내 괴롭힘이 기업의 고용관계에서 중요한 이슈로 다루어지고 있다. 연공을 강조하는 호봉제 임금체계는 동일노동 동일임금이라는 공정성에 밀려서 그 자리를 잃어갈 것으로 보인다.

이러한 변화는 기업과 근로자의 고용관계에 끊임없는 변화와 적응을 요구하고 있다. 본 책자에서는 기술발전, 인구구조, 정부정책, 가치와 문화를 포함하여 고용을 둘러싼 환경의 변화를 먼저 살펴보고자 한다. 그리고 개인적인 수준에서의 근로자와 사용자의 관계에 대해, 모집과 선발 과정에서부터 해고와 퇴직에 이르기까지의 과정 중심으로 살펴본다. 다음으로는 노동조합을 전제로 노동조합의 결성과 사용자의 부당노동행위, 단체교섭과 쟁의행위 등을 살펴본다. 추가적으로 해외 국가들의 고용관계도 살펴보고 마지막으로는 어떻게 근로자와 노동조합 그리고 회사가 협력을 통해 지속가능한 기업과 조직을 만들어갈 수 있는지 살펴보고자 한다.

2025년 8월

목멱산 기슭에서

| 차례 |

제4부 고용관계에 대한 전망

PART

1

일의 의미와 환경변화

인류사회가 발전하면서 노동은 생존을 위한 불가피한 현상이 되었을 것이다. 자본주의 사회든 사회주의나 공산주의 사회든 가치 생산을 위한 노동은 불가피하다. '일', '노동', '근로'와 같이 인간의 목적지향적인 활동을 서술하는 여러 표현이 있지만, 여기서는 그보다는 기업을 포함한 조직에서 조직의 목표를 달성하기 위해 수행하는 활동에 초점을 두어 일이라는 표현을 사용하되, 경우에 따라서는 혼용해서 사용하기로 한다.

일에 대한 역사가 오래된 것처럼 일에 대한 해석도 여러 가지다. 제1부에서는 일에 대한 여러 가지 해석, 그리고 그 일을 둘러싼 환경의 변화에 대해 살펴보기로 한다. 특히 환경의 변화는 최근의 AI를 포함한 기술발전과 같은 물리적이고 하드웨어적인 변화도 있지만, 문화나 가치관의 변화와 같은 심리적이고 소프트웨어적인 변화도 중요하다. 그리고 일을 보상을 위한 거래라고 했을 때 거래의 형태, 즉 근로계약, 용역계약, 위탁계약과 같은 최근의 변화도 살펴보기로 한다. 이러한 변화가 매우 빠르게 진행되고 있음에 비해 이를 규제하려는 법과 제도는 시간이 걸리다 보니, 필요한 보호조치가 제대로 이루어지지 못하고 있는 측면도 있다.

Chapter 01 환경변화와 고용관계

제1절 일의 의미

우리는 일상에서 '일'이란 표현을 다양하게 사용한다. "별일 없냐"에서는 뭐 재미있는 사항이 있는가라고 해석하고, 인사말로 사용하는 "별일 없지요"라는 표현은 일상적이지 않은 사건이 있는가라는 의미로 사용한다. "오늘 할 일을 내일로 미루지 말자"에서 일은 행해야 하는 모든 행동을 의미한다. 하지만 일반적으로 '일'이나 '노동'은 무엇인가 보상을 바라는 지속적인 행동이라고 할 수 있다. 임금과 같은 보상이 따를 수도 있고, 자기만족이나 성취감을 위해 하는 행동일 수도 있다. 자원봉사 활동이나 예술가의 작품 활동 등은 자기만족이나 성취감이 우선하는 대표적인 예이다.

그러나 대부분의 일은 보상을 목적으로 하는 지속적이고 목적이 있는 행동이다. 주체적으로 사업자가 되어 수행하는 자영업자도 일을 하는 것이고, 특정한 사람이나 법인에 소속되어서 월급을 받거나 일당을 받으며 시키는 일을 하기도 한다. 여기서 우리는 주로 기업이나 단체 등에 소속되어서 시키는 일을 하고 보상을 받는 거래를 기반으로 하는 고용관계를 중심으로 일에 대해 살펴보기로 한다. 물론 요즘에는 프리랜서나 플랫폼 노동처럼 전통적인 구분에서 벗어나 근로자인지 사용자인지 경계가 애매한 경우가 증가하고 있는데 이에 대해서도 살펴보기로 한다.

일의 의미에 대한 학문적 접근을 살펴보면 『Thought of Work(일에 대한 생각)』이란 책을 쓴 미국 미네소타 대학교 교수 존 버드(John Budd)의 생각을 정리해 볼 수 있다.[1] 그는 일이란 "온전히 즐거움만을 위해 수행하지 않고, 경제적 또는 상징적 가치를 지니며,

육체나 정신적 노력을 수반하는, 목적이 있는 인간 활동"으로 정의한다. 구체적으로 다음 아홉 가지로 구분하고 있다. 다만 이 아홉 가지 관점이 상호 배타적이지 않아서, 서로 겹치는 부분도 있다.

1 일에 대한 아홉 가지 관점

1. **저주** : 일에 대한 매우 부정적인 관점으로 인간의 생존과 유지에 필요한 불가피한 의무수행, 예를 들면 계급사회에서 노예의 일, 신분사회에서 부모의 신분으로 인해 대를 이어 물려받은 힘든 일 등이다. 이러한 관점은 서구의 신학이나 고대 그리스·로마 철학에 근거한다. 우리나라도 과거 노비가 존재했는데, 부모가 노비이면 자식도 노비가 되어, 양반인 주인에게 종속되는 사실상 노예처럼 살아야만 했다.

2. **자유** : 자유로서의 일은 자연이나 다른 인간으로부터 독립적으로, 자신의 창의성을 표현하는 방법이고 자아를 실현하는 방법이다. 대부분의 현대 사회나 국가에서 인간은 원하는 직업을 선택할 자유가 있다. 우리나라도 헌법에 직업선택의 자유가 있다. 개인적으로 원하는 일을 선택하여 일함으로써, 자신이 원하는 바를 실현하는 것이다. 전통적으로 선호하는 의사나 변호사의 일도 있지만, 젊은 세대들은 블로거, 유튜버, 국제적인 자원봉사활동가 등을 원하는 경우도 많다.

3. **상품** : 일을 교환하는 가치가 있는 상품으로 이해한다. 경제적인 가치가 있어서 교환이 가능한 생산물을 만들기 위한 노력, 일반적인 노동활동을 의미한다. 산업화를 거치면서 전문성이 강조되고, 자본주의 사회에서 노동시장이 형성되며, 노동시장에서는 수요와 공급을 바탕으로 거래가 이루어진다. 의사나 변호사처럼 배우기 어려운 지식과 기술을 가지고 있는 경우 시장에서 비싸게 거래되고, 단순노동의 경우 누구나 제공할 수 있다는 가정 하에 상대적으로 싼 가격에 거래된다. 물론 수요와 공급에 따라 거래 가격이 달라지는데, 예를 들어 재난이 발생하면 응급구조사나 의사, 간호사 등의 임금수준이 급격하게 상승하고, 수능시험에서 외국어가 제외되면 외국어 선생님들의 수요가 감소하고 임금수준도 떨어지게 된다.

4. **반효용적 활동**(disutility) : 반효용적 활동으로서의 일은 즐거움을 제공하는 재화와 용역을 확보하기 위해 수행하는 불편한 활동으로 이해한다. 즉, 수입을 얻기 위해 힘든 일, 괴로운 일, 위험한 일을 한다. 예를 들어 화장실 청소를 선호하는 경우는 많지 않지만, 이 일을 하고 받은 임금으로 생활도 하고 즐거운 여가활동도 즐길 수 있다. 고층빌딩의 유리창을 닦는 일도 무섭고 하기 싫은 일일 수 있고, 뜨거운 용광로 앞에서 일하는 것도 하기 싫을 수 있지만, 그에 대한 보상을 원하기 때문에 일을 한다고 해석할 수 있다.

5. **개인적 성취** : 개인의 필요를 (이상적으로) 만족시키는 신체적, 심리적 활동을 의미한다. 일을 통한 자기만족이 중요하다. 이 경우에는 꼭 경제적인 측면에서 상품을 거래하는 것이 아니라, 예를 들면 예술가들의 작품 활동, 그림을 그리거나 소설을 쓰거나, 아니면 작곡이나 작사를 하는 음악 관련 활동이 여기에 포함될 것이다. 물론 이를 통해 금전적인 보상을 얻을 수도 있다. 취미활동으로 모형을 제작하거나 핸드폰이나 술병 등을 수집하는 활동도 자기만족을 위한 활동이라고 할 수 있다.

6. **사회적 관계** : 일은 기업이나 조직에서 여러 사람이 공동의 목적을 위한 활동인 경우가 많다. 따라서 일을 수행할 때 사회적 규범도 지켜야 하고, 제도 및 권력 구조에 따라 수행하는 인간의 상호 작용 활동이다. 일반적으로 조직 내에서 맡겨진 직무를 수행하는 것이다. 기업을 포함한 대부분의 조직은 다수의 종사자로 구성된다. 사원은 사원대로 관리자가 시키는 일을 수행하고 평가받으며, 또한 해당 관리자는 경영진이 할당한 업무를 수행하고 평가를 받는다. 지위 체계와 정책이나 규범 등을 포함한 사회적 관계 속에서 상호작용을 하게 된다.

7. **다른 사람을 돌봄** : 가족을 돌보거나, 보육원이나 요양원 등에서 다른 사람을 돌보고 부양하는 데 필요한 육체적, 인지적, 정서적 노력 활동이다. 거동이 불편한 장애인이나 노인을 특별한 물질적인 보상 없이도 보살피는 일을 생각해 볼 수 있다. 물론 이 생각만으로 일하는 것은 아니지만, 요양원의 많은 요양보호사들은 금전적인 보상과 함께 다른 사람을 돌본다는 좋은 생각과 함께 일을 한다.

8. **정체성**(identity) : 일의 내용이나 특징에서 따라서 사회 구조 속에서 당신이 누구인지 그리고 당신이 어디에 있는지 이해하는 방법이다. 나는 대기업에 다니는 정규직 근로자다.

나는 프리랜서다. 나는 유튜버다 등등.

9. **봉사** : 대체로 자기만족이나 자아실현 같은 목적이 큰 활동으로 물질적인 보상이 의미는 크지 않다. 신, 가정, 공동체 또는 국가와 같은 다른 사람들을 위한 헌신적인 노력이다. 성직자, 주부, 정치활동 등이 포함된다.

〈표 1-1〉 일에 대한 아홉 가지 관점

개념해석	정 의	뿌 리
1. 저주	인간의 생존 또는 사회질서 유지에 필요한 의심의 여지가 없는 무거운 짐	서구 신학, 고대 그리스 · 로마 철학
2. 자유	자연 또는 다른 인간에게서 독립하고 인간 창의성을 표현하기 위한 길	서구 자유주의적 개인주의
3. 상품	거래될 수 있는 경제가치를 가진 생산적 노력의 추상적 수량	자본주의, 산업화, 경제학
4. 반효용	즐거움을 제공하는 상품과 서비스를 얻기 위해 견디는 불편한 활동	공리주의, 경제학
5. 자기실현	이상적으로 개인의 필요를 충족시키는 육체적, 정신적 활동	서구 자유주의적 개인주의, 심리학
6. 사회적 관계	사회규범, 제도, 권력 구조와 연계된 인간의 상호작용	산업화, 사회학, 인류학
7. 보살핌	타인을 돌보고 부양하는 데 필요한 육체적, 인지적, 감정적 노력	여성의 권리, 여성주의
8. 정체성	자신이 누구이고 사회구조에서 어디에 위치해 있는지 이해하는 수단	심리학, 사회학, 철학
9. 봉사	신, 가정, 공동체, 국가와 같은 타인에 대한 헌신	신학, 유교, 공화주의, 인도주의

출처: John Budd(2011), Thought of Work에서 번역하고 수정함.

2 일의 중요성

위에서 일에 대한 관점을 아홉 가지로 구분했던 버드(Budd)는 일이란 다음과 같은 이유로 매우 중요하다고 강조하고 있다.

1) 삶의 기본 리듬

첫째, 일은 삶의 기본 리듬을 설정한다. 근로자들은 대부분 매일 정한 시간에 출퇴근하고, 주말에는 쉬면서 휴식을 즐긴다. 우리나라는 1일 8시간, 1주일 40시간을 법정 근로시간으로 정하고 있다. 교대제 근무를 하는 경우라면 일반적인 출퇴근 시간과 반대로 일을 하기도 하고, 버스운전기사 같은 경우에는 1일 근무시간이 10시간을 넘는데 하루를 길게 일하고, 다음날 쉬는 형태로 일을 하기도 한다.

그리고 때가 되면 은퇴한다. 우리나라는 법정 정년이 60세로 정해져 있어서 은퇴를 하지만, 정년이 차별이라는 이유로 금지되고 있는 나라에서도 60세 초반이나 연금을 수령할 자격을 가지게 되면 은퇴하는 것이 일반적이다. 다만 우리나라의 경우 **초고령사회***에 진입해서 고령자가 매우 많지만, 노후 준비가 부족해서 일하는 고령자들이 많은 나라에 속한다.

출퇴근 시간이 정해진 기업의 근로자나 공무원과는 달리, 정해진 시간에 출퇴근을 하지 않는 농부도 일정한 시간에 맞추어 일을 시작하고, 어부들은 물때(만조와 간조 시간)에 맞추어 고기잡이에 나선다. 자영업을 하는 분들도 일정한 시간을 정해서 가게 문을 열고 일정한 시간이 되어야 가게 문을 닫는다.

2) 일과 연결된 다양한 이슈

둘째, 일에 대한 고민은 경제, 사회, 정치와 관련된 많은 문제들과 연결되어 있다. 임금수준, 근로시간, 소득의 양극화, 노후생활, 산업안전 등 매우 다양한 이슈와 연결된다. 정부가 해야 할 일 중에 가장 중요한 일의 하나는 일하려고 하는 국민들에게 적절한 일자리를 제공할 수 있는 경제적 환경을 만들어야 한다는 것이다. 우리나라도 헌법에 일을 할 수 있는 권리를 보장하고 있다.

하지만 경제상황에 따라 일자리 수요공급에 많은 변화가 있으며, 임금이나 근로시간도 정책에 따라 영향을 받는다. 최저임금이나 법정 근로시간도 사회적 논의에 따라 바뀌어 가는데, 최저임금은 2025년 기준으로 시간당 10,030원이다. 법정 근로시간도 과거 주당

---

* 한 나라의 65세 이상 인구가 전체 인구의 20% 이상을 차지하면 **초고령사회**라고 한다. **고령화사회**는 7%, **고령사회**는 14% 이상이다. 우리나라는 통계적으로 2024년 12월 초고령사회에 진입하였다.

48시간, 44시간에서 지금 40시간으로 줄어들었는데, 근로시간은 줄어들지만 임금수준은 보전되어야 하는 딜레마로 노사간의 협상은 항상 어려움을 겪는다.

최저임금이 인상되면 매년 약 300만 명 이상의 임금이 자동으로 약간 인상되는데, 최저임금 인상은 자동주문기, 서빙로봇 등의 활용을 앞당겨서 일자리를 줄이는 결과도 가져오므로 신중하게 살펴볼 필요가 있다. 하지만 최저임금이 물가상승률만큼 인상되지 못하면, 실질임금의 하락으로 사회적으로 이중구조가 심화되는 결과를 가져올 수도 있다.

초고령사회가 되면서 고령자들의 연금수급이 증가하고 이를 뒷받침할 청년층은 줄어들어 연금수급 연령은 늦어지고, 2024년 기준으로 1,100조 원이 넘는 연금기금도 줄어들어 2050년 전후에는 고갈이 예상되고 있어서, 정년연장을 포함하여 60세 이후의 계속고용에 대한 논의가 활발하게 진행된 바 있고, 이재명 정부에서는 2025년 말에는 법정 정년 65세를 법제화하겠다고 밝히고 있다. 근로자와 노동조합은 임금삭감 없는 정년연장을 요구하고 있고, 연공성이 강한 임금체계 하에서 정년연장은 부담이라는 기업의 우려 섞인 목소리가 있다.

3) 사회발전과 노동

셋째, 어떤 사회가 발전했는가 하는 판단은 사회 구성원들이 어떻게 그리고 얼마나 열심히 일했는가에 달려 있다. 선진국과 후진국에 대한 구분, 잘 사는 나라에서의 일에 대한 가치관 등도 많은 영향을 미친다. 물론 글로벌 자본주의에 따른 착취와 갈등 문제를 경시할 수는 없다. 경제발전에 기여한 노동의 중요성을 살펴보면, 실제로 노동에 충실한 근로자들보다 노동하지 않은 구성원들이 불로소득을 통해 더 많은 혜택을 보고 있는 문제점도 경시할 수는 없다.

일반적으로 경제활동을 통한 부가가치 창출을 기반으로 한 국가의 경제적 수준을 판단한다. 특정 연도와 지역을 기준으로 1인당 국민총소득(GNI)은 국민의 평균 소득수준을 나타내는 지표로[2] 2023년 우리나라의 실질국민총소득은 4,235만 원이다. 달러기준으로 2024년 우리나라 1인당 GDP는 3만6,024달러로 대만의 3만3,234달러, 일본의 3만2,859달러보다 높은 것으로 추정된다.[3] 미국의 시사주간지인 유에스뉴스앤월드리포트(U.S. News & World Report)에 따르면 2024년 세계에서 가장 강력한 국가 순위를 발표했는데 미국, 중국, 러시아, 영국, 독일 다음이 한국으로 우리나라가 전 세계에서 6번째로 강력한 국가로 평가되고 있다.[4] 그 이하로는 프랑스, 일본, 사우디아라비아, 이스라엘이다. 이 국력 평가에는 수출규모, 군사력, 경제영향력, 리더십, 정치적 영향력 등이 포함된다.

4) 노동과 조직

넷째, 일은 인간사회의 조직화와 밀접하게 관련된다. 기업도 사람들이 모인 조직이다. 정부도 마찬가지다. 아마존이란 기업은 종업원이 100만 명이 넘는다. 우리나라의 삼성전자도 국내에서만 13만 명이 넘게 일하고 있지만, 쿠팡의 구성원도 7만 명이 넘는다. 매우 많은 근로자들이 큰 틀의 조직 하에서 주어진 임무를 수행하고 있다. 기업만이 아니라 우리나라 정부도 중앙정부의 국가공무원과 지방정부의 공무원을 합치면 120만 명이 넘는 공무원이 일하고 있다. 여기에 공공기관을 더하면 그 숫자는 더 늘어난다. 우리나라의 경제활동인구인 2,700만 명 중에서 임금근로자, 즉 기업이나 조직에 고용되어 노동을 제공하고 임금을 받는 근로자가 2천만 명이 넘는다는 점에서, 우리 사회의 거의 모든 활동은 조직화된 인간의 노동이 떠받치고 있다고 할 것이다.

5) 노동을 통한 삶의 유지

다섯째, 현실적인 이유, 즉 수입을 통한 삶의 유지와 관련하여 매우 중요하다. 임금이나 수입을 통해서 살아가는 현대사회 대다수의 구성원은 수입이 중단되면 삶을 제대로 유지할 수 없다. 따라서 고용의 안정성과 임금을 포함한 수입의 안정성이 매우 중요하다.

이상과 같이 일은 다양한 의미를 가지고 있다. 하지만 일에 대한 태도나 생각은 변하기 마련이다. 일례로 요즘 젊은 세대는 일에 대해 기성세대와는 다른 태도를 가진다.

제2절 좋은 일자리

일을 하는 사람은 좋은 일자리에서 일하고 싶어 할 것이다. 그렇다면 좋은 일자리란 어떤 일자리를 의미하는가? 글로벌 차원에서 국제기구들도 국가가 정책적으로 추진해야 할 좋은 일자리를 설명하고 있다. 또한 일부 단체에서는 기업이 제공해야 할 좋은 일자리를 제시하고 있고, 개인 수준에서 원하는 일자리를 생각해 볼 수 있다.

1 '좋은 일자리'에 대한 관심 배경

'좋은 일자리(decent work, good job)'에 대한 관심은 국가나 지역의 경제 수준에 상관없이 근로자의 인간다운 노동의 조건 확립이라는 차원에서 매우 중요한 개념이다. 경제협력개발기구(Organization for Economic Cooperation and Development, 이하 OECD), 국제노동기구(International Labour Organization, 이하 ILO) 등에서 연구와 논의가 매우 활발하게 진행되고 있다. 대부분의 사람들은 일생의 상당 부분을 (임금) 근로자로 일을 하게 되고, 이를 통해 생계를 이어갈 뿐 아니라 정체성을 찾고 자아를 성취하게 된다.

하지만 현대 산업사회의 근로자들은 여러 측면에서 자신의 근로생애에 대해 불만을 가지고, 자신의 일에 대한 압박과 통제가 점점 더 그 강도를 더해간다고 말한다. 과거의 삐삐나 지금의 핸드폰은 24시간 365일 언제나 사용자가 근로자에게 연락과 지시가 가능하게 만들었다. 안전과 방범을 목적으로 설치된 CCTV는 공식적인 허가 없이도 근로자를 감시하는 역할도 수행한다. 경제적으로는 점점 더 풍요로워지는 환경에 살고 있어도 직업, 즉 노동과 고용의 질에 대해서는 부족함을 느끼고 있는 것이다.

이러한 측면에서 '좋은 일자리'라는 개념은 경제개발의 시작 · 성장 · 성숙 단계를 막론하고 종합적이고 보편적인 관점에서, 국가 수준에서 또는 기업 수준에서 노동의 조건을 향상시키기 위한 국제적인 관심과 노력으로 볼 수 있다.

'좋은 일자리'라는 개념은 적용되는 대상과 관점에 따라 다양한 의미와 차원을 가질 수 있다. 의무교육을 받아야 할 연령의 아동에게는 일하지 않을 수 있는 권리가, 성인에게는 과도한 근로시간 부담 없이 적절한 보수가 제공되는 일자리가, 실업자에게는 가급적 빨리 취업할 수 있는 고용가능성이, 은퇴한 고령자에게는 근로생애 동안의 소득활동에 근거하여 적절한 연금을 지급받는 것이 높은 '**고용의 질**'을 의미할 것이다.

하지만 보다 전면적이고 직접적으로 고용의 질을 측정하고자 하는 노력은 국제노동기구(ILO)에서 처음 이루어졌다. 1999년 ILO에서는 '남녀노소에 관계없이 모든 사람들이 자유, 평등, 안전, 인권이라는 보편적 조건 하에서 보다 온전하고 생산적인 일을 할 수 있는 기회를 촉진'하는 것을 목표로 '좋은 일자리(decent work)'라는 이름 아래 노동의 질을 측정하는 지표를 개발하였다.

유럽연합(EU)도 2000년 리스본전략이라는 이름 아래 지속가능한 성장과 함께 더 많은 일자리와 사회적 통합을 지향하는 '**지식기반경제**'로의 이행을 선언하면서, 이와 함께 사회정책 의제에서는 '**근로생활의 질**(quality of work life)'이라는 개념을 유럽복지 구축의 주요 추진요소로 올려놓게 된다. 리스본전략과 사회정책 이슈에 따라 유럽 이사회는 2001년 노동과 고용의 질(quality of work and employment) 결정에 중요한 10개의 기준을 채택하고, 이 기준에 따라 '**고용의 질**(quality in work)'에 대한 구체적인 지표를 합의하여 발표한 바 있다.

이후 ILO는 2008년 공정한 세계화를 위한 사회적 정의에 대한 선언문(Social Justice for Fair Globalization)을 발표하였다.[5] 이후 2009년 6월 좀 더 구체화하여 **글로벌 일자리 컴팩트**(Global Jobs Compact)를 다시 선언하였다. 당시 글로벌 금융위기 등으로 글로벌 경제가 어려워지자 이 컴팩트는 일에서의 기본적인 원칙과 일에서 권리준수, 사회적 보호 강화, 근로기준의 준수, 사회적 대화 확대 등 네 가지를 강조하였다.

ILO의 홈페이지(https://www.ilo.org/)에 가면 decent work에 대한 홍보자료가 제시되어 있다(https://www.ilo.org/topics-and-sectors/decent-work, 2025.7.5. 확인). 여기서 좋은 일자리(decent work)는 생산적인 일을 할 수 있는 기회로 시작해서 공정한 임금을 지불하고, 일터에서의 안전과 사회적 보호, 자기개발과 사회적 통합 가능성, 관심사에 대한 의견표시, 단결권과 단체교섭권, 그리고 공평한 기회와 차별 없는 일자리 등을 의미한다.

2 글로벌 수준의 '좋은 일자리'에 대한 논의

1) 국제노동기구(ILO)

ILO는 근로자들의 삶의 질 향상을 위해 국가 수준에서 노력하고 있다. 우리나라는 2011년 12월 기준으로 28개의 협약에 대해 비준을 한 바 있다. ILO는 '좋은 일자리(decent work)'를 논의하는 데 있어서 초기에는 일자리 창출, 일터에서의 권리보장, 사회적 보호, 그리고 사회적 대화를 강조하였다. 그리고 2015년 "지속가능한 발전을 위한 좋은 일자리와 2030 어젠더(Decent work and 2030 Agenda for sustainable development)"를 발표하였다. 이 내용은 정부만이 아니라 시민사회단체들이 모여서 향후 지속가능한 사회 구축을 위해 고용창출, 사회적 보호, 노동권, 그리고 사회적 대화를 바탕으로 2030년까지 실행해야 할 17가지의 어젠더를 제시했고, 유엔의 특별정상회의에서 승인되었다.6) 핵심적인 내용은 [그림 1-1]에서 보는 바와 같다.

[그림 1-1] 지속가능한 발전을 위한 좋은 일자리와 2030 어젠더

출처: ILO, 2017, Decent work, a key to the 2030 agenda for sustainable development; Copyright ⓒ International Labour Organization 2017.

최근에는 UN의 **지속가능한 발전**(Sustainable Development)과 좋은 일자리를 연계하여 정책을 추진해야 함을 강조하고 있다.7) UN의 지속가능한 개발 목표 17개에 대응하여, 10개의 정책방향을 제시하고 있다.

〈표 1-2〉 ILO의 좋은 일자리(decent work) 관련 10개 정책방향

지 표	주요 내용
1. 좋은 일자리	포용적 성장이 가능하고 젊은이들에게 희망을 주는 더 많고 더 좋은 일자리
2. 국제노동기준	노사정 대화를 통한 국제노동기준의 승인과 적용
3. 사회안전망	사회안전망의 구축과 확대
4. 지속가능한 기업	좋은 일자리를 만들어 내는 지속가능한 기업의 확대
5. 지역경제	시골지역에서도 좋은 일자리 창출
6. 비공식경제	비공식경제의 제도화
7. 근로감독	근로감독 강화로 준법일터 확대
8. 부당근로제한	부당한 형태의 일로부터 근로자 보호
9. 노동이민	공정하고 효율적인 노동이민 정책 확대
10. 노사조직	힘이 있고 대표성을 가진 사용자와 노동자 조직 구축

출처: ILO, https://www.ilo.org/global/topics에서 2021.2.1.에 확인함.

2) 유럽연합의 '고용의 질(Quality of Employment)' 지표

유럽집행위원회(European Commission, EC)에서도 '고용의 질'을 규정하는 데 있어서 핵심이 되는 10가지 차원을 선정한 후 각 차원별로 **핵심지표**와 **보조지표(맥락지표)**를 선정하여 제시하고 있다. 국제노동기구의 '고용의 질' 지표가 주로 각국의 노동력조사(Labor Force Survey, LFS), 혹은 집계자료를 이용한 단순한 지표들을 사용하는 데 반해, 유럽연합(EU)의 '고용의 질' 지표는 회원국 간의 비교는 물론이고 각 국가 내에서의 동태적 변화를 관찰하는 데에도 주의를 기울임으로써 국제노동기구의 '좋은 일자리' 지표와의 차별성을 꾀하고 있다.

UN의 **유럽경제위원회**(Economic Commission for Europe)가 주도하여 7개 차원의 68개 지표를 개발하여 유럽 국가 중심으로 비교를 위한 통계자료를 만들어 내고 있다. 7개 차원의 내용을 보면 1. 안전과 윤리, 2. 소득과 복리후생, 3. 근로시간과 일과 삶의 양립,

[그림 1-2] 유럽연합의 고용의 질 주요 내용

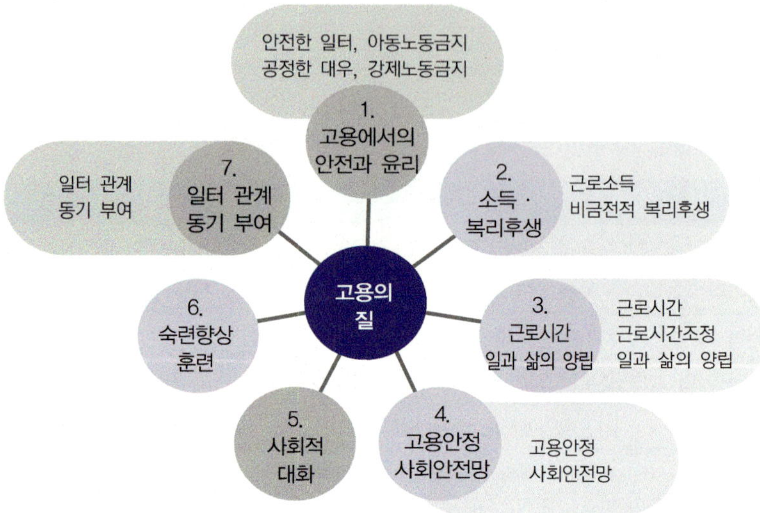

출처: eurostat의 https://ec.europa.eu/eurostat/web/labour-market/information-data/quality-employment에서 2023.7.5.에 확인함.

4. 고용안정과 사회안전망, 5. 사회적 대화, 6. 숙련향상과 훈련, 7. 일터에서의 관계와 동기부여 등이다. 그 주요 내용은 [그림 1-2]에서 보는 바와 같다.

3 기업 수준에서의 고용의 질: 지표에 대한 논의

지속적으로 고용의 질을 유지하고 향상시키는 것은 기업의 지속가능한 발전을 위한 필수 사항이다. 이러한 맥락에서 코피 아난(Kofi Anan) UN사무총장은 1999년 '**지구협약**(Global Compact)'을 주창하였고, 그 이후 전 세계적으로 167개국 25,000여 개 회원(기업이 약 20,000개 회원)이 인권, 노동권 및 환경을 존중하겠다는 다짐을 한 바 있다(https://unglobalcompact.org/). 우리나라도 협회가 조직되어 있다(https://unglobalcompact.kr/). 또한 기업들에게 '지속가능한 경영'에 대한 가이드라인을 제공하는 Global Reporting Initiative(GRI)에서도 지속가능한 기업경영을 평가하는 기준으로 노동권과 인권을 강조하는 사회적 평가지표를 중요한 평가요인으로 제시하고 있다.

기업의 사회적 책임은 일반적으로 경제적 책임, 법적 책임, 사회적 책임, 그리고 환경 및 시혜적 책임 등으로 구분된다. 여기서는 고용과 관련하여 사회적 책임에서 중요한 요인으로 구분되는 종업원에 대한 책임을 중심으로 살펴보기로 한다. 그중에서도 글로벌 수준에서 논의되는 종업원에 대한 책임, 즉 고용의 질에 대한 글로벌 기준에 대해 살펴보기로 한다.

1) GRI의 지속가능보고서와 사회 지표

GRI(Global Reporting Initiative, https://www.globalreporting.org/)는 **유엔환경계획**(United Nations Environment Programme, UNEP)과 전 유엔 사무총장 코피 아난이 이끄는 지구협약(Global Compact)이 공조하는 협의센터로서, 전 세계적으로 **지속가능보고서**(Sustainable Development Report)에 대한 가이드라인을 개발하고 확산하기 위한 기구이다. 따라서 GRI 가이드라인은 지속가능보고서와 같은 **사회보고서**(social report)를 작성하려는 기업을 지원하기 위해 설립되었으며, 가이드라인 자체는 윤리강령이나 성과기준을 제시하지 않는다.[8)]

공통기준(Universal Standards, 100 series)으로는 보고기준 등이 포함되며, **주제별 기준**(Topic Specific Standards)에는 경제 지표(200 series), 환경 지표(300 series), 사회 지표(400 series)로 구성되어 있는데, 여기에서는 사회 지표를 중심으로 살펴보기로 한다. GRI는 2020년에 개정된 가이드라인을 2021년부터 적용하도록 하고 있다. 2021년부터 적용되는 가이드라인은 일터안전과 산업재해에 대한 내용이 대폭 보강되었으며, 지표에 있어서도 많은 변화가 있었다. 2022년부터 2024년까지는 탄광업, 농수산업, 광산업, 생물다양성 영역에서 개정이 있었다.

〈표 1-3〉 GRI의 측정지표 중 사회적 지표 – 고용관련 지표 중심으로(1)

분 류	지표명	내 용
401 고용 2016(Employment)	401-1	연령, 성, 지역별 신규 채용과 이직 근로자 수와 비율
	401-2	임시직 또는 시간제 근로자에게는 제공되지 않고 풀타임 근로자에게만 제공하는 복리후생
	401-3	육아휴직
402 노사/고용관계 (Labor/Management Relations)	402-1	2021년부터 적용되는 보고서에서 삭제된 항목
403 직업건강과 안전 2016 (Occupational Health and Safety)	403-1	직업건강안전 관리체계
	403-2	위험물관리 및 사고 시 조치 / 작업중지권 / 산재조사절차
	403-3	직무관련건강서비스
	403-4	건강안전관리체계의 계획, 실행 등에 대한 근로자의 참여, 협의, 의사소통
	403-5	산업건강안전 근로자 훈련
	403-6	건강 증진 프로그램
	403-7	사업과 직접적으로 관련된 산업건강안전 요인에 대한 예방조치
	403-8	산업건강안전관리체계가 적용되는 근로자
	403-9	직무관련 사고
	403-10	직무관련 질병
404 훈련 및 교육 2016 (Training and Education)	404-1	근로자 1인당 연간 평균 교육훈련시간
	404-2	근로자숙련제고 및 전직지원 프로그램
	404-3	업무성과 및 경력개발에 대해 정기적으로 검토받은 근로자 비율
405 다양성과 기회균등 2016 (Diversity and Equal Opportunity)	405-1	거버넌스 조직의 근로자의 구성 현황
	405-2	기본급과 보상에 대한 남녀 차이
406 비차별 2016 (Non-discrimination)	406-1	차별사건 및 해소조치
407 결사의 자유 및 단체교섭 2016(Freedom of Association and Collective Bargaining)	407-1	결사의 자유 및 단체교섭을 침해하는 행위나 조치

출처: Full set of GRI Standards, https://www.globalreporting.org/how-to-use-the-gri-standards/gri-standards-english-language/에서 2023.7.5.에 확인함.

〈표 1-4〉 GRI의 측정지표 중 사회적 지표 – 고용관련 지표 중심으로(2)

분 류	지표명	내 용
408 아동노동 2016(Child Labor)	408-1	아동노동 또는 아동노동 위험에 노출된 운영 및 협력업체
409 강제 노동 2016 (Forced or Compulsory Labor)	409-1	강제노동 및 강제노동이 가능한 운영 및 협력업체
410 보안 2016(Security Practices)	410-1	인권 및 인권관련 절차 교육을 이수한 보안요원
411 원주민 권리 2016 (Rights of Indigenous Peoples)	411-1	원주민 권리 침해 사건
412 인권 평가 2016 (Human Rights Assessment)	412-1	인권보호 평가 또는 인권에 미치는 영향 평가
	412-2	인권정책 교육훈련 시간 및 훈련받은 근로자 비율
	412-3	인권조항과 인권보호 평가에 대한 투자
413 지역사회 2016 (Local Communities)	413-1	지역사회와의 소통, 영향 평가 및 개발 프로그램
	413-2	지역사회에 부정적 영향 또는 가능한 운영
414 협력업체 평가 2016 (Supplier Social Assessment)	414-1	사회적 기준으로 검토한 신규 협력업체 비율
	414-2	공급사슬과 관련된 부정적인 사회적 결과

출처: GRI, Full set of GRI Standards, https://www.globalreporting.org/how-to-use-the-gri-standards/gri-standards-english-language/에서 2023.7.5.에 확인함.

2) ISO(국제표준화기구)의 ISO26000과 기타 '좋은 일자리' 지표

국제표준화기구(International Standard Organization, ISO)는 각국의 서로 다른 **기업의 사회적 책임**(Corporate Social Responsibility, CSR) 표준이 새로운 무역장벽으로 작용하는 것을 막기 위해, 2010년 기업의 사회적 책임에 대한 표준인 ISO26000을 제정하여 발표하였다.[9] ISO26000은 기업의 **'사회적 책임에 대한 가이드라인**(Guidance on Social Responsibility)'으로서, 기존의 표준화와는 달리 제3자의 인증을 거치거나 경영관리표준으로 적용되는 사항은 아니다. 하지만 국제 입찰이나 외국의 대기업들과 거래하기 위해서는 요구되는 경우가 많기 때문에 사실상 강제 인증으로 여겨지고 있다. 국내에서는 한국표준협회(KSA)가 관련된 활동과 진단 및 교육활동을 하고 있다(https://ksa.or.kr/ksa_kr/875/subview.do, 2025.7.5. 확인).

또 다른 지표로는 **Social Accountability 8000(SA8000)**이 있는데, 이는 1996년 기업의 사회적 책임에 대한 기준을 개발하고 작업장의 조건과 지역사회의 개선에 기여하기 위해 설립된 **국제사회보고**(Social Accountability International)에서 개발한 지표이다(htps://

www.ia-uk.com/). SA8000은 일터의 조건과 준수 여부를 검증하는 시스템으로, ILO협약과 UN의 아동권리와 인권에 대한 선언을 바탕으로 국제인권규범의 원칙에 따라 9개의 핵심 분야로 구성되어 있다. 그러나 이 기준은 ISO9000이나 ISO14000과 같이 품질보증을 위한 경영전략의 하나로 개발되었기 때문에, 사회감사의 이해관계자들이 인정한 민주적 절차에 의해 개발되지 못했다는 한계점을 가지고 있다.

주식시장에서 중요한 지표로 다루어지고 있는 **다우존스 지속가능성지수**(Dow Jones Sustainability Index, DJSI)는 기업의 지속가능성 성과를 바탕으로 기존의 다우존스지수와는 별도로 개발되어 활용되고 있다(https://www.spglobal.com/spdji/en/index-family/sustainability). 1999년에 최초로 다우존스(Dow Jones), 스톡스(STOXX Limited), 샘그룹(SAM Group)에서 개발되었다. 전체적으로 경제, 환경, 사회를 포함하는 다양한 지표들로 구성되어 있다. 사회지표의 위험요인에는 아동노동, 분쟁해결, 평등권 및 차별금지, 산업안전, 해고 및 결사의 자유 등이 포함되어 있다.[10][11] 매년 9월 S&P는 글로벌 BMI(Broad Market Index) 내 전 세계 2,500대 기업에 대해 설문 응답 기업 대상으로 평가를 해서 지수에 편입하는 기업을 발표한다. 2024년 기준으로 2,529개 평가대상 기업 중에서 12.6%인 319개 기업이 편입되었고, 한국 기업은 25개가 편입되었다. DJSI 아시아태평양 지역지수가 있고, DJSI 한국지수도 있다. 한국지수에는 205개 평가기업 중에서 34.6%인 71개 기업이 편입되어 있다.

이상에서 살펴본 지표들은 서로 다른 기준을 가지고 있지만 전반적으로 인권의 보호, 나아가서는 노동권에 대한 보호를 기본적인 기준으로 구체적인 사항들을 정하고 있다. 이러한 기준들을 참고로 해서 우리 기업들도 글로벌 기준뿐 아니라 우리 사회에 맞는 인권과 노동권에 대한 글로벌 기준을 만들 필요가 있을 것이다.

4 개인 수준에서 좋은 일자리

개인 수준에서 좋은 일자리에 대한 생각도 사람마다 차이가 있다. 하지만 대체로 금전적인 보상에 대한 생각과 고용의 안정성에 대한 생각으로 구분할 수 있다. 그 외에도 직장의 위치나 직장의 명성, 그리고 최근에는 워라밸도 매우 중요한 판단 기준이 되고 있다.

1) 임금수준과 임금안정성

가장 중요한 판단 기준은 **임금수준**, 즉 노동의 제공에 대한 보상수준일 것이다. 한 회사에서도 하는 일의 종류에 따라 많은 차이를 보이지만, 같은 일을 한다면 가능한 높은 임금을 주는 회사를 선택할 가능성이 크다.

물론 임금 한 가지만으로 좋은 일자리를 표현할 수는 없지만 그래도 일자리에 대한 첫 질문은 임금수준일 것이다. 이러한 임금수준은 여러 요인에 의해서 결정된다. 우선은 그 일을 할 수 있는 능력을 가지기 위해 얼마나 많은 노력이 들어갔는가가 기준이다. 일반적인 대학졸업자 수준의 능력인지, 대학원에서 석박사 학위를 취득하고, 일정한 수련기간을 거쳐야만 가능한가 등을 고려하게 되며, 특정한 자격증이 필요한가도 임금수준의 결정 기준이 된다. 의사나 변호사 등은 오랜 수련기간과 자격증이 필요해서 상당히 높은 수준의 임금이 제공된다. 변리사, 감정평가사, 회계사, 세무사, 노무사 등도 자격증이 필요하다. 공학분야의 경우 최근 AI, Robot, 2차전지, 반도체 등과 같은 첨단기술 분야에 대해서는 숙련이 요구되고 높은 사회적 수요에 따라 높은 수준의 보상이 제공된다.

관련해서 시장의 수요공급이나 기업규모도 임금수준을 결정하는 요인이 된다. 최근 AI 전문가나 플랫폼구축 전문가 등은 수요가 많고 공급이 부족하기 때문에 높은 임금수준이 제공된다. 수년전 게임회사에서 프로그래머가 부족해서 임금수준이 대폭 상승한 경우도 있었다. 대기업의 경우 같은 일을 해도, 높은 연봉을 제공하는데 그 이유는 좀 더 똑똑한 지원자들을 확보하기 위함이다.

임금과 관련해서 근로자들은 성과에 따른 조건부 임금보다는 확정적으로 지급되는 임금형태를 선호한다. 안정적인 수입을 바탕으로 생활비를 계산하고 저축이나 집 마련 등을 하기 때문이다. 하지만 기업의 입장에서는 개인의 성과나 회사의 성과에 따라 임금을 유연하게 조정할 수 있는 성과급을 선호하기 때문에 근로자와 회사 간에 갈등이 생길 수도 있다. 삼성전자의 경우는 임금구성에서 성과급의 비중이 높은데, 개인적으로 탁월한 성과를 보였을 때, 그리고 소속된 사업부가 높은 매출액과 이익을 기록했을 때 지급하는 성과급의 매우 큰 비중을 차지한다. 최근 반도체 사업부의 실적이 부진하자 소속 근로자들의 성과급이 대폭 축소되기도 했다.

공무원의 경우 임금수준은 낮지만 확정적으로 지급되기 때문에 개인의 선호에 따라 공무원으로의 일을 선호하기도 한다. 또한 공무원의 경우 근속연수에 따라 호봉이 늘어나고,

그에 따라 임금수준이 상승하기 때문에 안정적으로 임금이 상승하여 예측가능성이 높다.

2) 고용안정성

다음은 고용안정성이다. 우리나라 고용보험 통계를 보면 보험을 든 근로자 숫자의 절반 정도가 1년 안에 직장을 바꾼다. 그만큼 고용안정성이 낮기 때문에 안정적인 일자리를 선호하고 대신에 임금수준을 양보하기도 한다.

고용안정성이 높은 대표적인 직업이 공무원이다. 공무원에 대한 인기가 최근 좀 낮아지기는 했지만, 그래도 나라가 망하기 전까지는 직업이 보장되기 때문에 상대적으로 낮은 임금수준이라고 하더라도 이를 수용하고 공무원을 선호하는 경우가 많다.[12)]

공무원이 되는 초기에는 상대적으로 임금수준이 낮지만 고용안정성이 높기 때문에, 내가 조직에 노동을 제공하고 임금을 받을 수 있는 보상기간이 길어서 재직기간 동안 받을 수 있는 생애총임금은 더 많을 수도 있다. 대부분의 공무원은 현재 60세에 정년을 하지만 우리나라에서 60세에 정년을 맞는 근로자들은 전체 대상자의 15% 수준에 불과하다. 대부분은 50세 전후에 **주된 일자리**(평생 기간 동안 가장 오래 일한 일자리)를 떠나서 재취업을 하게 된다.

하지만 최근에 젊은이들은 평생직장에 대해 가능성도 높지 않고, 희망하는 경우도 많지 않아서, 입사 후에 몇 년이 지나면 직장을 옮기려는 생각을 많이 가지기도 한다. 하지만 그럼에도 고용안정성은 좋은 일자리를 구성하는 중요한 요인이라고 할 수 있다.

3) 안전과 편리성

일터에서의 안전은 중요한 요인 중에 하나다. 물론 사무관리직의 경우라면 **산업재해**를 당할 가능성이 상대적으로 높지 않지만, 심장질환이나 뇌질환의 가능성은 높다고 할 수 있다. 우리나라는 매년 2천 명 가까이 산업재해로 사망한다. 즉 일터에서 일하거나 일과 관련해서 사망을 하는데 사고가 1천 명, 질병으로 인한 사망이 1천 명 수준이다.[13)] 사고는 추락이나 넘어짐 등의 경우가 많고, 질병은 심장질환, 뇌질환, 그리고 진폐증 등이 있다. 그 외에도 최근에는 고객과의 갈등으로 인한 **감정노동**의 증가, 직장 내 상사나 동료의 괴롭힘 등으로 심리적으로 느끼는 스트레스가 증가하는 경우도 많다.

직장의 편의성은 직장의 위치가 도시에 있는가 아니면 수도권인가도 좋은 일자리의 판단 기준으로 작용하며, 출퇴근에 대중교통이 편리한가 아니면 자가운전이 불가피한가도 판단 기준으로 작용한다. 좀 더 나아가면 기혼자들의 경우 자녀를 위한 보육시설, 가족들을 위한 문화시설, 주변 교육시설 등도 중요한 기준이 되기도 한다. 맞벌이의 경우는 배우자의 직장까지의 거리나 교통수단도 기준이 된다.

4) 일 자체와 미래 발전 가능성

위 내용들이 직무와 간접적으로 관련된 내용이라면 다음은 **직무 자체**이다. 내가 하는 일에 내가 만족하고 있는가 그리고 이 일이 미래에도 희망이 있는 일인가에 대한 판단이다. 현재 조금 불만이 있지만 향후 미래가 밝으면 잘 견디어 내고 계속 일하기를 희망하지만, 미래가 밝지 않다면 오래 일할 가능성이 높지 않다. 예를 들어 편의점이나 커피 전문점 등에서 계약직으로 일을 하는 경우 중장기적으로 희망을 가지기보다는 단기적인 목적으로 일을 할 가능성이 크다. 물론 정규직을 희망하는 경우도 있기는 하다.

최근에는 기업들이 경력이 없는 신입사원보다는 경력직 사원을 선호하고, 대규모 **공개 채용(공채)**으로 채용하기보다는 **상시 채용**이 일반화되어 가고 있다. 이러한 상황에 대응하기 위해서는 직무에 대한 경험을 쌓는 것이 중요하다.

5) 동료와의 관계, 상사와의 관계

현재 일을 하고 있는 경우에 부서 내 동료와의 관계, 그리고 상사와의 관계도 좋은 일자리를 판단하는 중요한 기준으로 작용한다. 특히 앞에서도 언급한 직장 내 괴롭힘이나 성희롱 등은 나쁜 일자리를 구성하는 중요한 기준이 된다. 따라서 기업은 우수한 인적 자원을 유치하고 유지하기 위해서는 회사의 이미지 관리도 매우 중요하다. 유연한 조직문화, 성희롱에 대한 무관용, 직장 내 괴롭힘에 대한 적극적인 예방 노력 등이다.

대기업에 어렵게 입사한 경우 1년 이내의 기간 동안에 많은 수의 이직자가 발생하는데 이는 직무 자체와 같은 근본적인 이유가 있기도 하지만, 동료나 상사와의 관계에서 발생하는 불편함이나 경직된 조직문화가 원인이 되기도 한다.

제3절 제4차 산업혁명과 일자리

제4차 산업혁명의 시대가 우리에게 다가온 것을 실감한 것은 아마도 2016년 이세돌이 알파고와의 바둑대국에서 참패한 사건이었을 것이다. 이후 서점에는 제4차 산업혁명이라는 제목으로 수많은 책들이 발간되었다. 하지만 아직도 우리는 제4차 산업혁명이 일자리에 어떻게 영향을 미치고 있는지, 또한 앞으로 어떻게 영향을 미칠지 정확하게 파악하고 있지 못한 형편이다.

1 제4차 산업혁명

네이버의 IT용어사전을 보면 제4차 산업혁명을 "**인공지능**, **사물인터넷**, **빅데이터**, 모바일 등 첨단 정보통신기술이 경제·사회 전반에 융합되어 혁신적인 변화가 나타나는 차세대 산업혁명"이라고 정의하고 있다.[14] 2016년 **세계경제포럼**(World Economic Forum)인 다보스포럼에서 회장인 찰스 슈왑은 인공지능, 로봇, 빅데이터와 클라우딩, **3D프린팅**과 **퀀텀 컴퓨팅**, 나노 및 바이오 기술 등에 의한 물리학과 디지털과 생물학의 융합으로 설명되는 제4차 산업혁명 시대가 이미 시작되었다고 주장하였다.[15] 생각해 보면 이러한 변화는 이미 우리에게 다가와 있었다.

이제 간편음식점이나 커피전문점 등에서 보는 **키오스크**[16]는 이전에도 공항에서 짐을 부칠 때 사용해 왔으며, 지하철표 발매기도 키오스크의 원형이라고 할 수 있다. 요즘 길을 지나가다 보면 고속도로의 하이패스도 그렇고, 각종 예매·예약시스템이나 대학의 수강신청시스템도 다 이러한 변화의 예시들이다.

제4차 산업혁명의 주요 내용은 발전된 **정보통신기술**(Information and Communication Technology, ICT)을 활용한 유연생산체제를 바탕으로 고객의 다양한 요구를 포함한 시장수요에 실시간으로 대응하는 것이다. 이러한 내용은 '**기계와의 전쟁**'이란 말로도 표현되는데, 다시 말하면 인간의 일자리가 현명한 기계나 자동화, 로봇 등에 의해 대체되는 과정이라고 할 수 있다.

예를 들어 현대자동차 아산공장의 경우 엔지니어와 로봇이 생산을 주도하면서 비정규직을 활용하는 **숙련배제형 생산방식**이 확대되어 갔다.[17] 결과적으로 차체용접은 자동화율이 100%이며, 도장(차체 등에 도료를 칠하거나 바름)도 70%에 달한다. 프레스나 용접, 사출과 같은 3D작업은 90% 이상이 로봇에 의해 자동화되었고, 사람은 일부 공정에서 재료를 투입하는 일 정도만 수행하고 있다. 조립라인에서도 품질검사가 자동화되었고, 신제품이 추가될 때마다 자동화 공정이 증가하고 있다.

김종진에 따르면 제4차 산업혁명이 제조업체의 생산방식을 근본적으로 바꾸는데 그 내용은 다음과 같다.[18]

> 첫째, 업무내용은 새로운 정보기술・멀티미디어・클라우드기술・보조시스템 등을 이용하여 협력과 교류가 확대되며, 실제 업무공간과 가상 업무공간 사이에 지속적인 전환이 이루어진다. 둘째, 그에 따라 요구되는 업무능력이 한쪽으로는 여러 전문영역에 걸친 복잡하고 어려운 문제해결능력이 요구되며, 다른 한쪽으로는 탈숙련화에 따른 단순화된 능력이 요구되기도 한다. 셋째, 교육훈련은 새로운 기술교육을 바탕으로 하는 끊임없는 자기개발과 역량제고에 대한 요구가 증가한다. 넷째, 노동시간이나 노동장소에 있어서는 시간과 장소의 경계가 약화되며 모바일 노동의 중요성이 증가한다. 다섯째, 정보보호의 중요성이 강화되어 이에 대응하는 새로운 수단이 증가한다. 마지막으로 장소와 제도의 기본인 작업장의 의미가 퇴색하는 경우가 많아진다. 이렇게 생산방식의 변화는 근로자의 업무수행 능력의 근본적인 변화를 요구하고 있으며, 이에 대응하지 못하면 일자리를 상실할 가능성이 높아지게 된다.

이상의 내용은 급격한 변화 앞에서 제대로 대응하지 못하면 일자리를 상실할 수 있다는 경고로 요약할 수 있다. 좀 더 구체적인 예를 들어보면 다음과 같다.[19]

> 대형마트에서 스마트쇼퍼(smartshopper)가 회원카드로 확인하고 입장한 후, 바코드 리더기로 구매하려는 상품의 바코드를 스캔하여 구매리스트를 작성하고, 스크린을 통해 최종적으로 상품을 조회하고 확인한 후 결제하면, 지정한 주소에 구매한 상품이 배달된다. 이렇게 되면 상품의 판매와 관련된 인력과 계산결제를 위한 인력이 대폭 줄어들게 된다. 소비자는 아주 편하게 상품을 구매하지만 그 과정에 종사하던 근로자는 일자리를 잃게 되는 것이다.

2 긍정적인 전망과 부정적인 전망, 그리고 현실

그러나 미래 일자리에 대해서 부정적인 전망만 있는 것은 아니다. 미래학자인 포드(Martin Ford)는 『**로봇의 부상**(Rise of the Robots)』이란 책에서 긍정적인 전망과 부정적인 전망을 동시에 언급하고 있다.[20] 우선 긍정적인 전망은 소위 '**디지털 아테네**'로 불리는데 많은 일자리가 새롭게 생겨난다는 설명이다. 예를 들면 고령화사회 도래와 여가시간의 증가로 레크리에이션전문가, 헬스케어사회복지사, 심리학자, 운동트레이너와 같은 일자리는 더 많이 늘어난다는 것이다.

하지만 부정적인 전망, 소위 '**디지털 포디즘**'은 기술진보에 따라 많은 일자리가 없어진다는 설명이다. 대표적으로 텔레마케터(요즘 고객센터가 자동응답이나 챗봇으로 대체되어 감), 화물창고종사자(아마존의 자동화무인창고), 계산원(현금계산이 필요없고 신용카드나 새로운 신용화폐 사용, 또는 직접 바코드를 인식하여 계산), 회계감사(일상적인 모니터링은 자동화), 교통감시요원(과속단속카메라, 구간단속시스템 등), 택시기사(자율주행택시의 등장) 등의 일자리는 자동화, 인공지능화, 로봇화 등으로 인해 일자리가 대체된다는 것이다. 최근에는 영업이나 마케팅 업무 사원 대신에 AI를 활용하고, 배달기사 대신에 배달로봇, 튀김작업을 하는 튀김로봇, 주차요원 대신에 주차로봇이 등장하고 있다.

시간당 임금을 기준으로 보면 시간당 임금수준이 낮은 **사무보조원** 같은 일자리는 자동화로 인해 거의 대부분 사라질 것으로 예측되고 있다. 세계경제포럼에서는 2015~2020년 사이에 주로 사무직군을 중심으로 710만 개의 일자리가 없어질 것으로 예측한 바 있다.[21] 특히나 사무관리, 제조생산, 건설 및 채굴, 법률서비스 등에서 일자리가 많이 사라질 것으로 예측된다. 1995년 『**노동의 종말**』이란 책을 써서 '**고용 없는 성장**'을 강조했던 제레미 리프킨은, 2014년 『**한계비용제로사회**』라는 책에서 기술혁신으로 인해 현재 1억6천만 개의 제조업 일자리가 2040년에는 수백만 개 수준으로 줄어들 것이라는 암울한 전망을 하고 있다.[22]

미국의 월마트에서는 1,200여 개의 매장에 1만 개에 달하는 **자동계산기**(Scan & Go)를 설치하여 계산대 직원을 대폭 줄이고 있으며, 아마존은 점원이 필요 없는 **아마존 고**(Amazon Go)를 개설한 바 있다.[23] 기계나 자동화가 어려운 지식노동의 영역인 법률서비스도 법률소프트웨어로 능률을 500배나 향상시킬 수 있으며, IBM의 왓슨도 이미 암진단에서 인간의사보다 더 신속하고 더 정확한 것으로 평가받고 있다. 마이크로소프트도 AI를 활용하면서 영업・마케팅 분야 직원 9천 명 해고를 단행한 바 있다.

그러나 이러한 부정적인 전망에 대해서 일부 학자들은 이러한 주장이 **호러 시나리오**(Horror Scenario)라고 하면서 이러한 주장은 제1차 산업혁명 이후 계속되어 온 자본가들의 노동자들에 대한 위협이라고 비판하고 있다. 제1차 산업혁명 이후 생산성은 수백 배 이상 향상되었지만 여전히 일자리는 계속 유지되고 창출되고 있다는 증거를 논리적 배경으로 제시하고 있다.

하지만 지난 수년간 국내 은행과 증권회사에서는 인터넷과 모바일 서비스의 확대로 벌써 수만 명의 근로자들이 일자리를 잃었다. 이미 수백수천 개가 넘는 지점들이 폐쇄되었고, 그로 인해 발생한 인력과잉 문제를 해소하기 위해, 은행과 증권회사들은 명예퇴직이란 이름으로 다수의 퇴직자를 양산했으며 앞으로도 계속될 전망이다. 현금인출기도 사라지고 있다. 물론 인터넷 은행도 생겨나고 새로운 비즈니스 영역이 생겨난 것도 사실이지만 새롭게 생겨난 일자리는 사라진 일자리를 대체하기에는 턱없이 부족한 상황이다.

김성혁은 4차 산업혁명으로 제기되는 노동의 문제점을 크게 세 가지로 정리하고 있는데 고용대란, 노동기본권 약화, 그리고 사회양극화다.[24] 먼저 안정적인 고용의 시대는 지나가고 불안정하고 비정규직으로 불리는 노동자가 증가하며, 노동시간의 양극화로 저숙련 노동자들의 일자리는 더욱 줄어들 것으로 예상하고 있다. 다음으로는 고용형태의 다양화로 노조조직률은 하락하고, 빅데이터와 같은 기술발전으로 노동종속이 심화되며, 직무스트레스가 증가할 것으로 본다. 세 번째로 제조업은 몰락하고 구조조정이 증가하여 양극화가 심해지며, 결과적으로 청년실업이 증가하고 노인실업도 증가할 것으로 보고 있다.

이러한 변화에 대해서 노동계는 노동 및 중소기업 친화적인 산업혁명으로 다수의 패자발생을 차단하자고 주장한다.[25] 우선 근로시간 단축과 교대제 개선으로 일자리 확대, 무인화보다는 인간과 로봇의 협업, 신기술의 단계적 도입으로 충격 완화, 교육훈련과 재취업에 노조참여, 불공정거래 제한이나 창의성 지원의 제도화를 통한 중소기업의 주도적 역할 확대 등을 제안하고 있다. 두 번째, 제4차 산업혁명의 결과를 공유할 수 있도록 소득과 부를 재분배하고 사회안전망 확충을 제안한다. 구체적으로는 재교육을 위한 평생교육시스템의 강화, 기본소득 제공, 재원확보를 위한 공해나 지적재산권에 대한 세금검토 등이다. 세 번째, 이해당사자 간에 새로운 거버넌스를 구축하여 피해와 성과를 공유하는 민주주의를 확대해야 한다고 주장한다.

3 제4차 산업혁명과 기본소득제도

이러한 신기술, 신공정으로 노동자들은 의미있는 노동에서 소외되고 고용은 불안해졌다. 유럽에서는 1980년대 중반부터 전통적인 산업사회의 일터에 기반한 사회보장제도는 한계에 직면해 있기 때문에 재검토가 필요하다는 의견이 제시되었고, 2004년 **기본소득지구네트워크**(Basic Income Earth Network)라는 조직이 결성되어 기본소득에 대한 논의가 활발하게 전개되었다.[26] 우리나라에서는 2010년을 전후로 학술적 논의가 활성화되었는데 기본적으로 노동시장의 불안정성이 확대되고, 기계가 일자리를 대체할지 모른다는 불안감이 확산되면서 대안적 사회보장제도로 언급되고 있다. **기본소득제도**란 '정부가 모든 개인에게 아무런 자격이나 조건에 상관없이 일정 수준의 소득을 동일하게 제공하는 제도'이다.

기본소득에 대한 개념적인 속성을 보면 다음의 세 가지로 요약된다.[27] 첫째는 **보편성**이다. 기본소득의 대상은 보유재산이 아니라 시민권에 기초해서 결정되어야 한다는 것이다. 둘째, **무조건성**이다. 소득수준이나 재산수준에 대한 조사, 유급노동에 참여하고 있는지 여부, 가구형태, 사회적 활동 및 기여 등과 무관하게 기본소득이 지급되어야 한다. 따라서 조건을 충족해야 하는 연금이나 실업급여 등과는 다르다. 셋째, **충분성**으로 개인의 실질적인 자유를 실현할 수 있을 정도로 충분히 지급되어야 한다. 일반적으로 국민전체의 평균소득 50%나 최저생계비 수준인 중위소득의 50%가 활용되고 있다.

그러나 기본소득 반대론자들은 기존의 복지제도를 모두 대체하거나 높은 재정적 부담으로 인해 사회서비스와 같은 다른 영역의 발전을 제약할 수 있다고 주장하면서 기본소득제도에 대해 반대한다. 코로나19 이후 우리나라에서도 기본소득에 대한 찬반토론이 진행된 바 있다. 필자는 개인적으로 기본소득보다는 선별적 지원이 필요하다고 생각한다. 우선은 우리나라의 재정여건이 과연 기본소득의 수준을 실질적인 지원이 될 수 있게 할 수 있을 정도로 여유가 있는가? 1년에 십만 원씩 몇 번 주는 것은 희망고문은 아닐까? 결과적으로 **포퓰리즘** 논쟁에 휩싸일 가능성이 크다.

기본소득을 주장하는 입장에서는 대상을 선정하는 게 어렵다고 하지만, 아니다. 우리나라의 국세청이나 보건복지부 등의 데이터를 활용하면 충분하다고 본다. 이미 기초생활보장이나 영세자영업자 등에 대한 정보도 있고, 또한 네거티브 방식으로 일정 이상 수준의 자산가나 소득자를 제외하고 지급하는 것도 방법이다.

4 제4차 산업혁명과 노동정책

충남대 김기선 교수는 제4차 산업혁명에 대응하며 다섯 가지 의제를 제시하고 있다.[28)] 첫째는 일하는 사람에 대한 사회적 보호장치의 강화이다. 향후 고용형태가 더욱 다양화하여 법적인 보호의 사각지대인 특수형태근로종사자나 프리랜서가 증가할 것이며, 현재 기업의 보유・유지 역량도 줄어들어 퇴직과 전직이 더 많이 발생할 것이다. 따라서 그에 대한 사회안전망 확충이 필요하다.

둘째, 차별없는 공정한 노동시장을 조성하는 것이다. 비정규직과 정규직, 대기업과 중소기업, 원청기업과 하청기업 간에 지나친 양극화를 해소하고 전문화와 탈숙련화에 따른 양극화도 해소되어야 한다.

셋째, 근로자대표제도의 개편이 필요하다. 현재의 노동조합, 노사협의회, 산업안전위원회 등 복잡한 근로자대표제도를 일원화하여 중첩되거나 애매한 부분들이 정리되어야 한다.

넷째, 일과 생활의 균형을 위한 근무형태의 다양화가 필요하다. 원격근로나 재량근로와 같은 유연적 근로시간제도가 확대되어야 한다.

마지막으로 안전한 노동이다. 근로시간 단축, 감정노동과 스트레스에 대한 관심 등이 요구된다. **중대재해처벌법**이 시행되고 있지만 여전히 산업재해로 인한 사망자가 매년 1천명이 넘는다.

이상의 내용을 정리해 보면 제4차 산업혁명과 같은 정보기술혁명이 소수의 대자본에 의한 이익창출로 그치지 않고 보통사람들의 삶의 질을 제고하는 방향으로 이어져야 한다는 점이다. 인간의 노동이 기계나 인공지능에 대체된다고 해도 그 생산과정에 참여하고 생산결과를 모든 사람이 골고루 나누어 가질 수 있도록 할 필요가 있다.

제4절 일에 대한 권리와 의무, 고용관계

앞에서 우리는 일에 대한 의미와 좋은 일자리에 대해서 살펴보았다. 또한 환경이 변함에 따라 일도 어떻게 변할 것인지 살펴보았다. 그럼 이제는 법과 제도적인 측면에서 일을 어떻게 정리하고 있는지 살펴보고자 한다. 우리나라 노동 관련 법에서는 '근로' 그리고 '근로자'라는 표현을 사용한다. 실무적으로는 일, 일자리, 좀 더 구체적으로는 직무라는 표현도 사용하지만, 일하는 사람에 대해서는 근로자, 노동자라는 표현도 사용하는데 현재 법적으로는 근로자라고 표현하므로 그에 따르기로 한다.

1 근로의 권리와 의무: 헌법과 근로기준법

우리나라 헌법 제32조 제1항에는 "모든 국민은 **근로의 권리**를 가진다. 국가는 사회적·경제적 방법으로 근로자의 고용의 증진과 적정임금의 보장에 노력하여야 하며, 법률이 정하는 바에 의하여 최저임금제를 시행하여야 한다"고 정하고 있다. 따라서 국민이 일자리를 찾으려는 노력에 더불어 국가는 국민들이 일자리를 가질 수 있도록 정책적인 지원을 하여야 하고, 적정한 임금을 받을 수 있도록 해야 하는 의무를 가진다. 구체적으로는 각종 취업지원 정책이나 취업을 위한 교육훈련 제도, 그리고 임금과 관련해서는 최저임금 제도라고 하겠다.

헌법 제32조 제2항에 "모든 국민은 **근로의 의무**를 진다. 국가는 근로의 의무의 내용과 조건을 민주주의 원칙에 따라 법률로 정한다"라고 해서 노동을 권리인 동시에 의무로 정하고 있다. 그리고 헌법 제32조 제3항에는 "근로조건의 기준은 **인간의 존엄성**을 보장하도록 법률로 정한다"라고 하여, 생존이 아닌 인간의 존엄성을 보장할 수 있는 수준이어야 함을 강조하고 있다.

1) 근로자

그렇다면 근로자는 구체적으로 법률에서 어떻게 정하고 있는가? 단순하게 일을 하는 사람으로 생각할 수 있지만 근로자에 대한 법률에서 정의는 상당히 혼란스러운 면이 있다.

먼저 가장 기본이 되는 근로기준법 제2조(정의) 제1항 제2호를 보면 **근로자**는 "직업의 종류와 관계없이 사업이나 사업장에서 근로를 제공하는 사람"으로 정하고 있다. 자본주의의 변천과정을 보면 초기에 형식적인 평등이 강조되면서 누구나 자유롭게 계약을 체결하고 이에 따라 자신의 의무를 이행하는 것을 원칙으로 했지만, 빈부의 격차는 심화되고 강력한 사용자에 비해서 약한 근로자들은 형식적인 평등 하에서 임금이나 근로조건의 개선이 어렵게 되었다. 따라서 노동자의 보호 필요성이 대두되었고, 근로자 보호를 위해 각종 법률과 정책이 시행되게 되었다. 대표적인 법률이 근로기준법이고 그 외에도 최저임금법 등 다양한 법률로 근로자를 보호하고 있다.

우리나라의 제헌 헌법(1948년 7월 12일 제정 및 시행)의 제17조에도 모든 국민은 근로의 권리와 의무를 가진다고 명시되어 있다. 물론 일제 식민지체제 하에서도 1920년대 초반 **노동공제회**와 같은 근로자단체가 결성되어 집단적인 요구를 한 바도 있고, 더 앞서서 1880년대 후반에도 근로자들이 체불임금의 지급을 요구하며 단체행동을 한 기록을 볼 수가 있다.

다만 여기서의 문제는 우리나라 근로기준법이 아직도 **상시근로자 5인 미만 사업장**에 대해서는 적용되지 않는 조항들이 많이 있다는 점이다. 해고예고 기간, 부당한 해고에 대한 이의제기, 초과·심야·휴일 근무에 적용되는 50% 가산수당의 지급 등이 다 적용되지 않고 있는데, 이러한 소규모 사업장에 종사하는 근로자가 2백만 명이 넘는다는 사실이다.

2) 노동3권

사용자에 비해 상대적으로 경제적 힘이 약한 근로자가 개인적으로 사용자를 상대하기 어렵기 때문에 헌법 제33조 제1항에 근거하여, **노동조합 및 노동관계조정법**(이하 약칭 **노동조합법**, **노조법**)에서 구체적으로 근로자의 집단적인 수준의 권리를 정하고 있다.

노동조합을 결성하고 활동할 수 있는 권리를 '**노동3권**'이라고 하는데 **단결권·단체교섭권·단체행동권**을 의미한다. 이는 근로자의 권익과 근로조건의 향상을 위해 헌법에서 보장되는 기본권으로 **생활권**(**생존권** 또는 **사회권**)에 속한다. 헌법 제33조 제1항에서 "근로자는 근로조건의 향상을 위해 자주적인 단결권·단체교섭권·단체행동권을 가진다"라고 규정하고 있다. 이 노동3권은 경제적으로 약자인 근로자들이 사용자와 실질적인 대등성을 확보하여 근로조건의 결정이나 지위향상을 위해 **노사자치주의**를 실현하는 데 그 취지가 있다고 하겠다. 단결권이란 노동조합을 결성하거나 가입할 수 있는 권리, 단체교섭권은 노조가 요구하면 사용자는 반드시 교섭에 응해야 하는 권리, 그리고 단체행동권은 노동조합이 사용자에게 대항하는 권리로 근로제공을 거부해도 민형사상 책임을 지지 않는 권리다.

우리나라의 경우 1948년 제헌 헌법에서부터 헌법 제21조 제1항의 '**결사의 자유**'와는 별개로 노동3권을 구분하여 명시하고 있다.

선진 외국의 경우는 상당한 시기 동안 노동자들의 요구를 반영하여 노동3권을 인정하게 되었다. 19세기까지도 시민적인 자유를 옹호하는 입장에서 노동조합과 같은 노동자단체에 대해서 단결금지법을 적용하여 형벌을 부과하였다. 파업이나 피케팅 등에 대해서는 불법행위에 대한 책임을 물어서 손해배상책임을 부과하였다. 이후 노동자들의 투쟁으로 정치적인 힘이 커지자 노동조합을 인정하되 방임적인 태도를 취하였고, 그에 따라 노동조합 결성이나 활동에 대해서만 민형사상 책임을 면제하였다.

20세기에 들어서서 경제공황과 세계대전을 거치면서 노동조합 활동이 더욱 활발해지고, 구체적으로 법률로 노동3권을 명시적으로 인정하고, 사용자의 부당노동행위를 정해서 노동조합의 활동을 법적으로 보호하게 된다. 이후 노동조합의 권한 남용이 사회적인 이슈로 제기되면서 사회와 근로자 개인의 권익 보호를 위해 노동조합 활동을 제한하는 노동조합의 부당노동행위와 같은 법적인 규제가 시행되게 되었다.

(1) 노동조합을 결성할 수 있는 근로자(가입 포함)

근로기준법에서 정한 근로자에 대한 정의에 비해 노동조합법에서 정한 근로자의 정의는 그 범위가 넓다. 근로기준법 제2조 제1항 제2호에서 '직업의 종류를 불문하고 임금을 목적으로 사업 또는 사업장에서 근로를 제공하는 사람'을 근로자로 정하고 있지만, 노조법 제2조 제1항에 "근로자라 함은 직업의 종류를 불문하고 임금·급료 기타 이에 준하는 수입에 의하여 생활하는 자를 말한다"라고 정의하고 있다.

이렇게 근로자에 대한 정의가 다른 점에 대해 그 입법 목적이 다르기 때문이라고 설명되고 있다. 근로기준법은 근로를 제공하는 자에 대해 국가의 관리감독을 통해서 직접적인 보호의 필요성이 있는가라는 관점에서 개별적 근로관계를 규율하기 위해 제정되었지만, 노동조합법에서는 노무공급자들 사이의 단결권 등을 보장해 줄 필요성이 있는가라는 관점에서 집단적 노사관계를 규율할 목적으로 정하고 있다는 점이다.

노동조합법에서 언급하고 있는 '기타 이에 준하는 수입'은 사업주가 아닌 개인에게 일시적으로 근로를 제공하거나 사용종속관계의 근로와 유사한 노무를 공급하는 대가로 얻는 수입을 말한다. 따라서 근로기준법에서 정한 근로자와 노동조합법에서 정한 근로자는 개념을 달리하지만 판례는 노동조합법 상의 근로자도 "타인과의 **사용종속관계** 하에서 노무에 종사하고 그 대가로 임금 등을 받아 생활하는 자"로 정의함으로써 근로기준법상 근로자와 마찬가지로 '**경제적 종속성**'만이 아니라 '**인적 종속성**'도 가지는 사용종속관계를 요건으로 하고 있다.

하지만 법원의 판결은 시대의 흐름에 따라 바뀌어 가고 있다. 2024년 11월 대법원은 **대리운전기사**를 노동조합법상 근로자로 인정하는 판결을 선고하였다(대법 2020다267491, 선고일자 2024년 9월 27일). 대리운전 플랫폼을 통해 업무를 수행하는 과정에서 발생하는 경제적 종속성, 업무 지시와 통제, 그리고 수입의 의존성을 주요한 판단 요소로 하였다. 대리운전 요금의 결정권이 실질적으로 업체에 있다는 점, 업무 수행시 준수사항이나 교육 등을 업체가 일방적으로 결정할 수 있다는 점, 그리고 콜 배정을 거부하기 어려운 현실적인 여건 등이 주요 근거로 제시되었다. 이 판결은 향후 **배달 라이더**, **퀵서비스 기사** 등 유사한 형태로 노무를 제공하는 **플랫폼 노동자**들의 노동권 보호에도 많은 영향을 미칠 것으로 예상된다.

2 균형을 유지하기 위한 불균형 조건

우리나라는 법적으로 근로자가 사용자에 비해서 약자라고 전제하고 있기 때문에 근로자와 사용자와의 계약관계를 동등함을 전제로 하는 민법이나 상법으로 다루지 않고, 노동법이라는 사회법으로 다룬다. 구체적인 불균형 조건을 예를 들어 설명해 본다.

1) 근로자의 사직서 제출과 해고의 정당한 사유

회사에서 일하다가 그만두고 싶을 때 근로자는 그냥 그만두면 된다. 대개는 사직서를 제출하지만 사직서를 제출하지 않아도, 또는 아무 말도 없이 그만두어도 근로자가 져야 할 책임은 없다. 물론 도덕적으로는 비난받을 수 있을 것이다. 업무가 예고 없이 중단되는 경우 회사의 업무처리나 고객 응대에서 문제가 발생할 수도 있지만 그렇다고 근로자가 민사상 또는 형사상 책임을 지는 경우는 거의 없다.

특히 단기간 일을 하는 아르바이트나 파트타임의 경우 회사에 대한 충성도나 일에 대한 자부심도 높지 않아 계약기간이 만료되기 전에 그만두는 경우가 많지만 회사 입장에서는 이를 탓할 수 없고, 탓하기보다는 계약기간 동안 해당 근로자가 잘 일할 수 있는 조건을 만들어 주는데 노력을 해야 할 필요가 있다.

하지만 반대로 사용자의 입장에서는 근로자가 맘에 들지 않는다고 쉽게 해고할 수 없다. 우리나라 근로기준법에는 근로자를 해고하려면 그에 상응하는 정당한 사유가 있어야 한다. 사용자는 일을 잘 못한다고 해고하는 경우 매우 신중하게 그 절차를 밟지 않으면 부당해고로 이어지는 경우가 많다. 다만 5인 미만 사업장에서 일하는 근로자에 대해서는 적용되지 않는다.

얼핏 보면 근로자에게는 별 부담이 없고, 사용자에게만 책임이 과중한 것으로 보인다. 표면상으로는 그렇다. 하지만 불균형하게 규제해야 균형잡힌 근로관계를 형성하고 유지할 수 있다고 생각하기 때문이다.

그렇지만 해외로 눈을 돌리면 이러한 상황이 글로벌한 기준이라고 보기는 어렵다. 대표적으로 미국의 경우는 상황이 다르다. 근로자가 사직서를 낼 수 있는 것은 우리와 같지만 사용자도 이유 없이 해고할 수 있는 **해고자유의 원칙**(Employment-at-will Doctrine)이 존재한다. 물론 마음 가는 대로 해고하는 것은 아니지만 기본적으로 근로자의 자유로운 사직에 대응해서 사용자도 이유 없이 해고할 수 있다는 철학이 존재한다. 그러다 보니 미국의 경우 회사경영이 부실하면 수백 수천 때로는 수만 명에 대한 해고 조치가 이루어진다. 그렇다고 해서 우리나라와 같이 근로자들이 집단적으로 해고에 저항하는 경우는 많지 않다.

2) 사용자의 부당노동행위

경제적으로 힘이 강한 사용자를 상대하기 위해서 근로자에게 실질적인 평등을 보장하기 위한 수단 중에 하나가 사용자의 부당노동행위를 명시하여 금지하고 있는 것이다.

부당노동행위란 '사용자가 근로자의 노동3권을 침해하는 행위'를 말하며, 부당노동행위구제제도란 '근로자의 노동3권 행사를 방해하는 사용자의 부당한 행위로부터 근로자를 구제하자는 취지에서 만들어진 제도'이다. 국제노동기구(ILO) 협약 제98호에도 회원국이 부당노동행위에 대해 규정하도록 권고하고 있다.

우리나라에는 부당노동행위만을 전담하여 심판하고 판정을 내리는 **노동위원회**가 있는데, 이는 유럽의 **노동법원**과 유사한 역할을 하고 있지만 재판에 비해서 신속성 · 전문성 · 편의성을 유지할 수 있다는 장점이 있다. 1953년 처음으로 부당노동행위가 법제화되었을 때에는 노동조합 쪽의 부당노동행위도 있었으며 형벌을 부과할 수 있었다. 그러나 1963년 노동조합의 부당노동행위가 삭제되었으며, 원칙도 처벌주의에서 **원상회복주의**로 바뀌었다. 다만 노동위원회의 구제명령을 위반하는 경우에는 벌칙을 부과할 수 있다.

사용자단체인 **한국경영자총협회**는 노동조합의 부당노동행위 조항을 신설하도록 법개정을 요구하고 있다. 이제 노동조합도 상당한 힘을 가지고 있기 때문에 노조의 부당한 힘의 행사에 대해서는 규제해야 한다는 주장이다. 미국의 경우 1935년의 **전국노동관계법**(National Labor Relations Act, NLRA), 소위 **「와그너(Wagner)법」**에는 사용자만의 부당노동행위가 정의되었으나, 12년 후인 1947년에 개정된 NLRA[소위 **「태프트-하틀리(Taft-Hartley)법」**]에서는 노동조합의 부당노동행위가 추가되었다. 당시 상황에서 노동조합의 힘이 상대적으로 커졌다고 판단했기 때문이다.

우리나라는 아직도 노동조합에 대한 부당노동행위는 없고, 성실교섭 의무만 적용되고 있다. 다만 2020년 12월 노조법 개정을 통해서 사용자의 조업권을 기본권으로 인정하고 쟁의행위에서 사용자의 점유를 배제하여 조업을 방해하는 형태의 쟁의행위는 금지하였다.

제5절 고용관계의 목표

우리나라도 마찬가지지만 외국에 있어서도 고용은 경제적 가치를 창출하는 활동의 원천이라는 긍정적인 측면과 노사간의 갈등의 원천이 된다는 부정적인 측면의 양면을 가지고 있다. 그럼에도 불구하고 고용이란 현대사회를 설명하는 데 있어서 빠뜨릴 수 없는 중요한 요소이다. 고용이란 개인에게는 삶의 질을 결정하고, 기업이나 조직을 통해 경제사회를 구성하면서, 다른 한편으로는 사회의 민주화와 개인의 존엄성을 결정한다.[29] 경제적인 성과를 창출하기 위해 기업과 조직의 측면에서는 효율성이 고려된 고용이 요구되지만, 이러한 단면으로만 고용자와 피고용자의 관계인 고용관계를 규정할 수는 없다. 여기서는 기업과 근로자가 추구하는 바를, 기본적인 권리 차원에서 살펴보기로 한다.

1 기업활동과 인간적인 고용관계

먼저 기업활동과 관련하여 반드시 생산성을 강조하는 **효율성**만이 유일한 활동원칙이라고 할 수는 없다. 물론 아직도 기업활동의 근간은 효율성의 추구지만, 최근 다수의 기업들은 기업의 사회적 책임 또는 지속가능한 경영을 기업활동의 또 다른 기준으로 적용하고 있다. 즉, 효율성이 고려된 경제적 책임이 가장 기본이라고 할 수 있으나, 법을 지켜야 하는 법적인 책임과 함께 사회적 책임 및 윤리적 책임이 강조되고 있다. 최근에는 ESG(Environment, Society, Governance)로 대표되는 각종 비재무 경영지표를 강제적으로 보고하도록 하는 제도가 만들어지고 있다. 우리나라도 2026년 이후부터 비재무적 경영지표에 대해서도 기업의 보고의무가 강제될 예정이다.

또한 일을 설명하는 데 있어서 근로자의 입장을 고려한다면 민주사회의 기본은 자유와 평등인 것처럼, 인간의 삶과 존엄성이 유지되기 위해서는 근로자들에 대한 공정한 대우가 반드시 보장되어야 한다. 물론 근로자의 성실한 노동이 전제되어야 하겠지만, 나아가서 근로자가 자신의 삶에 영향을 미치는 사항에 대해서는 의견을 제시하고 참여할 수 있어야 한다.

2 인간적인 고용관계: 공평성과 발언권

앞의 일의 의미에서 언급되었던 존 버드(John Budd) 교수는 그의 저서 『인간적인 고용관계』에서 근로자와 사용자 간의 관계인 고용관계의 목표를 **효율성**(Efficiency), **공정성**(Equity), 그리고 **발언권**(Voice)으로 제시하고 있다. 여기서 필자는 **기업시민정신**(Corporate Citizenship)을 추가한다. 기업의 효율성과 기업시민정신 강조, 그리고 근로자의 공정성과 발언권 요구는 서로 관련되어 서로를 이끌기도 한다. 생산적인 근로자들이 공정하게 운영되는 일터에서 의사결정에 참여하는 것이다. 공정한 대우와 근로자의 발언권 허용은 이직률을 낮추고 조직에 대한 열정과 충성도를 제고하여, 생산성과 품질향상에 대한 좋은 아이디어를 제공하게 된다.

문제는 효율성・기업시민정신과 공정성・발언권이 서로 상충될 때 어떻게 해야 하는가 하는 점이다. 먼저, 기업의 사유재산권으로부터 나오는 효율성이 기업시민정신보다 우선하는가? 기업의 효율성과 기업시민정신이 근로자의 권리인 공정함과 발언권보다 우선해야 되는가? 아니면 공정함과 발언권이 효율성과 기업시민정신보다 우선해야 하는가? 버드(Budd)는 이 두 가지의 극단적인 생각은 바람직하지 않으며 이들 사이에서 균형을 찾을 수 있어야 한다고 강조한다.

민주적인 사회라면 기업이 효율성과 기업시민정신을 둘 다 제고하면서, 경제적 번영을 가져올 수 있어야 한다. 동시에 인간의 존엄성과 민주적인 사고는 자유시장경제가 개인의 삶의 질을 제고하고 번영하도록 요구한다. 고용과 관련된 여러 요인들, 즉 개인, 시장, 제도, 조직의 전략, 그리고 공공정책은 인간적인 고용관계를 제공할 수 있어야 한다. 버드 교수는 이를 "인권을 충족시키는 생산적이고 효율적인 고용관계"라고 정의하고 있다. 여기서는 네 가지의 기준이 동시에 충족되는 고용관계를 '**상생의 고용관계**'라고 정의하고자 한다.

3 글로벌화와 상생의 고용관계

선진화된 경제에서도 과거의 안정적이고 평생 유지할 수 있는 고용은 점점 사라지고 있다. 발전된 정보통신기술은 근로자들의 정보이용능력을 향상시키는 반면에, 감시시스템이 증가하고, 일자리 유지를 불안하게 하며, 고객에게는 시간과 장소의 제한 없이 응대해야 하는 상황을 만들었다. 글로벌화로 인해 기존의 독점적 시장을 가졌던 기업은 경쟁력 확보가 더욱 어려워지고 있다. 경쟁력 확보를 위한 노동력의 다양한 활용방식은 **고용유연화**(비정규직 확대), **임금유연화**(조건부나 성과급 확대), **기능적 유연화**(다기능화 확대), **과정적 유연화**(절차 적용의 유연화) 등으로 나타났으며, 결과적으로 노동시장의 양극화가 확대되었다. 그동안 일정한 통제 역할을 수행해 왔던 정부나 노동조합은 위축되고 있다. 특히 글로벌 차원에서 노조는 조직률의 하락으로 인해 역할이 약화되고 있다. 우리나라는 예외라고 할 것이다. 2025년에 출범한 이재명 정부는 노동존중의 정책 기조에 따라 노동조합 활동 강화를 위한 **노란봉투법** 등의 시행을 강조하고 있다.

그러나 시장경제를 확인하고 균형을 유지하는 역할은 고용관계에 제한되어서는 안 되며 쇠락하는 아이디어가 되어서도 안 된다.30) 유엔(United Nations, UN)은 지속적으로 '**인간적인 시장**'이 되어야 한다고 요구하고 있다. 「인간개발보고서 1999」는 '**인간적인 글로벌화**(Globalization with a Human Face)'를 부제로 하고 있으며 다음과 같은 서문을 달고 있다.

> "국가의 진정한 재산은 사람이다. 개발의 목적은 사람들이 오랫동안 건강하고 창의적으로 생활할 수 있는 환경을 만드는 것이다. 이런 매우 단순하지만 중요한 진실이 물질적이고 재무적인 재산 때문에 너무 자주 잊혀지고 있다"(United Nations Development Programme 1999, I).

'개발'을 '고용'으로 바꾸고 '오랫동안 건강하고 창의적으로 생활할 수 있는 데'에 '생산적인'이란 말을 붙이면 정확하게 인간적인 고용관계를 의미한다. 국제노동기구(ILO)도 고용창출을 가장 필요한 사항으로 인지하고, 이를 통해 빈곤퇴치, 임금불평등해소 등이 가능하다고 주장한다.31) 좋은(decent) 일자리와 적절한 임금 지급을 통해 근로자와 가족들이 빈곤에서 벗어나야 한다고 설명하고 있다.

다시 말해, 시장경제가 유지되어야 하지만, 감시와 균형으로 구성된 보호장치를 통해 인간적인 삶과 민주주의가 인정되고 유지되어야 한다는 점이다.32) 1999년 UN은 기업과 '지구협약(Global Compact)'을 체결하여 기업은 인권·노동·환경을 존중하고, UN은 시장경제(open markets)를 촉진함으로써 "기업들은 최선을 다해 경영을 하고 일자리와 부를 창출하며, '인간적인' 글로벌시장이 되도록 노력하기로" 하였다.33) 여기에 기업과의 지구협약에서 강조하는 기업의 사회적 책임을 언급한 '기업시민정신'을 포함하게 되면 '상생의 고용관계'가 된다고 할 수 있다.

정리문제

1. 다음을 간단히 정리하시오.

- 좋은 일자리(Decent Work, Decent Job)
- ISO26000, SA8000, DJSI
- 제4차 산업혁명
- 일자리에 대한 전망: 아테네이즘과 포디즘
- 기본소득
- 근로의 권리와 의무
- 근로기준법과 노동조합법에서 근로자에 대한 정의
- 효율성, 기업시민정신, 공정성 그리고 발언권

2. 다음에 관해 의견을 제시하시오.

- 일에 대한 관점
- 일이 왜 중요한가?
- GRI의 지속가능보고서와 사회지표
- 약자인 근로자 보호를 위한 불균형 규제의 예시
- 고용관계의 목표와 상생의 고용관계

3. 보고서를 작성하시오.

- 나에게 좋은 일자리의 기준은 어떤 것들인가?
- 우리 팀이 보는 '좋은 일자리' 지표의 내용
- A사가 제공하는 좋은 일자리 수준 측정지표는?
- 제4차 산업혁명이 일자리에 미치는 영향

토론문제

1. 서빙로봇

(전략) 고용노동부와 한국외식업중앙회 등에 따르면 지난해(2022년) 12월 음식점 및 주점업 종사자의 월 평균 임금은 241만 원으로 2년 전 대비 14.6% 늘었다. 전체 근로자 월 임금이 10% 가량 오른데 비해 상승 폭이 크다. 지난 2년간 최저임금이 10% 넘게 올랐고, 코로나19(COVID-19) 팬데믹에서 고용난이 심해지며 인건비 상승을 부추겼기 때문이다. 전국경제인연합회가 전국 음식점, 도소매업 등 자영업자를 대상으로 한 조사에 따르면 실적에 가장 큰 영향을 미치는 비용 요인으로 원자재·재료비에 이어 인건비를 꼽는 응답자가 많았다. 매출과 순익이 감소했다는 자영업자도 70%에 육박했고 절반 이상은 올해도 매출, 순익이 줄어들 것으로 예상했다. 인건비 상승 폭이 가파르면서 인력을 대체할 수 있는 서빙로봇, 조리로봇, 무인주문시스템 등의 도입이 급증하고 있다. 2019년 도입된 서빙로봇은 올해 1만 대를 넘어설 것으로 예상된다. 서빙로봇 점유율이 높은 브이디컴퍼니, 비로보틱스(우아한형제들)는 각각 3,000여 대, 2,000여 대의 서빙로봇을 운영하고 있다. 브이디컴퍼니와 비로보틱스는 올해 누적 도입대수 목표를 각각 5,000대, 2,500대로 제시했다.

시장이 커지면서 비용은 저렴해지고 있다. 2019년 첫 도입시 60만~70만 원대였던 월 임대료는 최근 20만 원대로 낮아졌다. 브이디컴퍼니는 온라인 전용 다이렉트 상품을 내놓으며 월 29만 9,000원까지 임대료를 낮췄고, 비로보틱스는 30만 원대(36개월 약정) 상품에 이어 최저 19만 9,000원(24개월 약정)의 중고서빙 렌탈 상품을 출시했다. 200여만 원의 인당 인건비를 감안하면 10분의 1 수준까지 낮아진 셈이다. (후략)

(출처: '월 20만 원이면 서빙로봇 쓰는데…직원 안 쓰는 사장님들', 머니투데이, 2023년 6월 19일)

Question !

1. 주변에서 사람을 대신하는 로봇이나 AI(인공지능)를 이야기해 보세요.
2. 일자리를 대체하는 로봇에게 세금을 부여하자는 의견에 동의하는가?
3. 궁극적으로 로봇을 비롯한 4차 산업혁명이 일자리를 더 늘리는 데 동의하는가?
4. 취업을 준비하는 입장에서는 어떠한 일자리를 찾아야 하는가?

주요 참고문헌

경향신문(2025.2.2), 1인당 GDP는 일본 · 대만보다 높은데…내 월급은 왜 그대로?

국민권익위원회(2022.10.26), 「새 정부 청년정책 추진을 위한 범정부 계획 발표」, 보도자료.

김기선(2017), 『4차 산업혁명시대의 노동정책』, KLI-FES 한독 국제 컨퍼런스: 노동 4.0과 4차 산업혁명, 4월 6일, 대한상공회의소.

김성혁(2017), 『신기술에 의한 작업공정과 제품의 변화』, KLI-FES 한독 국제 컨퍼런스: 노동 4.0과 4차 산업혁명, 4월 6일, 대한상공회의소.

김종진(2017), 『산업 4.0 시대, 서비스 산업 디지털화와 노동의 미래』, KLI-FES 한독 국제 컨퍼런스: 노동 4.0과 4차 산업혁명, 4월 6일, 대한상공회의소.

머니투데이(2024.11.2), [더차트] 한국, '국력'으로 일본 제쳤다…전 세계 '강력한 나라' 6위.

산업재해현황, 대한민국지표누리, https://www.index.go.kr/unity/potal/main/EachDtlPageDetail.do?idx_cd=1514, 2025.2.12.에 확인.

ESG경제(2024.12.24), 올해 DJSI 월드지수 편입 국내 기업은…13.6% 증가, 최근 5년간 최다.

이영면 · 이윤상(2017), 「4차 산업혁명과 기업의 노사관계 전망」, 『경영과 사례연구』(동국대학교 경영연구원), 40(2), 65～88.

제레미 리프킨(2014), 『한계비용제로사회』, 안진환 역, 서울: 민음사.

클라우스 슈밥(2016), 『클라우스 슈밥의 제4차 산업혁명』, 송경진 역, 새로운현재.

Bonnet, F., Figueiredo, J. B. & Standing, G.(2003), "A Family of Decent Work Indexes", *International Labour Review*, 142(2), 213～238.

Budd, J.(2004), *Employment with a Human Face: Balancing Efficiency, Equity, and Voice*, Ithaca, NY: Cornell University Press.

Budd, J.(2011), *The Thought of Work*, NY: Cornell University Press.

Burchell, B., Sehnbruch, K., Piasna, A., & Agloni, N.(2013), "The quality of employment and decent work: definitions, methodologies, and ongoing debates," *Cambridge Journal of Economics*, 38(2), 459～477.

Di Fabio, A., & Kenny, M. E.(2016), "From decent work to decent lives: positive self and relational management(PS&RM) in the twenty-first century," *Frontiers in Psychology*, March 23, Article 361, 1～12.

Ford, Martin(2016), *Rise of the Robots: Technology and the Threat of a Jobless Future*, Arizona: Basic Books.

GRI, Full set of GRI Standards, https://www.globalreporting.org/how-to-use-the-gri-standards/gri-standards-english-language/에서 2025.2.12.에 내려받음.

ISO26000, https://www.iso.org/iso-26000-social-responsibility.html.

Mckinsey(2015), "Four fundamentals of workplace automation," *Mckinsey Quarterly*.

World Economic Forum(WEF)(2016), *The Future of Jobs: Employment, Skills, and Workforce Strategy for the Fourth Industrial Revolution*.

미주

1) John W Budd, *The Thought of Work, Ithaca and London*, ILR Press and imprint of Cornell University Press, 2011.

2) 국내총생산(GNP)에서 자국민(거주자)이 국외로부터 받은 소득(국외수취요소소득)은 포함하고, 외국인(비거주자)에 지급한 소득(국외지급요소소득)을 제외하여 GNI를 구함(통계청, 지표누리>국가발전지표).

3) 경향신문(2025.2.2), 1인당 GDP는 일본 · 대만보다 높은데…내 월급은 왜 그대로?

4) 머니투데이(2024.11.2), [더차트] 한국, '국력'으로 일본 제쳤다…전 세계 '강력한 나라' 6위.

5) http://www.ilo.org/jobspact/about/langen/index.htm, 2014.12.7. 확인.

6) 이 내용은 ILO 홈페이지(http://www.ilo.org/global/topics/sdg-2030/lang-nl/index.htm)에서 2017.12.30.에 내려받음.

7) ILO, Decent work for sustainable development(DW4SD) Resource Platform, https://www.ilo.org/global/topics/dw4sd/lang-en/index.htm에서 2021.2.1.에 확인함.

8) http://www.globalreporting.org/guidelines/2002/gri_companion_lite.pdf, page 3.

9) 국제표준화기구인 ISO는 1946년에 설립되어 지금까지 1만 가지 이상의 국제적인 기준을 제공하고 있다. 이후 156개 국가가 회원으로 가입하고 있으며, 그중 110여 개국은 개발도상국들이다. 지난 2001년 5월부터 1년여 동안 ISO의 소비자위원회에서는 기업의 사회적 책임, 즉 CSR의 기준에 대한 검토작업을 수행하였으며, 그 결과를 ISO 내부에서 다양한 차원에서 검토한 결과 2010년 최종안을 발표하였음.

10) ESG경제(2024.12.24), 올해 DJSI 월드지수 편입 국내 기업은…13.6% 증가, 최근 5년간 최다.

11) DJSWI는 DJWI의 2,500개 기업 중에서 상위 10%에 대해 경제적 · 사회적 · 환경적 성과에 대한 정보를 제공한다. DJ STOXX SI는 유럽의 기업에 대한 정보도 제공하는데 Dow Johns STOXX SM 600 Index에 포함된 기업의 상위 20%에 대한 지속가능성을 평가하여 그 결과에 대한 정보를 제공한다. 그 외에 북미지역의 600개 대기업에 대한 지속가능성 정보도 별도로 제공하고 있다. 평가를 하는 주요 내용은 기업의 경제적 · 사회적 및 환경적 성과이며, 그 지표결과는 선정된 금융제품에 대한 지속가능성 성과를 연계시킨 최초의 지표라는 점에서 의미를 찾을 수 있다. 2005년 12월 31일을 기준으로 14개 국가의 56개 재무관련 기관에서 DJSWI를 인가한 바 있음.

12) 9급 공무원의 경우 지난 10여 년 경쟁률이 하락했지만 2025년은 24.3대1로 9년 만에 반등했다. 동아일보(2025.2.13), 경쟁률 '깜짝 반등' 9급공무원 인기회복?…자세히 들여다보면, https://www.donga.com/news/Politics/article/all/20250213/131021520/1.

13) 2023년 산업재해 사망자 수는 2,016명이지만 사고성 사망만인율은 0.39로 완만하게 감소하는 추이를 보인다. 산업재해현황, 대한민국지표누리, https://www.index.go.kr/unity/potal/main/EachDtlPageDetail.do?idx_cd=1514.

14) NAVER지식백과, IT용어사전, http://terms.naver.com/entry.nhn?docId=3548884&cid=42346&categoryId=42346에서 2017.7.13.에 내려받음.

15) 클라우스 슈밥(2016), 『클라우스 슈밥의 제4차 산업혁명』, 송경진 역, 서울: 새로운현재.

16) 키오스크(KIOSK)는 터치스크린과 사운드, 그래픽, 통신카드 등 첨단 멀티미디어 기기를 이용하여 음성서비스, 동영상 구현 등 이용자에게 효율적인 정보를 제공하는 무인 종합정보안내시스템임(NAVER 지식백과).

17) 헤럴드경제, 2016.3.31.

18) 김종진(2017), 「산업 4.0 시대, 서비스산업 디지털화와 노동의 미래」, KLI-FES 한독 국제 컨퍼런스: 노동 4.0과 4차 산업혁명, 4월 6일, 대한상공회의소.

19) 이영면 · 이윤상(2017), 「4차 산업혁명과 기업의 노사관계 전망」, 『경영과 사례연구』(동국대학교 경영연구원), 40(2), 65～88.

20) Ford, Martin(2016), *Rise of the Robots: Technology and the Threat of a Jobless Future*, Arizona: Basic Books.

21) World Economic Forum(2016).

22) 제레미 리프킨(2014), 『한계비용제로사회』, 안진환 역, 서울: 민음사.

23) 매일경제, 2017.1.19.

24) 김성혁(2017a), 『신기술에 의한 작업공정과 제품의 변화』, KLI-FES 한독 국제 컨퍼런스: 노동 4.0과 4차 산업혁명, 4월 6일, 대한상공회의소.

25) 김성혁(2017b), 『4차 산업혁명과 노동의 대응』, 2017-3 이슈페이퍼, 전국금속노동조합 노동연구원.

26) 이승윤(2017), 『4차 산업혁명과 기본소득』, 정의당 정책간담회.

27) 이승윤, 위의 글.

28) 김기선(2017), 『4차 산업혁명시대의 노동정책』, KLI-FES 한독 국제 컨퍼런스: 노동 4.0과 4차 산업혁명, 4월 6일, 대한상공회의소.

29) 고용의 의미와 고용관계의 목표에 대한 이하의 내용은 John Budd(2004), Employment with a Human Face: Balancing Efficiency, Equity, and Voice, Ithaca, NY: Cornell University Press, Preface를 참조하였으며 필자의 의견이 포함된 내용임.

30) 경제시장에 대해 견제와 균형이 필요하다는 주장은 Flexner, Kurt F.(1989), *The Enlightened Society: The Economy with a Human Face*, Lexington, Mass.: Lexington Books ; Hartman, Thom(2002), *Unequal Protection: The Rise of Corporate Dominance and the Theft of Human Rights*, Emmaus, Penn.: Rodale ; Kelly, Marjorie(2001), *The Divine Right of Capital: Dethronging the Corporate Aristocracy*, San Francisco: Berrett-Koehler ; Korten David C.(1995), *When Corporations Rule the World*, San Francisco: Brett-Koehler Publishers ; Korten David C.(1999), *The Post-Corporate World: Life after Capitalism*, San Francisco: Brett-Koehler Publishers ; Phillips, Kevin(2002), *Wealth and Democracy: A Political History of the American Rich*, New York: Broadway Books ; Soros, George(2000), *Open Society: Reforming Global Capitalism*, New York: Public Affairs ; and Stiglitz Joseph(2000), *Democratic Development and the Fruits of Labor*, Perspectives on Work, 4: 31～37 등에서 찾아볼 수 있음. 여기서 주장하는 바는 현대제도경제학과 그대로 일치하는 것은 아니지만 신고전주의 경제학에서 강조하는 효율성과는 달리 권력, 규칙의 거미줄(webs of rules),

윤리 및 사회적 가치 등과 같은 제도경제학이 강조하는 바와 일치한다. Budd(2004)에서 재인용함.

31) 국제노동기구 홈페이지 http://www.ilo.org/global/abou-the-ilo/decent-work-agenda/employment-creation/lang--en/index.htm, 2014.12.7. 확인.

32) Frank, Thomas(2000), *One Market under God: Extreme Capitalism, Market Populism, and the End of Economic Democracy*, New York: Doubleday 등을 참조 바람.

33) 'Kofi Annan이 미국상공회의소에 연설한 내용', Washington, D.C., 1999년 6월 8일(www.un.org/partners/business/sgstatI.htm에서 2002.8.7.에 확인). www.unglobal compact.org도 참조하기 바람.

Chapter 02

고용형태의 다양화와 플랫폼 노동

과거에는 사용자인 기업에 고용된 근로자 간에 근로계약이 일반적이었지만, 이제는 사용자와 근로자의 중간형태인 특수형태근로종사자도 증가추이를 보이고 있으며 여기에 프리랜서와 플랫폼 노동 종사자도 급격하게 증가하고 있다. 이러한 변화는 코로나19를 겪은 이유도 있지만 이미 그 이전에 기술발전과 함께 플랫폼 노동이 증가하고 있었다. 여기에 젊은 세대들의 일에 대한 태도 변화도 이유가 된다고 할 것이다.

제1절 젊은 세대의 일에 대한 태도

다음의 [그림 2-1]에서 보는 대로 우리나라의 경우 언제 태어났느냐에 따라 가치관에 많은 차이를 보인다. 이제는 은퇴세대로 구분되는 1차 **베이비부머**들은 6.25전쟁이라는 끔찍한 경험을 하면서 이념적인 접근을 중요시한다. 하지만 이후 소위 **X세대**는 인구숫자도 많고 대학입시 등에서 엄청난 경쟁의 시대에 태어나 경쟁에서 이겨야 한다는 관념이 강하다. 1980년 이후 태어난 **밀레니얼**(Millennial) 세대는 어린 시절에 88올림픽을 경험하고 경제적인 풍요로움을 경험한 세대다. 마지막으로 이제 일터에 진입하기 시작한 **Z세대**는 1995년 이후에 태어난 세대로 디지털 네이티브로 불리며, 현실주의적인 생각 예를 들면 '**소확행**' 같은 가치관이 강하고 여기에 공정성에 대한 요구도 강한 편이다. 이후는 **알파세대**라고 부른다.

[그림 2-1] 세대별 성향비교

	1950 · 1960	1970 · 1980	1990	2000
세대 구분	베이붐 세대	X세대	밀레니얼 세대(Y세대)	Z세대
출생 연도	1950~1964년	1965~1979년	1980~1994년	1995년 이후
인구 비중	28.9%	24.5%	21%	15.9%
미디어 이용	아날로그 중심	디지털 이주민	디지털 유목민	디지털 네이티브
성향	전후 세대, 이념적	물질주의, 경쟁사회	세계화, 경험주의	현실주의, 윤리 중시

출처: http://www.openads.co.kr/nTrend/article/6038, 2021.2.17.에 확인.

물론 이렇게 단순하게 구분함으로써 문제점이 있을 수도 있으나, 일반적인 경향을 보여줌에는 크게 문제가 없을 것이다. 특히 기업에서는 이제 베이비부머 세대가 거의 조직을 떠났고, X세대가 경영진과 관리자급에 위치하고 있고, 신입사원으로 들어오는 밀레니엄 세대를 관리해야 하는 상황이다. 서로 간에 가치관의 차이를 제대로 인정하지 않는다면 추가적으로 더 많은 갈등을 야기할 가능성이 크다.

1 세대별 일에 대한 가치관

과거 베이비부머들은 힘든 일이라고 하더라도 가족의 생계유지 등을 위해 자신의 학업을 포기하거나 몸을 혹사할 정도로 많은 시간 동안 일을 하면서 동시에 자신의 성공가치를 추구하는 경우가 많았다. 천직이라는 생각과 소명이라는 생각을 가지는 경우도 많았다. 그러나 베이비부머의 자녀세대인 X세대와 MZ세대는 상대적으로 향상된 생활여건 하에서 자라났으며 가치지향성에서도 매우 다양한 가치를 추구하는 경향이 강해졌다.

그러한 결과 일자리를 찾는 과정에서 베이비부머 세대에 비해 저성장 시대에도 불구하고 높은 기대감으로 인해 실망감을 많이 가지는 상황이 발생하였다. 취업의 경우에는 대기업이나 전망이 밝은 업종에 집중되어 중소기업을 회피하는 성향이 강하다. 또한 취업보다 스타업이나 프리랜서 등 좀 더 자유로운 일을 선호하는 경향도 강하다. 도전하기보다는 상대적으로 안정성을 추구하는 성향이 강하고, 사회적으로 인정받는 성공보다는 개인의 가치나 소소한 행복을 강조하는 성향을 보인다.

2 일의 미래

일의 미래에 대해 한 학자는 자동화나 4차 산업혁명 등으로 생산성이 급격히 증가하게 되면 인간의 노동에 대한 수요가 감소하게 되어, 궁극적으로는 소수의 노동과 다수의 자발적인 활동으로 구성될 것으로 예측하였다. 자발적인 활동은 다양한 취미활동이나 놀이 활동을 포함하지만 그 일부는 자원봉사활동으로 구성될 것으로 보인다. 특히 [그림 2-2]의 제조업 노동자 1만 명당 **로봇 보급 대수**를 보면 우리나라가 1,012대로 전 세계에서 가장 높은 **로봇 활용률**을 기록하고 있다. 이러한 이유로 단순한 일들은 대부분 로봇이나 자동화된 기계로 대체될 것으로 예측하고 있다.

향후 미래에는 임금을 보상으로 노동을 제공하는 경제활동과 심리적 만족을 보상으로 노동을 제공하는 비경제활동을 구성될 것으로 예상되기도 한다. 미래학자인 제레미 리프킨은 몇 가지 제안을 한다.

첫째, 노동시간 단축을 통한 **노동시간의 공유**이다. 한 사람이 할 노동시간을 두 사람이 공유하는 것이다. 이런 시도는 2008년 세계 경제위기 이후 실제 독일, 프랑스에서 시도된 바 있으며, 이러한 배경을 가지고 유럽의 다수 국가에서는 근로시간이 40시간 미만이다.

[그림 2-2] 2023년 제조업 노동자 1만 명당 로봇 보급 대수

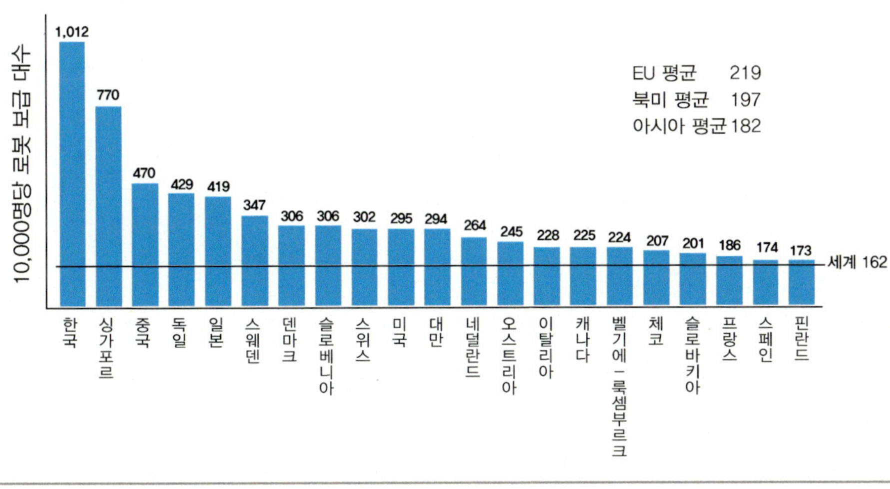

출처: IFR Press Release, 2024.11.20, Global Robot Density in Factories Doubled in Seven Years, https://ifr.org/ifr-press-releases/news/global-robot-density-in-factories-doubled-in-seven-years#downloads에서 2025.3.6.에 확인함.

하지만 우리는 주당 40시간의 법정 근로시간을 가지고 있고, 최근에는 근로시간을 유연화하여 최장 근로시간을 늘리려는 움직임도 있다. 구체적으로 윤석열 정부에서는 반도체 산업의 경쟁력 강화를 위해 예외적으로 법정 최대근로시간인 52시간에 예외를 두려는 움직임이 있었다. 이재명 정부에서는 다시 4.5일제를 점진적으로 도입하려는 정책을 내보이고 있다.

둘째, 리프킨은 "**제3영역, 사회적 경제**(social economy)"의 활성화를 주장한다. 사회적 경제는 자본주의체제에서 작동하는 시장경제에 반하는 개념으로 비영리조직이나 비정부조직(NGO)을 중심으로 발생하는 경제를 말한다. 대부분의 제3영역 경제는 정부의 보조금, 자원봉사 등으로 구성되는데 리프킨은 생산성 향상으로 실업자가 된 노동자들을 **비영리단체**나 **비정부조직**(Non-government Organization, NGO)에서 고용할 것을 제안하고 있다. 어느 정도나 실현될지는 의문이다. 선진국의 경우 공공부문의 고용비율이 점차 증가하여 상당한 수준을 차지하고 있다. 우리나라는 아직 선진국에 비해서는 공공부문의 고용비율이 낮은 편이기는 하지만 공공부문 종사자에 대한 인건비를 국가가 보장해야 한다는 관점에서 볼 때 신중할 필요가 있다. 정부가 감당하지 못하면 국가재정에 부담을 줄 수 있기 때문이다.

셋째, **기본소득**(basic income)의 보장을 주장한다. 최근 일부 선진국에서 시도되는 기본소득은 국민 모두에게 소득과 관계없이 "묻지도 따지지도 않고" 일정금액을 주는 것이다. 꽤 급진적인 이 아이디어는 시장주의자와 무상소득에 대한 거부감에 의해 격렬한 반대에 부딪치지만, 이미 오래전 미국의 신보수주의 경제학자인 밀턴 프리드먼조차 지지했다. 프리드먼은 빈민들이 관료들에 의해 방해받지 않고 자유시장에서 스스로 소비 결정을 내릴 수 있게 그들에게 직접 현금을 지급하는 것을 선호한다고 말했다.

3 노사관계와 고용관계

그동안 우리는 사용자인 사장과 노동을 제공하는 근로자와의 관계에 대해 개별적인 관계는 **노무관리**나 **인사관리** 또는 **인적자원관리**로, 집단적인 관계는 **노사관계**로 표현해 왔다. 노사관계의 경우 영어로는 대체로 industrial relations 또는 labor relations 등으로 표현하는데, 그 핵심은 근로자들의 조직인 노동조합이 전제되어 있다. 그래서 전통적인 노사관계론에서는 노동조합의 결성, 단체교섭, 파업 등이 주요 주제로 다루어졌다. 그런데 최근의 환경변화는 이러한 접근에 변화를 요구하고 있다. 나중에 자세히 설명하겠지만 우리나라의 경우 노동조합에 가입한 조합원들의 수가 지속적으로 정체되고 감소해 왔다. 지난 2010년 이후 조합원 수가 약간 증가하고 있지만, 2023년 말을 기준으로 노동조합 조직률이 13.0% 수준에 머물고 있다.[1)]

다시 말해서 임금을 목적으로 일하는 근로자 2천여만 명 중에서 13% 정도만이 노동조합에 가입하고 있고, 또한 조합원들의 대다수는 공무원을 포함한 공공부문이나 대기업에 속한 근로자들이다. 왜 그런지에 대해서는 다시 설명하겠지만 결과적으로 본다면 대다수의 근로자는 노동조합의 보호 속에 있지 못하다. 최근 주요 선진국들도 대체로 노동조합 조직률이 하락하고 있으며, 그래서 노동조합 조합원이 아닌 근로자와 그들에 대한 제도적인 보호에도 관심이 증가하고 있다. 이러한 경향을 반영해서 기존의 노사관계를 포함하여 모든 근로자들의 고용에 따른 이슈를 다루어보자는 노력을 **고용관계**라고 표현할 수 있다. 영어로 표현한다면 employment relations라고 할 수 있을 것이다.

사회가 바뀌어도, 노동조합이 있든 없든 기업이 존재하는 한 사장과 근로자의 고용관계는 존재한다. 회사의 사장들이 잘못한다는 수많은 비판이 매일 신문과 방송을 뒤덮지만 그래도 기업이 없으면 가치창출은 어디서 이루어지는가? 현대사회에서 기업의 역할은 아무리 강조해도 지나치지 않는다. 강원도의 깊은 산골에 눈 내리는 모습을 지키는 것도 중요하지만 울산, 여수, 구미와 같은 산업단지의 공장 굴뚝을 환경오염의 주범으로만 볼 수는 없다. 사장과 근로자와의 관계가 항상 이상적일 수만은 없으며 갈등은 불가피하다. 문제는 이 갈등을 제도화하고 새로운 관계 속에서 서로가 상생할 수 있게 하는 것이다.

제2절 비정규직

외국의 경우와는 좀 다르게 우리나라의 경우 1997년 IMF외환위기 이후 비정규직이 매우 중요한 사회적 이슈로 제기되었다. 지난 20여 년 정도의 짧은 기간에 급격히 증가하는 비정규직은 그 형태도 다양해서 정의하기도 어렵거니와, 파악한 비정규직에 대한 노동권과 인권보호 방안도 쉽게 대안이 모색되지 않고 있다. 지난 2007년부터 기간제 근로자와 파견근로자 등의 비정규직을 보호하기 위한 법이 시행되고 있지만, 법의 취지와는 달리 오히려 비정규직에 불리한 법이라는 비판도 있다. 2년이라는 제한기간 때문에 오히려 더 자주 직장을 옮기게 되었다는 주장도 있다.

2017년에 출범한 문재인 정부는 일자리 창출과 함께 좋은 일자리를 강조하면서, 공공부문의 비정규직 정규직화를 마중물로 우리 사회의 비정규직 문제를 해소하는 공약을 제시하였고, 이후에 인천국제공항공사를 포함하여 850여 개에 달하는 공공기관의 비정규직 정규직 전환이 진행되었으며, 약 20여만 명이 정규직으로 전환되었다는 성과가 발표되었다. 하지만 이러한 정규직 전환은 1단계에서 마무리되어 2단계와 3단계 내용은 사실상 중단되었으며, 민간부문 정규직 전환에 대한 마중물이 되지 못해서, 다른 양극화 이슈가 제기된 바 있다.

1 비정규직에 대한 이론적 논의와 개념

30여 년 전 1997년 외환위기를 전후로 하여 우리 기업들은 처음으로 대량 정리해고를 시행하였고, 이후 상시적인 구조조정이 진행되면서 고용관계에서의 가장 큰 변화 중 하나는 '**비정규직**'의 증가라고 할 수 있을 것이다. 한국 사회의 '비정규현상'에 대해 그것이 전 세계적인 추세임에도 불구하고 우리나라에서 더 심각하게 인식되는 두 가지의 특징을 볼 수 있다.[2)]

첫째, 비정규직이라는 표현이 단순한 고용형태를 넘어서서 사회적 지위를 의미하게 되었다는 점이다. 고용불안과 저임금으로 특징지어지는 비정규직은 정규직에 비해 낮은 수준의 지위를 의미하게 되었다.

알고 지나가기

文정부서 정규직 된 도로공사서비스 직원 1,000명 줄인다

문재인 정부에서 정규직으로 전환된 한국도로공사서비스 정원이 1,000명 넘게 감축된다. 통행료 수납 등의 업무가 상당부분 자동화되고 있어서다. 정부는 이를 포함해 3년간 공공기관 정원을 1만2,000명을 줄여 7,600억 원의 비용을 절감하기로 했다.

(2022년 12월) 26일 기획재정부는 이 같은 내용을 담은 공공기관 기능조정 및 조직 · 인력 효율화 계획을 확정해 발표했다. 정부는 내년부터 2025년까지 3년간 공공기관 정원을 1만2,442명을 줄이기로 했다. 연도별로 보면 내년 1만1,081명, 2024년 738명, 2025년 623명 등이 조정된다. 이는 현재 전체 정원 44만9,000명의 약 2.8%에 해당한다. 구체적으로는 공공기관별로 필요성이 낮은 인력 1만7,230명을 감축하고 국정과제 등 필요한 영역에 4,788명을 재배치한다.

정부가 공공기관 정원을 줄이는 것은 지난 2009년 이후 14년 만이다. 당시 공공기관 선진화 계획에 따라 약 1만9,000명의 정원이 줄었다. 이후 공공기관 정원은 매년 증가해 20만 명가량 확대됐다. 정부는 이 같은 공공기관 비대화가 비효율을 초래한다고 보고 이번 효율화 계획을 마련했다고 설명했다. (중략)

한국도로공사서비스는 통행료 정산기를 설치해 수납기능을 축소한 결과로 1,041명(16.5%) 정원이 감축된다. 이 회사는 비정규직이던 요금수납직원 등을 정규직으로 고용하기 위해 문재인 정부에서 신설된 한국도로공사 자회사다. (후략)

출처: 한경 경제(https://www.hankyung.com/economy/article/202212260117i), 2022.12.26.

둘째, 기존의 정규직 중심의 노사관계에서 비정규직을 중심으로 하는 노사관계가 비중을 높여갈 뿐만 아니라 비정규직 이슈가 장기화・악성화되는 경향을 보이면서 정규직 중심의 노사관계와는 구분되는 경향을 보인다는 점이다. 또한 그로 인해 기존 노조의 정당성과 도덕성에 대한 위기를 불러일으키고 있다는 점이다.

기아자동차 노동조합은 2017년에 비정규직을 별도의 노동조합으로 분리하였다. 현대자동차도 울산공장 생산라인에 자동차 부품 배치, 설비수리 등을 담당하는 근로자들이 별도로 현대자동차비정규직지회가 있다. 부산항운노조의 경우 정조합원이 7천여 명이고 임시조합원이 2천여 명인데, 이 임시조합원이란 몇 년씩 일해도 계속 임시조합원인데, 정조합원과의 근로조건 등에서 많은 차이를 보인다. 많은 대기업에서 비정규직은 정규직 노조와 분리되어 별도의 노조를 결성하는 것이 일반적이다. 노동운동에서 가장 중요한 연대성(solidarity)에서 볼 때는 아쉬운 점이다.

하지만 비정규직을 보면서 가장 중요한 점은 비정규직이 다양한 형태를 보이면서 최근 급격히 증가하여 기존의 정규직보다 많다는 주장이 있을 정도로 확대되어 있다는 점이다. 우선 비정규직과 관련한 이론적 논의를 살펴보자.

1) 이중노동시장이론

이중노동시장(dual labor market)이론은 노동시장이 하나로 구성된 것이 아니라 최소한 두 개의 질적으로 서로 다른 노동시장으로 구성되어 있다는 주장이다.

(1) 이중노동시장

이중노동시장이론에서는 고용이 보장되고 임금 수준도 높은 1차 노동시장이 있고, 고용도 불안하고 임금 수준도 낮은 2차 노동시장으로 구분되어 있다는 설명이다. 그리고 이들 간에 이동하는 경우가 많지 않다고 주장한다.

기존의 전형적인 고용관계, 즉 장기고용과 전일제 노동, 그리고 2자간 직접적인 근로계약으로 대표되는 노동시장이 변화되어, 1990년대 이후 소위 '비전형적인(atypical)', '임시적인(contingent)', '불안정한(precarious)' 고용관계가 증가하게 되었다. 이러한 비전형적이고 임시적이며 불안정한 고용형태에 대한 이론적인 설명으로 가장 많이 논의되는 이론이 바로 이중노동시장이론 또는 분단노동시장이론이다.

도링거와 피오르(Doeringer & Piore, 1971)는 **거래비용이론**을 바탕으로 기업특수적인 숙련(firm-specific skill)이 고용을 안정시키는 관행을 발전시킬 것이라는 노동자숙련이론에 기초하여 경제가 1차 부문과 2차 부문으로 구분되어 있음을 강조하였다. 그리고 1차 부문에 **내부노동시장**(internal labor market)이 존재하는데 이 내부노동시장에는 직무와 고용이 안정된 숙련된 생산직 근로자, 사무관리직 근로자 및 전문직 근로자 등으로 구성된다. 1차 부문 근로자들은 기업이 활용하기 위해서 상당한 교육훈련이 필요하거나 쉽게 구하기 어렵기 때문에 상대적으로 높은 임금과 안정적인 일자리를 제공한다. 하지만 2차 부문은 단기적이고 경쟁적인 임금결정을 특징으로 하는 비숙련 생산직 및 서비스직 근로자, 외국인근로자, 단시간근로자, 계절근로자 등을 포함한다는 것이다. 기업에서는 쉽게 구할 수 있고, 특별한 교육훈련 없이도 활용할 수 있기 때문에 낮은 임금을 지급하고 고용기간도 제한적인 경우가 많다.

기업단위에서는 일반적으로 일반 근로자와 협력업체 근로자가 구분된 노동시장이며, 예를 들면 현대자동차나 기아자동차의 비정규직 노동조합이 이러한 **이중노동시장이론**을 보여주는 것이며, 부산항운노조의 정조합원과 임시조합원 등이다.

(2) 사용자 전략이론, 인적자본이론 및 근로자집단행동론

이와 달리 **사용자 전략이론**은 근로자들을 분할하여 지배하려는 사용자의 전략을 중심으로 설명하고 있다.[3] 특히, 에드워드(Edwards, 1979)는 도링거와 피오르의 이중노동시장이 직무의 기술적 특성과 근로자의 행동특성만을 중심으로 노동시장의 분단을 설명하고 있는 점을 비판하였다. 대신에 그는 노동시장을 기업규모, 노동통제, 직무, 숙련, 직종 등에 따라 세 부분으로 구분하고, 1차 노동시장을 독립적인 노동시장과 종속적인 노동시장으로 세분화하였다. 각각의 노동시장에서 기업은 서로 다른 급여와 승진체계를 적용한다는 주장이다.

그 외에도 코이케(Koike, 1988)는 **인적자본이론**에 근거해 일본형 기업별 **내부노동시장**의 **기업특수적 숙련형성 메커니즘**, 연공서열형 임금구조 및 장기고용을 설명하였다. 근로자집합행동론은 근로자집단이나 노동조합 등 근로자조직의 행위가 노동시장의 분절화와 내부노동시장 형성에 주요한 요인이라고 설명한다.[4] 우리나라에서도 노동조합이 결성되어 있지만 비정규직을 조합원으로 포함하지 않는 경우가 많다.

2) 유연성 확보와 비정규직 활용

(1) 비정규직의 활용이유

우리나라에서 비정규직의 활용원인에 대해 살펴보면 첫째, 일시적 수요에 대한 대응보다는 비용절감으로 나타났다. 특히 **아웃소싱**이라는 이름으로 하청회사나 용역회사를 많이 활용한다. 둘째, 고용조정이 용이하다는 이유도 중요한 이유로 제시되고 있다. 아웃소싱을 통해 계약을 해지함으로써 해고의 어려움을 피해 고용유연성을 확보할 수 있다. 셋째, 노조결성의 회피다. 하청회사나 용역회사에서 노조가 결성되면 계약을 해지하면 그만이기 때문이다. 그 대표적인 예가 2021년 1월 장기 농성이 진행되었던 서울 여의도 LG빌딩의 청소노동자의 경우이다. 법적으로는 하자를 찾기 어렵다.

비정규직의 개념 및 규모와 관련해서 국내외에서 많은 논란이 있다. 경제개발협력기구(OECD)는 **임시직 근로자**(temporary worker) 정도를 비정규직으로 파악하고, 임시직 근로자에는 **유기계약근로자**(worker with fixed-term contract), **파견근로자**(temporary agency worker), **계절근로자**(seasonal worker), **호출근로자**(on-call worker) 등을 포함하고 있다. 정부는 2002년 7월 노사정위원회에서 합의한 바에 따라 경제활동인구 부가조사상 고용형태에 따라 정의되는 한시적 · 단시간 · 비전형근로자만을 포함하고 있다. 그러나 노동계는 비정규직 범위를 경제활동인구 본조사에서 임시 · 일용직근로자와 상용직근로자 중 부가조사상의 비정규직 근로자를 합한 것으로 파악하고 있다.

2 비정규직 근로자 노동시장과 규모

비정규직에 대한 통일된 정의는 없지만, 이상에서의 논의를 전제로 비정규직이 노동시장에서 차지하는 규모를 살펴보기로 하자.*

1) 비정규직 노동시장

통계청의 경제활동인구조사의 근로형태별 부가조사 결과에 따르면 2024년 8월 기준으로 우리나라 비정규직 근로자는 845만9천 명으로 전체 임금근로자의 중에서 38.25%를 차지하고 있다.**

* 비정규직에 대한 개념은 국제적으로 통일된 개념이 없으나 OECD는 국가 간 비교를 위해 '고용의 한시성'을 기준으로 'temporary workers'에 대한 통계를 제시하고 있으며 우리나라 통계청에서는 기간제 근로자+단기기대 근로자+파견근로자+일일근로자 자료를 OECD에 제공하고 있다. 따라서 비정규직 근로자 중에서 반복갱신근로자, 시간제 근로자, 용역근로자, 특수형태근로종사자, 가정내 근로자는 제외된다.

** 비정규직의 실태에 대한 이하의 내용은 통계청(2024.10.22)의 보도자료, 「2024년 8월 경제활동인구조사 근로형태별 부가조사 결과」를 이용하였다.

〈표 2-1〉 주요국 임시직 근로자 비중 변화추이: 2014~2023 (단위: %)

국가	2014	2015	2016	2017	2018	2019	2020	2021	2022	2023
캐나다	13.4	13.4	13.3	13.8	13.4	12.9	11.6	12.1	11.9	11.6
독일	13.0	13.1	13.2	12.9	12.6	12.0	10.9	11.4	12.4	11.9
네덜란드	21.5	20.2	20.8	21.8	21.5	20.3	18.0	27.4	27.7	27.4
폴란드	28.4	28.0	27.5	26.2	24.4	21.8	18.6	15.1	15.4	15.4
스페인	24.0	25.1	26.1	26.7	26.8	26.3	24.1	25.1	21.1	17.1
일본	-	-	-	-	15.7	15.7	15.4	15.0	15.0	14.9
영국	6.4	6.2	6.1	5.9	5.6	5.2	5.4	5.6	5.4	5.3
한국	21.6	22.2	21.9	20.6	21.2	24.4	26.1	28.3	27.3	26.7

주: OECD의 Temporary Workers에 대한 정의는 고용의 한시성을 기준으로 하고 있으며, 한국의 경우 2019년을 기준으로 비정규직에 대한 정의가 변경된 바 있음. 또한 한국의 경우 비정규직 중에서 반복갱신 근로자, 시간제 근로자, 용역근로자, 특수형태근로종사자와 가정내 근로자는 임시직(Temporary Workers)의 통계에서 제외함.
출처: OECD Statextracts; 통계청(2024.10.22), 「2024년 8월 경제활동인구조사 근로형태별 부가조사」, 보도자료의 21쪽.

먼저 비정규직의 추이를 보면 절대적인 숫자로는 증가하고 있지만, 전체 근로자에서 차지하는 비율은 약간 감소하는 추이를 보인다고 하겠다. 2008년 8월 기준 비정규직은 544만5천 명으로 33.8%를 차지하고 있었으나, 2024년 8월 기준으로는 845만9천 명으로 38.2%를 차지하고 있었다. 근로형태별로 보면 한시적 근로자 562만8천 명으로 25.4%, 시

[그림 2-3] 비정규직 근로자 규모 및 비중: 2015.8~2024.8

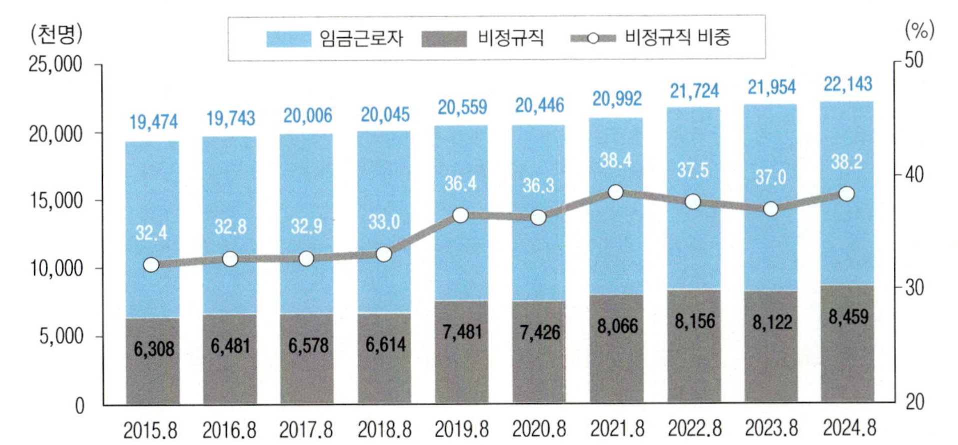

출처: 통계청(2024.10.22), 「2024년 8월 경제활동인구조사 근로형태별 부가조사」, 보도자료의 1쪽.

간제 근로자 425만6천 명으로 19.2%, 그리고 비전형근로자는 190만3천 명으로 8.6%를 차지하고 있었다.5)

통계청과 고용노동부에서 설명하는 비정규직 정의는 2002년 노사정위원회에서 합의한 비정규직 근로자의 정의 및 범주를 기준으로 한 것으로 그 특징을 보면 다음과 같다. 우리나라는 비정규직 개념에 한시적 · 시간제 · 비전형근로자를 포괄하고 있으나, OECD 국가는 **임시직 근로자**(temporary worker)만 집계한다. 따라서 직접 비교에는 신중해야 한다.

〈표 2-2〉 비정규직 근로자의 유형에 대한 정의

구분	정의
비정규직 근로자	1차적으로 고용형태에 의해 정의되는 것으로 ① 한시적 근로자 ② 시간제 근로자 ③ 비전형근로자 등으로 분류된다.
① 한시적 근로자	근로계약기간을 정한 근로자(기간제 근로자) 또는 정하지 않았으나 계약의 반복 갱신으로 계속 일할 수 있는 근로자와 비자발적 사유로 계속 근무를 기대할 수 없는 근로자(비기간제 근로자)를 포함
- 기간제 근로자	근로계약기간을 설정한 근로자가 해당됨
- 비기간제 근로자	근로계약기간을 정하지 않았으나 계약의 반복 갱신으로 계속 일할 수 있는 근로자와 비자발적 사유(계약만료, 일의 완료, 이전 근무자 복귀, 계절근무 등)로 계속근무를 기대할 수 없는 근로자
② 시간제 근로자	직장(일)에서 근무하도록 정해진 소정의 근로시간이 동일 사업장에서 동일한 종류의 업무를 수행하는 근로자의 소정 근로시간보다 1시간이라도 짧은 근로자로, 평소 1주에 36시간 미만 일하기로 정해져 있는 경우가 해당됨
③ 비전형근로자	파견근로자, 용역근로자, 특수형태근로종사자, 가정내(재택, 가내) 근로자, 일일(단기)근로자
- 파견근로자	임금을 지급하고 고용관계가 유지되는 고용주와 업무지시를 하는 사용자가 일치하지 않는 경우로 파견 사업주가 근로자를 고용한 후 그 고용관계를 유지하면서 근로자 파견계약의 내용에 따라 사용 사업주의 사업장에서 지휘, 명령을 받아 사용 사업주를 위하여 근무하는 형태
- 용역근로자	용역업체에 고용되어 이 업체의 지휘하에 이 업체와 용역계약을 맺은 다른 업체에서 근무하는 형태(예: 청소용역, 경비용역업체 등에 근무하는 자)
- 특수형태근로종사자	독자적인 사무실, 점포 또는 작업장을 보유하지 않았으면서 비독립적인 형태로 업무를 수행하면서도, 다만 근로제공의 방법, 근로시간 등은 독자적으로 결정하면서, 개인적으로 모집 · 판매 · 배달 · 운송 등의 업무를 통해 고객을 찾거나 맞이하여 상품이나 서비스를 제공하고 그 일을 한만큼 소득을 얻는 근무 형태
- 일일(단기)근로자	근로계약을 정하지 않고, 일거리가 생겼을 경우 며칠 또는 몇 주씩 일하는 형태의 근로자
- 가정내 근로자	재택근무, 가내하청 등과 같이 사업체에서 마련해 준 공동 작업장이 아닌 가정 내에서 근무(작업)가 이루어지는 근무 형태

출처: 통계청(2024.10.22), 「2024년 8월 경제활동인구조사 근로형태별 부가조사」, 보도자료의 34쪽.

여기서 정부가 정하고 있는 비정규직 근로자의 유형에 대한 개념을 정리해 보기로 한다(〈표 2-2〉 참조). 먼저 한시적 근로자는 계약기간이 1개월, 6개월처럼 정해져 있는 경우이며, 시간제 근로자는 통상적인 근로시간(1주에 40시간)보다 짧게 일하는 경우(1주에 36시간 미만)이다. 흔히 알바, 파트타이머 등으로 불린다. 다음으로 비전형근로자가 있는데, 2024년 8월 기준으로 파견근로가 23만7천 명, 용역근로 54만1천 명, 특수형태근로가 57만6천 명, 일일근로가 57만 명으로 제일 많았고, 그리고 가정내 근로는 6만3천 명 수준이었다.

[그림 2-4] 근로형태별 근로자 구성: 2024년 8월

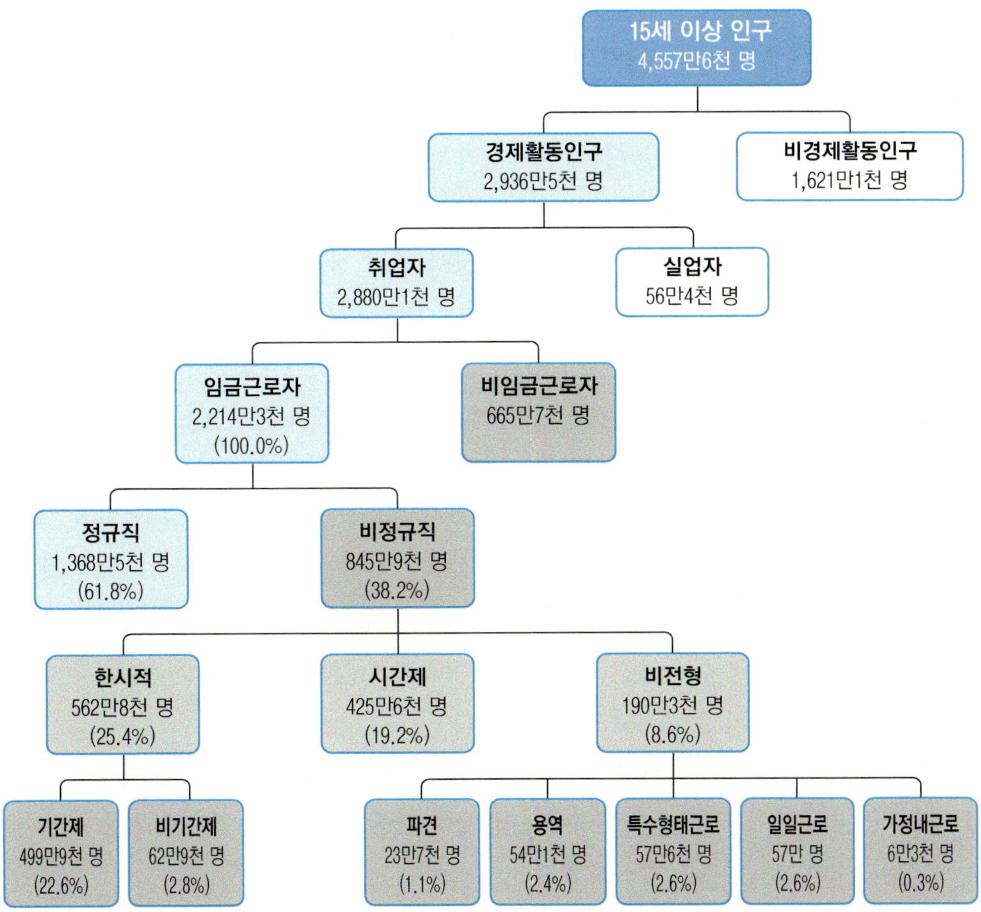

주: 비정규직 근로자의 전체 규모는 비정규직 유형별로 중복되는 경우가 있어 그 합계와 불일치하고, ( ) 안은 임금근로자 대비 차지하는 비율임.

출처: 통계청(2024.10.22), 「2024년 8월 경제활동인구조사 근로형태별 부가조사」, 보도자료의 4쪽.

2) 비정규직의 특성

비정규직 근로자의 특성을 살펴보면 첫째 여성이 484만4천 명(57.3%), 남성이 361만 5천 명(42.7%)으로 여성이 남성보다 더 많은 숫자와 비율을 차지하고 있었다. 연령대별로 보면 60세 이상이 281만2천 명(33.2%)으로 가장 많았고, 이는 2021년의 240만3천 명에 비해 41만 명이 증가한 것이다. 다음으로는 50대가 166만1천 명(19.6%)이었다. 60세 이상의 경우는 정부지원사업이 높은 비중을 차지하고 있어서 시장상황을 반영했다고 보기는 어렵다. 산업별 특성을 보면 보건업 및 사회복지서비스업이 154만6천 명으로 가장 많은 숫자를 보였고, 다음이 숙박 및 음식점업이 87만1천 명 순이었다.

비정규직 근로자의 근로여건을 보면 첫째, 비정규직 선택동기에 있어서 자발적 사유로 선택한 비율이 66.6%에 달하며, 자발적 사유로는 '근로조건에 만족한다'가 59.9%로 가장 높게 나타났다. 비자발적으로 선택한 사유를 보면 '당장 수입이 필요한 경우'(76.2%)가 가장 많았으며, 그 다음으로는 '원하는 일자리 없음'(14.1%), '직장이동'(7.7%), '노력한 만큼 수입'(3.2%) 등이었다. 둘째, 현 직장(일)에서의 평균 근속기간은 2년 10개월이었으며, 이는 정규직의 8년 6개월에 비해 매우 짧았다. 셋째, 주당 평균 취업시간을 보면 27.6시간으로 정규직의 35.4시간에 비해 8시간 정도 짧았다. 이는 시간제 근로자가 많은 비중을 차지하기 때문이다. 넷째, 최근 3개월간(2024년 6~8월) 월평균 임금을 보면 시간제를 제외하고 295만7천 원으로 정규직의 379만6천 원에 비해 약 78% 수준이었다. 구체적으로 한시적 근로자는 215만 원, 시간제 근로자는 114만 원, 비전형근로자는 232만 원으로 나타났다. 다섯째, 계약서 서면작성 비율은 80.8%였으며 시간제는 74.5%, 비전형근로자는 65.4%, 한시적 근로자는 88.2%로 나타났다. 여섯째, 사회보험 가입률을 보면 비정규직의 경우 국민연금 37.5%, 건강보험 52.2%, 고용보험 54.7%로, 정규직의 88.1%, 95.0%, 그리고 92.3%에 비해서 상당히 낮은 수준이었다. 일곱째, 노동조합 가입을 살펴보면 비정규직은 6.0%만이 가입이 가능했고 이 중에 50.2%가 가입했다.

이상과 같이 비정규직의 경우 정규직과 같은 조건으로 전제하더라도 근속기간이나 임금, 사회보험 가입률 등이 상당히 낮으며, 노동조합 가입률도 현격한 차이를 보여서 고용불안과 낮은 근로조건을 감수해야 하는 상황이라고 하겠다.

3 직접고용 비정규직

직접고용 비정규직은 비정규직이라고 하더라도 2자간 계약의 형태를 띤 경우를 말한다. 임시직, 계약직, 유기계약직 등으로 불리는 기간제(한시적) 근로자와 파트타이머, 아르바이트 등으로 불리는 시간제 근로자를 대표적인 유형으로 볼 수 있다.

1) 기간제 근로*

기간제 근로라고 하면 '근로계약기간이 일정한 기간으로 한정되어 있는 고용형태'를 의미한다. 통계청에서는 한시적 근로자로 구분하지만 고용노동분야에서는 기간제라는 표현을 더 많이 사용하고 법에서도 기간제로 표현하므로 여기서는 기간제로 통일하여 사용하기로 한다. 일상적으로는 '계약직', '임시직', '기간제' 등으로 불리며 법에서는 '기간의 정함이 있는 근로계약'이라고 표현한다. 일정하게 정해진 계약기간 동안에는 고용을 보장받지만 그 기간이 지나면 해고 등의 별다른 조치 없이 근로계약이 종료되고 근로자는 직장을 떠나야 한다는 문제점이 있다. 상대적인 개념인 '기간의 정함이 없는 근로계약(무기근로계약)'의 경우는 따로 근로계약기간을 정하지 않고 (특별한 사정이 없는 한) 정년의 기간까지 고용이 보장된다는 의미로 해석된다.

현실에서는 많은 계약직 근로자들도 계약기간이 만료된 이후 재계약이나 계약갱신을 통해 계속 근무를 하고 있다. 그러나 이러한 재계약이나 갱신은 법적으로 새로운 계약에 해당하기 때문에 사용자는 선별적으로 재계약을 할 수 있다. 물론 근로계약이 반복된 경우에는 근로자에게 **갱신기대권****이 있기 때문에 사용자는 계약해지를 주장할 때 신중해야 하는 측면이 있지만, 그럼에도 원칙적으로 계약만료는 해고가 아니고, 계약의 종료로

---

* 전국불안정노동철폐연대 법률위원회(2004), 「비정규직 노동자를 위한 노동법 해설」, 서울: 잉걸의 제1부 기간제 고용을 일부 참조하여 서술하였다.

** 근로계약에 대한 갱신기대권이란 1개월이나 1년처럼 기간제 근로계약임이 인정된다 하더라도, 근로자에게 계약갱신에 대한 정당한 기대권이 인정된다면 사용자의 계약갱신 거절에 '합리적 이유'가 있어야 한다는 것이다. 대법원 판례에 따르면 근로계약의 당사자가 계약기간을 정했어도 ① 단기의 근로계약이 장기간에 걸쳐 반복하여 갱신된 경우나 ② 일정한 요건이 충족되면 근로계약이 갱신된다는 신뢰관계가 형성되어 있는 경우와 같이 그 기간의 정함이 형식에 불과하다고 인정되는 특별한 사정이 있는 경우 계약의 실질적 성격을 기간의 정함이 없는 근로계약으로 보아, 사용자의 정당한 이유가 없는 갱신 거절을 부당해고와 마찬가지로 볼 수 있다.

〈표 2-3〉 기간제 근로자를 2년 이상 초과해서 사용할 수 있는 경우(특례계약직근로자)

1. 사업의 완료 또는 특정한 업무의 완성에 필요한 기간을 정한 경우(건설공사 등 유기사업, 특정 프로그램 개발 또는 프로젝트 완수를 위해 고용하는 경우)
2. 휴직·파견 등으로 결원이 발생하여 당해 근로자가 복귀할 때까지 그 업무를 대신할 필요가 있는 경우(출산·질병·군 입대 등으로 인한 휴직, 장기파견 근로자 대체 등)
3. 근로자가 학업, 직업훈련 등을 이수함에 따라 그 이수에 필요한 기간을 정한 경우(학생, 직업훈련생이 학위 또는 자격증 취득을 위해 필요한 기간만큼 근로계약을 체결하고 고용하는 경우)
4. 고령자고용촉진법 제2조 제1호의 규정에 의한 고령자와 근로계약을 체결하는 경우(연령 때문에 재취업이 어려운 조기퇴직자의 고용촉진을 위해 고령자를 재고용하는 경우)
5. 전문적 지식·기술의 활용이 필요한 경우와 정부의 복지정책·실업대책 등에 의하여 일자리를 제공하는 경우로서 대통령령이 정하는 경우(예: 박사학위소지자, 기술사, 건축사·회계사·변호사·의사 등의 전문자격소유자/취로사업·자활사업·공공근로사업 등 정부시책사업에 참여하는 경우)
6. 그 밖에 제1호 내지 제5호에 준하는 합리적인 사유가 있는 경우로서 대통령령이 정하는 경우(다른 법령에서 기간을 정하는 경우/군사관련 직업 및 강의/고등교육법상의 조교 등)

출처: 「기간제 및 단시간근로자 보호 등에 관한 법률」 제4조 및 시행령 제3조; 노동OK, https://www.nodong.or.kr/?mid=irregular&document_srl=406812에서 2021.2.3.에 내려받음.

해석된다.

「기간제 및 단시간근로자 보호 등에 관한 법률」 제4조를 보면 "사용자는 2년을 초과하지 아니하는 범위 안에서(기간제 근로계약의 반복갱신 등의 경우에는 그 계속근로한 총 기간이 2년을 초과하지 아니하는 범위 안에서) 기간제 근로자를 사용할 수 있다." 다만 동법 시행령 제3조를 보면 〈표 2-3〉에서 보는 바와 같이 ① 대형 건설공사와 같이 특정사업의 완수를 위해 일하는 경우, ② 55세 이상 고령자, ③ 박사학위소지자와 변호사, 의사, 회계사, 조종사 등과 같은 전문직, ④ 공공근로, ⑤ 제대군인, ⑥ 체육지도자인 경우에는 예외적으로 2년을 초과하여 사용할 수 있다.[6)]

2) 단시간근로자

단시간근로자는 '**아르바이트**나 **파트타임** 등의 형식으로 채용되는 근로자로서 1주에 근로하기로 정한 시간이 해당 사업장의 통상의 근로자에 비해 짧은 근로자'를 말한다.[*]

---

* 단시간근로자에 대한 이하의 내용은 한국비정규노동센터 홈페이지(http://www.workingvoice.net)의 내용을 일부 참고하여 작성한 것이다.

통계청에서는 비정규직의 구분에 **시간제 근로자**로 표현하고 있으나 고용노동분야에서는 단시간근로자라는 표현을 더 많이 사용하고 법에서도 단시간근로자라고 표현하고 있으므로 단시간근로자로 통일하여 사용하기로 한다.7) 단시간근로자라 함은 본래 통상근로자(full-time 근로자)에 대비되는 개념으로서 취업형태가 단시간근로인 자를 말하므로, 고용형태가 상용 · 임시 · 일용직 여부에 상관없다.

근로기준법 제21조에서 '단시간근로자라 함은 1주간의 소정근로시간이 당해 사업장의 동종 업무에 종사하는 통상근로자의 1주간의 소정근로시간에 비하여 짧은 근로자'로 정의하고 있으므로, 1주간의 근로시간이 통상근로자에 비하여 1시간이 짧더라도 단시간근로자에 해당한다.

원칙적으로 단시간근로자에 대해서 근로시간이 짧은 것에 의한 차별을 제외하고는 통상근로자와 차별대우해서는 안 되고, 통상근로자의 근로시간에 비례하여 근로조건을 결정하여야 한다(근로기준법 제18조 제1항). 이는 단시간근로자에게 통상근로자에 비례해서 형평에 맞는 보호를 하는 한편, 사용자에 대해서는 과도한 부담을 주지 않는 적정한 기준을 정하는 것이다.

4 간접고용 비정규직

1) 간접고용의 의미와 법적인 규제

직접고용과 대비되는 간접고용은 국내뿐만 아니라 세계적으로도 증가추세를 보인다. 간접고용은 근로자와 실제로 근로를 제공받는 자 사이에, 제3자가 중개를 하거나 근로자를 고용해서 근로자를 제공하는 경우를 의미한다. 전통적으로 간접고용에 대해서는 근로자공급이나 근로자파견이 가장 핵심적인 내용이었으나, 최근에는 용역, 하청 등과 같이 기업의 인력외주화를 통한 간접고용이 증가하고 있다.

국제노동기구(ILO)*는 과거에 근로자파견을 비롯한 간접고용사업을 **유료직업소개사**

---

* 국제노동기구(ILO, International Labor Organization)는 산업화 과정에서 발생한 노동문제와 자본주의 모순을 합리적으로 해결하기 위해 1919년 국제연맹 산하에 설립되었고, 1946년 국제연합(UN) 전문기구로 편입되었고 190여 개 회원국이 가입해 있다. 우리나라는 1991년 152번째로 가입했고, 2003년에 이사회 의장을 역임하였다. 190여 개의 협약(conventions)과 200여 개의 권고(recommendations)를 채택

업의 하나로 보고 이를 금지해야 한다는 입장을 취해왔으나, 1997년 민간고용서비스사업협약(Private Employment Agencies Convention, 181호)이라는 권고를 채택하였다. 핵심은 불안정 노동력의 보호를 지지하지만, 그렇다고 해서 유연한 노동방식 자체를 반대하지도 않는다는 것이다. 일본이나 독일도 실업문제 해소를 위해 간접고용에 대한 제한을 대폭 축소하였다. 다만 이러한 간접고용의 확대가 정규직 대체로 이어지지 않도록 조심하고 있다는 점은 유의할 필요가 있다.[8)]

국제노동기구에서는 간접고용의 개념에서 **다자간고용관계**(multi-party employment relationship)를 주제로 다루고 있는데 핵심적인 내용을 파견근로(temporary agency work)로 정리하고 있다.[9)] 국가에 따라서 우리나라나 일본처럼 파견근로(dispatched labor by private employment agency)라고 하기도 하고, 남아공에서는 'labor brokerage'라고 부르며, 나미비아에서는 'labor hire'로 부른다.

(1) 간접고용의 정의와 사용자 개념의 확대

간접고용은 법적으로 보면 '어떤 근로자의 노무제공에 대해 형식상 근로계약의 당사자인 사용자(고용사업주)가 법률상 또는 사실상 노무지휘권을 가진 사용자(사용사업주)와 다른 경우로, 고용사업주의 사업적 목적이 자신이 고용한 노동력을 타인이 이용하게 하는 경우'로 정의할 수 있다.[10)] 실제 사용되는 용어를 보면 근로자공급, 파견, 용역, 도급, 위임, 사내하청, 소사장, 격지근무, 전출, 점원파견 등과 같이 다양하다.

전통적인 관점에서 근로관계는 '계약의 일방당사자인 사용자가 근로의 대가인 임금을 목적으로 자신에 근로를 제공하는 다른 일방의 계약자인 근로자에 대해 직접적이고 구체적인 지휘명령을 행하는 관계'를 말한다. 그러나 최근에는 민법의 고용관계와 노동법의 근로관계의 한계설정과 다양한 고용형태의 등장으로 종래의 전통적인 근로자 개념과 사용자 개념도 점차 분화되고 확대되는 경향을 보인다. 특수고용형태, 위장도급, 불법파견 등의 새로운 형태의 고용문제가 법의 해석과 적용을 둘러싸고 많은 논쟁을 일으키고 있으며, 당사자들의 경우에는 권리와 책임의 귀속과 관련해 쟁점으로 다루어지고 있다.

하고 있으며, 우리나라는 32개 협약에 비준하였다.

(2) 도급과 위임 및 용역

일반적인 고용계약은 근로기준법의 적용을 받는 계약이지만, 도급이나 위임은 근로기준법의 적용을 받지 않는 것이 원칙이다. 도급은 일의 완성을 목적으로 하는 계약이고, 위임은 사무의 처리를 목적으로 하는 계약으로 고용계약과의 가장 큰 차이점은 노무제공자가 자신의 판단과 재량권에 따라서 독립적으로 업무를 처리한다는 점이다. 도급의 예로는 건물을 지을 때 건축주와 건설업체 간에 계약을 체결하는 경우, 제조업체가 생산물의 포장만을 특정 기업에 넘기는 경우 등이다. 채호일은 다음과 같이 구체적인 예를 제시하고 있다.[11)]

① 도급인이 제공한 시설에서 일을 하는 경우(예: 설비공사, 주택수리)
② 도급인이 인도한 물건에 대하여 일을 하는 경우(예: 자동차 또는 전자 제품 수리)
③ 수공작업(예: 열쇠, 수도장치, 변기 등의 수선)
④ 정신적 작업(예: 감정서의 작성, 외국문헌의 번역, 시장조사, 예술공연)
⑤ 신체침해의 잠재적 가능성을 가진 일(특히 도급인의 인신에 관련하여 수행되는 일로서, 예컨대 안경업자, 치과의사, 이발사, 안마사 등의 일 또는 장기제거수술을 하는 의사의 일)
⑥ 건축 또는 시설공사(예: 설계사의 일, 시설공사를 위한 콘크리트작업, 갱도작업)
⑦ 기타(예: 운송, 벌목작업)

위임은 '당사자 일방이 상대방에 대해 사무처리를 위탁하고 상대방이 이를 승낙함으로써 그 효력이 생기는 계약'(민법 제680조)을 말한다. 위임계약에서는 수임인이 위임사무를 처리하는 활동 그 자체를 목적으로 하며, 도급의 수급인과 달리 일의 완성을 목적으로 하지 않는다. 따라서 수임인은 선량한 관리자의 주의를 다하여 사무를 처리해야 하지만(민법 제681조), 약정된 사무를 처리한 이상 그 사무처리가 일정한 결과를 수반하지 않더라도 수임인은 부담한 채무를 이행한 것이 된다.

그런데 구체적으로 계약의 목적이 일정한 결과 발생을 급부목적으로 하는가(**도급**), 아니면 단순히 일정한 결과를 위한 노력, 즉 수임한 사무를 처리하는 것으로 충분한가(**위임**)는 결국 계약해석에 의하여 판단된다. 진정한 위임계약관계에서는 수임인이 자신의 책임으로 위탁받은 업무를 처리하게 되므로 진정한 도급의 경우와 마찬가지의 법률관계가 성립한다. 대표적인 예로는 청소와 경비업무 등이 있다.

[그림 2-5] 도급계약과 근로자

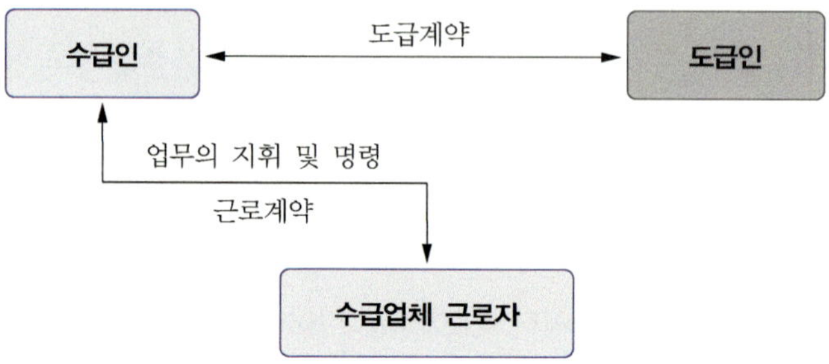

출처: 고용노동부(2011.12), 『파견법 업무매뉴얼』, 7쪽.

'용역'이라는 용어는 일부 법률에서도 사용되고 있으나, 대체로 기업의 외부에서 인력을 공급받아 사용하는 형태를 통칭하여 일컫는다. 하지만 '용역'의 경우는 도급이나 위임, 파견근로 중 어디에 속하는지 분명하지 않아 법률적 판단이 어렵고, 또 고시나 지침상의 근거도 없어서 노동행정이나 기업의 인사노무관리에서도 법적 판단이 어려운 것이 현실이다.

특별법에 특정 용역사업에 대한 규정이 있는 경우도 있다. 예를 들면, **경비업법**에 따른 **경비용역사업**, **공중위생관리법**에 의한 **청소용역사업**, 엔지니어링기술진흥법에 따른 기술용역사업 등이 그것이다. 그렇지만 각 법률은 해당 용역업무를 수행하는 데 필요한 행정적 단속규정을 두어 해당 사업이 건전하게 유지되도록 하는 데 그 목적이 있으며, 관련 근로자에 대한 보호규정을 두고 있지 않으므로 근로자보호법의 성격을 갖지 않는다. 그래서 민법상 도급이나 위임 등의 계약형태를 취하고 있거나 특별법에 따른 용역계약이라고 하더라도 그 계약의 내용에 따라 근로기준법이나 근로자파견법이 적용될 수 있는 것이다.

용역은 도급이나 위임, 근로자파견 등과는 달리 1998년 **「파견근로자보호 등에 관한 법률」**(이하 **'근로자파견법'**)이 제정되기 훨씬 이전부터 존재해 왔으며, 근로자파견법이 제정된 이후에도 용역계약 형태는 여전히 확산되는 추세에 있다. 오늘날 용역고용형태는 주로 청소, 경비, 전기보수 등 시설관리업종에서 광범위하게 사용되고 있으며, 그 사용기관은 정부, 지자체, 공기업 등 공공기관을 비롯하여 대학이나 병원, 백화점, 대형빌딩 등 매우 다양하고 광범위하다.

1998년 2월 근로자파견법이 제정되고, 같은 해 7월부터 시행되면서 이러한 광의의 '용역' 개념 중에서 근로자파견법이 허용하는 대상 업종의 경우에는 합법적인 파견근로 형태의 고용계약이 가능하게 되었다.

(3) 간접고용의 문제점

지금까지 일반적인 노동법에서는 직접고용을 전제로 근로계약에 따라, 노동력을 사용하는 사용자에게 사용자로서의 책임을 지도록 하고 있기 때문에, 고용사업주와 사용사업주가 존재하는 간접고용관계에서는 노동력 사용에 따른 사용자가 불명확하게 된다. 즉, 실제로 노동력을 사용하는 사용자와 근로계약을 체결하는 사용자가 다르기 때문에 "누가 사용자로서 책임을 부담해야 하는가" 하는 문제가 발생하게 되는 것이다.

노동계에서 제시하는 간접고용의 문제점은 크게 세 가지로 구분된다.

첫째, 간접고용은 고용・근로조건・노동3권 등에 대한 사용자로서의 책임을 회피하기가 용이하다.12) 또한 간접고용에서는 고용관계에서 반드시 제3자가 개입하기 때문에 중간착취가 발생할 가능성이 크다. 우리나라의 경우 간접고용에 있어서는 실질적인 해고가 사용사업주와 파견・용역회사 간에 계약해지의 방식으로 이루어진다. 이러한 계약의 해지는 해당 근로자에 대해서는 사실상 해고이지만, 그렇다고 해도 사용사업주를 상대로 부당해고를 다툰다는 것은 쉽지 않다. 또한 사용사업주가 실질적으로 임금이나 근로조건을 좌우하는 경우가 많지만, 형식적으로는 이에 대해 책임을 지는 것은 제3자인 파견회사나 용역회사다. 결국 사용자가 불명확하다는 문제점이 상존한다.

둘째, 간접고용은 노동3권에 대한 행사가 어렵다는 점이다. 간접고용 근로자들이 노동조합을 결성하면 사용사업주는 공급사업주와 계약을 해지하는 방법으로 해고를 하게 된다. 실제로 많은 사용사업주가 공급사업주인 파견・용역회사와의 계약서에 "노동쟁의가 발생하면 사용업체가 계약을 해지할 수 있다"는 내용을 포함하는 경우가 많다.

셋째, 간접고용은 구조조정방식으로 용이하게 활용된다. 과거에는 청소, 경비, 식당과 같은 부수적인 업무를 중심으로 외주화되었으나 점차 핵심적인 업무까지 확장되고 있다. 외주화 또는 외주용역화는 정규직 노동조합의 저항을 조절하면서, 조금씩 구조조정을 진행하는 방식으로 활용되고 있다. 때로는 정리해고 대신에 분사라는 형식을 이용하기도 한다. 그러나 일단 간접고용화가 실행되면 그 다음부터는 이 비정규직의 고용규모를 계약해지 등을 통해 조절하는 방식으로 사실상의 정리해고가 진행된다.

(4) 근로자파견법 제정의 의미와 법의 내용

1998년 2월 **「파견근로자보호 등에 관한 법률」**(제5512호, 이하 '**근로자파견법**')이 제정되어 같은 해 7월 1일부터 시행되었다. 기존에 음성적으로 활용되던 간접고용 중에서 근로자파견에 대해 구체적으로 허용 업종을 정하고 해당 근로자를 보호하기 위한 취지로 시행되었다.

그러나 파견제 합법화 이후 노동계는 우려했던 사태가 발생한 것으로 평가하고 있다. 안정적인 일자리의 파괴, 노동기본권의 무력화, 저임금과 주기적인 해고 등으로 요약한다. 노동계는 파견제의 합법화로 인해 불법파견이 규제되기보다는 간접고용 사용을 정당화시킨 것으로 본다. 정규직 근로자들이 정리해고되고, 그 자리가 파견 또는 용역근로자들로 채워지고 있으며, 외주·용역화·분사화를 통해 정규직 일자리가 급속히 간접고용화되고 있다고 생각하고 있다. 즉, 근로자파견제도는 정리해고제와 함께 기업의 일방적 구조조정을 제도적으로 뒷받침해주는 역할을 하고 있다는 주장이다.

2) 간접고용의 유형과 업종별 현황

간접고용으로 구분되는 일반적인 유형에는 근로자공급, 파견근로, 도급과 외주화 및 기타 유형으로 구분할 수 있다. 그러나 도급과 외주화의 경우 경영계는 적법한 도급이라면 회사는 이는 민법상의 도급계약에 해당하고 판례를 근거로 사용자로서의 지위에 있지 않다고 주장하고 있다. 또한 이러한 유형은 서로가 배타적이지 않으며 혼재되어 있는 경우가 더 많다고 하겠다.

(1) 근로자공급

'**근로자공급사업**'이란 파견법 이전부터 있어온 제한적인 간접고용의 형태로 **직업안정법** 제2조 제2호에 따르면 '공급계약에 의하여 근로자를 타인에게 사용하게 하는 사업'을 말한다. 현행 직업안정법은 고용노동부장관의 허가를 받은 노동조합의 경우 합법적인 근로자공급을 할 수 있도록 하고 있다(직업안정법 제33조 제3항). 구체적인 예로는 항만의 인력공급을 전국항운노조 등에서 할 수 있도록 한 것으로 그에 대해서는 고용노동부가 허가한 사항이다.

노조에 의한 근로자공급을 허용하는 이유는 노조의 경우 중간착취의 위험이 없을 것이라는 가정이다. 그러나 노조에 의한 근로자공급사업은 간접고용이 가지는 문제점, 즉 사용사업주의 사용자책임회피라는 문제점은 해결할 수 없다. 또한 현실적으로 부산항운노조의 경우는 정조합원과 임시조합원을 구분하여 임시조합원의 경우에는 시간이 흘러도 정조합원이 되는 것이 아니라 부두 처리 물량의 변동성을 해결하는 인력으로 활용되고 있다.

1998년에 근로자파견법이 제정·시행되면서, 그동안 엄격하게 제한되어온 간접고용이 비교적 폭넓게 허용된 것이며, 근로자파견법이 정한 요건을 충족시키지 못하는 근로자파견은 여전히 직업안정법이 금지하는 근로자공급사업에 해당된다고 볼 수 있다. 여기에는 무허가 파견업체에 의한 파견, 허용업무 이외의 파견, 허용기간 이상의 파견의 경우 등이 포함된다.

(2) 파견근로

'파견'이란 법적인 의미로는 근로자파견법에 근거한 간접고용을 뜻한다. **근로자파견법**은 **파견허용업종**과 **파견허용기간**을 제한함으로써 합법적으로 간접고용을 사용할 수 있도록 정하고 있다. **근로자파견**이란 '**파견사업주**가 근로자를 고용한 후 그 고용관계를 유지하면서 근로자파견계약의 내용에 따라 자신이 고용한 근로자를 **사용사업주**의 지휘·명령을 받아 사용사업주를 위한 근로에 종사하게 하는 것'을 말한다(근로자파견법 제2조 제1호).

여기서 '파견사업주'는 근로자파견사업을 행하는 자를 말하며, '사용사업주'는 근로자파견계약에 의하여 파견근로자를 사용하는 자를 말한다. 그리고 '**근로자파견계약**'은 파견사업주와 사용사업주 사이에 근로자파견을 약정하는 계약을 의미한다. 파견사업주와 근로자 사이에는 당연히 근로계약관계가 발생한다(근로자파견법 제2조 각호의 정의 참고). 근

[그림 2-6] 파견근로의 근로계약

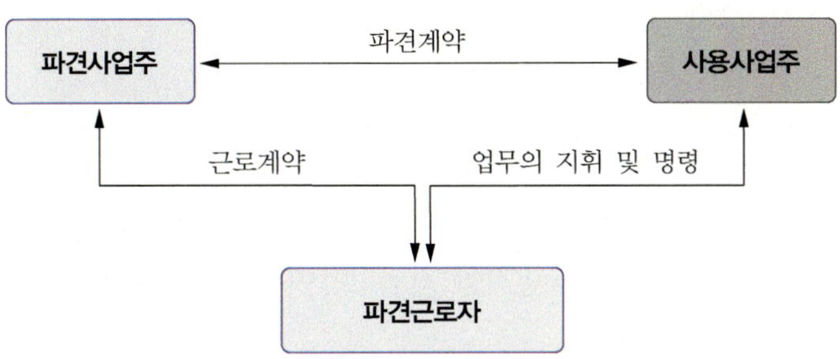

출처: 고용노동부(2011.12), 『파견법 업무매뉴얼』, 5쪽.

로자파견법이 허용하는 범위 내에서는 실질적 사용자(사용사업주)와 근로계약상의 사용자(파견사업주)의 분리가 허용된다. 간접고용이 허용되는 것이다.

1998년에 근로자파견업이 허용된 이후 2015년까지는 증가추이를 보였으나 최근에는 10만 명 규모를 보이고 있다. 2024년 상반기 기준으로 허가받은 파견사업체는 2,184개이다.[13]

파견근로자의 특징을 보면 다음과 같다. 먼저 임금수준은 2024년 상반기 기준으로 254만 원 수준이다. 파견근로자 다수가 종사하는 파견 대상 업무는 사무지원, 음식조리 등이 가장 많았으며 일시・간헐적 사유로는 기타 제조관련 단순노무, 단순조립노무 등이 많았다. 이러한 파견근로에 대해 사용자입장을 대변하는 한국경제연구원은 파견근로에 대해 별다른 제한이 없는 국가와는 달리 32개 업무에 한정하고 제조업의 직접생산공정업무는 제외하면서 최대 2년까지로 기간을 제한해 인력활용에 어려움이 많다고 주장하고 있다.[14] 사실 미국이나 영국은 파견업무에 대한 제한이 없고, 독일도 건설업만 제외하고 있으며, 일본은 건설・의료・항만운송업만 제외하고 있다. 이들 나라 모두는 파견가능기간에도 제한이 없다. 따라서 한경연은 허용업무를 **네거티브방식**으로 전환하고 파견가능기간에 대한 제한도 풀어야 한다고 주장한다. 그 결과 파견근로자의 비율은 한국이 0.4% 수준임에 비해, 외국의 경우 영국 3%, 프랑스 2%, 독일 2%, 미국 1.8%, 일본 1.5%로 활용도가 높다고 주장한다.

(3) 도급과 외주화

현장에서 '**업무위탁**' 또는 '**노무도급**'* 이라는 용어를 사용하는 경우에 계약형식은 도급계약을 취하고 있다. 이에 대해 경영계는 적법한 도급계약에 따른 것이고 문제가 없다고 주장하지만, 노동계는 사실상 근로자파견이고, 형식적으로만 특정 업무를 타회사에 위탁하는 형태를 취하고 있다고 비판하고 있다.

도급의 경우는 전통적으로 사외의 수급인에 대해 특정 계약사항을 위탁하여 생산 또는 서비스를 수행하기로 한 계약이지만 최근에는 기업의 사업장 내에서 계약사항을 이행하는 '**사내하청**'이나 '**소사장제**'도 급격하게 증가하고 있다. 자동차・조선 등의 제조업에 오래 전부터 이용되어 왔고, 1980년대 이후 급격하게 증가하고 있는 '사내하청', '외주용역'의 경우에 대해 노동계에서는 이를 불법적인 간접고용이라고 주장한다.

---

* 사내노무도급이란 흔히 사내하청이라 부르는데 '사내에서 노무도급계약을 이행하는 것'이다.

알고 지나가기

한국GM, '명백한 불법파견' 드러났다…

(전략) "카젬 전 사장과 한국지엠 간부 등 5명은 2017년 9월 1일부터 2019년 12월 31일까지 한국지엠 부평 · 창원 공장에서 파견업 허가를 받지 않은 업체 22곳의 노동자 1,571명을 파견 금지 업무인 자동차 차체 제작 · 도장 · 조립 등 직접 생산 공정에 투입한 혐의로 2020년 7월 21일 기소됐"고, "군산공장에서도 2017년 9월 1일부터 2018년 2월까지 파견업 허가를 받지 않은 업체 2곳에서 노동자 148명을 불법파견받은 혐의"를 받고 있습니다. 1심 재판부는 카젬 전 사장에게 징역 8개월에 집행유예 2년을, 한국지엠 전 · 현직 간부 4명에게는 벌금 700만 원을, 협력업체 대표 13명에게는 벌금 200만~500만 원을, 법인에는 벌금 3천만 원을 각 선고했습니다. (후략)

(전략) '우물 안 개구리' 규제로 일자리를 내쫒는 고용규제를 혁파하지 않고선, 우리는 신규 외자유치는커녕 있는 공장도 문닫게 할 판이다. 우물 안의 개구리(근로자)는 우물 물(일자리)이 말라버리면 생계 터전을 잃는다. GM은 이번 판결을 전후해 "한국의 경직된 노동환경이 해결되지 않으면, 한국에서 전기차 투자는 어렵다"고 전했다. 항소심인 이번 판결이 대법원에서 확정될 경우 GM은 비정규직 1,700명 정도(전체 고용의 20%)를 정규직으로 전환하면 5년간 최소 4,000억 원에서 1조 원 안팎의 인건비를 추가 부담해야 할 것으로 추산했다.

같은 이유로 대법원에서 유죄판결을 받은 국내 대기업들은 울며 겨자 먹기로 파견직을 직고용으로 돌리고 있다. 포스코는 작년 7월 대법원의 근로자 지위 소송 판결에 따라 이달 2일부터 55명을 정규직으로 전환했다. 2021년 7월 같은 판단을 받은 현대위아는 지난해 90여 명을 정규직으로 뽑았다. 현대 · 기아차는 작년 10월 대법원의 직고용 판결 이후 정규직 전환을 서두르고 있다. (후략)

출처: 미디어오늘(http://www.mediatoday.co.kr), 2023년 1월 12일; 디지털타임스, 2023년 1월 15일.

(4) 분사와 소사장제도

분사와 소사장제도(Intrapreneuring)도 앞에서 언급한 도급과 실질적으로는 큰 차이가 없으나 여기서 별도로 설명하기로 한다. **분사**란 '기업들이 기존의 조직 일부를 형식적으로 또는 실질적으로 분리시키는 것'을 말한다. 분사하는 경우에는 보통 '3년간 거래관계 보장'을 제시하는 경우가 많다. **'소사장제도'**는 업종에 따라 다양한 형태로 활용되고 있는데 초기에는 생산공정의 일부를 도급계약형식으로 소사장에게 넘기는 방식이 많았다.

이때 소사장은 자신이 직접 일하면서 다른 근로자와 근로계약을 맺기도 하고 사내하청회사로 발전하기도 한다. 최근에는 1인 소사장이라고 하여 사용업체와 노동자가 위수탁계약을 맺고 노동자를 개인사업주화하는 현상도 나타나고 있다. 이것은 간접고용이라기보다는 특수고용에 가깝다고 할 수 있으며, 간접고용과 특수고용이 섞이는 현상이라고 하겠다.

(5) 기타 간접고용 유형

먼저 **점원파견**으로 일컬어지는 간접고용형태가 있다. 백화점 등 대형유통회사에 파견된 납품회사의 판촉사원은 납품회사와 근로계약을 맺고 백화점, 할인점, 슈퍼마켓 등에 파견되어 일을 하는데, 업무수행 내용을 보면 사실상 대형유통회사의 지휘감독을 받으면서 종사하고 있는 경우가 일반적이다. 파견된 판촉사원은 납품회사와 근로계약을 맺지만 실제로 대형유통회사가 채용이나 징계에 관한 권한을 행사하기도 하고 출퇴근관리, 근로시간 및 시간외 근로의 결정, 교육 및 근무수칙 등에 대한 통제권을 행사하는 경우가 많다. 자사제품 판매업무 외에 백화점의 업무도 담당해야 하는 사실상 백화점의 경영 및 영업관리에 편입되어 있다고 볼 수 있다고 밝히고 있다.

다음으로 **유료직업소개**는 건설업에서 볼 수 있는 사례로 본인도 근로자이면서 일용직 근로자의 취업을 알선하고 일당에서 수수료를 받는 형태라고 할 수 있다. 엄밀하게 말하면 이러한 유료직업소개는 노동의 공급업자와 노동자 사이의 관계가 1회로 끝나고 사용사업주와 근로자 사이에 근로계약관계가 성립되었다고 볼 수 있기 때문에 간접고용으로 보기 어려운 측면도 있다. 그러나 유료직업소개라는 명칭과 형식을 가지고 근로자를 사실상 지배하는 관계 속에서 지속적으로 사용사업주에게 공급하는 행위를 했다면 여기에 간접고용이 존재한다고 볼 수 있다.

(6) 간접고용의 업종별 현황

자동차업종의 경우 간접고용은 이른바 1차협력업체(또는 벤더)－2차협력업체－3차협력업체 … 등으로 다층화되어 있다.[15] 과거에는 조립과정을 용이하게 하기 위해 부품의 하부공정이나 부품의 분류 및 공급과정에 대해 도급형태로 간접고용화하였지만 이후에는 완성차 조립공장 내에서 특정 분야의 업무에 대해 사내하청이 상당한 수준으로 도입되었다. 최근에는 모듈화가 진행되면서 완성차 조립공장의 하부조립과정이 생략되거나 외주화되면서 완성차업체뿐만 아니라 부품업체에서도 사내하청을 포함한 간접고용이 증가하고 있다.[16] 1차벤더－2차벤더－3차벤더 등으로 내려갈수록 비정규직 노동자의 근로조건은 훨씬 열악해지지만 노동조합운동의 주된 관심은 1차벤더에 속한 사내하청근로자에 한정되어 있는 것이 현실이다.

조선업종의 경우는 경기변동에 대응하기 위해 오래전부터 **사내하청**이 많이 활용되어 왔으며 최근에는 정규직 채용을 중단하고 필요인력을 사내하청으로 채우면서 간접고용의 비율이 확대되고 있다. 정규직과 사내하청노동자의 작업 사이에 직종 간 뚜렷한 차이는 없지만 공정상 좀 더 열악하고 힘든 도장(塗裝), 족장, 사상 등에서 사내하청 비율이 높다.[17]

3) 불법파견

불법파견이란 **근로자파견법**이 허용하고 있는 범위 이외의 근로자파견이나 제한기간인 2년 이상을 파견근로자를 활용하는 경우를 말한다. 즉, 근로자파견법에 의해 허가받은 파견업체가 파견허용업종과 파견허용기간을 준수하여 근로자파견을 하는 경우를 제외한 모든 경우에 해당한다. 가장 흔하게 볼 수 있는 예가 '도급계약' 형식으로 위장된 **위장노무도급**으로 이는 2년이 지나면 불법파견이라고 할 수 있다. 법적으로는 도급 계약의 형태지만 실제로는 원청회사가 하청회사 소속 근로자를 직접 노무지휘하는 경우이다. 이는 사실상 파견이며, 2년이 지났다면 불법파견으로 원청회사가 하청회사 소속 근로자를 직접 고용해야 한다.

고용노동부는 파견과 도급을 구분하는 기준에 대해 1998년 고시를 통해 구분해 온 바 있다[노동부고시 제98-32호(1998.7.20)]. 그러나 이러한 고용노동부의 기준이 현실적으로

[그림 2-7] 불법파견의 근로계약

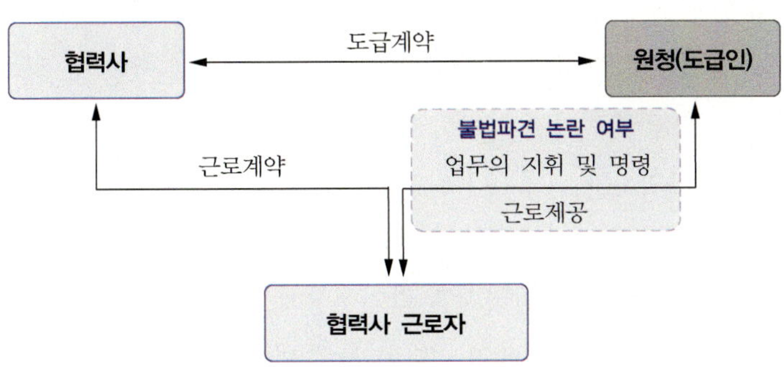

출처: 고용노동부(2011.12), 『파견법 업무매뉴얼』, 7쪽.

검찰이나 법원에서 이를 인정받지 못하는 문제점이 지속적으로 발견된다. 이후 고용노동부는 2006년 11월 파견법의 개정을 법무부와 함께 실무 태스크포스팀을 구성하여 파견과 도급의 구별기준을 집중적으로 논의하여, 2007년 4월 고용노동부와 법무부 간에 파견과 도급의 구별기준에 관한 세부적인 내용을 담은 「근로자파견의 판단기준에 관한 지침」을 만들었다.

2010년 이후 사내하청에 대한 법원의 판결은 한동안 불법파견을 인정하는 쪽으로 이루어지고 있고, 특히 2013년에 대법원은 자동차 완성업체의 사내하청에 대해 불법파견 결정을 내리고, 원청회사가 직접 고용해야 한다는 판결을 내리고 있다.

노동계는 완전한 도급이 아니라면 사용사업주가 간접고용 근로자에 대한 책임을 져야 한다고 본다. 첫째, 직접고용의 책임이다. 그 근거로는 헌법상 '근로권'이며 안정적인 고용의 보장은 근로권의 핵심적 사항이고 고용안정이 제대로 보장되기 위해서는 사용종속관계에 있는 상대방에게 직접 고용되는 것이 전제사항이라고 주장한다. 둘째, 해고제한이다. 간접고용 근로자의 고용보장을 위해서는 무엇보다 '직접고용원칙'을 기반으로 하는 것이 중요하며, 이 전제하에서 사용사업주가 형식적으로 공급계약 해지나 근로자교체요구를 한 경우 이를 실질적인 의미에서 사용사업주의 '해고'로 간주하고 그 정당성을 살펴야 한다고 주장한다. 셋째, 전적 또는 파견회사의 변경의 경우다. 사용회사는 파견회사에 비해 경제적·구조적으로 우월한 지위에서 파견회사와 간접고용 근로자를 지배하고 있다. 사용회사가 구조조정을 하면서 일정 업무에 대해 분사를 통해 파견회사를 설립하거나 재벌그룹 내에서 그룹 계열사에 근로자를 공급하기 위한 파견회사를 설립하기도 한다. 그 외에도 고용승계 거부에 대한 권리, 부당노동행위에 대한 책임 등도 검토되어야 한다고 주장한다.

법원은 2013년 9월 현대·기아차의 불법파견 소송 판결에 이어 컨베이어벨트 위에서 정규직과 비정규직이 함께 일하는 직접 생산공정뿐만 아니라 부품 포장, 자재 보급 등 간접 생산공정의 사내하청도 불법임을 확인하고 있다.[18] 그 결과 쌍용차, 현대차, 기아차까지 국내 완성차 4사 모두 불법파견 판결이 났다. 재판부는 판결문에서 "장소·형태에 따른 업무의 질적 구분이 무의미한 컨테이너 작업방식의 특수성, 근로자의 노동력 제공 자체에 목적이 있다고 판단되는 계약내용, 업무수행과정, 계약 당사자의 적격성 등을 종합할 때 원고들은 협력업체에 고용된 뒤 한국지엠 작업현장에 파견돼 한국지엠으로부터 직접 지휘·명령을 받는 근로자 파견 관계에 있었다고 볼 수밖에 없다. 따라서 원고들은 한국지엠의 근로자 지위에 있음을 확인한다"고 밝혔다.

하지만 2021년 6월 대법원은 일반적으로 '직영'이라고 불리는 원청업체와 '협력업체'라고 불리는 하청업체가 함께 선박을 조립하는 조선업체의 생산방식은 불법파견이 아니라 적법한 도급계약에 해당한다고 판결하였다.[19] 현대중공업 협력업체 소속 근로자 3명은 "형식적으로는 협력업체에 소속돼 일했지만 실제로는 원청으로부터 직·간접적으로 업무지시를 받고, 원청 소속 근로자들과 공동으로 작업해 왔다"라며 2017년 소송을 제기했다. 근로자 파견에 해당하는 만큼 2년을 초과한 때부터 현대중공업 소속 근로자라고 주장했다.

제3절 특수형태근로종사자(특고)

산업구조의 고도화로 인한 서비스업의 확대와 발전, 고용형태의 다양화 등으로 기존에 이분법으로 구분되던 근로자와 사용자(자영업자) 사이의 중간적인 위치에서 노무를 제공하는 특수형태근로가 확산되는 것은 세계적인 현상이다. 특히 코로나19 이후 급격하게 증가한 음식배달기사(라이더)도 플랫폼노동종사자로 이러한 **특수형태근로종사자**(**특고종사자, 특고**)에 해당한다.

배달기사인 라이더들은 음식을 배달하고 수수료를 받는데, 음식점도 이 배달기사를 고용해서 임금을 주는 것도 아니고, 그렇다고 음식을 주문한 고객이 수수료를 지불하지만 임금을 주는 것은 아니다. 라이더에게 배달을 요청하는 음식점은 수시로 바뀐다. 전통적인 관점에서 누가 사용자이고 누가 근로자인지 불분명하다. 우리나라는 20여 년 전 외환위기 이후 상시적인 구조조정으로 인해 퇴사한 조기퇴직자들이 특수형태근로종사자로 유입된 이후 그 수가 지속적으로 증가하고 있다. 하지만 **골프장경기보조원**, **학습지교사**, **보험설계사**, **레미콘자차기사** 등 특수형태근로종사자에 대해 대법원은 근로기준법상 근로자성을 불인정하여 근로자가 아니라고 판단함에 따라 근로기준법에서 보호하는 제도적 보호를 받지 못하고 있다. 다만 노동조합을 결성하는 것은 근로자를 폭넓게 해석하는 노조법상으로 허용되고 있다.

고려대 법학전문대학원의 박지순 교수에 따르면 기존의 노동법에서는 근로자와 자영업자의 이분법이었는데 1990년대 이후 중간영역에 해당하는 노무공급형태가 확산되었다고 한다.[20] 그 이유로는 경쟁격화로 인한 **아웃소싱** 확대, 비용절감을 위한 노동법의 경직화된 규제 회피, 서비스업의 확대와 같은 산업 및 고용구조의 변화, 기술혁신과 지식기반산업의 확대 등 최근 디지털 기술의 비약적 발전에 의한 **플랫폼경제체제**의 확산 등을 들면서, 자영업자 규모가 급격하게 증가하였다고 설명한다.

이러한 중간영역의 특징은 **인적 종속성**(**근로자성**)은 약하지만, **경제적 종속성**이 근로자와 유사하여 사회적 보호 필요성이 인정되는 자라고 할 수 있다. 계약형태로 보면 전형적인 근로계약을 체결하고 있지 않지만 실질적인 사용종속관계 하에서 노동을 제공하고 있는 것이다. 근로자임에도 불구하고 형식적으로는 '위장된 자영업자'라는 것이다. 그러나 우리나라 대법원은 기존의 판례에서 근로기준법상 근로자성을 인정하지 않고 있으며, 다만 최근에 일부 특수형태근로종사자에 대해 근로자로 인정하는 추세를 보인다.[21]

1 특수형태근로종사자 실태

특수형태근로종사자(특고)는 **자영인** 신분으로 경제적 종속 아래 노무를 제공하는 경우를 말한다. 법적으로는 산재보험법 제125조 제1항에서 "계약의 형식에 관계 없이 근로자와 유사하게 노무를 제공함에도 「근로기준법」 등이 적용되지 아니하여 ① 업무상의 재해로부터 보호할 필요가 있는 자로서, 다음의 각호에 해당하며 ② 주로 하나의 사업에 그 운영에 필요한 노무를 상시적으로 제공하고 보수를 받아 생활할 것, ③ 노무를 제공함에 있어서 타인을 사용하지 아니할 것, ④ 대통령령으로 정하는 직종에 종사하는 자이다. 대통령령이 정하는 직종은 보험모집인, 콘크리트믹서트럭운전자, 학습지교사, 골프장캐디, 택배원, 퀵서비스업자, 대출모집인, 신용카드회원모집인, 대리운전자 등 9개 직종이다. 그러나 현실적으로는 〈표 2-4〉에서 보는 대로 훨씬 더 많은 범주에 종사하고 있다.

2022년 8월 기준 경제활동인구조사의 근로형태별 부가조사결과를 보면 특수형태근로종사자는 56만1천 명으로 전체 비정규직 근로자의 6.9% 정도를 차지하고 있다.[22] 그러나 이는 정부의 통계이고 실제 특수형태근로종사자의 규모는 이보다 훨씬 큰 것으로 추산되고 있다. 예를 들어 코로나19 이후 급증한 음식배달기사(라이더)를 포함해, 보험설계사, 병원의 간병인이나 텔레마케터 등만 해도 그 규모가 수십만에 달하는 것으로 추산되기 때문이다.

골프장경기보조원을 제외하고는 대부분 사업자등록을 하고, 사업소득세를 납부하고 있

〈표 2-4〉 특수형태근로종사자의 범주

• 화물(연대)운송차주	• 덤프종사자	• 컨테이너기사
• 홍익회 판매원(철도매점)	• 간병인	• 퀵서비스 배달원
• 대리운전자	• 방송사 구성작가	• 애니메이션 작가
• 프로(야구)선수(단)	• 신문판매 및 광고 외근원	• 수도 검침원
• 영화산업종사자 스태프	• 화장품 판매원	• 자동차 판매원
• 음료, 식품 판매원	• 단순 컴퓨터프로그래머	• 시청료 징수원
• 오케스트라 단원	• 텔레마케터	• 택배기사
• 모집인(카드, 대출)	• 학원 강사	• A/S기사, 탁송기사
• 방문 판매직	• 정수기 코디	• 문화예술인
• 헤어디자이너	• 콘크리트 펌프기사	• 야쿠르트 판매원
• 화장품 방문 판매원	• 백화점-할인점 판촉판매원	• IT

출처: 박지순(2017), 「특수형태근로종사자의 실태현황 및 합리적 보호방안」, 특수형태근로종사에 대한 합리적 보호방안 대토론회, 국회의원회관 제2소회의실, 11월 15일.

으며 골프장경기보조원(캐디)도 최근 사업자등록이 확대되고 있는 상황이다. 최근 텔레마케터나 애니메이터와 같은 프리랜서를 포함하면 그 수는 백만 명을 쉽게 넘어선다. 이 중에 노동조합 가입자 수는 5천여 명으로 가입률은 1% 미만 수준으로 소수지만 주요 직군에는 노조가 조직되어 있기는 하다. 근로기준법 상으로는 근로자로 인정받지 못하지만, 노조법에서는 근로자 개념이 더 폭이 넓어서 노조결성이 가능한 근로자로 인정받고 있다. 이러한 법률에 따른 차이는 일반 국민들에게는 참으로 혼란스러운 사항이다. 그에 따라 학습지교사, 레미콘기사, 골프장경기보조원은 노조설립이 인정되어 합법적으로 노동조합 활동을 하지만, 근로기준법상 근로자성은 인정받지 못하고 있다 보니 교섭 내용이 구체적이기 어렵다.

코로나19 이후 급격하게 증가한 **배달기사**들의 경우도 노동조합을 결성하여 활동하고 있으나 실제로 노동조합에 가입한 배달기사의 수는 많지 않다. 배달기사들이 조합원인 **라이더유니온**(https://riderunion.org)은 2019년 5월에 41명의 조합원을 가진 결성되어 활동 중이다. 2021년에는 **라이더 보호법**을 발의한 바 있고, 조합원을 폭행한 음식점주를 고소하는 등 **라이더 갑질 사건**을 해결하였고, 라이더공제회 및 복지제도를 구축하였다. 배달의 민족, 요기요, 쿠팡이츠 등과 같은 플랫폼 기업에 대해서도 조합원을 보호하기 위해 적극적으로 대응하고 있다.

2 특고의 공통적인 애로사항

첫째, 특수형태근로종사자(특고, 특고종사자)는 근로기준법상 근로자로 인정되지 않으므로 산재보험 적용이 용이하지 않고, 회사에서 또는 자기 부담으로 민간 상해보험에 가입하고 있는 실정이었다. 다만 2008년 이후 특고의 경우도 가입보험설계사, 학습지교사, 골프장경기보조원, 콘크리트믹스트럭기사 등 대표적인 특고종사자에 대해 산재보험에 가입할 수 있도록 제도화되었으며, 2012년부터는 퀵서비스기사와 택배기사도 산재보험 적용대상으로 하는 등 산재보험 적용대상이 지속적으로 확대되고 있다. 2021년부터는 특고종사자의 고용보험료도 사업주와 공동으로 부담하도록 하였다. 2023년부터는 의무가입으로 바뀌어 특별한 사정이 없는 한 당연히 가입하도록 강화되었지만, 여전히 사고발생 시 보험처리가 어려운 경우가 많다.

둘째, 직업능력개발에 있어서 국비 또는 고용보험기금에서 훈련비가 지원되지 않아 능력개발을 통한 지위향상이나 전직이 원활하게 이루어지지 않고 있다. 지금은 특고지만 안정적인 직장으로 이직을 위해 교육훈련을 받고 싶어도 비용에 대한 부담이 커서 쉽게 교육훈련을 받지 못하고 이직을 하기 어렵다.

셋째, 특고종사자는 대부분 자영업자 신분이지만 경제적 종속관계에 있어서 불공정한 내용의 계약에 대해서도 이의를 제기하지 못하고, 이를 시정할 수 있는 기회도 부족하다. 주요 애로사항으로는 출근강제 및 목표강요(보험설계사, 학습지교사), 일방적 계약해지(골프장경기보조원, 레미콘기사), 출전제약이나 벌당 등 부당한 불이익 제공(골프장경기보조원), 계약서면 미교부(골프장경기보조원, 학습지교사) 등이다.

넷째, 직종과 관련 없이 대부분의 특고종사자들은 근로자성 문제, 노동3권 인정문제를 애로사항으로 지적하고 있다. 다만 노조법에 따르면 특고라고 하더라도 노동조합을 결성할 수 있어서 배달기사의 라이더유니온, 보험설계사, 골프장경기보조원, 학습지교사 등도 노동조합을 결성하고 활동하고 있으나 실제 노동조합 조직률은 1% 미만이다.

다섯째, 골프장경기보조원과 같이 여성이 많이 종사하는 직종에서는 모성보호제도 미적용, 고객 등으로부터의 성희롱 등이 문제로 제기되고 있다.

제4절 프리랜서

최근 수년을 보면 젊은이들이 취직을 하기 어려운 면도 있고, 자신의 적성에 맞는 창업을 하거나 틀에 박힌 직장생활보다 자유로운 프리랜서를 선택하는 경우가 증가하고 있다.

1 프리랜서 정의

1) 프리랜서 어원

프리랜서(freelancer)는 특정 기업, 단체, 조직 등에 전적으로 소속되지 않고 개인적인 기술과 능력을 활용하여 독립적으로 활동하는 개인 사업자를 의미한다. freelance라는 영어 단어의 어원은 중세 유럽으로 거슬러 올라가는데, 중세 시대에는 왕이나 귀족이 전쟁을 할 때 용병(전쟁을 대신 수행해주고 금전적으로 보상을 받는 군인들)과 계약을 해서 전쟁에 임했지만, 이 용병들과 떨어져서 전투를 벌이는 병사들이 있었다. 당시에는 창을 사용하는 기병(lancer)이 자신의 보병이나 궁병을 데리고 있는 형태가 많았는데, 계약을 할 때 창의 개수로 전투 단위를 삼았다. 아직 적과 계약을 하지 않은(free) 전투 단위(lance) 가리키는 말로 freelance가 사용되었다. 당시에는 군인을 가리키는 말이었으나 이후 개념이 변했다.

2) 유사 개념

프리랜서라는 단어가 일반화되기 전에는 **자영업자**라는 표현을 많이 사용하였는데 자영업자 또는 **개인사업자**의 경우 회사 등의 법인을 설립하지 않고 스스로 사업을 하는 사업자를 말한다. 자영업자는 일반적으로 고용주로부터 일자리를 제공받기보다는 자신의 일자리를 스스로 찾으며, 스스로 운영하는 직업이나 사업체 등을 통해 수입을 창출한다.

프리랜서가 자신의 기능을 이용해서 능력을 매출로 바꾸는 개인사업자라고 한다면, 1인 기업은 자신의 기능을 상품화해서 그 상품과 서비스를 판매하는 사업 모델을 구축한 뒤 매출을 올리는 법인이라고 할 수 있다.

일반적으로 프리랜서인 개인사업자들은 우리나라에서 종합소득세를 납부해야 하지만 대부분의 프리랜서들은 종합소득세 납부에 필요한 세액계산흐름도를 작성할 정도로 높은 소득을 올리는 경우는 많지 않다.

또한 문제는 사실상 **사용종속성**(사용자의 지휘명령에 따라 노동을 제공하는 성격)이나 **경제종속성**(한 주체가 다른 주체에게 경제적으로 의존하는 성격)이 있음에도 불구하고, 형식적으로 자영업자인 프리랜서의 형태를 띠는 경우에 근로자로 보호하기 어려운 측면도 있고, 최근 많은 젊은이들이 취업의 어려움도 있다 보니, 취업보다는 자유로움을 가질 수 있는 프리랜서 형태의 개인적인 사업을 영위하는 경우가 많아지고 있다.

또한 사업환경과 관련해서 정보통신 기술의 발달로 특정 기업에 소속되지 않은 프리랜서들은 **재택근무**를, 즉 별도의 사무실이 없이 생활공간을 사업 공간으로 동시에 활용하는 방식을 선호한다. 물론 집 외에 카페나 다른 공간을 사용하기도 한다.

2 프리랜서 유형

프리랜서라는 말은 최근에 많이 유행하고 있지만 이전에도 프리랜서로 볼 수 있는 직업들이 많았다. 방송계의 **연예인**들은 연예기획사에 소속되지 않고, 개인사업자로 사업자간에 계약을 맺은 것으로 프리랜서라고 할 수 있다. 연예인들은 영화나 방송에 출연하면 무척 높은 출연료를 받지만, 활동이 없으면 수입도 없다. 방송국의 아나운서나 캐스터, 해설자들도 방송사의 직원에서 프리랜서를 선언하는 경우를 흔히 볼 수 있다. 성우나 방송작가도 마찬가지다.

창작계열에서 만화가, 소설가, 작곡가, 애니메이터, 애니메이션 연출가 등도 다수가 프리랜서라고 할 수 있다. 일이 없으면 비록 소속된 회사가 있더라도 다른 회사에 일하는 경우가 많다. 그 외에도 프로운동선수, 프로게이머, 바둑기사, 학원 강사(고정된 월급이 아니라 수강생 수에 따라 보상수준이 결정되는 경우) 등 매우 다양한 직업들이 이미 프리랜서의 성격을 가지고 존재해 왔다.

최근에 언급되는 프리랜서는 매우 다양하지만 마케팅 업종으로 카카오톡이나 블로그, 인스타 등을 운영하면서 협찬 및 광고 등을 통해서 수익을 창출하는 경우가 있다. 다음으로는 **쇼핑몰 운영**인데 집에서 위탁판매로 시작하는 경우가 많다. 다음은 **개발자**인데 크몽이나 다양한 채널을 통해 자신을 홍보하고 고객을 유치해서 프로그램이나 다양한 웹사이트를 개발해 수익을 창출한다. 다음으로 **디자이너**는 홈페이지를 디자인하거나 쇼핑몰 섬네일이나 제품의 수준을 돋보이게 하는 포토샵 등 다양한 디자인을 통해 수익을 창출한다. 그 외에 전업 투자자도 있는데, 주식이나 부동산 등에 투자하고 수익을 창출하는 방식이다. 여기에 작가, 영상편집자, 통번역가, 교육 강사 등 실로 다양한 직업이 있다.

긱토커(gigtalker.com)라는 사이트는 만나기 어려운 전문가와 고객을 연결해 주는데, 연결해 주는 분야를 보면 디자인, 영상/사진, IT개발, 문서/번역, 디자인, 생활서비스, 비즈니스, 학습/취업, 음악/오디오, 상담, 세무/법무 등 실로 다양한 분야의 전문가를 연결시켜 준다.

3 프리랜서의 장점과 단점

특정 사용자에게 전속되어 있지 않아서 자유롭다라는 점이 장점이자 단점이다. 장점으로는 특정 기업이나 사용자에게 소속되어 있지 않아서 자유롭게 일할 수 있으며, 고정된 월급이 아닌 성과에 따른 보상으로 인해 비슷한 노력으로 더 많은 보상을 받을 수 있지만 월급처럼 안정적이지 못한 단점이 동시에 존재한다. 일이 없으면 수입도 없다. 이로 인해 은행 같은 대출기관에서 대출이 어렵다. 시장의 수요 공급이 안정적이지 않기 때문에 상황에 따라 많은 일을 하기도 하지만, 바로 일거리가 없어서 수입이 없어지는 경우도 발생한다.

계약이 성사되면 이를 지키기 위해 주말도 없이 밤낮없이 일해야 하는 **불안정성**이 존재하며, 이전 업무성과가 기록되고 공개되기 때문에 좋은 이미지를 관리하기 위해서는 많은 노력이 요구된다. 초기에 투자비용이 많이 들어가는 경우도 많이 있다. 수요가 지속되기 위해서는 인정받는 실력이 있어야 하며, 고객을 지속적으로 관리하기 위해서는 영업능력이나 대인관계도 잘 유지해야 한다.

이러한 프리랜서들은 3.3%의 소득세를 납부하는데, 업체에서 의뢰를 받아 작업을 하는 프리랜서들은 의뢰업체에서 3.3% 소득세를 원천징수하고 나머지를 사업소득으로 지급해 준다. 일반적으로 프리랜서들은 고용보험이 적용되지 않지만 특수형태근로종사자들에 대한 고용보험이 확대 적용되면서 보험설계사, 택배기사, 소프트웨어 개발자 등 일부 프리랜서들도 고용보험 가입이 가능해졌다. 다만 일반적인 근로자와 마찬가지로 퇴직 전에 18개월 동안 6개월 이상 보험료를 납부해야 하고, 비자발적인 퇴사일 경우 실업급여를 받을 수 있는데 이를 위해서는 고용센터를 방문해서 신청서를 작성제출하고 소득 증빙 서류도 제출해야 한다.

프리랜서는 법정 퇴직금이 적용되는 근로기준법상 근로자가 아니라 **개인사업자**로 간주되기 때문에 퇴직금을 받기 어렵지만 실질적으로 의뢰 회사의 지휘를 받으며 근로자와 유사한 형태로 일한다면 근로기준법상 근로자로 인정받아 퇴직금을 받을 수도 있다. 퇴직금 수령 조건은 일반적인 근로자와 동일하게 고용되어 주 15시간 이상, 1년 이상 일해야 한다. 프리랜서는 수입을 얻을 때마다 (계약서에서 정한 일을 마무리했다는) 해촉증명서를 국민건강보험공단에 제출해야 하는데, 그렇지 않으면 보험료가 부당하게 많아질 수 있다.

제5절 플랫폼 노동*

1 플랫폼 노동의 개념 및 유형

최근 정보통신산업(ICT)의 발전은 4차 산업혁명 기술의 발달과 더불어 2020년 초반 이후 수년간 이어진 코로나19 바이러스 감염증으로 인하여 사회적 접촉을 최소화하는 비대면 사회로의 전환이 가속화된 바 있다. 특히 온라인 플랫폼을 매개로 노동력을 제공하는 새로운 형태의 산업 및 종사자가 세계적으로 급증하고 있다.[23] **플랫폼**(platform)의 사전적 정의는 원래 지하철이나 기차가 드나드는 승강장을 의미했지만, 산업적 관점에서 플랫폼은 "다양한 사람이 모여서 플랫폼을 거점으로 수요 및 공급을 이루며, 그 내부에서 새로운 규칙과 환경을 만들어 새로운 수익 창출을 도모하는 공간"이라고 정의할 수 있다.

OECD(2019)는 **플랫폼 노동**(platform labor)에 대해 "온라인 기반의 플랫폼의 중개(매개)를 통해, 불특정 조직 및 개인이 서비스나 문제해결을 제공하고 소득 및 보수를 얻는 노동"이라고 규정하고 있어서, 플랫폼 노동은 플랫폼이 소유한 애플리케이션 및 기술에 의존하며, 소비자는 플랫폼 노동을 다른 형태의 노동과 구분하는 핵심적인 결정자라고 볼 수 있다. 더불어 이러한 노동을 수행하는 플랫폼 노동자에 대해서 European Commission

* 플랫폼 노동에 대한 내용은 최종치(2024)의 박사논문을 요약해서 옮긴 것이다.

[그림 2-8] 플랫폼 노동의 개념도

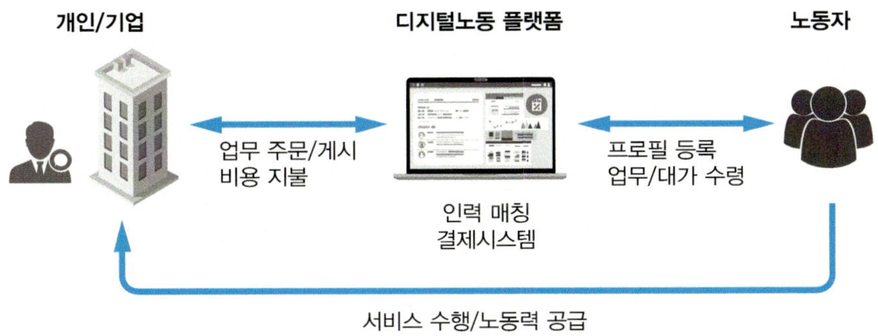

출처: 한국은행(2019), 글로벌 긱 경제(Gig Economy) 현황 및 시사점, 국제경제리뷰.

(2021)은 "법적 고용 상태(자영업, 근로자 및 제3의 지위)와 관계없이, 디지털 노동 플랫폼을 통하여 요청받은 서비스를 제공하는 개인"이라고 정의하였다.

반면, 김준영(2020)은 플랫폼 노동에 대해 "근로계약서에 따른 고용 계약을 체결하지 않은 채로 일하고 보수를 받는데, 단발적(비정기적, 비상시적, 1회성)인 일감 1건당 사전에 정해진 보수를 받으며, 디지털 플랫폼의 중개를 통해 일자리를 구하는 근로 형태"라고 정의하고 있다. 즉, 앞서 살펴본 다양한 정의를 통해 플랫폼 노동은 위의 [그림 2-8]과 같이 모바일 애플리케이션이나 웹사이트 등 디지털 플랫폼을 기반으로 거래하는 서비스(용역) 및 노동을 의미한다. 특히 주문한 음식을 배달하는 '배달'의 경우, 온라인 플랫폼과 배달원의 스마트폰 애플리케이션을 통하여 '고객-가게-배달원'이 연결되므로 배달플랫폼 노동이라고 칭한다.

플랫폼 노동은 국가에 따라 다양한 용어가 혼재되어 있는데, **크라우드 소싱**(crowd sourcing), **긱노동**(gig-work), **온디멘드 노동**(on-demand work), **디지털 노동**(digital labor), **O2O 서비스**(online to offline service) 등의 용어가 사용되고 있다(한인상 · 신동윤, 2019). 장지연(2020)은 플랫폼 노동을 '새로운 형태의 노동'이라고 규정하고, 플랫폼을 매개하는 장치, 공간, 업무수행 방식에 따라서 다음의 [그림 2-9]와 같이 웹 기반의 플랫폼 노동과 지역 기반의 플랫폼 노동으로 구분할 수 있다고 보았다. 전자의 경우 크몽, 위시켓, 업워크 등이 대표적인 사례이고, 후자의 경우 쿠팡이츠, 배달의 민족, 타다, 바로고 등이 대표적인 사례이다.

[그림 2-9] 디지털 노동 플랫폼 유형

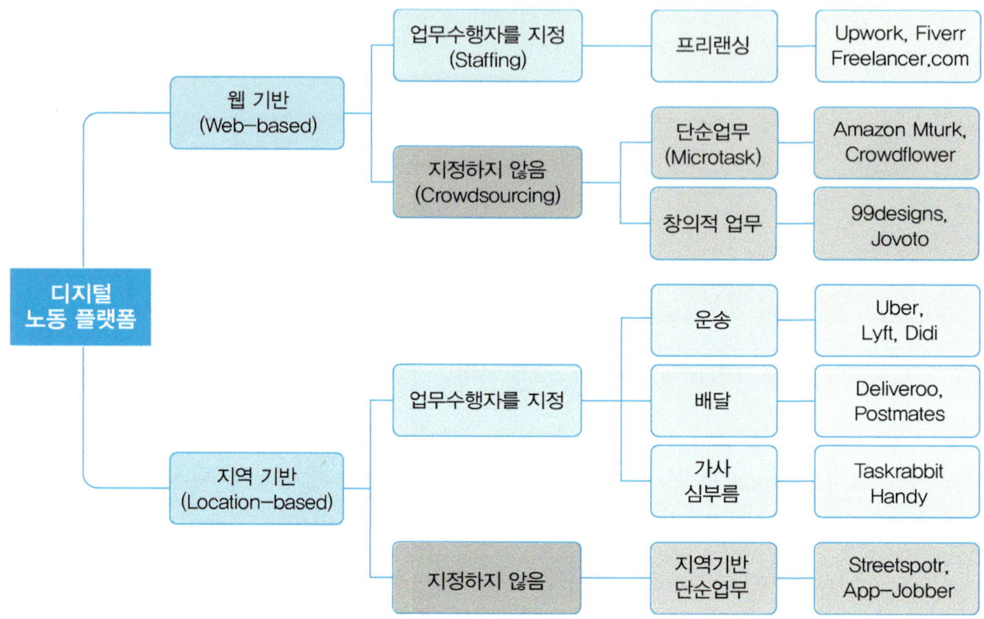

출처: 장지연 · 이호근 · 조임영 · 박은정 · 김근주 · Enzo Weber(2020), 디지털 시대의 고용안전망: 플랫폼 노동 확산에 대한 대응을 중심으로, 한국노동연구원.

2 플랫폼 노동의 규모 및 특징

1) 플랫폼 노동 종사자의 규모

플랫폼 노동 종사자의 규모는 조사 시점에 따른 차이가 나타날 수 있으나, 세계적으로 경제활동인구의 약 10% 미만 수준으로 추정하고 있다(장지연, 2020). 플랫폼 노동은 **'노동의 우버화**(Uberization)'라는 신조어를 탄생시킬 정도로 세계적으로 영역을 확장하고 있으며, 지난 10년간 디지털 노동 플랫폼 수는 2010년 142개에서 2020년 기준 777개로 약 5배가량 증가한 것을 통해서 알 수 있다(ILO, 2021). 우리나라는 2022년 하반기 기준 플랫폼 노동에서 종사하는 사람 수가 약 292만 명에 달하는 것으로 조사되었고, 이는 2021년 기준 약 179만 명으로 조사되었던 것에 비해 약 1.6배가량 증가한 수치이다(이화령 · 한요셉, 2022). 이는 코로나19로 인해 디지털 전환이 가속화되면서 비중이 점차 확산되고 있다.

플랫폼 노동은 노동의 유연화라는 긍정적 측면이 있으나, 보상수준이 높지 않으면서도 불안정한 일자리 증대 및 플랫폼 노동 종사자의 법적 보호 관점에서 다수의 문제가 발생한다. 기존 임금 근로자와는 다른 방식을 통해 노동을 제공하므로, 이들이 플랫폼에 어느 정도 종속되어 노동을 제공함에도 불구하고 근로자성을 인정받지 못하고, 사회보장법 및 노동법 등 법적 테두리에서 배제되는 경우가 많기 때문이다.

2) 플랫폼 노동의 특징

이러한 플랫폼 노동의 핵심적인 특성은 크게 세 가지로 구분할 수 있는데, 첫째는 플랫폼과 플랫폼 노동자, 클라이언트 사이의 3자 관계; 둘째는 주문형 또는 임시 및 단편적 기준의 노동 제공; 셋째는 기술이 중요한 역할을 담당하는 소규모 작업의 온라인 중개이다(EU-OSHA, 2021). 이러한 특성에 대해 유럽의 산업안전보건청(EU-OSHA)은 플랫폼 노동의 특징을 다음과 같이 제시하였다(EU-OSHA, 2021).

첫째, 특정 작업을 수행하거나 특정 문제를 해결한다. 둘째, (보상이 있는) 유급 노동은 디지털 노동 플랫폼을 통하여 조직 및 조정된다. 셋째, 디지털 노동 플랫폼과 플랫폼 노동자, 클라이언트 등 3자가 관련되어 있다. 넷째, 디지털 기술 기반의 알고리즘 관리*의 경우 고객 평가 메커니즘에 관한 의존도를 포함하고, 수행한 노동 및 플랫폼 노동자의 행동과 성과를 할당, 모니터링과 평가하는 일에 사용한다. 다섯째, 안전보건 분야를 포함하여 의무와 책임, 위험성이 플랫폼 노동자에게 전가된다. 여섯째, 비표준 노동 방식이 만연한 상황이며, 디지털 노동 플랫폼의 조건에 따라서 노동자를 자영업자로 분류하는 경향을 보인다.

즉, 앞서 제시한 여섯 가지의 특징을 바탕으로 플랫폼 노동이 노동시장에서 기존과는 다르게 비표준적인 계약 및 고용을 양산하고 있다고 보며, 전통적인 임금 노동자가 아닌, 독립적인 자영업자 및 계약자 형태인 개인 사업자가 대부분이라고 본다. 따라서 플랫폼 노동 종사자는 사회적 안전망 및 권리에서 소외되는 경향을 보이고, 노동조합 설립 등의 헌법적 노동권의 적용을 받지 못하는 등 기존의 법적 기준에 의해서는 노동자성 및 사용자성의 구분이 명확하지 않아 고용 형태를 규정하기에 어려움이 있다(강금봉, 2022). 따라서

---

* 알고리즘 관리란 “다수의 원격 노동자에 관하여 소프트웨어 알고리즘에 의해 수행하는 감독, 거버넌스 및 통제 관행”으로 정의한다(Möhlmann & Zalmanson, 2017).

노동조건 보호의 사각지대를 확대하고, 불안정한 근로자 양산이 가능하다는 우려가 심화되고 있다.

3 플랫폼 노동 종사자의 의의 및 현황

1) 플랫폼 노동 종사자의 의의

문재인 정부 시절 일자리 정책을 기획·심의·조정 및 정책 시행을 점검·평가하는 대통령 직속 자문기구였던 일자리위원회의 '플랫폼 노동과 일자리 TF' 보고서를 보면 **'플랫폼'**은 알고리즘 방식으로 거래를 조율하는 디지털 네트워크를 의미하고, **'디지털 플랫폼'**은 재화와 서비스(노동)가 교환되는 구조화된 디지털 공간을 의미하며, **'플랫폼 노동'**은 디지털 플랫폼에서 거래되는 서비스라고 정의하였다. 그리고 조작적 정의에 부합하는 플랫폼 노동에 해당하기 위한 조건으로 ① 디지털 플랫폼을 통해 거래되는 서비스(용역) 또는 가상재화 생산 노동, ② 디지털 플랫폼을 통해 일거리(short jobs, projects, tasks)을 구할 것, ③ 디지털 플랫폼이 보수(payment)를 중개할 것, ④ 일거리가 특정인이 아니라 다수에게 열려있을 것을 제시하였다(일자리위원회, 2020).

그러나 여전히 디지털 플랫폼이라는 공간에서 일거리를 얻어 소득을 창출하는 사람에 대하여 '플랫폼 노동자', '플랫폼 종사자', '플랫폼 노동 종사자', '플랫폼 노무 종사자', '플랫폼 일자리 종사자' 등 명칭조차 통일되어 있지 않은 상태이다. 다만, 해외의 경우 '노동자'에 대하여 기업에 고용되어 명확하게 고용관계가 존재하는 형태뿐만 아니라 완전한 고용관계가 아닌 프리랜서, 가사노동자 등에 대하여 특별한 구분없이 'workers'라는 하나의 표현을 사용하고 있으며 디지털 플랫폼을 통해 일거리를 얻어 소득을 창출하는 사람에 대하여 "platform workers"라고 지칭하고 있으므로 **'플랫폼 노동자'**로 지칭하는 것을 고려해 볼 수 있다. 다만, 우리나라의 경우 '노동자'에 대한 인식이 기업과의 고용관계가 존재하는 자로 간주하는 경향이 있으므로 전통적 고용관계와 달리 고용의 비전속성, 업무수행의 독립성, 노무제공에 있어 장소적·시간적 자율성을 갖는 직군과 구분하기 위해 '노동종사자'로 구분하여 지칭하는 것이 바람직하다고 본다.

또한, '노동종사자'가 아닌 '종사자'라는 표현만 사용할 경우 해당 플랫폼을 개발하는 프로그래머, 배달대행사업체 등을 포함한 해당 플랫폼 산업 전반에 걸쳐 종사하는 모든 대상을 지칭하는 것으로 생각될 수도 있어서 **플랫폼 노동 종사자**로 표현하는 것이 구체적이다.

2) 플랫폼 노동 종사자 현황과 특징

고용노동부(2023) 조사에 따르면 고객만족도 평가 등의 방법으로 일의 배정 등에 영향을 미치는 플랫폼을 매개로 노무를 제공하는 플랫폼 노동 종사자 규모는 2023년 기준 약 88만 명으로 2022년 약 80만 명 대비 11.1%(8.8만 명) 증가한 것으로 나타났다. 이러한 플랫폼 노동 종사자의 지속 증가 추세 이유로 디지털 기술 발달 등 산업변화와 더불어 자유롭게 일하는 방식에 대한 선호 등에 따른 영향 등이 있는 것으로 보인다고 해석하고 있다.

해당 자료에 따르면 플랫폼 노동 종사자 중 성별은 여성의 비율이 29.6%(26.1만 명)로 상대적으로 낮으나, 2022년 25.8%(20.5만 명)보다 0.8% 증가했고, 연령별로는 30대(28.7%), 40대(26.9%), 50대(20.2%), 20대(13.8%) 순으로 나타났다(고용노동부, 2023). 특히, 전년 대비 정보기술(IT) 서비스(141.2%) 및 전문서비스(69.4%) 분야 등에서 높은 증가율을 보였으나, 반대로 배달・운전(Δ5.5%) 분야는 과거와 달리 감소로 전환했는데 이는 코로나19 세계적 유행 종료로 인한 배달 수요 감소 등의 영향으로 보인다고 발표하였다(고용노동부, 2023).

민순홍(2023)은 규칙적으로 일하는 **전업 라이더**(주로 주문음식 배달기사)의 경우 89%가 일평균 8시간 일하고(주당 평균 56시간), 66.3%가 월평균 24일 이상 일하는 등 노동강도가 비교적 높게 관찰되었으며, 2021년 기준으로 플랫폼을 통해 받는 총소득은 월 354만

〈표 2-5〉 플랫폼 노동 종사자 규모와 증감률: 2023년

(단위: 천 명)

직 종	2021년	2022년	2023년	증감률 (2022 기준)
배달・운전	502	513	485	Δ5.5
전문서비스(교육・상담 등)	53	85	144	69.4
컴퓨터 단순 작업(데이터입력 등)	31	57	87	52.6
가사・돌봄	28	53	52	Δ1.9
창작활동(디자인 등)	19	36	50	38.9
IT 서비스(SW개발 등)	14	17	41	141.2

출처: 고용노동부(2023), 2023년 플랫폼종사자 규모와 근무실태.

〈표 2-6〉 배달라이더 근로시간 및 소득 현황: 2022년

<table>
<tr><th colspan="3" rowspan="2">구 분</th><th rowspan="2">합 계</th><th colspan="2">근로시간</th></tr>
<tr><th>규칙적</th><th>불규칙적</th></tr>
<tr><td rowspan="2">월평균 근로시간
(시간)</td><td colspan="2">평균
(표준편차)</td><td>224
(89.0)</td><td>228
(87.0)</td><td>137
(91.2)</td></tr>
<tr><td colspan="2">중위값</td><td>240</td><td>240</td><td>100</td></tr>
<tr><td rowspan="4">월평균 소득
(만 원)</td><td rowspan="2">총소득</td><td>평균
(표준편차)</td><td>354.2
(143.0)</td><td>358.7
(142.1)</td><td>257.8
(134.9)</td></tr>
<tr><td>중위값</td><td>350</td><td>350</td><td>200</td></tr>
<tr><td rowspan="2">경비 제외 후</td><td>평균
(표준편차)</td><td>255.5
(131.9)</td><td>257.7
(132.4)</td><td>210
(118.8)</td></tr>
<tr><td>중위값</td><td>270</td><td>280</td><td>170</td></tr>
</table>

출처: 민순홍(2023), 「플랫폼 노동 선택의 결정 요인과 플랫폼 종사자의 직업 이동 경로 분석」, 연구자료 2023-01, 산업연구원.

원 수준이나, 장비 렌탈 및 보험료 등의 비용지출을 제외한 실소득은 256만 원 수준으로, 임금근로자 평균소득(통계청 2021년 기준 임금근로자 평균소득은 333만 원, 중위소득은 250만 원) 대비 높은 수준으로 보기 어려운 것으로 나타났다.

또한, 배달대행 업무에 만족한다는 응답이 전체 57.5%(만족 54.0%, 매우 만족 3.5%)로 불만족하다는 응답 4.5%(불만족 4.0%, 매우 불만족 0.5%)에 비해 매우 높은 수준을 보였고 미래에도 배달대행업을 계속하겠다는 응답은 62.4%로 나타났다. 따라서, 장시간의 노동, 높지 않은 임금수준임에도 불구하고 배달플랫폼 노동 종사자가 일에 대한 만족도가 높고 향후에도 배달플랫폼 노동을 하고자 하는 경향을 보였다(민순홍, 2023).

제6절 노동공제회

앞에서 살펴본 것처럼 프리랜서나 특고 모두 근로기준법상 근로자로 인정받지 못해서 고용불안과 불안정한 수입 등으로 어려움을 겪는 경우가 많다. 또한 중소영세기업에서 종사하는 근로자들의 경우 노동조합 조직률이 매우 낮아 노동조합을 통한 임금이나 근로조

건 보호를 기대하기 어렵다. 이러한 상황에서 스스로 뭉쳐서 다양한 위험에 대응하는 방안으로 공제회가 활성화되고 있다.*

1 노동공제회의 의미와 현황

1) 공제회의 의미와 역사

(1) 공제회의 역사적 배경

공제회는 공제조합과 같은 의미로 사용되는데, 17세기 영국에서 노동자들의 **우애조합**(Friendly Society)에 시작되었다고 볼 수 있으며, 당시 열악한 근로조건에 대응해서 생활수준을 향상시키기 위해 조합원들끼리 돈을 갹출해 두었다가 질병・노령・사망 등의 상황이 발생했을 때 서로 돕기 위해 만들어졌다. 이후 공제회는 노동조합으로 성장하여, 산업혁명 이후에는 조직화되어 영국의 노동당으로 발전하게 되었다.

이처럼 공제회는 같은 직종에 종사하는 사람들끼리 조직하고, 임금이나 수입의 일정량을 갹출하여 공제회에 적립한 다음, 질병・부상・실직・사망・혼인・출산 등 자금이 필요한 상황이 발생했을 때 일정 금액을 지급해서 경제적 부담을 줄여주는 제도이다.

(2) 우리나라 공제회의 역사적 배경

역사적으로 보면 우리나라에서 조직된 노동공제회로는 1920년 4월 1일 창립총회를 열고 회원 678명이 가입한 가운데 출범한 **조선노동공제회**를 들 수 있다. 1919년 3・1운동으로 기존의 통감정치에서 문화정치로 기조를 바꾼 일본의 식민정책 변경으로 여러 단체가 설립되었다. 조선노동공제회는 진보적 지식인 청년들을 중심으로 조직되어 노동야학을 설치해 운영하고, 소비조합 상점을 건립해서 노동자들에게 식량과 일용 필수품을 공급하는 활동을 벌였으며, 1921년 3월에는 서울 6,700여 명과 지방 11,000명에 이르는 회원이 가입하였고, 신문배달부, 연초공, 인쇄공, 지게꾼 등도 참여하여 전국적인 조직으로 발전하여 최대 6만여 명의 회원을 갖춘 조직으로 성장한 바가 있다.

1945년 광복 이후 노동조합을 중심으로 공제회의 특징을 가진 협동조합 활동이 진행되

---

* 이하의 내용은 이영면(2024), 근로복지포럼에서 발제한 내용을 요약한 것이다.

었는데, 1960년대 한국노총 산하 노동조합의 일부가 소비조합 중심의 협동조합 사업을 전개한 바 있다. 하지만 이후 소비자협동조합이 활용되다가 노동조합 운동에 통합되었다.

하지만 최근 전통적 노사관계의 사각지대인 영세소규모 사업장 근로자, 특고, 프리랜서, 플랫폼노동 종사자 등에 대해 공제회의 역할 강조되고 있다. 비정규직의 증가, 소규모 영세사업장과 해당 사업장 근로자 증가, 플랫폼노동자와 프리랜서노동자 등 불안정노동층이 증가하였으나, '**노조 바깥 노동**'의 고착화로 기존의 노동조합 전략으로는 더 이상 복지 향상이나 노동권 개선을 기대하기 어려워졌기 때문이라고 할 수 있다.

이렇게 노조 결성이 어렵고 조직률 자체도 낮은 불안정 노동자들의 내부 자조와 상호부조를 통해 노동자의 최소 안전망을 확보하기 노력의 일환으로 공제조직이 관심을 받게 되었고, 이러한 변화는 기존의 노동관련법을 통한 보호에서 사실상 배제된 비정형 근로자와 영세사업장 근로자의 인간존엄성 회복을 위한 조직화로 이해할 수 있다.

이와 더불어 노동조합에서는 대리운전기사, 배달노동자 등의 플랫폼 노동조합의 경우 직업 이동성이 높고 물리적으로 분산된 조건, 플랫폼 기업과의 노사교섭의 어려운 상황하에서 노동조합 조직화 활성화의 수단 중 하나로 공제회를 조직해서 운영하기도 한다.

2) 한국의 공제회 설립 유형과 노동공제회기본법 추진

(1) 공제회 설립 유형

한국노총에서 노동공제 관련 보고서를 작성한 장진희·손정순·이향숙(2020: 30)에 따르면 2020년 7-8월을 기준으로 우리나라에서 115개 단체가 공제 사업을 하는 것으로 조사되고 있는데, 공제 종류를 보면 새마을금고, 수산업협동조합, 신용협동조합의 경우 생명·손해·제3분야 공제가 겸영이 가능하고, 이 경우 가입대상자가 전국민이다. 농협협동조합은 협동조합 중에서 가장 크게 공제사업을 하는데, 2012년 3월부터 생명보험사와 손해보험사로 분리·운영하면서 보험업의 적용을 받는다.

다른 공제 조직은 회원 조합을 대상으로 손해 공제를 중심으로 운영하고 있는데, 구체적으로는 배상책임, 상해, 화재, 보증 등이다. 예를 들어 1963년에 설립된 **건설공제조합**(건설산업기본법 제54조)은 건설업자인 조합원에게 필요한 보증과 융자로 시작하여 근로자재해공제, 영업배상책임공제, 건설공사공제, 화재공제 등을 운영하고 있고, 그 외에 **한국해운조합**(한국해운조합법), **한국교직원공제회**(한국교직원공제회법) 등이 있다. **전국개인택시**

공제조합(여객자동차운수사업법 제60조), **전국버스공제조합**(여객자동차운수사업법 제60조), **택시공제조합**(여객자동차운수사업법 제60조) 등은 자동차의 교통사로로 인한 배상책임에 대해 자조적인 공제사업을 운영하고 있다.

또한 **건설공제회**는 일용직 건설근로자를 대상으로 퇴직급여 공제사업을 하고 있으며, **과학기술인공제회**는 과학기술인을 대상으로 해서 퇴직연금 공제, 적립형 공제, 대여 사업을 하고 있고, **중소기업중앙회**는 중소기업, 소기업・소상공인을 대상으로 해서 공제사업을 진행 중이다. 이들은 정책성 성격이 강하고 일부 사업이나 운영에 대해 정부로부터 보조금을 받고 있으며, **경찰공제회**, **교정공제회**, **군인공제회** 등은 조합원의 사망・퇴직 및 복지 급여 등이 주된 사업으로 상호부조적인 성격이 강하다.

(2) 노동공제회 기본법의 필요성

우리나라에서 비정규직 노동자들이 증가하고 있는 상황에서 스스로 노조 조직화가 어렵다는 전제하여 이들의 사회안정망 구축과 조직화의 대안으로 노동공제회가 제기되고 노동공제연합 **풀빵**, **한국플랫폼프리랜서공제회** 등이 출범하면서 노동공제회에 대한 법제화 추진 노력이 구체화되고 있다.

불안정 노동자의 이해대변 조직으로 공제회가 주목받게 된 배경으로 첫째, 플랫폼・특수고용 노동자, 소규모 사업장 노동자 등 불안정 노동자를 조직하기 위한 노력이 '노동조합'이라는 조직형태에만 초점을 맞출 경우 노동법상의 노동자성 논쟁과 불안정고용으로 인해 조직화에 한계가 있다.

둘째, 한국 노동운동이 실패한 영역이 바로 작업장 밖 생활세계에서의 집단적 이해대변 역할이며, 이런 점에서 협동조합 형태의 공제회는 작업장 밖 생활세계에서 노동자의 집단적 이해대변에 적합한 대안적인 형태라고 할 수 있다.

노동공제회를 활성화하기 위해서는 ① 노동공제회 기본법 제정, ② 협동조합이 조합원을 대상으로 공제사업을 할 수 있도록 제도 개선, ③ 노동자 공제회・협동조합을 포함한 사회적경제 활성화를 지원하기 위한 노동금고 설립, ④ 노동조합의 적극적인 관심과 자원 투여, ⑤ 지자체의 노동공제회 지원, ⑥ 노동공제회와 금융・보험업 관련 법과의 상충 문제 해결 등이 필요하다는 주장이 제기되고 있다(손정순, 2021).

2 국내 취약계층 대상의 주요 공제회

1) 1997년 설립된 건설근로자공제회

(1) 건설근로자공제회의 설립과 발전과정

「건설근로자의 고용개선 등에 관한 법률」에 따라 1997년 12월 9일에 만들어진 **건설근로자공제회**는, 근로여건 및 소득수준이 상대적으로 열악하고 고용이 불안정한 건설근로자들 간의 상호부조 및 복리증진을 위해 운영되고 있으며, 2013년 1월부터 고용노동부 산하 공공기관으로 지정되었다.

설립 당시 퇴직공제제도는 1년 이상 동일 사업장에서 근무하는 정규직 근로자들만을 대상으로 하였으나, 이제는 근로계약 기간이 1년 미만인 일용·임시직 건설근로자를 포함하여 퇴직공제사업을 하고 있다. 다만 1일 소정근로시간이 4시간 미만이고 1주간 근로시간이 15시간 미만인 근로자 또는 기간의 정함이 없는 상용직, 1년 이상의 기간을 정하여 고용된 근로자는 퇴직공제사업 대상에서 제외된다.

퇴직공제 적용대상이 되는 당연가입 대상 공사의 범위는 여러 차례의 법령 개정을 거쳐 확대되어 왔는데, 2019년 기준 공공공사는 공사금액 3억 원 이상, 민간공사는 100억 원 이상이 대상으로 하고 있어서, 여전히 소규모 공사에 참여하는 건설근로자는 퇴직공제 대상이 아니라는 한계가 있다.

2022년 12월 기준 피공제자 수(공제회 가입회원)는 550만 명이며, ① 건설근로자의 건강검진·단체보험·결혼출산 지원금 등의 복지사업, ② 건설근로자의 고용안정, 직업능력의 개발·향상, 취업지원을 위한 사업, ③ 건설근로자에 대한 복지시설의 설치·운영 등의 복지증진사업 등으로 시행하고 있다. 1998년부터 조성된 공제회 자산은 2023년 말 기준으로 4조9,412억 원에 달하며, 2022년 퇴직공제금 지급인원은 254,693명에 지급액은 4,760억 원에 달한다. 하지만 퇴직공제금은 1인당 평균 187만 원이 지급되어 그 금액은 얼마되지 않는 한계점이 있다. 추가적으로 복지지원사업이나 취업을 위한 교육훈련 및 알선사업도 진행하고 있다.

(2) 퇴직공제 대상, 공제부금 납부 및 지급

건설근로자로 퇴직공제에 가입된 경우, 공제부금 적립일수가 252일 이상인 피공제자(근로자)가 건설업에서 퇴직하거나 60세에 이르게 되면 퇴직공제금을 지급받는다. 퇴직공제 사업의 재원이 되는 공제부금은 퇴직공제에 가입한 사업주(건설회사)가 100% 납부의무를 가진다. 퇴직공제에 가입한 사업주는 고용노동부령으로 정하는 바에 따라 피공제자, 즉 건설근로자공제회에 가입된 건설근로자의 근로일수에 따라 공제부금을 건설근로자공제회에 납부하여야 한다.*

(3) 재원 조달과 기금 자산 운용

건설근로자공제회는 건설근로자법 제9조의2(공제회의 사업)에 따라 사업주로부터 납부 받는 공제부금과 중앙정부로부터의 출연금, 공제회 수익 사업 등을 통해 재원을 조달하는데, 공제부금의 경우 피공제자의 퇴직공제금 지급 사업의 용도로만 사용하여야 한다. 건설근로자공제회의 재무제표와 수입 및 지출 현황을 통해 예산규모를 살펴보면 우선, 건설근로자공제회의 초기 설립을 위한 출연금(자본금)은 59억 원이며, 정부로부터의 지원은 직접지원 방식보다 간접지원 방식으로 이루어지고 있다.

간접지원은 사업수입과 위탁수입으로 구분하여 중앙정부로부터 지원받는데, 중앙정부로부터의 간접지원 규모는 2014년 230억이었으며, 예산은 점차 증액되어 2019년 370억 수준이었다. 하지만 근로자공제회의 여러 사업 중 퇴직공제를 제외한 사업예산은 370억 수준으로, 관리 피공제자 수가 550만 명임을 감안해 볼 때, 1인당 사업비는 6,727원에 불과하다. 건설근로자공제회는 사업운영과 별도로 자산운용 부문을 운영하고 있으며, 2002년 1,000억 원을 넘어선 이후 2023년 12월 말 기준 약 5조 1,348억 원의 자산을 운용하고 있다.

---

* 사업주가 건설근로자 1명당 납부하는 1일 공제부금은 퇴직공제가 실시된 1998년 2,100원이었으나, 2007년 3,100원으로 인상되었고, 2008년 4,100원, 2012년 4,200원으로 인상되었으며, 이후 퇴직공제금의 지급수준을 결정하는 퇴직공제금 일액이 노후생활 안정망으로서 보장 수준이 다소 미흡하다는 지적과 함께 2020년 4월부터 1일 6,500원(실 적립금 6,200원)으로 인상되었으나 이후 5년여 동안 인상 없이 운영 중이다. 이는 건설공사 직접노무비의 2.3%에 해당한다.

[그림 2-10] 건설근로자공제회 공제부금 운용 규모 및 수익률 추이: 2014~2023

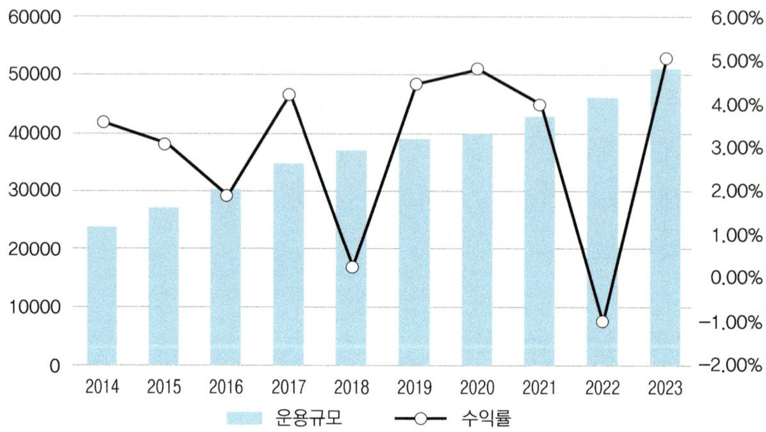

출처: 건설근로자공제회.

(4) 건설근로자공제회의 복지지원 사업

건설근로자공제회가 퇴직공제금 지급 외에 2022년까지 누계로 제시된 복지지원사업은 다음의 〈표 2-7〉에서 보는 바와 같다.

〈표 2-7〉 건설근로자 복지지원사업: 각 사업의 2022년까지 누계

사업 내용	인원금액	주요 내용
생활안정 대부	57,256명 911.6억 원	고용 불안정 등으로 시중 은행권 이용이 어려운 건설근로자를 위해, 본인의 퇴직공제금 적립액의 50% 범위 내에서 주택자금, 학자금, 입원·수술비 등 생활안정자금 무이자 대부 지급
단체보험 가입	70,056명 92.7억 원	건설현장, 일상생활 등에서 발생할 수 있는 질병, 상해 등에 대한 다양한 보장
종합 건강검진	7,748명 17.5억 원	열악한 외부환경에 상시적으로 노출되어 있으면서도 건강관리를 제대로 받지 못하고 있는 건설근로자에게 무료 종합 건강검진 지원
결혼·출산 (유산) 지원	13,785명 50.8억 원	건설근로자의 결혼과 출산을 축하하고 유산을 위로하는 지원금을 지급하여 청년층의 건설업 유입과 복지증진을 도모
가족 힐링캠프	898명 6.2억 원	건설근로자 가족을 격려하고 해외 문화체험 기회를 제공 ※ 2020년부터 코로나19로 인하여 국내 휴가지원으로 대체 추진
가족 휴가지원	4,121명 11.9억 원	가족과의 소중한 추억을 만들 수 있는 국내가족 여행 기회 제공

사업 내용	인원금액	주요 내용
초등학교 취학자녀 지원	2,300명 4.6억 원	자녀의 초등학교 입학을 축하하고 교육비 부담을 덜어주기 위해 '건설근로자 하나로 전자카드'로 복지포인트를 지급
중학생 자녀 진로캠프	70명 1.5천만 원	중학생 자녀의 교육과정을 반영한 진로 탐색 프로그램(청소년 직업 체험, 직업흥미검사 및 재능검사)과 학부모 진로특강을 제공
고교생 자녀 인터넷 수강지원	1,184명 2.2억 원	건설근로자 자녀의 사교육비 부담을 경감하기 위해 고교생 자녀에게 온라인 무료 수강권을 제공
대학생 자녀 장학금	4,460명 44.6억 원	생활 형편이 어려운 건설근로자의 자녀 교육비 부담을 덜어주기 위해 대학생 자녀에게 학습보조비 성격의 장학금 지원
종합지원 이동 상담버스 운영	152,801명	건설현장 및 새벽인력시장을 직접 찾아가 퇴직공제 적립내역 확인, 고용・복지사업 안내 등 상담서비스/금융기관과 연계한 전자카드 발급 등
건설유공 근로자 정부포상 수여	13회 (456명 수상)	매년 11월 22일 건설기능인의 날(국토부 지정 기념일) 기념식에서 건설업 발전에 공적이 있는 근로자를 발굴・추천하여 훈장 등을 수여
건설근로자 사진・영상 공모전	13회 (226점 시상)	건설근로자에 대한 직업 이미지 개선 등을 위해 매년 사진・영상 공모전 개최 및 수상작 전시

출처: 건설근로자공제회(2023), 2022년도 사업연보, 5쪽.

2) 강원형 일자리 안심공제 사업, 일복(일福)

강원특별자치도의 '**기업복지서비스 지원사업**(일복)은 일하는 도민의 복지 증진을 위해 건강검진, 숙박, 영화, 카페 할인혜택 등 다양한 서비스를 제공하는 사업으로 2023년 6월 기준 1만2천 명의 근로자가 86개사의 다양한 할인 혜택을 누리고 있다(https://gwwel.kr/gwwell/welfare_service).

이 강원형 일자리 안심공제는 강원특별자치도 중소・중견기업(소상공인) 근로자(사업주)라면 누구나 복지서비스 회원으로 가입하고 이용할 수 있다. 강원특별자치도 경제진흥원 공제사업부에서 강원형 일자리 안심공제 지원사업과 기업복지서비스 지원사업을 운영하고 있다.

강원형 일자리 안심공제란 강원특별자치도가 「강원특별자치도 일자리 정책 수립 및 지원 조례」에 따라 근로자의 실질임금 개선과 장기재직 유도를 통해 기업의 고용안정성을 제고하기 위하여 운영하는 제도로, 강원도는 2017년 7월 중소기업진흥공단과 강원형 일자리 안심공제를 시범실시하였고, 2018년에는 운영기관을 강원신용보증재단으로 바꾸고 12월에는 누적가입자가 3천 명을 넘어섰으며, 2021년 7월에는 1만 명을 넘어섰다.

[그림 2-11] 강원형 일자리 안심공제

출처: 강원형 일자리 안심공제 홈페이지, https://gwwell.kr/gwwell/service/history.

강원형 일자리 안심공제 제도는 강원도 내에 소재한 중소중견기업(소상공인포함) 근로자가 매월 15만 원씩 5년간 총 900만 원을 적립하면 기업주가 그에 상응하는 금액 900만 원, 그리고 강원특별자치도의 도 · 시 · 군에서 월 20만 원씩 총 1,200만 원을 합쳐서 만기 시 적립금인 3,000만 원을 근로자에게 지급하는 공제제도로 단순환산 시 약 300%의 수익률을 보인다. 기업은 우수근로자 유입, 핵심 인력 양성 및 5년 이상 장기 재직 촉진 등의 효과가 있으며, 세제 관련해서는 기업납입금 손금(법인기업) 또는 필요경비(개인기업)로 인정받을 수 있다.

그리고 추가적으로 강원형 일자리 안심공제 사업의 복지서비스는 〈표 2-8〉과 같다.

〈표 2-8〉 강원형 일자리 안심공제의 복지(제휴) 서비스 주요 내용

사업 내용	주요 내용
의료 · 상조	- 루비성형외과 : 비급여 항목 최대 49% 할인 - 가족보건의원 : 본인 대상 예방접종 5% 할인 - 한국건강관리협회 : 본인, 배우자, 직계가족 대상 건강검진 30% 할인 - 원주의료원 : 건강검진 20%, 비급여 검사 및 상급병실(비급여) 이용료 20%, 빈소사용료 30% 할인 - 강릉아산병원 : 건강검진 20% 할인, 장례식장 20% 할인 - 속초의료원 : 건강검진 20% 할인, 장례식장 20% 할인 - 호방상조 : 단체협약 특가 175만 원 상품 등 - 삼척의료원, 철원병원, 서울부산밝은세상안과, 미켈란치과, 이수스마트치과 등
숙박 · 레저	- 레고랜드코리아리조트 : 호텔 정상가 15~20% 할인, 테마파크 30~41% 할인 - 매봉힐링캠핑장 : 장작 1단 무상 제공 - 켄싱턴호텔평창, 호텔이스티아, 쭌카라반캠핑장, 화천써비스펜션, 롯데호텔, 로미지안 가든, 셀럽스테이송도, 탑스텐호텔, 일성콘도&리조트, 더앤리조트, 라마다바이윈덤구미호텔, 라마다속초호텔, 동해현진관광호텔 외 10여 곳
금융	- 강원신용보증재단 : 기업주 대상 대출보증요율 우대(1%대 고정요율 적용) - 신한카드 : 주유 10% 할인, 주차장 10% 할인 등
문화 · 생활 · 쇼핑	- 알파카월드 : 입장료 20% 현장 할인 - 플라베 : 모든 메뉴 5% 할인 - 아쿼스튜디오 : 모든 원데이클래스 10% 할인 - 센트정원 : 모든 원데이클래스 10% 할인 - 기타 여러 할인
교육 · 상담	- 버크만 진단 및 교육 : 할인 - 평화노무법인 - 유병원세무회계사무소 - 강원대학교 평생교육원 : 15% 할인 - 한림대학교 평생교육원, 상지대학교 평생교육원, 경동대학교 평생교육원 할인

출처: 강원형 일자리 안심공제 홈페이지, 2024.9.30. 확인함.

3) 한국플랫폼프리랜서노동공제회

(1) 한국플랫폼프리랜서노동공제회의 출범과 가입자격

한국플랫폼프리랜서노동공제회(https://nodonggongje.org)는 노동법과 사회보험의 사각지대에 놓인 플랫폼 노동자와 프리랜서를 경제적으로 보호하고 권리를 증진하기 위해 설립된 비영리 재단법인(고용노동부 설립 허가)이다. 이 공제회는 일하는 사람들의 자조조직으로 자산형성 지원사업, 직업능력 개발, 안전한 노동과 건강증진을 주된 사업으로 진행

하며, 향후 생활안정자금 대출, 업종/직종별 단체보험 등 다양한 사업을 추진할 예정이다.

공제회 운영에 필요한 재원은 회원들의 회비 외에 노조나 공익재단의 기부금이 있는데 **금융산업공익재단**, **공공상생연대기금** 등 노조와 기업이 함께 출연한 공익법인들이 설립 초기에 재정적으로 지원하고 있다. 회원자격은 프리랜서, 특수형태근로종사자, 플랫폼노동자들이다. 2021년 4월 1일 한국노총에서 플랫폼노동공제회 추진단을 설치하고, 같은 해 7월 2일 설립 준비위원회를 발족하여 10월 26일 출범식을 개최하였다. 2022년 3월 1일 회원 3천 명을 돌파하였다.

(2) 한국플랫폼프리랜서노동공제회의 주요 사업

다양한 사업을 시행하고 있는데 대표적인 사업은 **목돈 마련 응원 매칭 프로그램**, 건강증진 지원사업, 교육프로그램 등이 있다.

첫째, 설립 초기 자금 확보를 위해 응원금 형태로 자금을 확보하는 사업이 계속 진행 중이며, 이를 바탕으로 목돈 마련 응원 매칭 프로그램을 운영하는데 월 10만 원씩 적금을 부으면 시중은행 이자 외에 6개월마다 12만 원의 응원금을 지급하는 사업으로, 매월 10만 원씩 3년간 적금을 납입하는 경우 총 납입액은 360만 원인데, 이자는 일반시중은행 이자 약 11만 원과 목돈마련지원금 72만 원을 추가해 총 440만 원을 지급하는 사업이다.

둘째, 건강증진 지원사업은 플랫폼노동자나 프리랜서들이 합리적인 비용으로 건강검진을 받을 수 있도록 제휴기관인 KMI한국의학연구소, 녹색병원, 부천시민병원 등에서 종합검진시에 10만 원을 지원하고, 2차 검진시에는 중위소득 120% 미만 회원에 대해서는 1인 최대 10만 원까지 추가로 지원하되 최대 40명까지 지원한다.

셋째, 교육프로그램으로는 종합소득세 신고, 국민연금과 노후대비, 프리랜서와 자산관리 등이 있고, 프리랜서 법률상담프로그램을 불공정계약 신고와 상담, 미수금 상담 등도 진행한다.

4) 사단법인 노동공제조합 풀빵

(1) 풀빵의 설립 배경과 의미

사단법인 풀빵(https://poolbbang.org)의 설립배경은 다음과 같다(풀빵 노동공제연구소, 2024). 먼저 '풀빵(poolbbang)'은 조선노동공제회와 전태일의 풀빵 나눔 정신을 상징하는 이름이다. 영어 pool은 '모으다', '공동출자', '공동기금'을 의미한다. 전태일의 풀빵 나눔 정신은 청계천 평화시장에서 '시다'로 출발해 미싱사가 된 그가 버스비를 아껴 어린 여공들에게 풀빵을 사먹이고 자신은 밤길을 걸어 도봉산에 있는 집까지 걸어갔던 전태일을 상징하는 대표적인 사례다.*

첫째, (불안정 노동자 노동조건 개선) 기업복지, 사회복지에서 소외되고 있는 불안정 노동자의 노동조건 개선과 복지 향상, 조직 활성화를 위한 수단으로 노동공제회 필요성 부각이다. 둘째, (생활 속 연대를 통한 단결권 실현) 단체교섭을 통한 노동조건 개선이 어려운 불안정 노동자들이 상호부조와 연대를 통해 단결권 강화다. 셋째, (노동공제 연합조직의 필요성) 개별 노동공제를 활성화하고 실효성 있게 운영하기 위해 중규모 이상의 연합 조직 결성으로 규모의 효과 실현하며, 한국 사회 노동공제 운동의 효과와 필요성을 공론화하고, 활성화에 필요한 제도개선을 추진할 대변 조직이 필요하다는 점이다.

사단법인 풀빵은 조선노동공제회와 전태일의 풀빵연대 정신을 계승하여 사회적 연대, 상호부조, 노동자 결사체 활성화, 불안정한 노동조건 개선 등을 통해 노동자의 권익증진을 위한 조직이다. 2021년 창립 시에 〈풀빵〉의 핵심 사업은 ① 노동공제 사업을 위한 현장 주체 발굴과 교육·연대, ② 노동공제 사업 도입과 확산을 위한 사업 모델 개발, 운영 지원, ③ 현장 주체 수요를 반영한 공동 노동공제 사업 개발과 시행, ④ 노동공제회 활성화를 위한 정치·사회적 활동이었다. 이후 진행하고 있는 주요 사업으로는 기본공제(소액대출 포함), 적립형 공제, 비상금고 등을 출시 운영하며, 상호부조의 노동공제가 우리사회에 확산할 수 있도록 교육, 연구, 개발 등이 있다.

(2) 풀빵공제와 풀장서비스

풀빵공제1호인 기본공제, 풀빵공제2호인 적립형 공제, 풀빵공제3호인 비상금고, 그리고 풀장서비스에 대한 구체적인 내용은 다음과 같다. 먼저 풀빵공제1호인 기본공제는 매월 공제회비 6천 원으로 명절선물, 입원수당, 소액대출, 재해사망위로금 등 다양한 일상복지 서비스가 제공된다.

---

* 전태일재단(https://chuntaeil.org)은 청계천 평화시장 노동자들의 비참한 노동 현실을 바꿔내고자 자신의 몸을 불사른 아름다운 청년 전태일의 삶과 정신을 기리고 실천하기 위해 만든 재단이다.

〈표 2-9〉 풀빵공제1호 기본 공제 주요 내용

사업 내용	인원/금액	주요 내용
가입회원	3,424명	참고: 2호 적립형 공제 180명, 3호 비상금고 263명 가입
명절선물	2,177명(24년)	연 1회(설) 4~5만 원 상당 선물 제공
입원수당	173명 2,376만 원	4일 이상 장기 입원시 1일 4만 원, 최대 4일 연 16만 원 한도로 지급
소액대출	228명 33,850만 원	대출한도가 150만 원, 10개월 원리금균등분할상환, 이자율 연 3%
재해사망위로금	1명 300만 원	사고/재해로 본인 사망시 유족에게 위로금 300만 원 지급
비상금고 대출	898명 6.2억 원	대출한도가 300만 원, 10개월 원리금균등분할상환 비상금 100만 원 무이자, 비상금 초과금액 연 2% 이자율
풀장서비스	-	병·의원 할인, 법률 상담, 상조, 호텔 및 숙박업소, 국내외 여행, 생활필수품 공동 구매 및 할인 등 서비스

출처: 사단법인 풀빵 홈페이지, 2024.9.30. 확인함.

풀빵공제2호는 목돈마련을 응원하기 위한 적립형 공제로 5~20만 원을 3~5년간 적립하면 만기시 월 적립액의 최대 3배 응원금과 기금 운용 실적에 따른 축하금을 지급한다.

〈표 2-10〉 풀빵공제2호 적립형 공제 주요 내용

월 적립액	3회차(3년)		60회차(5년)	
	총적립금	응원금	총적립금	응원금
5만 원	180만 원	5만 원	300만 원	15만 원
10만 원	360만 원	10만 원	600만 원	30만 원
15만 원	540만 원	15만 원	900만 원	45만 원
20만 원	720만 원	20만 원	1,200만 원	60만 원

출처: 사단법인 풀빵 홈페이지, 2024.9.30. 확인함.

풀빵공제3호는 긴급할 때 든든한 지갑이 되어 줄 비상금고로 매달 5만 원(18회)이나 10만 원(9회)씩 총 90만 원을 적립하면, 만기시 지원금 10만 원을 더해 총 100만 원을 받을 수 있는 취약 노동자를 위한 공제상품이다. 적립 후 만기수령이 가능하고 비상금고 유지시 300만 원까지 소액대출권을 부여받는다. 1인당 생애 1회 가입원칙이고, 비상금을 만기수령시 재가입은 불가능하다.

〈표 2-11〉 풀빵공제3호 비상금고 주요 내용

월 적립액	5만 원		10만 원	
	회차	총적립금	회차	총적립금
회차/적립금	18회	90만 원	9회	90만 원
응원금	10만 원		10만 원	
적립완료 후 비상금	100만 원		100만 원	
만기 후 재예치 시	최대 300만 원 한도 대출 (100만 원 이하 무이자, 100만 원 초과 2%)			

출처: 사단법인 풀빵 홈페이지, 2024.9.30. 확인함.

풀장[24]서비스는 노동공제조합 풀빵에서 제공하는 일상 노동복지서비스로 평생가입비인 1회 1만 원을 납부하면 이용할 수 있으며 구체적인 내용은 다음 〈표 2-12〉와 같다.

〈표 2-12〉 풀장서비스 주요 내용

사업 내용	주요 내용
상조 서비스	- 한겨레두레협동조합 협력 - 기존의 상조회사보다 공정하고, 합리적인 가격의 장례서비스 제공 ※ 장례 실비 발생(200만 원 특별 품목) ※ 백기완, 오총렬, 백남기, 장준하, 김근태, 리영희 등 사회장 진행 - 조건, 3개월 이상 공제부금, 노동공제 교육 1시간 이상 이수 - 신청, 한겨레두레협동조합 http://www.chaebi.life 1800-9517
건강 서비스	- 사회적의료기관연합회 협력 - 한국사회적의료기관연합회에 소속된 우리동네 지역의원에서 책임진료, 친절진료, 야간진료(사전예약필수), 방문진료 서비스를 적정가격으로 받을 수 있습니다. - 신청, 한국사회적의료기관연합회 https://healthallnet.org
의료비지원 서비스	- 녹색병원 협력 - 근골격계 질환, 재활치료, 3일 이상 입원 및 수술비를 지원 - 중위소득 100% 이하(소득 및 건강보험료 기준) 제화노동자의 경우 본인부담금 연간 최대 250만 원 한도에서 50% 의료비(비급여 30%), 종합건강검진비(대장내시경 포함, 본인부담 25만 원)를 지원 - 단 녹색병원 지원기금 소진 시 종료
노동자생활 신용상담서비스	- 신용관리, 재무관리, 채무조정(개인회생, 파산) 등 상담을 통해 노동자의 건강한 생활경제금융 상황을 개선할 수 있는 전문상담을 진행 - 무료 신용조회, 신용점수 등 신용유의자(신용불량자) 조회 가능 - 전화, 대면 상담, 노동자생활신용상담 02-2039-2341

사업 내용	주요 내용
노동자 좋은 삶 지원 서비스	- 동네정미소 : 노동자 좋은 삶을 위한 협력사업으로 토종쌀 구매 혜택, 10% 할인 (전화/온라인 신청, 동네정미소 070-4189-5522) - 섬마을 인생학교 : 노동자들의 쉼이 있는 연수 프로그램 지원(사단법인 꿈틀리 운영)
의료 서비스	- 제휴병원 : 바른정치과(합정), 건강한 마을치과(성동구), 정경진한의원(구리) - 비급여항목 : 20~30% 할인, 약재할인 등
법률 서비스	- 법무법인 위공과 법률상담 업무협약 - 회원 사건 수임시 20% 할인
일상 서비스	- (주)딜라이브 : 케이블, 인터넷, 가전제품 렌탈 등 할인서비스 - 극단 허리 : 연극 등 할인 10~20%

출처: 사단법인 풀빵 홈페이지, 2024.9.30. 확인함.

풀빵 공제는 회원 단위의 조합원(회원)이면 이용할 수 있는데, 가입비는 평생 1회 납부하는 1만 원이고, 가입신청서를 단위조직별로 취합하여 풀빵 사무국에 제출하면 된다(풀빵노동공제연구소, 2024). 풀빵공제회에 대한 조합원 설문조사 결과를 보면 공제회가 필요하다는 응답이 82.6%에 달한다.

3 해외 공제사업과 우리나라 공제회 활성화 방안

1) 일본의 공제사업과 코프공제연

(1) 일본의 공제사업

일본의 공제사업은 제2차 세계대전 이후 사회적 어려움을 해결하기 위해 본격적으로 등장했는데 이후 각 협동조합의 성격이나 조합원의 요구에 따라 여러 공제가 만들어졌다.

지금까지 수행한 주요 역할은 다음과 같다: ① 각 협동조합 특성에 맞춰 기본적인 생활을 보장하기 위한 제도를 만들어, 각 조합원이 원하는 보장을 고민하며 공제 구조를 개발; ② 저출산 고령화가 진행되면서 국가의 의료나 연금 등 사회보장제도는 점점 후퇴하여 국민 부담이 늘어나는 상황을 보완; ③ 조합원이 스스로 생활에 필요한 보장을 상호부조의 형태로 실천하여, 관련 산업 전체에 올바른 본보기가 됨; ④ 배당을 목적으로 하지 않고 상호부조 이념에 근거해서 건전성 높은 사업을 유지함으로 지역사회에도 공헌.

일본에는 현재 농협, 수협, 소비자 생협, 중소기업협동조합 외에서 다양한 협동조합에서 공제사업을 시행중이다(정화령, 2021.12.7). 기본적으로 직장이나 지역을 중심으로 각각의 목적을 가지기 때문에 여러 조직을 하나로 정리하는 것은 현실적이지 않으며, 후생노동성의 소비생활협동조합법을 근거로 하는 공제조합만 하더라도 전노제(고쿠민공제coop), 일본재공제연, 코프공제연, 대학생협공제연, 전국생협연, 생협전공연 등 20개 이상이다.

(2) 코프공제연

일본 지역생협의 전국연합회인 일본 생활협동조합연합회의 공제사업을 수행하는 일본 **코프공제생활협동조합연합회(코프공제연)**(www.coopkyosai.coop)는 1984년에 조직되었고, 2020년 기준 조합원이 약 910만 명이며, 공제료 수입은 2,009억 엔(환율 100엔대 900원 기준, 약 1조8천억 원)에 달한다(정화령, 2021.11.17).

일본의 생협공제나 현민공제의 경우 하는 일에 상관없이 생활인, 주민으로서의 유대관계가 강조되는데, **생협공제**는 후발주자이나 일본고객만족도 지수에서 생명보험부문 1위를 기록하고 있다. 특히 일본의 고령자 중에 60대 후반은 절반 정도, 70대 전반은 1/3 정도가 일을 하는데, 특히 '단시간에 1일만 일하는 spot work'가 급증하고 이러한 경우 앱을 통해서 계약이 성립되고 즉시 정산되는 게 일반적이다. 그 규모는 약 2,200만 명 정도로 추산되고 있으며, 이러한 상황에서 조합원이나 가입자의 건강을 유지하기 위해 건강 만들기 사업을 진행하고 있다.

건강 만들기 사업으로 2020년에는 44개 생협에 47건 총 143백만 엔을 지원했으며 구체적인 내용으로는 ① 식생활 부문 – 건강 챌린지, 식습관 체크, 출장 영양 교실 등; ② 운동 부문 – 운동교실, 걷기 클래스 기획 등; ③ 사회 참가 – 모임 장소 만들기, 건강 대학, 배움 장소 만들기 등이 있다.

2020~2022년의 경우 코로나19로 인해 조합원 공제금 지급이 3년간 총 1,728,898건에 961.7억 엔(환율 100엔은 900원 기준, 약 8,653억 원)에 달하며, 2022년 한 해 동안에 160여만 명이 공제금을 신청해서 당해 사업연도에는 약 220억 엔의 손실을 기록했으나 적립금으로 충당하여 대응하고 있다.

(3) 일본의 중소기업 근로자 복지서비스 센터

일본에서는 1965년 중소기업 노동조합들이 모여서 임금/복지 격차 문제를 해소하기 위해 공제조합을 만들어 공제회나 상조회를 만들어 운영해 왔다(노세리, 2023). 국가 차원에서는 1988년에 적극적으로 개입하기 시작하였고 후생노동성이 중소기업 노동자의 복리후생 증진을 위해 각 지자체에 복지센터 설립을 권장하였고, 각 지자체가 이를 받아들여 적극적으로 참여하기 시작하였다. 1990년 15개 단체가 중심이 되어 '**중소기업 근로자 복지 서비스 센터**' 설립을 논의하였는데, 명확한 법적인 근거는 없어서 다양한 형태로 운영되기 시작하였다.

전국 차원에서 '전국 중소기업 근로자 복지 서비스 센터'와 지역 차원에서 '지역 중소기업 근로자 복지 서비스 센터'로 구성되는데, 지역 센터가 반드시 전국 센터에 가입해야 하는 것은 아니다. 전국 센터에 가입하지 않고 근로자 복지를 제공하는 지역 센터도 상당수 존재한다. 지역 센터의 형태는 다양한데, 재단법인, 사단법인, 시·구 직영, NPO법인, 임의단체 등이며, 이 중 재단법인이 50% 정도다.

서비스센터의 회원은 원칙적으로 기업만이 가능하기 때문에, 노동자가 개별적으로 서비스 센터에 직접 가입하는 경우도 있으나, 이는 어디까지나 센터의 재량이다(노세리, 2023). 일부 기업에서는 비정규직 노동자들도 회원가입을 시켜주지만, 그렇지 않은 경우가 더 많다. 전국 중소기업 근로자 복지 서비스 센터(전국 센터)는 지역별 서비스 센터의 사무국 역할을 한다(노세리, 2023).

주요 역할로는 전국 서비스센터 간의 의견교환, 연수, 교류 촉진, 서비스센터 간 제휴 강화 촉진, 제휴 사업 알선, 지역 및 현 차원의 성공사례 확산, 행정 및 외부 단체와의 절충, 법제화, 예산획득 노력, 조사 및 통계 정도 제공 등이다. 공제 기능도 수행하여 사망 시 본인(65세 미만)의 경우 보험금액은 최저 5만 엔에서 최고 50만 엔, 배우자의 경우 최저 1만 엔에서 최고 10만 엔을 지급하고, 결혼 축의금은 최저 1,000엔에서 최고 3만 엔 지급, 자녀 출생 시 최저 1,000엔에서 최고 2만 엔을 지급한다. 추가로 안심보험(단체의료보험) 기능도 수행한다.

전국 센터의 운영 방식 및 현황을 보면 2018년 4월 기준 가입한 지역 서비스 센터 수는 201개이고, 이에 속한 회원 수는 약 122만 명이다(노세리, 2023). 2018년 기준 운영예산 1.5억 엔(100엔당 900원 기준, 약 13억5천만 원) 정도인데, 중앙정부에서 지원하는 보조금은 없다. 운영비는 회비가 50%, 보조금이 15%, 사업수익이 35% 정도로 구성되어 있고, 지역 센터가 전국 센터에 회비를 내는데, 회비는 센터의 회원 수를 기준으로 하고, 2017~2018년 중앙정부의 보조금이 폐지된 이후 회비가 계속 인상되고 있다.

일본의 중소기업 근로자 복지 센터는 중소기업에서 개별적으로 서비스를 제공하는 것보다 집단적으로 제공하는 방식이 규모의 경제를 통해 양질의 서비스를 제공할 수 있다는 점에서 효율적인 방식이다. 다만 일본의 경우 정부가 중소기업 근로자들에 대한 복지서비스 수준 제고를 위한 보조금 지원이 없어서, 재정적인 문제해결이 과제라고 할 것이다.

2) 오스트리아의 노동회의소

노동회의소는 오스트리아 외에 독일의 브레멘과 자알란트 그리고 룩셈부르크와 북이탈리아 등지에서 운영되고 있다(이호근, 2017). 이 노동회의소는 경영계의 상공회의소와 유사한 조직으로 근로자의 이익을 대변하고 다양한 서비스를 제공하며, 사용자와 실질적인 사회적 대화를 하기 위한 조직이라고 할 수 있다. 오스트리아는 근로자의 이해관계를 대변하는 조직으로 노동조합 외에 노동회의소라는 기구가 별도로 존재하며, 노동조합과 역할이 중첩되는 부분도 있으나 꾸준히 협력관계를 유지하고 있다.

(1) 오스트리아 노동회의소의 역사와 법적 근거

오스트리아는 가장 대표적인 노동회의소 모델 국가로, 노동회의소는 제1차 세계대전과 대공황을 거치면서 극심한 경제침체와 노사갈등의 시기에 경영계 조직인 상공회의소에 대응하기 위해 조직되었다. 1920년 노동회의소법이 통과되면서 오스트리아 사회동반자 관계의 노동자 측 파트너로서 역할을 시작하였으며, 1930년대 후반 나치시대에 와해된 바 있지만 1954년 전 연방차원에서 노동회의소가 정상화되었고, 오스트리아 사회동반자로 현재에 이르고 있다.

1947년에는 사회파트너들과 정부 간에 '물가와 임금에 관한 협약'을 체결하였고, 1973년에는 사업장 공동결정제 도입, 1975년에는 주 40시간 노동, 1979년에는 '동일노동 동일임금', 1986년에는 연간 최소 5주간의 휴가를 이끌어 낸 주역이 되었다. 노동회의소 구성을 보면 연방노동회의소가 빈에 있고, 그 외에 9개 주마다 노동회의소가 설치되어 있으며 의무와 임무는 노동회의소법에 규정되어 있다.

노동회의소의 가장 중요한 기능은 정부의 근로자에 대한 노동법과 사회보장법 등 주요 법률의 제・개정과정에 참여하며 법률(안)에 대한 입장표명과 개선 방안을 제시하고, 정책 방향에 대한 이익대변을 수행하고 있다는 점이다.

(2) 오스트리아 노동회의소 가입 대상과 재원

노동회의소는 사업장 수준의 전체 근로자가 아니라 지역의 전체 근로자를 그 가입대상으로 하고 있다(이호근, 2017: 28). 기존의 인적종속성만을 기준으로 노동사회법 적용관련 근로자와 비임금 근로자를 구분하여 구체적인 법적용 대상을 판단해 왔던 방식에서 벗어나 이제는 구체적으로 근로자로서 노동회의소 회원 가입의무가 있는지를 판단한다.

특히 디지털 경제시대에 근로자와 자영업자의 경계가 점차 모호해지는 추세에 비추어 이것은 의미 있는 가입대상 기준으로 주목되며, 그 결과 일하는 대다수의 취업자(노무제공자)를 포함하고 있다. 오스트리아의 경우 오스트리아 노총 가입 조합원이 120만 명인데 비하여 노동회의소 가입 회원은 그 배에 가까운 350만 명에 달하고 있으며, 브레멘 지역 역시 38만 명 회원을 갖고 있고, 자알란트 지역은 48만 명 회원, 그리고 룩셈부르크 역시 43만 명의 회원을 두고 있다.

오스트리아의 경우 ① 모든 근로자(Arbeitnehmer)는 당연 가입자에 해당하며 ② 실업보험가입 의무가 있는 실업자(20주 이상 회의소 회원이었던 자로 취업 중이었다가 1년 또는 그 이상 실업급여 수급자)와 ③ 공·사 기금의 근로자, ④ 공무원이 아닌 공공부문 근로자, ⑤ 노동회의소 의장·이사, ⑥ 농림업부문근로자, ⑦ 재택근로자 등이 포함된다. 반면, 공무원, 교육자 및 교육기관 법인근로자, 지역법인 농림업고용근로자, 기업의 임원, 의사, 변호사·변리사·회계사 등 전문직, 보건소 등 병원제약 관련의 전문 인력, 종교단체 사제, 농업회의소 가입대상인 농림업 생산직 및 사무직 근로자 등은 제외된다.

노동회의소들은 각각 공법인으로 법에 의해 의무가입대상인 회원에게서 원천 징수되는 회비에 의하여 운영된다는 점이 임의 가입인 노동조합과 구분되며, 오스트리아 노동회의소의 경우 회비는 '법정 건강보험의 보험료 부과기준이 되는 세전 소득'의 0.5%를 넘을 수 없도록 '정률'로 정해져 있다. 회비납부가 면제되거나 경감되는 사람들은 실업자, 월 400유로 미만의 '초단시간 저임금 근로자', 직업훈련 견습생, 군복무중인 공익요원, 육아휴직자 그리고 요양 중인 산재근로자 등이다. 오스트리아 노동회의소의 경우 2016년 기준으로 전체 수입은 연간 약 3억 9천만 유로(한화 약 4700억 원)에 달한다.

(3) 국내외 노동공제회 운영과 근로복지격차 개선방안에 대한 시사점

최근 국내에서 기존 노동공제회와 더불어 새로운 노동공제회가 생겨나고 있다는 점은 새로운 고용형태가 증가하고 취약계층 근로자가 증가하는 데 비해서 정부가 제도적인 보호조치를 취하지 못해서 자구적인 노력이 활성화되는 것으로 해석할 수 있다.

전통적인 노동법 하에서는 새로운 고용형태로 발생하는 노동자에 대해 근로자성을 인정하기 어려운 경우가 많고 이런 경우 근로기준법이나 기타 근로자에 대한 보호가 어려운 것이 현실이다. 이에 프리랜서, 플랫폼 노동 종사자, 특수형태근로종사자들이 대표적인 형태이고, 이들의 숫자가 증가하면서 정부의 법적 보호의 사각지대가 증가하면서 자구적인 노력이 활성화되는 것이다.

기존의 중소영세기업에 종사하는 근로자들도 낮은 임금과 근로조건 등에도 불구하고 노동조합과 같은 제도적인 보호를 받기 어려운 것이 현실이기에 이러한 경우도 자주적인 보호제도를 강구하는 현실이라고 생각된다. 따라서 취약계층 근로자를 대상으로 근로복지공단 등에서 미흡한 복지제도를 활용할 수 있도록 지원할 필요가 있으며, 신규로 설립된 노동공제 조직에 대한 재정적 및 행정적인 지원을 모색할 필요가 있다.

최근 공제회가 활발하게 조직되고 활동하고 있다는 점에서 이러한 노동공제회 기능이 활성화되도록 직접 또는 간접 지원이 가능할 것이다. 다만 일본의 공제회와 같이 정부나 공공기관이 직접 지원하는 것은 여러 가지 번거로운 일이고, 인력이 필요하는 등 중장기적인 접근이 필요하므로 단기적으로는 공제회 설립을 지원하거나 일정 부분 재정적인 지원을 하는 방법을 검토해 볼 수 있을 것이다.

신설 공제회에 대해 일정한 심사기준을 통과하면 제한된 기간 예를 들면 1년이나 2년 정도 매칭펀드 형식으로 지원할 수 있을 것이다. 구체적으로 공제회 자체적으로 지원하는 금액에 대해 매칭해서 지원금을 두 배로 하는 것이 방법이다. 취약근로자 복지를 담당하는 근로복지공단에서 직접적인 지원이 어렵다면 대기업이나 협회 등 재정적인 지원이 가능한 조직과 공제회를 지역별, 산업별 등으로 구분해서 연계해주는 서비스를 제공할 수도 있을 것이다.

정리문제

1. 다음을 간단히 정리하시오.

- 베이비부머, X세대, M세대, Z세대
- 비정규직
- 기간제 근로자, 단시간근로자, 파견근로자, 하청회사 근로자, 용역회사 근로자
- 소사장제, 백화점 파견
- 특수형태근로종사자
- 프리랜서
- 플랫폼 노동과 플랫폼 노동 종사자
- 노동공제회

2. 다음에 대해 설명하시오.

- 세대별 일에 대한 가치관 차이
- 직접고용 비정규직
- 간접고용 비정규직
- 특수형태근로종사자의 일의 특징과 애로사항
- 프리랜서의 유형
- 프리랜서의 장점과 단점
- 디지털 노동 플랫폼의 유형
- 우리나라의 주요 공제회
- 일본의 공제회
- 오스트리아의 노동회의소

3. 팀보고서를 작성하시오.

- 비정규직 증가 이유
- 불법파견의 문제점과 해결
- 특수형태근로종사자의 증가 이유
- 프리랜서 증가 이유
- 플랫폼 노동 증가 이유
- 우리나라 공제회 활성화 방안

토론문제

1. 다음은 노동공제회인 풀빵 공제회에 대한 평가다

사단법인 풀빵은 노동공제회로 조선노동공제회와 전태일의 풀빵연대 정신을 계승하여 만들어진 노동자의 권익증진을 위한 조직이다. 명절선물이나 입원수당, 소액대출 등을 하는 기본 공제; 월 5~20만 원을 3~5년간 적립하면 월 적립액의 최대 3배 응원금과 축하금을 지급하는 적립형 공제; 300만 원까지 대출받을 수 있는 비상금고; 그리고 풀장서비스라는 일상적인 노동복지서비스를 제공받을 수 있다. 다음은 그에 대한 평가 결과다.

풀빵에 대한 평가 예시

구 분	주요 내용
풀빵의 의미	– "인간적으로 대우받는구나라는 생각을 솔직히 저는 맨 처음에 가졌어요. 그렇게 강하게 들었어요." – "제가 뭐 생전 받아보지 못했던 혜택들 급할 때 비빌 언덕이 있다는 거."
명절 선물의 의미	– "나한테 어떤 선물이 온다. 나를 위해서 온다. 자존감이 높아지는 거죠." – "받으면 고맙죠. 대리할 때는 말 그대로 직장생활을 하지 않고 있기 때문에 오면 반갑죠. 고맙고. 뭐 얼마짜리 금액을 떠나서 고마움을 갖고 있죠."
소액대출의 의미	– "대리기사들이 은행권에 가면 대출이 전혀 안 됩니다. 그래서 사채를 쓰는 분들이 많은데 저는 도저히 사채까지 쓸 수는 없었고……. 진짜 가뭄의 단비죠."
풀빵의 효과	– "공제회에 들어오면 친구가 생기고 동료가 생기고 가족이 생겼기 때문에 뭔가 버팀목이 생겼다"

출처: 풀빵 노동공제연구소, 2024.

Question !

1. 왜 노동조합과 같은 조직과 구분되어 서비스를 제공하는가?
2. 긍정적인 평가의 이유는 어디에 있는가?
3. 정부에서 지원할 수 있는 방법은 없을까?
4. 향후 노동조합으로 발전할 가능성은 없는가?

주요 참고문헌

강원형 일자리 안심공제, https://gwwell.kr/gwwell/welfare_service에서 2024.9.30.에 확인함.

건설근로자공제회(2023), 『2022년도 사업연보』.

근로복지공단(2023), 「근로복지사업 추진현황」, 제1회 근로복지포럼(고용노동부) 발표자료, 한국직업능력심사평가원, 8월 25일.

근로복지공단 복지연금국(2022), 내부자료.

고용노동부(2010), 『고용평등정책과, 기간제법 · 파견법 업무매뉴얼』, 12월.

고용노동부(2020.11.19), 「기간제 및 사내하도급 근로자보호 가이드라인 개정」, 보도자료.

고용노동부(2020.12.9), 「노동조합법, 근로기준법, 고용보험법, 산재보험법 등 10개 개정법률안 국회 본회의 통과」, 보도참고자료.

고용노동부(2024.12.18), 「2023년 전국 노동조합 조직현황 발표」, 보도자료.

김승래(2021), 「디지털 전환시대 플랫폼 노동자의 법적 보호방안」, 『법학연구』, 21(2), 1~30.

김유선(2022), 「대기업 비정규직 규모 - 고용형태 공시제 결과(2022년 3월 현재) - 」, 한국노동사회연구소 이슈페이퍼, (16), 1~16.

김형미(2024), 「토론: 풀빵 성과공유회, 노동공제사업 현황과 발전방향」, 6월 25일.

노상헌(2022), 「동일가치노동 동일임금 원칙과 법적 과제」, 『법학논총』, 39(2), 367~387.

류기락(2022), 「탈이중화 노동시장 구조개혁과 청년고용: 고용보호 수준과 격차의 효과」, 『경제와 사회』, 135, 230~277.

박준희(2020), 「일본의 편중된 비정규직 조직화 현황: UA전선을 중심으로」, 『국제노동브리프』, 5월호, 89~100.

배규식(2014), 「노동시장 이중구조 개선과제와 쟁점」, 노동시장 구조개선 토론회, 서울 여의도 CCMM빌딩, 12월 4일.

손정순(2021), 『불안정노동의 다원화와 노동공제회 활성화 전략』, 노동공제조합 입법 추진 토론회, 더불어민주당 안호영 위원, 이수진 위원, 한국사회가치연대기금 공동 주최, 국회의원 회관 제1소회의실, 11월 17일.

오영수 · 김경환 · 박정희(2011), 『일반공제사업 규제의 합리화 방안』, 정책 · 경영보고서, 2011권 2호, 보험연구원.

우리역사넷, 조선노동공제회, http://contents.history.go.kr/front/tg/view.do?treeId=0202&levelId=tg_004_1980&ganada=&pageUnit=10에서 2024.9.29.에 확인함.

이상훈 외(2023), 「풀빵 공제서비스에 대한 만족도와 수요조사 분석」.

이석현(2014.10.20), 「건설근로자공제회에 묶인 돈 6천3백억원」, 보도자료.

이영면 · 박지순 · 권혁(2007), 『원하청 도급관계에서의 노동법적 쟁점과 과제』, 노동부 정책연구용역 사업보고서, 11월.

이은정(2019), 「노동시장 이중구조에 따른 임금 격차: 성별 분석을 중심으로」, 『젠더와 문화』, 2(1), 81~110.

이호근(2017), 「제4차 산업혁명의 시대 '미조직 노동자' 이익대변에 관한 연구-노동회의소(Arbeitskammer) 도입방안을 중심으로」, 『국제노동』, 233(겨울호), 11~64.

장진희 · 손정순(2019), 『지역수준 취약계층 보호방안 연구: 서울시 음식배달노동자를 중심으로』, 연구총서 9, 한국노총 중앙연구원.

장진희 · 손정순 · 이향숙(2020), 「플랫폼노동 종사자 보호를 위한 공제회 설립방안: 플랫폼노동 실태조사를 중심으로」, 연구총서, 한국노총 중앙연구원.

전국불안정노동철폐연대 법률위원회(2004), 「비정규직 노동자를 위한 노동법 해설」, 서울: 잉걸.

정영훈(2014), 「일본의 파견근로자 현황과 최근 근로자파견법 개정 내용」, 『국제노동브리프』, 12(4), 77~86.

정영훈(2021), 『노동자 자조조직으로서 노동공제조합의 입법화 방안』, 노동공제조합 입법 추진 토론회, 더불어민주당 안호영 위원, 이수진 위원, 한국사회가치연대기금 공동 주최, 국회의원 회관 제1소회의실, 11월 17일.

정화령(2021.11.17), 생협공제는 보험과 어떤 점이 다를까, 일본 생협공제 들여다보기①-일본 전국생활협동조합연합회 공제사업 소개, LIFEIN.

정화령(2021.11.17), 공제의 역할은 '조합원의 건강을 지키고 위기 상황에서 보호하는 일', 일본 생협공제 들여다보기②-일본 코프공제생활협동조합연합회 인터뷰, LIFEIN.

정화령(2021.12.21), 생협 공제사업이 하는 사회를 위한 활동들, 일본 생협공제 들여다보기④, LIFEIN.

정흥준(2022), 「윤석열 정부의 비정규직 노동정책, 감정적 배제인가? 전략적 선택인가?」, 『월간 한국노총』, 582, 34~35.

조남수(2022), 「비정규직 노동운동 어디로 가야 하나」, 『노동사회과학』, (17), 134~156.

통계청(2022.11.1), 「2022년 8월 경제활동인구조사 근로형태별 부가조사 결과」, 보도자료.

풀빵 노동공제연구소(2024), 「노동공제사업 현황과 발전방안」, 풀빵 성과공유회 토론회 발표 자료, 6월 25일.

한국플랫폼프리랜서노동공제회, 홈페이지 https://nodonggongje.org/107, 2024.9.30.에 확인함.

ILO, Topics, Non-standard forms of employment.

미주

1) 2024년 12월 18일 고용노동부가 발표한 2023년 전국노동조합조직현황을 보면 2023년 노동조합 조직률은 13.0%, 조합원 수는 273.7만 명으로 1년 전에 비해 조합원 수는 1.5만 명 증가했지만 조직률은 0.1% 하락하였다. 조직대상 노동자은 21,031천 명이다.

2) 은수미(2007), 『비정규직과 한국의 노사관계시스템 변화(I)』, 서울: 한국노동연구원.

3) Stone, K.(1975), "The Origins of Job Structures in the Steel Industry," in Edwards et al.(eds.), *Labor Market Segmentation*, D.C.: Heath and Company; Edwards, Richards(1979), *Conrested Terrain: The Transformation of the Work Place in the Twentieth Century*, Basic Book.

4) Kerr, C.(1954), "The Balkanization of Labor Market," in L. Reynolds, et al.(eds.)(1986), *Readings in Labor Economics and Labor Relations*, 4th edition, Prentice-Hall; Rubery, J.(1978), "Structured Labor Markets, Worker Organization and Low Pay," in *Cambridge Journal of Economics*, 2, 17～36; Burawoy, Michael(1978), "Toward a Marxist Theory of the Labor Process," in *Politics and Society*, 8(3~4); Finley, W.(1983), "One Occupation, Two Labor Markets: The Case of Longshore Crane Operators," ASR, 48, 306～315; Jacoby, Sanford M.(1984), "The Development of Internal Labor Markets in American Manufacturing Firms," in Paul Osterman(ed.), *Internal Labor Markets*, The MIT Press; Elbaum, Bernard(1984), "The Marketing and Shaping of Job and Pay Structures in the Iron and the Steel Industry," in Paul Osterman(ed.), *Internal Labor Markets*, The MIT Press.

5) 비정규직 근로자의 전체 규모와 구성비는 근로형태별 비정규직 근로자(한시적, 시간제, 비전형)의 중복인원을 제외한 순계로 유형별 규모 및 구성비의 합계와 불일치함.

6) 「기간제 및 단시간근로자 보호 등에 관한 법률」 제4조 및 시행령 제3조.

7) 사실 임금계산과 관련해서 정규직의 경우 시간단위로 임금을 지급하는 경우가 매우 많고 이를 시간제 근로자라고 부를 수도 있어서 혼란이 있음.

8) 문무기(2005), 「간접고용의 합리적 규율을 위한 법리」, 『노동정책연구』, 5(1), 157～183.

9) https://www.ilo.org/global/topics/non-standard-employment/WCMS_534834/lang-en/index.htm에서 2021.2.3.에 확인함.

10) 은수미(2007), 앞의 책, 72쪽.

11) 채호일(2006.7), 『용역과 유사용역의 실태 및 임금 등 근로조건에 관한 연구』, 연구기관: (사)한국경력개발원, 18쪽.

12) 전국불안정노동철폐연대 법률위원회(2004), 132쪽.

13) 고용노동부 고용차별개선과(2025.1.23), 「24년 상반기 근로자파견사업 현황(공시)」.

14) 프라임경제(2020.7.1), 포스트코로나시대 노동시장 "파견 허용업종 확대해야".

15) 은수미(2007), 앞의 책, 84～85쪽 참조.

16) 자동차업계에서 모듈화란 하위 하나하나의 부품조립과정이 하청회사에서 이루어져서 모듈로 되고, 최종조립작업에서는 이미 다수의 부품으로 구성된 모듈들이 조립되는 의미로 사용됨.

17) 족장은 발판을 놓고 공중에 매달린 채 작업을 하거나 제반 안전장치를 갖추고 도장하는 것을 말한다. 안전사고의 가능성이 높은 위험한 작업이다. 사상은 선체의 용접작업이 끝난 후에 진행되는 공정으로 도장에 문제가 없도록 용접부위를 다듬고 매끄럽게 하는 일체의 작업을 의미함.

18) 한겨레(2014.12.5), '한국GM 사내하청 노동자도 한국GM의 정규직' 판결.

19) 한국경제(2021.1.19), 현대重 최신 판례로 보는 불법파견 소송과 법리.

20) 박지순(2017), 「특수형태근로종사자의 실태현황 및 합리적 보호방안」, 특수형태근로종사에 대한 합리적 보호방안 대토론회, 국회의원회관 제2소회의실, 11월 15일.

21) 강성태(2000), 「특수고용관계와 근로기준법상 근로자성의 판단－1990년대 대법원 판결의 검토를 중심으로」, 『노동법학』, 11, 35～52.

22) 통계청(2022.10.25), 「2022년 8월 경제활동인구조사 근로형태별 부가조사 결과」, 보도자료.

23) 김준영・권혜자・최기성・연보라・박비곤(2018), 「플랫폼경제종사자 규모 추정과 특성 분석」, 연구사업보고서, 한국고용정보원; 박민수・정필문(2022), 「온라인플랫폼 규제정책에 대한 경제학적 검토」, 『산업조직연구』, 30(2): 1～47; 김진・장경운・이정우(2021), 「플랫폼 노동의 특성에 대한 주관성 연구: 음식배달 플랫폼을 중심으로」, 『주관성 연구』, 56: 5～25.

24) 풀장＝POOL＋場의 의미를 보이는데 공동출자, 공동기금을 의미하는 영어 pool과 장소, 공간을 의미하는 한자어 場이 결합된 말로 상호부조의 노동공제가 펼쳐지는 공간을 의미.

PART

2

개인 수준 고용관계

제1부에서는 일터에 대한 환경변화와 관련해 일에 대한 의미, 좋은 일자리, 그리고 고용관계의 목표 등에 대해 살펴보았고, 일에 대한 가치관 변화와 다양해지는 고용형태를 특수형태근로종사자, 프리랜서, 플랫폼 노동 종사자를 중심으로 살펴보고 노동공제회를 살펴보았다.

이제 제2부와 제3부는 개인적인 차원과 집단적인 차원에서 고용문제를 살펴보고자 한다. 먼저 제2부에서는 개인적인 수준에서 근로자가 근로계약서를 작성하는 근로계약의 주요 내용에 대해서 살펴보고, 근로계약 이후에 사용자의 지시에 따라 업무를 수행하는 과정과 그 과정에서 발생하는 이슈들에 대해 논의하기로 한다.

Chapter

03 근로자와 근로계약

앞에서 고용형태의 다양화에 대해 살펴보고 최근 프리랜서를 포함한 새로운 형태의 노무제공 계약이 확대되고 있다는 점을 확인했지만, 법은 아직도 전통적인 개념의 근로자에 대한 정의에 머물러 있다. 그리고 2025년에 출범한 이재명 정부는 근로자성과 사용자성을 동시에 가지고 있어서 근로기준법상 근로자로 인정받지 못한 노무제공자에 대해서도 우선 근로자로 간주할 수 있도록 하고, 그렇지 않은 경우에도 노무제공자의 보호를 강화하려는 공약과 국정과제를 수립해서 시행할 예정이다.

우리나라에서 근로기준법의 보호를 받으려면 근로기준법에서 정한 근로자 개념에 포함되어야 한다. 또한 상시근로자 수가 5인 미만인 소규모 사업장에서 일하는 경우, 근로기준법의 주요 내용에 대해 보호를 받지 못하는데 이러한 근로자 수가 200여만 명이 넘는 것이 현실이다. 여기서는 근로기준법 상에 정의된 근로자로 인정받고, 5인 이상 규모의 사업장에서 일하는 다수의 근로자들에 대한 보호를 중심으로 살펴보도록 한다.

제1절 근로기준법 상의 근로자에 대한 정의

근로기준법 제2조에는 "근로자는 …… 임금을 목적으로 노동을 제공하는 자"로 설명되고 있다. 얼핏 보면 단순해 보이지만 실제로 일하는 현장에서 근로기준법상의 근로자로 판단하기 위해서는 매우 다양한 기준이 적용되고 이를 종합적으로 판단하도록 되어 있다.

근로기준법 제2조(정의)제①항 제1호에서 **"근로자"**란 "직업의 종류와 관계없이 임금을 목적으로 사업이나 사업장에 근로를 제공하는 사람"으로 정하고 있고, 제2호에서 **"사용자"**란 "사업주 또는 사업 경영 담당자, 그 밖에 근로자에 관한 사항에 대하여 사업주를 위하여 행위하는 자"를 말한다고 정하고 있다. 다음으로 제3호에서 **"근로"**란 "정신노동과 육체노동을 말한다"고 정의하고 있고, 제4호에서 **"근로계약"**이란 "근로자가 사용자에게 근로를 제공하고 사용자는 이에 대하여 임금을 지급하는 것을 목적으로 체결된 계약"을 말하며, 제5호에서 **"임금"**이란 "사용자가 근로의 대가로 근로자에게 임금, 봉급, 그 밖에 어떠한 명칭으로든지 지급하는 모든 금품"을 말한다고 정의하고 있다.

1 근로자 정의에 대한 판례

임금을 목적으로 사업이나 사업장에 근로를 제공하는 사람이어야 근로자로 정의되고 근로기준법의 보호를 받을 수 있다. 실제 근로자 여부를 판단하기 위해서는 다양한 기준이 적용된다. 이와 관련된 판례를 보면 다음과 같다.

알고 지나가기

근로자성 판단에 대한 판례

근로기준법 제2조 제1항 제1호는 직업의 종류와 관계없이 임금을 목적으로 사업이나 사업장에 근로를 제공하는 자를 근로자로 규정하고 있다. 근로자에 해당하는지는 그 계약 형식이 민법상 고용계약인지 또는 도급계약인지에 관계없이 그 실질 면에서 근로자가 사업 또는 사업장에 임금을 목적으로 종속적 관계에서 사용자에게 근로를 제공하였는지에 따라 판단하여야 한다. 그러한 종속적 관계가 있는지를 판단하려면, 업무 내용이 사용자에 의하여 정하여지고 취업규칙 또는 복무(인사)규정 등의 적용을 받으며 업무수행 과정에서도 사용자로부터 구체적, 개별적인 지휘·감독을 받는지 여부, 사용자에 의하여 근무시간과 근무장소가 지정되고 이에 구속을 받는지 여부, 근로자 스스로 제3자를 고용하여 업무를 대행케 하는 등 업무의 대체성 유무, 비품 등의 소유관계, 보수의 성격이 근로 자체에 대한 대상적 성격이 있는지 여부와 기본급이나 고정급이 정하여져 있는지 여부 및 근로소득세의 원천징수 여부 등 보수에 관한 사항, 근로제공관계의 계속성과 사용자에 대한 전속성 유무와 정도, 사회보장제

> 도에 관한 법령 등 다른 법령에 의하여 근로자 지위를 인정받는지 여부, 양 당사자의 사회 · 경제적 조건 등을 종합적으로 고려하여 판단하여야 한다.
>
> 출처: 대법원 2012.12.13. 선고 2012다77006 판결 참조.

근로기준법에서는 근로자를 "1) 직업의 종류와 관계없이 2) 임금을 목적으로 3) 사업이나 사업장에 4) 근로를 제공하는 사람"으로 정의하고 있는데 좀 더 구체적으로 살펴보면 다음과 같이 정리해 볼 수 있다.

1) 직업의 종류와 관계가 없으므로, 정규직이든 비정규직이든, 계약직이든 아니든, 프리랜서라고 하더라도 계약의 형태를 불문하고, 실질적으로 근로자로서 판단할 수 있는 기준을 충족하면 근로자로 볼 수 있다.
2) 임금을 목적으로 해야 하므로 특정 업무를 처리하고 그 처리비용을 지급하거나 수수료를 지급받는 경우 근로자로 볼 수 없고, 그 업무의 처리를 담당하는 근로를 제공하고 이에 대한 임금을 받는 자여야만 근로자로 볼 수 있다. 일반적으로 근로계약에서는 임금을 정하고 있지만, 용역계약이나 위탁계약 등에서는 계약금액을 정하고 있다. 물론 용역계약이나 위탁계약이라고 하더라도 근로계약으로 인정받을 수도 있고 임금이라고 부르지 않아도 임금으로 인정받을 수 있다. 다만 임금으로 인정받으려면 "사용자가 근로의 대가로 근로자에게 임금, 봉급, 그 밖에 어떠한 명칭으로든지 지급하는 모든 금품"에 해당해야 한다.
3) 근로기준법에서 정한 대로 '사업이나 사업장에서' 근로를 제공해야 한다.
4) 근로를 제공한다는 의미는 곧 사용자와 '사용종속관계에 있는 자'여야 하므로, 이 '사용종속관계'가 있는지 여부를 판단하는 기준이 매우 다양하므로 유의해서 판단해야 할 필요가 있다.

따라서 업무내용이 사용자에 의해 정해진 것인지, 업무수행 과정상 지휘 또는 명령을 받는지, 근무시간과 근무장소의 구속이 있는지 여부 등이 대표적이며 이러한 기준들을 통해 궁극적으로 사용종속관계에 있는지를 판단하므로 이 부분에서 근로자성의 인정 여부를 다투게 되며, 이외에도 기본급이 정해져 있는지, 4대 보험의 적용을 받는지, 취업규칙/복무규정 등을 적용받는지 등도 이를 판단하는 기준이 될 수 있다. 최근 다양한 형태의 노무제공 계약이 맺어지고 있고, 법원의 판단기준이 사안마다 조금씩 다르고 또 시대에 맞게 변경되는 부분이 있어 생각보다 복잡할 수 있으므로 차분하게 따져볼 필요가 있다.

2 특수형태근로종사자의 근로자성 판단

대체로 특수형태근로종사자의 경우 근로기준법상 근로자성을 인정받지 못해서 해고의 부당성을 아예 다투지 못하는 경우가 많다. 경우에 따라서 근로자로 인정받은 경우도 있고 최근에는 근로자성을 인정하는 판례가 증가하고 있다. 하지만 특수형태근로종사자의 경우 관련된 판결이 일반화되는 것은 아니므로 상황에 따라 다른 판단이 내려질 수 있다. 다음은 전력 검침 위탁원이 근로자라는 대법원의 판결이고, 이후 우정사업본부와 도급계약을 맺고 우편물을 배달하는 특수고용직 재택위탁집배원[1)]이나 수도검침원[2)]도 근로자라는 판결이 이어지고 있다.

알고 지나가기

전력 검침 위탁원도 근로자

재판부는 판결문에서 "기본급이나 고정급이 정해졌는지, 근로소득세를 원천징수했는지, 사회보장제도에 관해 근로자로 인정받는지 등의 사정은 사용자가 경제적으로 우월한 지위를 이용해 임의로 정할 여지가 크기 때문에 그러한 점들이 인정되지 않는다는 것만으로 근로자성을 부정해서는 안 된다"며 "위탁원들은 스스로 노력으로 고객을 유치해 업무 양을 늘림으로써 수입을 확대할 수 없는 상황이었고, 위탁원들이 독립해 자신의 계산으로 업무를 사업으로 영위할 수 없었던 점 등을 보면 이씨와 같은 검침 위탁원은 임금을 목적으로 종속적인 관계에서 회사에 근로를 제공하는 근로기준법상의 근로자에 해당한다고 볼 여지가 많다"고 밝혔다.

한전산업개발은 한국전력공사로부터 전기계기검침, 요금 청구서 송달, 체납 고객에 대한 단전 등의 업무를 위탁받은 회사다. 이씨는 한전산업개발과 위탁계약을 맺고 검침 업무 등을 처리하는 위탁원으로 근무했다. 이씨는 실질적으로 한전산업개발에 고용된 검침원이기 때문에 퇴직금 1,200여만 원을 지급하라며 소송을 냈다. 반면 한전산업개발은 이씨는 위탁계약에 따라 지급받는 사업자라고 주장했다.

1, 2심은 "회사가 이씨에게 지급하는 수수료에 대해 근로소득세가 아닌 사업소득세를 원천징수했고, 이씨 등 위탁원에 대한 건강보험 등을 가입신고하지 않아 보험료를 내지 않았다"며 "이씨가 회사에 사용・종속됐다고 볼 수 없다"고 판단해 원고패소 판결했다.

출처: 법률신문, 2014.12.1., [판결] 대법원 "전력 검침 위탁원도 근로자" 첫 판결, 대법원 2013다77805 판결 참조.

다음은 배달 라이더에 대한 근로자성 부인 판례다. 다만 지방법원의 판례이고, 항소가 진행되고 있다. 2024년 대법원은 '타다' 사건에 대해 운송플랫폼 타다 소속 운전기사들은 근로기준법상 근로자라고 판단한 바 있다.[3] 이 사건과 비교할 때 배달 라이더는 원칙적으로 업무 수락 여부를 선택할 재량권을 가지고 있다는 점에서 차이가 있다.

알고 지나가기

배달 라이더 근로자성 인정할 수 없어

배달 라이더라고 하더라도 배달주문 수행 등을 자율적으로 결정할 수 있었다면 근로자성을 인정하기 어렵다는 법원 판결이 나왔다.

재판부는 ㄱ씨가 ㄴ업체에 종속되어 일했다고 보기 어렵다며 근로기준법에 규정된 근로자로 보기 어렵다고 판단했다. 특히 재판부는 "(ㄱ씨 등) 위탁 라이더는 기본적으로 어떠한 배달주문을 수행할 것인지를 자율적으로 결정"했으며 "계약서에는 위탁 라이더는 위탁 라이더가 정한 업무장소, 시간 등 위탁 라이더가 지정한 내용에 따라 배송대행서비스를 수행한다고 규정"되어 있었다며 ㄱ씨가 ㄴ업체에 종속된 노동자라고 보기 어렵다고 봤다.

또 재판부는 "플랫폼 노동 종사자가 근로기준법이 정한 근로자로서의 보호가 상실될 위험에 노출될 가능성이 높아지고 있고 이에 따라 플랫폼 노동 종사자를 근로기준법상의 근로자로 포섭하여 보호할 필요성이 큰 것은 사실"이라면서도 "근로기준법상의 사용・종속관계가 인정되지 않음에도 불구하고 플랫폼 노동 종사자에 대한 보호 필요성이 있다는 이유만으로 근로기준법상 근로자 지위를 인정하는 것은 종속적 근로자를 보호하기 위한 근로기준법의 입법 취지에 부합한다고 보기 어렵다"고 판결문에 밝혔다. 이어 "현행법상으로 플랫폼 노동 종사자에 대한 법률적 보호가 충분하지 않다고 볼 여지가 적지 않다"라고 밝히면서도 "이는 새로운 법률을 제정하거나 근로기준법을 개정하는 등 입법적으로 해결한 문제"라고 판단했다.

재판부는 ㄱ씨가 근로기준법상 노동자가 아니기 때문에 계약 해지가 부당해고에 해당하지 않는다고 결론내렸다.

출처: 한겨레, 2024.8.2., 법원 "배달 수행 등 자율 결정했다면, 라이더 근로자성 인정할 수 없어".

3 회사의 임원과 근로자성 판단

일반적으로 회사의 임원은 근로기준법 상 근로자로 보지 않았다. 사용자 자체는 아니지만 사용자를 위해 일하는 자로 생각할 수 있기 때문이다. 하지만 최근 회사의 임원들도 근로자라고 주장하면서 부당해고를 다투는 경우가 늘어나고 있다. 다음은 회사의 임원이 근로자임을 주장했던 사건이다.

알고 지나가기

CTO가 회사 근로자라고?

A라는 정보기술(IT) 회사는 설립 직후 최고기술총책임자(CTO)를 영입했다. 회사 지분 10%를 주었고, 명함에도 "CTO/이사"라고 기재했다. 물론 개발팀의 모든 직원의 근태 관리 및 인사도 해당 CTO가 결정했다. 그런데 이 CTO가 자발적으로 등기이사가 아닌 비등기이사로 해달라고 했다. 문제는 CTO가 회사를 나가는 과정에서 발생했다. 본래 대표와 CTO는 사이가 좋았으나 CTO가 개발부서를 제대로 이끌지 못해 다툼이 잦아졌고, 결국 CTO를 해임하기로 결정한 것이다. 회사는 CTO에 해임을 통보했다. 그 CTO는 곧바로 노동위원회에 부당해고로 구제신청을 해버렸다. 노동위원회는 CTO의 손을 들어줬다. CTO를 근로자로 인정해준 것이다. 지분도 10%나 있었고 회사 안팎에서도 이사로 인식하였으며 실질적으로 사용자로서 행동한 증거들이 무수히 많았는데 왜 근로자로 인정됐을까?

출처: 한경, 2023.7.2., 회사 다닐 때는 CTO였는데 퇴사할 때는 단순 근로자였다고? [긱스].

회사의 입장에서는 임원이 퇴직하면서 근로자라고 주장하면 당황스러울 수 있다. 상법에서는 등기를 해야 이사로 인정되고, 근로기준법에서도 등기이사는 사용자로 본다. 따라서 등기이사가 아닌 임원, 즉 비등기이사의 경우는 근로자로 해석될 가능성이 크다. 이러한 상황을 피하기 위해서 회사는 다음과 같은 점에 유의할 필요가 있다.

첫째, 비등기이사인 경우 근로계약서를 작성하지 않고 임원계약서를 작성한다. 둘째, 비등기이사라고 하더라도 주주총회나 이사회를 통해 공식적으로 선임한다. 근로자 채용처럼 임의로 채용을 피해야 한다. 셋째, 4대 보험 중에서 고용보험이나 산재보험료를 납부하지 않고 국민연금과 건강보험료만 납부한다. 넷째, 회사나 대표가 비등기이사의 근태관리를 하게 되면 이는 사용자의 지휘감독을 받는 것으로 해석되어 근로자로 인정될 수 있다. 마지막으로 비등기이사의 경우 담당 부서에 대한 전결 권한을 가지고 있어서 책임지는 부서에 대해 독자적으로 결정할 권한을 부여해야 한다.

이상과 같이 근로기준법 상에서 정한 근로자에 대한 정의는 경우에 따라서 판단이 필요하다. 특수형태근로종사자의 경우 근로기준법상의 근로자로 인정받지 못하고 있으며, 프리랜서나 플랫폼 노동 종사자의 경우도 인정받지 못하고 있다. 회사의 임원의 경우도 사용자로 인정받지 못하는 경우가 많다. 그리고 근로기준법 상 근로자로 인정받더라도 5인 미만 사업장에서 일하는 경우 부당해고를 다툴 수 없는 등 근로기준법에서 정한 주요 내용에 대해 보호받지 못하고 있다.

제2절 근로기준법 상의 근로자 보호

헌법 제32조 제3항은 "근로조건의 기준은 인간의 존엄성을 보장하도록 법률로 정한다"라고 있다. 유의해야 할 점은 "생존"이 아니라 "존엄"을 보장하는 기준이다. 이 조항을 구체화한 **「근로기준법」**(이하 '근기법')에서 근로기준이란 법으로 정한 최저기준이다. 적절한 수준이나 최고기준이 아니라는 점이다.

근로기준법에 대한 특별법으로는 **「최저임금법」**, **「임금채권보장법」**, **「근로자퇴직급여보장법」**, **「남녀고용평등과 일 · 가정 양립 지원에 관한 법률」**, **「산업안전보건법」**, **「산업**

재해보상보험법」, 「고용상 연령차별금지 및 고령자고용촉진에 관한 법률」 등이 있다. 고용노동부 소관 법률은 40여 개에 이른다.

1 상시 5인 이상을 사용하는 사업장의 근로자

근기법은 상시 5인 이상의 근로자를 사용하는 모든 사업 또는 사업장에 적용되고 있다. 다만, 같이 사는 **친족**만을 사용하는 경우와 **가사사용인***에 대해서는 적용하지 않으며, 상시근로자가 4인 이하인 사업장에서는 대통령령에 따라 일부 사항이 적용되지 않고 있다. 하지만 종업원이 한 명이나 두 명인 4인 이하의 사업장에서도 당연히 근로조건을 명시하여 근로계약을 체결해야 한다. 임금의 구성, 계산방법 및 지불방법을 명시해야 하는 것은 물론이다. 업무상 재해에 대해서도 사용자가 보상해야 하며 근로감독의 대상이 된다.

우리나라에서 4인 이하의 영세사업체로 근기법 적용예외 사업체는, 2022년을 기준으로 우리나라의 전체 사업체 210만 개의 63.1%인 132만 개이고, 전체 사업체에서 일하는 근로자 1,683만 명의 14.6%인 246만 명이 4인 이하의 사업체에서 일하고 있다.[4] 최소한 246만 명의 근로자는 사실상 상당한 수준의 차별을 받고 있는 것이다. 우리나라를 선진국이라고 생각한다면 이러한 예외 규정은 없어져야 하고, 사업장 규모에 상관없이 적용되어야 한다. 다만 바로 규정을 없애는 것이 어렵다면 우선적으로 항목을 정하고, 단계적으로 제외 규정을 줄여나갈 필요가 있다.

근기법 중에 적용되지 않는 내용은 〈표 3-1〉에 제시되어 있는데, 일부 내용을 보면 첫 번째, 해고가 부당해도 이를 다툴 수가 없으며, 1일 8시간과 주 40시간의 근로시간 규정도 적용되지 않고, 연장 · 야간 · 휴일근로에 대한 가산임금 지급의무도 없고, 생리휴가를 요청한 경우에도 허용하지 않아도 된다.

---

* 가사사용인은 주로 개별 가정과 계약을 맺고 일하는 근로자로 근로기준법의 보호 대상에서 제외되어 있다. 다만 정부 인증 가사서비스 제공기관에 고용된 경우 근로기준법상 근로자로 법적인 보호를 받는다. 개인 가정의 운전기사, 가정부, 파출부 등 가사에 종사하는 자를 의미하며, 주로 개인의 사생활과 관련되어 있고 근로시간이나 임금에 관해 국가의 감독행정이 미치기 어렵기 때문에 노동관계법 적용에서 제외된다는 것이 일반적인 의견이다.

〈표 3-1〉 상시 5인 미만 사업장에서 적용되지 않는 근로기준법 규정

적용제외 규정	내 용	적용여부/설명
제14조	사용자의 취업규칙 게시	X
제19조 제2항	근로자가 근로조건 위반 시 노동위원회에 손해배상 청구	(근로자가) 노동위원회에는 손해배상 청구불가
제23조 제1항	사용자가 정당한 이유 없이 해고, 휴직, 정직 등 그 밖의 징벌하지 못함	(사용자가) 정당한 이유 없이 해고 등 징벌 가능
제24조	경영상 이유에 의한 해고의 제한	(사용자가) 경영상 이유 없이도 해고 가능
제25조	경영상 이유에 의한 해고 시 우선고용	(사용자가) 우선고용 의무 없음
제27조	해고 시 해고사유와 해고시기 서면통지	(사용자의) 서면통지 의무 없음
제28조~제33조	부당해고에 대한 노동위원회 구제신청	(근로자가) 부당해고되어도 노동위원회에 구제신청할 수 없음
제34조	퇴직급여제도	퇴직금 제도는 적용됨
제46조	휴업수당 지급	(사용자의) 휴업수당 지급의무 없음
제50조~제53조	근로시간 40시간 초과 안 되고, 1일 8시간 제한, 대기시간도 근로시간에 포함	사실상 근로시간 제한 없음
제55조 제2항	관공서의 공휴일을 유급휴일로 보장	관공서 공휴일 해당사항 없음
제56조~제62조	연장·야간·휴일근로 가산임금 지급 연차유급휴가	가산임금 해당사항 없음 연차유급휴가 해당사항 없음
제65조 제2항	임산부 아닌 18세 이상 여성을 보건상 유해 또는 임신출산 등에 유해한 일에 사용 못함	임신 중이 아니면 임신출산 등에 위험한 일도 가능
제70조 제1항	18세 이상 여성의 심야근로에 대한 동의	(근로자의) 동의 필요 없음
제73조	여성근로자의 생리휴가 요청 시 허용	(사용자가) 허용하지 않아도 됨
제75조	1년 미만 유아에 대한 유급수유시간 허용	(사용자가) 허용하지 않아도 됨
제77조	기능습득보호자에 대한 보호	해당사항 없음
제93조~제100조	취업규칙 작성 후 고용노동부에 신고 기숙사 관련 의무조항	신고의무 없음 해당사항 없음

출처: 법제처 국가법령정보센터(law.go.kr), 근로기준법의 시행령 [별표 1]에서 적용하는 규정을 제외하고 정리하였으며 2025.3.6.에 확인함.

근로자 수 계산은 법적용 사유가 발생한 날의 1개월 전부터 사용한 근로자의 연인원을 같은 기간 중의 가동일 수로 나누어 계산한다. 근로자 수 계산에 파견근로자는 제외하며 통상근로자와 고용형태를 불문하고 해당 사업장에서 일하는 모든 근로자를 포함한다. 이에 대해 좀 더 자세히 살펴보면 다음과 같다.

2 상시 5인 이상 근로자 수 산정 기준

사업장의 상시근로자* 수가 5인 이상인지 여부를 판단하는 데는 상당히 복잡한 규정이 적용된다. 먼저 근로기준법 제11조를 보면 "제11조(적용 범위) ① 이 법은 상시 5명 이상의 근로자를 사용하는 모든 사업 또는 사업장에 적용한다. 다만, 동거하는 친족만을 사용하는 사업 또는 사업장과 가사사용인에 대하여는 적용하지 아니한다."라고 되어 있으며 다시 제3항에는 "③ 이 법을 적용하는 경우에 상시 사용하는 근로자 수를 산정하는 방법은 대통령령으로 한다."로 되어 있다.

이와 관련해서 근로기준법 시행령을 보면 제7조에 "제7조(적용범위) 법 제11조 제2항에 따라 상시 4명 이하의 근로자를 사용하는 사업 또는 사업장에 적용하는 법 규정은 별표 1과 같다."고 제시되어 있다. 좀 더 자세한 내용은 다음의 제7조의2의 내용이다.

> 제7조의2(상시 사용하는 근로자 수의 산정 방법) ① 법 제11조 제3항에 따른 "상시 사용하는 근로자 수"는 해당 사업 또는 사업장에서 법 적용 사유(휴업수당 지급, 근로시간 적용 등 법 또는 이 영의 적용 여부를 판단하여야 하는 사유를 말한다. 이하 이 조에서 같다) 발생일 전 1개월(사업이 성립한 날부터 1개월 미만인 경우에는 그 사업이 성립한 날 이후의 기간을 말한다. 이하 "산정기간"이라 한다) 동안 사용한 근로자의 연인원을 같은 기간 중의 가동 일수**로 나누어 산정한다.
>
> ② 제1항에도 불구하고 다음 각 호의 구분에 따라 그 사업 또는 사업장에 대하여 5명(법 제93조의 적용 여부를 판단하는 경우에는 10명을 말한다. 이하 이 조에서 "법 적용 기준"이라 한다) 이상의 근로자를 사용하는 사업 또는 사업장(이하 이 조에서 "법 적용 사업 또는 사업장"이라 한다)으로 보거나 법 적용 사업 또는 사업장으로 보지 않는다.
>
> 1. 법 적용 사업 또는 사업장으로 보는 경우 : 제1항에 따라 해당 사업 또는 사업장의 근로자 수를 산정한 결과 법 적용 사업 또는 사업장에 해당하지 않는 경우에도 산

---

* 상시근로자는 사업장에서 상시로 근무하는 모든 근로자를 의미하는데, 계약직이나 임시직, 일용직, 아르바이트와 같은 고용형태·근로계약기간이나 명칭과는 무관하며, 실제로 고용되어 있는 근로자를 포함한다. 좀 더 구체적으로 **임금지급기초일수**(임금지급의 기초가 되는 날로써 전 근로자에게 일률적으로 적용하는 유급휴일, 휴가일을 포함하는 기간)가 매월 16일 이상인 모든 근로자를 의미하는데, 매월 정해진 소정 근로시간이 60시간 미만인 근로자(다만 중증장애인은 제외)는 제외한다.

** 가동일수는 사업장이 통상 가동하는 날을 의미하며, 주말에 일반적으로 가동하지 않지만 주문량을 처리하기 위해 근로자 중 일부가 임시로 출근하여 근무하는 경우를 임시가동일로 하여 가동일수에 포함할 수 있다.

정기간에 속하는 일(日)별로 근로자 수를 파악하였을 때 법 적용 기준에 미달한 일수(日數)가 2분의 1 미만인 경우

2. 법 적용 사업 또는 사업장으로 보지 않는 경우 : 제1항에 따라 해당 사업 또는 사업장의 근로자 수를 산정한 결과 법 적용 사업 또는 사업장에 해당하는 경우에도 산정기간에 속하는 일별로 근로자 수를 파악하였을 때 법 적용 기준에 미달한 일수가 2분의 1 이상인 경우

3 상시 5인 이상 근로자 산정 예시

이를 기준으로 다음의 사례를 살펴본다. 이 사건의 사용자가 제출한 상시근로자 수 산정표에 2024.1.2.부터 2024.2.1.까지의 상시근로자 수는 다음과 같다.

먼저 상시근로자 수 산정기간은 2024.1.2.~2.1.인데 해당 산정표를 기준으로 계산하면, 상시근로자 수(4.25명) = 132명(산정기간 중 연인원) / 31일(산정기간 중 가동일수)가 된다. 따라서 산정기간의 일별 근로자 수는 31일 중 5명 이상인 날이 12일, 5명 미만인 날이 19일로 법 적용 대상이 아니다. 근로자 수 산정 예시에서 보듯이 한두 시간만 일했더라도 해당 일자에 1로 계산된다.

〈표 3-2〉 상시근로자 수 산정 예시

일	월	화	수	목	금	토
		3/19	3/20	3/21	3/22	3/23
		5	4	4	4	2
3/24	3/25	3/26	3/27	3/28	3/29	3/30
2	4	5	4	4	4	3
3/31	4/1	4/2	4/3	4/4	4/5	4/6
4	4	4	4	6	5	3
4/7	4/8	4/9	4/10	4/11	4/12	4/13
3	4	4	5	5	5	5
4/14	4/15	4/16	4/17	4/18		
4	6	5	5	6		
산정기간 상시근로자 132명 / 가동일 31일 = 상시근로자 4.25명						

출처: 중앙노동위원회.

4 상시근로자 수에 관한 판례 예시

두 개의 판례를 예시로 살펴본다.

근로기준법의 적용 범위를 정한 동법 제10조 제1항 소정의 '상시 5인 이상의 근로자를 사용하는 사업 또는 학원'이라 함은 '상시 근무하는 근로자의 수가 5인 이상인 사업 또는 학원'이 아니라 '사용하는 근로자의 수가 상시 5인 이상인 사업 또는 학원'을 뜻하는 것이고, 이 경우 상시라 함은 상태라고 하는 의미로서 근로자의 수가 때때로 5인 미만이 되는 경우가 있어도 사회통념에 의하여 객관적으로 판단하여 상태적으로 5인 이상이 되는 경우에는 이에 해당한다 할 것이고, 여기의 근로자에는 당해 학원에 계속 근무하는 근로자뿐만 아니라 그때그때의 필요에 의하여 사용하는 일용근로자를 포함한다고 해석하여야 할 것이다(대법원 1995.3.14. 선고 93다42238 판결 등 참조).

이러한 취지에 비추어 보면 주휴일은 근로기준법 제55조 제1항에 따라 주 1회 이상 휴일로 보장되는 근로의무가 없는 날이므로, 주휴일에 실제 근무하지 않은 근로자는 근로기준법 제11조 제3항의 '상시 사용하는 근로자 수'를 산정하는 기준이 되는 같은 법 시행령 제7조의2 제1항의 '산정기간 동안 사용한 근로자의 연인원' 및 같은 조 제2항 각호의 '일별 근로자 수'에 포함하여서는 아니 된다. 이때 매월 또는 매주 휴무일이 발생하는 일자나 요일이 특정되어 있고 휴무일수가 일정한 경우뿐만 아니라, 근로자들이 매월 또는 매주를 주기로 순환하여 휴무일을 가짐에 따라 휴무일이 발생하는 일자나 요일 및 휴무일수가 변동되는 경우에도 마찬가지로 근로기준법이나 근로계약 등에 따라 '휴일로 보장되는 근로의무가 없는 날'에 실제 근로자가 근무하지 않았다면 '산정기간 동안 사용한 근로자의 연인원' 및 '일별 근로자 수'에 포함되지 아니한다(대법원 2024.1.25. 선고 2023다275998 판결 참조).

참고로 야간근무자의 경우 출근일을 기준으로 계산하고 퇴근일은 포함하지 않는다. 그 근거로는 다음의 중앙노동위원회의 판정례를 볼 수 있다.

근로기준법 제11조 제1항의 "상시"라 함은 "상태"라는 의미라는 점을 고려할 때 이 사건 회사의 근로자들과 같이 통상적으로 특정일의 특정한 시간에 출근하여 소정근로시간 상당을 근무하고 퇴근하는 경우라면, 설사 야간에 출근하여 익일에 퇴근한다고 하더라도 출근일의 상시근로자 수에 포함될 뿐 퇴근일의 상시근로자 수에는 포함되지 않는다고 봄이 상당하다. 그렇게 해석하지 아니하면 사업장에서 근무한 근로자의 수 및 그 근로자들이 근로를 제공한 시간은 동일한데도, 특정 근로자가 언제 출근하는지에 따라 상시근로자 수라는 상태가 변동되는 불합리한 결과에 이르기 때문이다.

제3절 근로계약서의 주요 내용

1 근로계약서 작성과 계약기간

일용직이더라도 근로계약서는 매일 서면으로 작성해야 한다. 물론 구두로 약속한 내용도 법적으로 효력을 가지지만 양당사자의 주장이 다른 경우 사실 확인이 어렵다. 근로계약서에는 일반적으로 근로계약 기간, 업무 내용, 임금, 근로시간 및 휴게시간, 휴일 등이 포함된다.

근로계약 기간은 정규직이라면 시작일은 있지만 기간만료일을 적지 않은 경우가 있고 이 경우에는 법정 정년인 60세로 간주할 수 있다. 계약기간이 정해져 있는 계약직의 경우에는 1개월, 3개월, 1년 등의 기간을 정해서 계약한다.* 흔히 일용직의 경우 계약기간이 하루이므로 매일 계약서를 작성하는 것이 원칙이지만, 실무적으로는 한번 작성한 계약서가 다음날 변동사항 없이 반복해서 적용되는 것으로 인정하는 경우가 일반적이다.

정규직으로 계약하더라도 수습기간을 적용하는 것이 일반적이고 수습기간은 대부분 3개월로 하는데, 수습기간은 채용이 확정되었지만 아직 최종적인 것은 아니기 때문에 수습기간 후 계약종료에 대해서 사용자의 권한을 좀 더 폭넓게 인정한다.

---

* 계약기간이 정해진 경우 2년까지는 계약기간을 정할 수 있지만 2년이 넘어가게 되면, 기간의 정함이 없는 계약으로 간주한다. 다만 55세 이상의 경우는 2년 이상 계속 반복해서 계약기간을 정할 수 있지만, 갱신기대권이 인정되는 경우 계약을 해지하려면 합리적 사유가 있어야 한다.

[그림 3-1] 표준근로계약서

표준근로계약서

__________(이하 "사업주"라 함)과(와) ______(이하 "근로자"라 함)은 다음과 같이 근로계약을 체결한다.

1. 근로계약기간 : 년 월 일부터 년 월 일까지
   ※ 근로계약기간을 정하지 않는 경우에는 "근로개시일"만 기재
2. 근 무 장 소 :
3. 업무의 내용 :
4. 소정근로시간 : ___시___분부터 ___시___분까지 (휴게시간 : 시 분~ 시 분)
5. 근무일/휴일 : 매주 ___일(또는 매일단위)근무, 주휴일 매주 ___요일
6. 임 금
   - 월(일, 시간)급 : ____________원
   - 상여금 : 있음 ( ) ______________원, 없음 ( )
   - 기타급여(제수당 등) : 있음 ( ), 없음 ( )
     · ________________원, ____________________원
     · ________________원, ____________________원
   - 임금지급일 : 매월(매주 또는 매일) _____일(휴일의 경우는 전일 지급)
   - 지급방법 : 근로자에게 직접지급( ), 근로자 명의 예금통장에 입금( )
7. 연차유급휴가
   - 연차유급휴가는 근로기준법에서 정하는 바에 따라 부여함
8. 근로계약서 교부
   - 사업주는 근로계약을 체결함과 동시에 본 계약서를 사본하여 근로자의 교부요구와 관계없이 근로자에게 교부함(근로기준법 제17조 이행)
9. 기 타
   - 이 계약에 정함이 없는 사항은 근로기준법령에 의함

년 월 일

(사업주) 사업체명 : (전화 :)
주 소 :
대 표 자 : (서명)
(근로자) 주 소 :
연 락 처 :
성 명 : (서명)

출처: 고용노동부, https://www.moel.go.kr/info/etc/dataroom/view.do?bbs_seq=1358755286341.

아파트나 건물의 경비원의 경우에는 3개월짜리 소위 '**쪼개기 계약**'이 많이 사용된다. 우리나라는 기본적으로 계약기간이 2년이 넘어가면 계약기간의 정함이 없는 근로자로 간주하지만 55세 이상의 경우에는 고령자고용촉진법에 따라 2년이 넘어가도 계속 계약직으로 유지할 수 있다. 이러한 이유로 55세 이상인 경비원의 경우에는 단기간의 계약이 계속 반복되는 경우가 많다. 하지만 이러한 경우에는 **갱신기대권**, 즉 계약이 반복되어서 다시 반복될 것이라는 기대를 할 수 있고, 이를 근로자의 권리로 인정하고 있어서, 갱신기대권이 인정되는 경우, **갱신 거절에 대한 합리적인 사유**가 있어서 사용자의 부당해고 여지를 피할 수 있다.

[그림 3-1]의 내용 중에 **소정근로시간**은 '근로자와 사용자가 합의한 근로시간'으로 근로기준법 제50조(근로시간)에서 정한 법정근로시간인 1일 8시간, 1주일 40시간을 초과할 수 없다. 다만 사용자는 근로자와 합의했을 때 1일 8시간, 1주일 40시간을 초과해서 연장근로를 지시할 수 있는데, 1주일에 최대 12시간을 초과하는 52시간까지 일할 수 있다.

그리고 예를 들어 정규직으로 일하고 있던 회사가 **양도양수**되는 경우 원칙적으로는 고용관계도 새로 시작된다. 노동조합이 있는 경우 단체협약에 이러한 경우에 대비해서 고용승계 조항을 단체협약 내용에 포함시키는 경우도 있지만, 그대로 지켜지기가 쉽지는 않다. 특히 아파트 관리나 경비회사의 경우 용역계약이 1~2년 정도이고, 자주 계약주체가 바뀌게 되어서 소속된 근로자의 근로계약기간에 대한 분쟁이 많이 발생한다. 새로 사업을 인수하는 회사에서 특정인을 제외하고 고용을 승계하는 경우, 해당 근로자가 부당해고를 주장하는 경우가 많다. 고용승계 내용이 구체적이지 않은 경우에는 원칙적으로 새롭게 고용계약을 체결한다고 보는 경우가 많다.

2 임 금

임금은 근로자가 제공한 노동의 대가로 사용자가 지급하는 금품(보상)이다. 임금은 절대적 수준에서의 금액과 관련된 문제와 임금이 결정되는 절차에 대한 상대적 수준의 문제가 있다. 근로자의 입장에서는 아무리 많이 받아도 임금은 충분하지 않은 반면에, 사용자의 입장에서는 생산성이나 성과를 반영하여 임금을 지급하고자 하는 의식이 강해, 잠재적으로 임금에 대한 갈등은 항상 존재한다고 할 수 있다.

1) 임금의 정의

법적으로 **임금**이란 '사용자가 근로의 대가로 근로자에게 임금, 봉급, 기타 어떠한 명칭으로든지 지급하는 일체의 금품'을 말한다(근기법 제2조). 따라서 손님이 직접 지급하는 **봉사료(팁)**는 원칙적으로 임금이라고 할 수 없다. 하지만 이 봉사료를 사용자가 일괄관리하고 배분하는 경우에는 임금에 포함된다.

프리랜서나 플랫폼 노동 종사자의 수입은 임금이라고 보기 어려운데, 이는 임금이란 고정성과 정기성을 전제로 하기 때문이다. **고정성**이라는 임금수준이 미리 정해지는 것이어서 시간당 1만5백 원, 일당 10만 원, 월급 300만 원, 연봉 3천만 원 등이다. **정기성**은 매일, 매월, 또는 매년 반복적으로 지급하는 것을 전제로 한다. 따라서 프리랜서처럼 특정한 과업에 대해 용역비로 얼마를 받는다든가, 플랫폼 노동 종사자처럼 특정한 배달에 대해 **수수료**로 얼마를 받는 경우 수입은 맞지만 임금이라고 보기는 어렵다. 다만 이러한 비전형적 임금, 수입으로 생활하는 자가 증가하고 있는 현실에서 이렇게 불안정한 상황에 대한 보호조치가 필요한 것은 확실하다.

2) 통상임금과 평균임금

임금의 기준으로 많이 활용되는 통상임금과 평균임금이 있다. 통상임금이 중요한 이유는 해고예고수당, 휴일 · 연장 · 야간근로수당, 연차휴가수당의 계산기준이기 때문이다. **통상임금**은 근로자에게 정기적으로 그리고 일률적으로 소정근로 또는 총근로에 대해 지급하기로 정해진 고정적 임금을 의미한다. 최근에는 1년에 한 번씩 지급되는 정기적, 일률적, 고정적 성과급도 통상임금에 포함하는 대법원의 판결이 있는 등 그 범위가 확대되고 있다.

평균임금은 퇴직금, 휴업수당 등의 계산기준이 된다. 평균임금은 산정사유 발생일 이전 3월간에 지급되었거나 지급되기로 확정된 임금총액을 그 기간의 총일수로 나누어 산정한 금액이다. 상여금의 경우에는 1년 평균의 개념을 사용한다. 즉, 사유발생 전 12개월 동안 발생한 금액을 12로 나누어 3월분만 평균임금에 포함시킨다.

결과적으로 통상적으로 받는 통상임금에 비해 사용자로부터 받는 모든 임금을 의미하는 총임금 개념의 평균임금이 더 많거나 같다고 할 수 있다.[5] 그런데 2013년 말 대법원은 소정근로의 대가로 **정기성 · 일률성 · 고정성**을 가지는 상여금은 통상임금에 포함된다고 판결하였다. 좀 더 구체적으로 퇴직한 근로자에게도 근무기간에 비례해서 일할 계산해 지급한다면 통상임금에 해당이 될 것이나, 지급일 현재 재직중 근로자에게만 상여금을 지급한다면 통상임금에 해당되지 않는다고 할 수 있다.[6)]

임금의 지불은 통화로 직접 근로자에게 그 전액을 지급하여야 한다. 그리고 매월 1회 이상 일정한 기일을 정하여 지급하여야 한다. 사용자의 귀책사유로 휴업하는 경우에는 사용자는 휴업기간 중 당해 근로자에 대해 평균임금의 100분의 70 이상을 수당으로 지급하여야 한다.

3 해고와 퇴직급여

1) 징계와 해고

우리나라에서 사용자는 근로자에 대해 정당한 이유 없이 해고, 휴직, 정직, 전직, 감봉 기타 징벌을 하지 못한다(근기법 제23조). 이를 어기면 **'부당해고 등'**이 된다. **징계**는 비공식적인 징계도 있고 공식적인 징계도 있다. 업무 수행에서 가벼운 잘못을 했을 때 시말서 작성 등을 하는 경우가 있다. **시말서** 작성은 공식적인 징계기록에는 남지 않는 것이 일반적이다. 공식적인 징계는 경징계와 중징계로 나뉘는데, 경징계에는 다음부터 '잘 하라'고 하는 의미의 **견책**, 임금의 일부(대개는 10% 전후)를 삭감하는 **감봉**(대개는 최대 3~6개월) 등이 있다. 중징계에는 **정직**(대개는 무급으로 최대 1~6개월), (징계) **해고**(공무원이나 공공기관의 경우 **해임**과 **파면**(罷免, expulsion)) 등이 있다.

민간기업에서는 대개 근로관계를 종료하는 해고가 있고, 공공부문에서는 해고가 해임과 파면으로 구분되는데 해임의 경우는 퇴직금을 연금으로 수령할 수 있지만, 파면의 경우에는 퇴직금을 연금으로 받을 수 없어서 적립분에 대해서만 일시금으로 받아야 하며, 취업제한 기간도 해임은 3년, 파면은 5년이다. 일부 기업에서는 **강등**(직급을 낮추는 것), **강급**(호봉을 낮추는 것), **승무정지**(운전직의 경우 운전을 제한하는 것) 등이 징계유형으로 활용되기도 한다.

일반적으로 기업에서는 **취업규칙**(상시근로자 10인 이상 사업체는 의무)이나 **단체협약**(노동조합과의 합의한 내용)에 징계에 대해서 정하고 있고, 징계사유 · 징계양정 · 징계절차 등에 대해서 구체적으로 명시하고 있다. 이러한 사항을 지키지 않으면 징계가 무효가 된다. **징계사유**란 징계할 수 있는 내용에 대해 잘못해 징계를 받을 이유가 있고, 잘못한 정도에 따라 징계 수위가 결정되는 **징계양정**, 그리고 피징계자의 소명 기회를 부여하는 등 **징계절차** 모두가 적절해야 한다. 세 가지 요건 중에 한 가지라도 충족되지 않으면 부당한 징계가 된다.

기업 경영이 어려운 경우 경영상 이유에 의한 해고, 즉 정리해고에 대해서는 법적으로 그 기준을 제시하고 있다. 우선 경영상의 이유에 의해 근로자를 해고하고자 할 경우에는 긴박한 경영상의 이유가 있어야 한다. 이 경우 경영악화를 위한 사업의 양도·인수·합병은 긴박한 경영상의 필요가 있는 것으로 간주한다. 두 번째, 해고를 피하기 위한 노력을 기울였는가 하는 점이고, 세 번째는 해고대상자를 공정하게 선정했는가, 네 번째는 노동조합 또는 근로자대표와 성실하게 협의했는가 여부이다. 이 네 가지 중에서 한 가지라도 충족되지 못하면 전체 정리해고는 부당한 해고가 된다.

2) 퇴직과 퇴직급여

퇴직은 일반적으로 정년에 도달해서 비자발적으로 회사를 떠나는 정년 퇴직과 개인적인 사유를 들어 자발적으로 퇴직하여 회사와의 근로관계가 종료되는 경우를 말한다. **정년**은 법에 의해 강제로 회사와 근로관계가 종료되는 것인데, 우리나라의 **법정 정년**은 2025년 7월 기준 60세로 되어 있다. **퇴직금**이란 회사 생활을 마친 후에 노후에 필요한 자금을 직장생활을 하면서 저축하는 개념으로 이해할 수 있으며, 우리나라는 1년 이상 일한 근로자에게 법으로 정한 퇴직금을 지급해야 한다. 고령자에 대한 사회보장제도가 잘 되어 있는 나라에서는 법으로 강제되는 **법정 퇴직금**이 없는 경우도 있다.

노후생활을 위한 **국민연금**은 공적 성격을 가진 연금이고, 근로자의 경우 퇴직금이 추가되는데 사적 성격의 연금이라 노후생활에 대한 2중 보장이라고 할 수 있다. 근로자가 아닌 자영업자나 소상공인의 경우에는 **노란우산공제회**와 같은 퇴직금 성격의 연금제도에 가입할 수 있다. 인구의 20%가 60세 이상인 초고령사회를 맞아서 여기에 **개인연금**을 포함하여 **3층 구조의 연금보호제도**를 갖추어 노후생활에 대비할 필요가 있다.

(1) 퇴직금과 퇴직연금

퇴직급여의 경우 과거에는 계속근로연수 1년에 대해 30일분 이상의 평균임금을 일시에 **퇴직금**으로 퇴직하는 근로자에게 지급하면 되었으나, 2005년 12월 1일부터는 퇴직급여에 대해 별도의 특별법[「**근로자퇴직급여 보장법**」(퇴직급여법)]으로 제정되고 시행됨으로써, 사용자는 일시금으로 지급받는 퇴직금제도와 연금으로 나누어서 지급받는 퇴직연금제도 중에서 하나 이상의 제도를 설정하도록 되어 있다. 이재명 정부에서는 1년 미만 근속한 근로자에 대해서도 근속월수를 기준으로 퇴직금을 지급하도록 하고, 퇴직일시금이 아닌 퇴직연금을 의무화하는 방안을 추진하고 있다.

이 법은 근로자 수에 상관없이 1인 이상 근로자를 사용하는 모든 사업 또는 사업장에 적용한다. 다만, 동거의 친족만을 사용하는 사업(장) 및 가구내 고용활동에 대하여는 적용하지 아니한다. 또한 계속근로기간이 1년 미만인 근로자, 4주간을 평균하여 1주간의 소정근로시간이 15시간 미만인 근로자에 대하여는 적용되지 않는다(퇴직급여법 제4조①).

퇴직연금제도의 운영은 기존의 퇴직금과 크게 다르지 않다. 주택구입 등 특별한 사유가 있는 경우 중도인출이 가능하고, 사업장 이직시에도 해지가 가능하여 인출이 허용되고 있다. 다만 퇴직연금제도는 근로자가 (회사가 폐업하더라도 퇴직금을 안전하게 관리하기 위해) 사외에 별도 금융기관인 **퇴직연금사업자**에게 가입하고 적립금을 적립하여 퇴직 시에 연금을 받을 수 있도록 하는 제도이다.

(2) 확정급여형과 확정기여형 퇴직연금

퇴직연금제도는 두 가지가 있는데 '**확정급여형**(defined benefit, DB) **퇴직연금**'이라 함은 근로자가 지급받을 급여의 수준이 사전에 결정되어 있는 퇴직연금을 말하고, '**확정기여형**(defined contribution, DC) **퇴직연금**'이라 함은 급여의 지급을 위하여 사용자가 부담하여야 할 부담금의 수준이 사전에 결정되어 있는 퇴직연금을 말한다. 확정급여형의 경우는 회사의 부담이 퇴직 시까지 계속되지만, 확정기여형은 지급시점에서 책임이 끝나고 이후에는 근로자가 적립금을 어떠한 형태로 운영하는가에 따라 퇴직 시의 퇴직연금의 규모에 차이가 발생할 수 있다.

퇴직연금의 경우 적립금을 퇴직연금가입자(DC)나 사업주의 지시(DB)에 따라 퇴직연금사업자가 운용하게 되는데 수익률을 제고하되, 위험 수준도 관리하기 위해서 주식(「간접투자자산 운용업법」에 의한 투자회사의 주식은 제외)이나 출자증권과 같은 위험자산에는 40% 이하로 투자하도록 정하고 있다. 최소한의 안정성을 확보하기 위한 제도라고 하겠다.

퇴직금이나 퇴직연금은 법으로 강제하지만 그 외에 **개인연금저축계좌**를 가입할 수 있는데 매년 600만 원 한도 내에서 납입 금액의 13.2%까지 세액공제를 받을 수 있다.* 여기에 **개인형퇴직연금계좌**(individual retirement pension, IRP)제도가 있는데 개인연금저축계좌의 600만 원과 합산하여 최대 900만 원까지 공제할 수 있다.* 세액공제는 900만 원이지만 세액공제가 안 되는 900만 원을 추가로 납입할 수 있어서 매년 최대 1,800만 원까지 납입가능하다.

이 개인형퇴직연금계좌는 직장이동성 및 단기 근속자의 증가, 중간정산제의 증가 등으로 퇴직일시금이 노후자금으로 활용되지 못하고 소액생활자금으로 소진되는 문제점을 해소하기 위한 방법이다.

미국, 일본, 독일 등은 **퇴직급여제도**를 법적 의무로 하고 있지 않다. 하지만 선진국의 경우에는 국가가 노후를 보장하는 **사회보장제도**가 잘 갖추어져 있는 편이어서 기업이 부담하는 법정 퇴직금제도를 운영할 필요까지 없다는 측면을 고려하여야 한다.

4 근로시간과 휴식

1) 1주일 40시간과 1일 8시간

근로기준법에 보면 우리나라는 1주일에 대한 규정과 1일 근로시간에 대한 규정이 동시에 존재한다. 나라별로 한 가지만 규정하는 경우도 있다. 우리나라는 1주간의 근로시간은 휴게시간을 제하고, 40시간을 초과할 수 없다(근기법 제50조①). 그리고 1일의 근로시간은 휴게시간을 제외하고 8시간을 초과할 수 없다(근기법 제50조②). 이러한 이유로 대부분 근로시간이 오전 9시부터 12시까지 세 시간, 12시부터 오후 1시까지 점심시간인 1시간 휴게시간, 그리고 오후 1시부터 6시까지 다섯 시간 등 하루에 8시간을 일한다.

과거에는 토요일과 일요일을 제외하고 월·화·수·목·금에 대한 근로시간을 최대 40시간으로 하고, 다시 토·일에는 8시간씩 일할 수 있다고 해석하였지만, 대법원에서 1주

---

* 총급여가 연간 5,500만 원 이하이면 세액공제는 16.5%이고 그 이상이면 13.2%다.

* IRP가 노후연금에 대한 절세 계좌라고 한다면, 목돈마련을 위한 절세 계좌로 ISA(individual savings accounts, **개인종합자산관리계좌**)를 운영하고 있다. 매년 최대 2천만 원까지 납입할 수 있고 최소 3년이 의무이고 5년까지 1억 원을 납입할 수 있다. 최소 3년간 계좌를 운영하면 최소 200만 원에서 최대 400만 원까지 절세할 수 있으며, 의무가입기간 이후에 이를 IRP로 이전할 수도 있으며 계속 운영 또는 해지 후 다시 만들 수 있다.

일은 월요일부터 일요일까지 7일을 1주일로 한다고 판결하여, 그 이후에는 1주일 7일 동안 40시간이 되었다. 이재명 정부에서는 주 4.5일제 도입을 검토하고 있는데 40시간을 유지하면서 월화수목 9시간씩 일하고 금요일에 4시간을 일하는 것인지 아니면 36시간으로 줄여서 월화수목 8시간씩 일하고 금요일에 4시간 일하는 것인지는 아직 명확하지는 않고, 점진적으로 도입을 확대할 것으로 보인다.

2) 탄력적 근로시간제와 선택적 근로시간제

과거 1주일에 법정 근로시간인 48시간까지 일을 한 적도 있지만 이제 하루의 근로시간은 휴게시간을 제외하고 8시간을 초과할 수 없다(근기법 제50조②). 1997년 근로시간을 기존의 44시간에서 40시간으로 줄이는 법개정을 하면서, 사용자에 대한 부담을 줄여주는 방법으로, 근로시간의 유연성을 제고하기 위해 탄력적 근로시간제가 도입되었다.

탄력적 근로시간제란 일반적인 직무를 수행하는 다수의 근로자에 대해 적용하는 유연근무제도인데, "취업규칙에 따라 2주 이내의 일정한 단위기간을 평균하여 1주간의 근로시간이 40시간을 초과하지 않는 범위 내에서 특정한 날에 8시간, 특정한 주에 40시간을 초과하여 근로하게 할 수 있다"(근기법 제51조①). 다만, 특정한 주의 근로시간은 48시간을 초과할 수 없다. 핵심은 1일 8시간을 넘어서도 초과근무수당 지급을 피할 수 있다는 점이다.

그러나 근로자대표와의 서면합의가 있는 경우에는 3월 이내의 단위기간을 평균하여 1주간의 근로시간이 40시간을 초과하지 않는 범위 내에서 1주 40시간, 1일 8시간을 초과하여 근로하게 할 수 있다(근기법 제51조의2). 다만, 특정한 주의 근로시간이 52시간을, 특정한 날의 근로시간이 12시간을 초과할 수 없다.

2021년부터는 3개월을 초과하는 탄력적 근로시간제가 도입되었다. 서면 합의에 따라 3개월을 초과하여 6개월 이내의 단위기간을 평균하여 1주간의 근로시간이 8시간을 초과하지 않는 범위 내에서 특정한 주에 40시간, 특정한 날에 8시간을 초과할 수 있다(근기법 제51조의2①). 다만 특정한 주의 근로시간은 52시간을, 특정한 날의 근로시간은 12시간을 초과할 수 없다. 윤석열 정부 들어서는 단위 기간을 1년 등으로 연장하려는 정책을 추진한 바 있지만 실제 도입되지는 않았다. 예를 들어 건설업 같은 경우 여름에 일을 많이 하고 겨울에 일을 적게 하지만 평균을 맞추어 효율성을 제고할 수 있지만, 근로자의 입장에서는 건강권을 해칠 가능성이 있다. 이재명 정부에서는 이러한 예외적인 경우는 허용되지 않을 것으로 예상된다.

다음으로 **선택적 근로시간제**란 영업직과 같은 특정한 직무에 대한 유연근무제도이다. '취업규칙에 따라 업무의 시작과 종료를 근로자의 결정에 맡기기로 한 경우에, 근로자대표와의 서면합의에 따라 1개월 이내의 정산기간을 평균하여 1주 40시간을 초과하지 않는 범위 내에서 1주 40시간, 1일 8시간 초과하여 일할 수 있는 제도'이다. 그리고 '신상품 또는 신기술의 연구개발 업무'의 경우에는 3개월 단위까지 허용되었다. 이 경우에는 근로일 종료 후 다음 근로일 시작 전까지 연속하여 11시간 이상의 휴식 시간을 주도록 하였다.

3) 연장근로, 휴게시간 및 휴일

연장근로는 당사자 간에 합의하면 1주간에 12시간을 한도로 주 40시간, 1일 8시간의 근로시간을 연장할 수 있다(근기법 제53조, 개정 2021.1.5). **상시근로자 30명 미만의 사업장**에서 근로자대표와 서면으로 합의한 경우에는 다시 1주간에 8시간을 초과하지 않는 범위 내에서, 다시 정리하면 1주간에 최대 20시간까지 근로시간을 연장해 최대 60시간까지 일할 수 있다.

연장근로·야간근로(오후 10시부터 오전 6시까지)·휴일근로의 경우 통상임금의 100분의 50 이상을 가산하여 **가산수당**을 지급해야 한다(근기법 제56조). 8시간을 초과한 휴일근로는 100분의 100 이상을 가산해야 한다. 다만 이 가산임금은 **상시근로자 5인 이상의 사업장**에 대해서만 적용된다.

사용자는 근로시간이 4시간인 경우에는 30분 이상, 8시간인 경우에는 1시간 이상의 **휴게시간**을 근로시간 도중에 주어야 한다. 휴게시간은 근로자가 자유로이 이용할 수 있어서 회사 밖에서 식사를 하거나 회사 내에서 운동시설 등을 이용할 수 있다. 그리고 4시간만 일하는 경우, 상식적이지 않지만, 30분 이상의 휴게시간을 가진 후에 퇴근하는 것이 법에 따른 조치다.

휴일의 경우 1주일에 평균 1회 이상의 **유급휴일**을 주어야 한다(근기법 제55조①). 이는 1주일에 5일 동안 또는 주 40시간 일하는 경우에, 일요일은 일을 하지 않아도 일을 한 것으로 간주하고 임금을 지급해야 한다는 의미이다. 이를 **주휴 수당**이라고 한다. 따라서 일반적으로 토요일은 **무급휴일**이라고 하겠다. 또한 1년간 8할 이상 출근한 근로자에게 15일의 **유급휴가**를 주어야 한다(근기법 제60조).* 3년 이상 근로한 경우에는 1년을 초과하는 **계속근로연수** 매 2년에 대해 1일을 가산한 유급휴가를 주어야 한다. 이 경우 가산휴가를 포함한 총휴가일수는 25일 한도로 한다.

유급휴가의 경우 사용자가 유급휴가의 사용을 촉진하기 위해 사전에 서면으로 사용을 촉구하였음에도 유급휴가를 사용하지 않은 경우 이를 보상할 의무는 없다. 물론 사용자가 보상하는 경우는 문제가 되지 않는다.

기존에는 **관공서 공휴일**이 민간기업의 **법정 유급휴일**이 아니었으나, 2020년부터 기업 규모에 따라 단계적으로 법정 유급휴일로 적용되고 있다.* 다만 공휴일에 불가피하게 근무할 수밖에 없는 경우에는 근로자대표와 서면합의를 통해 휴일을 대체할 수 있다. 놀이공원 같은 경우 방문객이 많은 일요일 대신에 월요일이나 다른 요일을 휴일로 대체하는 것이다. 만약 휴일대체를 하지 않고 근로자가 공휴일에 근로했다면 휴일근로 가산수당을 포함한 임금을 추가로 지급해야 한다.

---

* 이 규정은 주 40시간 시행일과 같이 순차적으로 적용된다. 과거 월차휴가는 법에서는 폐지되었지만, 단체협약 등에 언급되어 있다면 유효하다.

* 2020년 1월부터는 300인 이상, 2021년 1월부터는 30인 이상, 2022년 1월부터는 5인 이상 사업장이 대상으로 확대되었으나, 2023년에도 5인 이상 사업장의 경우 근로감독을 실시하지 않아서 사실상 적용을 유예하고 있는 상황이다. 「공휴일에 관한 법률」에 따른 공휴일은 1. 「국경일에 관한 법률」에 따른 국경일 중 3·1절, 광복절, 개천절 및 한글날, 2. 1월 1일, 3. 설날 전날, 설날, 설날 다음 날(음력 12월 말일, 1월 1일, 2일), 4. 부처님 오신 날(음력 4월 8일), 5. 어린이날(5월 5일), 6. 현충일(6월 6일), 7. 추석 전날, 추석, 추석 다음 날(음력 8월 14일, 15일, 16일), 8. 기독탄신일(12월 25일), 9. 「공직선거법」 제34조에 따른 임기 만료에 의한 선거의 선거일, 10. 기타 정부에서 수시 지정하는 날이다. 이상의 공휴일이 토요일, 일요일 및 다른 공휴일과 겹칠 경우 대통령령으로 **대체공휴일**로 지정하여 운영할 수 있다.

제4절 최저임금제도

1 최저임금 결정과 적용

우리나라 헌법 제32조 제1항에 "국가는 법률이 정하는 바에 따라 최저임금제를 시행해야 한다"로 규정되어 있으며, 이에 따라 **최저임금제도**는 "국가가 노사간의 임금결정과정에 개입하여 임금의 최저수준을 정하고, 이 수준 이상으로 임금이 지급되도록 법으로 강제함으로써 저임금 근로자를 보호하는 제도"이다. 우리나라 최저임금법은 1986년에 제정되어 1988년부터 시행되고 있다.

최저임금제도는 현재 근로자를 사용하는 모든 사업 또는 사업장에 적용한다. 단, 동거친족만을 사용하는 사업과 가사사용인(가구에 고용된 요리사, 가정부, 세탁부, 보모, 유모, 개인비서, 집사, 운전사, 정원관리인, 가정교사 등 가정생활의 유지 및 관리 등 가사업무에 종사하는 자)에 대해서는 적용대상에서 제외된다.[7] 또한 정신 또는 신체의 장애로 근로능력이 현저히 낮은 자, 수습사용 중에 있는 자, 양성훈련을 받고 있는 자 등은 제외된다. 또한 선원법의 적용을 받는 선원 및 선박 소유자는 적용대상에서 제외된다.

1) 최저임금 결정

최저임금은 **최저임금위원회**(http://www.minimumwage.go.kr)의 심의를 거쳐 고용노동부장관이 매년 8월 5일까지 결정하여 고시하도록 되었으며, 그 다음해 1월 1일부터 1년간 효력을 발생한다. 적용대상은 1인 이상 근로자를 사용하는 모든 사업 또는 사업장으로 사업의 종류에 구분 없이 동일하게 적용된다.

최저임금법 제4조를 보면 최저임금은 ① 근로자의 생계비, ② 유사 근로자의 임금, ③ 노동생산성 및 ④ 소득분배율 등을 고려하여 정하도록 하고 있다. 구체적으로 통계자료들이 활용된다. 우선 단신근로자 생계비에 대한 분석이다. 미혼인 단신근로자의 실제 소비실태와 수준, 근로소득 실태 등을 파악하여 최저임금의 결정기준으로 활용된다. 우리나라에서는 1987년 이후 시작되어 1994년부터는 연 1회 조사를 하고 있다. 실제로는 통계청의 가계조사 결과 1인 미혼 단신근로자 가구를 대상으로 가공집계하여 활용하고 있다. 그 외에도 임금실태 분석, 노동생산성 산출지표분석, 소득분배율 지표분석 결과들이 심의 자료로 활용된다.

2026년 1월 1일부터 2026년 12월 31일까지 적용되는 최저임금은 시간급 10,320원이고, 주 소정근로 40시간을 근무할 경우 월 환산 기준시간 209시간(주당 유급주휴 8시간 포함) 기준으로 월환산액은 215만 6,880원이다.[8] 지난 몇 년간 최저임금 인상은 상당한 변화를 보였다. 문재인 대통령의 공약에 따라 3년 이내에 1만 원의 최저임금을 실현하기 위해 이는 2018년에 16.4%, 2019년 10.2%가 인상되었지만, 아르바이트나 계약직 등의 일자리 감소와 자동주문기 등의 자동화 확산을 포함한 여러 사유로 공약실현을 포기하고 2020년에는 2.87%, 2021년에는 1.5%, 2022년에는 5.05% 인상에 머물렀고, 윤석열 정부에서는 2023년 5%. 2024년 2.5%, 2025년 1.7% 170원 인상에 그쳤다. 이재명 정부가 출범한 후인 2025년 7월에 결정된 2026년 최저임금도 2.9% 인상된 수준으로, 2025년도 예상 물가상승률 1.9%를 고려했을 때, 최저임금은 제대로 인상되고 있다고 보기 어렵다.

최저임금은 고용형태나 국적에 상관없이 모든 사업장에 적용된다. 최저임금이 인상됨에 따라 임금에 직접적인 영향을 받는 근로자의 비율을 **영향률**이라고 한다. 2021년의 경우에는 적용대상인 전체 임금근로자의 5.7%인 93만 명, 2022년에는 4.7%인 77만 명, 2023년에는 6.5%인 109만 명, 2024년에는 3.5%인 65만 명, 2025년에는 1,704만 명의 2.8%인 48만 명에 이를 것으로 추정되고 있다. 최저임금 인상률이 높을수록 자동으로 임금이 인상되는 저임금근로자 수라고 생각할 수 있으며, 근로자들에게는 그래도 좋은 소식이지만 영세사업자들에게는 부담이 커지는 결과로 해석할 수 있다. **최저임금 미만율**은 시간당 임금이 최저임금 미만인 근로자의 비중을 의미하는데 2023년 기준으로 임금 근로자 17,044천 명 중에 718천 명으로 4.2%로 추정된다.

2) 최저임금 계산

최저임금 계산이 생각보다 쉽지 않다. 우리나라는 임금구성이 복잡하고 최저임금계산에서 제외되는 임금이 있기 때문에 더욱 복잡해진다. 최저임금을 계산하기 위해서는 지급되는 임금에서 '최저임금의 적용을 위한 임금에 산입하지 아니하는 임금'을 제외한 후, 시간당 임금으로 환산하여 시간당 최저임금액을 비교한다.

예를 들어 과거에는 식대 1,000원을 포함해서 10,500원을 지급해서 2025년 최저임금

10,030원보다 많이 지급했는데 법위반에 해당되었다. 복리후생비인 식대는 계산에서 제외되기 때문이었다. 그러나 2019년부터는 최저임금법을 개정해서 상여금, 복리후생비(식대 포함) 등도 포함하도록 하였고, 2024년 이후에는 모두 최저임금 계산에 포함하도록 하였다. 그 이유는 우리나라의 경우 기본급 비중이 낮고 상여금이나 복리후생비가 최저임금계산에서 제외되기 때문에, 연봉은 5천만 원인데 최저임금법을 위반하는 경우가 발생하기 때문이다.

3) 최저임금 시행을 위한 보완 제도

최저임금제도가 제대로 시행되기 위해서 다양한 보완제도가 있다. 먼저, 도급으로 사업을 행하는 경우, 수급인이 도급인의 책임 있는 사유로 근로자에게 최저임금액에 미달하는 임금을 지급한 때에는 도급인은 해당 수급인과 연대하여 책임을 지도록 규정되어 있다. 이때 책임 있는 사유의 범위는 ① 도급인이 도급계약의 체결 당시 인건비 단가를 최저임금액에 미치지 못하는 금액으로 결정하는 행위여야 하고, ② 도급인이 도급계약 기간 중 인건비 단가를 최저임금액에 미치지 못하는 금액으로 인하한 행위여야 한다. 또한 도급인(직상수급인)과 수급인(하수급인)은 근로자의 최저임금액에 미달하는 임금에 대하여 연대채무관계에 있는 것이므로, 근로자는 도급인(직상수급인) 및 수급인(하수급인) 중 한쪽 당사자에게 또는 양쪽 당사자에 대하여 동시에 또는 순차적으로 최저임금액에 미달하는 임금채무의 전부나 일부의 이행을 청구할 수 있다.

최저임금에 미달하는 임금을 지급하면, 최저임금법 제6조 제1항에 따라 3년 이하의 징역이나 2,000만 원 이하의 벌금에 처해지도록 되어 있다. 2018년 들어 고용노동부는 고의적이고 악의적으로 최저임금을 지급하지 않아서 유죄가 확정된 사업주 명단을 3년간 공개하고, 7년 동안 금융제재도 가하겠다는 법안 개정을 공지하였고, 2024년의 경우 281개 사업장의 사업장 명과 사업주 이름 등이 공개된 바 있다(https://www.moel.go.kr/info/defaulter/defaulterList.do).[9] 체불액 규모가 10억 원이 넘는 경우도 있는데, 최저임금 위반은 반의사불벌죄가 아니므로 근로자와 합의해도 처벌을 받을 수 있다.

최저임금을 지급받지 못한 경우에는 사업장 관할 지방노동(지)청에 권리구제를 요청하면 도움을 받을 수 있다. 또는 고용노동부(www.molab.go.kr) 종합상담센터(국번 없이 1350)에서 안내받을 수 있다.

2 국가별 시간당 최저임금

최저임금을 단순하게 국가별로 비교하는 것은 상당한 위험이 따른다. 각 국가별로 물가나 경제적인 수준이 많이 다르기 때문이다. 이점을 고려하고 살펴보면 다음과 같다. 2024년 기준으로 OECD 자료를 보면 국가별 연간 최저임금(minimum wages)은 해당 국가별 화폐단위로 제시해서 단순 비교를 어렵게 하고 있다. 한국은 24,728,880원이고, 미국은 15,080달러(통계표에서 2010년 이후 변동 없음), 영국은 23,265파운드, 독일은 24,648유로로 파악된다.[10] 2022년 기준으로 보면 최저임금 수준이 높은 나라들은 룩셈부르크 13.6달러, 호주 13.6달러 등이며, 낮은 나라들을 보면 멕시코 1.8달러, 브라질 2.4달러, 콜롬비아 3.0달러, 칠레 3.8달러 등이다.

2021년 기준으로 OECD의 구매력 기준 실질최저임금 통계기준으로 보면 27개국 중에서 우리나라가 8위를 차지하고 있다. OECD가 제시하는 또 다른 통계값은 풀타임 근로자의 중위 임금에서 최저임금이 차지하는 비율인데, 한국은 7위로 비율은 61% 수준이다. 조심스럽기는 하지만 우리나라의 최저임금이 그렇게 낮다고 평가하기는 쉽지 않다.

최근 들어서 최저임금의 인상에 적극적인 국가들이 적지 않다. 미국의 경우 연방수준에서는 시간당 7.25달러로 오랜 기간 동결되었지만 주단위로 최저임금을 많이 올리는 지역들이 많다.[11] 캘리포니아주는 15.5달러, 메사추세츠주 15달러인데, 이는 노동자들의 소득을 올려 내수시장을 활성화하고 사회 양극화를 해결하려는 취지에서다. 그러나 앨라배마주, 루이지애나주, 미시시피주, 사우스캐롤라이나주, 테네시주 등은 주단위로 별도의 최저임금이 없기 때문에 연방최저임금인 7.25달러를 적용하고 있다.

기존에는 노동조합의 교섭력에 최저임금을 맡겨두었던 독일 정부도 2015년부터 시간당 8.5유로(12,400원)의 최저임금제를 시행하였고, 2025년부터는 12.82유로(1만8,320원)로 인상하였다.[12] 그 이유는 기존의 노동조합의 산별 최저임금이 더 이상 모든 근로자들에게 다 적용하기에는 한계가 있기 때문이다. 다만 독일의 경우 대다수 산업에서는 산별 노조와의 단체협약에서 최저임금을 정하고 있다. 직업훈련 등의 강사는 16.68유로, 공사장의 각종 기술직은 12.85유로, 건물청소는 12유로 등이다.

알고 지나가기

'최저임금 1만 원=일자리 감소?'…영국과 독일은 어떨까

영국 정부는 지난해(2023년) 말 올해 4월부터 시간당 11.44파운드(약 1만8,500원)로 최저임금을 인상하는 안을 가결했다. 종전(10.42파운드)보다 1파운드 인상했다. 적용 대상 역시 23세에서 21세로 확대했다. 23세 정규직 근로자는 연 1,800파운드(9.8%), 21~22세는 연 2,300파운드(12.4%) 임금 인상 효과가 난다. 영국 저임금위원회는 "최저임금은 소기업과 저임금 노동자 일자리에 긍정적 효과를 가져왔다"며 "1999년 제도 도입 후 많은 일자리를 창출해 왔다"고 밝혔다.

독일도 최저임금을 올리고 있다. 지난해(2023년) 말 올라프 숄츠 독일 총리는 올해(2024년)와 2025년 최저임금을 3%씩 올리기로 했다고 밝혔다. 고물가에 더 올리면 물가가 자극 받을 수 있다는 우려를 반영한 결정이라는 평가다. 숄츠 총리는 집권 후 10개월 간 최저임금을 22% 끌어 올린 바 있다. 독일의 올해(2024년)와 내년(2025년) 최저임금은 각각 12.41유로(1만7,730원)와 12.82유로(1만8,320원)로 지난해보다 각각 41센트(약 590원)씩 인상됐다.

독일 내부선 최저임금제 도입이 임금격차 축소 등 긍정적 효과를 내고 있다고 평가한다. 독일 연방통계청은 최저임금 도입 직전인 2014년 12월과 비교해 독일 내 업종별 임금격차가 감소했으며, 사용자는 더 높은 임금을 지급해야 하므로 더 장기적인 관점에서 채용조건을 높이다 보니 경제 전반에 생산성도 높아졌다고 봤다. 아울러 일자리 감소 우려와 달리 오히려 취업자는 늘고 실업률은 낮아지는 등 노동시장이 호황기를 유지하고 있다고 평가했다. 이 외에도 정규직이 증가했으며 노동시장 호황과 임금인상에 따른 민간소비 증가 등 내수 확대로 소득주도 성장을 달성했다고 밝혔다.

출처: 오피니언뉴스(http://www.opinionnews.co.kr), 2024.7.12, [이슈분석] '최저임금 1만 원=일자리 감소?'…영국과 독일은 어떨까.

3 최저임금 인상과 고용

최저임금 인상으로 근로자의 임금은 올라가지만, 사용자가 최저임금 인상에 따른 인건비 상승분을 그대로 부담하면서 고용을 유지하지는 않을 가능성이 크다. 무인편의점 증가, 패스트푸드점의 자동주문·정산기 설치 증가, 치킨집과 호프집의 알바 해고, 아파트 경비원의 실근로시간 단축과 휴게시간 확대 등 사용자는 최저임금 인상에 대해 여러 방법으로 대응한다. 최저임금을 받지만 공공부문처럼 내 일자리가 지켜지고, 높아진 최저임금을 받는다면 다행이지만, 커피전문점이나 치킨집 알바 해고처럼 일자리가 없어질 수도 있고, 아파트 경비원처럼 근무시간이 줄어들 수도 있다.

1) 최저임금 1만 원 공약과 일자리안정자금

2017년 문재인 정부 출범 이후 최저임금 1만 원 공약을 지키기 위해, 2018년 최저임금을 16.4% 인상하고, 그에 따른 영세중소기업주들의 인건비 부담증가를 지원하기 위해 2020년까지 매년 3조 원에 가까운 **일자리안정자금**을 지원하였다. 정부지원이 없다면 알바와 같은 최저임금 수준의 일자리에 대한 수요가 감소하거나, 키오스크 등을 포함해서 자동화나 서빙로봇 등으로 대체될 가능성이 크다고 예상했기 때문이다.

정부는 한시적이라고 했지만 민간부문에까지 임금을 직접 지원하는 것은 흔한 정책은 아니다. 예외적으로 소상공인이 고용한 근로자에 대해 4대 보험을 지원한다던가하는 간접적인 지원은 있어 왔다. 지원정책이 있었다면 그러한 지원정책이 제대로 이루어져 예상되는 부작용이 최소화될 필요가 있다. 코로나19 이후 일자리 안정자금 예산은 대폭 축소되었고, 2020년 최저임금 1만 원의 공약도 사실상 취소되었다. 일자리 감소가 걱정되었기 때문이다. 2022년에 일자리안정자금은 4천억 원 규모로 축소되었으며, 이후 일자리안정자금이라는 제목의 예산은 없어진 것으로 보인다.

2) 최저임금의 고용효과에 대한 이론적 논의

최저임금의 높은 인상에 대한 경영계의 반대논리는 신고전 경제학파의 주장에 근거해서, 최저임금이 올라가면 그에 상응하여 고용이 축소된다는 주장이다. 그럼에도 불구하고 소득분배구조의 악화나 임금불평등의 심화를 줄이기 위해, 여러 나라에서 법정 최저임금제도를 확대하고 있다. 1999년 영국, 2000년 아일랜드, 2009년 오스트리아 그리고 2015년 독일 등이다. OECD 국가 중에서 법정 최저임금제도를 시행하지 않는 국가는 스칸디나비아 5개국(덴마크, 핀란드, 스웨덴, 노르웨이, 아이슬란드)과 스위스, 이탈리아 등 7개국에 불과하다. 이들 국가는 사실상 산업별로 또는 전국 단위에서 노사간의 단체교섭을 통해 최저임금 수준이 정해지고, 비조합원을 포함하여 거의 모든 근로자에게 적용되고 있기 때문이다.

(1) 경쟁시장 중심의 설명과 반대 주장

신고전파 경제학에서는 완전경쟁시장에서 최저임금은 취업 중인 근로자에게는 임금인상을 가져다주지만, 다른 근로자들에게는 일자리 상실을 가져다준다. 우리나라의 경우 2018년 최저임금이 16.4% 인상되면서 아파트 경비원 인력감축, 무인편의점 확대, 치킨점이나 호프집에서 알바생수 축소부터 시작해서 중소영세기업의 근로자 수 감축, 제조업의 공장 해외이전 등이 쉽게 살펴볼 수 있는 예이다. 그 결과 2020년에는 1.5% 인상에 그쳤고, 1만 원 최저임금 공약은 사실상 포기되었다.

하지만 몇 가지 반대주장이 있다(김유선, 2014). 첫째, 최저임금으로 고용이 감소하더라도 노동수요곡선의 탄력성이 1보다 작으면 임금인상효과(고용을 유지하는 근로자의 임금증가분)가 고용감소효과(일자리 상실에 따른 임금감소분)를 상쇄해 전체적으로 저임금 근로자들의 소득은 증가한다. 쉽게 말해서 일부 일자리 감소가 있지만, 인상된 임금의 크기가 사라진 일자리의 임금보다 많다는 설명이다. 또한 최저임금이 인상되더라도 기업은 생산성 향상, 비임금비용 절감, 제품가격 인상 등의 방법으로 대처하기 때문에 실제 고용감소는 줄어든다고 설명한다.

둘째, 최저임금은 평균임금에 비해 상대적으로 낮은 수준에서 결정되기 때문에 모든 근로자에게 영향을 미치지 않고 특정계층에만 영향을 미친다. 앞에서 살펴본 대로 최저임금 영향률은 최저임금 인상으로 자동으로 임금이 인상되는 저임금 근로자의 비율이다. 인상률이 낮으면 그만큼 자동으로 임금이 인상되는 근로자 비율이 낮아진다. 공공부문에서는 최저임금 인상이 별다른 문제가 되지 않는다. 어차피 인건비 예산은 정부가 국가에서 사실상 책임져 주기 때문이다. 예를 들어 문재인 정부의 공공부문 비정규직의 정규직 전환이 있었지만, 전환된 근로자들의 경우 민간기업들과 달리 최저임금 인상으로 고용규모가 줄어들지는 않을 것이다.

셋째, 최저임금의 적용이 모든 근로자에게 미치지 못하고 있으며, 따라서 최저임금 적용으로 일자리를 잃게 되는 근로자들은 최저임금이 적용되지 않는 부문에서 새로운 일자리를 찾게 된다는 주장이다. 이러한 주장은 사실 당사자 근로자에게는 쉽지 않는 내용이다. 만약 최저임금 인상으로 경비원 일자리가 줄어든다면, 대부분 고령자인 아파트 경비원이 다른 일자리를 찾기란 쉽지 않다. 그렇다고 청년층과 일자리를 놓고 경쟁하기도 쉽지 않다.

또한 **수요독점모형**에서는 “최저임금이 인상되면 고용이 증가할 수 있다”고 설명한다. 수요독점시장에서는 임금과 고용이 경쟁적 노동시장보다 낮은 수준에서 결정된다고 주장한다. 다만 편의점 알바나 식당 알바 일자리와 같은 저임금 노동시장도 실질적으로 경쟁적인 노동시장이어서, 수요독점 모형을 가정하는 것이 비현실적이라는 비판도 있다.

마지막으로 **효율임금가설**에서는 임금이 생산성에 미치는 긍정적 효과를 고려하면, 완전경쟁시장에서도 최저임금 인상이 고용증가를 가져올 수 있다고 설명한다. 최저임금 인상으로 임금이 상승하면, 근로자들의 건강이 향상되고 사기가 높아져서 더 열심히 일하게 되고 결과적으로 생산성이 올라가고 결과적으로 한계생산이 늘어나서, 궁극적으로 고용이 늘어난다고 주장한다. 이러한 내용이 현실적이라면 다행스러운 일이다. 그러나 최저임금 인상으로 얼마나 많은 근로자들이 더 열심히 일하게 될 것인가는 의문이 가는 점이다.

(2) 최저임금의 고용효과에 대한 실증분석 결과

최저임금의 고용효과에 대한 실증분석 결과를 보면 영미국가에서는 1980년대 고용감소 결과를 제시하지만 2000년대 후반에는 최저임금이 고용에 미치는 부정적 효과는 없거나, 있더라도 일부 업종에 제한적으로 발생 또는 파악하기 어려울 정도로 작다고 밝히고 있다.[13] 최근에는 “최저임금의 부정적 효과가 발견되지 않는다”라는 연구결과를 바탕으로 최저임금 인상에 따른 비용부담을 기업이 어떻게 흡수하는가에 대한 연구가 진행되고 있다.[14] 이론적 연구에서는 최저임금 인상이 조직효율성 개선, 소폭의 가격인상, 이윤율 인하, 고소득자의 임금인상 감소로 임금격차 축소, 노동이동 감소, 높은 성과기준 등 다른 방식을 통해 흡수된다고 정리하고 있다.

1999년부터 법정최저임금을 시행하는 영국의 **저임금위원회**(Low Wage Commission)도 최저임금의 효과에 대해 첫째, 기업이나 고용에 부정적인 영향을 미치지 않으면서도 사회적 노동약자(여성, 파트타임, 연소자, 소수민족 등)에게 혜택을 주고 있다. 둘째, 최저임금의 부정적 고용효과는 발견되지 않는다. 셋째, 최저임금 도입이 생산성 증가나 단위노동비용 증가를 가져오지 않았다고 정리하고 있다.[15]

OECD도 최저임금에 대한 선행연구들을 정리하면서 첫째, 최저임금의 고용효과에 대한 합의는 존재하지 않는다.[16] 둘째, 최저임금은 임금불평등을 완화하는 데 긍정적인 역할을 한다. 셋째, 최저임금은 근로자 가구에서 빈곤을 축소하고 소득분배구조를 개선한다고 밝히고 있다.

국내에서의 연구결과를 보면, 다수의 연구결과가 있으나 일관성 있는 연구결과를 제시하고 있지는 않다.[17] 다만 부정적 효과는 없거나 일반적인 예상 수준보다는 낮다는 결과들이 제시되고 있다. 다만, 청년고용에 미치는 영향은 부정적인 경우가 많았다. 특히 문재인 정부의 최저임금인상에 대해 2020년을 전후로 고용노동부에서 최저임금이 중소영세업체의 고용에 미치는 효과를 분석하였는데 대부분이 부정적인 효과가 많음을 발견했다. 전체적으로 경기가 좋지 않은데 최저임금이 급격하게 인상됨에 따라 결국은 고용을 축소하는 쪽으로 움직였다는 것이다. 물론 공공부문의 경우는 시장과 상관이 없어서 최저임금이 인상되어도, 고용에는 큰 영향이 없었다. 정부가 예산을 지원하기 때문이다.

제5절 수 당

수당은 기본급 외에 고정적으로 또는 일정 조건이 충족되는 경우에 지급되는 임금이다. 기본급이 기본적이고 노동에 대한 대가로 지급되는 임금이라면, 수당은 부가적이고 개별적인 근로나 상황에 따라 지급되는 임금이다. 직접적인 근로에 대한 대가로 지급되는 수당이 있고, 법적으로 지급해야 하는 수당도 있으며, 보조적이고 은혜적이며 임시적으로 지급되는 복리후생비 성격의 수당도 있다. 복리후생비에 대해서는 다음 제4장에서 좀 더 자세히 다루기로 한다.

1 제수당의 의미*

우리나라의 경우 기본급 자체를 올리면 통상임금이 상승하여 관련 제 인건비의 상승이 있다는 이유로 수당을 활용하다 보니 매우 다양한 수당이 존재한다. 또한 1990년대에는 정부가 임금인상률을 통제하였기 때문에 기업들은 각종 명목으로 수당을 지급해서 실질

---

* 각종 수당에 대한 내용은 박준성(2015), 임금체계, 서울: 명경사의 제3장 제수당의 종류와 운영에서 참고하여 인용하였다.

임금 인상으로 근로자들의 불만을 해소하려고 한 것도 수당의 종류가 증가하는데 기여했다. 또한 특정 수당을 만들어 놓으면, 시간이 지나서 그 목적이 달성된 이후에도 쉽게 없애지 못한 것도 다양한 수당이 존재하는 이유가 된다. 최근 연봉제 등으로 수당이 기본급에 통합되는 경우가 많아졌지만 호봉제 연공급을 적용하는 경우에는 여전히 다양한 수당이 지급되고 있다.* 수당은 여러 가지 명칭이 있으며 지급하는 목적과 내용도 다양하다.

2 수당의 종류

수당은 크게 **법정 수당**과 **비법정 수당**(**임의수당**)으로 구분되는데 법정 수당은 근로기준법에 명시된 근로조건에 대해 지급해야 하는 경우로 연장근로수당, 휴일근로수당, 야간근무수당 등을 비롯해 해고예고수당, 휴업수당, 월차유급수당, 연차유급수당, 생리수당, 산전산후수당 등이 있다. 비법정 수당은 기업이 자체적으로 목적을 정해서 지급하는 수당으로 대표적인 수당에는 **직무수당**, **근무수당**, **장려수당**, **생활보조수당** 등이 있다.

1) 직무수당

직무수당은 직무가치를 반영하여 근로의 대가로 지급하는 수당으로, 기업이 직무급 임금체계를 운영한다면 굳이 직무수당을 지급할 필요가 없지만, 연공급 임금체계를 운영하는 경우에는 직무수당을 통해 직무가치를 반영하여 공정성을 제고할 수 있다. 특정 직무에 대해서 해당 직무의 중요성, 직무에서 요구하는 책임의 정도, 요구하는 노력의 정도, 위험의 정도, 근무환경의 난이도 등을 고려하여 지급수준이 결정된다.

직무수당은 회사에 따라서 **직책수당**, **직급수당**, **자격수당**, **직종수당**, **기능수당** 등의 이름으로 운영되며, 회사에 따라서는 전력회사가 **전력수당**, 통신회사가 **통신수당** 등의 이름으로 지급하기도 한다. 전력수당이나 통신수당 등은 제3자가 보기에 언뜻 이해하기 어려운 수당 명칭이다.

---

* 호봉제 연공급은 연공(근속연수)이 증가하면 임금인상의 기준이 되는 호봉이 증가하여 임금이 상승하는 기본급 임금체계를 의미한다. 직무급은 수행하는 직무를 기준으로, 직능급은 직무를 수행할 수 있는 능력을 기준으로, 기술급은 특정기술의 보유를 기준으로 기본급을 결정하는 임금체계를 의미한다.

2) 근무수당

근무수당은 근로자의 근무시간, 근무일수, 근무장소, 교대형태 등의 근무여건의 특성이나 난이도 등을 고려하여 지급하는 수당이다. 근무시간이 장시간인 경우, 회사 밖으로 출장을 가거나 해외근무를 하는 경우, 심야시간에 교대근무를 하는 경우 등에 지급된다.

근무수당에는 **초과근무수당**, **야간근무수당**, **휴일근무수당**, **휴업수당**, **연차휴가대체수당** 등 근로기준법에 따라 지급해야 하는 법정 근무수당이 있고, **출장수당**, **해외근무수당**, **외근수당**, **특수작업수당** 등의 비법정 근무수당이 있다.

3) 장려수당

장려수당은 기업에 대한 공헌을 유도하고 기여도를 인정하고 장려하는 목적으로 지급하는 수당으로 장기근속 유도, 양호한 근무태도, 노사간 협력 도모 등을 목적으로 지급한다. 장기근속을 유도하기 위한 **근속수당**, 양호한 근무태도를 유도하기 위한 **정근수당**이나 **생산장려수당**, **제안수당** 등이 있다.

4) 생활보조수당

생활보조수당은 근로자의 생활을 보조하기 위해 지급하는 수당으로 근로자의 개별 조건에 따라 지급되는데 부양가족이 있는 경우에 **가족수당**, 주거비 지원을 위한 **주거수당**, 출퇴근비 지원을 위한 **통근수당**, 식사비를 지원하는 **식대수당**, 피복비를 지원하는 **피복수당**, **휴가지원수당** 등이 있다.

5) 조정수당

임금체계의 변경이나 일시적인 이유로 임시적으로 지급하는 수당으로 임금수준이나 임금체계의 변화가 발생한 경우 임금의 안정성을 유지하기 위해 과도기적인 성격으로 지급하는 경우가 많다.

정리문제

1. 다음을 간단히 정리하시오.

- 근로자
- 임금
- 근로계약기간
- 임금, 통상임금과 평균임금
- 징계와 해고
- 퇴직금과 퇴직연금
- 퇴직연금: 확정급여형과 확정기여형
- 법정근로시간
- 최저임금
- 일자리안정자금
- 수당

2. 다음에 관해 정리해 보세요.

- 근로기준법과 노동관계조정법의 근로자 정의
- 상시 5인 미만 사업장에서 적용되지 않는 근로기준법 규정
- 임금의 정기성 · 일률성 · 고정성
- 탄력적 근로시간제와 선택적 근로시간제
- 초과근로 · 야간근로 · 휴일근로와 가산임금
- 최저임금 시행을 위한 보완제도
- 법정 수당과 비법정 수당

3. 팀보고서를 작성하시오.

- 상시 5인 미만 사업장의 근로자 보호
- 근로자 수 산정 기준
- 재직중 노후를 위해 준비해야 할 3층 구조 급여 적립
- 국민연금 제도개편
- 최저임금의 적정 인상률
- 최저임금의 국가별 비교
- 최저임금이 고용에 미치는 영향

토론문제

1. 노동부, 근로기준법 5인 미만 사업장 적용 법안 8월 국회 제출

고용노동부가 5인 미만 사업장에도 근로기준법을 적용할 계획인 가운데 오는 8월 근로기준법 개정안을 마련해 국회에서 논의토록 한다는 계획이다. 7일 노동부 고위 관계자에 따르면 근로기준법의 5인 미만 사업장 적용을 위한 근로기준법 개정안은 논의를 거쳐 오는 8월 입법안을 국회에 제출할 계획이다. 하반기 국회 논의 · 심사를 거쳐 올해 안에 통과를 목표로 하고 있다.

근로기준법 개정안은 정부 입법안으로 국회에 제출할지 국회의원 입법안으로 발의할지는 현재 결정되지 않았지만 의원(여당, 국회 환경노동위원회) 발의안이 될 가능성이 높다. 여당 안에서도 5인 미만 사업장의 근로기준법 적용 개정안에 대해 관심이 높은 것으로 알려졌다.

앞서 노동부는 지난 1월 9일 올해 업무보고에서 근로자의 인격권 보호를 중심으로 사업장 부담을 고려하면서 5인 미만 사업장에 근로기준법을 단계적으로 적용하겠다는 계획을 밝혔다. 이에 노동부는 경제사회노동위원회 내 연구회 논의를 거쳐 단계적 적용 방안을 6월까지 마련하기로 했다.

권기섭 노동부 차관은 지난 1월 8일 열린 업무보고 사전 브리핑에서 "5인 미만 사업장의 근로기준법 적용에 관해서는 여러 의견들도 많았고 논의도 있었고 정부도 나름대로 실태조사 등을 통해서 기초적인 연구를 진행해왔다"며 "5인 미만 (사업장 적용)근로기준법 개정에 대한 수용에 대한 인식도 상당히 높아졌다고 봐서 본격적으로 이번에 추진할 예정"이라고 밝혔다. 다만 노동부는 5인 미만 사업장의 영세성 등을 고려해 사업주의 경제적 부담이 적은 부분부터 단계적 적용을 고려하고 있다. (후략)

(출처: nate뉴스, 2023.2.7)

Question !

1. 고용노동부의 법개정의 배경은?
2. 구체적으로 어떤 내용이 개정되는가?
3. 영세기업의 인건비 부담 증가는 어떻게 해소되어야 할 것인가?

2. 어려움 겪는 소상공인 서빙로봇 · 무인점포 대안으로 떠올라

소상공인연합회에 따르면, 지난달 전국 소상공인 700명을 대상으로 한 조사에서는 매출의 30% 이상을 인건비로 지출하는 소상공인 비중이 41.1%에 이르는 것으로 나타났다. 특히 24시간 운영을 해야 하는 편의점의 경우에는 그 타격이 크다. 최저임금 인상 등으로 어려움을 겪는 소상공인이 대안으로 선택하는 게 서빙로봇이나 무인점포 등이다.

코로나 이후 무인화 점포, 서빙로봇이 급부상했다. 고객이 감소해 인건비를 줄여야 했던 상황에서, 비대면 무인화 운영은 차악의 선택지였기 때문이다. 하지만 최저임금 인상, 고물가 시대에서 이제 무인화나 서빙로봇은 선택이 아닌 필수가 되어가는 기조다.

서빙로봇은 인건비와 비교했을 때, 주휴수당, 식대, 복리후생을 합친 월 46만 원의 지출이 필요 없다는 점에서부터 경제적이다. 4대 보험, 퇴직금, 세금도 필요 없다. 필요 없는 시간에는 로봇을 운영하지 않고, 필요할 때에만 로봇을 움직이면 된다. 구매형 로봇, 렌탈형 로봇(6개월~3년)이 있으니 영업상황에 맞춰 이용하면 된다. KT AI로봇에 따르면, 서빙로봇을 이용하면 직원 이동시간도 75% 감소, 업무 생산성이 130% 향상하기도 했다.

(출처: 서울경제, 2023.2.6)

Question !

1. 금년도 최저임금은 얼마인가?
2. 문재인 정부는 최저임금 1만 원 공약을 왜 포기했는가?
3. 우리나라의 최저임금은 외국에 비해서 낮은가 높은가?
4. 최소한의 삶의 질을 유지하기 위해 저임금의 문제는 어떻게 풀어야 할 것인가?

주요 참고문헌

김기선(2022), 「상시 5인 미만 사업에 대한 근로기준법 적용」, 『법학논총』, 39(2), 167～193.

노동부(2009), 「성희롱, 성차별 없는 건강한 기업문화」.

고용노동부 · 여성가족부(2017), 「직장 내 성희롱 · 성폭력 근절대책」.

고용보험(2023), 「고용보험통계현황」.

김유선(2014), 「최저임금의 고용효과」, 『산업노동연구』, 20(3): 229～259.

나원준(2022), 「임금주도성장의 논리와 그 한국적 변용의 의의와 한계」, 『경제와사회』, 44～69.

박용철(2022), 「플랫폼노동자 실태 및 최저임금 적용방안」, 한국노동사회연구소 이슈페이퍼, (8), 1～32.

박찬임 · 이승렬(2017), 「산업안전 · 산재보험 개선을 위한 정책과제」, 『노동리뷰』, 57～63.

산업안전보건공단(2020), 『2019 산업재해현황분석』.

장진희(2022), 「5인 미만 사업장 노동실태 및 근로기준법 인식과 노동환경 개선방안」, 『노동 N 이슈』, (2022-07), 1～18.

정진우(2022), 「중대재해처벌법 실무상의 법적 쟁점－중대산업재해를 중심으로－」, 『사회법연구』, 46, 519～553.

주은선(2022), 「적정 노후보장을 위한 공적연금 개혁방안－기초연금과 국민연금의 역할 정립」, 『사회복지정책』, 49(3), 87～119.

한국노동연구원(2014.5.23), 「스위스, 세계 최고수준의 최저임금 도입 국민투표서 부결」, 해외노동동향.

http://www.nodong.or.kr

미주

1) 매일노동뉴스(2019.4.24), 대법원 "특수고용직 재택위탁집배원은 근기법상 근로자".

2) 오마이뉴스(2022.2.16), 수도검침원, 밀양시 상대 '근로자 지위 확인소송' 또 이겨.

3) 모바일한경(2024.8.11), 플랫폼 노동자 '근로자' 논란… "타다는 YES, 배달라이더는 NO" [허란의 판례 읽기].

4) KOSIS1의 주제별 통계, 「전국, 산업별, 성별, 규모별 사업체 수 및 종사자 수(종사상지위별)」, http://stathtml.moel.go.kr/statHtml/statHtml.do?orgId=118&tblId=DT_118N_SAUPN50&conn_path=I2에서 2025.3.6.에 확인함. 여기서 기준은 근로자 수가 아니라 종사자 수이고, 종사자에는 자영업자와 무급가족 종사자도 포함되어 있다. 따라서 5~9인 규모의 44만 개 사업장도 종사자 중에 자영업자를 제외하면 5인 미만 사업장이 되므로 실제 적용제외 사업장에서 일하는 근로자 수는 더 많음.

5) 먼저 평균임금에도 포함되고 통상임금에도 포함되는 예는 다음과 같다.
   1. 소정근로시간 또는 법정근로시간에 대하여 지급하기로 정해진 기본급 임금
   2. 정해진 소정근로시간 또는 법정근로시간에 대해 일급·주급·월급 등의 형태로 정기적·일률적으로 지급하기로 정해진 고정급 임금(직무수당, 직책수당, 물가수당, 기술수당, 벽지수당, 승무수당, 생산장려수당 등)

   다음으로 평균임금에는 해당되나 통상임금에는 해당되지 않는 경우로는 다음의 예를 들 수 있다.
   1. 실제 근로 여부에 따라 지급금액이 변동되는 금품과 임금산정기간 이외에 지급되는 금품(법에 따른 연장근로수당·야간근로수당·휴일근로수당, 근무일에 따라 지급되는 승무수당, 근무성적에 따라 지급되는 생산장려수당, 장기근속자 우대를 위한 정근수당, 취업규칙 등에 따른 일·숙직 수당, 상여금(사전에 정해졌거나 전 근로자에게 관례적으로 지급된 정기상여금·체력단련비), 사용자가 일괄배분하는 봉사료(팁) 등
   2. 근로시간과 관계없이 근로자에게 생활보조적·복리후생적으로 지급되는 금품(전 근로자에게 정기적·일률적으로 지급되는 통근수당, 차량유지비, 사택수당, 김장수당, 가족수당, 급식비 등)

6) 하지만 다음의 경우는 임금의 대상에서 제외되는 금품으로 평균임금이나 통상임금에 포함되지 않는다.
   1. 휴업수당, 퇴직금, 해고예고수당
   2. 단순한 생활보조나 복리후생 목적의 금품: 결혼축의금, 조의금, 의료비, 피복비, 통근차, 기숙사, 주택제공 등
   3. 보험료부담금: 고용보험료, 의료보험료, 국민연금, 운전자보험
   4. 실비변상의 금품: 출장비, 정보활동비, 업무추진비 등
   5. 사유발생이 불확정한 금품: 결혼수당, 사상병수당 등
   6. 기업의 시설이나 그 보수비: 기구손실금 등

7) 가사사용인에 대한 보호를 위해 2022년 6월부터 가사근로자의 고용개선 등에 관한 법률(가사근로자법)이 시행되고 있다. 가사근로자법에서는 가사사용인을 '가사근로자'로 정의하면서 가사서비스 제공기관의 사용자와 근로계약을 체결하고, 이용자에게 가사서비스를 제공하는 사람(가사서비스법 제2조)으로 규정하였다. 여기서 가사서비스기관이란 정부로부터 인증을 받은 가사서비스를 제공하는 기관이고,

가사서비스는 가정 내에서 청소, 세탁, 주방일과 가구 구성원의 보호・양육 등 가정생활의 유지 및 관리에 필요한 업무를 수행하는 것을 말한다. 가사근로자법 시행으로 가사근로자 근로관계에 대해서는 근로기준법, 남녀고용평등과 일・가정 양립 지원에 관한 법률, 최저임금법, 근로자퇴직급여 보장법 등이 적용된다. 다만, 가사근로자의 근로관계에 관하여는 근로기준법 제17조(근로조건의 명시), 제54조(휴게)(입주가사근로자의 경우는 제외), 제55조(휴일), 제60조(연차 유급휴가)를 적용하지 않고, 입주가사근로자의 근로관계에 관하여는 근로기준법 제50조(근로시간) 및 제53조(연장 근로의 제한)를 적용하지 않는다. 이들 근로기준법이 적용되지 않은 조항에 대해서는 가사근로자법의 관련 조항이 적용된다(노동OK, https://www.nodong.kr/words/406567). 최저임금의 경우 결과적으로 가사서비스제공기관은 가사근로자에게 최저임금 이상을 지급해야 한다. 퇴직금 지급도 마찬가지다.

8) 최저임금위원회, 홈페이지, 2025.2.13. 확인

9) MBC NEWS(2018.1.16), 「"최저임금 위반 업주 명단공개" 소상공인 반발」.

10) https://www.statista.com/statistics/322716/ranking-of-oecd-countries-by-national-minimum-wage/ 2025.2.13.에 내려받음.

11) 콜로라도타임즈(2022.12.26), 2023년 미국 27개주, 최저임금 인상.

12) 오피니언뉴스(2024.7.12), [이슈분석] '최저임금 1만 원=일자리 감소?'…영국과 독일은 어떨까.

13) Doucouliagos and Stanley(2009), "Publication Selection Bias in Minimum-Wage Research? A Meta-Regression Analysis," *British Journal of Industrial Relations*, 47(2): 406~428; Leonard, Stanley and Doucouliagos(2014), "Does the UK Minimum Wage Reduce Employment? A Meta-Regression Analysis," *British Journal of Industrial Relations*, 52(3): 499~520.

14) Hirsch, Kaufman, and Zelenska(2011), "Minimum wage channels of adjustment," IZA Discussion Paper. No.6132; Schmitt(2013), "Why Does the Minimum Wage Have No Discernible Effect on Employment?," Center for Economic and Policy Research.

15) Low Pay Commission(2003), *The National Minimum Wage: Fourth Report of the Low Pay Commission.*

16) OECD(1998), "Making the Most of the Minimum: Statutory Minimum Wages, Employment and Poverty," 31~79 in Employment Outlook, OECD.

17) 김대일(2012), 「최저임금의 저임금근로자의 신규채용 억제효과」, 『노동경제논집』, 35(3); 김우영(2010), 「최저임금이 청년고용에 미치는 영향: 지역-시계열 분석」, 고용정보원 고용동향조사 심포지엄 발표문; 김유선(2004), 『최저임금제가 저임금 근로자 고용 및 임금에 미친 영향 평가』, 노동부 연구용역보고서; 김유선(2011), 『최저임금 수준평가와 고용효과에 관한 연구』, 국회환경노동위원회 연구용역보고서; 김주영(2011), 「최저임금의 고용효과」, 『최저임금 효과분석』, 제3장, 서울: 한국노동연구원; 남성일(2008), 「최저임금제가 노동수요에 미치는 효과: 감시단속 근로자에 대한 실증분석」, 『노동경제논집』, 31(3); 이병희(2008), 「최저임금의 고용유지 및 취업유입 효과」, 『산업노동연구』, 14(1); 이시균(2007), 「최저임금의 고용효과」, 『노동리뷰』, 6월호, 43~51; 정진호(2008), 「최저임금의 고용효과」, 『저소득 노동시장 분석』, 제6장, 서울: 한국노동연구원.

Chapter 04

법정 복리후생과 비법정 복리후생

총보상(total compensation)이란 금전적인 보상만이 아니라 법정 복리후생과 법정외 복리후생을 포함하는 비금전적 보상, 그리고 교육훈련의 제공이나 경력개발 기회 제공 등과 같은 관계적 보상을 포함하는 종합적인 관점에서의 보상을 의미한다(Milkovich, Newman, & Gerhart, 2014). 총보상 관점에서 볼 때 기업의 복리후생은 기업에서 제공하는 제도 중에서 구성원이 선택하는 방식이지만, 중요한 점은 구성원의 니즈에 집중하여 보상을 설계해야 한다는 점이다. **총욕구충족이론**(total needs fulfillment theory)에 따르면 사람들은 다양한 욕구를 가지며, 이를 충족시키는 것이 **웰빙**(well-being)을 지향하는 것이라고 강조하고 있다(Ryan & Deci, 2000).

조직구성원은 자신의 노력이 성과로 나타나기(performance)를 바라는 욕구, 능숙하고자(competence) 하는 욕구, 다른 구성원과 관계를 가지고자 하는 욕구(relatedness), 그리고 스스로 선택하고 결정하고자(autonomy) 하는 욕구 등을 가지고 있으며, 조직이 이러한 욕구를 충족시켜줄 때 구성원의 자기효능감(self-efficacy)이 상승하여 궁극적으로 웰빙을 지향하게 된다. 따라서 근로자에게 제공하는 복리후생의 목적은 근로자에게 웰빙을 제공하여 궁극적으로 조직에 대한 기여도를 제고하려는 데 있다는 점에, 조직은 근로자의 니즈를 만족시킬 수 있는 복리후생제도를 설계할 필요가 있다(노세리 외, 2018: 30).

복리후생은 회사가 직원들에게 급여 외에 추가로 제공하는 다양한 혜택이다. 일에 대한 보상에서 임금처럼 핵심 주제는 아니지만 인건비에서 차지하는 비중이 늘어나고 있고 그 제도 운영도 복잡해지고 있다. 복리후생은 과거에는 화폐로 지급되는 임금에 비해 그 비중이 낮아서 중요시되지 않았지만 시간이 흐름에 따라 그 비중이 커지게 되었고, 또한 과거에는 기업이 선택하여 제공하는 경우가 많았으나 이제는 법으로 강제되는 경우가 증가하고 있다. 최근에는 감정노동이나 업무과중에 대한 심리상담제도도 증가하고 있다.

복리후생은 기업의 입장에서는 인건비에 포함되는 비용이지만, 직원인 근로자의 입장에서는 회사 소속의 구성원으로서 임금 이외에 금전적으로 보상을 받는 내용이라고 할 수 있다. 특히 복리후생은 앞에서 언급한 임금과는 성격이 달라서 수행 업무의 난이도나 업무수행 성과에 따른 차이가 없이 일괄적으로 직원들에게 지급되는 보상이라는 특징을 가진다.

복리후생은 크게 **법정 복리후생**과 **비법정 복리후생**으로 구분된다. 법정 복리후생은 흔히 **4대 보험**이라고 하고, 비법정 복리후생은 점심 식대비용 지원부터 사내 식당이나 카페, 회사 소유 콘도이용 등을 포함하는 다양한 회사지원 제도를 의미한다. 그런데 이 복리후생이 한동안은 **선택적 복리후생제도**[**카페테리아**(cafeteria)**식 복리후생제도**]로 개인 취향대로 사용하는 방식으로 전환되다가, 이제는 아예 임금에 포함되고 회사에서는 운영하지 않는 방식으로 전환되는 경향도 있다.

그러나 복리후생제도는 여전히 대부분 대기업 중심으로 관심사항이다. 중소기업의 경우에는 임금만이 아니라 복리후생제도에서도 대기업에 비해 많이 빈약한 수준이다. 하지만 중소기업의 경우 복리후생에서는 큰 비용부담 없이 직원들의 사기를 진작할 수 있다는 점에서 다양한 제도의 운영이 필요하다.

제1절 법정 복리후생

법정 복리후생은 흔히 4대 보험이라고 하는데 국민연금, 건강보험, 고용보험, 그리고 산재보험을 의미한다. 일부 예외가 있지만 대부분 근로자들에 대해서는 이 법정 복리후생이 의무화되어 있다.

1 국민연금

국민연금(national pension, 國民年金) 제도는 국민의 노후생활(노령 또는 소득 중단이나 상실)을 보호하기 위해 1988년에 시작되어 아직 40년이 채 되지 않는다. 제도 시행 초기에는 가입을 유도하기 위해서 상당히 좋은 연금지급조건을 제시하였다. 당시만 하더라도 부모의 노후는 자식이 책임진다는 인식이 강해서, 굳이 국민연금 보험료를 납입하지 않으려고 했기 때문이다. 1988년에 처음 시작할 때는 10인 이상 사업장을 대상으로, 근로자 급여의 3%를 보험료로 납부하도록 했다. 이후 전국민으로 확대되었고 보험료도 2025년 3월 기준으로 9%까지 인상되었다.

1) 현행 국민연금 제도

시행 초기에는 우리나라가 고령화사회 진입하기 이전이라 기금적립이 지속적으로 확대되어 2025년을 기준으로 1,100조 원의 기금규모를 기록하고 있지만, 초고령사회를 맞아(우리나라는 2024년 12월 60세 이상이 20%를 넘어서는 초고령사회 진입) 앞으로 20여 년 후에는 적립된 기금이 고갈될 것으로 전망되고 있다. 이에 대한 논의가 국회를 중심으로 이루어져 왔지만, 2025년 3월 기준으로 아직 개선안이 확정되지 못하고 있다.

나라별로 보험료 적립기간, 보험료율, 소득대체율*에 대한 차이가 크고 고령화 정도도 달라서 많은 차이를 보이고 있지만, 주요 선진국의 경우 적립기간은 40년, 보험료율은 소득의 20% 이상, 소득대체율은 40~60% 정도를 보인다. 이에 비해서 우리나라는 평균 적립기간이 20년이 되지 않고, 보험료율은 최대 9%이기 때문에 소득대체율이 낮은 편이다. 2024년 11월 기준 수급자 수는 699.6만 명이고, 지급액은 3조6,734억 원이며, 1인당 월평균 지급액은 60만 원이다(국민연금공단, 전국 국민연금 급여지급 통계, https://www.nps.or.kr/jsppage/stats/stats_map.jsp). 수급자 수는 2018년 459만 명에서 연평균 8.8%씩

---

* **소득대체율**은 국민연금 가입기간 동안의 평균 소득 대비 연금액의 비율을 말한다. 국민연금에서는 가입기간 40년을 기준으로 소득대체율을 정한다. 2024년 기준 소득대체율을 42.0%이지만, 기금 안정화를 위해 매년 0.5%씩 낮아져서 2028년에는 40%가 될 예정이다. 하지만 우리나라의 평균 가입기간은 40년의 절반에도 못 미치는 18년 정도로 실제 소득대체율을 20% 내외다. 유럽 국가들은 병역의무도 없고 대학진학률이 낮으며 여성의 경제활동참가율도 높아서 가입기간이 30년 이상인 경우가 많아 실질 소득대체율이 우리보다 높은 편이다.

증가해서 2023년 말에는 662만 명이 되었다. 급여종류를 보면 **노령연금**이 90.6%를 차지하고 **유족연금**이 8.4%, **장애연금**이 1.0%를 차지한다.

2025년 기준으로 우리나라의 국민연금은 18세 이상 60세 미만의 국민이면 가입할 수 있고, 일반적으로 근로자가 급여의 4.5% 그리고 회사가 그에 상응하는 금액을 더해 총 급여의 9%를 매월 국민연금 보험료로 납부하고, 만 63세(2028년에는 64세, 2033년에는 65세)가 되면 연금을 수령할 수 있다. 일정 조건이 충족되면 5년 조기수령이나 5년 연기수령이 가능하지만 조기수령은 1년에 7.2%씩 감액되고, 연기수령은 1년에 7.2%씩 증액된다. 최근 **소득단절**이 언급되는데 이는 법정 정년이 60세인데, 연금수급연령이 63세로 최소 3년간 이후 2033년부터는 5년의 소득단절(**소득크레바스**, **소득절벽**)이 발생하기 때문에 법정 정년을 연장해야 한다는 주장의 배경이 된다.

앞에서 언급한 퇴직금제도는 국민연금 시행 이전부터 적용되고 있어서, 노후생활을 대비하기 위해 근로자들은 국민연금 외에 퇴직금제도가 법적으로 병행하여 운영되고 있다. 퇴직금은 1년 이상 일한 근로자들에 대해서는 지급이 강제되고 있으며, 최근에는 퇴직연금제도로 전환하여 운영할 수 있기 때문에, 국민연금과 함께 중층의 노후생활보장제도라고 할 수 있다. 여기에 개인적으로 준비하는 개인연금까지 3층의 보장제도를 가진다면 어느 정도 노후생활의 안정을 기할 수 있을 것이다.*

2) 국민연금과 제도 개혁

국민연금의 기금 운용규모는 최근 지속적으로 확대되어 가고 있으며, 국내 주식시장에서도 가장 규모가 큰 기관운용사이지만, 중장기전망에 따르면 초고령사회에 진입하게 됨에 따라 중장기적으로 국민연금 보험료를 납부하는 근로자 수는 줄어들고 연금을 수령하는 은퇴근로자들이 증가함에 따라 2050년 전후로 국민연금이 고갈될 것으로 전망하고 있어서, 기금의 안정적인 운용을 위한 제도적인 조치가 필요하다.**

참고로 특정 직업군에 별도로 적용되는 **직역연금**을 보면 먼저 퇴역군인을 위한 **군인연**

---

* 학생의 경우에도 국민연금 임의가입제도를 활용해 가입할 수 있으며 자세한 내용은 https://b50.sbsnewstech.co.kr/2002(2025.3.8. 확인)을 살펴보기 바란다.

** 2024년 2월 한국개발연구원(KDI)이 발표한 '국민연금 구조개혁 방안'을 보면 현행 제도 유지시에 적립기금 규모는 2039년에 1,972조 원에 달한 뒤 점차 감소해 2054년에 모두 소진되는 것으로 예측하였다.

금은 1973년에 이미 기금이 고갈되어 정부가 매년 수 조 원의 세금으로 지원하고 있고, 2023년에는 3조 원을 투입하였다. 퇴직공무원을 위한 **공무원연금**도 이미 2001년에 기금이 고갈되어, 2023년에만 6조 원을 세금으로 지원하고 있다. 사립학교교직원을 대상으로 하는 **사학연금** 기금도 2048년에 고갈이 예상되고 있다. 이상의 직역연금들이 국민연금보다 더 빠른 시기에 고갈이 전망되고 있는데, 군인 · 공무원 · 사립학교교원이라는 특수성이라는 이유로 정부는 연금개혁 조치를 지연하고 있다.

개혁은 결국 더 오랜 기간 납부하고, 더 많이 보험료를 내고, 소득대체율도 조정하는 것이다. 이러한 납부기간, 보험료율, 소득대체율을 조정하는 것을 **모수개혁**이라고 한다. 국민연금과 직역연금(군인 · 공무원 등)의 통합이나, 개인적으로 낸 만큼 연금액을 수령하는 방식으로 전환하는 방법들은 **구조개혁**이라고 부른다. 국민연금에 대한 개혁을 미룰수록 후세대에 부담을 키우는 것이라, 사회적 합의를 통한 적극적인 개혁 조치가 빨리 이루어져야 할 필요가 있다.

2 건강보험

과거에는 **의료보험**이라고 불렀지만 건강할 때 건강을 지킨다는 건강증진제도까지 포함되면서 우리나라에서는 **건강보험**이라고 부른다. 건강보험은 질병이나 부상으로 인해 발생한 고액의 진료비로 인해 가계에 과도한 경제적 부담이 되는 것을 예방하기 위해, 국민들이 평소에 보험료를 내로 **국민건강보험공단**이 관리 운영하다가 필요시 보험금을 지급받는 사회보장제도이다. 따라서 건강보험은 필요한 기본적 의료를 적절한 수준까지 보장하는 의료보장 기능, 보험료 부담은 소득과 능력에 비례하고 지급은 균등하게 함으로써 사회적 연대를 강화하고 사회통합 기능, 그리고 질병에 대한 치료 부담을 경감시킴으로써 소득재분배 기능을 한다.*

국민연금과 마찬가지로 월급여의 일정부분에 대해 **건강보험료**로 납부하는데 우리나라의 건강보험은 크게 직장가입자 보험과 지역가입자 보험으로 구분되어서 직장인들은 부양

* 우리나라 건강보험이 완벽한 것은 아니지만 유럽의 경우 공공성이 강하지만 의사를 만나려는 예약이 몇 개월씩 걸리기도 하고, 미국의 경우 보험료가 너무 비싸고, 보험이 없으면 엄청난 의료비를 부담해야 한다는 점에서 부러워하는 외국인들이 많은 편이다.

가족에 대해서도 직장보험에 가입하고 보험료를 납부할 수 있다. 직장가입자의 경우 가입자의 보수월액에 보험료율을 곱하여 보험료를 산정한 후 경감률 등을 적용하여 가입자단위로 부과한다.

2025년 기준 건강보험료율은 7.09%이고, **장기요양보험료***는 건강보험료 × 0.9182%(장기요양보험료율) / 7.09%(건강보험료율)이다. 직장가입자의 건강보험료율 7.09%에 대해서 근로자가 절반인 3.5%, 사용자가 나머지 절반인 3.5%를 납부한다.** 장기요양보험료도 마찬가지로 절반씩 부담한다.

복리후생제도가 좋은 기업들의 경우에는 건강보험이 적용되지 않는 병원비용 등에 대해서 추가로 비용을 부담해 주는 단체 **상해보험**에 가입해서 직원들의 병원비에 대한 부담을 줄여주는 경우도 있다. 물론 개인적으로 실손보험 등을 통해서 통원 치료비나 병원 입원비 등에 대해 부담을 줄이는 경우가 많다.

3 고용보험

고용보험***이란 근로자의 불가피한 실직에 대비한 보험이지만 재직 중에 교육훈련비를 지원해서 실직 가능성을 낮추는 등 종합보험적인 성격이 있어서 **실업보험**이라고 하지 않고 고용보험이라고 한다. 이 고용보험은 '사업주와 근로자의 고용안정, 재취업 촉진, 근로자 또는 사업주를 지원하기 위한 제도'로 고용보험가입 및 보험료 징수는 근로복지공단에서, 고용보험 혜택신청 및 지원금, 구직(실업)급여 지급은 고용노동부 고용센터에서 담당하고 있다(고용24, http://www.ei.go.kr).

---

* 장기요양보험은 만 65세 이상 노인을 대상으로 방문간호, 방문요양을 통해 일상적인 생활을 도와주는 현물급여, 현금급여, 재가급여를 실시하는 보험이다. 초고령사회에 진입함에 따라 노인성 질환이 발생률이 높아지고 치료비용이 비싸고, 과거와 달리 가족 구조의 변화로 노인이 아플 때 가족이 수발을 들기 어렵게 되었으며, 저소득층에 대한 시설이용이 가능하도록 한 취지를 가진다.

** 직장가입라고 하더라도 보수월액의 산정에 포함된 보수를 제외한 소득이 연간 3,400만 원을 초과하는 경우 소득월액보험료 부과대상자가 되어 보험료를 추가로 납부해야 한다. 여기서 소득월액은 [(연간 보수외 소득 − 3,400만 원) × 1/12] × 소득평가율이며, 소득평가율은 이자·배당·사업·기타 소득은 100%, 근로·연금 소득은 30%이다. 이 소득월액보험료는 직장가입자 본인이 전부 부담한다.

*** 고용보험은 전통적 의미의 실업보험사업을 비롯하여 고용안정사업과 직업능력사업 등을 포함하는 통합적 성격의 사회보장보험이다.

우리나라는 1993년 12월 **고용보험법**이 제정되었고 1995년 7월 1일부터 상시근로자 30인 이상 사업장에서 적용되기 시작되어, 이후 1998년도 10월 1일부터는 근로자가 한 사람이라도 있으면 고용보험료 징수가 강제되고 있다.[1)] 2004년 법 개정으로 모든 일용근로자들에게도 적용이 확대되었다.[*] 그러나 2025년 3월 기준으로 65세 이상인 자(실업급여 제외), 1개월간 근로시간이 60시간 미만인 근로자(1주간 15시간 미만인 자 포함)는 적용제외 대상이다.[**] 2012년 1월부터는 홀로 사업을 진행하는 자영업사나 50인 미만 근로자를 사용하는 고용주까지도 자영업자를 위한 고용보험에 임의가입이 가능하게 되었다.

2024년 12월 기준으로 257만 개 사업장에서 종사하는 1,536만 명이 피보험자로 고용보험을 적용받고 있다.[2)] 2023년 기준으로 전체 근로자(특고 제외)의 91.7%, 정규직의 94.5%가 고용보험에 가입해 있지만, 비정규직은 81.4%에 머물고 있다.[3)] 다행스러운 점은 근로기준법이 제대로 적용되지 못하고 있는 5인 미만 사업장에서 일하는 2백만 명의 근로자들도 피보험자 자격을 가지고 있다. 2023년 기준으로 실업급여 지급액은 14조3,479억 원이었다. 2024년 10월 기준 실업자 수는 56만4천 명이고 이 중 20%는 6개월 이상 장기실업자였다.

고용보험은 3대 사업으로 **실업급여 사업**, **고용안정 사업**, **직업능력개발 사업**을 실시하는데, 이 중에서 실업급여 사업에 대한 보험료는 근로자와 회사가 공동으로 부담하는데 흔히 이야기하는 실직 기간 동안에 받는 급여로 '산업구조조정, 조직 및 기구축소 등 기업의 사정으로 인하여 불가피하게 실직하는 근로자에게 실업급여 및 재취직 훈련비용을 지원'해 준다. 고용안정 사업과 직업능력개발 사업은 주로 재직자를 대상으로 '실업의 예방, 취업의 촉진, 고용기회의 확대, 직업능력개발 · 향상의 기회 제공 및 지원, 그 밖의 고용안정과 사업주에 대한 인력확보를 지원하기 위한 사업'으로 보험료는 사업주가 전액 부담한다.

---

* 일용근로자란 직역하면 하루 근로계약을 체결하는 것이지만, 통계상으로는 1월 미만의 기간 동안 고용되는 근로자로서, 주로 건설근로자(비계공, 벽돌공, 목수, 용접공 등)가 해당되며, 그 외에 중국집 배달원, 급식 조리원, 식당 주방보조원, 백화점 세일기간 동안 고용된 사람 등이 해당된다.

** 공무원(별정직 · 임기제공무원은 임의가입 가능), 사립학교교직원연금법 적용자(초중고 교사와 교직원, 대학병원 소속 종사자 등), 대통령령으로 정하는 자, 별정우체국 직원 등은 사실상 별도의 제도에 적용되어 고용보험 대상은 아니다.

1) 고용보험료

고용보험료는 고용보험 사업(실업급여 사업, 고용안정 · 직업능력개발 사업)에 필요한 비용을 충당하기 위하여 보험가입자인 사업주와 근로자로부터 징수하는데, 1년간에 피보험자인 근로자가 지급받은 임금총액에 일정한 보험사업별 보험료율을 곱하여 산정한다. 2022년 7월 기준으로 실업급여 요율의 경우 1.8%로 근로자와 사업주가 각각 임금총액의 0.9%씩 부담한다. 그 외에 고용안정 · 직업능력개발사업을 위한 보험료는 근로자의 부담 없이 사업주가 회사규모에 따라 150인 미만의 경우 0.25%에서 1,000인 이상의 경우 0.85%를 추가로 납부해야 한다. 고용보험료 산정기초가 되는 임금총액이란 '피보험자(근로자)가 당해 보험년도 중 근로기준법 규정에 의한 임금과 휴직 기타 유사한 상태에 있는 기간에 지급받은 금품 중 고용노동부장관이 정하는 금품을 지급 또는 지급받기로 결정한 액의 총액'을 말한다.

2020년에 지급된 실업급여는 원래 9조5천억 원 정도를 예상했지만, 코로나19로 인해 2조 원 이상이 추가된 11조8천억 원이 지급되었다. 이로 인해 2018년 9조7천억 원 규모였던 고용보험기금 적립금이 2022년에는 5조3천억 원까지 감소하였으나 이후 점진적으로 증가하여 2023년 말에는 7조8천억 원을 기록했고, 2026년에는 10조 원을 넘어설 것으로 예상되고 있다. 재정수지도 2019년 2조 원의 적자를 기록했으나 2022년부터는 흑자로 돌아서서 이후에는 안정적으로 흑자운영을 할 것으로 예상되고 있다. 하지만 2023년 말 기준으로 차입금이 10.3조 원으로 누적 적립금인 7.8조 원을 넘어서 실제 적립금은 2.5조 원 적자인 셈이다. 차입금에 대한 연간 이자는 1천억 원을 넘어서고 있다.[4]

2) 실업급여

2025년 1월 기준 우리나라 실업률은 3.7%며, 실업자 수는 108만 명이다. 다만 연간 실업률은 2024년에 2.8%로 코로나19로 4%대로 증가했던 실업률은 다시 안정적인 단계로 진입하고 있다고 평가할 수 있다.[5] 참고로 2025년 1월 기준 15~29세의 청년 실업률은 6.0%이고, 청년 실업자 수는 23만 명인데, 실업률의 경우 2020년 9.0%보다는 낮은 수치이다.

(1) 실업급여 대상

실업급여란 '고용보험 가입근로자가 실직하여 재취업활동을 하는 기간에 소정의 급여를 지급함으로써 실업으로 인한 생계불안을 극복하고 생활의 안정을 도와주며 재취업의 기회를 지원해주는 제도'이다. 실업급여는 실업에 대한 위로금이나 고용보험료 납부의 대가로 지급되는 것이 아니라 기본적으로 재취업을 위한 것이다. 실업급여는 크게 **구직급여**와 **취업촉진수당**으로 나누어진다. 실업급여는 기본적으로 아래의 요건을 모두 갖춘 경우에 받을 수 있다.

① 이직일 이전 18개월('기준기간') 동안에 피보험단위기간(고용보험가입기간)이 180일 이상
② 근로의사와 능력이 있음에도 불구하고 취업하지 못한 상태에 있을 것
③ 재취업을 위한 노력을 적극적으로 할 것
④ 이직사유가 비자발적 사유일 것[6)]

여기서 기준기간이란 실업급여를 받을 수 있는 수급자격을 판단하기 위하여 '회사를 그만두기 이전의 일정한 기간'을 의미하는데 우리나라의 실업급여 제도에서는 기준기간을 18개월로 정하고 있다. 기준기간 중에 질병, 부상, 사업장휴업, 임신출산, 육아휴직, 군입대 등의 사유로 계속해서 30일 이상 임금을 지급받을 수 없었던 경우에는 그 기간만큼 연장할 수 있다. 연장되는 일수는 18개월을 포함하여 3년을 한도로 하고 있다.

실업급여란 기본적으로 불가피한 경우의 실업에 대한 급여이므로 개인사정으로 이직하거나 본인의 중대한 귀책사유로 해고되는 경우에는 실업급여를 받을 수 없다. 예를 들면, 형법 또는 직무와 관련된 법률을 위반하여 금고 이상의 형을 선고받은 경우, 사업에 막대한 지장을 초래한 경우(회사기물의 고의 파손, 회사공금의 유용·착복·횡령·배임 등), 재산상 손해를 끼친 경우(허위서류 작성, 기밀의 외부제공 등) 등이 해당된다. 다만 예외적인 사유가 해당되는 경우는 실업급여 수급이 가능하다.

(2) 실업급여의 지급액과 기간

구직급여 지급액은 2020년부터 전 직장에서 지급받던 평균임금의 60%에 대해 소정급여일수를 곱한 금액이다. 하지만 상한액은 6만6천 원(2019.1.1. 기준이며 2025년까지 인상 없음)이며, 하한액은 최저임금법상 시간급 최저임금의 80%에 1일 소정근로시간(8시간)을

〈표 4-1〉 실업급여 지급일수(소정급여일수): 2023년 1월 기준

연령 및 가입기간	1년 미만	1~3년	3~5년	5~10년	10년 이상
50세 미만	120일	150일	180일	210일	240일
50세 이상/장애인	120일	180일	210일	240일	270일

주: 장애인은 수급자격 신청일 당시 「장애인고용촉진 및 직업재활법」에 따른 장애인으로 등록되어야 함.

곱한 금액이다(64,192원, 2025.1.1. 이후). 최저임금법상의 시간급 최저임금이 매년 바뀌므로 구직급여 지급액도 매년 바뀌게 된다.*

실업급여를 지급받을 수 있는 기간(**소정급여일수**)은 실직 당시의 나이(이직일 기준으로 주민등록번호로 계산)와 **고용보험가입기간(피보험기간)**에 따라 최소 120일부터 최대 270일 범위에서 아래와 같이 각각 다르게 적용된다. 단, 실업급여는 퇴직일의 다음날부터 12개월(수급기간) 이내에만 지급받을 수 있으므로 수급기간이 경과하면 소정급여일수가 남아 있어도 구직급여를 지급받을 수 없다.

이직을 한 이후에 부상, 질병, 심신허약, 임신, 출산 등의 사유로 부득이하게 취업할 수 없는 경우에는 **수급기간 연장신청**(특정 기간 동안에는 수급하지 않음)을 하여 재취업 활동을 시작한 이후에 구직급여를 수급받을 수 있다. 또한 수급자격을 인정받은 후에 질병, 부상 등으로 재취업활동이 불가능한 경우에는 수급기간을 최대 4년까지 연장할 수 있다.

구직급여를 정해진 일수보다 더 연장해서 받을 수 있는데 그 경우는 취업이 특별히 곤란하고 생활이 어려운 경우로 **연장급여**는 **훈련연장급여**, **개별연장급여**, **특별연장급여** 등이 있다.

재취업활동을 위한 비용에 대해서는 **취업촉진수당**을 지원받을 수 있는데, 여기에는 직업능력개발수당, 광역구직활동비, 이주비의 세 종류가 있다. 실업기간 중에 직업안정기관이 지시한 직업능력개발훈련을 받는 경우에 **직업능력개발수당**을 받을 수 있다. 거주지에서 50km 이상 떨어진 회사에 구직활동을 하는 경우에는 **광역구직활동비**(공무원 여비구정

---

* 2025년 3월 기준으로 예를 들어 하루 8시간 근로하고 매월 250만 원을 임금으로 받는 근로자가 10월 1일부터 12월 31일까지 근로하고 퇴직한 경우 받는 구직급여 일액은 ① 퇴직 전 3개월 동안 받은 임금 총액 750만 원의 60%인 450만 원에 ② 3개월간 총일수인 92일로 나누어 48,910원이 되지만, 하한액인 64,192원보다 낮으므로 64,192원으로 계산된다. 이러한 이유로 도덕적 해이가 발생하기도 한다. 내 실제 임금이 낮을수록 상대적으로 높은 구직급여를 받을 수 있기 때문이다.

에 따른 실비 지급)를, 직업능력개발훈련을 받기 위해 주거를 이전하는 경우 **이주비**(공무원 여비구정에 따른 실비 지급)를 받을 수 있다. 추가로 재취업한 날의 전날을 기준으로 잔여소정급여일수 2분의 1 이상을 남기고 재취업한 경우, 미지급일수의 2분의 1을 일시에 지급하는 **조기재취업수당**이 있다. 다만 1년 이상 계속하여 고용된 이후에 청구할 수 있다.

실업급여 수급자가 실제로는 자발적으로 이직한 경우, 근로제공 또는 소득발생 사실을 신고하지 않을 경우나, 재취업활동을 허위로 제출한 경우 등 부정한 방법으로 실업급여를 받은 경우에는 실업급여 지급이 제한되고, 지급받은 실업급여를 모두 반환하며, 부당하게 지급받은 금액의 5배까지 추가 징수될 수 있다. 또한 최대 5년 이하의 징역이나 5천만 원 이하의 벌금이 부과될 수 있다.

(3) 실업급여와 도덕적 해이

알고 지나가기

'안 하고 한 척' 허위로 실업급여 탄 부정수급자 대규모 적발

전북에 사는 A씨는 타인에게 명의를 대여해줘 실제 근무하지 않았음에도 약 16개월간 근무한 것처럼 허위로 고용보험 피보험자격을 취득해 실업급여를 1,700만 원 부정수급했다. 부산에 사는 B씨는 실제 육아휴직을 하지 않았지만 육아휴직확인서 등을 허위 제출해 3,500만 원을 부정수급했다.

고용노동부는 지난해 고용보험 부정수급 사례 기획조사를 실시해 부정수급자 218명, 부정수급액 23억7천만 원을 적발했다고 21일 밝혔다. 또 추가징수액 포함 44억1천만 원을 반환명령했다고 밝혔다.

특히 사업주와의 공모나 고액의 부정수급 등 범죄행위가 중대하다고 판단된 203명은 검찰에 기소의견으로 송치했다. 이들은 5년 이하 징역 또는 5천만 원 이하 벌금형을 받을 수 있다. 이번 기획조사는 실업급여, 육아휴직급여, 특별고용촉진장려금 등의 부정수급 사례에 대해 집중 실시됐다.

출처: 노컷 뉴스, 2024년 2월 21일, https://www.nocutnews.co.kr/news/6098765.

실업급여는 직장을 잃었을 때 새로운 직장을 구할 때까지 일시적으로 생계를 유지할 수 있도록 하는 보험제도이다. 하지만 국가에서 운영하다 보니 사실상 취업을 했으면서도 취업사실을 보고하지 않고 계속 실업급여를 수령하거나 허위로 실업자가 되었다고 신고하고 구직급여를 수급하는 불법행위가 다수 발생하고 있다.[7] 또한 일부 근로자들은 실업급여 수급자격을 확보할 때까지만 일을 하고 사실상 자발적으로 사직하면서도 형식적으로는 비자발적 실업이라고 해서 실업급여를 수급하는 불법 행위도 발생하고 있다.[8]

이러한 법위반 행위는 발생하지 않도록 정부가 노력해야 하지만, 근로자의 입장에서도 정당하게 사용할 수 있도록 태도의 변화가 필요하다.

4 산업안전보건 및 산업재해 보상

「산업안전보건법」(약칭 산안법)은 '산업안전 · 보건에 관한 기준을 확립하고 그 책임의 소재를 명확하게 하여, 산업재해를 예방하고 쾌적한 작업환경을 조성함으로써 근로자의 안전과 보건을 유지 · 증진함을 목적'으로 하는 법이다(산안법 제1조). 그 대상은 모든 사업 또는 사업장에 적용한다. 다만, 유해 · 위험의 정도, 사업의 종류 · 규모 및 사업의 소재지 등을 고려하여 대통령령이 정하는 사업에 대하여는 적용하지 않을 수 있다.

이 사업을 효율적으로 수행하기 위해 **한국산업안전보건공단**을 설립하여 운영하고 있다(http://www.kcomwel.or.kr). 모든 사업의 사업주는 산업재해 예방을 위한 기준을 준수하며, 당해 사업장의 안전 · 보건에 관한 정보를 근로자에게 제공하고, 근로조건의 개선을 통해 적절한 작업환경을 조성함으로써 근로자의 생명보전과 안전 및 보건을 유지 · 증진하도록 해야 한다.

지난 2021년 정부는 산업재해 예방과 감독을 강화하기 위해 고용노동부 내에 **산업안전보건본부**를 신설하였다. 이는 2022년부터 시행되는 **「중대재해처벌 등에 관한 법률」**(중대재해법)이 대비한 후속조치로 향후 산업안전보건청으로 독립 출범할 계획을 가지고 있다.

산업재해보상보험(산재보험)이란 '근로자의 업무상의 재해를 신속하고 공정하게 보상하며, 재해근로자의 재활 및 사회복귀를 촉진하기 위한 보험'이다[**「산업재해보상보험법」**(약칭 산재보험법) 제1조]. 그 대상은 모든 사업과 사업장을 대상으로 하나, 특수형태근로종사자 중에 적용제외자, 주택건설관련 사업으로 공사금액이 2천만 원 미만인 경우, 농업

임업으로 5인 미만 사업의 경우는 제외된다(산재보험법 시행령 제2조). 산업재해가 발생했을 때 보험 등의 관리와 처리는 **근로복지공단**에서 수행하고 있다.

1) 산업재해

산업재해란 '사업장의 근로자에 관계되는 건설물 · 설비 · 원재료 · 가스 · 증기 · 분진 등에 의하거나 작업 또는 그 밖의 업무로 인하여 사망 또는 부상하거나 질병에 걸리는 것'을 말한다(산안법 제2조). 여기에는 사업주가 제공한 교통수단이나 그에 준하는 교통수단을 이용하는 등 사업주의 지배관리 하에서 출퇴근하는 중에 발생한 사고, 그 밖에 통상적인 경로와 방법으로 출퇴근하는 중에 발생한 사고를 당한 경우, 작업환경, 근무조건 등 유해요인으로 인해 생기는 질병도 산업재해에 해당된다.

추가적으로 **과로사**라 함은 '당해 근로자로서 과중한 정신적 · 신체적 부담에 따른 피로의 축적으로 야기되는 사망'을 의미한다. 즉, '비생리적인 노동과정의 진행이 생체 내에 피로의 축적을 낳아 그 결과 내분비의 이상을 일으켜 기존의 뇌출혈, 지주막하출혈 등의 뇌혈관질환, 심근경색, 심부전 등의 허혈성 심장질환을 유발, 악화시킨 경우'이다. 과로사는 과중한 업무 내지 스트레스 등으로 인하여 발생하는 것으로 법률적 측면에서는 재해보상과 관련하여 업무와의 인과관계가 문제되며, 이러한 사망과 과로의 인과관계를 파악하는 것은 대부분 치밀한 증명이 요구되는 어려운 사안에 해당된다고 하겠다.

(1) 산업재해 현황과 예방

고용노동부의 자료를 보면 산업재해를 입은 근로자에 대한 통계를 살펴볼 수 있다. 산업재해 통계에 포함되는 **산업재해**는 '사망 또는 4일 이상 치료를 요하는 업무상 사고 또는 질병'이며 실제 통계에 포함되지 않는 경우도 있음을 고려해서 살펴볼 필요가 있다. 산업재해가 발생하면 당연히 신고해야 하지만 산재발생이 많으면 보험료율이 올라가기 때문에 회사는 신고 없이 적당해 해결하려고 하는 경우도 있어서 실제 산재 발생률은 과소 보고되어 있다고 보아야 한다. 또한 공무원, 사립학교 교직원, 군인 등의 경우 일터에서 사고나 질병이 발생하더라도 고용노동부 통계에서는 제외된다.

〈표 4-2〉 2023.12. 산업재해 현황

구분	내용
사망만인율 및 사망자 수	○ 사망만인율: 0.98‱(전년 동기 대비 0.12‱p 감소) - 사고사망만인율: 0.39‱(전년 동기 대비 0.04‱p 감소) - 질병사망만인율: 0.58‱(전년 동기 대비 0.09‱p 감소) ○ 사망자 수: 2,016명(전년 동기 대비 207명(9.3%) 감소) - 사고사망자 수: 812명(전년 동기 대비 62명(7.1%) 감소) - 질병사망자 수: 1,204명(전년 동기 대비 145명(10.7%) 감소)
재해율 및 재해자 수	○ 재해율: 0.66%(전년 동기 대비 0.01%p 증가) - 사고재해율: 0.55%(전년 동기 대비 0.02%p 증가) - 질병재해율: 0.11%(전년 동기 대비 동일) ○ 재해자 수: 136,796명(전년 동기 대비 6,448명(4.9%) 증가) - 사고재해자 수: 113,465명(전년 동기 대비 6,251명(5.8%) 증가) - 질병재해자 수: 23,331명(전년 동기 대비 197명(0.9%) 증가)
주요 특징	○ 사고사망자의 업종과 재해 유형 - 건설업(356명, 43.8%), 5인~49인 사업장(359명, 44.2%), 60세 이상 근로자(372명, 45.8%), 떨어짐(286명, 35.2%)이 가장 많음 - 재해유형은 떨어짐(286명, 35.2%), 끼임(88명, 10.8%), 교통사고(86명, 10.6%), 부딪힘(69명, 8.5%), 물체에 맞음(68명, 8.4%) 순
	○ 질병사망자의 업종과 질병 종류 - 광업(421명, 35.0%), 5인~49인 사업장(396명, 32.9%), 60세 이상 근로자(679명, 56.4%), 진폐(463명, 38.5%)가 가장 많음 - 질병종류로는 진폐(463명, 38.5%), 뇌심질환(364명, 30.2%), 직업성암(211명, 17.5%) 순
	○ 재해자 - 기타의 사업(51,069명, 37.3%), 5인~49인 사업장(56,514명, 41.3%), 60세 이상 근로자(49,569명, 36.2%), 넘어짐(28,228명, 20.6%)이 가장 많이 발생 - 재해유형은 넘어짐(28,228명, 20.6%), 떨어짐(14,357명, 10.5%), 끼임(13,173명, 9.6%), 절단·베임·찔림(10,328명, 7.5%), 부딪힘(10,218명, 7.5%) 순으로 많이 발생
	○ 사고재해자 - 기타의 사업(45,792명, 40.4%), 5인~49인 사업장(48,169명, 42.5%), 60세 이상 근로자(35,877명, 31.6%), 넘어짐(28,228명, 24.9%)이 가장 많이 발생 - 재해유형은 넘어짐(28,228명, 24.9%), 떨어짐(14,357명, 12.7%), 끼임(13,173명, 11.6%), 절단·베임·찔림(10,328명, 9.1%), 부딪힘(10,218명, 9.0%) 순
	○ 질병재해자 - 제조업(8,564명, 36.7%), 5인~49인 사업장(8,345명, 35.8%), 60세 이상 근로자(13,692명, 58.7%), 신체부담작업(7,596명, 32.6%)이 가장 많음 - 질병종류는 신체부담작업(7,596명, 32.6%), 난청(5,611명, 24.0%), 요통(5,204명, 22.3%) 순으로 많이 발생

출처: 고용노동부(2025.2.10), 「2023.12. 산업재해현황」.

재해유형은 ① 떨어짐(높이가 있는 곳에서 사람이 떨어짐, 구 명칭은 추락), ② 넘어짐(사람이 미끄러지거나 넘어짐, 구 명칭은 전도), ③ 깔림 · 뒤집힘(물체의 쓰러짐이나 뒤집힘, 구 명칭은 전도로 ②와 같음), ④ 부딪힘(물체에 부딪힘, 구 명칭은 충돌), ⑤ 물체에 맞음(날아오거나 떨어진 물체에 맞음, 구 명칭은 낙하 · 비래), ⑥ 무너짐(건축물이나 쌓여진 물체가 무너짐, 구 명칭은 붕괴 · 도괴), ⑦ 끼임(기계설비에 끼이거나 감김, 구 명칭은 협착), ⑧ 화재 · 폭발 · 파열, ⑨ 교통사고, ⑩ 기타(절단 · 베임 · 찔림, 감전, 이상온도접촉, 빠짐 · 익사, 화학물질 누출, 산소결핍, 동물상해 등) 등으로 구분된다.

산업재해 재해율은 〈표 4-3〉에서 보는 대로 감소추세를 보이고 있으나 연도별로 증감을 보이고 있어서 좀 더 적극적인 산업재해 예방노력이 필요하다고 하겠다.

전 세계적으로 보면 매년 약 3백만 명의 근로자가 산업재해로 사망하고, 3억9천5백만 명이 산업재해를 당한다는 보고가 있다(ILO, 2023). 질병에 의한 사망사고의 경우 순환기 질환, 악성 신생물, 그리고 호흡기 질환이 3대 원인으로 지목되고 있다. 이 세 가지 질환으로 질병 사망자 260만 명의 3/4을 차지한다고 보고된다. 나머지 33만 명은 사고로 사망한다. 근로자 수가 많은 아시아-태평양 지역에서 가장 많이 발생하며, 특히 농업, 건설, 임업, 어업 그리고 제조업이 가장 위험한 것으로 보고하고 있다.

〈표 4-3〉 산업재해 발생추이: 2008~2023 (단위: 명, %)

구 분	2008	2010	2011	2013	2014	2016	2018	2019	2020	2021	2022	2023
사업장 수 (천 개소)	1,594 (112)	1,608 (112)	1,738 (122)	1,977 (138)	2,187 (153)	2,457 (172)	2,654 (186)	2,680 (188)	2,719 (190)	2,876 (201)	-	-
근로자 수 (천 명)	13,489	14,198	14,362	15,449	17,062	18,431	19,073	18,725	18,975	19,379	20,174	20,637
재해자 수	95,806	98,645	93,292	91,824	90,909	90,656	102,325	109,242	108,379	122,713	130,348	136,796
천인율[1] (‰)	7.10	6.95	6.50	5.94	5.33	4.92	5.4	5.8	5.7	6.3	6.4	6.6
사망자 수[2] (명)	2,146	1,931	1,860	1,929	1,850	1,777	2,142	2,020	2,062	2,080	2,223	2,016
사망만인율[1] (‱)	1.59	1.36	1.30	1.25	1.08	0.96	1.12	1.08	1.09	1.07	1.10	0.98

주: 1) 천인율 = (재해자 수/근로자 수) × 1,000 ; 사망만인율 = (사망자 수/근로자 수) × 10,000
2) 사망자 수는 재해 당시의 사망자 수에 요양 중 사망자 수를 포함한 것이며, 업무상사고 사망자 수 + 업무상질병 사망자 수를 합한 것이고, 사망자 수에는 사업장 외 교통사고, 체육행사, 폭력행위, 사고발생일로부터 1년 경과 사고사망자는 제외(다만, 운수업, 음식 · 숙박업의 사업장 외 교통사고 사망자는 포함), 재해자 수에 통상 출퇴근 재해는 제외.

출처: 산업안전보건공단(2020), 『2019 산업재해현황분석』, KOSIS, 「전체 재해 현황 및 분석」 및 고용노동부(2025.2.10), 「2023.12, 산업재해현황」.

또한 직접적인 비교는 어렵다고 하더라도 ILO 자료(2024년에 업데이트했지만 연도는 국가별로 다를 수 있음)에서 근로자 10만 명당 **치명적 산업재해**(fatal industrial accidents, 사고 발생일로부터 1년 이내에 사망이 발생한 산업재해 사고)수를 보면, 한국은 2023년 기준으로 0.98인데 비해, 멕시코 7.7, 홍콩 6.8, 캐나다 5.7, 미국 5.3, 프랑스 2.6, 스페인 1.9, 호주 1.6, 일본 1.5, 덴마크 1.4, 싱가포르 1.3, 노르웨이 1.1, 스웨덴 0.8, 영국 0.8, 독일 0.7, 핀란드 0.7 수준이다. 캐나다나 미국 등은 선진국임에도 상대적으로 치명적 산재 발생률이 높음을 알 수 있다.

향후 산업구조 및 고용환경의 변화 등으로 비정규직, 외국인, 고령자, 여성 등 산재 취약계층 근로자의 증가와 소규모사업장에 대한 대기업의 하도급 증가 등 재해유발 요인은 지속적으로 증가할 것으로 전망되고 있어서 재해다발위험 사업장에 대한 집중관리 등 산재취약계층에 대한 실효성 있는 예방정책사업을 개발하고 행정역량을 집중해야 한다.

(2) 반도체기업의 작업환경개선

2007년 **삼성전자 반도체공장** 근로자의 백혈병 발생을 계기로 반도체업체는 집단역학조사, 정밀작업환경평가 등이 이루어졌고, 2014년 삼성전자 사과 기자회견, 2015년 조정위원회 구성과 보상위원회 출범이 있었다. 그러나 최초 사건 이후 10년이 지난 후에야 삼성전자와 반도체 노동자 인권단체인 **반올림**(https://sharps.or.kr)과의 갈등은 정리가 되었다. 반올림에 따르면 2007년 이후 10년 동안 삼성에서 320명의 노동자가 직업병을 제보해왔고, 그중 118명이 숨졌다고 했다.

알고 지나가기

삼성 반도체 직업병 물질 "배터리 · 휴대폰 사업장에도"

삼성 반도체 노동자의 직업병과 관련해 문제가 됐던 발암성 물질, 생식독성 물질 등이 배터리나 휴대전화 같은 삼성의 다른 제품 생산 과정에 쓰이는 화학물질 중에도 상당한 비중인 걸로 조사됐다. 그간 노동자 직업병 문제가 주로 논의됐던 반도체 사업장을 넘어 삼성의 다른 전자 제품 사업장에서도 유해화학물질 관리가 강화돼야 한다는 주장이 나온다.

반올림(반도체 노동자의 건강과 인권 지킴이)과 한국노동안전보건연구소 등이 작성한 '삼성_전자 계열사 노동안전보건 실태조사 보고서'를 3일 보면 무선통신, 가전, 배터리 등 생산에 사용되는 유해화학물질 가운데 발암물질이나 생식독성 물질 비중은 반도체 사업장과 비슷하거나, 그보다 더 높았다. 이 조사는 '화학물질정보종합시스템'에 공개된 삼성전자와 삼성에스디아이(SDI)가 쓴 유해화학물질 목록 가운데, 안전보건공단의 물질안전보건자료(MSDS) 정보를 활용해 그 성격을 분류해본 결과다. 이 가운데 연구진은 특히 발암물질, 생식독성 물질 등 비중에 주목했는데, 이는 희귀 암이나 태아(2세) 산재 등 삼성 반도체 직업병 사건에서 논란이 된 물질들이다.

조사 결과를 보면, 휴대폰 등 무선통신 부문의 경우 생산에 쓰이는 총 77개의 유해화학물질 중 발암물질 비중은 16%였다. 여기에 태아(2세) 산재 등에 영향을 주는 '생식독성, 생식세포 변이원성 유발 물질'을 더한 유해화학물질(CMR(시엠아르) 물질)은 21% 수준이다. 삼성에스디아이 배터리 사업 부문의 경우 43개의 화학물질을 사용했는데 이 중 발암물질이 23%, 시엠아르 물질 비율은 37%였다. 이는 삼성 반도체 노동자 황유미 씨의 죽음 이후 논란이 되어 삼성 쪽이 안전설비를 확충해온 삼성전자 반도체 부문과 비슷하거나 더 높은 수준이다. 삼성전자 반도체 칩 제조에 사용하는 화학물질 146개 중 발암물질 비율은 12%였고 시엠아르 물질 비율은 17% 수준이었다.

삼성전자와 삼성에스디아이 노동자 등을 대상으로 한 설문과 면접조사 결과를 보면, 가전이나 배터리 등 생산 과정의 안전 관리는 반도체에 견줘 미흡한 수준인 걸로 보인다. 면접조사에 참여한 삼성에스디아이 노동자는 유해물질 노출을 차단시킬 수 있는 설비와 관련해 "차폐(노출 차단)나 배기 설비가 있지만 어설프다. 냄새가 나고 분진이 있다"고 답했다. 삼성전자 노동자 308명을 대상으로 설문해보니, 본인 혹은 가까운 동료 중에 암이나 희귀 질환 발병 사례가 있다고 응답한 비율은 광주 사업장(가전, 15%), 구미 사업장(가전통신, 12.2%)이 반도체 사업장(기흥, 화성, 평택, 온양)보다 2배가량 높았다.

반도체에 견줘 사회적 관심이 덜했던 배터리, 휴대전화, 가전 등 사업장에서도 노동자 건강에 막대한 영향을 미치는 화학물질에 대한 안전관리를 강화해야 한다는 주문이 나오는 이유다. 보고서를 작성한 이상수 반올림 활동가는 "반도체를 넘어 전자산업 작업 환경의 유해성이 많이 알려져, 직업병 인정은 물론 작업 환경 개선까지 이어지는 계기가 되길 바란다"고 말했다. 이에 대해 삼성전자 쪽은 "화학물질 관리에 있어서는 국내외 관련 규정이나 법률을 준수하고 있다"고 밝혔다.

출처: 한겨레, 2024.3.4.

2017년 8월 대법원은 삼성전자 LCD공장 노동자의 산업재해를 인정했다. 대법원에서 노동자 쪽이 승소한 삼성전자 사건은 이 사건이 처음이었다.[9] 해당 노동자는 다발성 경화증이 발생한 지 14년, 산재요양을 신청한 지 7년 만에 인정되었지만, 1심과 2심에서는 인정받지 못했다. 같은 해 11월 대법원은 다시 삼성전자 반도체공장 내 업무와 뇌종양 발병 사이에 인과관계가 상당하고 판단하였는데, 해당 근로자는 1997년 삼성전자에 입사해 반도체 온양공장에서 일하다가 2003년 퇴직했으며, 2010년 뇌종양(교모세포종) 진단을 받은 이후 2011년 소송을 냈고 2012년 사망하였다.[10]

2020년 삼성전자는 반도체 생산라인 등에서 일하다 백혈병 등 질병에 걸린 피해자에게 142억 원을 보상금으로 지급했다.[11] 이는 신청건수 499건 중 458건에 대한 심의를 완료하고 400건에 대해 보상금을 지급한 것으로 반도체 노동자 인권단체에 소속된 53명에 대한 지원도 모두 종결되었는데, 보상을 신청하지 않았거나 보상을 거부한 피해자를 제외한 46명이 지원을 받았다. 다만 보상 신청 건수의 8%인 41건에 대해선 심의가 진행되었다. 2018년 삼성전자는 지원보상위원회를 통해 2028년까지 피해자에 대한 보상을 진행하기로 약속했다.

(3) 중대재해처벌법

중대재해처벌법은 사업주가 안전확보조치 등을 소홀히 해서 중대한 재해(산업재해와 시민재해)가 발생하여 인명피해가 발생할 경우 사업주를 처벌하는 법률이다. 2022년 1월 27일부터 시행되었다. 안전 및 보건 확보의무를 다하지 못해 중대재해가 발생하는 경우 형법에 따라 처벌(사망은 최소 1년 이상 징역 또는 최대 10억 원 이하의 벌금)을 받고, 민법상 손해액의 최대 5배 범위에서 징벌적 손해배상 책임을 부담할 수 있다. 사업주는 자신의 사업을 영위하는 자 그리고 타인의 노무를 제공받아 사업을 하는 자를 말한다.

중대재해는 중대산업재해와 중대시민재해로 나뉘는데[제2조(정의)], **중대산업재해**란 ① 사망자가 발생하거나 ② 전치 6개월 이상 부상자 2명 이상이거나 ③ 직업성 질병자가 1년 이내 3명 이상 발생한 산업재해를 말한다. 그리고 **중대시민재해**는 특정 원료 또는 제조물, 공중이용시설 또는 공중교통수단의 설계, 제조, 설치, 관리상의 결함을 원인으로 하여 발생한 재해로서 중대산업재해와 유사한 피해가 발생한 재해를 가리킨다.

중대재해처벌법은 상시근로자가 5인 미만의 사업 또는 사업장의 사업주 또는 경영 책임자에게는 처벌조항이 적용되지 않으며, 개인사업자 또는 상시근로자가 50명 미만인 사업 또는 사업장(건설업의 경우에는 공사금액 50억 원 미만의 공사)에 대해서는 2024년부터 적용되고 있다.

알고 지나가기

고 김용균의 어머니의 인터뷰

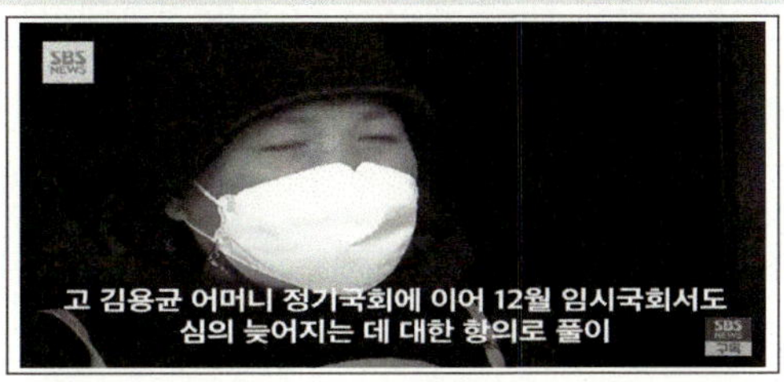

출처: https://youtu.be/FikT-l31qzo, 2025.7.12.에 확인함.

알고 지나가기

[중대재해법 1년 그림자] 335일간 573명이 목숨 잃었다…처벌은 '0건'

"일하다가 더 이상 죽지 않아야 한다"며 어렵게 만들어진 중대재해처벌법(중대재해법)이 시행 1년이 다 되어 가지만 무용지물이다. 여전히 산업현장에서는 노동자들이 출근했다 집으로 돌아가지 못하고 있는 상황이다.

올해(2022년) 1월 27일 중대재해법이 시작된 후 500명 이상이 안타까운 목숨을 잃었고 100명 이상 다쳤다. 누군가의 남편이고, 누군가의 아내이고, 또 누군가의 아버지 · 어머니, 그리고 누군가의 자식 · 형제들이 일터에서 일하다가 세상을 등졌다. 일하다가 목숨을 잃었지만 책임지는 경영진은 없었다. 특히 중대재해법 적용 대상 기업에서 200명이 넘는 노동자들이 목숨을 잃었지만, 스스로 나와 사과하거나 책임지겠다는 경영진의 모습은 찾아보기 힘들었다. 2022년 기준으로, 일하다가 죽어가는 비극적 현실 그리고 대한민국 산업 후진국의 민낯을 여전히 뉴스로 접하고 있는 상황이다. (후략)

출처: 아시아타임즈, 2022.12.29.

중대재해처벌법 위반에 대한 첫 판결은 2023년 4월 6일 의정부지법 고양지원에서 나왔다(법률신문, 2023.4.6; 사건번호: 의정부지법 2022고단3254). 산업재해 치사 혐의로 벌금 3천만 원과 대표에게 징역 1년 6개월에 집행유예 2년을 선고했다. 그리고 대법원의 첫 판결은 2023년 12월 28일에 있었다(대법원, 2023.12.28). 첫 실형은 2023년 4월 26일 창원지법 마산지원에서 징역 1년을 선고하고 법정구속한 바 있다(사건번호: 창원지법 마산지원 2022고합95).

다만 중대재해처벌법은 과실에 대한 책임이 아니라 결과책임을 묻는 법으로 중대재해가 발생하면 자동으로 사업주를 처벌하는 법이라는 비판이 있다. 어떻게 해야 법이 요구한 조치를 준수할 수 있는 것인지에 대해 법이 제시하는 기준이 불명확하고, 법이 요구하는 조치가 추상적인 관리조치로 결과와의 인과관계를 판단하기도 어렵다는 점도 문제점으로 지적되고 있다.

알고 지나가기

중대재해기업처벌법이란 무엇일까요?[대한안전교육협회](동영상)

출처: https://www.youtube.com/watch?v=GZhrdD7BwHY, 2025.7.12.에 확인함.

2) 산업재해보상보험

(1) 산업재해보상보험

산업재해보상보험(산재보험)이란 '근로자의 업무상의 재해를 신속하고 공정하게 보상하며, 재해근로자의 재활 및 사회복귀를 촉진하기 위한 보험'이다(산재보험법 제1조). 산재가 발생하면 산재근로자나 그 유족은 사업주를 상대로 안전관리소홀 등 사업주의 고의·과실을 이유로 하여 민사소송을 제기하여 손해배상을 받을 수 있다.

그러나 민사소송을 제기할 경우 사업주와 근로자의 과실 여부를 가려야 하고 상당한 소송비용과 많은 시간을 필요로 하게 된다. 또한 사업주의 재정상태에 따라서는 근로자가 소송에서 이기고도 적절한 배상금을 받지 못하는 경우도 있다. 한편, 민사손해배상은 사업주에게도 한꺼번에 엄청난 경제적 부담이 된다. 따라서 산재보험은 일하다가 뜻하지 않게

재해를 당한 근로자의 생활안정과 그로 인한 사용자의 손해배상책임의 부담을 덜어주기 위해 실시하는 제도로서 법률에 의해 가입이 강제되어 있다.

산업보험을 운영하기 위해 국가(**근로복지공단**)는 근로자를 사용하는 모든 사업주로부터 보험료를 징수하고, 이를 재원으로 하여 재해로 인해 부상 또는 사망한 근로자와 그 가족에게 아래의 각종 보험급여를 지급한다. 보험급여 종류에는 **요양급여**, **휴업급여**, **장해급여**, **간병급여**, **유족급여**, **상병보상연금**, **장의비**, **직업재활급여** 등이 있다.

(2) 산재보험의 적용대상

산재보험의 적용대상은 규모에 상관없이 사업 또는 사업장에서 종사하는 모든 근로자이다. 다만, 농업 어업 등 일부 업종은 사업장의 근로자 수가 5인 이상이어야 한다. 여기서 근로자는 '직업의 종류를 불문하고 사업 또는 사업장에 임금을 목적으로 근로를 제공하는 자'를 의미하며 근로자인지 여부의 구체적인 판단에 어려움이 있는 경우에는 사용자와의 사용종속관계 유무에 의해 판단된다. 사용종속관계가 있다고 판단되면 사무직근로자, 일용직, 아르바이트 근로자라 하더라도 당연히 산재보상을 받을 수 있다. 다만 보험설계사, 콘크리트 믹서트럭 운전사, 골프장 경기보조원, 학습지 교사 등 산재보험법에 규정된 자(특수형태근로종사자)의 노무를 제공받는 사업 또는 사업장은 산재보험의 적용을 받음이 원칙이나, 원하지 않는 경우에는 적용제외를 신청할 수 있다.

근로자가 아닌 사람도 산재보험 적용의 특례대상이 되면 산재보험의 혜택을 받을 수 있다. 여기에는 현장실습생, 산업연수생, 해외에서 파견근무를 하는 근로자(임의가입), 중소기업의 사업주(임의가입) 등이 포함된다. **현장실습생**이란 '산재보험이 적용되는 사업에서 현장실습을 하고 있는 학생 및 직업훈련생 중 직업교육훈련 촉진법에 의하여 현장실습을 이수하고 있는 자'이며, **외국인 산업기술 연수생**은 '중소기업협동조합중앙회장이 추천하거나 대한건설협회가 추천하는 연수생, 명목상 산업기술연수생이지만 국내기업에 인력보충수단으로 취업하고 있는 외국인 근로자와 불법취업 중인 외국인 근로자'이다.

해외파견자는 임의가입할 수 있으나 '산재보험이 적용되는 사업의 보험가입자가 그 소속 근로자를 대한민국 이외의 지역에서 행하는 사업에 근로시키기 위해서 파견하는 자'이다(근로복지공단에 보험가입신청을 하여 승인을 얻은 경우에 한함). 그리고 **중소기업사업주**도 임의가입이 가능한데, 영세사업장의 사업주의 경우에는 근로자와 함께 직접 생산업무에 종사하고 있어 근로자와 동일한 재해위험에 노출되어 있으므로 실제로 근로자와 다름이 없다고 판단한다. 그래서 50인 미만 근로자를 사용하는 중소기업의 사업주도 근로복지공단의 승인을 얻은 경우 본인 또는 유족을 보험급여 수급자로 하여 산재보험에 가입할 수 있다.

(3) 산재보험료 납부

산재보험료는 사업주가 산재보험료 전액을 의무적으로 납부해야 한다(다만 특고와 같은 노무제공자는 사업주와 노무제공자가 절반씩 부담한다). 산재보험료는 산재보험 적용대상 사업의 사업주가 보험가입자로서 보험료의 납부의무를 부담한다. 보험금액은 개인별 월평균보수(근로소득세 원천징수 대상 근로소득, 소득세법에 따른 근로소득에서 비과세 근로소득을 제외한 금액) × (산재보험료율)인데 업종별 상당한 차이를 보여서 광업이나 임업은 매우 높은 비율이고, 산재사고 발생가능성이 낮은 업종은 보험료율이 낮다.*

5인 미만 소규모 영세 사업장의 경우, 징수특례제도에 따라 5인 미만 사업장의 보험료 납부 편의 및 보험관리의 효율성을 제고하기 위하여 '기준임금'을 적용하여 보험료를 부과・고지하고 있다. 개별 실적요율을 추가로 적용하는데 이는 상시근로자 30인 이상 사업장이나 건설업의 경우 회사의 산재발생에 따른 산재보험급여 지급여부에 따라 산업별 일반요율을 최대 20%까지 할증 또는 할인하는 제도이다.

(4) 보험급여

이 산재보상 관련 사업을 효율적으로 수행하기 위해 정부는 **근로복지공단**을 설립하여 운영하고 있다. 모든 사업의 사업주는 보험가입자가 되며, 그 사업을 수행하는 근로자는 근로기준법 제8장 재해보상의 규정에 따라 재해보상의 사유가 발생한 때에 보험급여를 받을 수 있다.

요양급여는 '공단이 설치 또는 지정한 의료기관(전국에 약 1만 개 정도)에서 요양을 하고 비용을 의료기관에 직접 지급하는 것을 원칙으로 하고 있지만, 부득이한 사유로 인해 근로자가 요양을 먼저하고 진료를 부담한 경우 및 급여의 성격상 근로자에게 직접 지급하여야 할 비용을 지급하는 것'이다. 요양급여를 받은 자가 치유 후에 요양의 대상이 되었던

---

* 2025년 평균 산재보험료율은 1.47%이다. 석탄광업 및 채석업은 18.5%로 가장 높고, 임업 5.8%, 건설업 3.5%, 어업 2.7%, 농업 2.0%, 그리고 식료품 제조업 1.6%이며, 가장 낮은 금융보험업은 0.5%이다.

업무상의 부상 또는 질병이 재발하거나 치유 당시보다 상태가 악화되어 이를 치유하기 위한 적극적인 치료가 필요하다는 의학적 소견이 있으면 다시 요양급여('재요양')를 받을 수 있다.

휴업급여는 '업무상 사유로 부상을 당하거나 질병에 걸린 근로자에게 요양으로 취업하지 못한 기간에 대하여 지급'하되, 1일당 지급액은 평균임금의 100분의 70에 상당하는 금액으로 한다. **상병보상연금**은 '치료기간이 2년 경과하고 중증요양상태(제1급~3급)에 해당하는 경우' 휴업급여 대신 지급하는 제도이다. **장해급여**는 '요양 후 치유되었으나 정신적 또는 신체적 결손이 남게 되는 경우' 그 장해로 인한 노동력손실보전을 위하여 지급되는 보험급여이다. 장해등급에 따라 **장해보상연금** 또는 **장해보상일시금**으로 할 수 있다.

간병급여는 '요양을 종결한 산재근로자가 치유 후 의학적으로 상시 또는 수시로 간병이 필요한 경우' 실제로 간병을 받는 자에게 보험급여를 지급하는 제도이다. **직업재활급여**는 '산재장해인을 원직에 복직시켜 고용을 유지하고 있는 사업주에게 **직장복귀지원금** 등을 지급'하거나, '실업상태에 있는 산재장해인이 직업훈련 시' 훈련비용과 훈련수당을 지급'한다.

유족급여는 '근로자가 업무상 사유로 사망 시 또는 사망으로 추정되는 경우' 그 근로자와 생계를 같이 하고 있던 유족들의 생활보장을 위하여 지급되는 보험급여인데, 원칙은 연금(매월 평균임금의 52~67% 상당액 지급)이나 **유족일시금**(평균임금의 1,300일분 상당)의 50%를 일시금으로 지급하고, **유족보상 연금**은 나머지 50%를 지급할 수 있다. **장례비**는 그 장례에 소요되는 비용으로 실비의 성질을 가진다. 장례비의 경우 평균임금의 120일분을 지급하는데, 2025년 1월부터는 최저 13,451,380원에서 최고 18,685,600원까지 장례비를 지급하고 있다. 장례를 지낼 유족이 없거나 그 밖에 부득이한 사유로 유족이 아닌 자가 장례를 실행하는 경우에는 평균임금의 120일분에 상당하는 금액의 범위에서 실제 드는 비용을 그 장례를 실행한 자에게 지급한다.

보험가입자의 고의 또는 과실로 발생한 업무상 재해로 인해 근로자가 장해를 입은 경우에는 민법에 의해 손해배상청구에 갈음하여 **장해특별급여**를 청구할 수 있다. 이때 근로자와 보험가입자 사이에 합의가 이루어지면 장해특별급여를 지급할 수 있는데 그 급여액의 전액은 보험가입자로부터 징수하여 지급한다. 이 경우는 수급권자가 보험가입자에게 동일한 사유에 대해서는 민법 또는 기타 법령의 규정에 의한 손해배상을 청구할 수 없다.

공단의 보험급여 결정에 대해 불만이 있는 자는 결정이 있음을 안 날부터 90일 이내에 근로복지공단에 심사를 청구할 수 있다. 공단은 심사청구서를 송부받은 날로부터 50일 이내에 심사청구에 대한 결정을 하여야 한다. 심사청구에 대한 결정에 불복이 있는 경우에는 **고용노동부 산재보험재심사위원회**에 90일 이내에 재심사청구를 제기할 수 있다. 재심결정에 대해 불복이 있는 경우 행정소송 제기가 가능하고, 보험급여 결정 등에 대해서 바로 행정소송을 제기할 수도 있다.

2023년 기준으로 심사결정 건수는 11,155건수이고 취소가 1,592건, 기각이 9,326건으로 변경되는 경우가 17.1%에 달했다. 소송건수는 6,901건으로 민간소송이 1,954건, 행정소송이 4,947건이며, 확정된 소송 기준으로 공단이 승소하는 경우가 39.7%, 패소하는 경우가 10.1%에 달했다.

(5) 산재보험 미가입과 산재사고

사업주의 산재보험 가입 여부와 관계없이 산재를 당한 근로자는 산재보상을 받을 수 있다. 산재보험에 법적으로 가입할 의무가 있는 사업주가 산재보험에 가입하지 않은 것은, 사업주가 자신의 의무를 다하지 않았기 때문이며 위법행위로서 근로자에게는 책임이 없으며, 산재보험의 혜택에 있어서 예외대상이 아니다. 즉, 근로자가 산재보험 미가입 사업장에서 업무상 재해를 입어도 산재보상을 받을 수 있으며, 그 대신 사업주는 법적의무(산재보험 가입)를 다하지 않은 책임에 따른 일정한 불이익을 받게 된다.

5 4대 보험료 계산

사용자들의 4대 사회보험료 계산을 지원하기 위해 **4대사회보험정보연계센터**(https://www.4insure.or.kr)가 운영되고 있다. 다양한 양식과 정보를 제공하고 상담도 해준다. 4대 사회보험료 모의계산은 (https://www.taxnet.co.kr/sub/silmu/4insure/popup/4insure.asp)에서 가능하다.

국민연금의 경우 2025년 7월 기준으로 기준소득월액에 대해 연금보험율이 9%이고 근로자와 사업주가 4.5%씩 부담한다. 기준소득월액은 국민연금의 보험료 및 급여 산정을 위하여 가입자가 신고한 소득월액에서 천 원 미만을 절사한 금액을 말하며, 2025년 7월 기준으로 최저 39만 원에서 최고 617만 원까지의 범위로 결정하게 된다. 따라서, 신고한 소득월액이 39만 원보다 적으면 39만 원을 기준소득월액으로 하고, 617만 원보다 많으면 617만 원을 기준소득월액으로 한다(2024.7.1. 기준으로 매년 3월말 보건복지부장관이 고시하고 해당 연도 7월부터 1년간 적용한다). 예를 들어 기준소득월액이 300만 원이면 연금보험료는 27만 원이고 근로자와 사업주가 각각 13만5천 원씩 부담한다. 근로자의 급여에서는 13만5천 원이 원천징수된다.

건강보험료의 경우 보수월액의 7.09%인데 근로자와 사업주가 절반씩 부담하며, 장기요양보험료는 건강보험료 × [0.9182%(장기요양보험료율) / 7.09%(건강보험료율)]로 계산한다. 월급여가 300만 원이라면 건강보험료 총액은 21만2,700원이고 근로자와 사업주가 각각 10만6,350원씩 부담하고, 장기요양보험료 27,540원[=212,700원 × (0.9182%/7.09%)]에 대해 근로자가 사업주가 각각 13,770원씩 부담한다. 근로자의 급여명세서에는 건강보험료가 10만6,350원, 장기요양보험료 13,770원이 원천징수된다.

고용보험료의 경우 근로자는 차이가 없지만, 회사는 근로자 수에 따라 추가 보험료에 차이가 있다. 고용보험료 중에 실업급여분은 회사의 근로자 수에 상관없이 1.8%로 근로자와 사업주가 각각 월급여의 0.9%로 차이가 없지만, 고용보험료 중에 고용안정 · 직업능력개발사업분은 사업자만 부담하는데 근로자 수가 150인 미만은 0.25%, 150인 이상(우선지원대상기업)은 0.45%, 150인 이상 1,000인 미만 기업은 0.65%, 1,000인 이상 기업이나 국가 · 지방자치단체는 0.85%이다. 다만 우선지원대상기업은 고용안정 · 직업능력개발사업분에 대해 일부를 감면받는데 제조업 500인 이하 또는 자본금 80억 원 이하; 건설업, 운수 및 창고업 300명 이하 또는 자본금 30억 원 이하; 도 · 소매업, 숙박 및 음식점 등 300명 이하 또는 매출액 300억 원 이하; 그 밖의 업종 100명 이하가 해당된다. 따라서 월급여가 300만 원이라면 근로자의 고용보험료는 2만7천 원이다. 사업주는 2만7천 원에 별도의 고용보험료를 추가로 부담한다.

산재보험료는 근로자는 부담하지 않으므로 근로자 입장에서는 고민할 필요가 없지만, 사업주의 입장에서는 사업장에 따라서 산재보험료율에 차이가 있다. 산재보험료는 [보수총액(월평균보수) × 보험료율 ÷ 1,000]으로 계산된다. 특히 산재보험료율은 업종에 따라 사고 발생률을 고려하여 광업은 세부 업종별로 5.7~18.5%, 제조업은 0.6~2.4%, 건설업은 3.5%, 운수창고통신업은 0.8~1.8%, 임업은 5.8%, 어업은 2.7%, 농업은 2.0%, 기타 산업은 0.6~0.9%, 그리고 금융보험업은 0.5%로 많은 차이를 보인다. 월평균보수가 300만 원인데 기타 산업에 속하는 경우 회사에서 납부하는 보험료는 1만8천 원에서 2만7천 원을 납부하게 된다.

종합해 보면 근로자 입장에서는 기준소득월액이 300만 원인 경우, 국민연금 보험료는 4.5%인 13만 원, 건강보험료(7.09%의 절반)가 10만6,350원, 장기요양보험료(건강보험료 × 0.9182% / 7.09%) 13,770원, 그리고 고용보험료(실업급여분 0.9%) 2만7천 원으로 총 27만 7,120원이 원천징수된다. 회사는 이 27만7,120원에 고용보험료(고용안정 · 직업능력개발사업분)와 산재보험료를 추가해서 납부하게 된다. 월급여의 10% 이상을 사회보험료로 납부해야 한다. 이러한 이유로 당장 현금이 필요한 근로자들은 근로계약을 신고하지 않고, 사회보험료 납부분을 현금으로 원하는 경우도 있다.

6 직장어린이집

중소기업에 대해서는 의무사항이 아니지만 일정 규모 이상의 기업들은 자체 보육시설을 갖추어야 한다. 이제 우리는 저출산초고령사회, 워라밸의 시대에 살고 있기 때문이다. 어린이집은 필수적인 시설이고, 이를 제공하지 못하는 경우에는 별도의 지원금을 제공해야 한다.

보육시설이란 보호자의 위탁을 받아 **영유아**(6세 미만의 취학 전 아동)를 보육하는 시설로, 설립주체에 따라 6종류로 구분된다. 그중 **직장보육시설**은 사업주가 사업장의 근로자를 위하여 단독 또는 공동으로 사업장내 또는 그에 준하는 인근지역과 사원주택 등 사업장 근로자 밀집거주지역에 설치 · 운영하는 시설을 말한다. 사업주가 직장보육시설을 설치하여야 하는 사업장은 상시 여성근로자 300인 이상 또는 근로자 500인 이상을 고용하고 있는 사업장으로 한다(영유아보육법 시행령 제20조, 시행일: 2006.1.30).

2023년 말 기준으로 전국에 어린이집은 28,954개가 있는데 이 중에 직장어린이집은 1,308개다.[12] 전국의 어린이집에서 돌보는 보육아동은 101만 명이며 직장어린이집에서는 61,570명을 보육하고 있다. 전국의 보육교직원은 30만3천 명이고, 직장어린이집은 21,518명이며, 이 중에 남자는 218명, 여자는 21,300명이다. 어린이집 1개당 아동 수는 전국 평균 34.9명이고, 직장어린이집은 47.1명이며, 보육교직원 1인당 아동 수는 전체 3.3명이고, 직장어린이집은 2.9명이다.

정부는 직장보육시설에 대해 근로복지공단의 **직장보육시설지원센터**(escac.or.kr)를 통해 지원하는데 설치와 관련해서는 시설전환비로는 최대 1억 원까지, 유구비품비에 대해서는 최대 3,500만 원까지, 소요비용의 최소 50% 최대 80%까지 지원하며, 시설과 관련해서 최대 5억 원까지 융자도 가능하다. 관련해서 세제 지원도 있다. 운영비용 지원에서는 보육시설 종사자에 대해서 1인당 월 80만 원까지 인건비를 지원하고, 유구비품 교체비용에 대해 50%까지 최대 3,500만 원까지 지원한다.

제2절 비법정 복리후생

법정 복리후생은 기업이 반드시 시행해야 하는 제도이지만 비법정 복리후생은 기업들이 자발적으로 시행하는 제도이므로 그 종류는 매우 다양하지만 대표적으로는 식대 지원이 가장 일반적이며, 사내 카페나 운동시설, 콘도와 같은 휴양소 운영 등이 있다.

1 식대 지원과 구내식당 운영

우리나라는 복리후생제도가 별로 없는 중소영세기업이라도 점심 식대를 지원하는 것이 일반적이다. 대개 하루 점심 비용으로 1만 원 미만을 지원하는데 국세청에서도 이 식대 지원에 대해서는 최대 월 20만 원까지 급량비로 처리해서 비과세 소득으로 처리한다. 규모가 있는 기업에서는 구내식당을 운영하는 경우가 많은데 이는 직원들의 점심식사를 위한 효율적인 시간운영과 저렴한 비용으로 양질의 식사 제공 등의 이유가 있다. 과거 지하에 위치한 구내식당이 전망 좋은 빌딩 꼭대기층에 위치하기도 하고, 뷔페형으로 24시간 제공하기도 한다.

점심시간의 경우 근로기준법에 따라 4시간 이상 근무를 하는 경우에는 30분 이상의 휴게시간을 부여해야 하기 때문에, 1일 8시간 근무를 기준으로 중간에 1시간의 점심시간을 휴게시간으로 부여하는 것이 일반적이다. 대부분 회사에서의 점심시간 1시간은 무급으로 처리되기 때문에 회사 밖의 식당에서 식사를 하는 것과 같이 회사의 감독 없이 자유롭게 사용할 수 있다.

구내식당의 운영은 다수 기업들이 아웃소싱, 즉 외부기업에 위탁해서 운영하는 경우가 많다. 정부의 세종청사 구내식당도 위탁해서 운영하기에 일하는 직원들은 공무원이 아니다. 이 아웃소싱 업체들은 매우 낮은 단가로 메뉴를 만들어야 하기 때문에 일하는 조리사들이 높은 임금을 받기 어렵다. 그렇다 보니 양질의 식사를 제공하기 어렵게 되는 경우도 있다. 구내식당을 고급스럽게 운영하는 기업으로 **'마이다스아이티'**라는 회사가 있다(https://blog.naver.com/midas_light/221093586472, 마이다스그룹 공식 블로그). 건물의 비파괴검사로 시작된 이 중견기업은 판교에 위치하는데 직원들을 위해 24시간 식당을 운영하고 있다. 흥미로운 점은 1인당 한 끼 식사비용으로 2만 원 이상을 정하고 있으며, 식당 분위기는 고급호텔 같은 뷔페로 운영되는데 쉐프 여러 명이 관리하고 있다. 열심히 일할 분위기가 생겨나는 구내식당이다. 다만 24시간 운영에 대해 밤새 일하라는 것인가 하는 의문을 제기하는 사원들도 있다.

2 사내 카페와 사내 운동시설

도시지역의 경우 회사 건물 공간이 매우 효율적으로 운영되기 때문에 직원들을 위한 휴식공간을 마련하기 어렵다고 생각한다. 회사는 바로 비용상승으로 생각하기 때문이다. 여기에 피트니스센터나 탁구장 같은 운동시설을 운영하는 것은 더욱 상상하기 어려울 수도 있다.

하지만 우리나라에서 최고로 높은 잠실의 롯데빌딩에 가면 전망이 아주 좋은 카페가 있다. 직원용이다. 이런 회사에서 일하면 열심히 일하지 않을까? 롯데 월드타워 15층에 롯데케미칼의 사내 카페인 '케미스토리'가 있는데 6명의 장애인 바리스타가 운영하고 있다.[13)] 아메리카노 가격이 800원이다.

저녁을 먹고 다시 회사로 돌아와서 야근을 하던 과거와는 달리 이제는 주 40시간이 정착되어 가고 있고, 특히 젊은 사원들은 더욱 건강에 관심이 많아지는 시대에 피트니스센터나 탁구장, 여건이 허용된다면 축구장 같은 운동장을 제공할 수 있다면 직원들의 건강향상과 함께 업무의욕의 상승을 충분히 기대할 수 있다.

3 콘도, 휴양소

워라밸(Work-Life Balance)의 의미는 일과 생활의 균형이며, 일할 때는 열심히 일하지만, 쉴 때는 또 잘 쉬어야 한다는 것이다. 회사에서 휴양시설을 보유하거나 이용할 수 있는 콘도 등을 확보하고 직원들이 이를 활용할 수 있도록 한다면 이 또한 업무의욕 상승의 충분한 이유가 될 것이다.

주로 공공기관이기는 하지만 국내 유명 해수욕장이나 관광명소에 가면 전망이 좋은 곳에 해당 기관의 연수원이나 휴양소가 보이는 경우가 많다. 물론 대기업들도 유사하게 연수원이나 휴양시설을 운영하는 경우가 많지만 중소기업들도 자체 소유가 아니더라도 이용권을 확보하여 직원들이 활용할 수 있도록 한다면 좋은 복지제도가 될 것이다.

4 선택형(카페테리아) 복리후생제도

회사가 사원들에게 잘 해주려고 하는 것은 당연히 더 열심히 일할 수 있도록 의욕을 제고하기 위함이다. 그런데 사원들의 취향이 더 다양해지고 이를 다 충족시키기 위해서는 더 다양한 복리후생제도를 제공해야 하는데 회사로서는 지출하는 비용에 제한이 있기 마련이다. 그래서 예를 들면 사원 개인에게 1,000포인트를 지급하고 자기가 원하는 복리후생제도를 선택해서 포인트를 사용하는 방식이다. 예를 들어 젊은 사원의 경우 콘도 이용에 더 많은 포인트를 사용하고, 그 대신에 추가 건강검진에 포인트를 사용하지 않는 것이다. 어떤 사원은 다른 복리후생제도에는 사용하지 않고 모든 포인트를 모았다가 해외여행 경비지원에 모든 포인트를 사용하는 것이다.

이렇게 **카페테리아 복리후생제도**는 일정하게 비용을 통제하면서도 사원들의 만족도는 최고 수준으로 높일 수 있는 장점이 있다. 그런데 이 카페테리아 복리후생제도를 운영하려면 매우 다양한 제도를 운영해야 하기 때문에 관리에 많은 시간과 비용이 소요될 수 있어서 외부 기관에 위탁을 해서 운영하기도 한다. 이후에는 복리후생제도에 관련된 비용을 아예 임금에 포함시켜서 지급하고 회사는 복리후생제도를 운영하지 않는 것이다.

하지만 이렇게 아예 없애는 방식은 처음에는 이해하지만 시간이 흐르면 그러한 과정이나 취지를 잊어버리게 되고, 신입사원의 경우는 그러한 과정에 대한 이해가 없기 때문에 불만요인으로 작용할 수 있다. 따라서 일정한 규모를 갖춘 기업이라면 다른 기업들과의 비교관점에서도 복리후생제도는 운영할 필요가 있다.

제3절 복리후생비의 임금성에 대한 판단

제3장에서 임금 다음으로 설명한 수당에는 임금 성격을 가진 수당도 있고 비용 성격을 가진 수당도 있다. **임금 성격을 가진 수당**은 근로자의 노동에 대한 대가이지만, **비용 성격을 가진 수당**은 특수한 근무환경에 대해 추가적으로 소요되는 비용을 보전해 주는 비용보전 성격의 복리후생비용이다. 임금 성격을 가진 수당은 통상임금과 평균임금 계산에 포함되지만, 비용보전 성격의 수당은 제외된다(박준성, 2015).

각종 수당 중에 일부 수당은 기업에서 세무회계상 계정과목인 복리후생비로 처리하는가 여부에 따라서 임금소득으로 구분되기도 하고, 비용항목으로 구분되기도 한다. 복리후생비로 볼 수 있는 포상금, 학자금 지원, 식대, 각종 차와 다과 구입비, 경조사비, 피복비, 회식비, 야유회경비, 산재보험료 및 국민연금, 건강보험료, 고용보험료 중에서 회사가 부담하는 금액 등이 있다. 복리후생비로 비용을 처리하면 해당 근로자는 별도의 소득세를 납부할 필요가 없지만, 임금으로 처리되면 소득세 등의 세금을 부담해야 한다.

각종 수당이 복리후생비로 인정을 받으려면 지출증빙을 갖추어야 한다. 예외적으로 경조사비의 경우에는 지급규정을 작성해서 비치하고, 지출증빙을 대신할 수 있는 지출품의서나 부고장, 청첩장 등을 보관해야 한다.

업무와 관련한 포상금, 격려금, 학자금보조액, 식대보조금 중에 10만 원을 초과하는 금액, 차량보조비 중에 20만 원을 초과하는 금액, 기타 금전으로 지급하는 복리후생적 성질의 지원금은 명목에 상관없이 임금으로 처리하여 근로소득세를 원천징수해야 한다. 다만 최근 판례에 따르면 식비, 체력단련비, 하계휴가비, 차량유지비 등도 임금에 해당하는 것으로 보고, 더 나아가서는 통상임금의 범위에 포함시키고 있다.

직무수당이 근무수당과 같이 노동에 대한 대가성이 분명한 경우에는 임금으로 처리하고, 임시적이고 은혜적이며 실비 보전 성격의 수당은 복리후생 비용으로 처리하지만, 세법상 일정 금액을 초과하는 부분에 대해서는 임금으로 간주하고 처리할 필요가 있다.

임금은 "사용자가 근로의 대가로 근로자에게 임금, 봉급, 그 밖에 어떠한 명칭으로든지 지급하는 일체의 금품"(근기법 제2조 제1항 제5호)을 말하며, 복리후생비는 "임금 외에 근로자의 생활을 보조하기 위한 금품의 지급 또는 자금의 융자 등"(남녀고용평등법 제9조)이 기본적인 정의라고 할 수 있다. 그런데 법원의 판단을 보면 복리후생적 성격을 가졌다고 해서 임금으로 보지 않는 것이 아니라, 근로의 대가성 여부를 따져 임금 여부를 결정하고 있다. 이에 따라 체력단련비, 효도휴가비, 사택수당, 김장수당, 선물비, 교통비 등 그 명칭과 상관없이 근로의 대가성이 있으면 임금으로 인정하고 있으며, 학비보조금, 능력개발비, 주택자금대여금 등과 같이 근로의 대가성을 보기 어려운 경우에는 임금이 아니라고 보고 있다. 하지만 복리후생비의 임금성 여부를 판단하는 것은 그리 쉬운 문제가 아니다.

예를 들어, 가족수당의 경우 가족수와 상관없이 지급하는 경우 임금으로, 가족수에 따라 지급되는 가족수당에 대해서는 임금으로 보지 않는 판례가 있다(대법원 2015.11.27. 선고 2012다10980 판결 등). 차량유지비의 경우 차량 보유를 조건으로 지급했거나 직원소유의 차량을 업무용으로 사용하는 경우 비용을 보조하기 위해 지급했다면 실비변상적 성격을 가져서 임금으로 보지 않고, 전 직원에게 또는 특정 직급을 기준으로 일률적으로 지급했다면 임금으로 인정하였다(대법원 2002.5.31. 선고 2000다18127 판결 등). 아직도 복리후생적 성격의 금품의 임금 여부 판단은 중요 법적 쟁점사항이라고 할 수 있다.

제4절 노동시장 이중구조와 복리후생지원제도

우리 노동시장이 다양해지는 상황에서 특히 문제는 새로운 형태로 나타나는 특고나 플랫폼 노동 등에 대해 사실상 근로자임에도 근로기준법 기준으로 근로자로 인정받지 못해서 다양한 근로자보호제도에서 벗어난 사각지대에서 일하고 있다는 점이다.

기업환경의 급속한 변화로 고용형태가 다양화되었으며, 비정규직 문제가 심각한 사회문제로 제기되고 있다. 특히 플랫폼 노동은 인공지능(AI, Artificial Intelligence)과 빅데이터 같은 디지털 기술의 발전과 더불어 플랫폼의 네트워크형 시장중개 기능에 기반하여 경제적 가치를 창출하는 새로운 경제패러다임 하에서 시작되었으며, 이러한 패러다임은 '**공유경제**', '**온디멘드**(On-Demand) **경제**', '**긱 이코노미**(Gig Economy)' 등으로 불리고 있다(김승래, 2021: 1). 하지만 플랫폼 노동에서 노무제공자는 사용자에게 종속된 노동자가 아닌 자영업자로 특수형태근로종사자와 유사하다는 이유로 '**디지털 특고**'로도 불리기도 한다.

1 근로복지사업 현황

근로복지기본법에 따르면 **근로복지**란 '임금·근로시간 등 기본적인 근로조건 외에 부가적으로 그 가족의 생활안정·향상을 목적으로 시행하는 시책 또는 활동'으로, 정부는 근로복지기본법에 따라 근로복지 정책을 수립하고 시행하고 있다. 근로복지기본법의 목적은 '근로복지정책 수립 및 복지사업의 수행에 필요한 사항을 규정하여 근로자 삶의 질 향상 및 국민경제의 균형 있는 발전에 이바지함'에 있다. 실질적으로 근로복지 혜택을 제대로 받지 못한 노무제공자에 대해서 최소한의 혜택을 제공하자는 목적에 있다.

근로복지기본법의 연혁은 노동시장 양극화, 비정규직 근로자 증가 등 근로환경 변화에 따라 근로복지를 확대·강화하기 위해, 기존 「근로자복지기본법」과 「사내근로복지기금법」을 통합하여 2010년 6월에 제정하고 2010년 12월에 시행하고 있으며, 근로복지기본법의 기본원칙은 법 제3조에 아래와 같이 제시되어 있다.

(1) 근로복지정책(임금·근로시간 등 기본 근로조건 제외)은 근로자 경제·사회활동 참여기회 확대, 근로의욕 증진 및 삶의 질 향상을 목적으로 추진
(2) 정책 수립·시행시 근로자가 성별, 나이, 신체적 조건, 고용형태, 신앙 또는 사회적 신분 등에 따른 차별을 받지 아니하도록 배려·지원, 그리고
(3) 근로자 복지향상 지원시 중소·영세기업 근로자, 기간제·단시간근로자, 파견근로자, 하청 근로자, 저소득 및 장기근속 근로자 우대로 정하고 있다.

근로복지기본법에서 정한 근로복지의 주요 내용은 다음과 같다.

1. (**공공근로복지제도**) 근로자 주거·생활안정 및 재산형성, 근로자 신용보증 지원, 근로복지시설 등에 대한 지원 규정(법 제15~31조)이 있고, 이에 따라 (**생활안정자금융자**) 저소득 근로자 등을 대상으로 혼례·장례·육아 등 사유 발생 시 필요한 자금

장기 · 저리 융자, (**신용보증대위변제**) 보증 · 담보 여력이 낮은 근로자 등에 대한 신용을 보증하여 융자를 원활히 받을 수 있도록 지원, 그리고 (**근로복지시설 지원**) 근로자를 위한 복지시설 설치 · 운영 및 지원, 민간복지시설 이용 비용 지원 등이 있다.

2. (**기업근로복지제도**) 우리사주제도, 사내 · 공동근로복지기금제도, 선택적 복지제도, 근로자지원 프로그램 등이 규정(법 제32~86조의15)되어 있고 이에 따라 (**우리사주제도**) 근로자가 '우리사주조합'을 통해 근무하는 회사의 주식을 취득 · 보유토록 하여 근로자 재산형성 및 노사협력 증진 도모, (**사내 · 공동근로복지기금**) 사업주가 사업 이익 일부를 재원으로 근로복지기금을 설치, 관리 · 운용하여 근로자 생활안정과 복지증진 도모, (**공동근로복지기금**) 원하청 기업, 중소기업 등 둘 이상의 사업주가 공동으로 출연하는 근로복지기금, (**선택적 복지제도 및 근로자지원 프로그램**) 선택적 복지제도 설계 · 운영, 근로자 업무저해 요인 등 해결을 위한 프로그램 운영 등에 대한 사업주 노력의무 및 국가 · 자치단체의 지원근거 규정 등이 있다.

3. (**근로복지진흥기금**) 근로복지사업에 필요한 재원 확보를 위해 근로복지진흥기금 운영, 근로복지공단이 기금관리 · 운영(법 제87~92조)이 있고 그에 따라 재원은 복권기금 법정전입금(수익금 1.86%), 정부부처, 기업 등 지정기부금 출연 등이 있다. 이 재원을 가지고 근로자의 주택구입자금 · 생활안정자금 · 학자금 등에 대한 융자, 사내 · 공동근로복지기금 지원, 근로자지원 프로그램 관련 지원, 정책연구 · 개발, 실업대책사업 등의 용도로 활용할 수 있다. 근로복지진흥기금 용도(법 제91조)는 다음과 같다.
   ① 근로자에 대한 주택구입자금 등에 대한 융자
   ② 근로자의 생활안정을 위한 자금의 융자
   ③ 근로자 또는 그 자녀에 대한 장학금의 지급 및 학자금의 융자
   ④ 근로복지종합정보시스템 운영
   ⑤ 신용보증 지원에 필요한 사업비
   ⑥ 우리사주제도 관련 지원
   ⑦ 사내근로복지기금제도 및 공동기금제도 관련 지원
   ⑧ 근로복지시설 설치 · 운영자금 지원
   ⑨ 근로자 정서함양을 위한 문화 · 체육활동 지원

⑩ 선택적 복지제도 관련 지원
⑪ 근로자지원 프로그램 관련 지원
⑫ 근로자 건강증진을 위한 의료사업에 필요한 사업비
⑬ 근로복지사업 연구·개발에 필요한 경비
⑭ 실업대책사업의 실시·운영에 필요한 사업비
⑮ 근로복지진흥기금의 운용을 위한 수익사업 투자
⑯ 근로복지진흥기금의 조성·관리·운용에 필요한 경비
⑰ 그 밖에 근로자의 복지증진을 위하여 대통령령으로 정하는 사업에 필요한 지원

4. (**특수형태근로종사자 등 특례**) 특고, 플랫폼종사자 등에 대한 특례를 통해 생활안정자금융자, 신용보증 지원, 민간복지시설 이용비용 지원, 배달종사자 대상 휴게시설 설치·운영 등 지원근거 규정(법 제95조의2)이 있다.

2 제5차 근로복지증진 기본계획

1) 수립 배경 및 경과

근로자 경제·사회활동 참여 확대, 근로의욕 증진, 삶의 질 향상 등을 목적으로 2002년부터 5년마다 「**근로복지증진 기본계획**」을 수립하고 있는데 「근로복지기본법」 제8조에 따라 '**고용정책심의회**'의 심의를 거쳐 공표하고 있다.

근로복지증진 기본계획에 포함되는 사항은 다음과 같다.

① 근로자의 주거안정, 생활안정, 재산형성에 관한 사항
② 우리사주제도, 사내근로복지기금제도에 관한 사항
③ 선택적 복지제도 지원에 관한 사항
④ 근로자지원 프로그램 운영에 관한 사항
⑤ 근로자를 위한 복지시설의 설치 및 운영에 관한 사항
⑥ 근로복지사업에 드는 재원 조성에 관한 사항
⑦ 직전 기본계획에 대한 평가
⑧ 그 밖에 근로복지증진을 위하여 고용노동부장관이 필요하다고 인정하는 사항

기존 정책의 미비점을 보완하고 새로운 수요를 반영하여 새 정부 출범 이후 향후 5년간 근로복지정책의 목표와 과제를 제시하는 5차 기본계획 수립・발표(2022년 10월)하였다. 제5차 기본계획 수요 등 연구(2021년 6～11월), 관계부처 협의 및 검토(2021년 12월)를 거친 바 있다.

노동시장의 이중구조는 노무제공의 종속성과 독립성을 기준으로 직접고용과 간접고용, 그리고 특수형태근로로 구분할 수 있으며, 고용형태별로는 기간제 근로자, 단시간근로자, 파견근로자, 용역근로자와 같은 비정규직과 정규직으로 구분할 수 있다.

특히 최저임금 수준을 받고 있는 근로계층과 기타 저임금과 장시간 노동을 하는 **취약 근로계층**(working poor) 등이 노동시장에서 심화되고 있는 양극화의 우선적인 정책 대상이라고 할 수 있다. 또한 고용률이나 임금과 같은 근로조건에서 격차가 해소되지 않고 오히려 확대되고 있는 남성과 여성근로자 간의 격차, 대기업과 중소기업 근로자 간의 격차가 심화되어 가고 있다(이호근, 2013: 65).

우리나라 사업체 규모별로 비교해 보면 정규직과 비정규직의 임금격차는 동종 사업체에서 고용형태별로 그 차이가 세 배에 이르는 것으로 나타나고, 같은 정규직 간에도 기업규모별 차이에 따라 2.3배 이상의 차가 나고, 대기업의 정규직과 중소기업의 비정규직 간에는 최대 7배까지 차이가 나는 것으로 분석된다(이호근, 2013: 281).

2) 법률 제정과 현실

기업복지에 대한 격차가 심각하다는 인식을 바탕으로 다양한 법률이 제정되고 개정되어 왔는데, 2001년에는 「근로복지증진기본법」이 제정되고 이 법은 2010년 전부개정과 명칭변경을 통해 「근로복지기본법」이 되었고, 1993년에 제정된 「고용정책기본법」이 있지만 법률과 현실에는 상당한 괴리가 있다(민기채・이은주・이지은, 2019).

노동시장 이중구조 또는 **노동시장 양극화**를 해소하려는 노력은 법제도 관점의 노력에서부터 임금체계 개편에 이르기까지 매우 포괄적이고 복합적인 대응노력이 필요한데, 그 외에도 고용・연금보험 등 광범위한 사회안전망의 사각지대 해소, 노사간 자주적 교섭에 의한 임금・근로조건의 향상, 기업 내외의 인적자원개발 및 숙련체제와 분배구조의 개선이 이르기까지 체계적인 복지제도의 발전이 필요하다(이호근, 2013).

따라서 정부는 노동시장의 이중구조 해소를 위해 **사회적 대화**를 활성화하고, 이 과정에서 기업복지에 대한 양상의 차이를 확인할 수 있는 통합 정보망 구축이 요구된다고 하겠다(민기채 외, 2019: 124). 따라서 고용노동부－보건복지부－중소벤처기업부 삼자 공동으로 기업복지에 대한 정기적인 실태조사를 통해 기업의 복지현황을 모니터링하고, 이를 바탕으로 전국 단위에서 기업복지 지도 구축이 필요하다(민기채 외, 2019: 125).

3) 대 · 중소기업 간 노동시장 격차 해소를 위한 과제

(1) 대 · 중소기업 간 근로복지 격차의 확대

대 · 중소기업 간에 임금수준 차이도 심각하지만 복리후생 차이도 상당하고 문제는 그 차이가 점점 더 커지고 있다는 점이다. 고용노동부에서는 매년 **기업체노동비용조사**를 통해 법정외 복지비용에 대한 통계를 제시하고 있는데 그 통계도 10인 이상의 사업장에 대해서만 조사결과를 제시하고 있다. 9인 이하의 소규모 사업장에서 일하는 수백만 명의 근로자에 대해서는 조사도 하지 않고 있다는 점은 개선되어야 한다. 소규모 사업장을 포함하면 대 · 중소기업 간의 근로복지 격차는 더욱 커지는 통계가 제시될 것이다.

2023년 월평균 법정외 복지비용*을 보면 〈표 4-4〉에서 보는 대로 10~29인 규모는 1,000인 이상 규모에 비해 1/4 수준인 24.1%에 불과하다. 여기서 식사비용 등이 비교적 비슷하다고 했을 때 여타 법정외 복지비용은 상대적으로 매우 열악한 수준이라고 하겠다.

(2) 근로복지 격차 해소 방향

노민선(2023)은 중소기업 근로자의 임금상승과 장기 재직 활성화 방안으로 중소기업 사업주와 근로자 간의 성과공유를 강조하였다. 구체적으로 중소기업의 경영성과급이나 우리사주제도, 스톡옵션 활성화를 위한 조세 지원의 확대와 정부 지원 사업 선정 평가시에 성과공유제 도입 중소기업에 대한 우대 규정의 마련이 필요하다고 하였다. 나아가 고등학교를 졸업하고 중소기업에 취업하는 근로자에 대해 성장경로를 마련해 주기 위해서 취업 이후에 역량개발을 지원하여 장기적으로 핵심인재로 성장할 수 있는 지원제도 마련을

---

* 법정외 복지비용은 기업체에서 사업주가 소속 근로자의 복지를 위하여 자율적으로 부담하는 비용으로 주거, 건강보건, 식사, 보육지원 등의 비용을 말하고, 물적 시설의 시설 · 장비 비용으로 자체소유인 경우 감가상각비, 임차한 경우 임차비용을 포함하며, 유지보수비용 및 전담 관리인력의 인건비 등 관리비용 등을 포함한다(고용노동부, 2024).

〈표 4-4〉 기업규모별 · 항목별 상용근로자의 월평균 법정외 복지비용(2023년 10인 이상) (단위: 천 원, %)

규모별	법정외 복지비용		주거비용		건강보건비용		식사비용		교통통신 지원비	
	천원	%	천원	%	천원	%	천원	%	천원	%
전 규모(10인 이상)	272.2	51.7	14.1	60.5	20.0	39.4	86.7	81.9	29.1	51.1
10~29인	127.0	24.1	7.9	33.9	2.5	4.9	81.7	77.1	11.9	20.9
30~99인	151.4	28.8	12.5	53.6	5.2	10.3	81.8	77.2	14.8	26.0
100~299인	183.5	34.9	10.3	44.2	9.6	18.9	80.0	75.5	22.3	39.1
300~499인	241.7	45.9	12.6	54.1	16.0	31.6	74.2	70.1	27.0	47.4
500~999인	242.9	46.2	13.1	56.2	16.4	32.3	65.4	61.8	24.9	43.7
1,000인 이상	526.1	100.0	23.3	100.0	50.7	100.0	105.9	100.0	57.0	100.0

주: 기업체에서 사업주가 소속 근로자의 복지를 위하여 자율적으로 부담하는 비용으로 주거, 건강보건, 식사, 보육지원 등의 비용을 말하고, 물적 시설의 시설 · 장비 비용으로 자체소유인 경우 감가상각비, 임차한 경우 임차비용을 포함하며, 유지보수비용 및 전담 관리인력의 인건비 등 관리비용 등을 포함함.

출처: 고용노동부, 고용노동통계, 통계DB, 기업체노동비용 〉 법정외 복지비용, https://laborstat.moel.go.kr/hmp/tblInfo/TblInfoList.do?menuId=0010001100101102&leftMenuId=0010001100101&bbsId=에서 2025.4.24.에 내려받음. 원자료는 고용부의 기업체노동비용조사임.

제시하였다.

민기채 외(2019: 106-121)는 대 · 중소기업 간에 법정외 근로복지 격차 완화를 위한 개선방안을 다음과 같이 제시하고 있다.

주거개선방안으로 첫째, 「주택도시기금법」에 '근로자주택의 건설'이라는 조항을 추가하여 근로자가 주택을 취득 · 신축할 때 해당 기금을 활용할 수 있게 하고, 둘째, 국토교통부의 주거종합계획에서 주거취약계층인 산업단지 밀집 지역의 중소기업 근로자들의 지원방안을 추가하고, 셋째, 사원용 주택이나 독신자 주택 등에 대한 실태조사를 통해 주거불안정을 해소해 주어야 한다.

건강 · 보건 관련 비용 개선 방안으로 산재 근로자에 대한 산재 은폐, 공상 처리, 위험외주화 등에 대한 근로감독 강화와 처벌 강화가 필요하다. 그리고 식사비용과 관련해서는 「근로복지기본법」의 법정외 복지 조항에 '식사'에 관한 조항이 추가되어야 한다.

교통 · 통신 관련해서는 「근로기준법」 및 「근로복지기본법」에 교통 · 통신 관련 규정의 삽입으로 관련 법령에서 명확하게 반영되어야 한다. 보육과 관련해서는 직장어린이집의 의무 설치 기준을 강화하여, 현재의 대기업 중심의 직장어린이집을 중소기업의 사업장까지 확대하거나 지역별로 공동 보육시설을 지자체 등과 협조하여 보다 쉽게 이용할 수 있도록 해야 한다.

보험료와 관련해서 「근로복지기본법」에 보험료 관련 규정을 추가하고, 단체보험을 중소기업 근로자나 비정규직 근로자에게 의무 적용할 필요가 있다. 자녀학비보조와 관련해서는 대학생 자녀에 대한 무이자 또는 저리 대출 제도를 중소기업까지 확대하여, 대학생 학자금 대출이나 연체율 증가를 해소할 필요가 있다. 휴양·문화·체육·오락 등과 관련해서는 사업장의 특성에 맞게 서비스를 제공해야 한다.

우리사주제도와 관련해서는 우리사주조합출연금 소득공제 현황을 조사하고 초과출연금으로 우리사주를 저가에 취득한 경우 일정금액을 근로소득으로 규정하고 있는 조항에 대한 검토가 필요하다. 이는 우리사주조합제도의 취지가 공동출연 조성기금을 통해서 생산성도 제고하고 근로자의 재산형성도 지원하자는 것인데, 이를 과세대상으로 규정하는 것은 제도의 도입 취지에 부합하지 않은 사항이다. **우리사주조합출연금**에 대한 소득공제 현황을 조사하여 소득공제 규모, 우리사주 저가 취득에 대한 과세 대상 근로소득, 소득공제 대상의 사업장 특징 등을 파악하여 제도 개선 방안 모색이 필요하다.

사내근로복지기금의 경우 산업 단위 또는 지역 단위로 **공동근로복지기금**의 신규 설립 등을 통해 공동근로복지기금 활성화를 추진하고, 기간제·단시간·파견·용역 근로자와 같은 비정규직 근로자를 위한 공동근로복지기금 조성·사내복지기금의 공동 이용 등을 통해 취약근로자의 공동근로복지기금 활성화가 필요하다.

공동근로복지기금의 경우 도입 취지는 "공동"에 있음에도 불구하고, 현재 사내근로복지기금제도는 기금 조성 여력과 조성 의지가 있는 대기업을 중심으로 운영되다 보니, 기업복지 격차를 오히려 확대하는 결과를 가져온다. 따라서 공동근로복지기금 조성을 활성화하여 대·중소기업 간, 원·하청 간, 정규직과 비정규직 간의 격차를 해소하거나 완화할 수 있도록 해야 한다. 2025년을 기준으로 경기도는 '경기공동근로복지기금'을 조성하며,[14] 안산시나 전주시도 상생형 복지제도로 '공동근로복지기금'을 추진하고 있다.[15][16]

근로자종합복지관이나 미화원 휴게시설과 같은 근로복지시설에 대해 지방정부가 국민연금 복지사업 규정에 근거한 국민연금 기금을 대여하여 열악한 중소기업의 사업장 내 복지시설 설치 지원이 가능하다. 근로복지시설의 운영이 활성화되면, 중소기업 근로자의 생활지원, 여가 프로그램 지원 등이 가능하며, 미화원 휴게시설의 경우 산업안전보건규칙에 따라 미화원 등의 근로자를 위한 휴게시설 설치가 의무화되어 있어서 관련 시설공간 확보가 필요하다.

근로자지원 프로그램(Employee Assistance Program, EAP)의 경우 관련된 세부 규정이 「근로복지기본법 시행령」에 반영되어 있지 않아서, 현장에서 심화되고 있는 심리적·정서적 문제에 대한 상담이나 해결이 이루어지지 못하고 있는 형편이다. 일반적으로 개인의 심리적·정서적 문제에 대해 회사 내에서 밝히는 것을 꺼리는 경향이 있기 때문에, 회사 내의 고충처리위원 등을 통해서 문제를 해결하기 어려우며, 회사 외부의 민간상담심리센터 이용을 보장하는 방향으로 대응할 수 있다.

공무원이나 공기업 정규직에 대한 복지포인트는 통상임금이라고 하기보다는 기업복지에 해당되는데, 전일제 근로자에게만 제공되고 있어서, 이를 기간제·단시간·파견·용역 근로자들에 대해서도 확대 적용할 필요가 있다.

정리문제

1. 다음을 간단히 정리하시오.

- 복리후생
- 법정 복리후생과 비법정 복리후생
- 국민연금
- 건강보험과 장기요양보험
- 고용보험과 실업급여
- 산업재해
- 근로복지기본법
- 근로복지사업
- 근로복지기금

2. 다음에 관해 의견을 제시하시오.

- 최저임금에 포함 및 제외되는 임금
- 중대재해처벌법
- 카페테리아 복리후생제도

3. 팀보고서를 작성하시오.

- 국민연금과 제도개혁
- 실업급여와 도덕적 해이
- 산업재해를 줄이기 위한 방안
- 복리후생비의 임금성
- 노동시장 이중구조의 원인과 현황
- 중소기업 근로자의 복리후생 개선 방안

토론문제

1. 근로복지공단 사건: 기저질환이 외상성 뇌출혈을 촉발시켰는가?

- 처분내용 :

가. 재해자 김○○(이하 '고인'이라 한다)는 2019.5.14. 지하 5층 기계실에서 동료근로자와 모터 펌프에 물을 채우는 작업을 수행하다가 동료가 2~3분 정도 자리를 비운 사이 쓰러져 있는 채로 발견되어 치료를 받던 중 2019.5.28. 사망하였고, 고인의 배우자인 청구인은 2019.6. 19. 원처분기관에 산업재해보상보험법(이하 '산재보험법'이라 한다)에 따른 유족급여 및 장의비를 청구하였다.

나. 원처분기관은 "① 고인의 최초 목격자인 동료근로자 진술상 잠시 2~3분 자리를 비운 사이 고인이 얼굴을 천장에 향하고 바닥에 쓰러져 있었다고 진술한 점, ② 119구급 증명서에서 사고 및 질환이 '질병'으로 확인되는 점, ③ 자문의 소견상 영상자료에서 외상성 경막하출혈의 양이 사망에 이를 정도로 심하지 않다고 한 점, ④ 경찰 검안의 소견상 관상동맥경화증과 관련하여 의식저하 또는 의식소실이 있어 넘어지면서 뒤통수 부위 충격으로 외상성 뇌출혈이 발생하여 병원 이송 후 치료 중 다발성 장기부전 합병되어 사망에 이르렀다고 한 점, ⑤ 수사용 시체검안서상 선행 사인은 허혈성 심장질환(관상동맥경화증)에 의한 것으로 사망의 종류를 '병사'로 판단한 점" 등 고인의 사망과 업무와의 상당인과관계를 인정하기 어렵다는 조사결과 및 의학적 소견에 따라 2019.10.25. 청구인의 유족급여 및 장의비 청구에 대하여 부지급 처분을 하였다.

- 청구인의 주장 :

청구인의 주장을 요약하면 다음과 같다. 고인은 10분 이상 쪼그려 앉아 수도꼭지를 조작하다가 작업이 잘 되지 않자 동료가 배전반 쪽으로 자리를 옮긴 사이 일어나서 몇 걸음으로 이동을 하다가 바닥에 물기가 있던 탓에 중심을 잃고 미끄러져 사고를 당하게 되었다. 시선은 천장을 향해 있으며 방향은 배전반 쪽을 향해 누워 있던 점을 고려할 때 고인은 동료가 있던 쪽을 바라보며 뒷걸음질을 하다 미끄러진 것으로 판단된다. 사업장 시설관리업무 총괄 소장은 수도꼭지 작업 중 바닥에 물이 많이 생겨 미끄러운 바닥에서 동료가 있는 쪽을 바라보며 뒷걸음질 치다 미끄러진 것이라고 진술하였다. 또한 119 구급대원 활동일지에 따르면 고인은 이름을 간단히 말하고, 이름을 부르면 눈을 뜨는 등 어느 정도의 의식이 있는 것으로서 협심증으로 인해 의식 소실이 있었다면 상당한 흉통을 수반하였을 것임에도 별다른 증상을 찾아볼 수 없었다는 점에 주목하여야 한다.

고인은 2016년 협심증으로 인해 관상동맥 스텐트 삽입술을 진행하였으나 수술 이후 일상 생활 및 업무 수행에 있어 건강상의 지장은 전혀 없었다. 수술 후 2018.3.26. 심장혈관 조영술을 통해 상태가 양호하여 추가 스텐트 삽입 수술을 시행하지 않아도 될 뿐만 아니라 수술 후 경과가 양호하였고 사망하기 20일 전 마지막으로 ○○병원을 방문하여 담당 주치의로부터 별도의 이상이 없음을 확인했을 만큼 지병으로 건강상의 주의를 기울여야 할 정도가 아니었다. 약간의 고혈압 증상(2019.4.22. 검진 기준 수축기 124, 이완기 84mmHg)이 있어(고혈압 전단계) 고혈압 약을 꾸준히 복용하여 왔고 콜레스테롤이 높아 최근 10년간 건강검진 기록 중 일부는 고지혈증 의심 소견을 받았으나 식이요법(저염식 등)과 운동으로 충분히 건강 유지가 가능한 상황이었다. 음주는 거의 하지 않았고 흡연은 1일 반 갑 이내로 하였다. 평소 건강에 전혀 문제가 없었고 그간 두부와 관련된 수진내역이 전혀 없었다.

따라서 재해경위, 현장 상황, 동료근로자의 진술, 주치의사의 소견 등을 종합적으로 검토하여 고인의 업무상 사고와 사망 사이의 상당인과관계를 인정하여 청구한 유족급여 및 장의비를 지급하여야 한다.

(출처: 근로복지공단(2021), 산재보험심사결정사례집, 정기간행물 2021-16-037, 28-38)

Question !

1. 청구인의 주장은 받아들여져야 하는가?

2. 그 이유는 무엇인가?

주요 참고문헌

고용노동부(2025.2.10), 2023.12. 산업재해현황.

고용보험(2023), 「고용보험통계현황」.

김기선(2022), 「상시 5인 미만 사업에 대한 근로기준법 적용」, 『법학논총』, 39(2), 167～193.

노민선(2023), 「대·중소기업 간 근로복지 격차 해소를 위한 중소기업 지원 방안」, 제3회 근로복지포럼(고용노동부) 발표자료, 한국직업능력심사평가원, 10월 19일.

대법원 2002.5.31. 선고 2000다18127 판결.

대법원 2015.11.27. 선고 2012다10980 판결.

대법원(2023.12.28), 대법원 2023도12316 산업안전보건법위반 등 사건 보도자료.

민기채·이은주·이지은(2019), 『대기업－중소기업간 복지격차 현황 및 완화 방안에 관한 연구』, 연구총서 2019-13, 한국노총 중앙연구원.

박준성(2015), 『임금체계』, 서울: 명경사.

박찬임·이승렬(2017), 「산업안전·산재보험 개선을 위한 정책과제」, 『노동리뷰』, 57～63.

법률신문(2023.4.6), [판결] '중대재해처벌법 위반 1호 판결' 회사에 벌금 3천만 원, 대표는 징역형 선고, https://www.lawtimes.co.kr/news/186621?serial=186621&kind=AA&key=.

4대사회보험정보연계센터, https://www.4insure.or.kr/.

이강구(2024), 「국민연금 구조개혁 방안」, 『KDI 포커스』, 한국개발연구원, 2월 21일.

이영면(2025), 「노동시장 복지격차 실태와 근로복지공단의 역할: '근로자'를 중심으로」, 근로복지공단 설립 30주년 기념 학술대회, 은행연합회관 2층 국제회의실, 5월 29일.

이호근(2013), 「노동시장양극화와 사회통합방안－사회통합적 법·제도와 노동시장정책을 중심으로」, 『한국사회정책』, 20(2), 261～304.

장진희(2022), 「5인 미만 사업장 노동실태 및 근로기준법 인식과 노동환경 개선방안」, 『노동 N 이슈』, (2022-07), 1～18.

정진우(2022), 「중대재해처벌법 실무상의 법적 쟁점－중대산업재해를 중심으로－」, 『사회법연구』, 46, 519～553.

주은선(2022), 「적정 노후보장을 위한 공적연금 개혁방안－기초연금과 국민연금의 역할 정립」, 『사회복지정책』, 49(3), 87～119.

창원지법 마산지원 2022고합95.

한국노동연구원(2014.5.23), 「스위스, 세계 최고수준의 최저임금 도입 국민투표서 부결」, 해외노동동향.

http://www.nodong.or.kr

ILO(2023.11.6), Nearly 3 million people die of work-related accidents and diseases, https://www.ilo.org/resource/news/nearly-3-million-people-die-work-related-accidents-and-diseases.

Milkovich, G. T., Newman, J. M., & Gerhart, B.(2014), *Compensation*, McGraw-Hill.

Ryan, R. M., & Deci, E. L.(2000), Self-determination theory and the facilitation of intrinsic motivation, social development, and well-being, *American Psychologist*, 55(1), 68～78.

미주

1) 하지만 사업의 규모 및 산업별 특성을 고려하여 사업장 및 피보험자 관리가 매우 어렵다고 판단되는 (1) 농업, 임업, 어업 및 수렵업 중 법인이 아닌 자가 상시근로자 4인 이하를 고용하는 사업, (2) 총공사금액이 매년 고용노동부장관이 고시하는 금액(2004년 2천만 원) 미만인 건설공사, (3) 연면적 100제곱미터 이하인 건축물의 건축 또는 연면적이 200제곱미터 이하인 건축물의 대수선에 관한 공사, (4) 가사서비스업 등은 적용제외 대상이다(2012년 1월 기준).

2) 고용보험, 「고용보험통계(2024.12)」, 2025.2.15. 내려받음.

3) 국가통계포털(KOSIS), 국내통계 > 주제별 통계 > 노동 > 고용형태별근로실태조사 > 고용형태별통계 > 산업별 사회보험가입률, 상여금・퇴직(연)금 적용(가입)률, 노조가입률(표준산업분류 10차).

4) https://www.newspim.com/news/view/20240717001118, 2025.3.8. 확인.

5) 실업률은 (만 15-64세 실업자 수 ÷ 만 15-64세 경제활동인구) × 100으로 계산하며, 지표누리 e-나라지표(2025.3.8), 「취업자 수/실업률 추이」, https://www.index.go.kr/unity/potal/main/EachDtlPageDetail.do?idx_cd=1063을 2025.3.8.에 확인함.

6) 다만 자발적이라도 정당한 이직사유가 있는 경우에는 수급자격이 제한되지 않음(예: ① 이직일 전 1년 이내에 2개월 이상 실제근로조건이 채용시보다 더 낮아진 경우, 임금체불이 있는 경우, 최저임금 미달의 경우, 연장근로제한을 위반한 경우, 사업자의 휴업으로 휴업 전 평균임금의 70% 미만을 지급받은 경우; ② 종교, 성별, 신체장애, 노조활동 등을 이유로 불합리한 차별을 받은 경우; ③ 성희롱, 성폭력, 그 밖의 성적인 괴롭힘을 받은 경우; ④ 도산폐업이 확실하거나 대량 감원이 예정된 경우; ⑤ 회사 사정으로 사업주로부터 퇴직을 권고 받거나, 희망퇴직의 모집으로 이직하는 경우; ⑥ 여러 사정으로 회사왕복 통근시간이 3시간 이상이 된 경우; ⑦ 30일 이상 가족 간호를 해야 하는데 회사에서 휴가나 휴직이 허용되지 않는 경우; ⑧ 중대재해 발생 이후 시정되지 않은 경우; ⑨ 체력부족, 심신장애, 질병, 부상 등으로 업무수행이 어렵게 된 경우; ⑩ 임신, 출산, 육아, 의무복무 등으로 업무수행이 어려운데 휴가나 휴직이 안 되는 경우; ⑪ 사업주의 사업내용이 위법하게 되거나 금지되어 있는 경우; ⑫ 정년 도래 또는 계약만료의 경우; ⑬ 그 밖에 객관적인 사정이 인정되는 경우).

7) 노컷뉴스(2024.11.27), 육아휴직급여 등 부정수급자 59명 적발…11억 2천만 원 반환 처분.

8) 이투데이(2025.5.3), [이법저법] 실업급여 받으면서 아르바이트…부정수급인가요?

9) 위클리오늘(2017.8.30), 삼성전자 LCD 산재 인정 대법원 판례 '입증책임 전환' 혁명적 변화.

10) 위클리오늘(2017.11.15), 대법, 삼성전자 산재 잇딴 혁명적 해석… '반도체 작업 - 7년 후 뇌종양' 인과관계 개연성만으로 인정.

11) 연합뉴스(2020.6.12), 삼성 반도체 피해자에게 142억 원 지급…반올림 보상 완료.

12) 보건복지부(2024), 「2023년 말 기준 보육통계」, 2∼5쪽.

13) 2023년 2월 9일 내용이고 https://blog.lotte.co.kr/42842, 2025.7.13.에 확인함.

14) 경기도뉴스포털(2025.2.18), 중소기업 복지 향상을 향한 첫걸음 '경기공동근로복지기금 1호 조성'.

15) 안산뉴스(2025.6.23), 박은경 의원 발의 '공동근로복지기금 지원 조례안' 통과.

16) 스포츠동아(2025.7.11), 전주시, 상생형 복지제도 '공동근로복지기금' 추진.

Chapter 05 사람 관리와 근로계약 이슈

본 장에서는 근로자와 사용자 사이에 맺어지는 근로계약의 시작에서 종료까지 그 과정마다 근로자의 권리와 사용자의 의무와 관련하여 주요 판례를 중심으로 살펴보고자 한다. 다만 판례는 해당되는 사건의 구체적인 내용에 근거하여 법원이 판단한 경우로 유사한 사건이더라도 다른 판단이 내려질 수 있다. 따라서 본 장에서의 판례들은 기준을 제공하지만 참고자료로 활용해야 할 것이다. 그리고 그 다음에는 최근 직장에서 이슈로 제기되는 직장 내 성희롱과 직장 내 괴롭힘에 대해 살펴보고, 마지막으로는 일·생활의 균형과 성차별에 대해 살펴본다.

제1절 근로계약의 전제*

근로자는 기업이나 조직과 근로계약을 체결하고 노무를 제공하는 조건으로 임금을 받는다. 그런데 근로자에 대한 판단이 그렇게 쉬운 것은 아니다. 우선 근로자로 인정이 되어야 근로기준법을 적용받아 보호받을 수 있다. 또한 근로계약이 체결되어 특정 사용자 하에서 노무를 제공하는 근로자가 되었는지에 대한 판단도 쉬운 것은 아니다. 판례를 통해 살펴보자.

---

* 중앙노동위원회(2019.10), 주제별 노동판례 330선, 1권에서 내용을 발췌함.

1 근로기준법상 근로자

1) 근로기준법상 근로자성 판단기준 (대법원 2006.12.7. 선고 2004다29736 판결 요지)

1. 근로기준법상의 근로자에 해당하는지 여부는 계약의 형식이 고용계약인지 도급계약인지보다 그 실질에 있어 근로자가 사업 또는 사업장에 임금을 목적으로 종속적인 관계에서 사용자에게 근로를 제공하였는지 여부에 따라 판단하여야 하고, 여기에서 종속적인 관계가 있는지 여부는 ① 업무 내용을 사용자가 정하고 취업규칙 또는 복무(인사)규정 등의 적용을 받으며 업무 수행 과정에서 사용자가 상당한 지휘·감독을 하는지, ② 사용자가 근무시간과 근무장소를 지정하고 근로자가 이에 구속을 받는지, ③ 노무제공자가 스스로 비품·원자재나 작업도구 등을 소유하거나 제3자를 고용하여 업무를 대행케 하는 등 독립하여 자신의 계산으로 사업을 영위할 수 있는지, ④ 노무 제공을 통한 이윤의 창출과 손실의 초래 등 위험을 스스로 안고 있는지, ⑤ 보수의 성격이 근로 자체의 대상적 성격인지, ⑥ 기본급이나 고정급이 정하여졌는지 및 근로소득세의 원천징수 여부 등 보수에 관한 사항, ⑦ 근로 제공 관계의 계속성과 사용자에 대한 전속성의 유무와 그 정도, ⑧ 사회보장제도에 관한 법령에서 근로자로서 지위를 인정받는지 등의 경제적·사회적 여러 조건을 종합하여 판단하여야 한다.

다만, <u>기본급이나 고정급이 정하여졌는지, 근로소득세를 원천징수하였는지, 사회보장제도에 관하여 근로자로 인정받는지 등의 사정은 사용자가 경제적으로 우월한 지위를 이용하여 임의로 정할 여지가 크기 때문에, 그러한 점들이 인정되지 않는다는 것만으로 근로자성을 쉽게 부정하여서는 안 된다</u>.

2. 대학입시학원 종합반 강사들의 출근시간과 강의시간 및 강의장소의 지정, 사실상 다른 사업장에 대한 노무 제공 가능성의 제한, 강의 외 부수 업무 수행 등에 관한 사정과 그들이 <u>시간당 일정액에 정해진 강의시간수를 곱한 금액을 보수로 지급받았을 뿐 수강생수와 이에 따른 학원의 수입 증감이 보수에 영향을 미치지 아니하였다는 사정 등에 비추어 볼 때 위 강사들이 근로기준법상의 근로자에 해당한다</u>고 하면서, 비록 그들이 학원측과 매년 '강의용역제공계약'이라는 이름의 계약서를 작성하였고 일반 직원들에게 적용되는 취업규칙 등의 적용을 받지 않았으며 보수에 고정급이 없고 부가가치세법상 사업자등록을

하고 근로소득세가 아닌 사업소득세를 원천징수당하였으며 지역의료보험에 가입하였다고 하더라도 위 강사들의 근로자성을 부정할 수 없다고 한 사례.

2) 근로자성 결정에서 지급된 금품이 근로의 대가로 지급된 것인지 여부 (대구지법 2015.8.21. 선고 2015나301869 판결*)

최저임금법 및 근로기준법의 적용을 받는 근로자란 직업의 종류와 관계없이 임금을 목적으로 사업이나 사업장에 근로를 제공하는 자를 말한다. 그리고 임금이란 사용자가 근로의 대가로 근로자에게 임금, 봉급, 그 밖에 어떠한 명칭으로든지 지급하는 일체의 금품을 말한다. 따라서 임금을 목적으로 근로를 제공하는 자가 아닌 경우에는 위 법들의 적용을 받는 근로자에 해당하지 않으며(대법원 1979.4.24. 선고 78다828 판결), 금품이 제공되더라도 그 제공되는 금품이 근로의 대가로서 지급되는 것이 아니어서 임금이 아닌 경우에는 역시 근로자에 해당하지 않는다.

[피고(○○광역시)가 운영하는 각 학교에 '배움터지킴이'로 위촉되어 활동한 원고들이 피고의 근로자임을 전제로 최저임금과 실제 지급한 임금의 차액 상당액, 연차유급휴가수당, 연장·휴일근무수당, 미지급 퇴직금의 지급을 청구한 사안에서, 위 '배움터지킴이'는 임금을 목적으로 종속적인 관계에서 근로를 제공한 것이 아니라 자원봉사활동의 일환으로 참가, 활동한 봉사자라는 이유로 원고들의 청구를 기각한 사안임]

3) 등기임원에 대한 근로기준법상 근로자성 판단 (대법원 2017.9.7. 선고 2017두46899 판결)

회사나 법인의 이사 또는 감사 등 임원이라고 하더라도 그 지위 또는 명칭이 형식적·명목적인 것이고 실제로는 매일 출근하여 업무집행권을 갖는 대표이사나 사용자의 지휘·감독 아래 일정한 근로를 제공하면서 그 대가로 보수를 받는 관계에 있다거나 또는 회사로부터 위임받은 사무를 처리하는 외에 대표이사 등의 지휘·감독 아래 일정한 노무를 담당하고 그 대가로 일정한 보수를 지급받아 왔다면 그러한 임원은 근로기준법상의 근로자에 해당한다(대법원 2003.9.26. 선고 2002다64681 판결 등 참조).

---

* 이 사건은 대법원 2015.12.24. 2015다236264 판결에서 심리불속행 기각으로 확정된 사건이다.

4) 비등기임원에 대한 근로기준법상 근로자성 판단 (대법원 2013.6.27. 선고 2010다57459 판결)

형식상 전무라는 고위 직함을 가지고 회사의 업무 전반을 처리함에 있어 사실상 다소 큰 권한을 행사하였다 하더라도, 실질적인 경영자의 구체적·개별적인 지휘·감독 하에 근로를 제공하였고 경영성과나 업무성적 또는 위임사무 처리에 따른 것이 아니라 일정한 노무를 담당하고 그 대가로 일정한 보수를 지급받았다면 근로기준법상 근로자에 해당한다.

5) 백화점 판매직원의 근로기준법상 근로자성 판단 (법원 2017.1.25. 선고 2015다59146 판결)

피고(백화점 입점 업체)는 백화점 판매원(원고)들과 판매용역계약을 체결하고 매출 실적에 따라 수수료를 지급하여 왔는바, 수수료의 상한이 정해져 있고, 매출이 부진해도 일정 수준의 보수를 받은 점, 본사 직원들이 주기적으로 백화점 판매원들의 근무상황을 점검한 점, 피고가 내부 전산망을 통하여 백화점 판매원들에게 업무와 관련하여 출근시간 및 시차의 등록 공지, 아르바이트 근무현황표 제출 공지, 수선실 관련 공지, 상품의 로스, 반품, 가격, 할인행사 등 관련 공지, 재고실사 관련 공지, 택배 관련 공지, 상품 DP 수량조사(사장님 지시사항) 관련 공지 등 근태를 관리하거나 업무 관련 공지를 한 점, 피고는 백화점 판매원들의 '병가 및 출산휴가 현황표'도 작성해 보관하고 있었던 점, 백화점 판매원들은 피고의 취업규칙의 적용을 받지 못하고, 근로소득세가 아닌 사업소득세를 납부하였으며, 4대 보험 등 사회보장제도에서 근로자로서의 지위를 인정받지 못하고 있었는데, 이는 피고가 사용자로서 경제적으로 우월한 지위를 이용하여 임의로 정하였다고 볼 여지도 있는 점 등을 종합하여 볼 때, 원고들을 비롯한 백화점 판매원들은 피고와 판매용역계약을 체결하여 그 계약의 형식이 위임계약처럼 되어 있지만, 그 실질은 임금을 목적으로 종속적인 관계에서 피고에게 근로를 제공한 근로계약관계라고 봄이 상당하다. 따라서 원고들은 근로기준법상의 근로자에 해당한다.

6) 근로자 추정 제도 도입 및 근로자판단위원회 신설

특수형태근로종사자나 플랫폼 노동자 등과 관련해서 근로기준법상 근로자 여부에 대한 분쟁이 증가하고 특히 가짜 3.3 계약을 통해 근로기준법을 회피하려는 사례가 증가함에 따라 22대 국회에서는 '**근로자 추정**' 제도 도입을 위한 근로기준법 개정안이 발의 중이다. 개정안의 내용을 보면 타인에게 노무를 제공하는 사람을 근로자로 추정하되 사용자가 다음의 세 가지 요건을 모두 입증하는 경우에는 근로자로 보지 않는다로 되어 있다.

첫째, 노무제공자가 업무수행에 관하여 사용자의 지휘·감독을 받지 않는 경우

둘째, 노무제공이 사용자의 통상적인 사업 범위 밖에서 이루어지는 경우

셋째, 노무제공자가 사용자가 영위하는 사업과 동종 분야에서 본인의 이름과 계산으로 독립하여 사업(직종·직업·거래)을 영위하는 경우

구체적으로 노동위원회에 전문위원회로 **근로자판단위원회**를 설치하여, 노무제공자가 근로자임을 주장하는 사건을 다루도록 하고, 노무수령자가 노무제공자의 독립사업자성을 증명할 경우는 근로자성을 부정한다고 설명하고 있다.

2 근로기준법상 사용자

1) 소사장 법인 소속 근로자의 사용자 (대법원 2002.11.26. 선고 2002도649 판결)

1. 기존 기업 중 일부 생산부문의 인적 조직이 이른바 '소사장 기업'이라는 별개의 기업으로 분리된 경우 그 소사장 기업에 고용된 채 기존 기업의 사업장에서 기존 기업의 생산 업무에 종사하는 자를 기존 기업의 근로자로 보기 위해서는 그가 소속된 소사장 기업이 사업주로서 독자성이 없거나 독립성을 결여하여 기존 기업의 한 부서와 동일시할 수 있는 등 그 존재가 형식적, 명목적인 것에 지나지 아니하고, 사실상 당해 근로자는 기존 기업과 사용종속관계에 있다고 평가될 수 있어야 한다.

2. 기존기업이 경영 합리화라는 명목으로 소사장 법인을 설립한 후 그 소속 근로자들에게 직접 임금을 지급하고, 인사 및 노무관리에도 구체적이고 직접적인 관리·감독을 하여 온 경우, 기존기업의 대표이사가 소사장 법인 소속 근로자들에 대한 관계에서도 사용자의 지위에 있다고 한 원심판결을 수긍한 사례.

3 구제대상으로서의 그 밖의 징벌의 의미

1) 그 밖의 징벌로 인정되지 못한 사례 (서울행법 2011.7.14. 선고 2010구합32587 판결)

근로기준법이 제정될 당시부터 '정당한 이유 없는 해고, 휴직, 정직, 전직, 감봉, 그 밖의(기타) 징벌'을 노동위원회에 대한 구제신청 대상으로 규정하고 있고 그 규정내용이 변경되지 아니한 점, 당초 이러한 사용자의 부당해고 등에 대하여는 처벌규정을 두고 있어서 죄형법정주의의 원칙상 그 해석을 엄격히 해왔는데 조문내용 자체는 아무런 변경이 없고 단지 처벌 규정만이 삭제되었다고 하여 그 해석을 달리해야 할 필요성이 있다고 보이지 않는 점, 원칙적으로 사적 자치가 지배하는 사용자와 근로자 사이의 근로계약 관계에서 일어날 수 있는 모든 불이익한 처분을 그 구제신청의 대상으로 삼는 것은 행정의 과도한 관여가 될 수 있는 점 등에 비추어 보면, 근로기준법이 구제신청의 대상으로 삼고 있는 부당해고 등은 열거적 · 한정적 규정으로서 엄격하게 해석함이 상당하다.

이 사건 인사고과가 해고, 휴직, 정직, 전직이나 감봉에 해당하지 아니함은 그 문언의 해석상 명백하므로 '그 밖의 징벌'에 해당하는지 여부가 문제되는데, 여기서 '그 밖의 징벌'이라 함은 그 문언 자체의 뜻과 앞서 본 해석원칙에 비추어 보면, 해고, 휴직, 정직, 전직, 감봉을 제외한 처분으로서 사용자가 당해 근로자에게 과거의 잘못에 대한 제재로서 가하는 불이익한 처분만을 의미하고, 근로계약관계에서 일반적으로 일어날 수 있는 모든 불이익한 처분을 의미하는 것은 아니라 할 것이다. 이 사건 인사고과는 '그 밖의 징벌'에 해당하지 않는다고 봄이 상당하다.

근로자에 대한 인사고과는 해당 근로자를 상대로 한 전인격적, 복합적인 평가로서 인사권자인 사용자의 고유권한이라고 할 것인바, 모든 평가요소를 객관화하기 곤란하여 원칙적으로 그 평정을 위한 평가기준이나 항목의 설정, 점수의 배분 등에 있어 사용자에게 광범위한 재량이 인정된다 할 것이고, 이러한 인사고과의 결과는 보수수준 등 각종 인사관리에 활용 · 반영될 것이 예정되어 있다고 할 것인데, 평가대상에 해당하는 참가인 회사 소속 모든 근로자들에 대하여 동일한 기준에 의해 이루어진 참가인 회사의 인사고과평가 결과가 어느 근로자에게 불리하다고 하여 그 평가 자체를 일정한 규칙이나 관습 등의 위반에 대하여 일정한 제한을 가하거나 금지하는 조치를 의미하는 제재로서의 징벌에 해당한다고 볼 수 없다.

2) 그 밖의 징벌로 인정된 사례 (서울행법 2009.7.1. 선고 2008구합47494 판결)

근로기준법 제23조 제1항 및 제28조 제1항에 의하면 '부당한 해고, 휴직, 정직, 전직, 감봉, 그 밖의 징벌'을 구제신청 대상으로 규정하고 있고, 원고의 취업규칙 제56조는 징계의 종류를 '파면, 해임, 정직, 감봉, 견책'으로 구분하고 있는바, 위 근로기준법 규정에서 구제신청의 대상으로 '그 밖의 징벌'을 규정하고 있는 취지에 비추어 볼 때, 구제신청의 대상은 해고, 휴직, 정직, 전직, 감봉, 견책 등에 한정되는 것이 아니라 근로자에 대한 불이익한 제재로서 이에 준하는 징벌적 성격을 갖는 것도 포함된다고 봄이 상당하다.

이 사건 근속승진누락은 그에 따라 급여상의 불이익을 받게 되어 감봉과 비슷한 징벌적 효과를 갖는 것으로서 사실상 견책보다 가혹한 불이익제재에 해당하여, 구제신청의 대상인 근로기준법 제23조 제1항 소정의 '그 밖의 징벌'에 해당한다고 보아야 할 것이다.

4 갱신기대권

갱신기대권이란 계약기간이 정해진 근로계약이라도 하더라도 사전에 일정한 조건이 충족되면 계약이 갱신된다는 명시적인 조건이 있던가 아니면 반복적으로 계약이 갱신되어 이후에도 계약이 갱신될 것이라는 기대를 할 수 있다면 그 기대권, 즉 갱신기대권을 인정할 수 있다. 일반적으로 계약기간이 정해진 경우 계약기간이 만료되면 자동으로 계약이 만료되므로 해고가 존재할 수 없지만, 계약기간이 존재하더라도 계약갱신 조건이 충족되었거나 갱신기대권이 있다면 **계약 갱신 거절에 대한 합리적인 이유**가 있어야 하고 그렇지 못한 경우라면 부당해고를 다툴 수 있다.

1) 갱신기대권 인정시 구제이익 (대법원 2005.7.8. 선고 2002두8640 판결)

계약기간을 정하여 임용된 근로자의 경우 그 기간이 만료됨으로써 근로자로서의 신분관계는 당연히 종료되고 재임용계약을 체결하지 못하면 재임용거부결정 등 특별한 절차를 거치지 않아도 당연퇴직 되는 것이며, 근로자가 부당해고구제신청을 하여 해고의 효력을 다투던 중 계약기간의 만료로 근로관계가 종료되었다면 더 이상 구제절차를 유지할 필요가 없게 되어 구제이익이 소멸하는 것이 원칙이기는 하나, 임용의 근거가 된 법령 등의 규정이나 계약 등에서 임용권자에게 임용기간이 만료된 근로자를 재임용할 의무를 지우거나 재임용절차 및 요건 등에 관한 근거규정을 두고 있어 근로자에게 소정의 절차에 따라 재임용될 수 있으리라는 정당한 기대권이 인정되는 경우에는 사용자가 그 절차에 위반하여 부당하게 근로자를 재임용에서 제외하는 것은 실질적으로 부당해고와 동일시할 수 있는 것이므로 근로자로서는 임용기간이 만료된 후에도 재임용에서 제외한 조치의 유효 여부를 다툴 법률상 이익을 가진다.

2) 갱신기대권의 존부, 갱신거절의 합리적 이유 유무에 대한 판정[1)]

첫째, 갱신기대권이 존재하는지 여부에 대해 ① 전체 근로기간이 11개월에 불과하나, "3~5개월"로 이른바 "쪼개기 계약"을 통해 근로계약을 2차례 갱신한 점, ② 1차 및 2차 근로계약이 종료된 후 별다른 평가 등의 절차 없이 계약을 갱신한 점, ③ 근로계약서에 명시된 "계약갱신에 대한 당사자 간의 협의가 이루어지지 않을 경우 별도 계약만료 통보 없이 계약만료와 동시에 근로계약이 종료되며 재고용 계약은 더 이상 체결하지 아니한다"는 내용이 1차, 2차 근로계약서에만 존재하고 3차 계약서에는 명시되지 않은 점 등을 볼 때, 당사자 사이에 특별한 하자가 없다면 근로계약이 갱신된다는 신뢰 관계가 형성되어 있다고 봄이 상당하다.

둘째, 갱신거절의 합리적 이유가 있는지 여부에 대해 근로자에 대한 갱신거절의 이유로 아파트 입주민의 민원이 있었다는 점을 제시하나, ① 근로자와 "직접" 관련된 민원 사례로 제시한 것은 2023. 9. 차량통제 관련 민원 1건에 불과한 점, ② 해당 민원도 근로자만의 책임이라고 볼만한 객관적인 입증자료가 제출되지 않은 점, ③ 대인 서비스 직종에서 입주민의 민원이 제기되었다는 사실만으로 이를 근로자의 귀책사유라고 단정하기 어려운 점, ④ 경비용역 재계약 관련 회사에 대한 사업수행실적 평가표에 따르면 "사고, 고장, 민원" 점수가 20점 배점에 20점으로 평가받은 점 등을 고려할 때 단지 "민원"이 있었다는 주장만을 이유로 계약 갱신을 거절한 것은 합리적인 이유로 보기 어렵다.

결론적으로 근로자에게 근로계약 갱신에 대한 기대권이 존재하고, 갱신거절에 대한 합리적 이유가 인정되지 않으므로 근로계약기간 만료에 따른 근로관계 종료는 부당하다.

제2절 근로계약의 시작과 인사발령

근로계약이 체결되는 과정에서 언제부터 근로계약이 유효하고 특정 사용자 하에서 노무를 제공하는 근로자가 되었는지에 대한 판단도 쉬운 것은 아니다. 판례를 통해 살펴보자.

1 채용 내정

채용 내정이란 기업이 본채용 전에 특정 지원자를 미리 확정하는 것을 말한다. 보통 채용 공고, 입사 지원, 최종합격 통지 등 채용 절차를 거쳐 채용 내정이 **확정**된다. 따라서 채용 내정 통지만으로 근로계약이 성립된 것으로 보는 것이 일반적 견해이다. 채용 내정이 된 자는 채용 절차 합격 후 실제 출근 전 단계에 있는 사람을 말하며, 이는 **근로계약 체결 과정**으로 간주된다. 채용 내정은 일반적으로 사용자가 일정한 사유가 발생하면 채용을 취소할 수 있는 권한(해약권)을 유보한 근로계약으로 해석된다. 따라서 채용 내정을 취소하는 경우 근로계약 해지이고, 해고로 간주되므로 근로기준법 제23조(해고 등의 제한)에 따라 정당한 이유가 있어야 한다. 근로자 측의 사유로는 졸업 실패, 건강 악화, 직무수행능력 감퇴 등이 있으며, 사용자 측의 경영상 이유로 인한 경우 근로기준법 제24조(경영상 이유에 의한 해고의 제한)의 요건을 갖추어야 한다.

1) 경영상 이유에 의한 채용 내정 취소 (대법원 2000.11.28. 선고 2000다51476 판결)

1. 피고가 1997. 11월경 원고들에게 최종합격통보를 해 줌으로써 원고들과 피고 사이에 근로계약관계가 유효하게 성립되어 늦어도 <u>채용 내정자들에 대하여 근무를 시작하도록</u>

하기로 약속한 기한인 1998.4.6. 이후에는 원고들이 피고회사의 근로자가 되었다고 할 것이므로 그 후 피고가 원고들에게 한 신규채용의 취소통보는 실질적으로 해고에 해당한다.

2. 피고의 정리해고는 여러 인정사실에 비추어 ① 긴박한 경영상의 필요에 의하여, ② 해고 회피를 위한 사용자의 노력이 병행되면서, ③ 객관적·합리적 기준에 의하여 해고대상자를 선정하여, ④ 근로자 측과의 성실한 협의를 거쳐서 행하여진 것이고, 한편 피고회사의 취업규칙에 비추어 신규채용된 자들의 채용 내정 시부터 정식발령일까지 사이에는 사용자에게 근로계약의 해약권이 유보된다고 할 것이어서 원고들에 대하여는 근로기준법 제24조 제3항이 적용되지 않는다고 보아야 한다.

2 시용과 수습*

보통 정식 근로계약을 체결하였지만 근로계약서에 처음 3개월은 수습기간으로 명시된 경우 수습이라고 적혀 있지만, 시용의 성격이 강해 비록 정식근로자라고 하더라도 근로계약의 종료에 대해 사용자의 해약권유보설에 근거하기 때문에, 계약 종료에 대한 사용자의 권한을 수습 이후의 정식근로자에 비교해서는 폭넓게 인정하고 있다.

1) 시용계약의 성립(대법원 1999.11.12. 선고 99다30473 판결)

1. 취업규칙의 작성, 변경의 권한은 원칙적으로 사용자에게 있으므로 사용자는 그 의사에 따라 취업규칙을 작성, 변경할 수 있고, 사용자가 취업규칙을 변경한 경우에 취업규칙

---

* **시용**과 **수습**은 모두 입사절차에 따른 합격 이후에 업무를 실제로 시작하는 초기 과정에 관련된 사항이다. 시용은 사용자와 정식 근로계약을 체결하기 이전에 정규 근로자로서 능력 및 적성과 자질을 평가하기 위해 시험적으로 사용하는 근로형태이다. 취업규칙이나 단체협약, 또는 근로계약서에 시용 채용과 시용기간을 반드시 명시해야 하고, 명시되지 않은 경우 시용근로자도 정식사원으로 채용되었다고 본다. 본채용 거부시에는 실질적인 거부사유를 반드시 서면으로 통지해야 한다. 수습은 사용자와 정식으로 근로계약을 체결한 이후에 근로자의 업무능력, 조직적응능력을 향상시키기 위한 근로형태를 의미한다. 수습에 관한 근거 내용이 없다면 정식 사원으로 채용된 것으로 보아야 한다. '수습'은 근기법에 해고예고 제외, 3개월 이내의 경우 최저임금 90%만 지급할 수 있으나, '시용'이라는 표현은 노동관련법에는 없고 시용기간 중의 법률관계는 **해약권유보설**에 의거 **시용근로계약 해약권**을 유보한다는 내용이 있다. 다만 실무적으로는 구분하지 않고 혼용해서 사용하는 경우가 많지만 유의해야 한다.

의 변경이 기존의 근로자에게 불이익한지 여부를 불문하고 취업규칙의 변경은 유효하여 현행의 법규적 효력을 가진 취업규칙은 변경된 취업규칙이므로, 그 변경 후에 근로관계를 갖게 된 근로자에 대하여는 변경된 취업규칙이 적용된다.

2. 취업규칙에 신규 채용하는 근로자에 대한 시용기간의 적용을 선택적 사항으로 규정하고 있는 경우에는 그 근로자에 대하여 시용기간을 적용할 것인가의 여부를 근로계약에 명시하여야 하고, 만약 근로계약에 시용기간이 적용된다고 명시하지 아니한 경우에는 시용 근로자가 아닌 정식 사원으로 채용되었다고 보아야 한다.

2) 시용기간(대전지법 2015.2.5. 선고 2014구합100626 판결)

1. 시용근로계약이란, 근로자를 기업조직에 최종적으로 편입시키는데 신중을 기하기 위하여 입사한 근로자를 곧바로 정규사원으로 임명하지 않고 일정기간을 설정하여 그 기간 내의 근무상황 등을 고려하여 근로자의 직업적성과 업무능력, 자질, 인품, 성실성 등을 판단하려는 목적으로 체결된 근로계약을 가리킨다. 이러한 시용계약은 일종의 해약권유보부 근로계약, 즉 본채용을 하기에 적절하지 못할 경우 향후 근로계약을 해지하기로 하면서 체결한 근로계약에 해당한다고 보아야 할 것이다(대법원 2006.2.24. 선고 2002다62432 판결 등 참조).

2. 원고는, 시용근로기간을 2~3개월 또는 6개월 정도로 설정하는 경우는 있어도 1년이라는 장기간의 시용기간을 설정하는 경우는 없다고 주장하나, 그 시용기간을 원고의 주장과 같이 단기간으로만 하여야 한다는 법률의 규정이나 관행이 존재한다고 볼 아무런 자료가 없으므로 원고의 위 주장은 받아들일 수 없다. 결국 시용기간을 어느 정도의 기간으로 할 것인지는 각 근로계약에서 당사자들의 의사합치에 의하여 결정될 문제일 뿐인데, 원고 스스로 이 사건 근로계약과 관련하여 '시용'이라는 단어를 사용한 사실을 비롯하여 제반 사정을 모두 합하여 보면, 이 사건 근로계약은 시용기간 동안 참가인의 업무 수행 여부를 평가하여 정식채용 여부를 최종적으로 결정하는 일종의 해약권유보부 근로계약으로서 시용계약에 해당한다고 봄이 상당하다.

3) 업무적격성 평가와 유보된 해약권 행사 (대법원 2006.2.24. 선고 2002다62432 판결)

1. 시용기간 중에 있는 근로자를 해고하거나 시용기간 만료시 본계약의 체결을 거부하는 것은 사용자에게 유보된 해약권의 행사로서, 당해 근로자의 업무능력, 자질, 인품, 성실성 등 업무적격성을 관찰·판단하려는 시용제도의 취지·목적에 비추어 볼 때 보통의 해고보다는 넓게 인정되나, 이 경우에도 객관적으로 합리적인 이유가 존재하여 사회통념상 상당하다고 인정되어야 한다(대법원 1999.2.23. 선고 98두5965 판결; 2001.2.23. 선고 99두10889 판결 등 참조).

2. 사용자인 은행이 시용기간 중의 근로자를 대상으로 근무성적평정을 실시함에 있어서 각 지점별로 씨(C) 또는 디(D)의 평정등급 해당자 수를 할당한 점, 근무성적평정표가 작성·제출된 이후 위 은행으로부터 재작성 요구를 받은 일부 지점장들이 평정자 및 확인자를 달리하도록 정한 위 은행의 근무성적평가요령에 어긋나게 혼자서 근무성적평정표를 재작성하기도 한 점 등 제반 사정에 비추어 볼 때, 위 은행이 시용근로계약을 해지한 데에 정당한 이유가 있다고 보기 어렵다.

알고 지나가기

편의점 알바 수습기간과 최저시급 등

수습이란 신규 채용된 직원이 업무에 적응하는 기간을 의미한다. 수습기간에 대한 명확한 기준은 없지만 일반적으로 3개월을 기준으로 한다. 최저임금법 시행령 제3조(수습 중에 있는 근로자에 대한 최저임금액)를 보면 1년 이상의 기간을 정하여 근로계약을 체결하고 수습 중에 있는 근로자에 대해 최저임금액의 90%를 지급할 수 있다고 되어 있다. 따라서 수습기간 중에 90%만 지급하려면 1년 이상의 계약기간이 근로계약서에 명시되어 있어야 한다. 계약기간이 1년 미만이라면 수습기간이라고 하더라도 100% 지급해야 한다.

다만 단순노무업무인 경우 고용노동부장관이 정하여 고시한 직종에 종사하는 근로자에게는 수습 여부, 계약 기간과 관계없이 최저임금액의 100%를 지급해야 한다고 되어 있다. 그렇다면 편의점 알바의 업무는 단순노무업무인가? 통계청의 한국표준직업분류에 의한 대분류 "9"에 해당하는 단순노무종사자를 보면 청소 업종의 청소원, 환경미화원, 재활용 수거원; 경비업종의 건물관리원, 아파트 경비원; 음식/판매 업종의 주방보조원, 패스트푸드 준비원, 주유원 등 판매관련 단순 종사자; 그리고 기타 업종의 주차관리원, 세탁원 등이 해당된다. 편의점 아르바이트의 경우 통계청의 표준직업분류의 대분류 "5"에 해당하는 판매종사자에 해당한다. 정직원이든 알바든 단순노무직종에는 해당하지 않는다.

근로기준법에는 심야근로의 경우 50%의 가산 수당이 있지만 편의점의 경우 직영점이 아니라 체인점이라면 편의점 사장이 사용자가 되고 알바생이 5명 미만이라면 가산수당이 적용되지 않는다. 야간 근무에 대해 몇백 원 더 지급하는 것은 점주가 재량껏 편의를 봐주는 것일 뿐이다.

주휴수당이란 비정규직, 파트타임, 알바 등 근로형태와는 상관없이 근로계약서에 명시된 근무일수와 소정 근무시간에 대해 조퇴없이 일주일에 15시간 이상 개근하는 경우에 해당되는데 이 경우 일주일에 대해 평균 1회 이상의 유급휴일을 주어야 한다고 되어 있어서 만약 1주일에 15시간 일했다면 일하지 않고 3시간 분의 주휴수당을 받을 수 있다. 다만 14시간이라면 주휴수당 지급대상이 되지 않는다.

4대 보험과 관련하여, 국민연금은 1개월 이상, 월 60시간 이상 일한 경우, 건강보험도 1개월 이상, 월 60시간 이상 일한 경우, 고용보험은 월 60시간 일한 경우, 그리고 산재보험은 근로시간과 상관없이 무조건 의무가입 대상이 된다.

퇴직금의 경우도 1년 이상 근무하고 주당 15시간 이상 일했다면 받을 수 있으며, 퇴직금은 퇴직전 3개월 동안 받은 평균임금을 기준으로 계산하여 퇴직후 14일 이내에 지급받아야 한다.

3 인사발령

근로계약서를 작성하고 일을 하게 되면 일한 대가로 임금을 포함한 보상을 받으므로 원칙적으로 사용자의 지시에 따라야 한다. 이를 **노무지휘권**이라고 한다. 사용자는 사업의 목적을 달성하기 위해 업무상 필요한 배치전환을 하는 등 상당한 재량권을 행사할 수 있다. 하지만 업무지시, 배치전환 등과 관련해서 인사권을 남용하는 경우에는 부당하다.

1) 전직명령권(대법원 2009.4.23. 선고 2007두20157 판결)

1. 근로자에 대한 전직이나 전보처분은 근로자가 제공하여야 할 근로의 종류・내용・

장소 등에 변경을 가져온다는 점에서 근로자에게 불이익한 처분이 될 수도 있으나, 원칙적으로 인사권자인 사용자의 권한에 속하므로 업무상 필요한 범위 안에서는 상당한 재량을 인정하여야 하고, 그것이 근로자에 대하여 정당한 이유 없이 해고·휴직·정직·감봉 기타 징벌을 하지 못하도록 하는 구 근로기준법 제30조 제1항에 위배되거나 권리남용에 해당하는 등 특별한 사정이 없는 한 무효라고는 할 수 없고, 전직처분 등이 정당한 인사권의 범위 내에 속하는지의 여부는 당해 전직처분 등의 업무상의 필요성과 전직에 따른 근로자의 생활상의 불이익을 비교·교량하고, 근로자가 속하는 노동조합(노동조합이 없으면 근로자 본인)과의 협의 등 그 전직처분을 하는 과정에서 신의칙상 요구되는 절차를 거쳤는지 여부를 종합적으로 고려하여 결정하여야 한다.

2. 은행이 노동조합과 합의하여 조직경쟁력을 강화하고 연공서열 중심의 고연령, 고비용 인력구조를 개선하기 위하여 직급별 근속연수를 중요한 기준으로 삼아서 명예퇴직 및 후선발령 대상 근로자를 선정하여 인사발령한 사안에서, 은행이 노동조합과 직급별 근속연수를 후선발령 대상자 선정기준으로 합의한 점 등에 비추어 그 선정기준이 합리성과 공정성을 결여한 것으로 볼 수 없으므로, 인사발령이 정당한 인사권의 범위 내에서 행사된 것으로 적법하다.

2) 근로자의 동의가 필요한 경우(서울고법 2011.7.14. 선고 2010누30408 판결)

1. 근로자에 대한 전보나 전직은 원칙적으로 인사권자인 사용자의 권한에 속하므로 업무상 필요한 범위 내에서는 사용자는 상당한 재량을 가진다고 할 것이나, 그것이 근로기준법에 위반되거나 권리남용에 해당되는 등의 특별한 사정이 있는 경우에는 허용되지 않는다고 할 것이고, 또 근로계약에서 근로내용을 특별히 한정한 경우에 사용자가 이를 변경하는 전직이나 전보명령을 하려면 근로자의 동의가 있어야 할 것이다.

2. 참가인 회사는 원고가 조리사 면허를 가지고 있고 이전에 조리 업무에 종사한 경력이 있음을 고려하여 원고를 조리 업무에 종사케 하기 위하여 경력직원으로 신규 채용한 후 실제 조리 업무에 종사케 하였다 할 것이므로, 원고와 참가인 회사 사이에는 원고의 근무내용을 '조리 업무'로 특별히 한정하는 근로계약이 체결되었다고 봄이 타당하다.

3) 전직처분에 대한 성실한 협의절차(대법원 2009.3.12. 선고 2007두22306 판결)

1. 전보처분 등을 함에 있어서 근로자 본인과 성실한 협의절차를 거쳤는지의 여부는 정당한 인사권의 행사인지 여부를 판단하는 하나의 요소라고는 할 수 있으나, 그러한 절차를 거치지 아니하였다는 사정만으로 전보처분 등이 권리남용에 해당하여 당연히 무효가 된다고는 볼 수 없다.

2. 사용자가 서울특별시장의 감축운행지시에 따른 업무상 필요에 의하여 근로자에게 전보발령을 하였고 그에 따라 근로자가 입게 되는 생활상의 불이익은 출·퇴근 시간 및 비용이 조금 더 소요되는 것인 점 등에 비추어, 근로자에 대한 전보발령이 정당한 인사권의 범위 내에 속하는 것으로서 권리남용에 해당하지 않는다.

4) 전보의 업무상 필요성(2024 노동위원회의 판정)[2)]

사용자는 직무순환규정에 일반직군과 달리 '연구직은 본인의 희망 및 수행연구과제 등을 고려하여 탄력적으로 적용한다'고 규정하여 핵심 인적자원인 연구직의 인사이동에 신중을 기하고 있는 것으로 보이고, 이에 따라 근로자는 입사 이후 30여 년간 중앙연구소의 연구원으로만 근무하여 온 점, 연구원으로서의 성과 평가가 저조할 경우 연구원 외의 보직으로 인사이동이 가능하다는 근거 조항은 별도로 존재하지 않는 점, 근로자와 같이 연구부서에서 지원 부서로의 발령 사례는 흔하지 않고 더욱이 근로자와 동일한 사유로 인사이동된 경우는 존재하지 않는 점, 근로자는 전보 직전 사용자의 승인을 받아 새로운 연구과제에 착수한 상태였던 점, 근로자의 희망퇴직 거부가 전보와 전혀 무관하다고 보기 어려운 점, 근로자는 전보 이후 한 달이 지나서야 재고관리 업무만을 맡게 되었고, 전임자는 연구지원팀에서 총무 업무를 함께 수행하고 있었던 것으로 보아 인원 선택의 합리성이 존재한다고 보기 어려운 점 등을 종합적으로 고려하면, 전보의 업무상 필요성이 존재하지 않는다고 판단되므로 전보는 부당하다. 따라서 생활상 불이익 및 협의 절차 여부에 대하여는 더 나아가 살펴볼 필요가 없다.

5) 대기발령의 의미(대법원 2006.8.25. 선고 2006두5151 판결)

1. 원고가 노동조합 조합원들을 상대로 조합탈퇴를 권유하는 활동을 하고, 두 차례의 사원교육 불참과 중요업무 하달 건으로 회사임원이 4차례에 걸쳐 호출하였는데도 응하지 아니하였다는 등의 사실과 대기발령의 사유들을 종합하여 보면, 참가인의 원고에 대한 근로계약서 작성 · 제출 요구 및 원고가 이를 거부해 오고 있었던 사정 등이 있었다고 하더라도 사회통념상 원고와 참가인 사이의 고용관계를 계속할 수 없을 정도로 참가인에게 책임 있는 사유가 있다고 보아야 하고, 따라서 그 징계해고도 그 징계권을 일탈 · 남용하여 정당성이 없는 것으로 볼 수 없다.

2. 원고의 근무태도 등이 불량한 경우에 해당된다고 보아 잠정적인 조치로서 그 보직을 해제하고 대기발령을 명한 것을 두고, 그 업무상 필요한 범위 안에서 사용자에게 부여된 인사권의 상당한 재량을 일탈 · 남용한 것으로서 근로기준법 등에 위반되거나 권리남용에 해당하여 위법하다고 단정할 수는 없다고 할 것이다.

6) 대기발령과 징계와의 관계(대법원 2005.11.25. 선고 2003두8210 판결)

직위해제는 일반적으로 근로자가 직무수행능력이 부족하거나 근무성적 또는 근무태도 등이 불량한 경우, 근로자에 대한 징계절차가 진행 중인 경우, 근로자가 형사사건으로 기소된 경우 등에 있어서 당해 근로자가 장래에 있어서 계속 직무를 담당하게 될 경우 예상되는 업무상의 장애 등을 예방하기 위하여 <u>일시적으로 당해 근로자에게 직위를 부여하지 아니함으로써 직무에 종사하지 못하도록 하는 잠정적인 조치로서의 보직의 해제를 의미</u>하고, 근로자의 과거의 비위행위에 대하여 기업질서 유지를 목적으로 행하여지는 징벌적 제재로서의 징계와는 그 성질이 다르다.

4 기업변동과 근로관계 종료

1) 영업양도와 근로관계 승계(대법원 2001.7.27. 선고 99두2680 판결)

1. 영업의 양도라 함은 일정한 영업목적에 의하여 조직화된 업체, 즉 인적·물적 조직을 그 동일성은 유지하면서 일체로서 이전하는 것으로서 영업의 일부만의 양도도 가능하고, 이러한 영업양도가 이루어진 경우에는 원칙적으로 해당 근로자들의 근로관계가 양수하는 기업에 포괄적으로 승계되는바, 여기서 영업의 동일성 여부는 일반 사회관념에 의하여 결정되어져야 할 사실인정의 문제이기는 하지만, 문제의 행위(양도계약관계)가 영업의 양도로 인정되느냐 안 되느냐는 단지 어떠한 영업재산이 어느 정도로 이전되어 있는가에 의하여 결정되어져야 하는 것이 아니고 거기에 종래의 영업조직이 유지되어 그 조직이 전부 또는 중요한 일부로서 기능할 수 있는가에 의하여 결정되어져야 하는 것이므로, 예컨대 영업재산의 전부를 양도했어도 그 조직을 해체하여 양도했다면 영업의 양도는 되지 않는 반면에 그 일부를 유보한 채 영업시설을 양도했어도 그 양도한 부분만으로도 종래의 조직이 유지되어 있다고 사회관념상 인정되면 그것을 영업의 양도라 볼 것이다.

2. A사의 자회사가 B사로부터 봉강 및 강관 사업부문을 매수하였으나, 실질적으로 그 사업부문의 영업상 인적·물적 조직을 그 동일성을 유지하면서 일체로서 포괄적으로 이전받음으로써 영업을 양도받은 것으로 보기에는 부족하다.

2) 회사분할과 근로관계의 승계(대법원 2013.12.12. 선고 2011두4282 판결)

1. 상법 제530조의10은 분할로 인하여 설립되는 회사는 분할하는 회사의 권리와 의무를 분할계획서가 정하는 바에 따라서 승계한다고 규정하고 있으므로, 분할하는 회사의 근로관계도 위 규정에 따른 승계의 대상에 포함될 수 있다. 그런데 헌법이 직업선택의 자유를 보장하고 있고 근로기준법이 근로자의 보호를 도모하기 위하여 근로조건에 관한 근로자의 자기결정권(제4조), 강제근로의 금지(제7조), 사용자의 근로조건 명시의무(제17조), 부당해고 등의 금지(제23조) 또는 경영상 이유에 의한 해고의 제한(제24조) 등을 규정한 취지에 비추어 볼 때, 회사 분할에 따른 근로관계의 승계는 근로자의 이해와 협력을 구하는 절차를 거치는 등 절차적 정당성을 갖춘 경우에 한하여 허용되고, 해고의 제한 등 근로자

보호를 위한 법령 규정을 잠탈하기 위한 방편으로 이용되는 경우라면 그 효력이 부정될 수 있어야 한다. 따라서 둘 이상의 사업을 영위하던 회사의 분할에 따라 일부 사업 부문이 신설회사에 승계되는 경우 분할하는 회사가 분할계획서에 대한 주주총회의 승인을 얻기 전에 미리 노동조합과 근로자들에게 회사 분할의 배경, 목적 및 시기, 승계되는 근로관계의 범위와 내용, 신설회사의 개요 및 업무 내용 등을 설명하고 이해와 협력을 구하는 절차를 거쳤다면 그 승계되는 사업에 관한 근로관계는 해당 근로자의 동의를 받지 못한 경우라도 신설회사에 승계되는 것이 원칙이다. 다만 회사의 분할이 근로기준법상 해고의 제한을 회피하면서 해당 근로자를 해고하기 위한 방편으로 이용되는 등의 특별한 사정이 있는 경우에는, 해당 근로자는 근로관계의 승계를 통지받거나 이를 알게 된 때부터 사회통념상 상당한 기간 내에 반대 의사를 표시함으로써 근로관계의 승계를 거부하고 분할하는 회사에 잔류할 수 있다.

제3절 직장 내 성희롱, 예방 및 조치

1 직장 내 성희롱

직장 내 성희롱(sexual harassment at work)이란 '사업주 · 상급자 또는 근로자가 직장 내의 지위를 이용하거나 업무와 관련하여 다른 근로자에게 성적 언동 등으로 성적 굴욕감 또는 혐오감을 느끼게 하거나 성적 언동 또는 그 밖의 요구 등에 따르지 아니하였다는 이유로 고용에서 불이익을 주는 것'을 말한다(남녀고용평등법 제2조 제2호). 직장 내 성희롱은 가장 기본적인 인권에 대한 침해일 뿐만 아니라 업무능력 및 업무수행에 밀접하게 연관되어 있는데, 특히 어린 나이의 직원일수록 심리적 · 신체적 충격을 많이 받게 되고, 업무 실적이 현저히 낮아지며, 업무 만족도와 조직에 대한 충성도 역시 크게 악화된다.*

* 직장 내 성희롱은 고용에서의 불이익을 초래하며 인격권 · 근로권 · 성적 자기결정권 등의 인권을 침해한다는 점에서 성폭력과 공통점이 있다. 그러나 직장 내 성희롱이 주로 남녀차별을 금지하는 법들에 의해 규제되며 그 유형이 성폭력보다 경미한 성적 언어나 행동으로써 형벌부과의 대상이 되지 않지만, 성폭력은 「성폭력범죄의 처벌 등에 관한 특례법」(성폭력처벌법)에 유형이 열거되어 있고, 형사

알고 지나가기

직장 내 성희롱의 판단 기준: 성적인 언동(예시)

1. 육체적 행위
   가. 입맞춤이나 포옹, 뒤에서 껴안기 등의 신체적 접촉
   나. 가슴, 엉덩이 등 특정 신체부위를 만지는 행위
   다. 안마나 애무를 강요하는 행위
2. 언어적 행위
   가. 음란한 농담, 음탕하고 상스러운 이야기를 하는 행위(통화 포함)
   나. 외모를 평가하거나 성적으로 비유하거나 신체부위를 언급하는 행위
   다. 성적인 사실관계를 묻거나 성적인 내용의 정보를 의도적으로 퍼뜨리는 행위
   라. 성적 관계를 강요하거나 회유하는 행위
   마. 회식자리 등에서 무리하게 옆에 앉혀 술을 따르도록 강요하는 행위
3. 시각적 행위
   가. 음란 사진 · 그림 · 낙서 · 출판물 등을 게시, 보여주는 행위(전화, 문자, SNS 포함)
   나. 성과 관련된 자신의 신체부위를 고의적으로 노출하거나 만지는 행위
4. 기타 성희롱 행위
   가. 그 밖에 사회통념상 성적 굴욕감 · 혐오감을 느끼게 하는 것으로 인정되는 언어나 행동

출처: 고용노동부(2017). 『직장 내 성희롱 예방 · 대응 매뉴얼』.

2017년 법이 개정되었는데 주요 내용을 보면 피해 근로자의 관점을 강조해서 사업주가 사건 소식을 접수한 후 조사하되 피해자가 '**성적 수치심**'을 느끼지 않도록 해야 하고, 피해자나 신고자에게 불이익 조치를 취해서는 안 되며, 조사과정에서 피해근로자의 의사에 반하여 비밀을 누설하면 안 되도록 개정하였다.

2017년 11월 고용노동부와 여성가족부가 공동으로 발표한 「직장 내 성희롱 · 성폭력 근절대책」의 주요 내용을 보면 다음과 같다. 첫째, 직장 내 성희롱 지도감독을 강화한다. 모든 근로감독에 직장 내 성희롱 분야를 반드시 포함한다는 내용이다. 그리고 법위반 시

처벌이 된다는 점에서 차이가 있다.

기존의 과태료 벌칙에서 징역 또는 벌금형으로 강화한다는 내용도 포함되어 있다. 둘째, 예방과 대응장치를 강화한다. 사이버신고센터를 통해 부담없이 신고할 수 있도록 하고, 예방교육 자료를 상시 게시하고 예방교육 내실화를 추진한다는 내용이 포함되어 있다. 셋째, 일반국민의 인지도 향상을 위해 카드뉴스 형태로 법령과 정보를 안내하고, 자가진단 도구를 앱으로 개발하여 보급한다. 넷째, 조직 내 우월적 지위를 이용한 성폭력을 근절하기 위해 사건처리 안내 등 피해자 구제시스템을 확립하고, 조직문화 개선노력을 지원한다. 이러한 내용을 통해 지속적으로 성희롱·성폭력이 근절되고, 예방되도록 노력한다는 다짐을 제시하고 있다.

2 직장 내 성희롱 관련 사례*

다음은 직장 내 성희롱 교육자료에 제시된 사례들이다. 하지만 성희롱은 직장 내에서만 발생하는 것이 아니라 직장 외에서, 근무시간 외에, 그리고 일상생활에서도 발생할 수 있다. 또한 아래 사례와 같이 명백한 경우도 있지만 가장 중요한 핵심 기준은 상대방이 성적 굴욕감·혐오감을 느꼈느냐 여부이고, 사후에라도 이러한 느낌을 가지게 되었다면 이는 성희롱에 해당한다.

1) 여자가 있어야 분위기가 살지[3)]

디자인 파트 신입사원인 20대 중반 여성 은해 씨는 '사내 네트워킹'이라는 모임에 메신저로 초대되었다. 이를 주최한 선배에게 모임의 내용에 대해 물어보니 "여자가 있어야 분위기가 살지 남자끼리 술 먹으면 재미없다", "해 지고 나서 어떤지 보고 싶으니까"라는 답장만 돌아왔다. 은해 씨는 고민 끝에 참석했지만, 모임 장소에 가서 과장급 남성 직원들 이 사이에 신입 여성 직원을 한 명씩 앉힌 광경을 보게 되었다.

* 이 사례들은 여성가족부, 2023. 이제는 알아야 할 직장 내 성희롱 사례 20에서 인용하였다. 실제 참고 사례는 2018 공공부문 온라인 성희롱·성폭력 실태 조사의 자료를 재구성한 것이다.

2) 부장님 집적거림, 거절했더니 보복이 시작됐다[4)]

"내가 OO씨 참 좋아해요." 평소에 잘해주시던 부장님이 이런 카톡을 보냈다. 이때만 해도 사심 없이 부하직원으로 예뻐하는 거라고 생각했다. 그러던 어느 날, 회식 끝나고 부장님이 잠깐 커피를 마시고 가자고 해서 카페에 가게 되었다. "너 먹여 살릴 수 있으니까 회사 그만두고 나랑 살자." 부장님이 이런 말을 하면서 내 손을 잡고서 본인이랑 만나자고 했다. 당황스러워서 아무런 말도 못했다.

부장님이 집적거릴 때마다 지금 남자친구랑 잘 지낸다고 이야기했지만 소용이 없었다. 부장님이 좋아한다고 또 카톡을 보내서 고민하다가 답장을 보냈다. "잘해주시는 건 감사하지만 자꾸 그렇게 말씀하시는 건 불편하고 부담스럽습니다." 그러자 부장님은 나를 따로 부르더니 "내가 보는 눈이 있는데 너 같은 애를 좋아하겠냐?"라며 "직장상사로서 좋아서 그런 거지"라며 내 손과 턱을 또 만졌다. 그다음부터는 업무적으로 괴롭히기 시작했다. 마음에 안 들면 나가라는 말도 하고, 지시한 대로 일을 해도 화를 내고, 내가 할 수 없는 일에 대해서 제대로 처리를 안 한다며 화를 냈다. 결국 두 달을 버티다가 퇴사했다.

3) 사내 성희롱 알린 여직원에게…"하극상?"[5)]

2015년 1월 한 학생이 장학부 직원들에게 핫팩을 선물하자 ㄴ부장은 ㄱ씨에게 사용법을 물었다. "(핫팩은) 흔들면 따뜻해진다"고 설명해주자 ㄴ부장은 ㄱ씨의 가슴을 쳐다보며 "손에 들고 다니지 말고 가슴에 꼭 품고 다녀라. 그래야 더 따뜻하다"고 말했다. ㄱ씨는 이 발언에 수치심을 느꼈다.

같은 해 4월 30일 ㄱ씨는 ㄴ부장과의 면담 자리에 불려갔다. 일주일 전 있었던 전 직원 춘계야유회 뒤풀이 회식 자리에서 있었던 일 때문이었다. OOO 원장, △△△ 사무처장 등이 모두 참석한 자리였다. ㄴ부장은 멀찍이 떨어져 앉아 있던 ㄱ씨에게 원장 옆으로 가서 고기를 굽고 술잔이 비면 계속 따라줄 것을 지시했다. ㄱ씨는 "회식자리에 저를 불러 술 시중, 음식 시중을 들게 하는 행위를 멈춰주시길 간곡하게 부탁드립니다"라고 ㄴ부장에게 문자로 요청했다. 이때도 돌아온 답변은 "너 참 이상하다. 어떻게 그런 것까지 이렇게 다 이야기하니?"였다. "제가 술집여자입니까? 왜 제가 그 옆자리에 가서 앉아 있어야만 합니까?" "자기가 그렇게 행실하면 술집여자지." ㄱ씨는 '술집여자' 발언에 사과 등을 요구했으나 "탄원서 써, 탄원서" 등의 비아냥을 들었다. ㄱ씨는 지난해 5월 국가인권위원회에 이 같은 내용을 담아 진정을 제기했다.

3 직장 내 성희롱에 대한 예방과 조치

직장에서는 직장 내에서 성희롱이 발생하지 않도록 교육과 홍보 활동에 충분한 노력을 기울여야 한다. 법적으로 교육시간이 있지만 온라인으로 진행하는 경우가 많아 가해자는 교육을 받지 못했다고 변명하는 경우도 많아 오프라인 대면으로 전문가를 통해 교육을 진행할 필요가 있다. 그리고 성희롱 사건이 발생했다면 신속하게 조치를 취하고 2차 가해가 발생하지 않도록 노력해야 한다.

1) 직장 내 성희롱 예방 5개 수칙

직장 내 성희롱을 예방하기 위한 수칙은 다음과 같다.

1. 외모나 신체에 대한 성적인 비유나 평가를 하지 않습니다.
2. 불필요한 신체 접촉, 사생활 침해나 간섭을 하지 않습니다.
3. 자신의 지위를 이용해 사적인 만남을 강요하지 않습니다.
4. 상대방이 불쾌감이나 거부 의사를 표현했을 때 즉각 이를 중지하고 사과합니다.
5. 주위에 피해자가 있을 때 적극 도와줍니다.

2) 성희롱 피해를 당했을 때와 행위자로 지목되었을 때 대처방안

직장 내 성희롱은 가해자의 의도와는 상관없이 피해자가 성적인 굴욕감이나 혐오감을 느끼게 되면 성희롱이 발생한 것이다. 따라서 가해자는 상황을 제대로 인식하고 신속하게 사과하고 피해자의 요구사항을 이행할 필요가 있다.

알고 지나가기

성희롱 피해를 당했을 때와 행위자로 지목되었을 때 대처방안

〈성희롱 피해를 당했을 때의 대처방안〉

- 성희롱 피해를 받게 되면 그 행위자에게 이에 대한 명확한 거부의사를 표시한다. 이 경우 행위자는 성희롱 중지 요청을 진지하게 받아들여 즉시 중단하여야 한다.
- 행위자에게 거부의사를 표시하기 어려운 경우 편지로 성희롱 행위를 중단해 줄 것을 요청한다.
- 성희롱에 대한 거부의사가 받아들여지지 않은 경우에는 그 날짜, 시간, 장소, 구체적인 내용, 목격자나 증인, 성적인 언어나 행동에 대한 느낌 등을 구체적으로 기록하여 이후 해결 과정에서 사용될 수 있도록 증거자료를 남긴다.
- 성희롱 행위자에 대하여 항의를 하여도 시정되지 않으면 상급자 또는 회사의 상담요원에게 상담을 요청하여 이를 중지시키도록 요구한다.
- 성희롱 행위 중단요청이 받아들여지지 않으면 사내의 성희롱 관련 고충처리기구와 절차를 이용하여 사업주에게 성희롱 문제를 제기하여 해결한다.
- 회사에 상담하고 고충을 신고해도 해결이 되지 않는다면 민간단체에 설치되어 있는 고용평등상담실 등과 같은 전문상담기관에 상담하거나 지방 노동관서에 진정서 등을 제출하여 법적 절차에 대한 도움을 받는다.
- 성희롱 사건을 목격하거나 피해자로부터 사건을 전해들은 주변인의 경우 지체없이 사건을 신고한다.
- 사건처리가 종결될 때까지 사건 내용에 대한 비밀을 유지하고 피해자에 대한 2차 피해에 유의한다.

〈행위자로 지목되었을 때의 대처방안〉

- 자신의 의도가 어떠하였든 상대방이 성희롱으로 불쾌감을 느꼈다면 이를 받아들이고 즉각 사과한다.
- 분쟁의 조정을 받고 있다면 성실하게 내용을 받아들이고 피해자의 요구사항을 이행하며, 다시는 그런 행동을 하지 않도록 노력한다.
- 징계를 당하게 되었다면 자신의 행동의 정도와 지속성에 비추어 징계가 합당한지 여부를 확인하고 이를 수용한다.

출처: 노동부(2009). 『성희롱, 성차별 없는 건강한 기업문화』 자료집; 고용노동부(2017). 『직장 내 성희롱 예방・대응 매뉴얼』.

3) 도움을 받을 수 있는 정보

직장 내 성희롱이 발생했을 때 피해자는 가능하다면 명확하게 거부의사를 밝히고 사과를 요구할 수 있다. 하지만 사정이 여의치 않을 때는 사내 성희롱 신고센터나 기타 제도 등을 이용할 수 있고 이 또한 여의치 않다면 사외의 제도를 활용할 수 있다.

(1) 여성가족부 여성긴급전화 1366

365일 24시간 가정폭력 · 성폭력 · 성매매 등으로 긴급한 구조 · 보호 또는 상담

(2) 여성가족부 〈공공부문 직장 내 성희롱 · 성폭력 신고센터〉

온라인(비공개) 게시판 http://www.women1366.kr/metoo

전화: 02-735-7544 또는 우편

(3) 고용노동부 고용평등 심층상담서비스 대표전화 1551-9811과 인터넷 상담

직장 내 성희롱, 고용상 성차별 등 피해와 관련된 상담에서 권리구제까지

(4) 국가인권위원회 성희롱 조사 구제, 상담 전화 1331

(5) 청년유니온 노동상담으로 온라인 상담은 http://youthunion.kr 또는 전화 상담

(6) 직장 갑질 119 카카오톡의 오픈채팅 직장갑질119 /
이메일 gabjil119@gmail.com

제4절 직장 내 괴롭힘

직장 내 괴롭힘(workplace bullying)은 오래전부터 존재했지만 우리나라에서는 최근에야 관련 법이 제정되고 이에 대한 구제조치가 제도화되었다. 흔히 학교에서의 소위 '왕따'나 따돌림과 같이 직장에서 부당하게 부하 · 동료들을 괴롭히는 행동에 대해 제재조치를 취하는 제도이다. 다만 아직 제도 도입의 초기 단계로 직장 내 괴롭힘의 구체적인 내용이

확립되어 있지 못한 상황이기도 하다.

1 직장 내 괴롭힘 사례

서울에서 태어나고 자란 A씨는 회계사 시험을 준비하였으나 서른이 넘는 나이가 되자 동갑내기 여친과의 결혼을 미룰 수 없어 결국 기업에 입사하게 되었다. 그런데 첫 근무지로 편도 3시간 정도가 소요되는 지방의 공장으로 배치되자 여러 가지 곤란한 상황에 직면하여 고민 중이다. 내성적 성격으로 타인과의 관계에 부담이 크고, 건강상의 이유로 채식 위주의 식단을 관리하고 있는 A 사원으로서는, 사실상 24시간 회사 사람들과 대면해야 하고, 거의 매일 회식과 술자리가 이어지는 지방근무의 환경에 적응하기가 힘들다. 특히 상급자인 파트장은 정작 필요한 업무관련 정보를 제공하거나 분명한 지시를 하지 않으면서, 저녁마다 회식을 강요하고 휴일까지 시도 때도 없이 찾는 통에 도저히 근무를 계속할 수 없는 지경이다.

대기업 지방에 소재한 K공장의 50대 B 파트장은 그 지역 토박이로 부하 직원들을 살뜰히 챙기는 관리자이다. 신입사원이나 외지에서 새롭게 부임한 직원이 잘 적응할 수 있도록 특별히 챙겨주는 것이 관리자로서 당연한 의무라고 생각한다. 몇 달전 서울에서 단신 부임해 기숙사에서 생활하고 있는 A 사원은 다른 직원들과 교류가 적고, 늘 지친 표정이고, 식당에서 보면 식사도 제대로 하지 못하는 것으로 보인다. 특별히 현지 생활 적응과 식사를 도와주기로 하고, 특별한 일정이 없는 날은 사비로 지역의 맛집들을 데리고 가고, 주말에 맛있는 치킨을 사서 기숙사에 가져다 주기도 하며, 지역 유지 자제 중 참한 신부감이 있어 미팅도 주선할 생각이다.

B 파트장은 A 사원을 살뜰하게 챙기려고 노력했지만 A 사원에게 B 파트장의 행동은 직장 내 괴롭힘이다. 서로의 생각이 다를 수 있음을 먼저 고민해 보아야 한다.

2 직장 내 괴롭힘의 주요 내용

직장 내 괴롭힘 금지는 '사용자나 근로자가 직장에서의 지위 또는 관계 우위를 이용해 다른 근로자에게 신체적 · 정신적 고통을 주는 행위 등'을 금지한 근로기준법 개정안으로,

2019년 7월 16일부터 시행됐다. 이에 직장 내 괴롭힘 금지와 관련, 각 사업장들은 시행일 이전까지 직장 내 괴롭힘 예방·대응방안 마련 등을 위해 취업규칙을 개정했다.

주요 내용은 첫째, 직장 내 괴롭힘 '정의' 명시이다. 두 번째, 직장 내 괴롭힘이 발생하는 경우 사용자는 즉시 이를 조사하고 피해 직원의 희망에 따라 근무 장소 변경, 유급휴가 명령 등 적절한 조치를 취하도록 했다. 만약 사용자가 직장 내 괴롭힘 발생사실을 신고하거나 피해를 주장하였음을 이유로 해고 등 불이익 처우를 하는 경우에는 3년 이하의 징역 또는 3,000만 원 이하의 벌금에 처하도록 하였다. 세 번째, 취업규칙에 직장 내 괴롭힘의 예방 및 발생 시 조치에 관한 사항을 필수적으로 기재해야 한다. 만약 이를 이행하지 않는 사업주는 500만 원 이하의 과태료가 부과된다.

1) 실태조사 주요 내용

고용노동부의 2024년 직장 내 괴롭힘 실태조사에 따르면 전체 응답자의 1/3에 해당하는 근로자가 직장 내 괴롭힘을 경험하였거나 목격하였으며, 이 중 여성 그리고 30대가 주로 괴롭힘을 당하거나 목격한 것으로 조사되었다.[6] 주로 상사가 행위자로 지목되었지만, 동료나 부하의 괴롭힘의 비중도 상당한 것으로 조사되었다. 한편 여성(20.3%)이 남성(13.7%)보다 괴롭힘 경험을 더 많이 하였다. 행위 유형은 폭언 52.1%, 험담·따돌림 45.1%이 비중이 가장 높았으며, 이외에도 강요 31.6%, 차별 26.4%, 부당 인사 13.9%, 사적 용무 지시 10.1% 등이 조사되었다.

하지만 기업에서 이러한 직장 내 괴롭힘 사건을 예방하려는 제도는 미흡해서 대다수 근로자들은 직장 내 괴롭힘 상황이 발생하는 경우 사내 절차보다는 동료와 의논하거나 무대응으로 견디고 안 되면 퇴사를 선택하며, 이후 고용노동부에 진정하거나 노동위원회에 구제신청하는 절차를 밟고 있다. 실제 고용노동부에 제기된 직장 내 괴롭힘 사건은 2019년 하반기에는 2,130건이었으나 2023년에는 1만28건으로 증가하였다. 노동위원회에 접수된 구제신청 사건의 40% 이상이 직장 내 괴롭힘 사건이고 그 비중이 증가하고 있는 상황이다.

3 직장 내 괴롭힘 예방과 처리 방향

아직 직장 내 괴롭힘 금지와 예방이 제도화된 지 수년이 되지 않아서 기업들이 그 심각성에 대해 충분히 대응하지 못하고 있기는 하지만, 교육과 홍보를 통해 직장 내 괴롭힘 사건이 발생하지 않도록 노력해야 하며 발생 시에는 초기 단계에서 해결될 수 있도록 해야 한다.

일터에서 발생할 수 있는 갈등은 우선 당사자 간의 대화를 통해 해결할 수 있도록 하고, 다음 단계에서는 상사나 지원부서에서 개입하여 면담이나 비공식적인 조정을 통해서 해결하도록 노력해야 한다. 사내에는 독립적으로 직장 내 괴롭힘을 포함한 갈등을 제도적으로 해결할 수 있는 시스템을 구축하고, 외부 전문기관과 연계하여 필요시 공정한 조사와 조정 및 중재서비스가 제공될 수 있도록 해야 한다.

〈표 5-1〉 직장 내 괴롭힘 관련 부정적 행동 유형화 사례(20개 행동)

유 형	번호	문 항
모욕 (3)	1	상대방의 말을 가로막거나 의견을 무시한다.
	2	반말, 폭언, 욕설 등 모욕적인 말을 한다.
	3	사소한 일로 시비를 걸거나 트집을 잡는다.
차별배제 (3)	4	대화, 회식, 단톡방 등에서 따돌리거나, 의사결정에서 배제한다.
	5	부정적이거나 악의적인 소문을 퍼뜨린다. (SNS를 통한 소문 포함)
	6	성차별적 언행을 하거나, 성별 역할을 강요한다.
강요위협 (4)	7	가족관계, 취미, 성향 등 사생활을 지나치게 간섭한다.
	8	회식 등의 참여를 강요하거나, 음주를 강요한다.
	9	업무와 무관한 사적인 일(개인 심부름 등)을 시킨다.
	10	갑자기 화를 내거나(고함을 치거나), 심하게 질책한다.
업무상 괴롭힘 (3)	11	자신의 업무를 반복적으로 떠넘긴다.
	12	지나치게 많은 일을 주거나, 불필요한 추가 근무(야근, 휴일 근로 등)를 시킨다.
	13	퇴근 후 또는 휴일에 여러 차례 연락(전화, SNS, 이메일)한다.
부당대우 (2)	14	휴가나 병가, 각종 복지 혜택을 못 쓰도록 한다.
	15	합리적 이유 없이 업무 능력이나 성과를 인정하지 않고, 부당하게 평가한다.
성적 괴롭힘 (5)	16	개인적인 성 문제(이성 교제 등)에 대해 질문하거나 언급한다.
	17	원하지 않는 관심을 보이거나 사적인 연락을 한다.
	18	외모나 몸매를 평가한다.
	19	성적 혐오감을 느끼게 하는 말 또는 행동을 한다.
	20	나의 의사와 상관없이 신체 접촉을 한다(손, 어깨, 머리, 얼굴 등).

출처: 문강분(2025), 선제적 대응으로 파괴적 갈등 예방하자, ADR 대안적 분쟁해결 제도 고급편, 노동분쟁해결시리즈 3, 서울: 박영사.

이를 위해서는 첫째, 경영진은 반괴롭힘의 의지를 구체적으로 그리고 명시적으로 표명해야 한다. 모든 직원에게 정기적으로 명확하고 이해하기 쉽게 정책을 전달하고 구체적 행위의 예, 처리절차, 기밀유지, 보복 금지 등의 내용이 포함되어야 한다. 둘째, 행동강령과 가이드라인을 채택한다. 괴롭힘에 해당하는 행위와 해당하지 않는 행위의 판단 기준과 구체적인 행위를 명확하게 제시한다. 셋째, 예방적 고충처리 시스템을 구축한다. 전담 부서의 설치, 사내 인권센터 설치, 고충 심의 및 징계위원회의 외부 전문가 참여 등 조직 내 분쟁처리의 투명성을 제고한다. 좀 구체적인 행동과 유형 사례는 앞의 〈표 5-1〉에서 보는 바와 같다.

제5절 모성보호와 일 · 생활 균형*

모성보호는 구체적으로 산전후휴가에 대한 지원으로 국가는 「근로기준법」 제74조에 따른 산전후휴가 또는 유산 · 사산 휴가를 사용한 근로자 중 일정한 요건에 해당하는 자에게 그 휴가기간에 대해 통상임금에 상당하는 금액을, 즉 **산전후휴가급여**를 지급할 수 있도록 되어 있다. 그 비용은 국가 재정이나 「사회보장기본법」에 따른 사회보험에서 분담할 수 있다.

2025년 6월에 출범한 이재명 정부는 출산 · 육아정책에 대해 위기를 기회로 만들기 위해 '돌봄' 책임의 국가화(자동육아휴직제도 도입, 유치원과 어린이집의 통합 운영 등); 신혼부부에 대한 1억 주택자금 대출시 첫째 출산시 무이자 전환, 둘째 출산시 원금 50% 감면, 셋째 출산시 원금 전액 탕감; 아동수당을 월 20만 원으로 인상; 난임시술에 대한 건강보험 확대 적용; 육아휴직 급여 상향 조정, 유치원 무상교육 확대; 돌봄 서비스를 6학년까지 대상을 확대하고 오후 8시까지 확대 운영 등을 정책으로 전환하기 위해 노력하고 있으며, 2025년 하반기부터는 시행될 것으로 예상되고 있다.[7)]

아래 내용은 2025년 상반기 기준이며, 이재명 정부 정책이 구체화되는 대로 수정보완할 예정이다.

---

* 이하의 내용은 2025년 기준이고, 매년 그리고 수시로 개정되어서 현행 내용에 대해서는 확인이 필요하다. 고용노동부(2025), '확 달라지는 육아지원제도'.

1 여성과 임산부의 보호

「헌법」 제32조 제4항에서 여성 근로는 특별 보호를 받는다고 정하고 있고, 「근로기준법」 제65조([여성] 사용금지)에는 임신 중이거나 산후 1년이 지나지 아니한 여성(이하 임산부)은 도덕상 또는 보건상 유해 · 위험한 사업에 사용하지 못하도록 하고 있으며 임산부가 아닌 18세 이상의 여성은 임신 또는 출산에 관한 기능에 유해 · 위험한 사업에 사용하지 못하도록 하고 있다.[8)]

1) 임신기 근로시간 단축 및 근로시간 제한

임신 후 12주 이내 또는 32주 이후의 임신 근로자는 하루 2시간의 근로시간 단축이 가능하고, 사업주를 이를 이유로 임금을 삭감해서는 안 된다.[*] **고위험 임신부**는 임신 전 기간에 사용가능한데 출혈, 태반조기박리, 다태아임신 등 유산, 조산 위험이 있는 여성근로자이다. 동법 제74조의2(태아검진 시간의 허용 등)에는 임신한 근로자가 모자보건법에 따라 임산부 정기건강진단에 필요한 시간을 청구하면 이를 허용하여야 하고, 그 시간을 이유로 임금을 삭감하지 못하도록 정하고 있다.

또한 근기법 제70조(야간근로와 휴일근로의 제한)에는 18세 이상의 여성을 오후 10시부터 오전 6시까지의 시간 및 휴일에 근로시키려면 그 근로자의 동의를 받아야 하며, 임산부의 경우는 오후 10시부터 오전 6시까지의 시간 및 휴일에 근로시키지 못하도록 되어 있다.[9)] 다만 산후 1년이 지나지 아니한 여성의 동의가 있는 경우와 임신 중의 여성이 명시적으로 청구하는 경우에는 고용노동부의 인가를 받으면 예외로 인정받을 수 있다. 또한 동법 제72조에는 여성의 갱내근로를 금지하고 있으며, 제73조에는 여성 근로자가 청구하는 경우 월 1일의 생리휴가를 주도록 규정하고 있다.

인공수정, **체외수정** 등 **난임치료**를 위한 휴가기간이 기존의 3일에서 6일로 늘어났고, 중소기업근로자에게는 2일에 대한 급여지원(1일 약 8만 원)도 신설되었다.

---

* 고위험 임신부는 임신하면 전 기간 사용이 가능하다.

2) 출산시

동법 제74조(임산부의 보호)는 2014년에 개정되어 보호가 강화되었다. 먼저 **출산전후휴가(출산휴가)**는 90일 이상이어야 하고, 최소 출산 후에 45일 이상이어야 한다.* 다만 90일간의 휴가기간은 법정공휴일, 약정휴일 등을 포함하여 달력상의 날짜를 기준으로 한다. 따라서 산전후 휴가기간 중에 비록 주휴일이나 유급휴일이 끼어있다고 해도 노조와 체결한 단체협약이나 당사자 간 특약에 의하여 법정휴일 또는 약정휴일을 제외하도록 정하고 있지 않은 이상, 달력상의 날짜로 90일간만 보장된다. 출산휴가 기간 동안 급여지원은 중소기업은 100일이며, 대규모 기업은 40일 동안 이루어진다.

이 출산휴가 90일은 출산으로 손상된 근로 여성의 건강을 회복할 수 있도록 최소한으로 정한 강행규정이므로 소규모영세 사업주라고 하더라도 근로자의 희망 여부를 불문하고 90일 이상을 부여하여야 한다. 이를 위반할 경우 사업주는 동법 제110조(벌칙)에 따라 2년 이하의 징역이나 벌금 1천만 원 이하의 처벌을 받게 된다. 추가적으로 한 번에 둘 이상의 자녀를 임신하는 경우에는 120일, 60일이 된다. 또한 임신 중인 여성이 유산 또는 사산한 경우에 청구하면 휴가를 주되, 인공임신중절수술에 따른 유산은 제외한다.**

출산휴가 90일, 그리고 그 후 30일간 사이에 해고하면 부당해고이며, 5년 이하의 징역이나 5천만 원 이하의 벌금에 처한다. 출산휴가는 근로형태, 직종, 소정근로일 출근 여부 등에 관계없이 1인 이상의 근로자를 사용하는 모든 사업장에 적용된다. 따라서 단시간근로자, 임시직 또는 촉탁직 근로자, 파견근로자 등에게도 부여된다. 다만, 1일 단위로 근로계약이 체결되는 순수한 의미의 일용직근로자에게는 적용되지 않지만, 단지 명칭만 일용직일 뿐인 경우에는 부여된다. 출산휴가기간의 배치는 분만일을 기준으로 '반드시' 출산후(出産後)에 45일 이상이 되도록 강제하고 있다. 그러므로 출산후 휴가기간이 45일에 미달할 경우에는 산후 45일에 달하는 날까지 산후휴가를 연장해 받을 수 있다. 다만, 이 경우 휴가기간이 연장되는 기간에 대해서는 사용자에게 임금지급 의무는 없다.

출산 이후에 있어서 근기법 제75조(육아시간)에는 생후 1년 미만의 유아를 가진 여성

---

* 미숙아 출산시 출산전후휴가 기간은 90일에서 100일로 연장되었다. 미숙아는 임신 37주 미만의 출생아로 출생 후 24시간 이내에 신생아 중환자실에 입원한 신생아 또는 출생시 체중이 2.5킬로그램 미만인 영유아로 출생 후 24시간 이내에 신생아 중환자실에 입원한 신생아를 의미한다.

** 11주 이내 유산·사산시 휴가가 5일에서 10일로 연장되었다.

근로자가 청구하면 1일 2회 각각 30분 이상 유급으로 **수유시간**을 주도록 정하고 있다. 배우자의 경우에도 남녀고용평등법 제18조의2(배우자 출산휴가)에 따라 출산한 날부터 120일 이내에 사용종료를 고지하는 경우 20일의 유급휴가를 주어야 한다.* 네 번까지 나누어 사용할 수 있다. 중소기업 근로자의 경우 급여지원이 20일 최대 160만 원까지 가능하다. 하지만 이러한 배우자 유급휴일 일수는 유럽에 비하면 매우 짧은 수준이다. 스웨덴은 60일, 핀란드는 54일을 사용할 수 있고, 프랑스는 28일까지 배우자 출산휴가를 사용할 수 있다.[10)]

2 일 · 가정의 양립 지원과 육아휴직

1) 일 · 가정 양립 지원

최근 여성의 일자리 확대와 고령화사회에 대비한 저출산문제 해소를 위해 다양한 법적인 조치가 취해지고 있다. **「남녀고용평등법」** 제22조의3에 따르면 고용노동부장관은 일 · 가정 양립 프로그램의 도입 · 확산, 모성보호 조치의 원활한 운영 등을 지원하기 위해 다양한 사업과 서비스 및 정보제공 노력을 정하고 있다. 또한 동법 제22조의2(근로자의 가족돌봄 등을 위한 지원)에서는 근로자가 가족의 질병, 사고, 노령 등을 이유로 그 가족을 돌볼 필요가 있는 경우에는 1) 사업주가 가족 간호를 위한 휴직, 2) 업무를 시작하고 마치는 시간 조정, 3) 연장근로의 제한, 4) 근로시간의 단축, 탄력적 운영 등 근로시간 조정, 5) 그 밖에 사업장 사정에 맞는 지원조치를 취하도록 하였다.

2) 육아휴직

육아휴직은 "생후 3년 미만의 영유아를 가진 근로자가 그 영유아를 양육하기 위해 신청하는 휴직"으로(남녀고용평등법 제19조), 2025년 1월 기준 부모 각각 1년 6개월씩 사용할 수 있다. 4번까지 나누어 사용할 수 있으며 일반 급여는 통상임금 기준으로 3개월까지는 최대 250만 원까지 100%, 4~6개월은 최대 200만 원까지 100%, 그리고 7개월 이후에는 최대 160만 원까지 80%를 지급할 수 있다. 부모가 함께 휴직하는 경우와 한부모인 경우

---

* 중소기업 근로자에 대한 급여지원기간이 5일에서 20일로 연장되었다.

는 특례급여가 지급된다. 사업주는 육아휴직을 이유로 해고나 그 밖의 불리한 처우를 해서는 안 되고, 육아휴직 이후에는 휴직 전과 같은 업무 또는 같은 수준의 임금을 지급하는 직무에 복귀시켜야 한다.

3) 육아기 근로시간 단축

어린이집 등하원, 병원 방문 등 자녀를 돌보기 위해 근로시간을 주당 5~25시간 단축하는 제도로 사용기간은 최대 3년이며 만 12세(초등 6) 이하의 경우에 가능하다. 주 10시간 단축시 월 최대 55만 원까지 급여가 지원되며, 연차산정에 단축된 근로시간도 포함한다.

4) 사업주 지원제도

대체인력지원금은 근로자에게 출산(유・사산) 휴가가 육아기 근로시간 단축을 허용하고, 해당 기간에 대체인력을 30일 이상 고용한 중소기업 사업주를 지원하는 제도로 파견근로자 사용도 가능하며 대체인력에게 월 120만 원을 지급한다. **육아휴직지원금** 인센티브는 근로자에게 육아휴직을 30일 이상 허용한 중소기업 사업주에게 매월 30만 원을 지원하는 제도로, 남성 육아휴직 1-3호 허용사례까지 매월 10만 원의 인센티브를 장려금으로 지급한다.

동료 업무분담지원금은 육아기 근로시간 단축(주 10시간 이상, 25시간 이하) 근로자의 업무를 분담한 근로자에게 금전적 지원을 한 사업주를 지원하는 제도로, 육아휴직의 경우도 해당한다. 육아휴직 또는 단축근로자 1명의 업무분담에 대해 월 20만 원을 지원한다. **유연근무장려금**은 근로자의 월 단위 유연근무 활용횟수에 따라 중소중견기업 사업주에게 장려금을 지급하는 제도로, 1인당 연 최대 720만 원까지 지급된다. 재택・원격근무의 경우 최소 월 4일 이상 활용시 최소 15만 원을 지급하고 최대 월 12일 이상 사용시 30만 원을 지급한다. 육아기의 경우는 그 두 배를 지급한다. 육아기 시차출퇴근의 경우 월 6~11일은 20만 원, 월 12일 이상은 40만 원을 지급한다.

워라밸일자리 장려금은 근로자가 가족돌봄, 본인건강, 임신 사유 등으로 근로시간을 단축하여 근무하는 것을 허용한 사업주를 지원하는 제도로, 장려금은 월 30만 원, 임금감소액보전금 월 20만 원까지이며, 최대 1년간 지원된다. 그 외에 사업주에게는 **일・생활 균형 인프라 지원**은 중소중견기업이 유연근무 활용에 필요한 인프라를 구축하는 경우 투자비용의 일부에 대해 최대 70%, 750만 원 한도로 지원하는 제도가 있다.

육아휴직을 신청할 수 있는 근로자가 육아휴직 대신 **근로시간의 단축**(육아기 근로시간 단축)을 신청하는 경우 이를 허용할 수 있으며, 허용하지 않는 경우에는 그 사유를 서면으로 통보하고 육아휴직이나 그 밖의 조치에 대해 협의해야 한다. 육아기 근로시간 단축을 허용하는 경우 단축 후 근로시간은 주당 15시간 이상 30시간 이내여야 한다.

육아지원을 위한 그 밖의 조치로서 사업주는 초등학교 취학 전까지의 자녀양육을 지원하기 위해 업무를 시작하고 마치는 시간 조정, 연장근로의 제한, 근로시간의 단축 및 탄력적 운영 등 근로시간 조정 또는 기타 지원조치를 위해 노력해야 한다(남녀고용평등법 제19조의5).

「남녀고용평등법」 제21조(직장어린이집 설치 및 지원 등)에서 사업주는 근로자의 취업을 지원하기 위해 수유·탁아 등 육아에 필요한 **어린이집**(**직장어린이집**)을 설치하도록 하였다. 다만 「영유아보육법」에 따라 직장어린이집을 설치하여야 할 사업주의 범위 등 직장어린이집의 설치 및 운영에 관한 사항을 정하도록 하였으며 고용노동부장관은 직장어린이집의 설치·운영에 필요한 지원 및 지도를 하도록 하였다. 기존에는 직장어린이집에서 보육하고 있는 영유아는 해당 직장 소속 피보험자의 자녀에 대해서만 지원했으나 2021년부터는 피보험자가 친권자·후견인·그 밖의 자로서 영유아를 보호하고 있는 경우에도 지원이 가능하게 되었다.

2021년 기준으로 육아휴직 통계를 보면 2021년에 육아휴직을 시작한 사람은 17만4천 명으로 아버지가 24.1%, 어머니가 75.9%였다.[11] 2015년의 경우 13만7천 명이었고, 당시 아버지는 6%, 어머니는 94%였다. 2021년에 신청한 연령대는 30~34세가 40.0%, 35~40세가 35.1%를 차지하고 있었다. 출생아 100명당 출생아 부모 중에 육아휴직자는 29.3명으로 2015년의 17.9명에 비해 상당히 증가하였다. 1자녀 부모를 대상으로 전기간(만0세~8세) 육아휴직 기간을 보면 어머니는 자녀가 만0세일 때 육아휴직을 가장 많이 사용하고, 아버지는 만7세일 때 가장 많이 사용하였다.

참고로 세계 각국에서 법으로 정하고 있는 육아휴직 기간은 여성이 18주, 남성이 16주로 우리나라의 경우 이미 세계 평균보다 긴 휴가기간을 보장하고 있다. 문제는 실제로 활용하기가 어렵다는 점이다. 정부의 정책적인 지원도 중요하지만 가장 중요한 것은 사용자와 근로자의 여성근로자 및 일·가정 양립에 대한 인식변화일 것이다.

제6절 성차별

1 차별의 의미와 고용평등

법상으로 **차별**(discrimination)이라 함은 "사업주가 근로자에게 성별, 혼인, 또는 가족 안에서의 지위, 임신 또는 출산 등의 사유로 합리적인 이유 없이 채용 또는 근로의 조건을 달리하거나 그 밖의 불리한 조치를 하는 경우"를 말한다(남녀고용평등법 제2조). 특히 사업주가 채용조건이나 근로조건은 동일하게 적용하더라도 그 조건을 충족할 수 있는 남성 또는 여성이 다른 한 성(性)에 비하여 현저히 적고 그에 따라 특정 성(性)에게 불리한 결과를 초래하며 그 조건이 정당한 것임을 증명할 수 없는 경우를 포함한다고 하여 그 동일한 조건이라고 하더라도 결과가 불리한 경우도 차별에 포함하도록 하였다. 다만, 직무의 성질상 특정 성(性)이 불가피하게 요구되는 경우, 근로여성의 임신, 출산, 수유 등 모성보호를 위한 조치를 취하는 경우, 현존 차별을 해소하기 위한 적극적 고용개선조치 등은 차별로 보지 아니한다. 이 법의 적용은 근로기준법의 적용대상과 같다.

남녀차별의 종류에는 직접차별과 간접차별이 있다. **직접차별**은 '사업주가 근로자에게 성별, 혼인 또는 가족상의 지위, 임신 등을 이유로 합리적인 이유 없이 불이익조치를 하는 경우'를 말한다. **간접차별**이란 '사업주가 동일한 근로조건을 적용하더라도 그 조건을 충족시킬 수 있는 남성 또는 여성이 다른 한 성(性)에 비하여 현저히 적고 그로 인하여 특정 성(性)에 불리한 결과를 초래하며 그 기준이 정당한 것임을 입증할 수 없는 경우'를 말한다. 이러한 직접차별과 간접차별은 꼭 성에 따른 차별만이 아니라 연령, 국적, 학력 등 다양한 차별유형에 적용될 수 있다.

남녀고용평등이나 일·가정 양립 지원과 관련한 분쟁해결과정에서 '합리적 이유' 등 차별 여부를 입증할 책임은 사업주에게 있다(남녀고용평등법 제30조). 즉, 남녀차별에 대해 근로자가 그 문제를 제기하면 문제를 제기하는 근로자가 사업주의 특정 행위에 대해 차별임을 입증하는 것이 아니고, 사업주가 '합리적인 이유가 있는 등 차별이 아님'을 입증해야 한다. 원래 민사소송법상 입증책임은 권리를 주장하는 자가 지는 것이 원칙이나 성차별 행위가 흔히 비공개적으로 이루어진다는 점을 감안하여 남녀고용평등법에서는 사업주에게 입증책임을 부여하고 있는 것이다.

2 남녀의 평등한 기회보장 및 대우

사업주는 근로자의 모집 및 채용에 있어서 모집·채용하고자 하는 직무의 수행에 필요로 하지 않는 용모·키·체중 등의 신체적 조건, 미혼조건, 기타 고용노동부령이 정하는 조건을 제시하거나 요구해서는 안 된다(남녀고용평등법 제7조). 동일한 사업 내에 동일가치의 노동에 대해서는 동일한 임금을 지급해야 하며(남녀고용평등법 제8조), 임금 외에 근로자의 생활을 보조하기 위한 금품의 지급 또는 자금의 융자 등 복리후생에서도 남녀를 차별해서는 안 된다(남녀고용평등법 제9조). 동일가치 노동의 기준은 직무 수행에서 요구되는 기술, 노력, 책임 및 작업 조건 등으로 하고 기준을 정할 때에는 노사협의회의 근로자를 대표하는 위원의 의견을 들어야 한다(남녀고용평등법 제8조②).

근로자의 교육·배치 및 승진에 있어서도 남녀를 차별해서는 안 되며(남녀고용평등법 제10조), 정년·퇴직 및 해고에 있어서도 마찬가지이다(남녀고용평등법 제11조).

알고 지나가기

동일가치 동일임금

최근 '**동일노동 동일임금**(equal work, equal pay)'이라는 이슈가 비정규직과 관련해 중요 이슈로 제기되고 있다. 이는 같은 일을 하는데 비정규직이라는 이유로 임금과 근로조건에서 많은 차별을 받고 있기 때문이다. 이러한 문제는 남녀 간에 차별에서도 존재한다. 같은 일을 하는데 여자라는 이유로 차별을 받는 경우가 많기 때문이다. 이러한 '동일노동 동일임금'의 개념이 한 걸음 더 나아가면 같은 일이 아니더라도 같은 가치를 만들어낸다면 같은 임금을 받아야 한다는 '동일가치 동일임금'이다.

우리나라의 경우도 동일한 사업장 내에서 동일가치에 대한 차별을 금지하고 있으나 여성들이 집중적으로 종사하고 있는 간호사나 도서관 사서 등의 직무와 남성들이 집중적으로 종사하고 있는 택시나 버스의 운전 등의 직무와 비교할 수는 없다. 이러한 문제점을 극복하기 위한 차별해소방안이 바로 '**동일가치 동일임금**(comparable worth)'이라고 한다. 이는 비록 일의 내용은 다르다고 하더라도 그 기여가치가 같다면 성에 상관없이 같은 임금을 지급해야 한다는 내용이다.

우리나라의 남녀고용평등법 제8조 제2항에는 "동일가치 노동의 기준은 직무수행에서 요구되는 기술, 노력, 책임 및 작업 조건 등으로 하고"라고 언급되어 있다. 그렇다면 호봉제는 동일가치 노동에 대해 동일한 임금을 지급해야 한다는 기준에 부합하지 않을 수 있다. 능력이나 책임에 차이가 없는데, 근속에 따라 다른 임금을 지급하는 호봉제는 법위반이다. 하지만 우리나라에서 호봉제 자체를 남녀고용평등법 위반이라고 하면 수긍하지 않는 분들이 많을 것이다. 그렇지만 원칙적으로 호봉이 근속연수 자체만으로 올라간다면 차별로 간주될 수 있다. 동일노동 동일임금이나 동일가치 동일임금이 남녀차별에만 존재하는 것은 아니다. 정규직과 비정규직, 직접고용과 간접고용 등 하는 일은 같은데 고용형태가 다르다고 다른 임금을 지급하는 것은 그냥 차별이다.

우리나라는 헌법의 남녀평등 이념에 따라 고용, 교육, 재화・시설・용역 등의 제공 및 이용에 있어서 남녀차별을 금지하고 있으며, 이로 인한 피해자의 권익을 구제하기 위해 여성부장관 소속 하에 남녀차별개선위원회를 두었으나 2005년 3월 남녀차별금지법은 폐지되고, 해당 업무는 **국가인권위원회**로 이관되었다. 그 외에 여성가족부, 관련 시민단체 등에서 여성으로 차별받았을 때 도움을 받을 수 있다.

참고로 국가인권위원회는 국가기관, 지방자치단체 또는 구금・보호시설의 업무 수행과 관련하여 인권을 침해당한 경우 이를 조사하고 구제한다. 또한 법인・단체 또는 사인에 의한 평등권 침해의 차별행위, 즉 합리적인 이유 없이 성별, 종교, 장애, 나이, 사회적 신분, 출신지역, 출신국가, 출신민족, 용모 등 신체조건, 혼인 여부, 임신 또는 출산, 가족 상황, 인종, 피부색, 사상 또는 정치적 의견, 형의 효력이 실효된 전과, 성적(性的) 지향, 병력(病歷)을 이유로 차별행위를 당한 경우 이를 조사・구제하고 있다.

알고 지나가기

모집・채용 성차별 예시

- 특정 성에게 모집・채용의 기회를 주지 아니하는 경우
- 직종・직무별로 남녀를 분리하여 모집하거나 성별로 채용 예정인원을 배정함으로써 특정 직종・직무에 특정 성의 채용기회를 제한하는 경우
- 채용시 특정 성에게만 합리적인 이유없이 별도의 구비서류 등을 요구하는 경우
- 모집・채용에 있어 특정 성만을 가리키는 직종의 명칭을 사용하는 경우. 다만, 특정 성을 배제하는 것이 아님이 분명한 경우는 제외한다.

► 학력 · 경력 등이 같거나 비슷함에도 불구하고 특정 성을 다른 성에 비해 낮은 직급 또는 직위에 모집 · 채용하는 경우

► 남녀가 같거나 비슷한 자격을 갖추고 있음에도 불구하고 특정 성을 다른 성보다 불리한 고용형태로 채용하는 경우

► 구인광고 내용에 합리적인 이유없이 특정 성을 우대한다는 표현을 하는 경우. 다만, 특정 성의 비율이 현저히 낮은 사업장에서 현존하는 차별을 해소하기 위하여 특정 성을 우대하는 것은 합리적인 이유가 있는 것으로 본다.

► 특정 직종의 모집연령을 합리적인 이유없이 성별로 차이를 두는 경우

► 특정 성에게만 직무수행에 필요하지 않는 용모 등 신체적 조건이나 결혼 여부 등의 조건을 부과하는 경우

► 특정 직종을 모집함에 있어서 특정 성이 충족하기 어려운 신장 · 체중 · 체력 등을 채용조건으로 한 것으로 인하여 특정 성의 채용비율이 다른 성에 비해 현저하게 적은 경우. 다만, 직무관련성, 정당성 등에 대한 사업주의 입증이 있는 경우는 제외한다.

► 서류전형 · 면접 · 구술시험 등 채용절차에서 객관적인 기준에 의하지 아니하고 특정 성을 불리하게 대우함으로써 채용기회를 제한하는 경우

► 모집 · 채용에 관한 정보를 성별에 따라 다르게 제공하는 경우

► 그 밖에 합리적인 이유없이 근로자의 모집 · 채용에 있어서 특정 성을 차별하여 근로자를 모집 · 채용하거나 모집 · 채용 기준은 성 중립적이나 그 기준이 특정 성이 충족하기에는 현저히 어려워 결과적으로 특정 성에게 불이익이 발생하고 사업주가 그 기준의 정당성을 입증하지 못하는 경우

출처: 고용노동부(2020), 고용상 성차별 사례집, 32~33쪽.

정리문제

1. 다음을 간단히 정리하시오.

- 갱신기대권
- 대기발령
- 직장 내 성희롱
- 직장 내 괴롭힘
- 임신기 근로시간 단축, 출산전후휴가(출산휴가)
- 육아휴직
- 남녀고용평등법상 차별(discrimination)

2. 다음에 관해 의견을 제시하시오.

- 시용과 수습의 차이
- 전직 명령의 정당성
- 대기발령과 징계와의 차이
- 성희롱 행위자로 지목되었을 때의 대처방안
- 직접차별과 간접차별의 차이

3. 팀보고서를 작성하시오.

- 갱신거절의 합리적 사유
- 영업양도와 근로관계 승계
- 동일가치 동일임금

토론문제

1. 수습기간에 해고할 계획이라면, 이 영상 꼭 보세요.

(출처: https://www.youtube.com/watch?v=dikJRzbnsrk, 2025.7.14. 확인)

Question !

1. 영상을 보고 느낀 점을 이야기해 보세요.

2. 직장 내 괴롭힘은 '기분 상해죄'가 아닙니다.

이 사건은 직장 상사인 피고가 원고와 통화 중 "내 얘기 들어, 이 새끼야"라고 욕설을 한 사건이다. 원고는 이러한 행위가 직장 내 괴롭힘에 해당한다고 주장하며 불법행위 손해배상청구를 했다.

법원은 직장 내에서의 어떠한 행위가 근로기준법 제76조의2가 금지하는 직장 내 괴롭힘에 해당해 민사상 불법행위책임의 원인이 될 수 있는지는 해당 조항의 취지와 규정의 내용을 염두에 두고 관련 업무의 내용, 행위가 이루어진 시간・장소 등 상황과 형태, 행위의 내용과 정도, 의도나 경위, 반복・지속성의 유무, 행위자와 상대방의 관계 등을 종합적으로 고려해 판단해야 한다는 전제하에 "원고와 피고 사이에 업무와 관련한 통화 중 원고의 업무처리 행태 등에 화가 난 피고가 우발적으로 위와 같은 욕설을 하게 된 것으로 보이고, 1회에 그쳤을 뿐만 아니라 그 이후 통화에서는 존댓말을 사용한 점, 피고가 업무처리와 관련해 평소 원고에게 감정적인 반말을 하거나 욕설을 하는 경우는 없었던 것으로 보이는 점"을 종합적으로 고려해 직장 내 괴롭힘을 인정하지 않았다. (서울남부지방법원 2023.5.19. 선고 2022나63476 판결)

(출처: 최윤희, 직장 내 괴롭힘은 '기분 상해죄'가 아닙니다, 노동법률, 2023년 7월호, https://www.worklaw.co.kr/main2022/view/view.asp?bi_pidx=36849에서 2025.3.28.에 확인함)

Question !

1. 법원의 판단에 대해 개인적인 생각을 이야기해 보세요.

주요 참고문헌

경향신문(2016.4.16), 사내 성희롱 알린 여직원에게… "하극상?", https://www.khan.co.kr/article/201604161548021.

고용노동부(2017), 『직장 내 성희롱 예방 · 대응 매뉴얼』.

고용노동부(2020), 『고용상 성차별 사례집』.

고용노동부(2025), 『확 달라지는 육아지원제도』.

김병권(2020), 『2020년 9월 여성고용동향』, 한국여성정책연구원.

노동부(2009), 『성희롱, 성차별 없는 건강한 기업문화』 자료집.

동아일보(2018.8.2), 회식 때 상사 옆 '左男右男'… 폭로자들 따돌림 '2차 피해'는 여전, https://www.donga.com/news/article/all/20180802/91343679/1.

문강분(2025), 선제적 대응으로 파괴적 갈등 예방하자, ADR 대안적 분쟁해결 제도 고급편, 노동분쟁 해결시리즈 3, 서울: 박영사.

여성가족부(2022.9.6), 『2022 통계로 보는 남녀의 삶』, 보도자료.

여성가족부(2023), 『이제는 알아야 할 직장 내 성희롱 사례 20』.

여성신문(2017.4.5), [눈치 주는 사회] "여직원이 애교 부려야 회사 분위기가 살지", https://www.womennews.co.kr/news/articleView.html?idxno=113163.

오마이뉴스(2017.1.26), 부장님의 집적거림, 거절했더니 보복이 시작됐다, http://www.ohmynews.com/NWS_Web/View/at_pg.aspx?CNTN_CD=A0002281858.

중앙노동위원회(2019.10), 『주제별 노동판례 330선』.

미주

1) 노동위원회(2024), 갱신기대권의 존부, 갱신거절의 합리적 이유 유무에 대한 판정, 주요판정사례, https://nlrc.go.kr/nlrc/mainCase/judgment/detail.do에서 2025.3.9.에 확인함.

2) 노동위원회(2024), 전보의 업무상 필요성이 존재한다고 볼 수 없으므로 전보는 부당하다고 판정한 사례, 주요판정사례, https://nlrc.go.kr/nlrc/mainCase/judgment/detail.do에서 2025.3.9.에 확인함.

3) 참고기사: 여성신문(2017.4.5), [눈치 주는 사회] "여직원이 애교 부려야 회사 분위기가 살지", https://www.womennews.co.kr/news/articleView.html?idxno=113163; 동아일보(2018.8.2), 회식 때 상사 옆 '左男右男'… 폭로자들 따돌림 '2차 피해'는 여전, https://www.donga.com/news/article/all/20180802/91343679/1.

4) 오마이뉴스(2017.1.26), 부장님의 집적거림, 거절했더니 보복이 시작됐다, http://www.ohmynews.com/NWS_Web/View/at_pg.aspx?CNTN_CD=A0002281858.

5) 경향신문(2016.4.16), 사내 성희롱 알린 여직원에게… "하극상?", https://www.khan.co.kr/article/201604161548021.

6) 고용노동부(2024), 「직장 내 괴롭힘 실태조사」.

7) 중앙뉴스(2025.6.25), [새정부 정책 엿보기⑨] 이재명 정부 출산 정책… 0.7% → ?%.

8) 산업안전보건법(시행규칙 [별표 18])에서는 '생식독성물질'을 생식기능, 생식능력, 태아의 발생・발육에 유해한 영향을 주는 물질로 정의하고 있는데, 2017년 반도체공장에서 일하다가 불임 진단을 받은 여성근로자에 대해 산재신청을 승인했다. '15년간 반도체 오퍼레이터로 교대근무를 하면서 소량이지만 에틸렌글리콜 등 유기화합물에 노출되었다'는 점을 인과관계로 인정하였다. 원출처는 [사람과 법률] 일하는 여성의 모성 기능 보호를 위한 법률, 작성자: 곰바이GOMbuy, 2021.2.11.에 내려받음.

9) 유산을 산재로 인정한 최초의 사건인 2014년 '제주 의료원 간호사 집단 유산' 사건에서는 유산의 원인 중 하나로 임신한 여성 근로자의 장시간 근로를 지목했다(서울행정법원 2014구단50654). 원출처는 [사람과 법률] 일하는 여성의 모성 기능 보호를 위한 법률, 작성자: 곰바이GOMbuy, 2021.2.11.에 내려받음.

10) 한겨레(2020.9.24), 프랑스 '배우자 출산 휴가' 2주서 한 달로 확대.

11) 통계청(2022.12.21), 「2021년 육아휴직통계 결과(잠정)」, 보도자료.

Chapter 06

징계와 해고 및 차별

일터에서 일을 하다 보면 다양한 상황이 발생하게 된다. 열심히 일을 잘 하면 보너스가 지급되고 승진을 하기도 하지만, 의도하지 않게 잘못을 하게 되어 징계를 받거나 해고를 당하게 되기도 한다. 우리나라 근로기준법에는 근로자에게 불이익한 처분을 하는 징계의 경우 엄격하게 제한되어 있다. 우선은 **징계사유**가 있어야 하고, 다음 잘못한 정도에 상응하는 징계, 즉 **징계양정**이 적정해야 하며, 마지막으로 **징계절차**가 합법적이어야 한다. 징계는 견책이나 감봉과 같은 경징계도 있고 정직이나 해고와 같은 중징계도 있다. 특히 중징계의 경우에는 해당 근로자가 충분히 소명할 수 있는 기회도 부여해야 하고, 재심을 청구할 수 있는 기회도 부여해야 한다.

본 장에서는 징계에 대해 그리고 가장 중한 징계인 해고에 대해 사례를 중심으로 살펴본다. 그 다음에는 앞에서 살펴본 여성에 대한 차별 외에 연령, 장애, 외국국적 등에 따른 차별에 대해 살펴본다.

제1절 징계의 정당성에 대한 노동위원회 판정

사용자는 임금을 주는 근로자에 대해 **노무지휘권**을 가지고 **취업규칙**, **단체협약**, 기타 다양한 회사의 규정에 따라 일을 시키며, 제대로 수행하지 못하거나 다른 잘못을 하면 징계할 수 있다. 징계란 근로자가 회사의 규정을 어김에 따라 그에 대한 책임을 묻는 것으로 구두상으로 개선방향을 이야기해 주는 비공식적인 경고에서부터 근로관계를 종료하는 해고에 이르기까지 다양하다. 다만 징계를 하기 위해서는 잘못한 내용인 **징계사유**, 잘못한 정도에 따른 징계를 하는 **징계양정**, 그리고 징계를 결정하는 절차인 **징계절차** 이 세 가지 모두가 적정해야 한다.

1 부적정 회계처리와 감봉의 정당성을 다툰 사례[1)]

첫째, 징계사유의 존재 여부과 관련해 '출장비를 정산하는 과정 중에 내부 규정에 따른 일반적인 절차를 지키지 아니하고 회계처리를 부적정하게 한 행위'는 취업규칙에서 규정한 징계사유에 해당한다.

둘째, 징계양정의 적정성 여부와 관련해 제1차 인사위원회는 회계처리 부적정 등 내부 절차 위반 사실을 징계사유로 인정하였으나 징계처분으로서 양정이 아닌 '경고' 처분을 한 점, 특별인사위원회의 의결에 있어 설사 감사인에 대한 양정을 가중한 것이라 하더라도 제1차 인사위원회와 징계사유를 동일하게 적용했음에도 불구하고, 제1차 인사위원회보다 두 단계 이상으로 양정을 가중한 것은 합리적이라고 볼 수 없는 점 등을 감안하면, 감봉 처분은 그 양정이 과하여 부당하다.

셋째, 징계절차의 적법성 여부와 관련해 제2차 인사위원회에서 새로운 징계사유를 추가하였다고 볼 수 없는 점, '재심의'는 징계에 대한 최종결정이 있기 전에 이루어지는 심의·절차상 하자를 치유하기 위한 절차라는 점에서 징계권 남용으로 보기는 어려운 점, 근로자가 징계처분장을 교부받지 못했다고 단정할 수 없는 점 등을 종합할 때, 흠결로 볼 수 있는 별도의 사정이 확인되지 않는 이상 징계절차가 위법하다고 보기는 어렵다.

2 피켓시위와 감봉의 정당성을 다툰 사례[2)]

첫째, 징계사유의 존재 여부에 대해 출근시간대에 구체적이고 합리적인 근거 없이 공개된 장소에서 약 3개월간 15차례 피켓시위를 한 행위는 공공기관인 사용자의 신뢰도와 명예를 훼손한 것으로 징계사유에 해당한다.

둘째, 징계양정의 적정성 여부에 대해 불명확한 내용을 담은 피켓시위로 공공기관의 신뢰도와 명예를 손상시킨 행위는 그 비위의 정도가 결코 가볍다고 볼 수 없는 점, 피켓시위 과정에서 두 차례에 걸쳐 구체적인 사실여부를 확인하는 질의에 대한 답변을 요구받았음에도 이에 응하지 않고 피켓시위를 지속한 점 등을 감안하면, 감봉 3월은 사용자에게 맡겨진 징계재량권을 남용한 것이라고 보기 어렵다.

셋째, 징계절차의 정당성 여부에 대해 징계시효 및 징계의결 기한을 도과*하지 않았고 소명의 기회도 부여하여 징계절차는 적법하다.

3 겸직근무 위반으로 인한 징계해고의 정당성 관련 사례[3)]

첫째, 징계사유의 존재 여부와 관련하여 근로자가 근무하면서 복권판매점을 겸직한 비위행위 사실이 확인되고, 이는 인사규정을 위반한 징계사유에 해당한다.

둘째, 징계양정의 적정성 여부와 관련하여 ① 근로자가 재직 중 복권판매점 개업이 겸직금지에 위반됨을 알고 있었던 점, ② 사용자가 징계처분 전 겸직 해소의 기회를 부여하였으나 근로자가 거부한 점, ③ 비위행위의 정도가 상벌규정에서 정한 해고의 징계양정에 해당하는 점, ④ 사용자가 이전에도 유사한 징계사유에 대하여 해고의 징계처분을 한 점 등을 종합하면 징계양정은 적정하다.

셋째, 징계절차의 적법성 여부와 관련하여 근로자에게 징계사유 소명기회를 제공하였고, 징계의 사유와 시기를 명시한 징계처분 통지서를 서면으로 교부하였으므로 징계절차에 하자는 확인되지 않는다.

4 상습도박과 정직 처분의 사례[4)]

첫째, 징계사유의 존재 여부와 관련해 '무단결근 및 무단조퇴・외출'은 사용자의 정확

---

* '도과(徒過)'라는 우리말도 아니고 한자로도 의미가 분명하지 않은데, 검찰이나 법원에서 사용하는 일본어이다. 우리말로 하면 '넘기다'나 '지나다'라는 의미로, '기한을 도과하다'는 '기한을 넘기다'라고 쉬운 말로 바꾸면 될 것이다. 일반인들에게 권위와 우월적 지위를 과시하려는 태도와 관련이 있고, '관존민비(官尊民卑)' 사상의 잔재라고 볼 수 있다. 비슷한 표현으로 '존부(存否)'는 '존재 여부'로, '소훼(燒燬)'는 '(불에) 태워 없애거나' 또는 '(불에) 타 없어지거나'로, '성부(成否)'는 '성립여부' 등으로 풀어 쓸 수 있다(법원사람들, 생활법률, 2021.11.5).

한 사실 확인이 이루어지지 않아 징계사유로 삼을 수 없고, 객관적인 증거가 없는 '상습도박 총 33회' 중 이 사건 근로자가 인정한 5~6회만이 징계사유로 인정된다.

둘째, 징계양정의 적정성 여부와 관련해 ① 상명하복의 위계문화가 강한 군 조직에서 근로자가 상급자의 도박 참여 강요를 거절하기 힘들었을 것으로 보이는 점, ② 사용자가 제출한 자료만으로는 도박의 상습성을 인정하기에 부족한 점, ③ 도박 주도자의 경우 다른 혐의로 형사처벌을 받고 전역하여 도박 행위에 대해서는 혐의가 인정된 바 없는 점, ④ 현역 군인에게 적용되는 징계규정에 비해 근로자에게 행한 중징계 처분은 그 비례성을 인정하기 어려운 점 등을 고려할 때, 인정되는 비위행위에 비해 정직 2월의 처분은 양정이 과하여 부당하다.

5 집행유예 판결을 받은 근로자를 당연퇴직한 사례[5)]

지방노동위원회의 초심 판정은 인사규정에 '업무와 관련없는 형사상의 범죄로 금고 이상의 유죄 확정판결을 받았을 때'를 당연면직 사유로 규정하고 있고, 근로자는 '특수주거침입 및 특수협박'으로 '징역 5월, 집행유예 1년, 사회봉사 40시간'의 확정 판결을 받았으므로, 인사규정에 따라 당연퇴직 처분한 것은 정당하다고 판단하였으나, 중앙노동위원회의 재심판정은 인사규정의 당연면직 조항에 단서로 "다만, 교통사고로서 집행유예처분을 받는 자는 예외로 한다."라고 규정되어 있는바, 이는 교통사고뿐만이 아닌 '정상을 참작할 수 있는 집행유예를 받은 범죄'에 대한 당연면직 예외 규정으로 해석함이 상당한 점, 대법원 판례에 따르면 당연퇴직사유로 '형사상의 범죄로 유죄판결을 받았을 경우'는 현실적으로 근로제공이 불가능한 신체 구속상태를 의미한다고 본 점 등을 고려할 때, 사용자의 인사규정은 근로자가 근로제공의무를 이행할 수 없는 상태가 장기간 계속되는 경우에 해당될 수 있는 금고 이상의 유죄 확정판결에 한해 적용함이 타당하므로, 집행유예 확정판결을 받은 근로자에게 당연면직 처분한 것은 부당하다고 판정하였다.

6 주유대금 대납의 비위행위와 징계해고[6)]

첫째, 징계사유의 존재 여부에 대해 시설업무를 담당하는 과장의 지위에 있는 자가 1년

5개월 동안 58회에 걸쳐 총 3백만 원 상당의 본인 차량 유류대금을 피평가업체에 대납하도록 한 행위는 임직원 행동강령 및 인사규정에서 정한 직무관련자의 향응(금품 등)수수 행위에 해당되므로 징계사유가 인정된다.

둘째, 징계양정의 적정성 여부에 대해 시설관리업체를 관리 감독할 지위에 있는 자가 직무관련자로부터 금품수수를 한 책임이 결코 가볍지 않으므로 이 사건 징계(파면)처분은 사용자의 징계 재량권을 남용하거나 일탈하였다고 볼 수 없다.

셋째, 징계절차의 적법성 여부에 대해 근로자가 특별감사 과정에서 소명의 기회를 가졌고 인사위원회에 참석하는 등 징계절차에 하자가 없다.

7 징계양정의 정당성 여부에 대한 사례[7)]

첫째, 징계사유의 정당성 여부에 대해 계약파기 관련 부당업무처리, 캠퍼스 공사 관련 대학의 결재규정 위반, 통신설비업체 입찰 시 특정업체 특혜제공, 화재 복구공사 업체 선정의 부적정성 등 4가지 비위행위는 징계사유로 인정되나, 캠퍼스 대학본부동 신축공사 업체 선정시 특정업체 특혜제공은 징계사유로 인정되지 않는다.

둘째, 징계양정의 적정성 여부에 대해 ① 5억 원을 지급한 후 계약해지를 한 것은 총장의 지시에 따라 결정한 점, ② 수의계약은 잘못이나 신속한 화재복구 공사의 필요성이 인정되는 점, ③ 총장에게 감봉 3월의 처분을 하고 근로자에게 해임처분을 한 것은 징계형평에도 어긋나는 점 등으로 볼 때, 사용자의 징계해임 처분은 재량권을 남용한 것이라고 판단된다.

셋째, 징계절차의 정당성 여부에 대해 근로자가 서면으로 소명서를 제출하는 등 징계절차에는 하자가 없다.

8 성희롱과 징계해고의 정당성 여부에 대한 사례[8)]

첫째, 징계사유의 정당성 여부에 대해 ① 근로자가 징계사유를 일부 인정하고 있고, 피해자들의 진술이 구체적인 점, ② 피해자들의 입장에서 보았을 때 근로자의 성적 언동이 친밀감 있는 행동의 범위를 넘어서 성적 굴욕감이나 혐오감을 느꼈다고 보이는 점 등을 볼 때 징계사유가 존재한다고 판단된다.

둘째, 징계양정의 정당성 여부에 대해 ① 직장 초년생 등 피해자들이 정규직인 이 사건 근로자의 성희롱 행위에 직접적으로 거부의사를 밝히기 어려웠을 것이기에 그 심적 고통은 적지 않았을 것으로 추정되는 점, ② 근로자는 우월적 지위에서 약자인 피해자들에 대하여 반복적으로 상당기간에 걸쳐 성적 언동을 한 점 등을 볼 때, 징계처분은 사용자의 재량권을 일탈·남용하였다고 보기 어렵다.

셋째, 징계절차의 정당성 여부에 대해 사용자는 근로자에게 징계위원회 개최 사실을 통보하였으며 징계위원회 의결결과를 서면으로 통지하였고, 근로자에게 소명기회를 부여하여 징계절차에 특별한 하자가 보이지 않는다.

9 정보보안담당자의 개인정보 무단 열람과 징계해고 사례[9)]

첫째, 징계사유의 존재 여부에 대해 근로자가 권한 없이 개인정보를 열람하여 직원의 사생활과 학교의 비밀을 침해한 점, 직원들의 사적인 메신저 대화내용을 열람한 내용이 언론 등에 보도되어 사용자의 명예를 실추한 점 등은 인사규정을 위반한 행위로 징계사유에 해당된다.

둘째, 징계양정의 적정성 여부에 대해 ① 근로자가 업무와 관련없는 화일을 열람한 것은 비위 행위의 정도가 중한 점, ② 근로자가 화일을 열람한 것이 정당한 업무에 해당한다는 주장만을 반복할 뿐 반성의 기미가 전혀 없는 점, ③ 사적인 대화내용을 열람한 사실이 알려진 직후 자신의 컴퓨터 자료를 모두 삭제한 것은 이를 감추려는 의도에서 비롯된 것으로 보이는 점 등을 종합하면, 사용자가 징계의 재량권을 일탈하거나 남용하였다고 볼 수 없다.

10 사고다발 버스운전기사에 대한 징계해고 사례[10)]

첫째, 징계사유의 정당성 여부에 대해 ① 교통사고, 차내 흡연 및 신호위반 등의 운행질서 위반에 대해 근로자가 인정하고 있고 CCTV 등 객관적 자료로 확인되는 점, ② 버스의 운행간격이나 도로의 열악한 상황 등이 근로자의 귀책사유를 부정할 정도에 이르렀다고 볼 수 있는 객관적 근거가 없다는 점 등을 종합할 때, 이 사건 징계사유가 인정된다.

둘째, 징계양정의 적정성 여부에 대해 ① 징계사유인 교통사고 건수 및 피해액, 흡연행위 횟수 모두 취업규칙의 징계해고 기준에 해당한다는 점, ② 사용자가 징계 이전에 교통사고 예방 및 운행질서와 관련하여 지속적으로 교육·계도를 하고 취업규칙을 엄격히 적용한다는 취지의 공고를 하였던 점, ③ 비위행위들은 직무 특성상 책임이 가볍다고 볼 수 없는 점, ④ 다른 비위행위 근로자들과 달리 사용자의 권고사직을 수용하지 않아 형평성에 어긋난다고 보기 어렵다는 점 등을 종합할 때, 이 사건 징계양정은 적정하다.

제2절 저성과자의 해고에 대한 판례[11)]

우리나라는 근로기준법에 해고에 대해 엄격하게 규제하고 있는데, 오랫동안 일을 잘 못하는 저성과자에 대해 해고하는 것은 금기시 되어 왔다. 하지만 최근 들어 법원에서는 오랜 기간 동안 저성과를 보였고, 사용자가 성과 개선을 위해 다양한 노력을 기울였음에도 성과가 개선되지 않는 경우에 대해 해고가 정당하다는 판결을 내리는 경향을 보인다.

근로기준법 제23조 제1항에는 사용자는 '**정당한 사유**' 없이 근로자를 해고하지 못한다고 규정하고 있지만, 정당한 사유가 구체적으로 무엇을 의미하는지는 정하고 있지 않다. 따라서 해고의 정당성은 사안에 따라 개별적으로 판단할 수밖에 없다.

대법원은 2021년의 판결에서 해고처분의 정당성에 대해 "일반적으로 사용자가 근무성적이나 근무능력이 불량하여 직무를 수행할 수 없는 경우에 해고할 수 있다고 정한 취업규칙 등에 따라 근로자를 해고한 경우, 사용자가 근로자의 근무성적이나 근무능력이 불량하다고 판단한 근거가 되는 평가가 공정하고 객관적인 기준에 따라 이루어진 것이어야 할 뿐 아니라 근로자의 근무성적이나 근무능력이 다른 근로자에 비하여 상대적으로 낮은 정도를 넘어 상당한 기간 동안 일반적으로 기대되는 최소한에도 미치지 못하고 향후에도 개선될 가능성을 인정하기 어렵다는 등 사회통념상 고용관계를 계속할 수 없을 정도인 경우에 한하여 해고의 정당성이 인정된다"고 판시했다(대법원 2021.2.25. 선고 2018다253680 판결; 이하 '2021년 대법원 판결').

따라서 저성과자 해고의 정당성을 판단하는 기준에 대해서 ① 취업규칙 등에 저성과자 해고할 수 있다는 근거가 있어야 하고, ② 저성과자로 판단한 근거가 되는 평가가 공정하고 객관적인 기준에 따라 이루어진 것이어야 하며, ③ 타 근로자에 비해 해당 저성과자의 근무성적이나 근무능력이 상대적으로 낮은 정도를 넘어 '상당한 기간 동안 일반적으로 기대되는 최소한에도 미치지 못하고 향후에도 개선될 가능성을 인정하기 어렵다는 등 사회통념상 고용관계를 계속할 수 없을 정도'에 이르러야 한다.

좀 더 구체적으로는 근로자의 지위와 수행 업무의 내용, 해당 업무를 수행하기 위해 요구되는 전문성이나 성과의 정도, 근로자의 근무능력이 상대적으로 낮고 일반적으로 기대하는 최소한의 수준에 미치지 못한 정도, 사용자가 교육이나 전환배치 등을 통해 개선을 위한 기회를 부여했는지 여부, 그리고 개선 기회 제공 이후 근무성적으로 개선 여부, 근로자의 태도 등등을 고려할 필요가 있다.

1 저성과자의 해고가 정당하다고 판단한 사례

1) A 자동차 사례(대법원 2023.12.28. 선고 2021두33470 판결)[12)]

A 자동차는 2009년부터 간부사원 전체 직원 중 직전 3개년도 누적 인사평가 결과가 하위 1% 미만에 해당하는 간부사원을 대상으로 근무태도 향상, 역량 및 성과 개선을 위한 교육 프로그램인 PIP(Performance Improvement Program)를 도입한 이래 매년 이를 시행해 왔는데, 대상자는 2010년부터 2017년까지 8년간 총 7회에 걸쳐 PIP 대상자로 선정됐고, 2017년 당시 3년간 인사평가 결과는 1만1,229명 중 1만1,222위였다. 또한 2017년 PIP 대상자 44명 중 41위로 매우 낮은 성적을 기록했다. 이에 A 자동차는 대상자가 간부사원 취업규칙 제32조 제5호의 '사회통념상 근로를 계속할 수 없다고 판단되는 자'에 해당한다고 보고 2018.3.7. 대상자를 해고했다.

대법원은 "① 대상자는 해고 당시 입사 25년 차이자 12년 차 과장으로서 그 직책과 경력에 따른 성과와 전문성이 요구되는 점, ② 대상자는 인사평가에서 지속적으로 낮은 등급을 받는 등 근무성적이나 근무능력이 부진한 기간이 11년으로 상당히 장기간이고, 특히 이 사건 해고 전 약 3년간의 인사평가결과는 1만1,229명 중 1만1,222위로 최하위 그룹에 속하며 실적도 다른 근로자들에 비해 현저히 낮은 편이었던 점, ③ 2017년 인사평가에서 약간의 개선이 있기는 했으나, 여전히 업무능력이 미흡하고 스스로 본인평가에서 낮은 등급을 부여하기도 했으며, 2017년 PIP 대상자 평가에서조차 44명 중 41위를 기록한 점, ④ 회사는 대상자에게 PIP 교육을 7회나 실시하는 등으로 개선의 기회를 충분히 부여했고, 대상자와의 면담에서 대상자가 기존 부서에서 계속 근무하겠다는 의사를 밝히자 그 의사를 존중해 직무재교육 기회를 7회나 제공했음에도 업무능력이나 업무성과가 개선되지 않은 점 등을 종합하면 대상자가 사회통념상 고용관계를 계속할 수 없을 정도인 경우에 해당할 여지가 있다"고 보고 이와 달리 판단한 원심판결을 파기환송했다.

2) B 소프트웨어사 사례(서울고등법원 2024.3.22. 선고 2023나2024051 판결)[13)]

B 소프트웨어사는 2019.5.경 2016년부터 2018년까지의 누적 업무평가결과 평균 C+ 미만자를 대상으로 저성과자 프로그램을 시행하기로 했고, 전체 직원 1,895명 중 대상자를 포함한 29명이 1차 저성과자 프로그램 대상자로 선정됐다. 1차 저성과자 프로그램이 종료된 후 대상자를 포함한 나머지 3명에 대해 재차 저성과자 프로그램이 시행됐는데, 대상자는 최종평가에서 가장 낮은 D등급으로 평가됐다. 이에 인사위원회는 2020.5.28. 대상자에게 직무부담을 면제해 역량・성과 향상에 진력할 수 있도록 2개월간 대기발령을 명했는데, 대상자는 대기발령 중 진행된 코딩테스트에서 모두 0점을 받아 가장 낮은 D등급으로 평가됐다. 이후 인사위원회는 2020.8.3. 1개월간 대기발령 연장을 명했는데, 대상자는 2차 대기발령 중 진행된 코딩테스트에서도 평균 1.6점을 받아 마찬가지로 D등급으로 평가됐다. 결국 B 사의 징계위원회는 2020.12.17. 저성과자 역량 등 향상을 위한 관리규정, 취업규칙, 징계규정 등을 근거로 대상자를 징계해고했다.

이에 서울중앙지방법원은 "① 대상자는 평가기간에만 전산망에 접속하고, 최신 정보기술 분석 업무 등의 경우에는 다른 보고서를 표절하거나 짜깁기한 등으로 부실하게 업무를 수행한 점, ② 대상자가 별다른 업무성과를 달성하지 못한 것은 업무수행 및 업무역량 향상에 대한 의지가 부족하였기 때문으로 보이는 점, ③ 1차 저성과자 프로그램에서는 보고서를 전혀 제출하지 않았고, 2차 저성과자 프로그램에서는 개선 계획서만을 제출하고 실질적인 개선 업무는 수행하지 않은 점, ④ 대상자는 형식적으로 교육과정을 수료했을 뿐 평가에서 인터넷상에 공개된 소스를 복사하는 등의 부정행위를 저질렀고, 그렇지 않은 경우에는 몹시 저조한 성적을 받은 점, ⑤ 1, 2차 대기발령 기간 중에도 1, 2차 저성과자 프로그램에서 요구한 것과 동일한 방식으로 평가가 이루어졌는데 대상자는 0점에 가까운 점수를 받은 점, ⑥ 업무 평가와 관련해 회사는 대상자가 수행한 업무의 내용, 평가의 근거가 된 행위 등을 구체적으로 특정해 평가서를 작성했고 달리 회사가 대상자에게 불이익을 주기 위해 의도적으로 부적절한 평가기준을 적용했다고 볼만한 사정은 없고, 달리 그 공정성을 의심할 만한 사정을 찾아볼 수 없는 점 등을 종합해 해고처분이 정당하다"고 판단했고(서울중앙지방법원 2023.5.18. 선고 2021가합544824 판결), 서울고등법원 역시 동일하게 판단했다.

2 해고가 부당하다고 판단한 판례

1) C 재단법인 사례(대구지방법원 김천지원 2023.5.12. 선고 2022가합15819 판결; 항소미제기로 확정)[14)]

C 재단법인이 운영하는 학교의 학교장은 2022.6.16. 대상자에게 '근로 수행능력 부족으로 인해 직무변경 등 개선 기회를 부여했음에도 근로자의 근무능력의 개선이나 태도가 더 나아지지 않으므로 대상자를 해고한다'는 취지의 내용이 기재된 서면으로 해고 통지를 했다.

이에 대해 대구지방법원 김천지원은 "① 대상자의 담당업무가 변경된 것이 대상자의 낮은 근무성적이나 근무능력 때문이라거나, 담당업무가 변경된 이후에도 대상자의 근무성적이나 근무능력이 개선되지 않았다고 인정할 만한 증거는 없는 점, ② 대상자가 비위행위로 시말서를 작성한 사실이 있으나, 위와 같은 비위사실이 대상자의 개선될 여지없는 근무능력 부족에 기인한 것이라거나 사회통념상 고용관계를 계속할 수 없을 정도로 중대한 것이라고 보기 어려운 점, ③ 설령 대상자가 업무 시간 중 개인적인 서류를 작성했다고 하더라도 그것만으로 사회통념상 고용관계를 계속할 수 없을 정도로 대상자에게 책임 있는 사유가 있는 경우에 해당한다고 보기 어려운 점 등을 종합해 해고처분이 부당하다"고 판단했다.

2) D 연구기관 사례(서울행정법원 2023.2.10. 선고 2022구합51161 판결; 항소미제기로 확정)

D 연구기관에서 근무하는 비보직자 연구직은 연구실적 등을 토대로 산정되는 '업적평가'와 업적달성을 위한 노력 등에 대한 '능력태도평가'로 구분 평가해 1차 평가항목별 점수를 산출하게 되는데, 상대평가에 따라 S(5%), A(20%), B(50%), C(20%), D(5%) 등급이 부여된다. D 연구기관은 2021.6.1. 대상자가 인사평가 결과 2회 연속(2019년, 2020년) 최하위 등급인 D등급을 받았다는 이유로 정년연장 연구원 운영요령에 의거해 대상자를 해고했다.

서울행정법원은 "① D등급은 평가대상자 중 5%가 상대평가로 인해 언제나 받게 되는 것이어서 위 평가등급을 받았다는 것만으로 곧바로 객관적으로 근무성적이나 근무능력이 불량한 것이라고 단정할 수 없고, 대상자가 다른 근로자에 비해 수행한 업무의 정도가 얼마나 낮은지를 알 수 있는 구체적인 자료는 제출하고 있지 못하는 점, ② 대상자가 2019년과 2020년에 C등급을 받은 근로자들과 평가점수에서 큰 차이가 있을 것으로 보이지 않는 점, ③ 대상자는 우수한 연구성과와 공적 등을 인정받아 정년연장 연구원에 선발됐고, 2008년부터 계속 B등급 이상을 받아왔던 점을 고려하면 대상자는 전문성의 정도가 높고 기존의 성과가 좋았음을 D 연구기관이 인정했던 것으로 보이고, 비록 2년간 D등급을 받았다고 하더라도, 이를 해고에 이를 정도로 장기간 근무성적이 낮았던 것으로 보기도 어려운 점, ④ 이 사건 해고를 하기 전에 대상자에게 다른 과제를 수행하도록 하거나 근무성적이 낮음을 이유로 업무실적을 높일 것을 요구했음을 알 수 있는 자료가 없고, 오히려 정부예산 감소를 이유로 2020년에는 대상자의 과제 참여를 배제해 대상자로 하여금 근무성적을 개선할 수 있는 기회를 갖지 못하도록 하였을 뿐인 점 등을 종합해 해고처분이 부당하다"고 판단했다.

제3절 일터에서의 차별

일터에서 차이는 인정되지만 **차별**은 예방되고 금지되어야 하는 것이 당연한 사회적 명제다. 여성이나 장애인, 외국인 등에 대한 차별은 명시적으로 금지되어 있지만, 출신 지역이나 졸업한 대학 등에 대한 차별은 현실적으로 존재한다고 볼 수 있다. 또한 대기업과 중소기업 간에 근로자 임금이나 근로조건은 많은 차이를 보이고 있어서, **노동시장의 이중구조**가 심화되고 있는 문제점이 있다. 특히나 우리나라의 경우는 일본 등에 비해서 대기업과 중소기업 간 임금격차가 더욱 심한 것으로 알려지고 있다. 그렇다 보니 중소기업에 취업하려는 청년들이 줄어들어서 중소기업은 구인난을 겪고 있지만, 대기업은 채용규모를 줄이고 있어서 전체적인 노동시장이 균형적으로 발전하지 못하고 있다. 여기서 우리는 현재 기업규모별로 차이나는 임금과 근로조건을 살펴보고 더 나아가 명시적으로 금지되고 있는 여성에 대한 차별, 장애인과 고령자에 대한 차별 등 노동시장에 존재하고 있는 차별을 살펴보기로 한다.

그동안 노사관계를 포함하는 고용관계에 대한 관심은 주로 제조업을 중심으로 한 대기업에 한정되어 왔다. 소위 삼성그룹, 현대차그룹, LG그룹처럼 대기업집단에 속한 대기업들은 한강의 기적을 이룬 원동력이라고 할 수 있으며, 그런 대기업에 종사하는 정규직 근로자들의 임금이나 고용안정성 등의 근로조건은 상대적으로 양호하다고 할 수 있다. 그러나 우리나라에서 300인 이상 규모의 대기업에 종사하는 근로자의 수는 전체 근로자의 15% 수준에 불과하고, 나머지 85%는 중소기업에 종사하고 있으며, 중소기업에 종사하는 근로자와 비정규직이나 특고는 지속적으로 증가하고 있는 추세를 보인다.

여기서는 먼저 우리나라 고용구조의 변화에 대해 살펴보고, 다음으로 노동시장의 특성을 나누어 살펴보고자 한다. 첫 번째로는 대기업과 대비해서 중소기업을 중심으로 고용관계를 살펴보고, 이후에서는 노동력 구성의 변화를 여성, 고령자, 장애인 및 외국인근로자 등을 중심으로 고용문제를 살펴보고자 한다. 이들의 상당수는 사회적 약자이며 차별의 대상이 되고 있다. 2014년 7월 22일부터는 개정된 「고용정책기본법」이 시행되고 있는데 제7조(취업기회의 균등한 보장)를 보면 "사업주는 근로자를 모집·채용할 때에 합리적인 이유 없이 성별, 신앙, 연령, 신체조건, 사회적 신분, 출신지역, 학력, 출신학교, 혼인·임신 또는 병력(病歷) 등을 이유로 차별을 하여서는 아니 되며, 균등한 취업기회를 보장하여야 한다."

[그림 6-1] 계절조정 취업자 및 고용률 추이: 2025년 5월

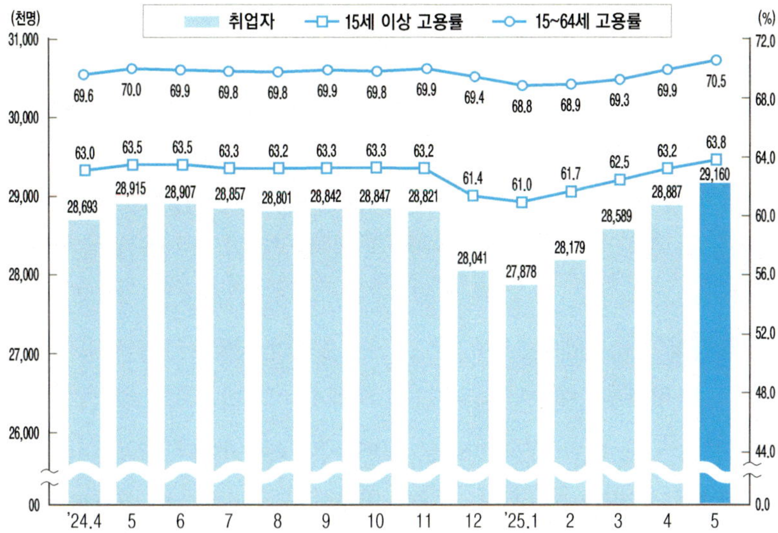

출처: 통계청(2025.6.11), 「2025년 5월 고용동향」, 보도자료, 3쪽.

로 하여 모든 형태의 차별을 금지하고 있다.

먼저 우리 경제는 이제 고성장시대를 지나서 저성장시대에 들어섰고, 인구구조는 고령화・저출산으로 특징지을 수 있다. 여기서는 경제성장과 고용관계의 변화, 인구구조와 산업구조 및 정부정책이 고용구조에 미치는 영향 등을 살펴보고자 한다.

우리나라의 경제활동인구는 2025년 5월 기준으로 3천1만 명이고, OECD 비교기준으로 15～64세 고용률은 69.4%이지만, 15～29세 청년층의 고용률은 46.1% 수준이다.*[15] 청년층의 경우 고등교육이나 병역의무 등으로 취업률이 떨어지기는 하지만 그럼에도 청년층의 고용률이 상대적으로 매우 낮아서 청년층의 삶이 팍팍하다고 할 수 있다. 2025년 5월 기준으로 취업자는 2천468만 명이며, 실업자는 70만4천 명으로 실업률은 2.8%다. 비경제활동인구는 1천575만 명이다. 2020년 기준으로 계절을 조정한 취업자 및 고용률은 [그림 6-1]

* **경제활동인구**는 만 15세 이상 인구 중에 취업자와 실업자를 말한다. **취업자**는 조사대상 주간 중에 수입을 목적으로 1시간 이상 일한 자를 말한다. 여기에는 주당 18시간 이상 일한 무급가족종사자, 일시휴직자를 포함한다. **실업자**는 구직 중에 있는 즉시 취업이 가능한 자를 말한다. **고용률**은 만 15세 이상 인구 중에서 취업자가 차지하는 비율을 말한다.

과 같다.

2020년 이후 2022년까지는 코로나19 영향을 크게 받은 이후, 고용구조에 있어서 최근 추이를 정리해 보면 다음과 같이 요약할 수 있다. 우선 고용구조 변화의 배경을 보면 '고용 없는 성장'이 서비스업 중심으로 진행되고 있다고 하겠다. 제조업 종사자는 정체 또는 감소추이를 보이고, 도매 및 소매업, 숙박 및 음식점업, 교육서비스업, 개인서비스업, 시설관리 및 사업지원서비스업 등은 그 비율이 점진적으로 증가하는 추이를 보인다. 하지만 증가하는 서비스업종은 고용안정성이나 임금수준 등에서 상대적으로 좋은 일자리라고 보기는 어렵다.

고용구조의 양적인 측면에서 보면 고령화 · 저출산의 영향으로 전체적으로는 노동력이 부족하다고 하지만 청년취업의 경우는 공급에 비해서 일자리가 부족한 현상이 여전하다고 할 수 있다. 더불어 일에 대한 태도 변화로 청년들은 공무원이나 공공기관을 포함한 안정적인 직장을 선호하는 경향이 강해서 문재인 정부에서는 공공부문 일자리를 대폭 늘렸으나 그 결과 윤석열 정부에서는 공공부문의 규모를 유지 또는 축소하려는 정책을 편 바 있다. 코로나19로 기업들의 채용규모가 축소되자 청년층의 경우에는 창업을 하거나 'N잡러'라고 하는 여러 개의 일을 동시에 하는 경우도 증가하고 있다. 또한 구직활동을 하지 않고 '그냥 쉬었다'라고 응답한 청년층이 증가하고 있었다.

장년층의 경우에는 2017년 이후 모든 기업과 기관에서 정년 60세가 시행되고 있지만, 실제로 정년 60세에 퇴직하는 경우는 공무원과 공공기관 근로자, 그리고 유노조 대기업의 생산직 근로자로 제한되어 전체 대상자의 15% 수준에 머물고 있다. 사무관리직의 경우에는 기업규모에 상관없이 여전히 50대 초반에 퇴직이 이루어지는 경우가 많다. 그러나 노후준비 부족 등으로 실제 은퇴연령은 70세까지 가고 있다. 여성의 경우는 특히 기혼여성의 재취업 비율이 증가하고 있다.

1 기업규모별 임금격차와 노동시장 이중구조

우리는 흔히 기업이라고 하면 삼성전자나 현대자동차와 같은 대기업을 생각한다. 하지만 실제로 대기업은 그 숫자에서나 고용하고 있는 근로자 수의 비율에서도 전체 근로자에서 차지하는 비율은 높지 않다. 〈표 6-1〉에서 보는 대로 사업체 수로 보면 대기업이라고

〈표 6-1〉 규모별 사업체 수 및 종사자 수: 2023년 기준

구 분	사업체 수(개, %)		종사자 수(명, %)	
	사업체 수	%	종사자 수	%
1~4인	5,386,553	86.3	7,675,862	30.3
5~99인	831,874	13.3	11,353,979	44.8
100~299인	15,640	0.3	2,468,920	9.8
300인 이상	4,513	0.1	3,822,765	15.1
전체 평균	6,238,580	100.0	25,321,526	100.0

출처: 통계청(2024.9.27), 「2023년 기준 전국사업체조사 결과(잠정)」, 보도자료.

할 수 있는 300인 이상 규모의 사업체 수는 전체의 0.1%에 불과하고, 종사자 수로도 15.0%에 불과하다. 대표값을 보기 위해 일반적인 평균값(mean)이 아니라 중간값(median)으로 보면 규모로 볼 때 우리나라의 사업체의 중간규모는 1~4인 규모이고, 종사자 수 중간값은 5~99인 규모에 속한다. 100인 기준으로 살펴보아도 우리나라 사업체의 99.6%가 99인 이하의 중소규모 사업장이고, 전체 근로자의 75.1%는 99인 이하의 중소규모 사업체에서 일하고 있다. 특히 지난 몇 년간 1~4명 규모의 영세한 사업체가 200만 개 이상 급증하였는데 그 이유는 아마도 개인 수준의 창업이 활발하게 진행된 점이 반영된 것으로 보인다.

그럼에도 불구하고 우리나라의 대부분 학교교육이나 정부정책은 여전히 대규모 사업체를 가정하고 이루어지는 경우가 많다. 대학의 경영학교육은 대부분 대기업을 전제로 강의한다. 그러나 대다수의 대학 졸업생들은 대기업이 아니라 중소기업에 취업하는 경우가 많다. 다른 예를 들어보면 정부는 매년 노동조합의 단체교섭에 대한 실태조사를 진행한다. 그런데 조사대상은 100인 이상의 사업체 약 6천여 곳이다. 숫자상으로 적은 것은 아니지만 100인 이상 규모의 사업체를 조사할 때 조사대상 사업체는 전체의 0.5%에 불과하며, 우리나라 근로자의 25.3%만을 대표하는 근로자들을 조사하는 결과를 가져온다. 조사대상의 대표성에 문제가 있다는 점 외에도, 정부가 관심을 가져야 할 근로자들이 100인 이상 규모의 중대형 사업체에서 일하는 근로자인가 하는 점이다. 100인 이상 규모에 비해 99인 이하의 중소규모의 사업체는 상대적으로 근로조건도 좋지 않고 노동조합 조직률도 매우 낮지만 근로자 수는 네 배에 달한다. 그럼에도 불구하고 관심의 대상에서 벗어나 있는 경우가 많다. 개선되어야 한다. 다음의 〈표 6-2〉는 대기업에 종사하는 근로자의 비율이 점차 낮아지고 있음을 보여주고 있다.

〈표 6-2〉 규모별 종사자 수 구성 추이: 1993~2023

<table>
<tr><th rowspan="2">연도</th><th rowspan="2">사업체 수</th><th rowspan="2">종사자 수
(천명)</th><th colspan="7">사업체 규모별 종사자 수 구성</th></tr>
<tr><th>1~
4인</th><th>5~
9인</th><th>10~
19인</th><th>…</th><th>300~
499인</th><th>500~
999인</th><th>1,000인
이상</th></tr>
<tr><td>1993</td><td>2,304,250</td><td>12,245</td><td>28.9</td><td>10.1</td><td>8.8</td><td></td><td>3.8</td><td>4.8</td><td>12.4</td></tr>
<tr><td>1996</td><td>2,807,802</td><td>14,007</td><td>30.4</td><td>10.0</td><td>9.2</td><td></td><td>3.9</td><td>5.0</td><td>10.4</td></tr>
<tr><td>1998</td><td>2,785,659</td><td>12,417</td><td>34.4</td><td>9.5</td><td>8.9</td><td></td><td>3.6</td><td>4.5</td><td>8.3</td></tr>
<tr><td>2002</td><td>3,131,963</td><td>14,608</td><td>32.9</td><td>12.2</td><td>10.8</td><td></td><td>3.5</td><td>3.4</td><td>5.3</td></tr>
<tr><td>2005</td><td>3,204,809</td><td>15,147</td><td>31.5</td><td>12.5</td><td>10.9</td><td></td><td>3.1</td><td>3.5</td><td>5.2</td></tr>
<tr><td>2008</td><td>3,264,782</td><td>16,288</td><td>29.9</td><td>12.1</td><td>10.7</td><td></td><td>3.7</td><td>3.7</td><td>6.0</td></tr>
<tr><td>2009</td><td>3,293,558</td><td>16,818</td><td>29.0</td><td>12.1</td><td>10.7</td><td></td><td>3.7</td><td>3.9</td><td>6.1</td></tr>
<tr><td>2011</td><td>3,470,034</td><td>18,093</td><td>28.8</td><td>11.4</td><td>10.9</td><td></td><td>3.5</td><td>4.2</td><td>6.7</td></tr>
<tr><td>2013</td><td>3,676,876</td><td>19,173</td><td>28.0</td><td>12.7</td><td>10.7</td><td></td><td>3.6</td><td>3.8</td><td>6.6</td></tr>
<tr><td>2014</td><td>3,812,820</td><td>19,900</td><td>28.1</td><td>13.3</td><td>10.7</td><td></td><td>3.4</td><td>3.8</td><td>6.4</td></tr>
<tr><td>2015</td><td>3,874,167</td><td>20,889</td><td>26.8</td><td>13.3</td><td>10.7</td><td></td><td>3.6</td><td>3.9</td><td>6.8</td></tr>
<tr><td>2016</td><td>3,950,169</td><td>21,259</td><td>26.8</td><td>13.6</td><td>11.0</td><td></td><td>3.6</td><td>4.1</td><td>6.6</td></tr>
<tr><td>2017</td><td>4,019,872</td><td>21,616</td><td>27.0</td><td>13.8</td><td>10.9</td><td></td><td>3.7</td><td>4.0</td><td>7.0</td></tr>
<tr><td>2018</td><td>4,103,172</td><td>22,235</td><td>26.4</td><td>14.2</td><td>11.1</td><td></td><td>3.6</td><td>4.0</td><td>7.2</td></tr>
<tr><td>2019</td><td>4,175,286</td><td>22,717</td><td>26.6</td><td>–</td><td>–</td><td></td><td>–</td><td>–</td><td>–</td></tr>
<tr><td rowspan="2">2020</td><td rowspan="2">6,032,022</td><td rowspan="2">24,813</td><td rowspan="2">31.1</td><td colspan="2">5~99인</td><td>100~299인</td><td colspan="3">300인 이상</td></tr>
<tr><td colspan="2">43.6</td><td></td><td colspan="3">15.2</td></tr>
<tr><td>2021</td><td>6,075,912</td><td>24,992</td><td>31.0</td><td colspan="2">44.0</td><td></td><td colspan="3">15.0</td></tr>
<tr><td>2022</td><td>6,139,899</td><td>25,217</td><td>31.0</td><td colspan="2">44.0</td><td>10.0</td><td colspan="3">15.0</td></tr>
<tr><td>2023</td><td>6,238,580</td><td>25,321</td><td>30.3</td><td colspan="2">44.8</td><td>9.8</td><td colspan="3">15.1</td></tr>
</table>

주: 종사자 수는 월평균 정상근무일수의 1/3 이상 업무에 종사한 자, 다른 사업체에 파견한 종사자 또는 용역을 준 업체에 나가 일하는 자, 병가자・단기휴가자・파업중인 자・외국인취업자・공공근로요원・종교단체 봉사자 중 상시적으로 봉사하는 자를 포함함.

자료: 통계청, 「전국사업체조사」, 각 연도; 한국노동연구원 「2017 노동통계」의 [표 2-33]에서 재인용하고 통계청, 2023년 전국사업체조사 잠정결과(잠정), 보도자료, 2024.9.27.에서 추가 보완함.

1) 낮은 보상 수준

또한 임금 수준에서도 규모별로 상당한 차이를 보이고 있다. 〈표 6-3〉을 보면 대기업이라고 할 수 있는 1,000인 이상 규모 기업체의 임금을 100으로 했을 때, 9인 이하의 소규모 사업장을 제외하더라도, 10~29인 규모의 기업체는 62.6%에 지나지 않았다. 9인 이하의 소규모 사업장은 통계 조사 대상에서 아예 제외되어 있어서 아쉽다. 간접노동비용에서 법

〈표 6-3〉 규모별 상용근로자 월평균 노동비용 구성비: 2023년 (단위: 천 원, %)

구 분		(10인 이상) 전 규모	10~29인 (A)	30~99인	100~299인	300~499인	500~999인	1,000인 이상 (B)	A/B (%)
직접노동비용		4,893	4,039	4,147	4,387	4,605	4,880	6,386	63.2
간접노동비용		1,238	805	907	1,063	1,153	1,275	1,891	42.6
	법정 노동비용	469	349	363	411	436	501	660	52.9
	법정외 복지비용	272	127	151	184	242	243	526	24.1
총액		6,131	4,844	5,054	5,449	5,758	6,156	8,277	58.5

주: 1) ( )은 1,000인 이상의 경우를 100으로 볼 때의 비율임.
2) 직접노동비용(임금총액)에는 정액 및 초과급여, 상여금 및 성과급이 포함되고, 간접노동비용에는 퇴직급여, 법정 노동비용과 법정외 복지비용 등이 포함된다. 법정 노동비용에는 국민연금, 건강보험료, 고용보험료, 산재보험료, 장애인고용부담금, 재해보상비 등 법령에 따라 기업이 의무적으로 부담하는 비용이고, 법정외 복지비용에는 주거비용, 건강보건비용, 식사비용, 교통통신지원비용, 보육지원금, 보험료지원금, 자녀학비보조비용, 휴양문화체육오락비용, 우리사주제도 지원금, 사내근로복지기금, 기타를 포함함.

출처: 고용노동통계(2024), 2023 회계연도 기업체노동비용조사 결과, 보도자료, 2025.7.14. 확인함.

정 노동비용은 57.8% 수준이었으나 주거, 식대, 자녀학비보조 등을 포함하는 법정외 복지비용은 29.3%에 불과해 그 차이가 크게 나타남을 알 수 있다.

2) 중소기업 근로자에 대한 보호와 어려움

전체 근로자 중에서 중소기업에서 일하는 근로자는 매우 높은 비중을 차지하고 있으며, 증가하는 추이를 보이지만 그럼에도 불구하고 해당 근로자들의 임금이나 근로조건을 제도적으로 보호해 줄 수 있는 노동조합의 조직률이 매우 낮고, 그에 따라 삶에 대한 만족도 또한 낮다.

(1) 규모별 노동조합 조직현황

노동조합은 근로자의 경제적 · 사회적 지위향상이 목적이고 근로자들의 권익보호를 위해서는 노조결성이 선행될 필요가 있다. 하지만 대기업에 비해서 중소기업은 노조조직률이 매우 낮다. 중소기업의 근로자들은 노동조합에 의한 보호도 받기가 어렵다는 점이다. 〈표 6-4〉에서 보는 대로 2023년 말 기준 우리나라 전체 노조조직률은 13.0%이지만, 규모별로는 큰 차이를 보인다. 30인 미만의 경우는 조직률이 0.1%에 불과해 사실상 노동조합의 영향력은 별로 없다고 할 수 있다. 여기에 해당하는 근로자가 1,200만 명이 넘는다. 안타까

〈표 6-4〉 사업체 규모별 노동조합 조직현황 (단위: 천 명, 명, %)

구 분	30명 미만	30~99명	100~299명	300명 이상
임금근로자 수(천 명)	12,296	4,170	2,178	3,096
조합원 수(명)	17,134	56,204	120,436	1,107,528
조직률(%)	0.1	1.3	5.6	36.8

주: 조합원 수 등은 단위노조에서 신고한 내용을 기초로 하여 실제와 차이가 있을 수 있음.
출처: 고용노동부(2024.12.18), 「2023년 전국 노동조합 조직현황」 발표, 보도자료.

운 점이다. 하지만 임금수준도 높고 고용도 안정된 300인 이상의 대규모 사업체의 조직률은 36.8%로 여기에 속한 조합원 수는 131만 명으로 거의 절반 정도의 근로자가 노동조합 조합원이다.

결국 중소기업에서 일하는 근로자의 경우 앞에서 본 대로 대기업 근로자에 비해 근로시간은 더 길지만 임금이나 복리후생 수준은 낮으며, 노동조합에 의해 보호받을 가능성도 낮아서 상대적으로 좋지 않은 일자리에서 일하는 것으로 볼 수 있다. 그럼에도 보호를 위한 정부 정책은 미흡하다고 할 수 있다.

(2) 중소기업의 특징과 양극화

우리나라의 중소기업의 특징 몇 가지를 정리하면 다음과 같다. 첫째, 우리나라의 전체 고용에서 차지하는 비중은 1990년대 이후 지속적으로 증가하고 있다. 흔히 '9988'이라고 하는데 중소기업의 사업체 수가 전체의 99%이고, 근로자 수는 88%를 차지한다는 의미다. 둘째, 경제 전체에서 차지하고 있는 비중은 증가하고 있지만 중소기업의 노동생산성은 상대적으로 하락하고 있고, 그 결과 수익성도 하락하고 있다.

특히 1987년 노동자대투쟁을 거치면서 대기업들은 임금상승과 대립적 노사관계에 대응하여 기계화와 자동화를 통해 노동을 대체하고 이후 제4차 산업혁명으로 로봇 등을 더 많이 사용하게 되었으며, 노동집약적인 품목을 중소기업으로 옮기게 되었다고 본다.[16] 결과적으로 대기업은 자본기술집약적인 품목, 중소기업은 저부가가치형 노동집약적인 품목으로 생산을 이원화함으로써 하청생산구조가 되었다는 주장이 설득력을 가진다. 그러다 보니 중소기업에 종사하는 근로자들은 임금수준도 낮아지고, 복리후생수준도 대기업 근로자들에 비해서 떨어질 수밖에 없게 되었다. 그렇다고 고용의 안정성이 높은 것도 아니다.

(3) 대 · 중소기업 간 격차 완화

이러한 대 · 중소기업 간의 격차를 완화하기 위해서는 대기업과 중소기업의 상생을 위한 제도적 지원과 의식의 변화가 필요하다. 공정거래위원회와 같은 곳에서 대기업과 중소기업, 또는 원청회사와 하청회사 간에 거래나 계약이 공정하게 이루어지도록 제도적인 지원을 해야 할 것이다. 또한 대기업들은 우월적 지위를 남용하는 소위 갑질문화를 개선하여야 할 것이고, 하청기업들도 시장에서 경쟁력을 확보하여 제대로 목소리를 낼 수 있어야 할 것이다. 노동조합들도 대기업 중심이 아니라 중소기업에 종사하는 근로자들에 대한 조직활동을 강화하여 중소기업 근로자들의 보호에 더욱 적극적으로 임해야 한다.

2 여성과 차별

이제 여성의 경제활동참가는 일상적인 일이 되었지만, 선진국에 비해서 아직도 우리나라 여성들의 경제활동참가율은 낮은 편이다. 2023년 한국 **여성의 경제활동참가율**은 63.1%로 OECD 국가의 평균 66.7%에 비해 낮은 편이고, 국가별 순위로는 31위 수준이다.[17] 15~64세 여성의 고용률은 61.4% 수준이다. 결혼이나 자녀보육에 대한 부담으로 경제활동이 중단되는 경우가 많고, 기간제근로나 단시간근로와 같은 비정규직 근로자의 비율이 높다. 법적인 차별금지에도 불구하고 아직도 명시적 또는 암묵적 차별대우를 받는 경우가 많다. 정부는 고령화 · 저출산 사회에서 여성의 경제활동참가를 제고하기 위해 차별을 해소하고, 결혼과 출산 이후에도 계속 일할 수 있도록 일 · 가정양립제도를 확충하며, 경력단절여성의 경제활동복귀를 위해 다양한 제도적 지원을 아끼지 않고 있다. 더 나아가서는 일 · 생활 균형의 접근방식이 더욱 적극적으로 이루어져야 할 것이다.

고용 관점에서 살펴보면, 2023년 우리나라 15~64세 여성 고용률은 61.4%로 지속적으로 상승하고 있으며, 특히 30대 초반 여성의 고용률은 71.3%로 과거의 M커브 곡선은 완화되고 있다.[18] 다만 실근로시간은 여성이 148시간으로 남성의 164시간에 비해 짧았으며, 기혼중 경력단절 여성은 134만9천 명이었다. 저임금(중위임금의 2/3 미만) 근로자 비율은 남성의 9.8%에 비해 여성은 19.0%로 두 배가 많았으며, 육아휴직 급여자 수는 12만6천 명이었다. 육아기 근무시간 단축급여 수급자 수는 2만3천 명, 유연근무제 활용은 여성이 13.9%로 남성이 17.1%에 비해서 낮았다. 전체 대상자에 비해 실제 제도를 적용받는 여성

근로자의 절대 숫자도 매우 낮다.

앞에서 설명한 대로 우리나라 여성의 취업은 아직도 20대에 취업률이 높지만 30대에 직장을 그만두고 다시 40대에 노동시장에 진입하는 **M자형 고용률**을 보인다는 점이다.[19] 즉, 경력단절로 인해 많은 시간과 비용을 들인 인적자원이 제대로 활용되지 못하고 있다는 것이다. 여성의 경력단절이 발생하는 것은 일반적으로 출산과 육아를 여성 가족의 책임으로 인식하는 문화의 상존, 양질의 보육시설과 서비스 부족, 직장과 가정의 조화를 지원하는 제도 미성숙 등이 주요 원인으로 언급된다. 정부는 출산과 육아로 인해 경력이 단절되는 것을 방지하고, 여성 근로자의 고용을 촉진하는 정책을 더욱 적극적으로 추진해야 할 것이다.

구체적으로 고용에 있어서 남녀의 평등한 기회 및 대우 보장, 모성보호, 직업능력개발 등을 통한 근로여성의 복지증진을 목적으로 2007년에는 1987년에 제정된 **「남녀고용평등법」**을 개정하였다. 구체적으로 ① '일중심'에서 '가정생활과의 균형'을 중시하는 근로자들의 의식변화와 ② 일 · 가정 양립 지원을 통한 기업의 경쟁력 강화를 도모하기 위한 것이다. 법률명을 **「남녀고용평등과 일 · 가정 양립 지원에 관한 법률」**로 변경하고 사업장의 남녀차별 개선, 모성보호, 일 · 가정의 양립 실태파악을 위한 정기적인 실태조사, 사업주의 고객 등 업무와 밀접한 관련이 있는 자에 의한 성희롱 방지의무, 배우자 출산휴가, 육아기 근로시간 단축제도, 사업주의 기업 차원의 육아지원 및 가족돌봄제도 도입 노력의무와 이에 대한 정부의 지원근거 마련과 경력단절 여성의 재취업 촉진 등 일 · 가정 양립 지원을 위한 법적 기반을 확충하였고, 동 법률은 2008년 6월 22일부터 시행되었다.

과거 여성에 대한 차별을 해소하고 여성고용 확대를 위해 도입된 **적극적 고용개선조치**(Affirmative Action Program) 사업은 2006년 3월 1일 500인 이상 민간기업과 1명 이상 공공기관을 대상으로 도입 · 시행되고 있다. 해당 조직들은 적극적 고용개선조치제도를 통해 '직종별 · 직급별로 남녀근로자 현황을 보고하고, 동종 산업 · 유사 기관 기업들과 비교하여 여성고용 비중과 여성관리자 비중이 일정 수준에 미달하는 경우 이에 대한 개선조치를 취하도록 요구'받고 있다. 여성관리자 및 여성근로자의 비율이 2015년부터 동종업종 평균의 70%로 상향조정되었다. 적극적 고용개선조치 결과 2020년 대상기관의 관리자 중 여성 비율은 22.3%로 이는 2012년의 16.6%에서 5.7% 상승한 결과이며, 공공기관보다는 민간기업 여성관리자의 비율이 더 높다.[20] 또한 2021년을 기준으로 4급 이상 국가직 공무원 중 여성의 비율은 19.7%로 2010년 6.3%에 비해 13.4%가 상승하였다.

3 고령자 고용과 차별

고용과 관련하여 고령자는 고용촉진의 목적으로 「고용상 연령차별금지 및 고령자고용촉진에 관한 법률」에서 인구·취업자의 구성 등을 고려한 55세 이상인 자를 의미한다. 50~54세는 준고령자라고 정하고 있으나, 실무적으로는 50~64세 근로자에 대해 장년근로자 또는 장년층이라는 표현을 많이 사용하고 있다.

1) 초고령사회와 고령근로자

우리나라는 세계에서 가장 빠른 속도로 고령화와 저출산 추이가 진행되어 2000년에 65세 이상의 고령자 인구 비율이 7.2%가 되어 **고령화사회**(高齡化社會, aging society, 7% 이상)에 진입하였고, 2018년에는 14.3%로 **고령사회**(高齡社會, aged society, 14% 이상)로 진입하였고, 2024년 12월에 20%를 넘어서서 **초고령사회**(超高齡社會, super-aged society)로 진입하였다.* 고령화사회에서 초고령사회로 진입하는 데 소요된 연수를 보면 우리는 25년이지만, 일본은 36년, 미국은 105년, 프랑스는 154년이 걸렸다.

(1) 초고령사회

우리나라는 2024년에 65세 이상의 고령인구는 993만 명으로 전체 인구의 19.2%이며, 2024년 12월에 20%를 넘어서서 초고령사회로 진입하였다.[21] 2036년에는 30%, 2050년에는 40%를 넘어설 것으로 전망된다. 2022년 65세의 기대여명은 20.7년(남자 18.6년, 여자 22.8년)으로 OECD 평균보다 더 길다.

생산연령인구(보통 15~65세) 100명이 부양하는 고령인구를 의미하는 **노년부양비(율)**는 2022년 24.6명에서 2035년에는 48.6명, 2050년에는 78.6명, 2070년 100.6명으로 전망되고 있다.**[22] 일본(29.8%)이나 이탈리아(23.7%)는 이미 초고령사회에 진입하였다.

이러한 상황을 **인구 오너스**(Demographic Onus) **현상**이라 하는데 고령화·저출산으로 생산가능인구가 감소하며, 부양인구 증가 등으로 경제성장이 지체되는 현상을 의미한다.

---

* 1950년대 우리나라의 기대수명은 42세(남자 37세, 여자 47세)였으나 이제는 82세(남자 79세, 여성 85세)이며, 향후 90세를 넘어설 것으로 예상되고 있다. 세계 평균은 72세(남자 70세, 여성 74세)이다.

** 통계청의 2022 고령자통계에서는 65세 이상을 고령자로 하고 있으나 경제활동인구조사 고령층 부가조사에서는 55~79세를 고령층으로 구분하고 있으며 통계에 따라 고령자 기준 연령에 차이가 있다.

[그림 6-2] 고령인구(65세 이상) 구성비와 노년부양비 및 노령화 지수

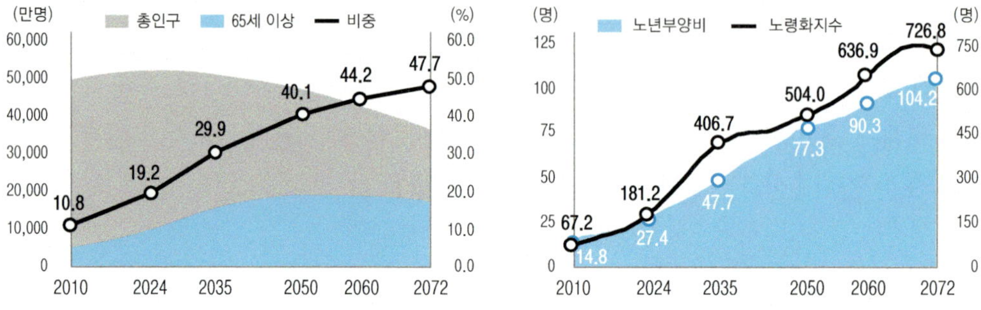

출처: 통계청(2024.9.26), 『2024 고령자통계』, 보도자료의 22쪽.

그와 더불어 우리나라는 노인빈곤율이 OECD 최고 수준으로 노후준비가 미흡하다는 문제점도 동시에 가지고 있다. 노후준비가 미흡한 가운데 의료・복지・연금 등 고령층에 대한 부양을 둘러싼 재정문제와 세대 간 갈등도 증대할 우려를 보인다.

OECD 평균 노인빈곤율은 12% 수준임에 비해, 2022년 기준으로 66세 이상 은퇴연령층 중에서 중위소득 50% 이하를 기준으로 하는 상대적 빈곤율이 39.7%에 달해서 OECD 회원국 중에서 가장 높은 수준을 기록하였다.[23] 다만 2013년의 47.7%에 비해서는 감소하는 추이를 보이고 있다. 2023년을 기준으로 65세 이상 고령자 중에서 취업자는 352만 명으로, 고용률이 37.3%인데 15세 이상 인구 전체고용률 62.6%에 비해서는 낮은 수준이지만, 2015

[그림 6-3] 고령자(65세 이상)의 고용현황

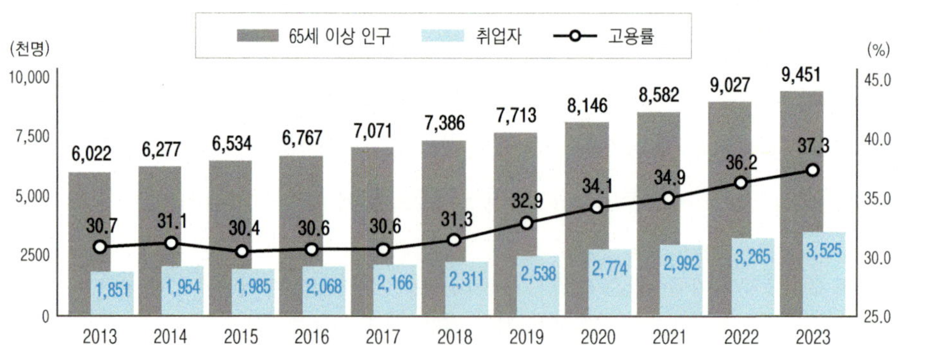

출처: 통계청, 「경제활동인구조사」, 통계청 『2024 고령자통계』에서 재인용함.

년 이후 지속적으로 상승하는 추세를 보이고 있다. 직업을 보면 단순노무종사자(34.6%)와 농림어업숙련종사자(23.3%)의 비율이 매우 높고, 서비스판매종사자(17.7%), 기능기계조작종사자(15.0%) 순을 보인다.

(2) 정부의 고령근로자 정책*

고령자고용법(고용상 연령차별금지 및 고령자고용촉진에 관한 법률)에서 '고령자'를 55세 이상인 사람으로 정하고 있는데, 정부는 중장년 근로자를 대상으로 장년층의 고용안정, 재취업 및 퇴직 후 사회공헌 및 일자리 지원이라는 세 가지 정책을 시행 중이다.[24)]

첫째는 재직근로자에 대한 고용안정성을 제고하기 위해 고령자 계속고용장려금(정년퇴직자 계속고용)**과 고령자 고용지원금(60세 이상 고령자 추가고용) 제도를 시행하고 있다. 정년퇴직자를 계속 고용하는 경우 2025년 기준으로 근로자 1인당 월 30만 원씩 최대 3년간 총 1,080만 원을 지급하는 제도로, 2025년 예산은 357억 원 규모다. 실질적으로 예산규모를 보면 1인당 1,080만 원이 소요되므로 3천5백 명 규모 수준으로 매우 미흡하다. 고령자 고용지원금은 60세 이상 근로자 수가 직전 3년 평균보다 증가한 경우 증가인원 1명당 분기 30만 원을 최대 2년까지 지원(총 240만 원)하는 제도이다.

중소기업에서는 쉽지 않은 일이지만 고령근로자는 기존에 다니고 있었던 주된 일자리에서 계속 일하는 게 임금이나 근로조건에서 가장 높은 수준을 유지하고, 이직 이후 재취업을 하게 되면 임금이나 근로조건이 현저하게 낮아지는 게 일반적이다.

둘째, 재취업을 위해서 40세 이상 중장년을 대상으로 전직 및 재취업을 지원하는 중장년내일센터 운영, 40세 이상 중장년의 경력대안개발서비스 제공, 그리고 50세 이상의 고령자에게 취업알선 및 취업능력향상프로그램을 제공하는 고령자인재은행을 운영하고 있다.

셋째, 퇴직 후 사회공헌 및 일자리 지원을 위해 50세 이상 70세 미만의 미취업자를 대상으로 재취업을 지원하는 제공하는 신중년 경력형 일자리 사업과 50세 이상 실업자를 채용하는 경우 인건비를 지원하는 신중년 적합직무 고용장려금 사업 등이 있다.

---

* 고령자 일자리관련 지원정책은 매년 바뀌고 있고, 이재명 정부에서는 새롭게 정책을 준비해서 시행할 예정이다. 고용노동부장관은 법정 정년 연장과 동일노동 동일임금 등 기존 정책과는 다른 정책을 시행하겠다고 밝힌 바 있다.

** 고용노동부, '2025년 고령자고용안정지원금 매뉴얼' 참조.

(3) 고령자 기피론

그러나 일반적으로 기업은 고령자를 채용하지 않으려고 한다. 이에 대한 경제학적 논의는 두 가지이다.[25]

첫째는 '**이연보상계약가설**(delayed payment theory)'이다. 이는 근로자의 성과를 측정하고 평가하는 데 많은 비용이 발생하는 경우 기업은 이연보상을 통해 이 문제를 완화하려고 한다.[26] 초기에는 낮은 임금을 주고 후반기에 높은 임금을 주면 근로자는 초기에 이연보상 상실에 대한 위협을 느끼고 기회주의적인 행동을 줄이며 생산성 향상을 통해 장기적인 고용관계를 유지하려고 한다. 이러한 이연보상의 효과는 저연령층에 강하고 고령자에게는 약하게 작용하기 때문에 기업은 고령자 고용을 기피하는 것이다.

우리나라 기업에서 많이 활용하는 호봉제는 바로 이러한 이연보상과 직접적으로 연계되는 임금체계라고 할 수 있다. 우리나라에서 많이 활용되는 명예퇴직제도는 중고령층 근로자를 대상으로 정년 이전에 자발적으로 퇴직하면 수천만 원 또는 수억 원에 이르는 인센티브를 제공한다. 임금이 근속연수에 따라 계속 증가하는 임금체계의 경우라면 일정 시기 이후에는 생산성을 초과하는 임금을 지급해야 하므로 이 중에 일부를 인센티브로 제공하면서 근로관계를 종료함으로써 전체적으로는 오히려 인건비를 절감하는 방법이다.

따라서 근속연수에 따라 생산성과 괴리되는 임금을 지급하는 연공급 호봉제 임금체계를 개편해서 임금을 해당 기간 동안의 직무수행역량과 직무수행성과를 기준으로 하는 직무급이나 기술급 등으로 개편해서 임금을 지급한다면 정년이 연장된다고 하더라도 추가적인 부담이 발생하지 않기 때문에 기업으로서는 고령자를 퇴출시키고자 하는 이유 한 가지는 줄일 수 있다.

둘째는 '**기업특수적 훈련**(firm-specific training)' **가설**이다. 기업특수적이란 특정한 기술이나 지식이 특정 기업에만 유용하다는 의미이다. 이런 경우 기업은 근로자를 신규로 채용할 때마다 기업특수적 훈련을 실시해야 하고 이에 따른 비용을 절감하기 위해서는 가능한 채용횟수를 줄이는 것이 필요하다. 또한 기업특수적 훈련비용에 대해서 수익이 발생하기 위해서는 근로계약이 일정기간 이상 지속되어야 한다. 결국 이런 기업은 고령층보다는 가능한 젊은 층을 신규채용하고, 이들을 장기고용함으로써 고정적인 훈련비용을 줄여, 훈련투자의 수익을 높이는 방법을 선호한다는 것이다.

(4) 아파트 경비직과 미화원 고령근로자

아파트 경비원의 경우 2015년부터 최저임금을 100% 적용받게 되었지만, 근로조건이 열악한 대표적인 고령근로자 직종이라고 할 수 있다.[27] 정부는 2020년 공동주택 경비원 근무환경 개선 대책[28]을 발표한 바 있고, 2021년 8월에는 휴게시간과 휴게시설 등을 근로 환경 개선을 위해서 첫째, 수면과 휴식을 취할 수 있는 구체적인 휴게시설 기준(냉난방 시설, 유해물질 및 소음 관리, 최소한의 비품, 청결유지, 필요시 침구 등)을 제시하였다. 둘째, 대부분 24시간 격일제 근무인 근로조건과 관련하여 ① 휴게시간(수면시간 포함)이 근로시간보다 짧을 것, ② 휴게시간 보장을 위해 외부알림판, 고객안내 등의 조치, ③ 월평균 4회 이상의 휴무일 보장 등을 제시하였다.

특히 24시간 교대제 근무에 대해서는 ① 격일 교대 근무는 유지하되, 밤에는 일찍 퇴근하고 일부 근로자만 남아서 야간 경비업무를 수행하는 퇴근형 격일제, ② 경비업무를 전담하는 경비원과 관리업무를 전담하는 관리원으로 구분하여 운영하는 경비원관리원 구분제, ③ 3조 교대제나 주야간 전담제와 같은 기타 교대제 등을 제시하였다.

알고 지나가기

아파트 경비원의 휴게시간은 근로시간

휴게시간에 경비 초소에서 근무복을 입은 상태로 대기하고 사용자의 지휘·감독을 받았다면 근로시간으로 봐야 한다는 대법원 판단이 나왔다. 대법원 2부(주심 이동원 대법관)는 서울 압구정 현대아파트 전직 경비원들이 아파트 입주자대표회의를 상대로 낸 임금 청구 소송 상고심에서 원고의 손을 들어준 원심을 확정했다고 10일 밝혔다.

압구정 현대아파트에서 경비원으로 일했던 A씨 등은 2018년 2월 "휴게시간으로 규정된 시간에 제대로 쉬지 못하고 일을 했다"며 휴게시간과 매달 2시간씩 받는 산업안전보건교육을 근무로 간주해 임금을 지급하라는 소송을 냈다. 입주자대표회의와 맺은 단체협약에서는 점심·저녁·야간 휴식 등 총 6시간의 휴게시간을 보장하기로 했지만, 휴게시간에도 근무복을 입고 경비실에서 무전 지시를 받으며 주차관리 등을 한 만큼 근무시간으로 봐야 한다는 주장이었다.

1심 재판부는 "제출된 증거만으로는 휴게시간이 실질적인 근로시간에 해당한다고 볼 수 없다"며 경비원들의 주장을 받아들이지 않았고, 매달 2시간씩 받는 산업안전보건교육도 20분만 근로시간으로 인정했다. 하지만 항소심은 A씨 등이 휴게시간에도 1평 남짓의 좁은 경비초소에 근무복을 입은 채 머무르면서 입주민들의 돌발성 민원에 대응해야 했다며 원심을 깨고 해당 시간만큼 미지급한 임금을 지급하라고 판단했다.

다만 미지급 임금에 연 20%의 지연이자율을 적용해야 한다는 원심의 판단에 대해서는 항소심 판결 날까지는 연 5%, 그 이후로는 연 20%를 적용해야 한다고 고쳐 파기자판했다. 파기자판은 상고심 재판부가 원심 판결을 파기하면서 사건을 원심 법원으로 돌려보내지 않고 직접 판결하는 것을 말한다.

출처: 연합뉴스, 2021.8.10, 대법 "경비원, 휴게시간에 지휘·감독받으면 근무한 것".

(5) 일본의 고령자고용안정법 개정*

일본은 1940년대 후반 장기고용시스템과 함께 정년제가 보급되었고 정년 연령은 55세였다. 이후 1954년 후생연금보험법이 개성되어 남성의 경우 지급개시연령이 1974년부터 55세에서 60세로 단계적으로 증가하였다. 1970년대에는 정년 60세를 목표로 정년연장 장려금을 지급하였고, 1986년에는 '중고령자고용촉진법'을 만들어 '60세 정년' 노력을 의무화하였으며, 1994년에 이르러 법개정을 통해 비로소 정년을 60세로 의무화하였다.

다시 1990년에는 65세까지 계속고용조치 노력을 의무화하였고, 2000년에는 '65세까지 **고용확보조치**'의 도입노력을 의무화하였고, 2004년 '단계적 의무화', 다시 2012년 '희망자 전원 65세까지 **계속고용 의무화**'로 단계적 확대를 진행하였다. 일본은 **후생연금**(한국의 국민연금)의 지급개시 연령도 1994년부터 60세에서 65세로 단계적 인상하였고, 2020년에는 70세 취업기회 확보를 위한 노력을 명시하고 실시하고 있다.

정리하면 **고령자고용안정법**에서는 60세 미만의 정년은 금지하며, 65세까지 고용확보조치를 취하도록 하고 있다. 정년을 65세 미만으로 정한 사업주는 다음 세 가지 중 하나를 선택해 조치를 취해야 한다. ① 정년을 65세까지 연장, ② 65세까지 계속고용제도(재고용/근무연장)를 도입, 2012년 개정으로 희망자는 전원 대상, ③ 정년제 폐지 등이다. 다만 개개인 노동자를 고용해야 하는 의무가 있는 것은 아니다. 즉, 65세까지 일하는 것을 원하지 않는 근로자는 고용하지 않아도 세 가지 중에 한 가지 조치를 취하면 의무는 달성한 것으

* 이하의 내용은 한국노동조합총연맹(2022), 인구고령화에 따른 정책대응 방향 연구 - 일본의 고령자 노동정책과 시사점 -, 정책이슈보고서 특별호, 한국노총 기관지 586호 부록의 내용을 정리한 것이다.

로 간주된다.

2020년에 다시 개정하여 2021년 4월부터 시행되는 고령자고용안정법을 보면 65세 초과 고용제도에 대해서는 노력의무가 부여되었는데, 65세까지의 고용확보와 **고령자취업확보조치**를 취해야 한다. 내용을 보면 ① 70세까지 정년 연장, ② 정년제 폐지, ③ 70세까지 계속고용제도의 도입 등이다. 그리고 고령자가 희망할 때, ① 70세까지 계속 업무위탁계약 체결 제도를 도입하거나, ② 70세까지 사업주 스스로 실시하거나 위탁해서 실시하는 사회공헌사업에 종사할 수 있는 제도를 도입해야 한다.

2021년 31인 이상 기업에 대한 조사에 따르면 65세로 고용확보조치를 시행한 기업은 99.9%에 달하며(일본의 경우 영세규모의 기업에 대한 조사는 시행하지 않음), 확보조치 내용을 보면 계속고용제도를 도입한 기업이 76.4%로 가장 많았다. 희망자 전원이 66세 이상이어도 일할 수 있는 기업은 2만여 개로 전체의 12.7% 수준에 이르렀다.

일본의 노동정책연구연수기구가 시행한 2019년 60～69세의 5천 명에 대한 근로조건 조사 기록인데, 60대가 수입을 위해 일하는 취업자 비율은 59%였으며, 대체로 전문직기술직(21.8%), 서비스직(14.8%), 사무직(10.5%), 관리직(9.0%)에 종사하고 있었다. 소속기업은 30인 미만 기업이 43.7%, 100인 이상 기업이 33.0%였다. 취업자의 평균근속연수는 20.7년이었고, 월평균 18.8일을 일했고, 1일 노동시간은 8시간 이상이 51.2%를 차지하였다. 고용형태는 '파트・아르바이트'가 40.7%로 가장 많고, '정규직'이 21.4%, '촉탁'(15.2%), '계약사원'(14.4%)의 순서로 나타났다.

정년 연령 혹은 60세 도달 시에 일의 내용이 변했는가에 대한 질문에는 57%가 변하지 않았다(우리나라보다 임금의 연공성이 적어도 임금삭감 없이 하던 일을 계속하기가 용이함)고 답했고, 20.7%는 같은 업무지만 책임강도가 변했다(팀장과 같은 책임지는 일은 벗어남)고 답했다. 임금은 60～64세는 29만 엔, 65～69세는 25만 엔이었고, 정년 전과 비교했을 때 71.5%는 임금이 감소했으며 21.0%는 임금이 별로 변하지 않았다. 임금이 감소한 경우 21～30세가 16.1%, 31～40세가 15.1%, 41～50세가 25.9%, 51～60세가 12.0% 등이었다.

정부의 지원제도를 보면 ① 고령자를 고용시에 75% 미만(2025년부터는 90% 미만)이 되는 경우 줄어든 임금을 지원하는 **고령자고용 계속 급부 제도**, ② 65세 이상 이직자를 1년 이상 계속 고용할 경우 사업주에 지급하는 특정구직자 **고용개발 조성금 제도**, ③ 65세 이상으로 정년을 연장하는 등 제도 개선을 하는 경우 65세 초과 **고용추진 조성금 제도**,

④ 재취업 대상자가 취업 후 고용이 확실한 경우 사업주에 지급하는 **노동이동지원조성금 제도** 등이 있고 그 외에 고령자고용 상담제도와 고령자고용 우수기업에 대한 표창 등이 있다.

일본의 고령자 고용과 관련해서 지적되는 문제점으로는 ① 회사와 정년퇴직 근로자가 합의하지 못한 경우 계속고용이 아니어도 법위반이 아니라는 점, ② 대기업을 중심으로 고령자 채용에 소극적이라는 점(중소기업의 경우 인력부족으로 고령근로자도 계속고용을 희망하는 경우가 많음), ③ 70세 이후 창업지원조치가 현실성이 부족하다는 점, ④ 강하지는 않지만 연공임금제도가 여전히 존재하고 있다는 점, ⑤ 60세 이상 노동재해발생건수가 전체의 1/4을 차지하고 있다는 점, ⑥ 체력이 좋지 않고 풀타임 근무가 어렵다는 점 등이 있다.

(6) 영국의 65세 의무정년제 폐지와 미국의 무정년제도

영국의 2011년 **고용평등규정**(The Employment Equality (Repeal of Retirement Age Provisions) Regulations 2011)은 기존의 65세 **의무정년제**를 폐지하도록 하여, 사용자는 더 이상 나이를 이유로 근로자의 퇴직을 종용할 수 없게 되었다.[29] 의무정년을 고수하고자 하는 사용자는 연령이 아니라 객관적인 관점에서 의무정년을 유지해야 할 필요성을 증명해야 한다. 이 규정은 차별금지 관점이지만 동시에 고용지속을 통해 연금에 대한 부담을 줄이려는 목적도 가지고 있다.

미국의 경우 정년제도가 **연령차별**이라는 이유로 오래전에 폐지되었다. 일을 할 수 있는 능력이 있다면 나이와 상관없이 계속 일할 수 있는 것이다. 다만 **사회보장법**에 따라 은퇴혜택을 보장받을 수 있는 연령은 과거 65세에서 67세로 단계적으로 연장되고 있어서, 1960년생은 67세부터 보장받을 수 있다.

미국의 **무정년제도**는 거꾸로 생각하면 상대적으로 젊은 나이라고 하더라도 직무수행능력이 떨어지면 회사를 그만 두어야 한다. 우리나라의 경우는 근로자를 해고하려면 정당한 사유가 있어야 하지만 미국에서는 사용자가 원하면 특별한 사유가 없어도 해고가 가능한 원칙을 가지고 있다. 우리나라에서 근로자는 사직서만 쓰면 회사를 떠날 수 있는 원리가, 사용자에게도 마찬가지로 적용되고 있는 것이다.

2) 연령차별 금지

우리 사회는 이미 초고령사회로 진입하였지만, 고령자들은 나이가 많다는 이유만으로 기업에서 쫓겨나거나 차별받는 경우가 많다. 하지만 우리나라에서도 2009년 이후 모집·채용, 2010년부터는 임금, 복리후생, 교육훈련, 배치전보승진, 퇴직해고 등에서 연령에 따른 차별을 금지하고 있다.

(1) 고용상 연령차별금지

「고용상 연령차별금지 및 고령자고용촉진에 관한 법률」(약칭 고령자고용법)은 고령사회의 도래에 대비, 개인의 능력과 무관하게 연령을 기준으로 한 차별적 관행 해소를 통해 고령자 등의 고용여건개선 및 연령 차별금지의 실효성을 확보하기 위해 만들어진 법이다. 연령차별은 ① 모집·채용, ② 임금, 임금 이외 금품 지급 및 복리후생, ③ 교육·훈련, ④ 배치·전보·승진, ⑤ 퇴직·해고 등 고용관련 분야에서 금지된다.

고령자고용법에서는 연령이 아닌 다른 기준을 적용하여 특정 연령 집단에게 불리한 결과가 초래되는 간접차별까지 차별의 개념에 포함시키고 있다. **직접차별**이란 '합리적인 이유 없이 연령을 이유로 근로자 또는 근로자가 되려는 자를 차별하는 경우'를 말한다. 예를 들면 '50세 이상 취업금지' 조항이다. **간접차별**이란 '형식상으로는 공정한 기준을 적용했더라도 특정 연령집단에게 불리한 결과가 발생'하였다면 이는 간접차별에 해당된다. 예를 들어 '100미터 달리기 15초 내'와 같은 기준을 일반 사무직 근로자에게 적용하는 경우다. 장년층이 15초 이내로 달리기란 쉽지 않고 결과적으로 장년층이 다 탈락하게 되는 기준이다.

연령차별 피해자는 차별행위가 있은 날로부터 1년 이내에 **국가인권위원회**에 진정*할 수 있으며, 인권위원회는 접수된 진정을 조사하여 연령차별로 인정되는 경우 **구제조치**를 권고할 수 있다. 또한 고용노동부장관은 정당한 사유 없이 권고를 이행하지 아니하는 경우 법에 따라 피해자의 신청 또는 직권으로 **시정명령**을 할 수 있다.

다만 근로자의 차별문제를 국가인권위원회에서 다루도록 함으로써 효율성이 떨어질 수 있다. 부당해고나 부당노동행위 등과 같은 대부분 근로자의 권리구제와 고용상 성차별 문제도 **노동위원회**를 통해서 처리하고 있는데, 연령차별만을 별도로 국가인권위원회에서 조

* 진정(陳情)이란 국가 또는 지방공공단체에 사정을 진술하고 어떤 조치를 희망하는 행위를 말한다.

사하고 권고할 수 있게 함으로써 정책집행의 효율성이 떨어질 가능성이 크다. 따라서 일터에서의 모든 차별에 대해서 노동위원회에서 일괄 처리할 수 있도록 할 필요가 있다. 현재도 기간제 근로자에 대한 차별을 다루며, 향후 직장 내 괴롭힘도 처리할 가능성이 있다.

(2) 외국의 연령차별 금지제도*

국제적 노동규범 차원에서 국제노동기구(ILO)와 유럽연합(EU)은 회원국들에게 연령을 이유로 하는 고용차별을 금지하는 법적 조치를 취할 것을 요구하고 있다.30) 국제노동기구는 1980년 **「고령근로자에 관한 권고」**(제162호)에서 "회원국은 연령과 관계없이 근로자의 평등한 기회 및 대우를 촉진하는 국가정책과 이에 관한 법령 및 관행의 틀 내에서 고령근로자에 관한 고용·직업상의 차별을 금지하기 위한 조치를 취하여야 한다"(제3조)고 언급한 바 있다. 유럽연합도 2000년 **「고용·직업에서의 평등대우 기본원칙에 관한 지침」**(2000. 78호)을 제정하여, 회원국들이 2007년 이전까지 연령 등을 이유로 하는 고용차별을 금지하는 법제도를 시행하도록 의무를 부과하였다.

이에 따라 법이 제정된 대표적인 사례로 영국의 2006년 **「고용평등(연령)규칙**(Employment Equality (Age) Regulation)」이 있다. 동법은 고용영역에서 취업 가능한 모든 자에 대한 연령차별을 금지하고 있고, 직접차별과 간접차별 개념에 관한 법적 정의, 모집·채용에서부터 해고·정년에 이르기까지의 고용단계별 차별금지의 구체적 내용, 차별에 해당하지 않는 예외사유, 차별행위에 대한 구제수단과 절차 등을 규정하고 있다. 이후 2011년에는 정년제도를 폐지하였다.

다음으로 유럽연합 이외의 국가들 가운에서 연령차별금지제도를 확립·시행하고 있는 대표적인 나라는 미국과 호주이다. 미국은 1967년에 **「고용에서의 연령차별금지법**(Age Discrimination in Employment Act)」을 제정하여 40세 이상인 자에 대하여 연령을 이유로 하는 고용차별을 금지하였다.31) 동법은 역사상 세계 최초의 연령차별금지법으로서 국제노동규범이나 다른 나라의 입법 및 판례에 미친 영향력이 컸다. 호주의 경우에는 2004년에 **「연령차별금지법**(Age Discrimination Act)」을 제정하였다.32) 동법은 고용영역뿐만 아니라 비고용영역에서의 연령차별을 포괄적으로 금지하고 있는 점이 특징이다.

---

* 연령차별 금지에 대한 이하의 내용은 조용만·이인재(2007), 「연령차별 금지제도의 사회경제적 영향 분석 및 도입방안」, 일반용역사업보고서, 노동부를 인용하여 정리한 내용이다.

3) 정년연장과 고령자 고용

이제 우리나라도 2017년부터 모든 사업장에서 정년이 60세로 연장되었다. 우리나라의 인구 고령화는 다른 나라들에 비해 훨씬 빠른 속도로 진행되어 왔으며 출산율 하락으로 경제활동인구의 부족, 그리고 고령화사회에 따른 연금 등에 대한 국가재정 압박 등은 **정년연장**을 법제화하도록 하였다.

우리보다 먼저 고령사회에 진입한 일본은 이미 1990년대부터 정년연장제도를 강화하였고, 우리도 이에 따라가는 모습이다. 다만 우리나라는 2013년에 법이 통과된 이후 2년여의 준비기간을 거쳐 실행함으로써 준비기간이 짧았다. 법률에도 임금체계 개편이 언급되어 있었지만, 근로자들과 노조는 이에 대해 저항하였고, 결국 박근혜 정부에서 성공하지 못한 임금체계 개편은 문재인 정부에서는 적극적으로 논의되지 않았다. 윤석열 정부에서는 세대상생형 임금체계 개편을 공약으로 내세웠으나 제대로 임금체계 개편을 추진하지 못했다.

2020년 이후 법정 정년 연장이 사회적 화두로 제시되었다. 정부는 **경제사회노동위원회** 내에 2024년 6월 '**인구구조 변화 대응 계속고용위원회**'를 설치하여 1년여 동안 논의하였지만 노동계가 불참하여 합의를 도출하지 못하였고, 공익위원 중심으로 **계속고용 의무화 방안**을 권고한 바 있다. 2025년 8월 이재명 정부는 법정 정년을 65세로 연장하기로 정하고 구체적인 추진방법을 논의하고 있다. 다만 청년 채용 감소에 대한 우려, 중소기업 근로자들의 잦은 이직, 기업의 인건비 부담에 대한 지원 등의 내용에 대한 대안 모색이 필요한 상황이다.

4 장애인과 차별[33)]

헌법 제10조, 제11조 제1항, 제34조 제5항 등에 언급된 대로 장애인이 인간답게 살 수 있는 권리, 일할 수 있는 권리 등 기본적 인권을 보장하는 것은 인간의 존엄성을 확보하기 위한 기본적인 방향이며 이를 법률로 구체적으로 보장하는 것은 국가에 일차적인 책임이 있다고 하겠다. 우리나라도 헌법 제34조 제5항에 "신체장애자 및 질병 · 노령 기타의 사유로 생활능력이 없는 국민은 법률이 정하는 바에 의하여 국가의 보호를 받는다"고 구체적으로 명시하고 있으며, 고용과 관련해서 「**장애인고용촉진 및 직업재활법**」(약칭 장애인고용법)을 통해 장애인의 고용을 위해 노력하고 있다. 하지만 사회적으로 아직도 장애인에 대한 명시적 및 암묵적 차별은 여전히 존재하고 있다.

1) 장애와 장애인 규모[34)]

장애는 '신체 또는 정신기능의 저하·이하·상실 또는 신체 일부의 결손 등과 같은 의학적 차원의 협의의 장애뿐만 아니라 이로 인해 발생하는 사회적 활동에서의 장애까지를 포함하는 포괄적인 개념'으로 이해할 수 있다. 우리나라의 경우 1989년의 **「장애인복지법」**에서는 장애인은 '지체장애, 시각장애, 청각장애, 언어장애, 또는 정신지체 등 정신적 결함으로 인하여 장기간에 걸쳐 일상생활 또는 사회생활에 상당한 제약을 받는 자'로 정의되어 있었지만, 범주가 협소하다는 지적에 따라 1999년 개정된 「장애인복지법」에서는 '외부 신체기능의 장애, 내부기관의 장애와 정신지체, 정신질환에 의한 장애로 인하여 장기간에 걸쳐 일상생활 또는 사회생활에 상당한 불편을 겪는 사람'(제2조)으로 규정하여 범위를 확대하게 되었다. 2007년에는 **「장애인차별금지 및 권리구제 등에 관한 법률」**(약칭 **장애인차별금지법**)이 제정되어 2008년부터 시행되고 있으며, 장애유형은 지체, 뇌병변, 시각, 청각, 언어, 지적(구 정신지체), 정신, 자폐성, 신장, 심장, 호흡기, 간, 안면, 장루·요루, 뇌전증(구 간질) 등 15가지 유형이다.

정부에서 파악하고 있는 등록 장애인은 1990년 24만 명에서, 2000년 102만 명으로 100만 명을 넘었고, 2024년에 263만 명 수준이다.[35)] 총인구대비 장애인구 비율은 5.1%이다. 연령별로는 고령화가 진행되어 65세 이상이 146만 명으로 장애인의 55.3%를 차지하고 있다. 2024년 말 기준으로 장애유형을 보면 지체장애가 전체의 절반(43.0%)을 차지하고 청각(16.8%), 시각(9.4%), 뇌병변(8.9%), 지적, 정신, 신장, 자폐성, 언어 등의 빈도를 보인다. 장애발생 원인을 보면 2014년을 기준으로 선천적 원인은 4.6%에 불과하며, 후천적 원인이 90.5%를 차지하고 있다. 후천적 원인은 질환이 55.1%, 사고가 35.4%를 차지한다.

인구 100명당 장애인 수를 의미하는 **장애인 출현율**은 2021년 기준으로 우리나라가 5.1% 수준인데 OECD 국가의 평균인 24.1%에 비해서는 상당히 낮은 수준이다.[36)] 핀란드 35.1%, 덴마크 33.0%, 영국 27.3%, 프랑스 25.0%, 독일 21.8%, 미국 12.7%, 일본 7.6% 수준이다. 선진국에서는 정서장애, 학습장애, 알코올중독 등과 같이 사회활동에 어려움을 겪는 자도 장애인의 범주에 포함시키는 것이 일반적이며 세계보건기구에서는 인구의 10% 정도를 장애인으로 추정하고 있다.

2) 장애인 경제활동[37)]

2024년 10월 기준 만 15세 이상 등록 장애인 257만 명의 경제활동참가율은 35.9%, 고용률 34.5%, 실업률 4.0% 수준이다.[38)] 전체 인구의 64.7%, 63.3%, 2.3%와는 상당한 차이를 보인다.* 장애인 취업자의 종사상 지위를 보면 임금근로자는 74.3%인데, 이 중에는 상용근로자가 54.4%, 임시근로자가 36.1%, 일용근로자 9.5% 순으로 나타났다.

장애인 취업자의 직장 규모를 보면 4인 이하가 38.7%, 5～299인 이하가 54.1%, 300인 이상이 6.0%로 상대적으로 소규모 사업장에서 일하고 있음을 알 수 있다. 주당 평균 취업시간은 33.0시간으로 전체 인구 취업자의 38.9시간보다 짧았다. 구체적으로 취업시간을 보면 주당 36시간 이상이 59.3%로 전체 인구 취업자의 46.6%보다 많은 것으로 나타났지만, 1～17시간 일하는 경우도 18.1%로 전체 인구 취업자의 9.4%보다 많은 것으로 나타났다.

2024년 10월 기준으로 일자리에 대한 평균 근속기간을 보면 장애인 임금근로자의 경우 6년 9개월로 전체 인구 임금근로자의 6년 4개월보다 조금 긴 것으로 나타났다. 3개월 월평균 임금은 209.1만 원으로 상용근로자는 290만 원, 임시근로자는 94.3만 원, 일용근로자는 191.1만 원으로 나타났다. 비정규직 비율은 65.1%로 전체 인구의 38.2%에 비해 두 배 가까운 수준으로 나타났다.[39)]

좀 오래된 자료인데 OECD 국가들과 비교해 보면 장애인 고용률은 평균 47.6%로 우리나라도 평균 수준임을 알 수 있다. 스위스 69.0%, 스웨덴 69.0%, 프랑스 56.2% 등으로 높으며, 영국 47.6%, 체코 38.6%, 헝가리 23.7% 수준이었다.[40)]

3) 장애인 의무고용제도

장애인 의무고용제도는 1991년 **「장애인고용촉진 및 직업재활법」**(구 장애인고용촉진 등에 관한 법률)(약칭 **장애인고용법**) 시행으로 도입되었으며, 국가·지방자치단체, 상시근로자 50명 이상의 공공기관 및 민간기업은 일정 비율 이상의 장애인을 의무적으로 고용하도록 한 제도이다. 2025년을 기준으로 국가·자치단체의 공무원이나 공공기관(공기업, 준정부기관, 기타공공기관 및 지방공기업)은 공무원과 근로자 모두 3.8% 이상 고용하여야 하며, 상시근로자 50인 이상의 민간기업은 3.1% 이상이다. 공무원의 '장애인 구분모집'은

---

* 경제활동참가율 = (경제활동인구[취업자 + 실업자]/15세 이상 인구)×100, 고용률 = (취업자 수/15세 이상 인구)×100

> 알고 지나가기
>
> **제30차 UN총회의 장애인에 대한 결의**
>
> 장애인이라 함은 선천적이든 후천적이든 간에, 신체적·정신적 능력의 불완전으로 인하여 일상의 개인적 또는 사회적 생활에서 필요한 것을 확보하는 데 자기자신으로서는 완전하게 또는 부분적으로 할 수 없는 사람을 의미한다. 장애인은 보장구를 포함한 의료적·심리적·기능적 치료와 의료적·사회적 재활교육, 직업교육훈련 및 재활원조, 상담직업알선 및 기타 장애인의 능력과 기술을 최대한으로 개발하고 그들이 사회통합 또는 재통합의 과정을 촉진시킬 수 있는 서비스를 받을 권리가 있다. 장애인은 경제적·사회적 보장 및 상당한 수준의 생활을 누릴 권리를 가진다. 장애인은 그 능력에 따라 보장을 받고 고용되어 유익하고 생산적이며 보수를 받는 직업에 종사하고 노동조합에 참여할 권리를 가진다.

7·9급 공채시험 선발 예정인원의 일부(법정 의무고용률 3.8%의 2배 이상 적용, 2025년 7.6% 선발 예정)를 장애인만 응시할 수 있도록 구분하여 선발하는 제도이며, '중증장애인 경력경쟁채용'은 관련 경력이나 자격증, 학위 등 요건을 충족한 중증장애인만을 대상으로 필기시험 없이 서류전형과 면접시험으로 채용하는 제도이다(인사혁신처).[41]

장애인 고용인원이 의무고용인원에 미달하면 **장애인 고용부담금**을 부과하고(상시근로자 100명 이상의 경우), 의무고용률을 초과하면 **장애인 고용장려금**을 지급한다. 국가 및 지자체의 경우에도 기존에는 공무원이 아닌 근로자 부문에 대해서만 부담금을 납부했으나, 2021년부터는 공무원 부문도 부담금 납부 의무가 추가되었다.

장애인 고용부담금은 장애인 고용의무제도의 실효성을 확보하고, 장애인을 고용한 사업주와 고용하지 않은 사업주 간에 장애인 고용에 따른 경제적 부담을 평등하게 조정하기 위해 부과되는 것으로, 상시근로자 100명 이상을 고용하고 있는 국가 및 자치단체의 비공무원부문, 공공기관, 민간기업이 장애인 의무고용률에 미달한 경우 미달한 정도에 따라 구간별로 차등하여 부담금을 납부하게 된다.[42] 2025년을 기준으로 의무고용률에 미달하는 1명당 '**장애인 고용부담금의 부담기초액**'은 최소 월 1,333,480원(고용의무 인원 대비 1/2 이상 3/4 미만)에서 최고 2,096,270원(장애인을 한 명도 고용하지 않는 경우)이다. 장애인 의무고용률을 초과하여 상시근로자(소정근로시간이 월 60시간 미만인 경우 제외)로 장애인을 고용하는 경우에는 사업주에게 고용장려금을 지급하는데, 2023년 발생분부

알고 지나가기

장애인 고용의무 돈으로 때우는 기업들

삼성전자와 LG전자 등 대기업들이 장애인 의무고용률 미달로 매년 수백억대의 부담금을 내면서도 미달 업체 명단에서 빠져 온 것으로 드러났다. 기업은 의무고용률 3.1%의 절반(1.55%)만 지켜도 명단공표에서 제외해 주는 등 명단공표 기준이 낮아서다. 장애인의무고용의 경각심을 줘야 할 명단공표 제도의 실효성이 부족한 것 아니냐는 지적이 나온다.

(2022년 9월) 28일 국회 환경노동위원회 노웅래 더불어민주당 의원실이 고용노동부로부터 받은 '최근 5년 장애인 고용부담금 상위 50개소 현황'을 보면, 삼성전자는 5년 동안 고용률 1.55~1.59%를 오가며 가장 많은 부담금을 냈다. 삼성전자의 부담금은 2018년 141억7,900만 원에서 2021년 242억2,500만 원으로 증가 추세다. LG전자도 2017년 2.2%부터 2021년 2.3% 등 의무고용률에 미달하면서 10위권 안에 꾸준히 이름을 올렸다. 10위권에는 연세대학교 학교법인과 국민은행, SK하이닉스, LG전자, 신한은행, 우리은행, 하나은행, 대한항공, 삼성디스플레이, 홈플러스 등이 순서만 바꿔가며 고정되다시피 이름을 올렸다.

출처: 경향신문, 2022.9.28.

터 매월 경증남성 35만 원, 경증여성 50만 원, 중증남성 70만 원, 중증여성 90만 원을 계속 지급한다.

법으로 정한 장애인 의무고용률은 2025년에 정부와 공공기간 등 공공부문은 3.8%, 민간기업은 3.1%인데, 실제 공공부문의 고용비율은 3.9%, 민간부문은 3.03%이다. 장애인 고용률이 미달해서 부담하는 장애인 고용부담금을 납부한 기업은 2025년 2분기 기준으로 8,536개에 달하며, 징수액은 8,419억 원에 달한다. 연간 약 3조4천억 원 규모다.[43] 장애인 고용장려금 지급은 2025년 2분기 기준으로 3,485개 업체에 895억 원이 지급되었고 총인원은 18만4천 명이다.

장애인 근로자의 채용이 용이하지 않은 이유로는 '장애인에게 적합한 직무가 부족하거나 찾지 못해서' 20.2%, '업무능력을 갖춘 장애인이 부족해서' 15.5%의 순으로 나타났다. 장애인 고용기업체 내에서 가장 많은 장애인 근로자가 하고 있는 업무가 필요로 하는 능력으로 '고정된 자세나 반복 작업', '동료나 상사와의 협력, 의사소통하는 능력'에 대한 필요도가 높게 나타나는 반면, '외국어를 하는 능력', '창의성(아이디어)를 필요로 하는 능력', '수리, 계산하는 능력' 등에 대한 필요도는 매우 낮게 나타났다.

장애인 고용확대를 위해서는 법적인 규제도 필요하지만 의식변화도 함께 해야 한다. 앞의 〈알고 지나가기〉에서 보는 대로 우리가 생각하기에 대기업이고 명예로운 기업이라고 생각하는 다수의 기업들이 장애인 고용비율 미달로 불명예스러운 명단에 올라가고 있다. 특히나 수년씩 계속 미달하고 있는 기업들의 경영자는 부끄러움을 알아야 한다. 장애인의 90% 이상은 후천적 장애인이라는 점에서 우리는 모두 비장애인임을 인식하고 장애인 고용확대를 위해 적극적으로 노력할 필요가 있다. **한국장애인공단**에서는 직장 내 장애인 인식개선 교육을 시행하고 있는데, 인식개선 교육은 법적인 강제사항이다.

우리나라는 생산적 복지라는 이념 하에 장애인 직업재활 및 고용지원 서비스를 제공하고 있으며, 이는 직업활동을 통한 능동적인 사회활동의 주체로 전환하기 위한 대표적인 방안이라고 하겠다. 심한 수준의 장애를 가지고 있다고 하더라도 모든 부분의 능력에 장애를 가진 것은 아니므로, 원칙적으로는 전체 장애인 모두가 고용정책의 대상이 될 필요가 있다. 또한 장애인 직업재활 및 고용지원서비스의 내용은 공급자 중심의 획일적인 지원서비스가 아니라 수요자인 장애인의 입장에서 장애유형과 개인적 특성에 맞는 맞춤형 서비스가 되어야 할 것이다.

5 외국인 근로자와 차별

이제 우리나라의 노동시장을 논함에 있어서 **외국인 근로자***를 설명하는 것은 당연한 사항이 되었다. 특히 윤석열 정부에서는 외국인 근로자를 더욱 적극적으로 수입·활용한 바 있다. 물론 미국 트럼프 정부는 미국인이 어려움을 겪는다는 이유로 외국인 근로자의 유입을 적극적으로 제한하고 있다. 그러나 일반적으로 외국인 근로자는 노동시장을 설명하는 중요한 요소로 자리매김하고 있다. 하지만 아직도 내국인들이 외국인 근로자에 대한 차별적인 대우는 문제점으로 지적되고 있다.

---

* 외국인 근로자에 대한 호칭은 다양하다. 노동계나 시민단체에서는 '**이주노동자**'라는 개념으로 사용하는데 이에 대해 일부에서는 반대하는 입장도 있다. 그들은 이주노동자란 이민국가에서 외국 근로자를 그 나라에 이민시키는 형식으로 그 나라 국적을 주는 형태라는 점에서 이민국가의 요구에 의한다는 주장이다. 따라서 불법체류자를 포함하는 외국인 근로자를 이주노동자라고 부르는 것을 반대한다. 여기서는 일반적으로 사용하는 표현인 '외국인 근로자'로 통일해서 사용하기로 한다.

1) 외국인 근로자의 규모와 현황[44]

2024년 말 기준으로 우리나라에 체류하는 외국인은 265만 명이고, 이는 2006년 91만 명에서 세 배 가까이 증가한 규모다.[45] 다만 코로나19로 인해 2020년과 2021년에는 감소하였지만 2022년 말 기준으로 다시 증가추이를 보이고 있다. 국적별로 살펴보면 2024년 말 기준으로 중국이 96만 명을 차지하고 있으며, 베트남 30만6천 명, 태국 18만9천 명, 미국 17만 명, 우즈베키스탄 9만5천 명 순이다.[46] 2025년 5월 말 기준으로 취업자격을 가진 체류외국인은 61만3천 명인데, 이 중에 9만7천 명은 전문인력(특정활동, 회화지도, 예술흥행, 단기취업, 연구 등)이고 51만2천 명은 단순기능인력(비전문취업, 방문취업, 계절근로, 선원취업, 관광취업 등)이다.[47]

〈표 6-5〉 연도별 체류외국인 현황 (단위: 명)

	2019	2020	2021	2022	2023	2024
체류외국인	2,524,656	2,036,075	1,956,781	2,245,912	2,507,584	2,650,783
- 장기체류	1,731,803	1,610,323	1,569,836	1,688,855	1,881,921	2,042,017
- 단기체류	792,853	425,752	386,945	557,057	625,663	608,766
불법체류자	390,281	392,196	388,700	411,270	423,675	397,522

출처: 법무부, 법령/자료〉통계정보〉출입국통계의 체류외국인 및 불법체류외국인, https://www.moj.go.kr/moj/2415/subview.do 에서 2025.7.17.에 확인함.

외국국적동포의 경우 2025년 5월 말 기준 86만5천 명으로 국적을 보면 중국이 66만8천 명으로 77.3%를 차지하고 있으며, 다음으로 미국인 5만3천 명, 우즈베키스탄 4만2천 명, 카자흐스탄 2만2천 명 등이다.[48]

2) 제도화된 외국인 근로자 활용

1980년대 후반부터 3D **업종**(Difficult, Dirty & Dangerous, 더럽고 힘들고 위험한 일)에서 인력부족을 해소하기 위해 수입하기 시작한 외국인력은 산업연수생제도로부터 시작하여 고용허가제까지 이름을 바꾸면서 지금까지 계속되고 있다. 미국의 경우도 오랜 기간 동안 멕시코와 중남미에서 들어오는 불법입국자들의 저임금 노동으로 노동시장을 유지해 왔는데, 그 긍정적인 영향보다 부정적인 측면이 대두되자, 트럼프 대통령처럼 멕시코와의

[그림 6-4] 연도별 불법체류외국인 현황: 2020~2024

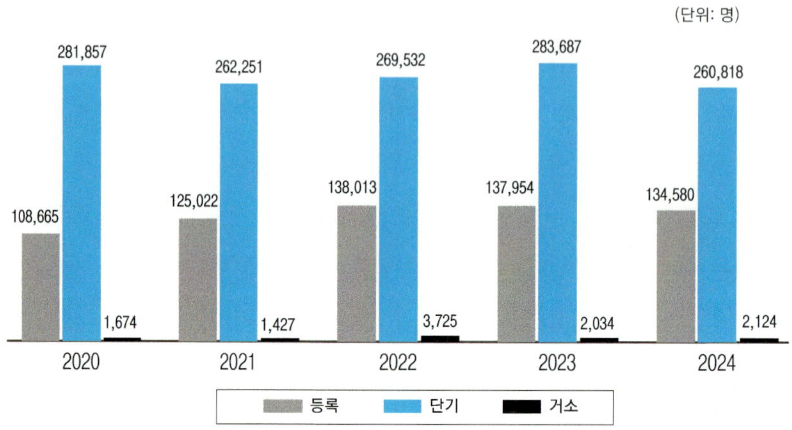

출처: e-나라지표, 체류외국인현황, https://www.moj.go.kr/moj/2415/subview.do에서 2025.7.17.에 내려받음.

국경에 장벽을 설치해 불법입국을 막아, 저임금 노동자들을 줄여 미국인들의 임금수준을 제고한다는 정책을 시행한 바 있다. 다만 우리나라의 경우 3D 업종에는 국내 근로자들이 별로 선호하지 않아서, 고용허가제를 통해 외국인 근로자들이 일을 해도 국내 근로자에게 피해가 가는 것은 아니다. 우리나라에서 외국인 근로자를 사용하려면 먼저 국내 근로자에 대한 채용공고를 한 이후에 지원자가 없거나 부족한 경우 외국인 근로자를 제한적으로 사용할 수 있다.

(1) 산업연수생제도와 연수취업제

우리나라는 이미 지난 1980년대부터 3D 업종을 중심으로 생산직 인력이 부족하기 시작하였으나, 당시 외국인의 국내 취업은 제한적으로 전문기술인력만 가능하고 단순기능인력에 대해서는 외국인의 취업을 금지하였다.[49] 그러다가 경영계의 요구로 1991년 11월에는 해외투자기업 연수생제도를 도입하였고, 1993년 11월에는 **산업연수생제도**를 도입하였다. 그러나 산업연수생제도는 외국인력을 사실상 노무에 종사하게 하면서 근로자 신분이 아닌 연수생 신분으로 고용함으로써 외국인력의 편법활용, 사업장 이탈, 임금체불, 외국인 근로자의 인권침해 등의 문제를 야기하였다. 이러한 문제를 해소하기 위해 정부는 2000년 4월부터 산업연수생이 일정기간 연수생으로 근무한 후, 근로자 신분으로 전환하여 취업할 수 있도록 허용하는 연수취업제를 시행하였다. 또한 2002년 11월부터는 일부 서비스분야[50]에 국내에 호적 또는 친족이 있는 외국국적 동포를 대상으로 3년간 취업활동을 허용하는 **취업관리제**를 도입하여 시행하였다.

(2) 고용허가제의 도입과 확대

그러나 불법으로 체류 및 취업하는 외국인 근로자가 계속 증가하자 2003년 8월 **「외국인근로자의 고용 등에 관한 법률」**을 제정・공포하여 1년간 준비기간을 거쳐 2004년 8월부터 합법적인 단순기능인력 도입제도인 외국인 **고용허가제**를 시행하였다. 이후 외국국적 동포에게 국내에서 취업활동을 허용한 취업관리제에 일부 서비스업과 건설업분야를 허용하였고, 고용허가제 시행과 동시에 취업관리제는 고용허가제의 특례제도로서 고용허가제에 흡수통합되었다. 2006년부터는 취업 허용 업종을 제조업, 농축산업 또는 연근해어업으로서 **외국인력정책위원회**가 산업별 특성을 고려하여 정하는 사업 또는 사업체로 확대하였다.

2007년 3월부터는 국내에 호적 또는 친족이 있는 외국국적 동포에게 3년간 취업을 허용하던 특례고용허가제를 국내에 호적 또는 친족이 있는 외국국적 동포뿐만 아니라 국내에 연고가 없는 외국국적 동포에게도 허용하는 **방문취업제**로 전환하였다. 2007년 1월 1일부터는 산업연수생제도를 고용허가제로 통합하여 추가적인 산업연수생의 도입을 중단하고, 저숙련 외국인력의 고용은 고용허가제로 일원화하였으며, 해외투자기업연수생제도는 순수한 **외국인연수생제도**로 운용하게 되었다.

3) 고용허가제의 주요 내용

기존의 산업연수생제도의 운영에 따른 부작용을 해소하기 위해 정부는 2004년부터 '고용허가제'를 도입하여 외국인을 근로자로 인정하고 활용하는 제도로 운영방식을 전환하였다. 그리고 2023년 고용허가제의 개편을 진행하고 있다.

(1) 고용허가제의 의미와 특징

고용허가제는 「외국인근로자의 고용 등에 관한 법률」에 따라 '국내 인력을 구하지 못하는 우리 기업이 정부(고용노동부)로부터 **인력부족확인서**를 발급받아, 외국인력을 합법적으로 고용할 수 있는 제도'이다. 기존에 외국인력을 활용하는데 대한 합법적인 제도가 마련되어 있지 않아서, 연수생을 근로자로 편법 활용하거나 불법체류자를 고용하는 문제를 해결하기 위해 도입된 제도이다.

고용허가제의 주요 내용과 특징은 다음과 같다. 첫째, 내국인에게 고용기회를 보장하면서 외국인력을 활용하는 것이다. 외국인력을 활용하려면 제조업의 경우 300인 미만 또는 자본금이 80억 원 이하인 중소기업이어야 하고,[51] 14일 동안(농축산업 및 어업의 경우는 7일)의 **내국인 구인노력**이 의무적이다. 국무총리실의 **외국인력정책위원회**는 매년 인력수급 동향과 연계해 적정 수준의 도입규모를 결정한다.

둘째, 외국인력에 대한 송출비리를 방지하고 외국인력의 선정 및 도입절차를 투명화하는 것이다. 정부 간에 양해각서를 체결하여 공공부문에서 외국인 근로자에 대한 선정과 도입을 담당하도록 하고 있다. 고용노동부의 **고용지원센터**와 **한국산업인력공단**에서 이 업무를 담당하고 있다.

셋째, 외국인 근로자의 **정주화**(亭主化)*를 방지하기 위해 취업허용기간을 정하고 있고 취업의 순환원칙을 지키고 있다. 고용허가제 시행 초기에는 3년의 체류기간으로 한정하였으나 2009년 1월부터는 4년 10개월 체류가 가능하게 되었으며, 2012년 7월부터는 성실근로자 재입국 제도의 도입으로 요건(사업장 변경 없이 농축산업, 어업, 50인 이하 제조업 종사)이 충족될 경우, 추가적으로 1회에 한해 4년 10개월을 체류할 수 있다. 정부는 2020년 코로나19로 인해 외국인 근로자의 신규도입이 지연되자 고용허가제 외국인 근로자 취업활동 기간을 연장한 바 있다.

넷째, 외국인 근로자의 권익보호를 위해 내국인과 동등하게 법을 적용하여 산재보험, 건강보험, 최저임금, 노동3권 등을 보장하고 있다. 그러나 이러한 특징에도 불구하고 아직 우리나라에서 외국인 근로자를 활용하는 방안이 완전하다고 볼 수는 없다.

외국의 경우를 보면 대만, 싱가포르, 홍콩은 **고용허가제**를 도입하고 있으며 프랑스, 독일, 스위스 등 대부분의 유럽 국가는 외국인 근로자의 사업장 이동이 자유로운 **노동허가제**를 도입하고 있다. 우리나라의 경우는 외국인 근로자의 정주화를 방지하기 위해 취업기간은 3년으로 설정하여 매년 갱신하도록 하고 있으며, 단기취업임을 감안하여 가족동반은

---

* 정주화란 해외체류기간이 일정기간을 초과하게 되면 체류한 지역을 고향처럼 생각하게 되는 심리적인 현상을 의미한다. 그 결과 본국으로의 귀국을 꺼려하고 해당 국가에 남으려고 하는 의지가 커지게 되어 부작용이 발생할 가능성이 커진다.

금지되어 있다. 또한 외국인 근로자의 사업장 변경은 원칙적으로 금지되나, 사업체의 휴폐업, 사업자의 정당한 근로계약 해지 등 불가피한 사유가 있는 경우에는 예외로 인정된다.

(2) 고용허가제 현황

2025년 7월 기준으로 시행중인 **고용허가제도**(https://www.eps.go.kr)는 내국인을 구하지 못한 중소기업이 고용허가서를 발급받아 합법적으로 외국인을 고용할 수 있도록 하는 제도로 2014년 8월부터 태국, 베트남, 필리핀, 스리랑카, 몽골, 인도네시아, 파키스탄, 우즈베키스탄, 캄보디아, 중국, 방글라데시, 네팔, 키르기스스탄, 동티모르, 라오스 등 15개국과 MOU를 체결하여 운영되고 있는 제도이다.

고용허가제에 따른 외국인 근로자(E-9) 고용은 노동자 300인 미만 또는 자본금 80억 원 이하 중소 제조업, 농축산업, 어업(20톤 미만), 건설업, 서비스업(건설폐기물 처리업, 냉장냉동창고업, 재생용 재료수집업, 인쇄물출판업, 오디오 출판업 등)에 허가하고 있다. 외국인 근로자는 업종 간 이동이 불가능하고 사업장 간 이동은 법에서 정한 사유에 한해서 가능하며, 최초 3년간 3회, 재고용 1년 10개월간 2회 등으로 최대 4년 10개월 동안 가능하다.

해외동포를 고용하는 **방문취업제**(방문취업동포, H-2)는 중소 제조업(노동자 300인 미만 혹은 자본금 80억 원 이하), 농축산업, 어업(20톤 미만), 건설업, 서비스업(음식, 숙박 등 35개 업종), 광업 등으로 서비스업에 비교적 폭넓게 적용가능하며, 동포의 경우 입국 후에 취업하며 업종 간, 사업장 간 이동이 자유롭다.

고용허가제와 관련해 폐지를 촉구하는 단체들도 있다. **4대 종단 이주 · 인권협의회**(조계종 · 한국기독교교회협의회 · 천주교 · 원불교)는 고용허가제가 이주노동자에 대한 인권유린과 착취를 심화했다고 주장하면서 폐지를 주장했다.[52] 그 이유는 다음과 같다.

첫째, 고용허가제로 인해 자발적 사업장 변경을 금지당해 **강제노동**에 시달리고 있다는 점이다. 법적으로는 노동3권이 보장되어 있으나 현실적으로는 고용주에게 막강한 권한이 있어서 그 권리를 보장받기가 어렵다. 외국인 근로자의 노조설립이 가능은 하지만 실제로 설립된 노동조합이나 조합원은 소수에 불과하다.

둘째, 사업장 이동횟수에 대한 제한폐지다. 근로조건이 열악해서 어차피 잦은 이직을 막기가 어렵고, 횟수제한이 있는 한 사업장 환경개선을 기대하기는 어렵다고 주장한다.

셋째, 출국만기보험(퇴직금)을 출국 후 14일 이내에 수령할 수 있도록 제도를 변경해

퇴직금마저 받기 어렵게 되었다고 지적했다. 또한 **성실근로자**로서 우리나라에 있는 외국인 근로자에 대해서는 **가족 동반권**도 주어져야 한다고 주장한다.

인간의 기본 존엄성, 이주노동자의 인권과 노동권, 재산권을 심각하게 침해하는 고용허가제를 폐지하고 노동허가제로 전환할 것을 주장하고 있다. 더 나아서 노동계와 이주단체는 고용허가제가 위헌적 요소가 있다며 2020년 3월 헌법소원을 제기하였지만 2021년 12월 헌법재판소는 '사용자가 이주노동자들의 노동력을 안정적으로 확보하고, 이들을 효율적으로 관리하기 위해서는 이주노동자의 일터 이동 제한 등이 필요하다'는 취지로 합헌 결정을 내렸다.[53)]

(3) 고용허가제 개편방향

윤석열 정부가 들어선 이후 20여 년 만에 고용허가제 개편방향이 발표된 바 있다.[54)] 주요 사항은 외국인 중숙련 인력공급을 확대하고, 외국인력을 탄력적으로 운영할 수 있도록 파견근로 등을 허용하는 내용이다.

첫째, 산업현장의 수요에 맞는 숙련된 외국인력을 활용할 수 있도록 장기근속 특례를 신설해서 기존의 최대 4년 10개월에서 10년 이상 일할 수 있도록 한다. 이들 특례 인력만을 대상으로 하는 직업훈련과정을 신설하고 노사의견을 수렴하여 사업장 변경 등의 인센티브도 검토한다.

둘째, 인력난 사각지대 해소를 위해 외국인력 활용에서의 규제를 대폭 완화한다. 인력난이 심한 상하차 직종을 포함하여 일부 서비스 업종에 대해 E-9비자 고용을 허용한다. 특정시기에 생산되는 농수산물의 가공 등 일시적 수요에 대해서는 파견 허용을 검토하고, 가사돌봄에 대해서는 인증기관 방식 등을 통해 인력공급 방식을 검토한다.

한국어 능력이 우수하고 국내 취업을 희망하는 경우 외국인 유학생을 E-9 인력으로 전환하고, 방문 취업동포의 경우 허용업종 지정의 포지티브 방식에서 제외업종 외에 모두 허용하는 네거티브 방식을 적용하여 활용범위를 넓힌다. 그 외에도 의무구인노력 기간을 14일에서 7일로 단축하고, 방문 취업동포의 경우 취업알선을 민간에도 허용하고, 건설업에 대한 취업한도도 폐지한다.

셋째, 외국인력의 적재적소 활용을 위한 인프라를 확충한다. 이를 위해 허용업종 확대 결정시에는 지역단위 수요를 반영하고, 사업주와 외국인 근로자에 대해 상세한 정보를 제공한다.

넷째, 외국인력에 대한 체류 지원을 강화한다. 주거환경 개선, 외국인노동자지원센터 확충, 산재 예방 강화 등이다.

2022년까지는 매년 5만여 명 외국인 근로자를 도입하였으나 2023년에 11만 명, 2024년에는 16만 명이 도입되었다. 하지만 개편 방향에 대해서 일부 비판의견이 있다.[55] 첫째는 10년 이상 체류해도 가족을 초청할 수 없다는 점이다. 둘째, 장기근속 특례로 인정을 받아도 해당 사업장에서 근무하도록 해서 '사업장 변경 자유'는 여전히 제한을 받는다. 장기근속 특례로 인정을 받으려면 첫 직장에서 2년을 근무해야 한다. 비전문취업(E-9) 비자의 경우 3년간 3회에 한해 (이후 2년간은 2회) 사업장 변경을 허용하는 현행 제도가 그대로 유지된다. 셋째, E-9 비자로는 10년 이상 장기 체류하더라고 영주권을 신청할 자격이 주어지지 않는다. 2025년에 6월에 출범한 이재명 정부는 출범 초기에 외국인 근로자에 대한 구체적인 내용은 제시되지 않고 있다.

(4) 외국인 근로자에 대한 차별금지

고용허가제에 의한 외국인 근로자도 내국인과 동등하게 근로기준법, 최저임금법, 산업안전보건법 등 노동관계법의 적용을 받고, 노동3권 등 기본적인 권익은 보장된다. 고용・산재보험 및 국민건강보험의 혜택(당연적용)을 받고, 국민연금(상호주의)에 가입할 수 있다.

생산성, 근무경력 등의 차이로 정당한 차이는 가능하나 외국인 근로자라는 이유만으로 부당한 차별대우는 안 된다. 사업주의 근로계약 위반, 부당해고 등 위법・부당한 처분에 대해서는 고용노동부 및 노동위원회 등을 통해 권리구제가 가능하다. 국민연금의 경우 상호주의원칙에 따라 외국인의 본국법이 대한민국 국민에게 국민연금 등을 적용하지 아니하는 경우, 적용이 제외된다.

하지만 김규찬(2020)에 따르면 한국 내 외국인의 권리는 결혼이민자, 영주권자, 전문취업자, 해외동포, 비전문 취업자 순이라고 주장한다.[56] 한번 깊이 생각해 볼 만한 주장이다.

(5) 외국인 근로자의 활용과 기업 선택

왜 외국인 근로자를 고용해서 활용하고 있는가? 가장 대표적인 이유는 기업이 제시하는 임금수준으로는 한국인 근로자를 구할 수 없다는 이유였다. 다음으로는 불안정한 고용, 낮은 임금 등으로 나타났다.

우리 기업들이 외국인 근로자를 고용할 때 가장 많이 고려하는 사항으로는 출신국이다.[57] 이는 특정 국가에 대한 선호를 반영하고 있는데, MOU를 체결한 국가가 15개국에 이르고 있어 인력관리의 효율성이라는 관점에서 기존에 해당 기업이 활용하고 있는 인력과 같은 국적을 선호하기 때문인 것으로 보인다. 반면에 외국인 근로자의 경우 해당 기업을 선택한 이유에 대해 '근로조건'이 36.5%로 가장 높았고, 그 다음으로 '아무 회사라도 가능한 한 한국에 빨리 입국하고 싶어서'(31.1%)라고 응답하고 있다.

(6) 외국인 근로자의 사건 · 사고 및 직장생활의 애로사항*

외국인 근로자는 낯선 환경과 언어소통의 장애 등으로 재해예방 지식 · 정보전달에 한계를 가지며, 열악한 작업환경과 유해 · 위험한 요인이 많은데, 안전의식과 안전관리 역량이 미흡한 30인 미만 소규모 사업장에서 주로 근무하여 산업재해 발생위험이 높은 실정이다.**

산업재해로 사망한 외국인 근로자는 2017년 100명을 넘어선 이후 2023년까지 7년 연속 100명 이상을 기록하고 있다.[58] 부상 및 질환자도 2017년 6천 명에서 2023년 8,677명으로 꾸준히 증가하고 있다. 특히 국내에서 외국인 근로자가 겪은 산업재해 10건 중에 8건은 건설업과 제조업 분야에서 발생하였다. 하지만 건설업의 경우 전체 외국인 근로자의 12%만이 일하고 있는데 반해 산재 발생비율은 39.8%로 매우 높은 것이다.

---

* 외국인 근로자로서 부당한 대우를 받은 경우 고용노동부(청, 지청, 지방사무소)에 도움을 청할 수 있고 한국국제노동재단, 한국산업인력공단의 외국인력상담센터(1577-0091), 지역별로 외국인노동상담소 등을 이용할 수 있다.

** 이주노동자, 우리집은 비닐하우스 동영상, https://www.nocutnews.co.kr/news/5478775.

정리문제

1. 다음을 간단히 정리하시오.

- 저성과자의 의미
- 차별과 차이
- 직접차별과 간접차별
- 적극적 고용개선 조치
- 이연보상가설과 기업특수적 훈련 가설
- 장애인 의무고용제도
- 장애인 고용부담금과 장애인 고용장려금
- 고용허가제도
- 불법체류외국인이 존재하는 이유

2. 다음에 관해 의견을 제시하시오.

- 저성과자 해고의 정당성 여부 판단 기준
- 노동시장 이중구조
- 고령화사회, 고령사회, 초고령사회
- 외국국적 동포에게 방문취업제를 별도로 시행하는 이유

3. 팀보고서를 작성하시오.

- 중소영세기업은 왜 노조 조직률이 낮은가?
- 여성근로자의 경력단절 해결방안
- 한국은 왜 고령화사회에서 고령사회, 초고령사회로 짧은 기간 동안 진입했는가?
- 계속고용의무화와 정년연장의 차이
- 한국은 왜 장애인 비율이 선진국에 비해서 낮은가?
- 내가 취업하고 싶은 회사는 장애인 고용부담금을 내는가?
- 고용허가제를 노동허가제로 바꾸어야 한다는 주장의 근거는?

토론문제

1. "죽을까봐 무섭다"

A씨의 일과는 여름엔 아침 7시에 시작해 오후 7시에 끝난다. 겨울에는 2시간 일찍 퇴근한다. 때때로 농장주가 잔업을 요구하면 두서너 시간 더 일하기도 한다. 그래도 A씨의 월급은 늘 160만 원 남짓. 최저임금에도 못 미친다. 혹시 월급에서 숙박비와 건강보험료 등이 공제되는 건지 알고 싶지만, 농장주는 알려주지 않는다. 농장주는 캄보디아 말을 아예 못하고 A씨는 한국말에 서툴러서다.

그는 늘 식사를 숙소에서 한다. 농장주가 식사를 제공하지 않기 때문이다. A씨는 따로 음식을 조리하진 않는다. 식사시간은 고된 일을 한 뒤 찾아오는 유일한 쉬는 시간이기 때문이다. A씨의 냉장고에는 며칠 전 이주노동자 인권운동단체가 주고 간 김밥 두 줄과 먹다 남은 빵 조각이 있다. 그의 주된 식사 메뉴다. 간혹 컵라면을 먹기도 한다. 방에 있는 가스레인지는 물을 끓이는 것 외에는 사용하지 않는다. 일에 지치고 요리를 할 여유가 없거니와 좁은 방에서는 냄새가 빠지지 않기 때문이다. (중략)

B씨의 숙소에는 특유의 냄새가 난다. 이날도 저녁 식사인 카레 냄새를 뚫고 매캐한 악취가 코를 찔렀다. B씨는 농약보관함과 화장실을 가리켰다. 그는 공동화장실을 사용한다. 커다란 통에 네모난 구멍을 뚫어놓은 재래식 화장실. 애초 가건물이 불법건축물이니 여느 화장실처럼 정화조를 설치할 수 없어 임시방편으로 만든 것이다.

여기에 숙소 내 농약창고에서 나는 독한 냄새와 빗물이 샐 정도로 낡은 컨테이너 특유의 향까지 더해져 숙소에 잠시만 머물러도 머리가 어지러울 정도다. B씨는 이곳에서 3년 넘게 살았다. 무엇보다 독한 농약에 노출되는 게 가장 두렵다. 실제 지난해 장기간 농약에 노출된 이주노동자가 병원에서 무정자증 판정을 받은 사례도 있다. (중략)

(출처: 노컷뉴스, 2021.1.10)

Question !

1. 외국인 근로자는 왜 수입되고 활용되는가?
2. 우리나라에 외국인 근로자로 들어오는 외국인은 주로 어느 나라에서 오는가?
3. 최소한의 대우를 제대로 해주지 않는 사용자는 어떻게 해야 하는가?

주요 참고문헌

노동위원회(2024), 주요 판정 사례.

법무부, 『출입국 · 외국인정책 통계월보』.

보건복지부, 2024년도 등록장애인 현황 통계, 4월 18일, 보도자료.

여성가족부(2024.9.5), 『2024 통계로 보는 남녀의 삶』, 보도자료.

이성진(2024), 「저성과자 해고 최근 판례와 시사점」, 『노동법률』, 5월호.

조용만 · 이인재(2007), 『노동과 차별(I): 선진국의 반차별법 · 제도』, 서울: 한국노동연구원.

통계청, 『2024 고령자통계』, 보도자료.

통계청, 주제별 통계, 경제활동인구조사, http://kosis.kr

한국장애인개발원(2025), 『2024 하반기 장애인경제활동실태조사』.

미주

1) 노동위원회(2024), 감봉의 정당성 관련 사례, 주요판정사례, https://nlrc.go.kr/nlrc/mainCase/judgment/detail.do에서 2025.3.9.에 확인함.

2) 노동위원회(2019), 피켓시위 근로자에 대한 감봉 3월의 징계처분은 정당하다고 판정한 사례[중앙2018부해904], 주요판정사례, https://nlrc.go.kr/nlrc/mainCase/judgment/detail.do에서 2025.3.9.에 확인함.

3) 노동위원회(2024), 겸직금지 의무 위반으로 인한 징계해고의 정당성 관련 사례, 주요판정사례, https://nlrc.go.kr/nlrc/mainCase/judgment/detail.do에서 2025.3.9.에 확인함.

4) 노동위원회(2019), 인정되는 징계사유에 비해 징계양정이 과도하여 부당하다고 판정한 사례[중앙2018부해1095], 주요판정사례, https://nlrc.go.kr/nlrc/mainCase/judgment/detail.do에서 2025.3.9.에 확인함.

5) 노동위원회(2024), '금고 이상의 형을 선고받았을 때'를 당연면직 사유로 규정한 것은 현실적인 근로제공이 불가능한 경우를 의미하므로 집행유예 판결을 받은 근로자를 당연퇴직한 것은 부당하다고 판정, 주요판정사례, https://nlrc.go.kr/nlrc/mainCase/judgment/detail.do에서 2025.3.9.에 확인함.

6) 노동위원회(2024), 직무관련자로부터 주유대금을 대납받은 비위행위를 이유로 한 징계해고는 정당하다고 판정한 사례[중앙2019부해321], 주요판정사례, https://nlrc.go.kr/nlrc/mainCase/judgment/detail.do에서 2025.3.9.에 확인함.

7) 노동위원회(2024), 징계사유가 일부 인정되고 징계절차에도 하자가 없으나 징계양정이 과하여 부당하다고 판정한 사례[중앙2018부해1167], 주요판정사례, https://nlrc.go.kr/nlrc/mainCase/judgment/detail.do에서 2025.3.9.에 확인함.

8) 노동위원회(2018), 징계사유(성희롱)가 인정되고, 그 비위의 정도가 중대하며 징계처분의 효력을 부인할 만한 절차상 하자가 존재하지 않아 정당하다고 판단한 사례[중앙2018부해769], 주요판정사례, https://nlrc.go.kr/nlrc/mainCase/judgment/detail.do에서 2025.3.9.에 확인함.

9) 노동위원회(2018), 정보보안담당자인 근로자가 권한 없이 직원들의 개인정보를 열람한 행위는 징계사유에 해당하고, 해고는 그 양정이 적정하다고 판정한 사례[중앙2018부해771], 주요판정사례, https://nlrc.go.kr/nlrc/mainCase/judgment/detail.do에서 2025.8.26.에 확인함.

10) 노동위원회(2018), 징계사유가 인정되고 징계양정이 적정하므로 해고가 정당하다고 판정한 사례[중앙2018부해779], 주요판정사례, https://nlrc.go.kr/nlrc/mainCase/judgment/detail.do에서 2025.3.9.에 확인함.

11) 이성진(2024), 저성과자 해고 최근 판례와 시사점, 노동법률, 5월호, https://www.worklaw.co.kr/main2022/view/view.asp?bi_pidx=36641에서 2025.3.9.에 확인함.

12) 이성진(2024), 저성과자 해고 최근 판례와 시사점, 노동법률, 5월호, https://www.worklaw.co.kr/main2022/view/view.asp?bi_pidx=36641에서 2025.3.9.에 확인함.

13) 이성진(2024), 저성과자 해고 최근 판례와 시사점, 노동법률, 5월호, https://www.worklaw.co.kr/main2022/view/view.asp?bi_pidx=36641에서 2025.3.9.에 확인함.

14) 이성진(2024), 저성과자 해고 최근 판례와 시사점, 노동법률, 5월호, https://www.worklaw.co.kr/main2022/view/view.asp?bi_pidx=36641에서 2025.3.9.에 확인함.

15) 통계청, 주제별 통계, 경제활동인구조사, http://kosis.kr

16) 홍장표 · 김정주 · 안현효 · 노광표(2007), 「영세중소기업정책연구」, 전국민주노동조합총연맹.

17) 한국경제인연합회(2025.7.16), 여성 고용지표 국제비교 및 시사점, 보도자료, https://www.fki.or.kr/kor/news/statement_detail.do?bbs_id=00035960&category=ST, 2015.7.16.에 확인함.

18) 여성가족부(2024.9.5), 『2024 통계로 보는 남녀의 삶』, 보도자료의 내용을 주로 참고함.

19) 성지미(2007), 「사업체 패널조사의 고용관련 여성차별과 그 결정요인」, 『노동정책연구』, 7(3), 63~91쪽의 내용을 바탕으로 정리 요약한 것임.

20) 여성가족부(2022.9.6), 『2022 통계로 보는 남녀의 삶』, 보도자료. 참고로 관리자는 직종상의 관리직과 구별되는 한국표준직업분류 상 고위 임직원 및 관리자로 정의되어 있으며, 직급과는 무관하게 업무지휘 및 감독권, 인사고과(근평)권, 결재권의 3가지 권한 유무로 판단함.

21) 통계청, 2024 고령자통계, 보도자료.

22) 통계청, 장래인구현황과 전망 추계.

23) 통계청, 2024 고령자통계, 보도자료.

24) 고용노동부홈페이지, 정책자료 > 중장년, https://www.moel.go.kr/policy/policyinfo/aged/list.do에서 2023.1.10.에 확인함.

25) 참고문헌의 조용만 · 이인재(2007)의 36쪽 이하 참조.

26) Lazear, E.(1979), "Why Is There Mandatory Retirement?," *Journal of Political Economy*, 87(6), 1261~1284.

27) 고용노동부(2021.8.18), 「아파트 경비원의 휴게시설 기준과 근로조건을 강화하고, 야간근로 단축을 위한 근무방식 개편을 지원합니다」, 보도자료.

28) 고용노동부(2020.7.8), 「정부, "공동주택 경비원 근무환경 개선 대책" 발표」, 보도자료.

29) 정민아(2014), 「영국노동시장의 유연화, 효율화, 공정화 방안」, 『국제노동브리프(한국노동연구원)』, 12(3), 52~60.

30) 유럽연합 회원국 차별 법제도의 일반적 상황에 관해서는 Division des Etudes de législation comparée, La lutte contre les discriminations sur les lieux de travail, Sénat de France, 2000 ; Mark Bel, *Anti-discrimination law and the European Union*, Oxford University Press, 2002 참고 바람 ; 조용만 · 이인재(2007)에서 재인용함.

31) 미국의 연령차별금지법에 관해서는 Howard C. Egli(2000), *Age Discrimination*, West Group ; Raymond F. Gregory(2001), *Age discrimination in the American Workplace*, Rutgers University Press ; David Neumark(2001), *Age discrimination legislation in the United States*, National Bureau of Economic Research ; Lawrence M. Friedman(2003), Age discrimination law: Some remarks on the American experience, *Age as an Equality Issue*, Hart Publishing, 175~194 ; Barbara T. Lindemann and David D. Kadue(2003), *Age Discrimination in Employment Law*, Bureau of

National Affairs 등을 참고 바람. 조용만・이인재(2007)에서 재인용함.

32) 입법과정에 관해서는 HREOC, Response to Information Paper Containing Proposals for Common-wealth Age Discrimination Legislation, Sydney: Human Rights and Equal Opportunity Commision, 2002 ; HREOC, Age Matters: a report on age discrimination, Sydney: Human Rights and Equal Opportunity Commission, 2000 ; Attorney-General's Department, Information Paper Proposals for Commonwealth Age Discrimination Legislation, Commonwealth of Australia, 2002 참고 바람. 조용만・이인재(2007)에서 재인용함.

33) 장애인과 차별에 관련된 이하의 내용은 노동부(2007), 『2006년 민간기업 장애인고용현황』을 참고함.

34) 한국장애인개발원(2022), 『2022 장애통계연보』를 참고함.

35) 보건복지부, 2024년도 등록장애인 현황 통계, 4월 18일, 보도자료.

36) 한국장애인개발원(2022), 『2022 장애통계연보』를 참고함.

37) 한국장애인개발원(2025), 『2024 하반기 장애인경제활동실태조사』를 참고함.

38) 한국장애인개발원(2025), 『2024 하반기 장애인경제활동실태조사』를 참고함.

39) 한국장애인개발원(2022), 『2022 장애통계연보』를 참고함.

40) 한국장애인개발원(2022), 『2022 장애통계연보』를 참고함.

41) 인사혁신처 공무원인사제도 > 장애인 > 장애인채용, 2025.7.17.에 확인함. https://www.mpm.go.kr/mpm/info/infoJobs/jobsBalance/jobsBalance03/#.

42) 고용노동부(2024.12.31), 「장애인 고용부담금의 부담기초액」, 고용노동부 고시 제2024-99호, 보도자료.

43) 고용노동부, 2025년 2분기 고용부담금 징수 및 고용장려금 지급 현황.

44) 이영면(2021), 『토론중심 고용관계론』, 제6장 제2절 2.5 외국인 근로자에 대한 차별과 해소방안에서 인용함.

45) 국가통계포털, 국내통계, 「국적(지역) 및 체류자격별 체류외국인 현황」, 2025.7.17.에 확인함.

46) 법무부, 통계자료, 출입국통계, https://www.moj.go.kr/moj/2415/subview.do에서 2025.7.17.에 확인함.

47) 법무부, 출입국・외국인정책 통계월보, 2025년 5월.

48) 법무부, 출입국・외국인정책 통계월보, 2025년 5월, 46쪽.

49) 이하의 내용은 이규용(2014), 『고용허가제 10주년 성과 및 향후 정책과제』, 고용허가제 10주년 세미나 발표자료를 참고하여 작성한 것임.

50) 취업관리제의 당초 취업허용업종은 음식점업, 사업지원서비스업, 사회복지사업, 하수・폐기물처리 및 청소관련 서비스업, 개인간병인 및 가사서비스업 등 일부 서비스업종에 한정되어 있음.

51) 건설업의 경우는 모든 건설공사, 서비스업의 경우는 다양한 업종이 포함된다. 어업은 연근해어업, 양식어업, 소금채취업이 해당되며 농축산업은 작물재배업, 축산업, 작물재배 및 축산 관련 서비스업이 해당된다. 자세한 내용은 고용허가제 홈페이지 참조.

52) 매일노동뉴스(2014.8.13), 종교계 인권유린 고용허가제 10년, 이제는 폐지해야.

53) 한겨레(2021.12.23), 이주노동자 옥죄는 고용허가제…헌재, 7대2로 "합헌".

54) 고용노동부(2022.12.29),「고용허가제 개편방안」, 보도자료.

55) 매일노동뉴스(2022.12.30), [고용허가제 개편방안 뜯어보니] 체류기간 10년 이상으로 느는데 사업장 변경은?

56) 김규찬(2020),「한국복지국가와 이민자의 권리」,『다문화사회연구』, 13(2), 27～63.

57) 이규용(2014), 고용허가제 10주년 성과 및 향후 정책과제, 고용허가제 10주년 세미나발표자료집, 한국노동연구원.

58) 연합뉴스(2025.7.14), “외국인 근로자 산재 10건 중 8건은 건설 · 제조업 분야서 발생”.

PART

3

집단 수준의 노사관계

지금까지는 개인적인 근로계약 차원에서 근로자의 권리와 사용자의 의무에 대해서 살펴보았다. 물론 현행 근로기준법에서는 근로자에 대해 전통적인 해석을 하기 때문에 최근에 증가하는 프리랜서나 특수형태근로종사자 등과 같은 노무제공자에 대한 법적인 보호가 제대로 이루어지지 못한 측면이 있다. 이재명 정부는 일하는 모든 사람이 보호받을 수 있도록 법개정과 정책을 추진한다고 하니 기대감을 가지고 기다려 볼 것이다.

노동존중의 이재명 정부가 출범하고 한 달여 만인 2025년 7월에 민주노총은 총파업을 준비하고 있다. 비록 우리나라 노동조합 조직률이 13% 수준이라고는 하지만 조합원 수는 2백만 명을 넘어서 3백만 명에 다가가고 있다. 수만 명이 동원되는 노동조합의 총파업은 노동자들의 요구를 적극적으로 표현하기 위한 수단이고 헌법에서도 보장되어 있는 권리다. 하지만 경제가 어려워 이재명 정부에서는 소비진작을 하기 위해 온 국민에게 쿠폰을 제공하고 있으며, 미국 트럼프 정부의 관세정책은 경영환경을 예측하기 어려운 상황으로 이끌고 있어서 기업은 이중삼중의 어려움에 처해 있다. (계속)

제3부에서는 집단적인 차원의 고용관계인 노사관계를 중심으로 살펴보고자 한다. 과거 노동운동을 하기에 위험하고 어려운 시기도 있었지만 1987년 노동자대투쟁의 시기를 거치면서 우리나라의 노동운동도 사회시스템의 하나로 자리 잡게 되었다. 물론 아직까지 아쉽게도 대립적인 노사관계가 전개되고 있어서, 노사가 함께하는 협력적인 모습을 찾아보는 게 쉽지는 않다. 하지만 우리나라 대기업의 노동조합이나 공공부문 노동조합은 과거에 비해 상당한 힘을 행사하고 있고, 일부에서는 귀족노조라는 비판을 받기도 한다.

향후 사회시스템의 한 축으로서 대기업의 노사관계는 체계를 갖추고 기업과 근로자의 상생을 위해 그리고 우리 사회의 발전을 위해 나아가야 할 것이다. 제3부에서는 근로자의 권리를 제고하기 위한 노동운동의 역사에서 시작하여 구체적으로 노동조합을 만들어가는 과정, 노조 결성 후 사용자와 단체교섭을 진행하는 과정, 단체협약을 이끌어 내기 위한 적극적인 수단인 쟁의행위, 그리고 외국의 노사관계를 살펴보기로 한다.

Chapter 07

노동운동과 고용관계시스템

산업혁명, 경제성장, 발전, 컴퓨터, ICT, 인터넷, 로봇, 4차 산업혁명 등으로 사회는 지속적으로 변화하면서 국민들의 생활수준도 향상된다. 그러나 새로운 기술이 도입되면 노동과정은 근본적인 변화를 겪게 되는데, 이러한 변화는 대체로 근로자들에게 물리적·심리적으로 부담을 가중시키는 결과를 초래한다. 은행에서의 자금거래나 증권회사의 주식거래를 위해 지점을 방문하지 않게 되자, 수많은 금융기관의 지점이 문을 닫고 있고 현금인출기도 사라지고 있다. 경쟁력 제고를 위한 스마트공장화는 일자리를 위협한다. 생활의 필수품이 된 핸드폰이 꼭 일하는 사람들의 삶의 질을 높인다고 이야기할 수는 없을 것이다. 하루 종일 배달되는 카톡을 이용한 업무지시를 근무시간 중으로 제한하는 것이 하나의 예이다. 시내버스의 CCTV는 운전기사를 보호하는 장치이기도 하지만, 운전기사의 모든 행동을 감시하는 장치이기도 하다.

근로자들이 자신의 권리를 지키려는 노력은 산업혁명 이후 계속되어 왔다. 산업혁명 초기에는 기계파괴운동이 일어났다. 노동운동은 사용자의 일방적인 억압 하에서 혁명적이고 투쟁적이었다. 20세기에 들어서면서 사용자의 대응과 정부의 근로자보호정책 하에서 노동조합은 역사와 경제를 바탕으로 다양한 노동운동이념을 추구하게 된다.

제1절 노동과 노동운동

1 피라미드 축조와 노동

기원전 2,500년 전 약 100여 년이라는 짧은 기간 동안에 2천5백만 톤에 이르는 돌을 이용한 70여 기의 피라미드가 이집트 사막 위에 세워졌다. 지금까지도 피라미드 축조(築造, 쌓아서 만듦)는 수수께끼 중의 하나로 언급된다. 외계인이 세웠다는 가정을 제외한다면 그 옛날에 요즘 사용하는 타워크레인이나 트럭 같은 운송장비나 토목기술이 없이 세워진 것이다. 문제는 어떻게 그 많은 사람을 관리하면서 피라미드를 건설했느냐 하는 점이다.

영화에서는 보면 이집트 군사들이 노예들에 대해 억압적으로 채찍을 이용한 폭력과 위협으로 피라미드를 쌓아간 것으로 보여주지만 실제로 당시의 경영관리능력을 생각해 보면 그 많은 노예들을 강제로 관리한다는 것은 거의 불가능할 것으로 생각된다. 이에 의문을 품은 사람은 헬무트 슈나이더라는 학자이다.1) 슈나이더는 자신의 책 『노동의 역사』에서 당시의 피라미드 건설은 채찍에 의한 것이 아니라, 태양에 대한 신앙심을 바탕으로 이루어졌다고 주장한다. 당시의 백성들은 자신들의 낮은 신분과는 상관없이 태양신에 대한 숭배를 표현하기 위해 자발적으로 피라미드의 축조에 참여했다. 피라미드의 축조 결과 개개인은 작은 노력을 통해서 엄청난 건축물을 만들 수 있었다는 점에 스스로 놀랐고, 그 때문에 한동안 피라미드 축조가 계속되었다고 설명하고 있다.

2 노동에 대한 정의

역사적으로 **노동**을 어떻게 정의했는지 알아보자. 기원전 2세기 스토아학파의 철학자 피나이티오스는 "인간에게 이익을 주는 사물은 인간이 일한 결과로 이루어진 것"이라고 정의하고 있다. 키케로는 "자연은 인간의 노동에 의해 변형되어 인간의 생활을 재생산하는데 기여한다"고 했다. 예를 들면, 농작물의 경작과 수확, 소나 돼지를 비롯한 가축의 사육, 나무 등을 이용해 집과 건물을 짓는 것 등 모든 자연에 대한 변형을 설명하는데 그 과정을 노동으로 풀어갔다.2)

이후 계몽철학자인 존 로크는 『시민정부론(Two Treaties of Government, 1689)』에서 "노동이 가치창조의 본질적인 요인으로 간주되어야 한다"고 했으며 "토지의 가치도 노동으로부터 부여된 것이다"라고 했다. 애덤 스미스도 『국부론』에서 "노동은 소비하는 필수품 일체를 공급해 주는 근원이다"라고 했다. 헤겔은 그의 책 『법철학』에서 "노동은 자연에서 제공하는 재료를 변형해서 소비품을 생산한다"고 했다. 모두가 가치의 근원을 노동에서 찾고 있는 것이다. 그만큼 노동은 가치와 가치창출의 기본요소라고 하겠다.

슈나이더는 그의 책에서 노동이란 "인간의 욕구를 충족시키려는 목적에서 자연으로부터 재료를 구하기 위하여, 또 자연으로부터 제공된 재료를 자신의 목적에 따라 조제하기 위하여 자연에 의지하게 되는 것"이라고 했다. 그리고 노동의 역사는 지배적인 사회적 관계의 산물이라고 했다.[3)]

3 노동운동 이념

본 책의 1장에서 일에 대한 정의나 태도 등에 대해 설명했지만 현실에서 일하는 사람들은 일한 만큼 보상을 받지 못한다고 생각한다. 하지만 그러한 불공평함이 존재하는 것은 일을 시키는 사람이 강하기 때문에 불공평함을 해소하려는 노력을 선불리 실행에 옮기지 못한다는 것이다. 일자리마저 빼앗길 수도 있다. 하지만 이러한 불공평함이 오랜 기간 쌓이게 되면 일하는 사람들의 불만이 폭발하여 사회가 혼란에 빠지고 마르크스의 주장처럼 혁명이 일어날 수도 있다. 그래서 자본주의 국가들은 노동자들의 오랜 투쟁을 받아들여서 노동3권, 즉 노동조합을 만들어서 개인적으로 상대하기 어려운 사용자와 대등한 상황에서 임금이나 근로조건 등을 교섭할 수 있는 권리를 보장하게 주게 되었다.

따라서 **노동조합**이란 '노동자들이 자기들의 경제적·사회적 지위를 향상하기 위하여 존재하는 계속적인 협력체'라고 할 수 있다.[4)] 노동조합은 지속적으로 활동하여야 하며, 한 개인의 노력이 아니라 여러 근로자들이 모여 조직적으로 노력하는 것을 말한다. 아더 로스(Arthur Ross)는 노동조합을 "경제환경 속에서 활동하고 있는 정치적 제도"라고 했다.[5)] 하지만 노동운동, 즉 근로자들의 집단적인 움직임은 법테두리 내에서 이루어지는 것만은 아니어서 법테두리 외에서도 이루어지고, 임금인상이나 고용보장을 위한 경제적 활동만이 아니라 법률을 만들어서 목표를 달성하려는 정치활동도 포함된다고 할 수 있다. 영국 같은 경우에는 노동운동이 법적으로 인정받는데 100년 이상이 걸렸으며, 우리나라도 여의도 국회 앞에서 입법화를 위한 노동자들의 시위나 집회가 지금도 개최되고 있다.

1) 노동운동론

노사관계학자인 김수곤은 **노동운동**에 관한 이념을 **혁명주의**, **산업민주주의**, **조합주의**의 세 가지로 정리하고 있다.[6] 서울대 박세일 교수도 **정치주의**, **경제주의**, **국민주의**의 세 가지로 구분하고 있는데 그 내용은 조금 다르다.[7] 좀 더 구체적으로 살펴보자.

(1) 정치적 조합주의

마르크스(Karl Marx)와 엥겔스(Friedrich Engels)는 1848년 공산당 선언을 통해 역사변천에 관한 경제적 결정론을 주장하였다. 즉, 독점자본주의의 모순으로 인해 궁극적으로는 공산주의 사회가 도래하게 될 것이며, 노동조합의 역할은 모든 노동자를 조직해서 공산주의 혁명달성에 그 목표를 두고 최선을 다하는 데 있다고 설명하고 있다.

그러나 마르크스의 예상대로 노동조합이 공산주의 혁명이 실현된 경우는 별로 없다. 20세기 초반 사회주의를 실험하기 시작했던 구 소련은 70여 년 만에 무너지고 다시 러시아가 들어섰다. 구 소련의 뒤를 이어 사회주의를 받아들였던 동부 유럽의 많은 나라들도 예외 없이 자본주의를 받아들이게 되었다. 중국도 정치적으로는 사회주의이지만, 경제적으로는 자본주의 경제정책과 다름없이 경제가 운용되고 있다고 하겠다.[8] 북한, 미얀마, 라오스, 베트남 정도가 정치적으로는 사회주의 명맥을 잇고 있다고 하겠지만, 경제적으로는 북한 정도를 제외하고 이미 자본주의화되었다고 해도 과언이 아닐 것이다. 그렇다고 해서 마르크스주의에 기반한 노동운동이 끝난 것은 아니고 자본주의 발전 단계에 맞추어서 수정된 마르크스주의에 기반한 노동운동은 계속되고 있다.

생디칼리즘(syndicalism)도 혁명적 접근을 취하고 있는데, 19세기 말에서 20세기 초에 걸쳐 프랑스를 중심으로 확산되었던 사상으로, 자본가에 의한 기업의 지배를 철폐하고 노동자에 의한 기업지배를 추구하였다. **생디카**(syndicat, 조합)를 노동자의 단 하나의 계급적 조직으로 간주하고, 동맹파업, 사보타지, 보이콧, 특히 총파업과 무장봉기 등의 직접적 행동을 통해 정부를 타도하고, 생산과 분배의 관리권을 조합에서 장악하여 착취 없는 자유로운 새 사회체제를 실현한다는 사상 및 운동이라고 할 수 있다. 구체적으로 한 산업에는 한 기업만을 두고 산업별로 조직된 노동조합이 그 기업을 통제함으로써, 궁극적으로 산업에 대한 노동자의 지배를 달성하려고 한 '혁명적' 노동조합주의의 하나이다.

이러한 노동운동론에 대해 박세일은 이를 '정치적' 조합주의라고 설명하면서, 세 가지의 가정이 정치적 조합주의의 핵심이라고 적고 있다.[9] 첫째, 노사관계는 적대적이며, 지주나 자본가인 **부르주아**와 노동력을 팔아야만 하는 **프롤레타리아**인 노동자 사이에 이해대립의 조정이 불가능한 계급관계이다. 따라서 자본주의 하에서의 노동자의 삶을 개선하는 복지실현은 불가능하다. 둘째, 노동운동의 목적은 자본주의 생산양식의 타파와 사회주의의 실현에 있다. 노사간 인격의 존중, 권리의 상호존중은 중요한 문제가 아니며 임금인상과 같은 경제투쟁은 부차적 의미를 갖는다. 마지막으로 셋째, 노동운동은 정치운동에 종속된다. 노조 지도자는 혁명을 위해 전위정당의 지도를 받아야 한다.

(2) 경제적 조합주의

이후 대두하게 된 노동조합 운동론에 대해 박세일은 **경제적 조합주의**로 설명하면서 그 특징을 다음과 같이 적고 있다.[10] 경제적 조합주의에서 노사관계란 이해조정이 가능한 비적대적 관계이며, 근로자들의 정치 · 경제 · 사회적 지위향상은 자본주의 하에서도 가능하다고 보았다. 따라서 노동운동의 목적은 노동자들의 사회조건의 향상과 유지에 있으며 이를 실현하는 방법으로는 단체교섭의 정착과정이 중요하다. 이를 위해서는 노사간의 인격 · 권리 · 역할의 상호존중과 성실 · 대등 · 자율교섭이 필요하다.[11]

이러한 조합주의는 20세기 초반 영국의 시드니 웹(Sidney Webb)과 비어트리스 웹(Beatrice Webb)이 주로 주장했으며, 그들은 영국 노동운동의 목표가 실업자 발생이나 임금 수준 하락의 방지를 위해 정부의 보호를 확보하는 데 있다고 했다. 정치적 영역에서도 피고용자의 이익보호가 필요하기 때문에, 정치적 민주주의를 보강할 필요가 있으며 이러한 산업민주주의를 달성하기 위해서는 경제력 집중의 완화, 독과점 축소, 공평과세 등이 필요하다고 말했다.

이러한 주장에는 영국의 콜(D. H. Cole), 페이비언 사회주의자(Fabian Socialist) 등도 포함된다. 미국의 경우는 슬리처(Sumner H. Slichter), 코먼스(John R. Commons) 등이 대표된다. 하지만 미국의 노동조합주의는 초기에는 정치적이고 투쟁적이었으나, 1900년대 이후 정치와 거리를 두는 실리적(상업적) 노동조합주의(business unionism)로 대표된다. 그래서 미국 노동조합의 요구이슈들을 '**브레드앤버터**(bread and butter)' 이슈라고 부른다. 구체적으로 보면 임금인상, 근로시간 단축, 안전확보 등이며 이를 통한 기회의 균등, 그리고 생활의 질 향상을 들 수 있다. 지금도 미국의 노동조합들은 정치와는 일정한 거리를 두고 있는데, 이른 유럽의 노동운동이나 다른 국가의 노동운동과는 다른 관점이라고 하겠다.

참고로 노동조합의 발언권을 강조하는 **언로이론**(voice theory)이 있는데 이는 프리먼과 메도프(Freeman, Richard & Medoff, James)가 강조한 내용이다.[12] 기존에 노동조합은 노동의 공급을 독점해서 임금을 올리는 독점기구로서 부정적인 입장이 강조되었다. 하지만 프리만과 메도프는 노동조합이 존재하게 되면. 조합원들은 불만이 있을 때 회사를 떠나는 것(exit)이 아니라, 조직 내에서의 불만을 노조를 통해 표출함으로써(voice) 경영층의 횡포나 독선을 미리 방지하고, 일터에서 더 많은 관심과 노력을 기울여서 생산성 제고에도 긍정적으로 기여할 수 있다는 주장이다.

그러나 이들은 기업의 수익성에 대해서는 노조가 긍정적인 영향을 미치지 못한다고 결론을 지었는데, 이후 다수의 연구에서도 노조는 수익성에 부정적인 영향을 미치는 것으로 결과가 제시되고 있다.[13] 하지만 다수의 유노조 기업이 시장경쟁에서 생존하고 발전하는 것을 보면 단순하게 노조가 수익성이 부정적이라는 결론을 지을 수는 없을 것이다.

(3) 국민적 조합주의

이후 노동운동의 한축을 보면 노사관계를 대립적인 관계로 보지 않고, 이해공동의 동반자관계(social partnership)라고 보고 있다. 미시적으로는 기업과 노조의 목적을, 거시적으로는 분배와 성장을 동일시한다. 따라서 임금인상과 생산성 향상, 이윤추구와 종업원 복지추구, 그리고 근로자의 지위향상과 경영의 합리화, 생산의 과학화, 작업환경의 인간화 등이 동시에 추구된다.

국민적 조합주의 단계에서 노동조합과 정치와의 관계는 사회적 협동주의 또는 자유주의적 협동주의를 유지한다. 노동조합은 정치참여, 정책참여 등을 통해 경제정책 및 사회정책에 적극 참여하며 세제개혁이나 금융자율화 등 정부의 거시경제운용에 적극 관여한다. 이러한 예로는 일본의 산업노동간담회, 독일의 **공동협력위원회**(Concerted Action), 그리고 호주의 **사회적 합의주의**(Social Accord) 등을 들 수 있다. 우리나라의 경제사회노동위원회도 그러한 노력의 일환이다.

오랜 노동운동의 역사를 가지고 노동조합이 정치활동에도 적극 참여하는 독일의 노동운동은 산별 교섭을 통해 노사갈등을 다룸으로써 단위 기업 내에서는 노사안정과 산업평화를 유지할 수 있는 특징을 가진다. 독일의 노사는 연대성의 원리에서 사회적 동반자관계를 구축하고 있다. 우리나라도 1997년 IMF외환위기를 극복하는 과정에서 노사정위원회를 설치하여 노사정간에 사회적 합의를 도출한 바 있으나 그 이후에는 경제사회노동위원회 등으로 이름까지 바꾸면서 적극적인 활동을 추진했지만 크게 성공적인 결과를 보이지는 못하고 있다.

2) 노동운동 발전론

박세일은 산업화의 정도에 따라 노동조합의 역할이 변한다고 한다.[14] 산업화 초기는 자본중심의 기업운영이 지배적이며, 소유와 경영이 분리되지 못한 상황이다. 정부와 기업은 반조합주의의 입장을 취하고 권위주의적이며 사용자중심의 노사관계가 유지된다. 우리나라의 경우 1960년대 경제성장 이후 1980년대 중반까지로 볼 수 있다. 노동운동의 역사가 짧아, 1970년대 이후에는 현장 출신의 조합지도부보다는 대학을 중퇴하거나 대학을 졸업하고 노동운동에 투신한 지식인 출신('**학출**')의 조합지도부가 많다. 무제한적인 노동공급으로 노동시장의 조건은 매우 열악하다. 장시간의 노동, 저임금, 높은 산재율이 그 대표적인 예이다. 1970년에 노동법을 준수하라고 외치면서 분신한 '**전태일** 열사'의 예도 살펴볼 수 있다. 이러한 상황에서 노동운동의 방향은 정치투쟁・혁명투쟁이라고밖에 할 수 없다.

산업화 중기는 관리 및 경영 중심의 거대기업이 출현하게 되고 주식의 분산이 진행되며 전문경영인이 증가한다. 기업도 노조의 존재를 인정하게 되고 정부도 사용자의 입장보다는 노사간에 자율을 강조한다. 노동조합의 지도부는 지식인 출신보다는 실용주의적인 현장 출신의 근로자가 많아지게 된다. 노동력공급의 제한으로 노동조건이 향상되며 노사가 대등한 힘을 가지고 교섭에 임하게 된다. 노사관계, 노무관리, 임금관리가 합리적인 쪽으로 변화하여 노동조합은 경제투쟁, 단체교섭제도를 통한 실질근로조건, 생활수준의 향상을 위해 투쟁하게 된다.

우리나라 경제는 1960년대 이후 재벌이란 대기업집단 중심으로 경제가 운영됨에 따라 아직도 경영전문가보다는 오너 중심의 경영이 이루어지고 있으며, 노동운동의 역사를 1987년 노동자대투쟁 이후부터 살펴보아도 여전히 현장 출신보다는 지식인 출신의 리더십으로 유지되고 있다. 그 결과 경제성장이 고도화시기를 지나 저성장시대로 진입함에도 불구하고 아직도 경제투쟁보다는 정치투쟁중심의 노동운동의 시기라고 할 것이다. 한국노총은 상대적으로 비투쟁적 노선을 견지하지만, 민주노총의 운동노선은 경제투쟁보다는 정치투쟁 중심의 투쟁적 노선을 견지하고 있다고 하겠다. 그러나 2023년 1월 재선된 한국노총 위원장도 윤석열 정부의 노동개혁 정책을 '노동개악'으로 규정하고 총력투쟁 의지를 밝힌 바 있고, 2025년 6월 이재명 정부가 출범한 이후 7월에 민주노총은 총파업을 진행한 바 있다.

산업화 후기는 주식의 분산이 더욱 진행되어 종업원주권의 시대가 되고 탈자본주의 또는 복지자본주의의 시대가 된다. 모든 근로자의 정보이용능력이 증대되고, 작업과정에서 스스로가 주인인 마음가짐을 가지게 되며 그에 따라 기업문화와 같은 정신적 요소가 강조된다. 이러한 산업화 후기 단계에는 노동조합의 국가정책 및 기업경영에의 참여관행이 일반화된다. 교육과 훈련의 강화로 근로자들의 가치가 증대하며 노사간에 공동체라는 의식이 고양된다. 박세일은 우리가 산업화 후기로 가야 한다고 강조하고 있지만 아직도 우리에게는 좀 더 시간이 필요할 것으로 생각된다.[15] 박세일의 예상과는 좀 다르게 우리나라는 경제구조상으로는 산업화 후기에 이르렀지만 기업경영에서 노동자의 역할은 유럽 국가에 비해서는 여전히 소극적이며, 교육훈련도 생각만큼 강화되지 못해서 정년연장에도 불구하고 민간부문에서는 명예퇴직과 같은 조기퇴직이 여전히 일반적으로 활용되고 있다.

박세일은 자신의 주장을 뒷받침하기 위해 일본과 영국을 예로 들어 설명하고 있다.[16] 일본의 경우 1945년 이후 1960년까지 노동조합운동이 급격히 확대되어 1945년에 509개 노동조합에 38만 명의 조합원에서 1948년에 3만4천 개의 노동조합에 668만 명의 조합원으로 증가한다. 그리고 노동운동의 이념은 정치적 조합주의가 대두되게 된다. 그러나 1961년부터 1974년까지는 고도의 경제성장이 이루어지면서 정치적 조합주의를 바탕으로 하는 대립적인 노사관계보다는 춘투(春鬪)방식을 정형화하는 임금인상관행이 정착된다. 1975년 이후에는 스태그플레이션에 대한 노사공동대응이 중요하게 되어 산업노동간담회가 확대 운영되며 노사간에 정보교환으로 상호신뢰를 구축하게 된다. 이 단계가 제3단계이다.

영국의 경우를 보면 1906년까지를 1단계라고 할 수 있는데, 1906년 노동쟁의로 인한 노동조합의 면책원칙을 입법화하는 노동쟁의법의 통과로 2단계에 진입한 것으로 볼 수 있다. 그리고 1974년 **도노반 보고서**(Donovan Report)가 발표됨으로써 제3단계로 진입했다고 볼 수 있다. 그 이후 대처 정권에서는 노동운동을 제한하는 노동법 개정이 통과되었으며 상대적으로 노동조합의 힘이 많이 약화되었다고 할 수 있다.

제2절 집단적 노동관계에 대한 이론적 접근

일반적으로 사회과학이란 사회적인 사실을 서술하고 분류할 뿐만 아니라 그 원인에 대해서도 설명하고자 하는 학문이다. 사회적 행동이란 인간의 의도적인 행동에 의해 설명될 수 있지만, 다른 한편으로는 사회구조적 요인에 의한 결과에 의해서도 설명될 수 있다. 현실의 노사관계를 설명하기 위해서 사회학, 경영학, 노동경제학, 정치학, 노동법학, 사회심리학 등을 비롯한 다양한 학문이 분석적 도구를 제공해 왔다. 또한 단체교섭, 노동조합, 파업, 산업민주주의 같은 노사관계의 다양한 이슈들을 이론적으로 설명하기 위해서 다양한 이론적인 접근이 시도되어 왔다. 따라서 노사관계를 종합적으로 설명할 수 있는 단일 이론은 현실적으로 불가능하겠지만 여기서는 그동안 노사관계분야에서 대표적인 이론으로 언급된 주요 이론을 설명하고자 한다.

1 던롭의 시스템이론

미국의 노동부장관까지 지냈던 **존 던롭**(John Dunlop)은 1958년 『**노사관계시스템**(Industrial Relations System)』이라는 책에서 노사관계의 이론화를 시도했다.[17] 던롭은 사회학자인 **파슨스**(Parsons)의 사회시스템이론에 근거하여, 노사관계시스템은 산업사회를 구성하는 하나의 하부시스템이라고 보고, 경제시스템과 같은 수준으로 간주하였다. 그러나 파슨스가 현대사회를 경제, 정치, 사회통제제도, 가족 및 문화 등 4개의 기능적 시스템으로 구분했다는 점을 고려한다면, 노사관계시스템은 경제시스템의 하부시스템으로 보는 것이 맞을 것이다.

던롭이 제시한 시스템이론은 두 가지의 특징을 가진다. 먼저 기존의 연구는 노사간 분쟁(industrial conflict)이나 단체교섭을 노사관계의 핵심으로 본 데 비해, 던롭은 노사관계의 규칙(rules)과 규범(norms)을 노사관계 분석의 핵심으로 보았다. 둘째, 노사관계시스템을 구성하는 요소들을 구체적으로 파악하였다는 점이다.

던롭은 노사관계시스템의 핵심을 '**규칙의 집합체**(web of rules)'로 보았는데 이는 노사관계시스템을 구성하는 제도(institutions)와 규범(norms) 및 그 결과(outcomes)를 강조한 것이다. 여기서 결과물이란 임금 · 근로시간과 같은 실질적 규범과 교섭 · 조정 · 중재 등과 같은 과정적 규범을 말한다. 따라서 던롭의 노사관계시스템은 과정과 결과에 의해 정의되는데 "규칙에 따라 결과물을 만들어내는 과정이 있으며, 그 결과물인 다른 규칙들에 따라 노사관계시스템 내에서 행위자들이 행동하고, 이 규칙들은 국가, 산업, 또는 기업 차원에서 노사관계시스템에 의해 관리된다"고 볼 수 있다.

던롭은 노사관계의 기본적인 구성요소를 행위자(actors, A)와 환경요인(environmental contexts) 및 이데올로기로 정의하였다. 행위자는 세 요소로 구성되는데 경영자, 근로자 및 대표조직, 그리고 노사관계를 관리하는 정부와 제도다. 환경요인도 세 요소로 구성되는데 기술(technologies, T), 시장(markets, M), 그리고 권력분배(power distribution, P)이다. 마지막 구성요소인 이데올로기는 노사관계를 보는 관점 또는 신념을 의미한다. 이에 따라 던롭은 한 국가 또는 한 산업의 구체적인 노사관계는 행위자(A), 환경요인(T, M, P) 및 이데올로기(I) 간의 상호작용에 의해서 만들어진다고 보았다.

그러나 던롭의 노사관계시스템이론에서는 이론에서 언급되는 규칙과 규범들이 어떻게 만들어지고, 왜 만들어지는지에 대한 설명이 없다는 문제점이 있다. 또한 갈등과 변화에 대한 설명이 미흡하다. 노사간의 파업과 그에 따른 대규모 분쟁에 대한 설명이 부족하다는 점이다. 이로 인해 던롭은 노사관계시스템의 구조적 핵심을 안정성(stability)에 두었기 때문에 노사관계의 갈등(conflict)적인 측면을 중시하지 못했다는 비판을 받는다. 또한 노사관계시스템을 현대사회의 경제시스템과 같은 수준으로 보았는데 그보다는 경제시스템의 하부시스템으로 보는 것이 맞다는 비판도 있다.

2 마르크스주의 접근법

19세기 중반 칼 마르크스(Karl Marx)가 고민했던 시기에는 근로자 단체는 존재했지만 지금의 노동조합처럼 법적인 권리는 보장받지 못했다. 당시 마르크스는 근로자들이 뭉친 노동조합의 역할에 대해, 임금이나 근로조건에 대한 집단적인 통제보다는 착취(exploitation)와 소외(estrangement)에 대항하는 노동자 조직으로, 초기 자본주의의 지나친 성과중심 임금체계를 타도하는 데 초점을 두고 있었다. 당시에는 기본적으로 근로시간 단위로 지급되는 고정적인 임금이 없고, 노동의 결과로 만들어 낸 제품이나 성과물의 개수와 품질에 따라 임금이 결정되는 개수급(산출급)이 존재했다. 구두를 한 켤레 만드는 데 얼마, 사과를 한 개 따는 데 얼마 이런 식이었다.

이후 20세기에 들어 자본가와 노동자 간의 관계가 변하고, 노동조합 결성과 단체교섭 및 쟁위행위가 가능해지며, 노동자계급의 생활이 일정 수준으로 향상되자, 마르크스주의자들은 이러한 변화를 계급투쟁의 성과이며 노동조합활동의 성과라고 해석하였다. 그리고 이러한 투쟁은 혁명을 통해서든지 아니면 **사회변혁**(social reforms)을 통해서 산업민주주의가 완성될 때까지 계속되어야 한다고 주장한다. 하지만 자본주의가 어느 정도 발전한 상황에서 혁명이나 사회변혁으로 사회주의나 공산주의가 완성된 국가를 찾아보기는 어렵다. 과거 소련이나 동구 사회주의 국가들의 경우도 그렇고 중국, 북한, 베트남, 라오스, 미얀마 등 동남아시아 국가들을 보면 확인할 수 있다. 마르크스주의 전통을 가진 접근법은 다음의 세 가지를 들 수 있다.

1) 노사관계의 정치경제학

영국 런던정경대(London School of Economics)의 **리처드 하이만**(Richard Hyman)은 그의 책 『**노사관계: 마르크스주의 입장에서**(Industrial Relations: A Marxist Introduction, 1975)』와 『**노사관계의 정치경제학**(Political Economy of Industrial Relations, 1989)』에서 던롭의 시스템이론을 비판하였다.[18)]

첫째, 던롭의 주장은 노사관계의 한 단면만을 편협하게 보고 있다는 것이다. 특히, 던롭은 규범과 규제를 통한 안정성의 확보와 유지를 중심으로 하고 갈등을 어떻게 체제 내에서 관리할 것이냐가 중요하다고 보는 데 비해, 하이만은 노사관계이론이란 갈등과 분쟁이 왜 발생하는지의 과정을 설명할 수 있어야 한다고 강조한다. 관련해서 질서와 규제도 중요하지만 불안정과 무질서도 시스템의 결과물로서 중시되어야 한다고 주장한다.

하이만의 주장에 따라 최근 우리나라의 민주노동운동을 분석한 결과를 보면 민주노조가 지속가능한 사회조직이자 세상을 변화시키는 변수가 되려면 시장・사회・계급의 세 가지를 균형적으로 유지해야 한다고 주장한다.[19)] 2000년대 이후 한국의 노동운동이 위축되고, 대기업과 공공부문에서만 생존하고 있는 것은 세 가지의 균형을 유지하지 못했기 때문이라고 분석했다. 결국 지배계급이 민주노조운동의 분출을 막았던 배경을 극복하고, 재벌체제와 냉전체제를 변화시키기 위한 운동, 즉 자본주의체제에 도전하는 운동을 만들어야 한다고 주장한다.

존 켈리(John Kelly)는 그의 책 『노사관계 다시 생각하기(Rethinking Industrial Relations, 1998)』에서 사회심리적 **자원동원이론**(Resource Mobilization Theory, 資源動員理論)*과 경제학의 **장기파동이론**(long-wave theory, 長期波動理論)**을 종합하여 마르크스주의 관점을 보여주고 있다.[20] 그는 마르크스주의 관점에서 보는 착취와 지배를 전제하고, 부당함(injustice)에 대한 노동자들의 공통적인 이해관계와 집단적인 정체성을 동원(動員, 변화의 힘)의 핵심요인으로 보고 있다. 여기서 전투적인 활동가들은 노동자들의 집단적 정체성을 제고하기 위해 활동한다.

그러나 자본가들도 가만있지 않고 자본주의 국가권력의 도움을 받아 조직화된 노동자들에 대해 **반동원화**(counter-mobilization, 反動員化)에 노력한다. 이로 인해 노동자들의 집단적 계급의식을 확보하는 데 어려움을 겪게 된다고 주장한다. 그 결과 경기순환과정 중 불황기에 접어들었을 때 노동자들의 동원화 수준이 제고되고 이는 파업으로 나타나게 된다. 이 과정에서 계급갈등이 심화되는 것으로 본다. 결국 켈리는 노・사・정 간의 관계를 재구성하는 것이 노사관계의 결과물이라고 강조한다.

하지만 노동운동활동가들이 집단적인 정체성인 연대감 제고를 위해 활동하는 측면도 대기업이나 공공부문 중심의 기득권을 유지하기 위한 활동을 하는 면도 부정할 수 없다. 또한 현실적으로 볼 때 파업은 경기가 불황이 아닌 호황기에 더 많이 발생하며, 계급갈등의 심화보다는 호황으로 인한 성과를 분배하는 과정에서 갈등이라고 할 수 있다.

2) 노동과정론

노동과정(labor process, 勞動過程)에 대한 논쟁도 마르크스주의 관점의 접근이라고 볼 수 있는데 이는 노동력이 투입되어 성과로 나타나는 과정, 즉 전환과정에 대한 논쟁이다.

---

* **자원동원이론**이란 사회운동의 성공이 조직이 동원할 수 있는 자원의 양과 질에 달려 있다는 이론이다. 이 이론에서는 사회운동의 성패를 결정하는 핵심요인으로 조직원 충원, 자금 조달, 조직 구조 개발을 강조하며 자원은 경제적 자원뿐만 아니라 인적자원(조직원의 연대, 정당성)까지 포함한다.

** **장기파동이론**은 슘페터가 주장한 가설로 기술 및 산업생산방식의 혁명적인 변화는 50년 기준으로 규칙적으로 나타난다는 주장이다. 이 이론에 따르면 지금까지 네 차례의 파동이 있었으며, 현재 다섯 번째 파동인 정보화 혁명이 진행 중이다. 기술혁신이 새로운 경기 상승을 가져온다는 점에서는 인정받지만, 기술혁신이 주기적으로 찾아온다는 주장에 대해서는 우연성이 강하다는 설명과 함께 인정받지 못하고 있다.

마르크스주의 관점에서는 이 전환과정이 경영자의 이윤극대화(利潤極大化)를 위한 비인간적 노동통제의 과정으로 본다. 이 노동과정에 대한 논의는 해리 브레이브만(Harry Braveman)이 그의 책 『**노동과 독점자본**(Labor and Monopoly Capital, 1974)』에서 처음 주장했다.[21] 즉, 자본주의적 관리란 노동과정을 통제하는데 그 목적이 노동력을 성과로 전환하는 과정에서, 자본가의 궁극적 목표인 잉여가치(剩餘價値)를 극대화하는 데 있다는 주장이다.

이를 위해 경영자는 테일러의 과학적 관리(scientific management)방식과 고도화된 산업기술을 이용하여 노동과정을 완벽하게 통제하고 있다는 것이다. 테일러의 과학적 관리방식인 경영진의 계획기능과 노동자의 수행기능에 대한 엄격한 분리는 기계화와 자동화에 따른 노동의 분업의 심화와 더불어 "일의 질을 더욱 나쁘게 만든다(degradation of work)"고 주장한다.

그러나 브레이브만의 주장은 노사관계 전문가들과 사회과학자들에 의해 비판을 받는데, 그 이유는 경영자들의 전략이 테일러의 과학적 관리 수준을 벗어난 지 이미 오래되었고, 작업방식의 결정은 경영진의 일방적인 결정도 있지만, 노사간에 또는 노사정 간에 교섭과 타협의 산물인 경우도 많다는 점이다.

3) 생디칼리즘

생디칼리즘은 마르크스주의와 뿌리는 다르지만 자본주의를 부정한다는 공통점을 가지고 있다. 구체적으로 불공정과 부도덕한 자본주의 체제에 대해 총파업과 같은 경제적인 투쟁으로 전복시켜야 한다고 주장한다. 하지만 마르크스주의와는 달리 첫째 정치적 활동은 노동자들이 속지 말아야 할 함정이라고 주장하고, 둘째, 자율적인 생산조합과 분배조합에 근거한 무정부 상태의 산업사회를 지향한다.

3 제도학파

일반적으로 제도(institution)는 행동의 장을 마련해 준다. 제도에는 법과 각종 규제, 시간의 축적과정에서 형성된 관행과 문화 등이 포함된다. 또한 행동의 의도와 결과는 이러한 제도에 의해 규제된다. 따라서 제도에 의해 개인의 행동은 제한되기도 하지만, 개인은 제도 내에서 경제적으로 행동하려고 하기도 한다. 사회학자들은 제도가 만들어지게 되면 행동은 표준화되고 일상화된다고 본다. 미국의 학자인 **코먼스**(Commons)는 1930년대에 제도를 "개인행동을 제한하고, 때로는 풀어주며 확대하는 집단적 행동"으로 정의한 바 있다. 이후 **기든스**(Giddens)는 제도에는 반드시 규칙과 자원이 함께 하는데, 제도는 사회적 상호작용 속에서 행위자들에게 기회를 주기도 하고 제약을 가하기도 한다고 설명한다.

사용자와 노동조합은 노동조합법에 따라 활동하며, 법에서 정한 규정과 절차에 따라 파업 같은 쟁의행위를 하고 사용자도 직장폐쇄를 하기도 한다. 하지만 파업 중에서 법을 어기는 폭력적인 행위는 법에서 보호하지 않고, 사내 규정에 따라 또는 형법 등에 따라 처벌받기도 한다. 바로 제도 내에서 행동하는 것이다.

1) 개혁적 제도학파

역사적으로 고용관계에 대한 제도와 관행들은 만들어지기도 하고 지속적으로 변화해 왔다. 노사관계와 관련된 제도와 관행들도 사회의 정치, 경제, 사회 과정 속에서 만들어지게 된다.

칼 코르쉬(Karl Korsch, 1922)는 역사를 보는 데 마르크스의 영향을 받아서 역사를 인간의 자유에 대한 확대와 발전 과정으로 본다.[22] 부르주아계급이 관료주의 및 절대주의와 싸운 것처럼, 노동자계급도 부르주아계급과 투쟁을 통해 일과 관련해서 (독일을 중심으로) 기업경영에서 노동과 관련된 내용에 대해 공동결정권을 확보했다고 설명한다. 그 결과인 노동자들의 참여권을 세 가지로 구분했는데 시민으로서의 권리, 노동력 제공자로서의 권리, 그리고 작업조직의 구성원으로서 권리 등이다. 이 세 가지 권리는 단계적으로 투쟁을 통해 확보된다는 설명이다. 첫 번째 권리는 국가의 개입으로 인권 차원에서 근로자의 일반적인 권리보호, 두 번째는 노동조합과 단체교섭의 합법화, 세 번째는 독일의 사업장평의회와 공동결정제도라고 설명한다.

영국의 사회학자인 **마셜**(T. H. Marshall, 1963)은 산업사회의 발전에 따른 **산업시민권**(industrial citizenship rights)을 강조한다.[23] 시민은 권리와 의무를 가지며, 시민의 평등개념에 따라 사회적 계급에 따른 불평등이 해소되어야 한다고 설명한다. 시민권은 초기에는 개인의 자유를 보장하는 시민권(civil rights)으로부터 시작해서 정치적 권력에 참여할 수 있는 정치적 권리(political rights), 그리고 경제적 복지와 안전을 보장하는 사회적 권리(social rights)를 포함하는 시민권으로 확대되었다.

특히, 자본주의에 대한 위협을 해소하기 위해 정치적 권리가 강조되었고, 그에 따라 단체교섭권이 인정되게 되었다고 본다. 실제로 제2차 세계대전 이후 유럽을 중심으로 한 서구사회에서 이상의 세 가지의 시민권이 보장되게 된다. 이 개혁적 제도학파 관점은 제도가 만들어지는 배경과 그 제도와 개인 간의 관계를 살피는 데 도움을 준다. 이러한 개혁은 상당한 시간을 필요로 한다.

2) 사회적 대화: 코포라티즘, 네오코포라티즘

코포라티즘(corporatism, 조합주의, 협동조합주의, 협조주의 또는 합의주의, 국가조합주의)은 원래 중세의 신분제 국가나 파시즘의 조합국가이론에서 출발했으나 요즘에는 개인의 자유경쟁과 대비되는 사상으로, 자본과 노동에 대한 국가의 통제방식을 의미한다.[24)]그런 의미에서 **네오코포라티즘**(neo-corporatism)이라고 부르기도 한다. 노동자와 사용자 간 대립에 대해 국가기관이 적극적으로 중재하며, 사법적 제재를 가하기도 한다.

1970년대 후반 많은 선진국가들이 스태그플레이션으로 고생하던 시절에, 유럽 국가들을 중심으로 노동조합은 합리성이 결여된 임금인상을 자제하고, 자본을 가진 기업은 고용과 생산성에 맞은 임금인상을 약속하고, 정부는 적극적 노동시장 관리와 사회보장정책의 전개로 노사협조의 환경을 정비하였다. 하지만 비슷한 시기에 미국이나 영국에서는 유럽 국가의 코포라티즘과는 달리 시장의 역할을 강화하고 국가의 역할을 축소하는 신보수주의 정권이 탄생하여 **네오리버럴리즘**(neo-liberalism, 신자유주의)으로 불리기도 하였다.

코포라티즘은 국가 차원의 경제관리를 전제로 하기 때문에 국경을 초월한 경제의 확대가 진행된 1980년대에는 그 유효성이 의문을 받기도 했다. 특히 코포라티즘 국가들에 나타난 '큰 정부', 그에 따른 공공재정의 비대는 민간의 활력을 빼앗았다는 것으로 비판을 받게 되었다.

홀과 소스키스(Hall and Soskice)는 그들의 저서 『**자본주의의 다양성**(Varieties of Capitalism, 2001)』에서 '기업중심(firm-centered)의 정치경제학'이란 개념을 만들어냈다.[25)] 여기서의 핵심은 "자본주의 경제에서 기업은 중심적인 행위자이고, 기업들이 전략적인 상호작용을 통해서 다른 행위자들과 관계를 구축해 나간다"는 점이다. 기업은 대내외적으로 여러 가지를 조정해야 하고 결국 기업의 성공은 다양한 이해관계자들을 효과적으로 조정할 수 있는 능력에 의해 결정된다고 설명한다. 여기에는 노사관계, 직업훈련과 개발,

기업지배구조, 기업 간 관계 및 노동력 등이 포함된다.

사회적 대화(Social Dialogue)는 국가 수준에서부터 사업장 수준에 이르기까지 노사정 간의 공식 또는 비공식적인 협의와 조정, 합의를 통칭하는 개념이다.[26] 사업장 단위의 노사협의회나 지역 · 업종 · 국가 차원의 각종 노동 관련 협의회 · 자문회의도 모두 이 개념에 포함될 수 있다. 1990년대 이후 사회적 대화는 과정에서의 **사회적 협의**(social consultation)와 결과로서의 **사회협약**(social accords, social compacts)을 포함하는 개념으로 확장되었다.

우리나라에서의 사회적 대화는 공공정책 결정방식의 한 유형으로 노동생활에 관련된 경제사회정책 결정에 대해 노사단체의 참여가 보장된 경제사회노동위원회를 그 대표적인 예라고 할 수 있다. 또한 1993~1994년의 임금에 대한 사회적 합의나 1996~1998년의 노사관계개혁위원회는 노사의 자율적인 임금조정과 노사관계 관련 법개정을 위한 노사정의 협의는 새로운 실험이었다고 할 수 있다. 이후 1998년 「경제위기 극복을 위한 사회협약」 체결과 그해 5월에 법적 기구로 출범한 노사정위원회는 명실상부한 사회적 대화기구로 정책협의기구이자 협약기구라고 할 수 있다. 하지만 2000년 이후 민주노총이 참여를 거부하였고, 경제사회노동위원회 등으로 이름을 바꾸면서 사회적 대화기구로서의 역할을 제고하려고 하였지만 실제 성과는 효과적이었다고 보기는 어렵다.

4 행동이론

앞에 설명한 제도학파가 제도와 조직 수준에서 구조의 행동과 변화, 사회적 통합, 그에 따른 성과에 초점을 둔 반면, **행동이론**(action theory)에서는 경영자나 노동조합 간부와 같은 개인 단위 차원에서 행위자들의 전략적 상호작용에 초점을 둔다. 시스템이론이나 마르크스주의자들이 결정론적인 접근을 하는 반면에, 행동이론에서는 한 조직의 정치적 문제가 고용계약의 불완전성과 기업 내 행위자들 사이의 권력게임으로 인해 발생한다고 강조한다. 특히 특정 상황이 그 결과를 결정하는 데 매우 중요한 영향을 미친다고 주장한다.

이 행동이론적 접근법은 다시 네 가지로 나뉘는데, 첫 번째 **미시정치적**(micropolitics) 접근법은 기업 내 작업과정과 같은 미시적 수준에서 이해관계자들의 정치적인 행동을 강조한다. 기업은 이러한 미시적인 정치적 행동의 결과라는 것이다. 이해관계자들은 다양한 수준의 정치적인 권력을 가지고 대립되는 전략을 가지고 있다. 여기서 권력이란 이해관계자들 사이에서의 교환관계로 볼 수 있다.

두 번째 접근법은 **노동정치**(labor politics)적 접근법이다. 이 접근법은 중립적으로 볼 수 있는 노동과 생산에 대해서도 정치적 측면을 강조한다. 여기서 정치란 사회적 관계에서의 규제를 의미하며, 노동정치란 일과 생산과정에서의 사회적 관계를 규제하는 것을 의미한다. 단체교섭이 대표적인 예다. 이 노동정치적 접근법은 위에서 설명한 미시정치적 접근법과 달리 기업단위, 단체 및 국가 단위까지 노동정치적 입장에서 설명을 한다.

세 번째 접근법은 '**질서의 협상**(negotiation of order)' 접근법인데 여기서는 공식적인 협상뿐만 아니라 비공식적인 협상도 강조하여 **무언의 협상**(silent bargaining), **암묵적 합의**(tacit agreement), **간접적인 협상**(implicit negotiation) 등을 중요시한다. 왈톤과 맥커지(Walton and McKersie, 1965)는 단체교섭의 행위론적 접근을 강조하여 네 가지의 교섭형태를 제시하였다.[27]

분배적 교섭(distributive bargaining)은 제로섬게임이나 임금교섭처럼 한쪽이 이기고 한쪽은 지는 협상이다. **통합적 교섭**(integrative bargaining)은 서로 협력을 통해 양쪽이 이익을 볼 수 있는 포지티브섬게임이나 노사간의 산업안전, 생산성 향상 노력 등을 의미한다. **태도구성적 교섭**(attitudinal bargaining)은 일상적인 행동이 상대방의 태도나 입장에 영향을 주는 것을 의미하며, **조직내부 교섭**(intraorganizational bargaining)은 교섭과정 중에 서로 다른 이해관계자들 사이에서 의견을 조정하는 데 중점을 둔다.

네 번째 접근법으로 **KKM모형**은 Kochan, Katz & Mckersie의 이름을 딴 모형인데, 던롭의 시스템이론을 발전시켜 노사관계 행위주체들의 전략적 선택을 강조한 모형이다.[28] 특히 KKM모형은 두 가지 특징을 가진다. 첫째는 기업 단위의 노사관계 행위주체들의 상호작용을 강조하기 위해서 노사관계 활동을 전략적 수준, 기능적 수준, 그리고 작업장 수준의 세 차원에서 접근한다. 둘째, 외부환경을 투입요소로 하여 특정 기업의 노사관계가 형성되는 과정에서 '전략'이라고 하는 노사정의 전략적 선택을 강조한다.

제3절 우리나라 노동운동

이제 우리나라의 노동운동을 역사적으로 살펴보자. 앞에서 고용관계시스템을 설명하면서 역사와 문화를 강조했는데 나라별로 역사가 다르기 때문에 역사를 바탕으로 이루어진 노사관계도 나라별로 많은 차이를 보인다. 특히 우리나라는 산업화 초기 일제강점기를 거쳤기 때문에 대립적이고 강경한 노동운동의 특징을 보인다.

1 1876년 개항과 일제강점기의 노동운동

근대적 의미의 노사관계는 우리나라가 개항을 하게 됨에 따라 외국인들이 들어오고 임금근로자가 생겨나면서 시작되었다고 할 수 있다. 하지만 흔히 노사관계 하면 자본주의와 연계시킨다. 하지만 자본주의가 발달하기 이전 신분이 세습되는 시절에도 고용관계는 존재했다. 농경사회였던 우리는 자급자족을 하는 사람들도 있었지만, 지주와 소작농의 관계에서 소작농들은 지주 대신에 봄에 씨를 뿌려 가을에 추수를 하게 되면 그에 대한 노동의 보상으로 일정량의 쌀을 받게 된다. 땅을 소유한 양반들 중에 그러한 약속을 지키지 않아 노동력을 제공한 백성들의 원망의 대상이 되기도 하였다. 이 때문에 민란이 발생한 경우도 볼 수 있다. 18세기 이전의 모습에 대해서는 박일원(1781)의 『**추관지**』에 언급되어 있다.

우리의 경우 1876년 강화도조약을 통해 개항을 하면서 구체적인 고용관계를 볼 수 있다. 당시의 노사관계는 김윤환(1982)의 『한국노동운동사(Ⅰ)』에 자세히 서술되어 있다.[29] 그 책에서 몇 가지 대표적인 사건들을 인용해 보기로 하자.

1) 개항과 노사관계

우선 임금노동자의 출현, 즉 임금으로 생활을 영위하는 노동자계층은 당시 외국 열강들이 우리나라의 자원을 침탈해 가는 과정에서 부두와 광산을 중심으로 출현하게 된다. 부산, 인천, 원산 등의 항구에서는 개항 이후 무역량이 급증하게 된다. 선박의 물품을 육지로 나르는 **하륙군**(下陸軍), 지게를 지는 **담군**(擔軍, 짐군), 미곡의 양을 정확하게 계량하는 일을 하는 **두량군**(斗量軍) 등의 부두노동자가 생겨난다. 그 결과 최초의 노동조합과 노동쟁의도 부두와 철도역, 그리고 광산에서 발생하게 된다.

당시 초기형태의 노동자 조직이 생겨나는데 조선시대 말기 말 광산에서 일하던 노동자들이 '계(契)'의 형식으로 조직한 것이 시초라고 하겠다. 1898년 성진에서는 47명의 부두노동자들이 노동조합을 조직했다는 기록이 있고, 1906년 6월 10일 평안남도 진남포에서 최봉진 외 회원 80명으로 조선노동조합을 결성했다는 기록도 있다.

노동쟁의와 관련해서는 1886년 함경도 갑산군 초산역에서 **광점군**(鑛店軍, 현재의 광부)들이 **고산찰방**(高山察房, 찰방이란 각 도의 역참을 관장하던 종6품의 외관직)의 아사(衛舍, 관원들이 정무를 보는 건물)로 뛰어들어 찰방과 가족을 구타하고 65동의 가옥이 불에 타고 9명이 살상되는 일이 터진다.[30] 1887년에는 운산광산에서, 1901년에는 목포항 수부(水夫, 배에서 허드렛일 맡아 하는 하급 선원) 사건 등의 노동쟁의가 발생했다고 전해진다.

2) 일제강점과 1920년대 노동운동

1910년 8월 29일 **경술국치**(庚戌國恥)로 일본에 나라를 빼앗긴 우리는 일제강점기 하에서 노동운동이 특별한 운명의 길을 걷게 된다. 1919년 독립운동이 실패로 돌아갔지만, 당시 독립운동에 놀란 일제는 그동안의 **헌병정치**(憲兵政治, 헌병경찰정치, 공포정치)에서 **문화정치**(文化政治)를 표방하며 어느 정도 완화된 정책을 펼치게 된다. 당시 전 세계적으로는 1917년 10월 러시아가 볼셰비키 혁명을 거쳐 공산주의화하며, 이를 시작으로 공산주의 사상이 풍미하게 된다. 우리나라의 지식인들도 당시 일제의 억압으로부터 벗어나는 민족해방을 위한 대안사상으로, 사회주의와 공산주의 사상에 빠져들게 되며 이는 자연스럽게 노동운동과 접목된다.

1920년대 들어 노동쟁의를 비롯한 소작쟁의 등 노동자와 농민의 투쟁이 고양된다. 그 이유를 보면 우선 일본제국주의가 식민지정책을 수정하여 문화정치를 표방하고, 자산계급의 재산축적을 어느 정도 보장하였기 때문이다. 또한 공산주의 혁명에 성공한 구 소련은 전 세계 피압박 민족의 해방운동 지원을 선언한다. 이러한 배경을 바탕으로 1920년대에는 전국적 수준의 노동단체가 등장하게 되고, 조직적인 노동자투쟁으로 발전하게 된다. 1920년 4월에는 계몽단체 수준의 **조선노동공제회**(朝鮮勞動控除會) 및 노동대회(勞動大會)가 설립된다. 1922년에는 **조선노동연맹회**(朝鮮勞動聯盟會), 1924년에는 **조선노농총동맹**(朝鮮勞農總同盟)이 설립되었으며 이는 다시 1927년 **조선노동총동맹**(朝鮮勞動總同盟)으로 분리되어 경제투쟁에 주력하게 된다.

조선노동총동맹의 성격과 운동노선을 보면 초기에 사회주의라는 계급이념을 견지하고는 있으나, 노동계급의식이 미약하고 **사회개량주의**적 경향을 보였으며 결과적으로 합법주의, 경제주의, 개량주의 운동노선을 취한 비혁명적 사회주의노선을 따랐다고 할 수 있다. 하지만 1920년대 후반 계급적 성격이 강화되고 1930년 소위 9월테제라고 불리는 '조선의 혁명적 노동조합운동의 임무에 관한 테제'로부터 혁명적 노동조합주의를 표방하게 된다. 이는 당시 국제 공산주의 운동을 지휘하던 코민테른의 산하단체인 **프로핀테른**(노동조합인터내셔널)이 채택한 것이다.[31] 당시 조선에서는 공산당이 붕괴된 상태에서, 혁명을 지향하는 노동조합의 결성을 통해 공산당을 재건하고자 하였다.

표면적으로 내세운 문화정치가 시들해지던 1920년대 말 우리나라 노동자의 숫자는 100만 명에 육박하는 수준으로 확대되나 근로조건은 최악의 상황이 된다. 1일 16시간 내지 18시간의 장시간 노동은 기본이고 생존 수준 이하의 저임금을 받고 있었다. 특히, 임금수준은 같은 일을 하는 일본인 근로자의 1/2 수준에 불과해 차별에 따르는 고통도 여간 크지 않았다. 이러한 불만은 1921년 **부산부두노동자파업**을 시작으로 1922년에는 **경성인력차부파업**, 1929년 2월에는 3천 명의 근로자가 100일간 참여한 **원산총파업** 같은 대규모 파업으로 이어졌다.[32] 하지만 공산당이 와해됨에 따라, 조선노동총동맹의 혁명적 요소보다는 원산총파업에서 보는 바와 같이 비합법적인 투쟁성이 강조된다.

3) 1930년대의 비합법 노동운동

1930년대에 이르러 상황은 더욱 어려워진다. 농업공황에 따라 소작쟁의가 많이 발생하고 그 내용이 격렬화·폭력화한다. 임금노동자들에 대한 임금삭감, 해고, 노동시간의 연장 등의 착취가 심화되었으며 이에 저항하는 세력을 감시하는 일제의 경찰기구는 양적으로 확대되고 강화된다.

이에 노동운동은 비합법·지하조직화하면서 파업투쟁을 중심으로 한 폭력투쟁으로 발전한다. 그 결과 1928년부터 1938년까지 10년간 노동조합이나 농민조합과 관련된 사상범죄 건수는 2,674건에 이르고, 구속자 수가 28,521명에 달한다. 이러한 노동운동은 당시의 독립운동과도 연계되며 노사관계학자인 김수곤은 이러한 경험을 바탕으로 오늘의 우리 노동운동을 설명하고 있다.[33] 즉, ① 노동운동이 독립운동과 연계되어 있으며, ② 합리적인 대화보다는 과격한 투쟁과 연계되어 있고, ③ 탄압이 심해지는 1930년대 이후에는 지하운동화한다는 점이다.

2 광복 이후 노동운동

유범상(2005)은 1945년 광복 이후 우리나라의 노동운동이 과도할 정도로 많은 이념을 제시했음에도 불구하고 이념 간에 그리고 이해당사자들 간에 소통의 빈곤에 빠져있다고 진단하면서 기존의 이념에 대해 정리하고 있다.* 그리로 광복 이후 우리나라 노동운동의 이념에 대해 소위 **혁명적**(革命的) **노동조합주의**와 **반공적**(反共的, **반공산주의적**) **노동조합주의**가 경합한 것으로 설명하고 있다.

광복 직전인 1944년 조선의 임금근로자 수는 212만 명에 달하였다. 그러나 광복 이후 1947년 12월의 실질임금은 1937년 대비 29%에 불과할 정도로 떨어졌다. 광복의 기쁨과는 달리 그만큼 살기가 어려워졌다는 점이다. 하지만 미군은 1945년 **「치안유지법」**, **「정치범처벌법」**, **「예비검속법」**, **「출판법」** 등의 폐지로 공식적인 노동운동의 가능성을 열어준다.

1) 조선노동조합전국평의회(전평)와 혁명적 노동조합주의

광복이 되자 그동안 지하운동으로 명맥을 유지해왔던 한국의 노동운동세력은 다른 독립운동세력들과 힘을 모아 **건국준비위원회**(建國準備委員會, **건준**)를 설립하고, 여러 세력들과 우리나라의 재건을 위해 힘을 모았다. 조선공산당은 노동자와 무산계급의 해방을 추구하면서, **조선노동조합전국평의회**(朝鮮勞動組合全國評議會, **전평**)와 **조선민주청년동맹**의 양대세력을 바탕으로 힘을 확대해 갔다.

전국단일노동조합인 전평은 1945년 11월 5일 결성되었는데 전평의 결성식에는 전국에 소재한 16개 산별 노조와 1,194개의 노동조합 분회, 그리고 조합원을 대표하는 5백여 명이 참석하였다.[34] 전평의 조직구성원은 초기에 21만여 명이었으나 3개월 후인 1946년 2월에는 57만 명으로 증가하였다. 전평의 조직노선은 기초조직 강화와 산업별 조직화였다. 이러

* 우리나라의 노동운동 이념에 대한 이하의 내용은 유범상(2005), 『한국의 노동운동이념 – 이념의 과잉과 소통의 빈곤』, 연구보고서 2005. 11., 서울: 한국노동연구원의 내용을 주로 참고하여 정리한 것이다.

한 노력은 밑에서부터 올라오는 근로자들의 요구를 **조선공산당**이 위에서부터 조직화하는 방식으로 진행되었다. 근로자들은 생존권 보장운동과 공장관리 운동을 밑에서부터 자발적으로 진행해 나갔으며, 조선공산당은 위에서부터 근로자들을 조직화했고, 이러한 전평의 급속한 조직확대는 **혁명적 조합주의**의 토대가 되었다.[35]

전평이 최고의 위력을 발휘했던 1946년 9월 총파업이 폭력혁명의 전초전을 방불케하는 10·1 폭동으로 번지자, 반공산당 민족진영의 청년단체는 경찰대와 합세하여 전평의 활동에 대응하였다. 전평은 초기에 미군정과의 협력을 통한 부르주아 민주혁명으로 평화적인 정권수립을 추구했지만, 이후 조선인민공화국 지지, 찬탁(신탁통치찬성) 운동참여, 9월 총파업 등으로 미군정에 대한 적대관계를 분명히 하였고, 그에 따라 미군정도 1946년 하반기에 들어서는 전평과 조선공산당에 대해 적대적인 태도로 전환한다.

이후 미군정은 1947년 9월 전국에서 30여만 명이 참여한 총파업에 대해 기관총으로 무장한 3천 명의 경찰과 청년단체를 동원해 파업 중인 1천여 명의 근로자들을 검거하게 된다. 이후 전평은 여러 정치적 성격의 파업을 조직하지만, 1948년 3월 총파업이 실패하고, 비합법화되면서 쇠퇴의 길로 접어든다. 그 대신 미군정은 대한노총을 지원한다.

2) 대한노총과 반공적 노동조합주의

미군정의 **대한독립촉성전국청년총동맹**(大韓獨立促成全國靑年總同盟, 향후 대한노총의 전신)에 대한 지원은 결국 대한노총이 반공주의라는 이데올로기를 택하게 만들었다. 해방정국에서 미군정은 당시의 정치경제상황을 자유민주주의에 대한 심각한 도전 상황으로 이해하고 있었다.[36] 사실 당시의 이념적인 경향은 일제식민지 하에 누적된 반제국주의 및 반봉건주의 타파, 일제하 민족해방운동에 있어서의 개량주의적 민족주의운동의 변절, 혁명적 좌파운동의 주도적 역할 등으로 상당히 좌경화되어 있었다.[37]

당시 미국이 생각하는 건전한 노동조합이란 기업의 울타리 내에서 단체교섭을 중심으로 하는 이익집단이었다. 그 결과 미군정의 직간접적인 영향을 통해 1945년 11월 2일 우익 청년단체들은 대한독립촉성전국청년총동맹(大韓獨立促成全國靑年總同盟)을 조직하고, 이듬해 1946년 3월 10일 15개 직장의 48명이 모여 **대한독립촉성노동총연맹**(약칭 **대한노총**) 결성대회를 치른다. 전평과는 달리 현장의 조직기반이 튼튼하지 못해, 하향적으로 조직이 결성되었다고 할 수 있다.[38]

1946년 3월 10일 설립된 대한노총은 50년사 책자의 기록에 따르면 '해방 직후 좌익 노동조직 전평의 확대강화를 저지하고 반공투쟁의 일익을 담당하기 위해 조직된 것으로서 우익민족청년단체 및 정당관계 인사들에 의해 상층 지도부 중심으로 조직'되었다.[39] 이를 보면 대한노총은 목표와 이념에서 우익정치 및 미군정과 일치하고 있음을 알 수 있다. 대한노총의 이념은 반공주의에 민족주의가 추가된 정도라고 할 수 있다.

이런 점에서 볼 때 대한노총은 근로자의 경제투쟁에 대한 인식에서 출발했다고 보기는 쉽지 않다.[40] 초기에는 현장조직이 약했지만 1947년 9월 전평의 총파업과 그 실패 이후 전평이 비합법화되면서 급속한 성장을 이루고, 노동운동의 헤게모니를 장악하게 된다. 1948년 8월 15일 대한민국 정부가 수립되자 이승만 대통령이 대한노총의 총재가 되고, 대한노총의 위원장은 사회부장관으로 임명된다. 같은 해 8월 26·27일 대의원 대회를 개최하고, 명칭을 **대한노동총연맹**(대한노총)으로 개칭하였는데, 대한노총 산하의 노조수는 683개, 조합원은 12만7천 명에 이르게 된다.[41]

결국 해방 이후에는 노동운동 이념에서 볼 때 전평 주도의 혁명적 노동조합주의와 대한노총 주도의 반공적 노동조합주의가 경합했으나, 미군정의 지원을 받은 대한노총이 승리함으로써 전평이 주도했던 혁명적 노동조합주의는 사실상 사라진 것으로 볼 수 있다.

이후 6·25를 겪으면서 경제시설의 파괴, 자유당 정권의 정치적 난맥, 그리고 노동조합의 분열과 비리, 집권 정당의 하부조직으로 전락한 노동조합의 시녀화 및 기업의 원조경제를 배경으로 한 정경유착 등과 같은 외부 환경의 영향으로 노사관계가 정상화되기 어려웠다. 하지만 전쟁 중임에도 불구하고 1953년 3월 8일 **「근로기준법」**, **「노동조합법」**, **「노동위원회법」**, **「노동쟁의조정법」** 등을 제정함으로써, 외견상 노사관계의 질서를 세우기 위한 초석을 마련하는 기회가 되었다. 그러나 법 공포 이후 각급 노동조합이 해산·재조직되기는 했지만 제도적 결함도 많았으며, 파벌 대립이 계속되었고, 노사당사자도 이 규범 속에서 활동할 만한 능력이 부족했던 것도 사실이다.[42]

3 경제성장주도 시대의 노동운동

1960년 4·19혁명으로 노동계 내부에서도 민주화 요구가 일어났고, 1960년 11월 기존의 대한노총계, 전국노협(전국노동조합협의회)계, 대한노총을 탈퇴했거나 신규 조직된 노조 등이 모여서 통합대회를 개최하고, 통합조직의 명칭을 **한국노동조합총연맹**(韓國勞動組合總聯盟, **한국노총**)이라고 하였다. 하지만 이 한국노총은 1961년 군사쿠데타로 강제해산된다.

1) 경제성장 우선주의와 노동운동

1961년 군사쿠테타로 정권을 잡은 당시 박정희 소장은 대통령이 되면서 "잘 살아보세"라는 구호를 외치며 경제성장을 최고의 목표로 삼았다. 결국 20여 년의 성장위주 경제정책으로 우리는 수출주도형 경제성장이라는 밝은 면을 가지게 되었지만 노동운동의 탄압, 높은 재해발생률 등의 심각한 부작용을 겪게 된다. 특히, 빈부격차의 심화, 근로자의 소외의식 심화, 정부의 노동조합활동 개입강화 등으로 노동조합은 기업을 대상으로 경제투쟁과 정부를 대상으로 정치투쟁을 병행하게 된다.

한국노총은 어용이라는 비난을 들으며 성장하는데, 당시 한국노총의 간부로 일하던 사람의 말을 인용해 보면 당시와 같은 어려운 군부통치 상황에서 노동조합이란 말을 할 수 있다는 자체가 큰 노동운동이라고 할 수 있었다고 한다. 일제시대에서의 독립투쟁과 연계된 노동운동, 해방 후 경제성장에 밀린 노동운동은 우리나라에 유난히 많은 구속노동자를 만들어냈다. 헌법상에 형식적으로만 보장되어 있던 노동3권이 실질적인 역할을 하기까지에는 많은 사람들의 피와 땀이 있었음을 부인할 수 없다.

1970년대에 들어서 노동운동은 깊은 변화를 맞게 된다. 1970년 청계천 평화시장에서 재단사로 일하던 청년 **전태일**은 "노동법을 준수하라"는 말을 외치면서 분신을 하고, 결국은 "내 죽음을 헛되이 말라"는 말을 남기며 숨을 거둔다. 다음 〈알고 지나가기〉는 전태일 평전의 일부분이다.[43] 독재타도 중심이었던 대학생들의 학생운동은 전태일 분신사건 이후 노동야학과 노동현장에의 투신(投身, 어떤 분야에 몸을 던져 일함)이 늘어난다.[44]

1970년대를 마감하는, 또 정치적으로는 유신시대의 마감이 다가오는 사건이 1979년 8월 발생했다. **YH무역 사건**이었다. 수없이 되풀이되는 폐업과 정상화 과정을 겪으면서 회사의 정상 운영을 요구한 근로자들의 농성이 해결의 실마리를 풀지 못하자 1979년 8월 9일 당시 신민당 당사에 옮겨 경찰이 강제로 진압할 때까지 농성을 계속했던 사건이다.[45] 문제는 강제해산과정에서 한 근로자가 사망한 것이다. 이 사건은 전개과정과 진압방법 등에서 사회적 비난을 받았으며 박정희 정권의 도덕성에 큰 타격을 주었다.

1960년대와 1970년대는 유범상(2005)에 따르면 근로자의 기본적인 권리를 추구하는 **인간적 노동조합주의**와 노동운동에 강압적인 정부에 협조가 불가피한 **협조적 노동조합주의**가 대립한 것으로 평가하고 있다. 아직은 노동운동이 조직적으로 전개되지는 못한 상황이라고 보고 있는 것이다.

알고 지나가기

전태일: 근로조건의 비인간화에 대한 분신

1948년 8월 경북 대구에서 출생한 전태일은 부모와 함께 무작정 상경한 후 어려운 생활을 하다가 17살부터 평화시장에서 견습공을 시작으로 미싱사, 재단보조, 재단사로 일하였다. 그러나 직장 내 여공들에게 너무 인정이 많다고 업주에 의해 해고당한 후 재단사들의 모임인 '바보회'를 만들어 근로기준법 준수투쟁(8시간 노동, 주휴제 등), 근로기준법 및 노동운동 연구, 노동실태조사, 근로기준법 준수기업 만들기 등을 활동목표로 정한다. 그러나 바보회 창립이 알려지면서 위험분자로 낙인찍혀 일하던 회사에서 해고당하고 바보회는 와해된다.

1970년 다시 재단사로 취직하면서 과거의 바보회를 삼동친목회로 바꾸어 회장이 된다. 두 달 만에 다시 해고되나 그동안 설문지를 토대로 작성한 '평화시장 피복제품종업원 근로조건개선진정서'를 노동청장 앞으로 보낸다. 그리고 신문사에도 투고해 각 일간지에 평화시장의 근로조건에 대한 기사가 실린다. 같은 해 10월 8일 전태일, 김영문, 이승철 등 3인은 삼동친목회의 대표자격으로 평화시장주식회사에 다음과 같은 건의사항을 제출한다. 첫째, 작업시간은 여름은 오전 8시부터 오후 7시까지로 하고, 겨울은 오전 9시부터 오후 8시까지로 한다. 둘째, 휴일은 정기적으로 일요일마다 쉬는 것으로 한다. 셋째, 건강진단은 1년에 두 번으로 전원 다 한다. 전염병이 나돌 때는 시장에서 꼭 예방주사를 맞을 수 있게 해준다. 이러한 내용은 당시 근로기준법에도 미치지 못하는 내용이다. 이외에도 4가지 사항을 포함하여 건의하나 실현되지 못하자 10월 20일 노동청 정문 앞에서 데모를 하려고 했으나 국정감사를 앞둔 노동청은 근로감독관이 약속을 하여 데모계획을 중단시킨다. 하지만 국정감사가 끝난 후 노동청은 약속을 어긴다.

10월 24일 데모를 하려고 했으나 사전에 평화시장과 경찰의 삼엄한 경비로 실패한다. 11월 13일 삼목친목회원을 중심으로 평화시장노동자들이 "우리는 기계가 아니다"라는 플래카드를 들고 데모에 나섰으나 사복경찰에 의해 플래카드는 찢기고 그 와중에 500여 명의 노동자들과 경찰 및 평화시장 경비원들 사이에 실랑이가 벌어진다. 이때 약 10분간 어디로 사라졌다 다시 나타난 전태일은 동료 한 명에게 성냥불을 그어달라고 부탁하고 성냥불을 켜자 전태일은 삽시간에 불길에 휩싸인다. 그때 근로기준법 책자를 쥔 전태일은 **"근로기준법을 준수하라"**, **"우리는 기계가 아니다"**, **"일요일은 쉬게 하라"**는 등의 구호를 외치다 쓰러진다. 달려온 앰뷸런스에 실려 국립의료원, 다시 성모병원에 실려 간 전태일은 병원에 달려온 어머니에게 **"제가 못다 이룬 일, 어머니가 꼭 이루어주십시오"**라고 부탁하고, 동료들에게도 **"내 죽음을 헛되이 말라"**고 외친 후 **"배가 고프다"**는 말을 마지막으로 남긴 채 이날 밤 숨을 거둔다.

출처: 한국기독교교회협의회(1984), 『노동현장과 증언』, 서울: 풀빛.

2) 종교단체의 인간적 노동조합주의

1950년대부터 한국노총도 노동조합 교육이나 근로자들을 대상으로 하는 야학교육을 계속하고 있었지만, 1960년대 이후에는 종교단체와 대학생들이 노동문제에 관심을 가지면서 노동교육의 주체가 다양해졌다.[46] 1957년 4월에 조직된 **도시산업선교회**나 1958년에 조직된 **한국가톨릭노동청년회**(JOC, 지오쎄)는 초기에 교회전도의 연장선상에서 근로자들과 만나기 시작했으나 1970년대에 들어서는 노동운동과 밀접한 연관을 맺기 시작한다.[47] 1965년에 설립된 **한국기독교학술원**(같은 해에 **한국크리스천아카데미**로 개칭됨)이 창립되어 기독교의 사회참여 방안을 모색하고, 근로자들의 노조결성과 근로조건 개선투쟁을 지원하였다. 유신시대의 탄압에도 불구하고 원풍모방, 반도상사, 동일방직, 콘트롤데이타노조 등 1970년대의 민주노조들에 많은 영향을 미친다.[48]

대학 중에서는 1966년에 서강대학교 산업문제연구소, 1967년 고려대학교 노동문제연구소가 설립되어 산업사회로 진입되어 가는 과정에서 필연적으로 발생하는 노동문제에 대해 관심을 가지고, 대립적 노사관계를 안정적이고 평화적인 관계로 전환하기 위한 노력을 기울였다. 그러나 이러한 노력은 정부로부터 견제를 받고 연구활동에도 제약을 받았다.

한국노총의 경우 1960년대에는 기독교 단체들과 협력적 관계에 있었으나, 유신체제의 성립과 이에 대한 한국노총의 지지, 한국노총 상층부에 대한 실망, 그리고 **민주노조운동**

(民主勞組運動)의 태동으로 적대적 관계로 바뀌게 된다.

민주노조운동은 열악한 근로조건과 이에 대한 근로자들의 분노, 그리고 이 분노에 공감하는 기독교 단체와의 만남에서 그 이념적 성격을 찾을 수 있다. 기독교 단체는 산업사회의 부조리에 대한 비판과 이러한 상황에 처해진 근로자들의 생활상태에 대한 기독교 소명의 관점, 즉 윤리적 · 도덕적 · 인권적 차원에서 접근했다. 따라서 기독교 단체의 태도는 사회주의 이념이나 혁명적 노동조합주의와는 거리가 멀었다.

1970년대에도 **민주노조**(民主勞組)는 사회과학적 의식으로 무장했다기보다는 기독교적인 인간주의, 즉 작업장에서의 인권억압에 대한 저항과 열악한 경제적 처우의 개선, 즉 경제적 개선을 추구했다고 할 수 있다. 1970년대 민주노조운동은 1970년 청계피복노조의 결성, 1971년 신진자동차(현, 한국GM자동차) 등을 포함하는 신규노조 결성과 한국모방(원풍모방)이나 동일방직 등의 어용노조 민주화로 구분된다.[49] 그러나 민주노조운동은 전두환 정권의 노동운동 탄압으로 1981년 청계피복노조와 반도상사노조의 해산, 1982년 원풍모방노조의 해산 등으로 조직적 기반이 와해된다.

3) 한국노총의 협조적 노동조합주의

한국노총은 정부와 협력관계를 추구했고, 그 성장 또한 정부의 후원 하에서 가능했다. 1961년 군사 쿠데타로 기존의 노조가 모두 해산되고 '**한국노동단체재건위원회**'가 조직되었으며, 한국노총의 운영은 정부기관의 검열과 함께 친정부적인 인사들에 의해 이루어졌고, 더 나아가 산별 위원장 이하 지도부도 정부와 친정부적인 지도부에 의해 지명되는 경향을 보였다.[50]

이러한 이유로 한국노총의 지도부는 체제와 정권의 이념을 수용할 수밖에 없었다. 1972년 10월 이후 유신체제가 표방한 **노사협조주의**를 그대로 수행하여, 경제투쟁에 대해서도 소극적인 자세가 되었다. 1973년 '국가이익 우선주의에 입각하여 계급투쟁적인 극렬한 운동방향을 배제하고, 임금인상 일변도의 활동노선을 지양하며 생산성 향상운동을 통한 분배원천의 증대라는 노사공동이익의 영역을 찾아 서로 협력'하기로 하는 운동방침을 정한다.[51]

결국 한국노총의 운동기조는 크게 '노동조합주의, 국가안보 및 반공주의적 운동노선, 노사협조주의, 경제주의 및 합법주의'로 규정지을 수 있다. 이러한 입장에 대해 유범상

(2005)은 한국노총의 운동기조를 **협조적 노동조합주의**로 규정한다. 이에는 두 가지 의미가 있는데 첫째는 흔히 '**어용노조**'로 표현되는 정부 종속적인 친기업 노동조합을 의미한다. 둘째는 한국노총이 자본과 경영이 분리되고 독점자본이 사회자본화되었다고 인식하면서 새로운 이념으로 노사협조주의를 주창한 것이다. 협조적 노동조합주의에서는 권위주의적 국가에 협조하여 자신들의 이익을 확보하고자 했던 것이다.

4 1980년대 노동운동

1979년 10월 박정희 대통령 시해사건으로 유신독재가 끝나고 서울의 봄이 오는 듯했다. 1979년은 오일쇼크로 인한 불황과 실업자 급증 추세를 보였고, 근로자들의 투쟁은 1980년 봄에 시작되는 듯했다.

1) 1980년대와 노동운동의 제약

1980년 5월 광주민주화운동을 무력으로 진압하면서 권력을 공고히 한 신군부는 1980년 12월 31일 노동법을 전면 개정하면서, 노동조합의 단체교섭에 의한 노사관계보다는 노사협의에 의한 노사관계로 방향을 전환하려고 하였다.

대표적인 법개정 내용으로는 노동조합조직의 기업별 노조로의 전환, 노동조합에 대한 제3자의 개입 금지, 노동조합 결성요건의 강화, 노사협의회법의 독립법 제정 등이다. 소외되고 억압받았던 근로자들은 사용자의 균형우위에서 벗어나려고 노력했지만 결국은 근로조건 위반의 증가, 산업재해의 급증 등으로 나타났다. 1980년 이후 노동조합의 조합원은 1백만 명을 정점으로 감소하는 상황까지 갔지만, 1987년 민주화항쟁과 더불어 새로운 전기를 맞게 된다.

1980년대에 들어서면서 노동조합주의는 이념적 변형의 계기를 맞게 되는데, 그것은 광주민주화운동에서의 계급과 사회주의의 발견에서부터 비롯되었다. 1987년 이후 **전투적 노동조합주의**로 구체화된 전노협의 **변혁적 노동조합주의**는 '광주'와 노동자들의 조직화를 배경으로 만들어졌다. 변혁적 노동조합주의는 사회주의 이데올로기를 흡수하면서 민주노조운동의 지평을 보다 발전시킨 것으로 평가할 수 있다. 한편, 한국노총은 반공산주의적이면서 협조적 노동조합주의에서 벗어나 **실리적 노동조합주의**로 자기변신을 모색했다.

2) 민주노조의 변혁적 노동조합주의

변혁적 노동조합주의는 '민주노조'의 이념이자 실천지침인데 이는 마르크시즘을 이념적 기반으로 사회주의를 지향하는 경향이 있다. 1970년대 초부터 학생운동권은 노동문제에 관심을 갖기 시작했는데 그 당시만 해도 이들에게 노동문제는 중심문제가 아니었다. 그러나 1980년 광주민주항쟁을 계기로 학생출신(학출) 노동운동가들은 마르크시즘과 계급을 만났고 노동현장 투신을 조직적으로 전개하였다.

마르크시즘 학습서클인 '**의식화조직**'은 유신체제 하에서 1970년대 중반부터 본격적으로 등장했으며 1980년대 활성화되었다. 의식화의 내용은 내부에서 격렬한 이론투쟁을 통해 정통 마르크시즘인 PD(People's Democratic Revolution: PDR, **인민민주주의혁명론**)와 주체사상을 학습한 NL(National Liberation People's Democratic Revolution: NLPDR, **민족해방민중민주주의변혁론**) 계열로 분화된다.[52)]

1980년대 후반 '민주노조(특히, 전노협)'는 변혁적 노동조합주의를 자기이념으로 채택한다. 좀 더 구체적으로는 '**전투적 노동조합주의**(militant unionism)'라고 할 수 있다. 전투성이란 '공공연히 변혁운동을 적대시하고 개량을 옹호하는 부분들에 대해 비타협적으로 투쟁하는 것'을 의미한다.[53)] 다만 유범상(2005)은 전투성이란 전노협에 대한 비판적인 의미를 내포하고 있고, 이념을 표현하는 데 부적절한 표현이라고 하면서 변혁적이란 표현이 더 적합한 표현이라고 제시한다.[54)]

5 1987년 노동자대투쟁

1987년 6월 9일 연세대에서 열린 '6·10대회 출정을 위한 결의대회' 후 시위 중에 전투경찰이 쏜 최루탄을 머리에 맞은 이한열이 사경을 헤매면서 더욱 확대된 6월 민주항쟁은, 결국 전두환 당시 대통령의 간선제 대통령 선출 방식을 유지하려는 '호헌(護憲)'을 무너뜨리고, 대통령 후보인 노태우로부터 직선제(直選制) 대통령 선출을 위한 개헌(改憲) 약속을 얻어낸다. 이때가 6월 29일이었다. 그런데 그때까지 조용했던 노동자들이 7월이 되면서 일어나기 시작했다.

1) 신규 노동조합 결성과 대규모 파업

1987년 7월에 전국에서 85건에 불과했던 파업이, 8월에는 1,759건으로 폭발적인 증가세를 기록했다. 6월 항쟁이 마무리된 6월 29일 이후 9월 13일까지 채 3개월이 되지 않은 기간 동안에 국내에서는 3,241건의 파업이 발생했다. 이는 이전 10여 년 동안 발생한 파업 건수보다 훨씬 많은 건수였다.

1987년 7월 5일 현대그룹 소속 기업들을 시작으로 전국에서 파업과 함께 노동조합이 결성되기 시작했다. 현대자동차, 현대중공업 등에서 노동조합이 결성되었으며 울산의 화학공단; 온산의 비철금속공단; 부산의 국제상사; 창원의 현대정공, 한국중공업, 통일, 대우중공업 등의 방위산업체; 마산 수출자유지역의 외국인투자기업; 거제도의 옥포대우조선; 광주의 금호타이어와 아세아자동차; 이리(현재, 익산)의 후레어패션; 군산의 두산유리; 구미의 대우전자와 금성사; 인천의 대우중공업; 부평의 대우자동차; 부천의 경원기계; 서울 구로공단, 그 외 안양, 군포, 성남, 청주 등 전국에서 빠짐없이 노동조합이 결성되었고, 수없이 많은 파업이 발생하였다. 당시 1천 명 이상의 대기업은 65%가 쟁의를 경험해서 대부분의 대기업이 쟁의를 경험했다고 할 수 있다.

2) 한국노총의 실리적 노동조합주의

한국노총은 1987년의 민주화대투쟁과 노동자대투쟁을 통해 자유민주주의를 만나고 실리적 노동조합주의를 추구하게 된다. 한국노총은 1987년 초까지도 대통령 간선제를 의미하는 호헌을 지지하여 군부독재정부와 공모관계에 있었다고 할 수 있다. 그러나 자유민주주의를 향한 시민의 저항은 직선제를 쟁취하였고, 노동운동 영역에 급속하게 전파되었으며, 이는 1987년 7월에 시작된 노동자대투쟁에서 나타났다. 한국노총은 협조적 노동조합주의 대신 **실리적 노동조합주의**를 통해 조합원들의 저항을 수용하고자 했다. 현장에서 **'어용노조'**와 **'황색노조'**라는 비판에 대해 한국노총은 변신이 불가피했다고 할 수 있다.

이러한 국가 수준의 민주화 외에도 한국노총은 노동정치 내부에서도 문제를 가지고 있었다. 노동자대투쟁 이후 **전국노동조합협의회**(**전노협**)가 결성되면서 한국노총은 전국단위 수준에서 강력한 경쟁자를 만나게 된 것이다. 복수노조를 금지하고 있었던 시기에 경쟁 없이 안주하고 있었던 한국노총은, 민주노조 출현으로 조합원들을 상대로 지도력과 정당성을 인정받지 못하면 조직 자체가 위기에 빠질 수도 있었다. 전노협뿐만 아니라 사무전문직 노조들의 업종회의, 대기업 노조의 연대회의 등도 한국노총의 위기감과 개혁의 필요성에 대한 인식을 고조시켰다. 한국노총의 산하조직에서도 한국노총의 '어용성'을 낳았던 낡은 노조간부들이 밀려나고, 섬유, 금속, 금융 등 제도생산직과 사무직이 주류를 이루는 산별 연맹에서는 이미 민주화를 학습하고 이를 실천하려는 움직임이 가시화되고 있었다.

한국노총은 실리적 노동조합주의를 취하면서 반공주의를 지양하고 정치활동 및 정책활동을 지향하는 노동조합주의를 추구하고자 하였다. 1988년 한국노총의 운동기조를 '자유민주주의 이념을 토대로 하여 자본주의 모순을 체제 내에서 극복, 개선, 보완하여 균등한 복지사회를 건설하는 것'으로 정하고 이를 위한 목적사업으로 근대적 노사관계의 확립, 산업민주주의 실현을 설정하고 이를 달성하기 위하여 노동3권의 확고한 행사를 기본으로 하면서 정치참여활동을 주요한 수단으로 삼겠다고 밝힌다.55)

3) 1987년 노동자대투쟁에 대한 평가

1987년 6월 29일 이후 9월 20일까지 3개월 동안 1,060개의 신규노동조합이 결성되었다. 노동자대투쟁의 주요 구성원은 그동안의 경공업(輕工業) 중심의 여성근로자가 아니라 중화학공업(重化學工業)이 선두역할을 하는 대규모 기업의 남성근로자들이었다.

파업의 이슈는 경제적(經濟的)인 이슈가 주요인이었으나, 초보적인 민주적(民主的) 요구도 담고 있었다. 생존권 쟁취와 노사간의 힘을 유지하기 위한 노력으로 노조의 인정을 요구하는 경우가 많았으며, 개별사업장 단위로 임금협상이 다시 시작되어 부의 분배적인

알고 지나가기

1980년대 불법파업

1987년까지만 해도 노동조합이 합법적으로 파업과 같은 쟁의행위를 하기란 현실적으로 불가능했다. 그래서 거의 대부분의 파업이 법적으로 불법이었으며 민주화투쟁 이전까지는 이를 빌미로 파업이 발생하면 바로 경찰이 투입되어 파업을 중단시키고 조합원들을 연행하거나 해산시켰다. 그러나 노동자대투쟁의 시기에는 과거와 달리 경찰이 즉각적인 대응을 자제해 당시의 대부분의 파업이 불법이었지만 짧게는 몇 시간 길게는 며칠씩 계속될 수 있었다. 이러한 불법파업률은 계속 낮아져 1990년대 후반에는 5% 이하로 낮아졌다.

면이 강조되었다. 구체적인 이슈는 민주노조건설, 임금인상, 근로조건 개선 등이었으며 어용노조(御用勞組) 민주화 및 노동조합의 결성 등도 많이 대두되었다. 이는 노동자들의 단결과 의식 및 조직의 발전을 기대하게 되었으며 향후 정치적 진출을 위한 토대를 마련하게 되었다.

노동계에서는 1987년 노동자대투쟁에 대해 다음과 같이 평가하고 있다.[56] 첫째, 광범위하게 노동자를 단련시키고 계급적 의식과 조직을 발전시킨 계기가 되었다. 둘째, 노동운동의 새로운 주체형성을 촉진했다. '민주노조운동' 진영이 본격적으로 형성·강화되었다는 점이다. 셋째, 억압적 통제체제를 무너뜨리고 기본권리의 확보를 위한 조직적 토대를 마련했다. 넷째, 사회적 민주주의 쟁취투쟁의 첫걸음이 되었다. 즉, 노동자들이 일하는 노동현장에서 민주주의를 정착시키고 실질적·사회적 민주주의를 쟁취하기 위한 투쟁의 시작이었다는 점이다. 다섯째, 노동계급의 정치적 진출을 위한 대중적 토대를 마련했다는 점이다. 여섯째, 사회개혁적 또는 사회변혁적 노동운동 이념과 노선을 모색하는 중요한 계기가 되었다는 점이다.

4) 노동자대투쟁의 성과

노동조합은 양적으로 엄청난 성장을 하게 된다. 노동조합 수는 대투쟁 이전 2,725개에서 1987년 말 4,086개, 1988년 말 6,142개, 1989년 말 7,822개로 3년 만에 세 배 이상 증가한다. 이에 따라 노동조합원 수도 같은 기간 동안 105만 명에서 126만 명, 170만 명 그리고 193만 명으로 거의 두 배 가까이 늘어난다. 노동조합 조직률도 14.3%, 17.3%, 그리고 20% 수준까지 급증한다. 그리고 그동안 제조업 중심의 노동조합운동에서 사무·전문·기술·판매직 노동조합운동이 활성화되었다.

당시 주요 단체협약 내용을 분석한 연구결과를 보면 첫째, 생산직의 임금상승률이 사무직보다 훨씬 높아져 생산직과 사무직의 차별대우(差別待遇)가 축소되었다.[57] 둘째, 임금수준을 보면 대기업의 장기근속자에 대한 부당한 대우로 노동쟁의가 발생했다. 1970년대 이후 단순조립공으로 10여 년 이상 근무해온 생산직 노동자들은 기능면이나 의식 수준에서 성숙하였으나 합당한 급여, 대우 및 이들에 대한 승진기회는 결여되고 있었다. 셋째, 노동시간의 단축도 큰 변화였다. 1986년 월 250.7시간으로 세계 최고 수준이었으나 1987년에는 236.7시간으로 감소하였다. 하지만 생산직은 여전히 242.9시간으로 높은 수준을 유지하고 있었다.

그리고 1987년 말에는 노동법도 대폭 개정되었다. 우선 노조운영과 관련해서 노동조합의 설립 형태와 설립 인원에 관한 과거의 규정이 삭제되어 30인 이상이나 1/5 이상의 근로자가 찬성하지 않아도 노조를 설립할 수 있게 되었다. 그동안 금지되어 왔던 유니언숍도 2/3 이상이 조합원이고 노사간에 합의가 되면 허용되었다. 그러나 당시 쟁점이었던 정치활동의 금지, 제3자 개입의 금지, 공무원 및 교원의 노동운동 금지, 인사 및 경영문제에 대한 쟁의행위금지, 복수노조 금지 등은 해결되지 못하고 다음 시기를 기다리게 된다.

5) 1990년대 이후 한국노총과 민주노총

1980년 광주민주화운동에서 발견된 사회주의와 계급은 1980년대 말 구 소련과 동구의 몰락으로 나타난 사회주의권의 붕괴로 급속히 쇠락하게 된다. 이로 인해 활동가들은 이념의 '혼란'을 느끼게 되며 일부는 정체성의 '혼동' 상태에 빠진다. 사회주의 정권의 붕괴로 인해 사회주의와 혁명이라는 진리의 실체와 이념은 한 순간에 사라지고, 더불어 북한의 실체와 우리식 사회주의에 대한 확신도 사라진다. 이러한 이념지형의 변화로 1980년대의 계급(민중)과 민족문제는 1990년대 환경, 여성, 종교, 인종, 관료제 등과 같은 외부적 문제와 개인의 자율성, 개인의 욕망, 성, 육체의 해방 등과 같은 내면적 문제로 자리를 넘겨주게 된다.

노동조합은 1997년의 IMF외환위기와 이를 극복하려는 정부의 구조조정정책 앞에 효과적으로 대응하지 못했다. 물론 **노사정위원회**를 통해 사회적 합의를 도출함으로써 노동조합도 위기극복에 동참한 역할이 평가절하되는 것은 아니지만 노동조합의 기본적인 역할은 근로자의 사회·경제적 지위의 향상이다. 그중에서도 가장 기본은 근로자의 일자리를 지켜주는 것이다. 그러나 1997년 말 예기치 않았던 경제위기는 좌파활동가들에게 사회주의의 우월성과 신자유주의 및 자본주의의 비인간성을 환기시키고, 이는 **신자유주의**(네오-리버럴리즘, neo-liberalism)와 자본의 이데올로기에 대항하기 위해 사회주의가 여전히 유효하다는 확신을 가지게 한다.

전노협 이후 조직노동운동은 **전국노동조합대표자회의(전노대)**를 거쳐 민주노총으로 성장해간다. 이념적 측면에서 민주노총으로의 성장과정은 전노협 중심성, 즉 전투성과 이념성을 강조하는 전투적 노동조합주의에서의 변화를 의미한다. 조직적으로는 1993년 6월 전노협에 상대되는 조직인 전노대가 건설되고, 이후 1994년 11월에는 전노대를 구성한 4개 조직(전노협, 업종회의, 현총련, 대노협)이 **민주노총건설추진위원회**(**민노준**)를 구성하게 된다. **전국민주노동조합총연맹**[**민주노총**, Korea Confederation of Trade Union(KCTU)]은 사회개혁과 노동자의 정치세력화를 목표로 1995년 11월 11일에 결성된다.

한국노총은 1995년 대의원대회에서 '2000년대를 대비한 노총의 운동기조와 활동방침'을 채택했으나 이념이나 기조에서 큰 변화는 없었다.[58] 2001년에는 '인본주의'를 지도이념으로 하고, '반신자유주의적 연대'를 전략개념으로 하는 운동방향을 제시한 바 있으며, 2006년에는 한국노총 설립 60주년을 맞아, 그동안의 운동 역사에 대한 단절과 계승, 발전과 도약이라는 대명제하에 운동이념으로서 '평등복지사회 실현을 위한 참여와 사회연대적 노동조합주의'를 채택했다. 2007년 들어서는 참여와 연대의 '사회개혁적 노동조합주의'를 운동이념으로 내세우면서, 조직강화, 노동운동의 위상과 역할 강화, 사회연대와 사회개혁을 3대 운동의 목표로 설정한 바 있다.

6 2000년 이후의 노사관계

1990년대를 지나면서 한국노총과 민주노총 간의 조직과 헤게모니 경쟁은 강화되었지만 다른 한편으로는 노동운동의 양대 진영은 혼란과 혼동, 그리고 분화와 정체성의 딜레마에 빠지기 시작했다. 하지만 2000년을 전후로 신자유주의의 대두는 이런 혼란과 혼동을 사회주의와 사회민주주의로 어느 정도 정리해 주는 역할을 했다.

유범상(2005)은 2000년 전후의 노동운동이념을 변혁적 노동조합주의, 사회개혁적 노동조합주의, 그리고 실리적 노동조합주의로 정리하면서 서로 간에 경합하는 중이라고 평가하였다. 전반적으로 친정부적이고 실리적 경향을 갖는 노동조합운동인 한국노총과 정부에 저항적이고 변혁적 경향을 갖는 노동조합운동인 민주노총 흐름 간의 경합의 역사였다고 볼 수 있다.

하지만 노동조합주의 각각은 현실의 상황에서 상당한 한계를 갖고 있음을 경험한 바 있다. **변혁적 노동조합주의**의 경우 점차 조합원들과 사회로부터 고립화되는 경향이 있으며, **사회개혁적 노동조합주의**의 경우 자신들의 실천이 가능한지에 대한 회의가 제기되고 있기 때문이다. 한편, **실리적 노동조합주의**를 표방한 한국노총의 경우 조직에 대한 불신과

이탈, 그리고 정당정치에 대한 실패와 혼란으로 비전과 이념 정립에 있어 딜레마에 처한 바 있다.

이러한 결과는 이념집단 간의 소통의 부족에서 발생한 것으로 평가하면서 유범상(2005)은 앞으로의 방향에 있어서 자신의 정체성을 인정하고 서로 간에 다름을 인정하면서 자신의 이념적 정체성을 보다 풍부하게 해야 하며, 구체적으로는 정책을 통해 자신의 이념을 드러내야 함을 강조하고 있다. 사회정책과 경제정책을 경유해서 자기를 드러내야 하며 이는 지도부나 분파의 정체성이 아니라 조직과 정파의 정체성으로 형성되고, 발전해야 함을 강조한다.

1) 노동조합 조직률의 정체와 회복

1987년부터 급격한 성장세를 보이던 노동조합 수와 조직률은 1989년을 정점으로 점차 감소하게 된다. 그 이후 2010년까지 조직률은 계속 낮아져 9.8%대까지 떨어졌다가 2023년 13.1%로 약간 회복하는 추이를 보인다. 하지만 민간부문의 조직률은 10%에 머무르는 등 낮은 수준을 벗어나지 못하고 있다. 전체 조합원 수도 1989년 193만 명을 정점으로 줄어들었다가 2010년을 넘어서면서 증가추이를 보였고, 2023년에는 273만 명을 기록하게 된다.

2011년 7월부터는 **복수노조**가 허용되었지만 신규로 노조가 결성되기보다는 기존의 노조에서 분화되는 경우가 일반적이어서 신규 조합원 수의 증가는 많지 않은 편이다. 다만 2017년 노동존중의 문재인 정부에서 그 동안 법외노조였던 **전국공무원노조**(**전공노**)가 합법적 지위를 얻는 등 공공부문 중심으로 활발한 노조활동이 전개되고 있다.

2) 협력적 노사관계와 기업의 사회적 책임

노사관계가 협력적이어야 하는가는 논란의 여지가 많다. 생산한 가치에 대한 나눔을 교섭하는데 어떻게 협력적일 수 있는가 하는 점이다. 또한 사회주의를 지향하는 경우에는 노동자의 자본가에 대한 투쟁이 불가피하기 때문에 협력적이라는 건 바로 변절로 간주될 수 있다. 그러나 현실적으로 노사관계가 반드시 대립적이고 투쟁적일 필요는 없다. 다시 말해서, 흔히 이야기하는 빵의 크기를 크게 하는, 즉 파이의 크기를 키우는 데는 노사의 협력이 필수적이기 때문이다. 기업경쟁력을 확보하기 위해서는 품질향상과 비용절감이 필요한데 노사간에 이에 대한 방안을 같이 고민한다면 서로 상생하는 방안을 찾아낼 가능성이 높기 때문이다.

지난 1987년부터 1989년까지 연평균 2천여 건의 파업을 경험했던 우리는 1990년 이후를 수십 년간 100건 내외의 파업만을 경험하고 있다. 파업만이 능사는 아니라는 경험을 했기 때문이다. 파업을 제한하면 더 하고 싶은 게 사람마음이다. 못하게 막으면 더 하고 싶기 때문이다. IMF외환위기를 맞은 이후에 약간의 증가세를 보였지만 2000년대 들어서는 최근까지 100건 내외의 수준이다. 파업의 숫자가 바로 협력적 관계를 말하는 것은 아니지만, 최소한 노사간의 대립의 결과인 파업건수가 줄어들었다는 점만은 확실하다. 다만 최근 노사간에 분규는 원청회사와 하청회사의 근로자 간에 분규가 많은데 이런 경우 고용노동부에서는 정당한 파업으로 인정하지 않고 있어서 파업건수에서도 제외한다. 2025년 소위 노란봉투법이 통과되면 하청회사의 근로자도 합법적으로 원청회사와 단체교섭을 요구할 수 있고 파업도 가능해진다.

또한 최근 **기업의 사회적 책임**(Corporate Social Responsibility, CSR)을 이행한다는 입장에서 근로자를 기업의 중요한 이해관계자로 보고 노조의 유무와 상관없이 또는 노동조합의 결성을 회피하는 방안으로 근로자의 경영참여 방식이나 임금·근로조건에 대해 적극적인 자세로 나오는 경우가 증가하여 노조의 활동을 위축시킬 가능성도 있다.

3) 노사관계개혁위원회, 노사정위원회, 경제사회발전노사정위원회, 그리고 경제사회노동위원회(경사노위)

다음으로는 김영삼 정부 이후 계속되고 있는 국가 차원에서의 노사정 또는 노사공의 위원회가 지속되고 있다는 점이다. 지난 1996년 김영삼 정부는 노사관계의 개혁을 위해 역사상 처음으로 대통령 직속으로 **노사관계개혁위원회**(**노개위**)를 설치하고 임기가 끝나는 1998년 2월까지 계속 운영했다.[59] 노개위는 처음으로 노사대표와 공익위원이 함께 모여 우리나라의 향후 노사관계에 대해 논의하고 법개정까지 추진했다는 점에서 의미가 있다. 노동조합의 정치활동금지, 제3자 개입금지, 복수노조금지, 공무원 및 교원의 노동조합활동 제한 등을 포함한 포괄적인 노사관계문제를 논의하고 법을 개정한 바 있다.

그 이후 다시 김대중 당시 차기대통령당선자는 1998년 12월 **노사정위원회**에 법적인 지위를 부여하여, 좀 더 체계적으로 IMF외환위기로 인한 노사갈등과 노동문제를 논의할 수 있는 장을 마련하였다. 노사정위원회는 김대중 정부 하에서 제3기까지 운영되었으며,

노무현 정부 하에서는 그 역할이 일부 수정되어 2007년 4월 **경제사회발전노사정위원회**로 개칭되었고, 2017년 **경제사회노동위원회(경사노위)**로 다시 이름이 바뀌었다. 하지만 여전히 민주노총의 공식적인 복귀가 이루어지지 않고, 힘들게 합의한 내용들이 법개정 과정에서 변경되거나 실패함으로써 경사노위의 위상이 하락한 측면이 있다.

앞에서 살펴본 **코포라티즘**, 즉 노사관계에 대한 정부의 적극적인 개입을 전제로 하는 사회적 대화체제는 국가단위에서 노사정 삼자의 위원회의 형태로 유지되고 있으나 큰 위기상황으로 인한 노사간의 양보나 노사간의 신뢰구축의 부족으로 긍정적인 성과평가를 받지 못하고 있다. 하지만 사회적 대화는 반드시 국가 차원에서만 진행되어야 하는 것은 아니며, 지역단위나 업종단위에서 현안을 다루게 된다면 짧은 시간 내에도 성과를 보여줄 수 있을 것이다.

4) 날개 꺾인 민주노조운동, 대안노조는 없는가?*

한국노동사회연구소는 2014년 10월 10일 '사례로 본 노동운동의 대안모색: 4개 사례를 통해 본 한국 노동운동 재활성화 방안' 노동포럼을 열었다. 이날 포럼에서는 몇 가지 사례가 논의되었는데, 이상학 전 민주노총 정책연구원장은 '희망연대노조 활동 사례' 주제발표를 통해 "희망연대노조는 기존 정규직 중심 사업에서 해법을 찾기 어려워 이곳저곳을 흘러다니는 유목노동자를 위한 울타리가 필요하다는 판단에서 설립됐다"며 "노동하는 사람들의 삶을 재구성해야 한다는 것에서 출발해 사업장 안팎에서 노조운동을 지향하는 '**지역사회운동노조**'를 표방한 것"이라고 설명했다.

희망연대노조는 2009년 12월에 만들어진 지역일반노조로, 사업장 임단협 투쟁에만 머물지 않고, 삶의 공간이 지역에서 '더불어 사는 삶을 실현하는 활동을 전개하고 있다. 이후 씨앤앰, 티브로드, SK브로드밴드, LG유플러스 등 케이블방송 노동자를 조직하면서 조합원 4천여 명의 전국조직으로 성장했다. 노조는 생활연대문화국을 두고 지역연대사업, 나눔사업, 국제연대사업 등 지역사회운동노조 사업을 추진하고 있다. 어린이공방, 아버지캠프, 연애강좌가 대표적인데, 조합원 자녀, 이주민, 취약계층, 지역주민이 참여할 수 있는 프로그램이다. 조합원과 지역주민들로 구성된 사단법인 희망C를 통해 대안적 · 계급적 네트워크를 구축하고 있다. 임금 · 단체협상에서 사회공헌기금을 조성하고, 조합원이 참여하는 사

---

* 한국노동사회연구소(2014.10.10), 「'사례로 본 노동운동의 대안모색' 노동포럼」.

회공헌활동도 펼친다. 지역과 동네를 기반으로 한 소모임 활동에 주력하고, 네팔에 '밥 주는 학교'도 짓고 있다.

이주환 노동사회연구소 연구위원은 '학교비정규직의 조직화 사례' 주제발표에서 "학교비정규직 조직화는 의제화와 공론화가 먼저 진행된 뒤 노조가 건설됐다는 특징을 보인다"며 "지자체와 지방의회에서 문제를 제기하고 시민사회에 광범위한 연대단체를 구성한 뒤 공청회나 간담회에서 노동자를 만나 설득하고 가입신청을 받아 조직을 확대했다"고 소개했다.

이런 방식이 불가피했던 것은 갑작스럽게 노조가 건설되면 사용자는 물론 노동자도 불안감을 갖기 쉬운 만큼 여론화 작업을 통해 노동자의 선택을 도왔다는 설명이다. 이 연구위원은 "학교비정규직 조직화 성공사례는 기존 노동운동 활동관행에 대한 비판적 의식에서 출발해 '보이지 않는 노동자'들의 보편적 권리보장을 제기하고, 노동 · 시민 · 개인의 관심과 지원이 집중됐다는 공통점이 있다"며 "기존 민주노조운동의 대안이라기보다는 민주노조운동이 형성해 온 영역의 경계에서 움튼 '대안적 맹아'로 규정할 수 있을 것"이라고 분석했다.

박대성 희망연대노조위원장(2017)은 지금까지 자본의 노동자 분할지배 전략의 구도에서 벗어나, '함께 살기 위한' 삶을 작업장과 생활문화 공간에서 실현해야 한다고 주장하면서, 자식농사 잘짓기경쟁에서 벗어나 다양한 가치와 개성을 존중하는 열린교육으로의 변화가 필요하다고 강조하고 있다.[60] 노동조합운동을 중소영세 · 비정규 · 여성 · 미조직노동자들과 함께 전체 노동자의 권리, 노동권을 확대하는 다수자 운동으로 변화되어야 한다고 주장한다. 구체적으로는 지역에서 노동조합운동이 지역사회운동인 지역사회권리운동이나 생활문화연대운동과 함께 연대하고 어우러지는 운동이 필요하다고 주장한다.

5) 문재인 정부 시절 노동운동

문재인 정부가 출범한 이후 여러 단체에서 노동운동의 방향에 대한 논의가 활발히 진행된 바 있다. 여기서는 한국노동사회연구소의 포럼내용에서 논의된 내용을 바탕으로 간략히 평가해 보기로 한다.[61]

문재인 정부의 일자리/노동 관련 정책공약을 보면 첫 번째는 일자리 창출이었다. 공공부문에서 81만 개의 일자리를 창출하고, 실노동시간 단축 등의 일자리 나누기로 민간부문에서 50만 개 일자리를 창출하겠다고 했다. 하지만 코로나19 사태 등을 고려한 상황에 2020년 말 고용률은 60.3%로 일자리 창출, 특히 민간부문에서의 일자리 창출은 성공적이었다고 보기는 어렵다.

두 번째는 비정규직 감축과 처우개선이었다. 공공부문의 비정규직 정규직화는 1단계는 비교적 성공적이었으나 2단계와 3단계는 사실상 중단되었다고 볼 수 있으며, 최저임금 1만 원도 3년차가 되면서 대통령의 공식 사과로 목표를 달성했다고 보기는 어렵다. 2020년 말 사내하도급 가이드라인을 개정했지만 노동계는 원청의 직고용을 요구하면서 불만을 표출하였다.

세 번째는 노동존중사회의 실현으로 한국형 사회적 대화기구 설립과 노동시간 단축, 체불임금 제로시대, 알바존중법 도입 및 청소년 노동기본권 보장, ILO핵심협약 비준, 노조가입률과 단체협약적용 확대, 미조직노동자의 권익보장, 공공기관 노동이사제 도입 및 민간 확산, 부당해고 근로자 복직절차 간소화, 위험의 외주화방지와 감정노동자 보호법 제정, 그리고 택시운전자 생존권 보장 등이었다. 그동안 사용자 측에 기울였던 운동장의 원상복원이고, 비정상의 정상화로 평가하기도 하였다. 하지만 경제사회노동위원회의 개칭에도 불구하고 민주노총의 불참과 미흡한 성과, 단협적용 확대 미흡, 공공기관 노동이사제의 일부 도입 등에서의 성과는 목표대비 미흡하다고 할 것이다. 그러나 ILO핵심협약 비준, 노조가입률 제고, 특수형태근로종사자의 산재보험 강제화, 중대재해기업처벌법, 노조법 개정 등은 노동계 입장에서는 긍정적인 성과라고 할 것이다.

6) 최근 정부와 노동운동

2022년 취임한 윤석열 대통령은 문재인 정부와는 달리 노동운동에 대해 법과 원칙을 강조했다. 2022년 가을 화물연대 파업에 대해 강경한 입장을 취하였고, 노동계에서는 파업이 실패했다고 판단하였다.[62] 이후 윤석열 정부는 건설현장에서 노동조합의 과도한 요구에 대하여 비판과 함께 법과 원칙을 강조하면서 노동조합 간부를 구속하였고, 이 과정에서 분신한 노조간부도 발생하면서 노정관계는 강경 대립관계로 전환되었다. 2023년 여름이 되면서 한국노총도 정부와 공식적인 대화창구인 경제사회노동위원회 참여를 거부한 바 있고, 민주노총은 총파업을 진행하였다.

윤석열 정부가 법과 원칙을 강조하는 것은 정치적인 관점에서 보면 그런 정책을 지지하는 국민들이 있기 때문이다. 미국도 1950년대까지 노동운동이 활성화되었지만 기득권 세력이 되면서 마피아와 연계되고 부패사건이 발생하면서 노동운동에 대한 국민들이 지지가 떨어졌고, 결과적으로 1970년대부터는 노동운동도 쇠락의 길을 갔다는 점에 대해 우리의 노동운동도 깊이 검토할 필요가 있다.

정부의 법과 원칙을 강조하는 정책에 대해 총파업과 같은 대립적인 노선을 추구하는 것도 방법이지만, 내부적으로 5인 미만 사업장이나 취약근로자에 대한 더 많은 관심과 조직화 노력, 대기업노조 중심의 노동운동에서 전체 노동자를 대변하는 진정한 대중성 확보, 회계적으로 투명한 노동조합 관리 운영, 노동현장에서의 탈법적인 요소에 대한 신중한 접근, 서비스업종과 MZ세대를 포괄하는 포용성, 미래 노동운동에 대한 새로운 방향 제시 등 자체적인 개혁 노력도 필요할 것이다.

2025년 6월에 출범한 이재명 정부는 민주노총 위원장 출신인 고용노동부장관을 임명하면서 노동존중의 정책을 강조하고 있다. 구체적으로는 특고와 프리랜서를 포함하는 노무제공자에 대한 보호제도 강화, 소위 **노란봉투법**으로 일컬어지는 사용자 개념 확대와 비합법 쟁의행위에 대한 근로자와 노동조합의 금전적 보상의 제한, 법정 정년 연장 등을 주요 정책 방향으로 제시하고 있다.

제4절 집단적 고용관계시스템모형

카우프만(Kaufman, 2004)은 노사관계를 학문적인 의미에서 '고용관계 및 고용관계로부터 발생하는 모든 행위, 결과, 관행 및 제도 등에 대한 연구'로 정의하고 던롭의 노사관계시스템모형을 수정하여 **고용관계시스템모형**을 제시하고 있다.* 먼저 제일 미시적인 부분부터 시작해 거시적인 부분까지 설명하기로 한다.

---

* 고용관계시스템에 대한 이하의 내용은 Kaufman, Bruce E.(2004), Employment Relations and the Employment Relations System: A Guide to Theorizing, In Bruce E. Kaufman(Ed.), *Theoretical Perspectives on Work and the Employment Relationship*, IRRA Series 2004. Industrial Relations Research Association을 참조하였다.

[그림 7-1] 카우프만(Kaufman)의 고용관계시스템모형

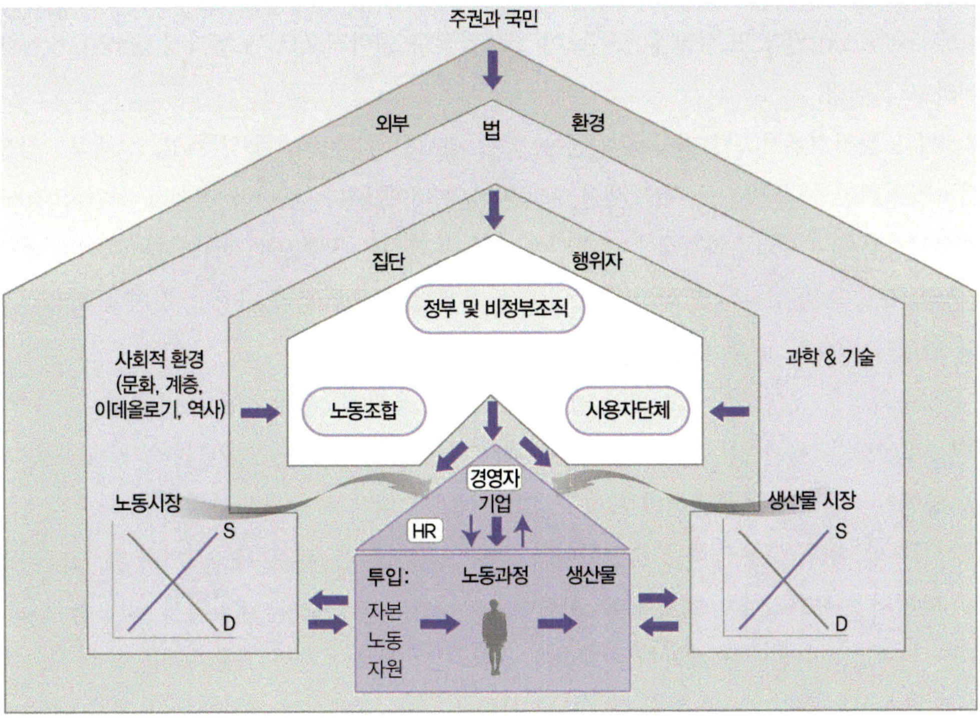

출처: Kaufman, Bruce E.(2004), Employment Relations and the Employment Relations System: A Guide to Theorizing, In Bruce E. Kaufman(Ed.), *Theoretical Perspectives on Work and the Employment Relationship*, IRRA Series 2004. Industrial Relations Research Association.

1 조직 내부와 고용관계

조직 내부에 초점을 둘 때 노동이 투입되고 성과가 산출되는 노동과정, 이러한 과정이 이루어지는 조직 자체를 구분해서 살펴볼 수 있다.

1) 노동과정

먼저 고용관계시스템인 위의 [그림 7-1]의 아래 가운데 부분의 사각형이다. 이 부분은 모든 산업, 경제 그리고 사회에 공통적으로 존재하는 부분이다. 이 사각형은 **생산과정**

(production process)에 대한 것으로 노동(Labor, L), 자본(Capital, K), 그리고 자원(natural resources, NR)이 투입되어 생산기능에 의해 재화나 서비스의 생산물(outputs, Q)로 전환(transformation)된다. 노사관계에서는 이 전환활동을 일반적으로 '**노동과정**(labor process)'이라고 불린다.

이 노동과정에서 근로자들은 임금을 받기 위해서 일할 의욕을 가지고, 신체적 · 정신적 · 감정적인 에너지와 노력을 생산 활동에 투입하게 된다. 후진국 경제나 선진국 경제, 자유시장경제나 사회주의경제에 상관없이 이 노동과정은 공통으로 적용된다. 그러나 생산기능에 노동을 투입하는 방식이 수작업이나 기계화, 자동화같이 다양한 것처럼 노동과정의 범위나 정도도 매우 다양하다.

노동과정을 운영하는 일반적인 방법은 바로 '**고용관계**(employment relations)를 수립'하는 것이다. 고용관계는 '한 개인인 근로자가 특정 기간 동안 일정한 임금을 받고 노동력을 타인인 사용자에게 제공하기로 하고, 일의 성과에 대해 사용자의 명령과 규칙에 따르기로 하는 것'이다. 고용관계를 수립한다는 것은 고용계약을 체결하는 것이라 볼 수 있다.

따라서 노동과정에는 최소한 두 사람이, 즉 사용자와 근로자, 개입되게 되며 공식적이지만 실제로는 불완전한 계약이 존재하게 된다. 따라서 사용자는 고용계약을 통해 노동과정을 운영하는 데 있어서, 불완전성(모든 상황에 대한 구체적인 계약내용이 없기 때문에)을 해소하기 위해 근로자를 통제하고 명령할 수 있는 법적인 권리를 갖는다. 일반적으로 고용관계는 노동시장에서 자발적인 동의에 의해 성립되지만, 사회주의 국가에서는 국가가 노동수요와 공급을 조정하기 때문에 자발적이라고 보기 어렵다.

2) 조직과 고용관계

고용관계시스템의 다음 요소는 앞의 [그림 7-1]에서 보는 공식적이고 위계적인 '조직'으로 위의 노동과정 및 생산과정을 포함한 오각형 모양이다. 이 조직은 생산과정을 조정하고 생산된 재화와 서비스를 팔거나 분배하는 역할을 한다. 하지만 조직이라고 해서 반드시 공식적이고 위계적인 구조를 가지는 것만은 아니다. 그러나 현대사회에서는 대부분의 재화와 서비스가 공식적으로 대형화된 영리조직인 기업과 비영리조직인 공기업들에 의해 제공된다고 해도 과언은 아니다.

이러한 공식적인 조직은 고용관계에 대한 기본적인 몇 가지 특징을 가진다. 첫 번째 특징은 조직에 대한 소유권은 조직의 대표가 가지지만 생산과정의 운영을 포함하여 자원 배분이나 활용 등에 대한 의사결정은 경영자가 하위관리자에게 위임하는 경우가 많다. 의사결정단계는 다양하지만 기본적으로 지휘와 명령의 주체인 경영자와 그에 따르는 근로자의 구분은 공통적이라고 하겠다. 조직 내의 지휘·명령 관계를 권한관계라고 하며 여기에는 직무수행에 대한 책임, 보상결정 등이 포함된다.

두 번째 특징은 조직의 소유자 또는 경영자가 근로자를 특정한 목적을 달성하기 위해 활용한다는 점이다. 자본주의경제에서 영리조직인 기업의 목표는 기본적으로 이익의 극대화 또는 지속가능성 제고 등이다. 물론 앞에서 고용관계의 목표를 설명할 때 이익의 극대화를 의미하는 효율성 외에 기업시민정신을 포함하였지만 우선순위로 볼 때는 이익의 극대화가 더 기본적이고 우선한다고 할 수 있을 것이다. 자본주의경제 하에서도 비영리조직인 공기업이나 사회주의경제 하에서는 조직의 목표가 최대생산이나 신속한 성장 등이 될 수 있지만 그럼에도 효율성 제고를 통한 비용 대비 산출의 극대화는 공통적인 이슈이다.

세 번째 특징은 조직이 경영자의 의사결정에 의해 조정되고 통제된다는 점이다. 조직의 중앙에서 기본적인 의사결정이 이루어진다는 점에서 시장과는 다르다. 시장은 수요와 공급 그리고 가격에 의해 조정되기 때문이다. [그림 7-1]에서 보는 대로 오각형 내 삼각형에서 아래로 향한 두꺼운 화살표가 바로 이러한 의사결정에 대한 집행을 의미하며, 위로 향한 실선의 화살표는 조직 내에서 상하계층 간에 정보의 흐름을 의미한다.

네 번째 특징은 일 또는 직무에 대한 내부구조가 있다는 점이다. 비슷한 직무끼리 묶어진다든가, 승진이나 배치전환이 이루어지는 구조, 외부시장과의 연계된 정도의 차이 등에 따라 특정한 내적인 구조를 가진다. 흔히 생산직이냐 사무직이냐 영업직이냐처럼 구분하는 것이다. 물론 정규직과 비정규직의 업무의 구분도 여기에 포함된다고 하겠다. 고용관계에서는 이를 **내부노동시장**(internal labor market)이라고 부른다.

다섯 번째 특징은 조직이 어떤 구체적인 공통의 목표가 있고 모든 구성원들이 함께 협력적으로 일하면 조직이 효율적으로 목표를 달성할 수 있다는 점이다. 구성원들의 기술, 경험, 태도 등에는 차이가 있지만 이를 하나로 묶을 수 있을 때 조직은 조직 내의 갈등을 줄이고 **주인-대리인문제***를 피해서 효율적으로 목표를 달성할 수 있다.

---

* 주인-대리인문제란 기업의 소유주인 주인을 대신해서 일하는 경영자나 관리자, 그리고 근로자들이 주인의 목표를 위해서 일하는 것이 아니라 자신의 개인적인 목표를 위해서 일하는 도덕적 해이 문제를 말한다.

여섯 번째 특징은 조직을 운영하는 데 있어서 고용관계와 관련된 업무를 수행하는 별도의 부서를 둔다는 점이다. 노사관계, 인사 또는 인적자원관리부서로 불리는데 [그림 7-1]에서는 인사부서, [HR]이라고 표시되어 있다. 이 인사부서는 노동력의 투입, 즉 인력의 확보와 개발 및 의욕제고 등에 대해 책임을 지며, 이를 통해 노동과정이 효과적으로 조직의 목표를 달성하도록 돕는 것이다. 보상, 복리후생, 채용, 훈련, 해고, 단체교섭 등이 주요한 이슈이다.

2 경제적 환경: 시장

조직이란 스스로 완결된 것이 아니며 외부환경과 상호작용을 하고 끊임없이 변화한다. 이 외부환경은 다양한 차원을 가지는데 경제, 사회, 법, 기술 차원으로 구분할 수 있다. 그중에서도 경제적 환경에 포함되는 시장인 노동시장과 생산물시장은 매우 중요한 요인이다.

1) 노동시장

시장에 의해 영향을 받는 경제적 환경은 고용관계시스템에 영향을 빚는 중요 요인이다. 기업이나 조직은 노동력을 노동시장으로부터 공급받는데 [그림 7-1]에서 노동시장은 왼쪽에 위치해 있다. 노동에 대한 수요는 모든 조직으로부터 발생하며, 노동에 대한 공급은 취업하고자 하는 개인들로부터 이루어진다. 조직이 노동력을 제공받으려면 최소한 시장에서 형성된 임금이나 그 이상을 지불해야 한다.

노동시장에 대해서 생각해 볼 내용은 다음과 같다. 첫 번째 사항은 시장경제 하에서는 노동시장이 존재해야 고용관계가 성립될 수 있다는 점이다. 일할 사람을 찾는 조직과 일을 찾는 개인 사이에 서로 합의가 있어야 사용자와 근로자 사이에서 근로계약이 이루어지고 고용관계가 성립된다. 물론 최근에는 프리랜서나 특수형태근로종사자와의 위임계약이나 용역계약도 많아지고 있다.

둘째, 고용관계는 공식적인 또는 비공식적인 협상을 통해서 이루어진다. 협상내용은 고용기간, 고용조건, 급여와 예상되는 성과의 수준 등을 포함하며 그 결과는 반드시 문서로 작성되지 않아도 유효하다.

셋째, 노동시장에서는 사용자와 근로자 간에 교섭할 수 있는 최고의 수준과 최저 수준이 정해져 있다. 예를 들어, 노동시장에 인력이 부족하면 조직은 시장에서 요구하는 수준의 임금이나 그 이상을 지불해야 한다. 또한 인력이 많아도 법에서 정한 최저임금 이상을 지급해야 한다.

넷째, 고용관계는 사용자와 근로자 간에 적대적 관계를 형성하는 본질적 요소가 작용한다. 이는 임금과 같은 근로조건에 대한 협상은 제로섬게임이기 때문이다.

다섯째, 불완전한 정보와 개인의 **제한된 합리성**(bounded rationality)으로 인해 고용계약은 불완전하다. 고용계약에서 향후 발생가능한 모든 상황을 다 대비해서 사전에(ex ante) 이를 정할 수 없기 때문에 고용관계에서는 계속적인 관리가 필요하고, 사용자는 업무에 대한 지시가 필요하다. 마지막으로, 일반적으로 조직은 노동시장의 수요공급에 의해 영향을 받지만 때로는 노동시장에 영향을 미치기도 한다. 공무원 채용이나 임용시험 등과 같이 독과점적인 노동시장인 경우에는 조직(정부의 채용규모 결정)이 시장에 영향을 미치는 주체가 된다.

2) 생산물시장

경제적 환경의 두 번째 요소는 생산물시장이다. [그림 7-1]의 오른쪽이다. **생산물시장**이란 조직이 재화와 서비스를 파는 곳인데, 생산물시장에서 경쟁이 심할수록 조직은 비용절감에 신경을 써야 하고, 이익은 줄어들며, 매출의 변화가 심해진다. 이런 상황은 모두 조직의 고용관계에 영향을 미친다. 경제성장률, 경기순환, 글로벌화에 따른 시장통합과 같은 거시경제적 환경도 고용관계에 영향을 미친다.

생산물시장과 노동시장은 생산물 가격과 근로자 임금을 결정하는데 이 결과는 조직에게 상대적인 생산성, 가치, 제품과 투입요소의 희소성 등에 대한 정보를 제공한다. 이 내용은 그림에서 조직의 상층부로 향하는 실선 화살표로 표시된다. 고용관계시스템이란 시장과 조직 간의 조정과 통제 메커니즘이다. 정보는 조직 밖의 제품 가격과 노동시장의 임금 수준을 통해서, 그리고 조직 내부에서 공식적이고 비공식적인 정보흐름을 통해서 조직의 경영자에게 전해진다.

3 제도와 집단행위자

고용관계시스템은 다양한 공식적 및 비공식적인 제도를 가지고 있고 그에 따라 형성된다. **제도**(institution)란 '개인의 행동을 확대하고 자유롭게 하며 통제하는 집합체(collective entity)'라고 정의할 수 있는데 '**지배구조**(governance structure)'라고도 한다. 지배구조는 '모든 이해관계자의 권리와 책임 및 의무를 정한 명시적 또는 암묵적인 규칙의 종합'이며 이를 어겼을 때에 대한 벌칙도 포함된다. 공식적인 제도 또는 지배구조로는 법고 규제, 기업의 취업규칙과 단체교섭 등의 제도와 정부, 기업, 정당, 가족, 종교단체 등을 포함한다. 비공식적인 제도 또는 지배구조로는 기업의 문화와 관행, 사회적 규범, 윤리적 및 종교적 신념 등이 있다. 시장도 '제도'라고 할 수 있다.

고용관계시스템에 대해서는 앞에서 조직과 시장에 대해 설명했는데 다음으로는 '**집단행위자**(collective actors)'에 대해 설명하기로 한다. [그림 7-1]에서 조직과 외부 환경 사이의 중간을 의미한다. 여기에는 사용자단체, 근로자단체, 그리고 정부 · 비정부조직이 있다.

1) 노동조합과 근로자단체

개인 근로자가 단체를 만들고자 하는 결정은 중요한 이슈이다. 대표적인 단체가 바로 노동조합이다. 다른 형태로는 근로자평의회, 전문가협회, 로비단체 등을 들 수 있다. 노동조합이나 다른 형태의 근로자 단체들은 공식적인 조직으로 근로자를 대표해서 근로자들의 이해관계를 보호하고 확대하고자 한다. 이러한 점에서 노동조합이나 이런 단체들은 자발적인 제도 또는 지배구조라고 할 수 있다.

근로자들이 노동조합을 만들고자 하는 이유는 매우 다양하다. 그러나 기본적으로 개인보다는 집단적인 행동을 통해 권력수준을 높여서 공동의 이해관계를 추구하는 것이 효과적이기 때문이다. 노동조합의 집단행동은 고용관계시스템에서 세 가지 방향을 가진다.

첫째는 임금이나 근로시간 등을 포함하는 고용계약의 경제적 내용에 영향을 미치는 **단체교섭**이다. 임금수준을 높이고 근로시간 단축이나 교대제도를 개선하기도 한다. 두 번째는 단체교섭을 통해서 기업 내부의 지배구조에, 제도의 형성에 영향을 미친다. 사용자의 일방적인 전횡으로부터 공동의사결정, 분쟁해결방법 등을 포함하는 민주적인 형태로의 변화를 추구한다. 임금수준 결정에 참여하고, 근로자 징계회의에 근로자를 대변하기도 하고,

이사회에 근로자대표를 참여시키기도 한다. 세 번째는 노동조합은 **단체행동**을 통해 대내외적으로 정치적인 환경에 영향을 미치는 것이다. 소위 정치적 목적의 집회나 파업을 말한다. 이는 근로자보호를 위한 법을 만들거나 규정을 만들어 내기 위한 집단행동이다. 우리나라의 대표적인 전국단위 노동조합으로는 한국노총과 민주노총이 있다.

2) 사용자단체와 정부조직

사용자들도 공동의 이해관계를 추구하기 위해 단체를 구성한다. 사용자단체를 구성해 노동조합의 단체교섭에 공동으로 대응하기도 한다. 노동시장에서 수요공급에 영향을 미치기도 하고 생산물시장에서는 경쟁을 제한하기도 하며 정치적으로도 영향력을 행사하기도 한다. 우리나라의 대표적인 사용자단체로는 **한국경영자총협회**(**경총**)가 있으며 그 외에 **한국상공회의소**, **한국무역협회**, **한국경제인협회**(구 **전국경제인연합회**) 등이 있다.

고용관계에서 노사간의 단체가 중요한 요소이지만 그 외에 정부 또는 비정부조직도 중요한 요소이다. 우리나라의 경우 정부조직으로, 예를 들면 중앙정부의 **고용노동부** 외에 **중앙노동위원회**, **경제사회노동위원회**, **최저임금위원회**, **국가인권위원회**, **국민권익위원회** 등 다양한 조직이 있다. 법원도 중요한 요소이며 국제조직인 **세계은행**(World Bank), **국제노동기구**(International Labor Organization, ILO) 등도 있다. 비정부조직으로는 **참여연대**나 **경제정의실천연대**(**경실련**)와 같은 시민단체, 지역단체, 종교단체, 정당 등이 있다.

4 외부환경: 사회, 법, 과학기술

노동시장, 생산물시장, 노사간의 단체, 공식 및 비공식 단체 등은 개별 사용자와 근로자 입장에서 보면 외부 환경이지만 다른 외부 환경요인도 있다. 즉, 사회적 환경, 법적 환경 및 과학기술 환경이다. 이들은 각각 고용관계시스템에 영향을 미친다.

1) 사회적 환경

문화, 계층, 윤리, 이데올로기, 역사 등은 사회적 환경을 구성하는 요소이다. 문화는 사회적 규범, 태도, 관습 등을 통해 개인의 행동에 영향을 미친다. 일과 돈에 대한 생각, 일터에서 여성의 역할이나 다양성, 개인과 집단행동의 가치판단 등에 영향을 미친다. 또한 문화는 일터에서 열심히 일하는 정도와 일의 정확성, 동료 간의 경쟁이나 협력하는 수준, 권위에 대한 순종이나 이의제기 수준 등을 결정하는 데 영향을 미치기도 한다.

계층이란 경제적 및 사회적 위계에서 차지하는 한 개인의 위치를 의미하는데, 사용자와 근로자의 구분, 생산직과 사무직과 같은 직종구분 등을 통해 고용관계시스템에 영향을 미친다. 계층의 경우는 승진을 통한 지위 상승, 저축이나 투자를 통한 재산 수준 증가로 인한 상승과 같이 지위 상승이동이 가능한 경우지만 계급이라고 했을 때는 계급간 이동이 사실상 어려운 상황을 강조한다. 재산이 없는 무산계급인 **프롤레타리아**와 유산계급인 **부르주아** 등으로 구분되는 신분에 변경이 어려운 경우다.

윤리는 도덕적 기준, 종교적 신념, 윤리적 가치 등을 의미하는데, 고용관계에 있어서 무엇이 옳고 그른지에 대한 판단기준을 제공함으로써 영향을 미친다. 인간은 그 자체로 존엄하기 때문에 생산과정에서 소모품처럼 취급되어서는 안 된다는 전제가 하나의 예이다. 진실, 공정, 존경 등과 같은 윤리적 가치는 일터에서의 속임, 기회주의, 차별, 성희롱이나 성추행, 착취 등을 예방하는 데 도움이 된다.

이데올로기는 특정한 원칙이나 이론 또는 생각에 기초한 공유된 신념체계로 고용관계시스템의 합법성과 그 구조 및 운영에 대한 판단에 영향을 미친다. 노동조합이 추구해야 하는 바가 개혁인지 아니면 협력인지, 사용자가 노동조합에 얼마나 대립적인지를 결정하는 기준으로 작용한다. 노사관계학자인 미국의 던롭이 강조한 것처럼 이데올로기는 고용관계시스템의 안정성에 기여를 하기 때문에, 대립적인 이데올로기가 공존하는 경우에는 불신과 대립으로 인해 결국 사회가 분열되고 마는 경우도 발생할 수 있다.

역사는 과거의 사건들이 영향을 미치는 것인데 고용관계시스템도 하루아침에 만들어진 것이 아니기 때문에 과거의 역사에 영향을 받는다. 계급의식의 정도, 산업별 노동조합의 정도, 파업의 빈도 등에 대한 과거의 역사가 현재의 노사관계시스템을 결정하는 데 큰 영향을 미친다. 이로 인해 노사관계를 포함한 고용관계는 국가별로 많은 차이를 보인다.

2) 법적인 환경

법은 개인, 제도 그리고 사물 간의 법적인 관계를 만들어낸다. 그러나 법은 그 특징상 실행력이 다른 환경보다는 매우 강력하고, 문서화되어 있으며 법원에 의해 판단되기도 하고, 정부 내의 구체적인 조직에 의해 집행되기 때문에 고용관계시스템에 상대적으로 직접적인 환경이라고 하겠다. 경찰, 검찰, 법원, 형법, 구속, 폭력, 징역 등의 개념을 생각해 보면 쉽게 이해될 것이다.

법은 첫째, 노동과 자본의 소유에 대한 소유권을 결정하고 고용계약 하에서의 법적인 권리와 의무에 대해 말해 준다. 근로자는 노동을 제공하고 임금을 받을 권리가 있다. 안전한 일터에서 법에서 규정된 시간 동안 일을 한다. 하지만 근로자는 성실하게 사용자의 지시에 따라야 하는 의무가 있다.

둘째, 법은 단체교섭을 위한 노동조합의 결성과 단체교섭 및 단체행동에 대해 구체적으로 법의 한계가 어디까지인지를 알려준다. 노동조합설립, 노동조합의 결격요건, 사용자의 부당노동행위 등에 대해 구체적으로 제시하고 있다. 단체교섭이나 파업 같은 단체행동은 법에서 정한 절차에 따라야 하고 규정을 지켜야 한다.

셋째, 근로자의 권리를 보호하기 위한 법원의 결정이 있다. 근로자의 권리는 일차적으로 노동위원회에서 판단하지만, 부당해고, 산업재해, 사회보험, 차별 등에 대한 최종적인 판단은 법원이 한다.

3) 과학 · 기술환경

과학과 **기술**은 앞에서 설명한 내용들과는 많이 다르지만 고용관계시스템에 다양하게 영향을 미친다. 첫 번째는 기업 내에서 생산과정의 운영과 구조에 영향을 미친다. 우리나라는 전 세계에서 근로자 1만 명당 로봇사용률이 최고로 높은 국가이다. 기술발전에 따른 효율화, 즉 비용절감 향은 자동화, 로봇화 등을 통해 인간노동이 대체되기 때문에 고용관계시스템에 근본적인 영향을 미친다. 최근 전기자동차는 기존의 엔진자동차에 비해 부품수가 절반 수준이라 조립과정도 단순해져서 필요한 인력도 절반이면 충분하다. 이러한 배경이 지난 10년 동안 현대자동차가 신입사원을 채용하지 않는 이유다.*

조직과 시장의 구조에도 과학기술이 영향을 미치는데 전통적인 가정인 '**규모의 경제**(economy of scale)'는 대규모의 독과점화된 조직을 선호하게 되지만, 컴퓨터, IT기술, 인터넷 등은 소규모 조직의 존재와 성공을 가능하게 한다. 또한 일에 대한 관리방식에 있어서

---

* 현대자동차는 2022년까지 10년 동안 1만5천여 명이 정년퇴직했지만 생산직에 신입사원을 충원하지 않았다. 이후 노사간 합의로 2023년부터 수백 명 단위로 생산직에 신입사원을 충원하고 있다.

성과중심의 재택근무도 가능하게 만들었다.

5 주권과 국민

카우프만(Kaufman)은 마지막으로 두 가지를 더 언급하고 있다. 하나는 [그림 7-1]의 맨 위에 위치한 **주권국가**(sovereign nation-state)이다. **주권**(sovereignty)이란 '국가의 최고 의사결정권'이라고 할 수 있는데, 이 결정권을 가진 자들은 한 국가의 경제운영방식이나 고용관계시스템을 어떻게 운영할지를 결정할 수 있다는 주장이다. 물론 민주화된 국가에서는 대통령을 선거에 의해 바꿀 수 있기 때문에 궁극적으로 국민이 이러한 주권을 가진다고 할 수 있다. 사회주의나 공산주의 국가로 할 것인가 아니면 자본주의 국가로 할 것인지, 정치경제에 대한 지배구조를 민주적으로 할 것인지 아니면 독재적으로 할 것인지, 노동조합 운영을 독립적으로 할 것인지 아니면 정부통제 하에 둘 것인지, 파업권을 인정할 것인지 제한할 것인지 등과 같은 매우 중요한 결정을 할 수 있다는 것이다. 일반적으로는 국가의 헌법 등에서 이를 정하지만 꼭 그렇지는 않다. 아직도 독재국가에서는 강압적으로 일방적인 결정을 내린다. 결국 고용관계시스템이 정치경제와 분리될 수 없다는 점이다.

마지막으로는 사람(국민)인데 이는 고용관계시스템에서 가장 기본적이고 가장 중요한 요소이다. 사람은 노동투입의 주체라는 점에서 노동과정, 생산과정, 조직의 가장 중요한 요인이면서 동시에 제도, 관행, 행동들을 만들어 내고 다시 이들에 의해 통제를 받는 존재이다.

카우프만은 "자본관계나 토지관계라고 부르지 않고 왜 고용관계라고 부르는가?"라는 질문을 던진다. 그리고 "자본이나 토지에는 생명이 없기 때문"이라고 답한다. 자본이나 토지는 수단적인 경제적 가치를 가지기 때문에 그 이상은 없지만, 노동은 인간에 포함되어 있고 그래서 더 높은 **도덕적 중요성**을 가진다고 설명한다.[63] 그러나 고용관계에서 노동의 인간화를 중시하지만 그렇다고 해서 경제학에서 주장하는 효율성과 소비자복리를 경시하는 것이 아니라 양자 간에 균형이 필요하다는 점을 강조한다.

정리문제

1. 다음을 간단히 정리하시오.

- 정치적 조합주의, 경제적 조합주의, 국민적 조합주의
- 생디칼리즘
- 분배적 교섭, 통합적 교섭, 태도구성적 교섭, 조직내부 교섭
- 조선노동조합전국평의회(전평)와 대한노총
- 경제사회노동위원회(경사노위)

2. 다음에 관해 의견을 제시하시오.

- 노동운동발전론
- 노사관계이론: 시스템이론, 노동과정론, 제도학파, 신코포라티즘, 행동이론
- 반공적 노동조합주의와 혁명적 노동조합주의
- 인간적 노동조합주의와 협조적 노동조합주의
- 변혁적 노동조합주의와 실리적 노동조합주의
- 카우프만의 고용관계시스템 모형

3. 팀보고서를 작성하시오.

- 우리나라는 노동조합주의가 어떻게 발전하고 있는가?
- 일제하 노동운동의 특징
- 전태일 분신 사건
- 노동자대투쟁의 내용과 성과
- 협력적 노사관계와 기업의 사회적 책임

토론문제

1. 멈출 수 없는 발걸음… ‘김진숙의 희망 뚜벅이’

김진숙 민주노총 부산본부 지도위원이 복직을 요구하며 걸어서 청와대로 향하고 있다. 김 지도위원의 복직과 고용안정 없는 한진중공업의 매각을 반대하는 염원을 담은 ‘희망 뚜벅이’는 3일 30일째를 맞이했다. 이날 ‘희망 뚜벅이’는 2백여 명의 노동자와 시민들이 참여하여 경기도 평택시 진위역에서 시작해 경기도 화성시 병점역까지 진행되었다. 전국공무원노동조합(위원장 전호일, 이하 공무원노조) 전호일 위원장과 김현기 수석부위원장, 김창호 부위원장, 사무처 간부들도 ‘희망 뚜벅이’에 참여해 청와대로 향한 도보행진에 힘을 실었다.

한진중공업의 마지막 해고자인 김 위원은 지난해 12월 30일 SNS를 통해 “앓는 것도 사치라 다시 길 위에 섰다. 연말까지 기다렸지만, 답이 없어 청와대까지 가보려고요. 복직 없이 정년 없습니다”라고 밝힌 뒤 서울 청와대를 목표로 부산 호포역에서 도보행진을 시작했다. 현재 암 투병 중인 그는 항암 치료도 포기했다.

‘희망 뚜벅이’의 최종 목적지인 청와대 앞에서는 송경동 시인과 정홍형 금속노조 부산양산지부 수석부지부장 등이 김 지도위원의 쾌유와 복직을 염원하며 40일 넘게 목숨을 건 단식농성을 하고 있다. 그래서인지 김 위원의 발걸음은 매우 빨랐다. (중략)

(출처: 노동과 세계, 2021년 2월 4일)

Question !

1. 김진숙 근로자에 대한 해고 과정에 대해 알아보면?
2. 기업의 해고가 정당한 경우는?
3. 한진중공업의 매각은 어떻게 되었는가?

2. 쌍용차 노조 "매각 성공 위해 협조할 것…정부 · 채권단, 자금 지원해달라"

위기에 빠진 쌍용자동차 노동조합이 매각을 위해 적극 협조하겠다며 정부와 채권단의 지원을 요청했다. 쌍용차 노조는 5일 입장문을 통해 "매각 성공을 위해 최대한 책임과 역할을 다할 것"이라며 "기간산업보호를 위해 정부와 채권단은 쌍용자동차와 부품협력사에 대한 자금지원 등 실질적 해법을 제시해 달라"고 요청했다.

이번 입장문은 쌍용차 매각을 위한 회생개시보류신청(ARS제도) 법정기간(2월 28일)까지 대주주 · 투자처 · 쌍용차 · 채권단 등의 자율적 협의가 한계에 다다른 데 따른 것이다. 노조는 쌍용차 매각협상의 주체인 대주주와 투자처 간의 합의가 사실상 불발됐다고 판단했다. 현재 쌍용차는 P-Plan(Prepackaged Plan, P플랜) 회생절차 추진을 통해 조기에 경영정상화를 추진 중이다. 이에 대해 노조는 "ARS제도 신청에 반대하지 않은 이유는 중단 없는 매각협상을 통해 총고용 정책을 유지하기 위함"이라며 "P플랜 회생절차가 진행한다면 안정된 노사 관계를 기반으로 새로운 투자자가 하루 빨리 결심할 수 있도록 주어진 책임과 역할을 다할 것"이라고 강조했다. 이어 "그동안 쌍용자동차 회생절차 신청에 따른 협력업체의 어려움을 해소하기 위해 정부와 채권단의 적극적 지원을 요구해 왔다"며 "자금여력이 부족한 협력업체의 연쇄적 파산이 60만 생존권을 위협할 경우 고용대란이 현실화 될 것이라는 우려 때문"이라고 설명했다.

노조는 또 "현실적 어려움에 처한 협력업체의 부품자재대금을 우선 지급하기 위해 쌍용자동차 노동자의 임금 50%를 2개월간 지급을 유예했다"며 "부품공급업체의 생존과 쌍용차 정상화를 위해 정부부처, 채권단 등에 부품 공급업체의 현실을 전하며 적극적 지원을 요청하고 있다"고 주장했다. 특히 "쌍용자동차 노동자들의 선제적 희생은 협력 업체와 더불어 생존하겠다는 절박함에서 비롯된 의지를 반영한 것"이라고 강조했다. 아울러 "11년 만의 회생절차 신청에도 불구하고 총고용 정책기조로서 차분히 대응하는 것은 노사충돌로 사회적 갈등이 표면화될 경우 가뜩이나 코로나19로 지쳐 있는 국민들에게 또 한 번 상처를 줄 수 있기 때문"이라며 "11년 무쟁의를 실천한 성숙한 노사관계를 바탕으로 노동조합은 최대한 인내하며 매각 성공을 위해 최대한 책임과 역할을 다할 것"이라고 말했다. (중략)

(출처: 뉴스1, 2021년 2월 5일)

Question !

1. 쌍용자동차의 과거 20여 년의 역사를 간단히 정리하면?
2. 구조조정을 하게 된 이유는? 노동조합과 노동운동의 역할은?
3. 앞으로 어떻게 진행되어야 한다고 생각하는가?

주요 참고문헌

가톨릭노동청년회(1986), 『한국가톨릭노동청년회25년사』, 분도출판사.

강인철 · 민주화운동기념사업회연구소 엮음(2009), 『종교계의 민주화운동』, 한국민주화운동사2, 돌베게.

박대성(2017), 대안적 노동조합운동을 모색하며! 희망연대노동조합문제의식 소개, 토론문 3, 『6월항쟁 30주년 기념 심포지엄 자료집』, 국회위원 이인영 · 전국사무금융서비스노동조합, 6월 29일, 국회 도서관 소회의실.

유범상(2005), 『한국의 노동운동이념 – 이념의 과잉과 소통의 빈곤』, 연구보고서 2005. 11., 서울: 한국 노동연구원.

한겨레(2025.6.6), [뉴스AS] 윤석열이 때린 화물연대 파업은 왜 무죄가 되었나.

한국기독교교회협의회(1984), 『노동현장과 증언』, 서울: 풀빛.

한국노동사회연구소(2014.10.10), '사례로 본 노동운동의 대안모색', 노동포럼.

헬무트 슈나이더 외(1982), 『노동의 역사』, 한정숙 역, 서울: 한길사.

Bennett, James T. & Bruce E. Kaufman(Eds.)(2007), *What Do Unions Do? A Twenty-Year Perspective*. New York: Routledge.

Freeman, Richard B. and James Medoff(1984), *What Do Unions Do?*, New York: Basic Books.

Hall, Peter A. and David Soskice(Eds.)(2001), *Varieties of Capitalism: The Institutional Foundations of Comparative Advantage*, Oxford: Oxford University Press.

Hirsch, Barry T. and John T. Addison(1986), *The Economic Analysis of Unions*, Boston: Allen and Unwin.

Kaufman, Bruce E.(2004), "Employment Relations and the Employment Relations System: A Guide to Theorizing," In Bruce E. Kaufman(Ed.), *Theoretical Perspectives on Work and the Employment Relationship*, IRRA Series 2004. Industrial Relations Research Association.

Kochan, Katz & Robert McKersie(1986), *The Transformation of American Industrial Relations*, Basic Books.

Walton, Richard E. and Robert E. McKersie(1965), *A Behavioral Theory of Labor Negotiations: An Analysis of a Social Interaction System*, New York: McGraw-Hill.

미주

1) 헬무트 슈나이더 외(1982), 『노동의 역사』, 한정숙 역, 서울: 한길사.

2) 헬무트 슈나이더 외, 위의 책.

3) 헬무트 슈나이더 외, 위의 책.

4) 김수곤(1992), 『현대한국노사관계론』, 서울: 경문사.

5) Ross, Arthur M.(1948), *Trade Union Wage Policy*, Los Angeles: University of California Press.

6) 김수곤, 위의 책.

7) 박세일 · 선한승(1991), 『노동운동이념연구』, 서울: 한국노동연구원을 참조 바람. 미국의 혹시(Robert E. Hoxie)는 노동조합의 역할에 따라 네 가지로 구분하고 있다. 첫째, 실리적(business) 조합주의로 회사에 순기능적인 역할을 하며 경제적 이익의 향상을 위해 노력한다. 둘째, 사회향상적(uplift) 조합주의로 사회개혁, 공교육의 개혁, 경제적 안정의 추구를 지향한다. 셋째, 혁명적 조합주의로 노동조합은 공산주의 혁명을 위한 전위대 역할을 한다. 넷째, 약탈적 조합주의는 부패한 노조지도자들이 조합원을 갈취하는 상황을 말한다[Hoxie, R.(1921), *Trade Unionism in the United States*, New York, Appleton-Century Company, Inc.].

8) 사회주의와 공산주의에 대한 개념적인 차이를 간단히 정리해 보자. 네이버 지식백과의 철학사전(https://terms.naver.com/entry.naver?docId=388006&cid=41978&categoryId=41985)에 따르면 사회주의와 공산주의는 생산수단이 소수 지배계급의 사적 소유(私有)에 속하는 것이 아니라 사회 전체의 공유(共有)로 귀속되는 체제를 말한다. 따라서 사회주의와 공산주의는 최종적인 계급사회인 자본주의 사회를 극복 · 지양한 사회체제로서, 그 단계에 따라 제1단계인 사회주의, 완성단계인 공산주의로 나뉘고, 또한 18세기에 그 이론이 주창된 이래로 그 이론의 발전 정도에 따라 공상적 사회주의, 과학적 사회주의로 나뉜다. 물론 여기에는 단순한 이론의 발전뿐만이 아니라 그것의 물질적 토대가 되는 당시의 사회적 환경에 따른 역사적 시간의 차이가 있다.

   1) 공상적 사회주의(空想的社會主義)란 마르크스주의 이전의 사회주의 · 공산주의론(論)을 말한다. 그것은 자본주의의 생산양식이 형성 · 발전의 길을 걷기 시작했던 16세기에, 이 생산양식에 의해서 희생된 농민과 기타 노동자의 고뇌를 해결하려는 노력으로 시작되었다. 아직 노동자 계급이 성숙하지 못한 시기였기 때문에 이 계급의 혁명 세력으로서의 역사적 의의를 간과하고, 사회주의에 대한 설득과 소규모의 실례(實例)를 통하여 사람들을 사회주의 실현으로 인도하려 하였다.

   2) 과학적 사회주의(科學的社會主義)의 이론적 기초는 마르크스주의이며, 마르크스주의는 과학적 사회주의를 그 철학 · 경제이론에서 이끌어낸 신사회 건설의 이론으로 삼는다. 이것이 과학적이라 불리는 이유는 종교적 상상이나 도덕적 결단에 의하지 않고, 사회의 조직과 변화 · 발전을 그 자체에 입각하여 인식하며, 그것에 기초한 사회주의가 왜 출현하게 되는지, 그 출현을 위해서는 어떠한 과정을 필요로 하는지를 명확하게 설명하기 때문이다.

   이에 따르면 사회주의는 자본주의에 의해 필연적으로 생기게 되는 새로운 사회구성체이다. 그것이 필연적이라 함은 자본주의 생산의 발전 자체가 생산을 사회적인 것으로 만들며 따라서 직접적으로 사회적 생산에 종사하는 노동자 계급(사무적 · 기술적 작업에 종사하는 모든 사람을 포함한)

외에는, 단지 생산수단의 소유자로서 노동자를 지배하고 착취하는 것에 불과한 자본가 계급을 이미 필요로 하지 않기 때문이다. 거기에는 이 사회적 생산에 의해 무용(無用)화된 자본가 계급을 제거하고, 사회적이라고 하는 생산 본래의 성격을 재생(再生)시켜 사회 전체에 유용하게 쓰기 위해, 생산수단을 사유(私有)에서 사회적 소유로 변경시켜 생산양식을 근본적으로 변혁하는 것이 필요하게 된다. 이것은 바로 혁명(사회 혁명)이며, 이것의 수행을 사회 발전이 요구하는 역사적 임무로서 받아들이는 것은 실제로 사회적 생산을 담당하고 있는 노동자 계급이다.

노동자 계급은 우선 정치권력을 장악하고, 그후 그 권력에 의해서 생산수단의 사회적 소유를 실현한다. 마르크스주의는 이렇게 나타난 새로운 사회를 공산주의의 제1단계로 규정하고, 이것을 사회주의라 부른다. 결국 공산주의라고 불리는 사회에는 제1단계의 사회주의와 그보다 발전된 높은 단계로서 본래적 의미에서의 공산주의가 함께 포함된다. 레닌은 "공산주의 사회란 모든 것이(토지 또는 공장 등) 공동소유이며, 노동 또한 공동으로 하는 것을 의미한다"(『청년공산동맹의 임무』)라고 설명한다. 여기에서 볼 수 있듯이 토지·공장, 즉 사회의 생산수단이 지주나 자본가의 사유(私有)에서 변화하여 공유(共有)가 되고, 공유(共有)된 생산수단을 이용하여 공동으로 노동하는 사회가 공산주의인데, 그 제1단계인 사회주의에서는 그때까지의 역사적 조건에 따라 규정되는 공유의 방법에 있어서 공업에서의 국가적 공유와, 농업에서의 협동조합적 공유라는 차이가 생긴다.

따라서 노동자 계급과 농민 계급이 존재하게 되고 또 인텔리겐차라는 사회 계층이 존재한다. 그러나 양 계급 그리고 인텔리겐차는 적대적 관계가 아니고 상호 협력의 테두리 안에서 존재하게 된다. 사회주의는 자본주의에서 직접적으로 생기는 것이기 때문에 거기에는 위에서 말한 역사적 조건의 제약이 있을 뿐만 아니라 상품·화폐도 존재하고, 사람들의 심리에도 자본주의 안에서 길러진, 사회주의와는 이질적인 것이 잔존하게 된다. 생산에 있어서도 역시 공산주의라는 높은 단계에서처럼 '모든 사람은 그 능력에 따라 일하고 필요에 따라 분배한다'는 것이 가능할 정도로 충분히 발달하지 못하기 때문에, 사회주의에 있어서는 '모든 사람은 그 능력에 따라 일하고 노동에 따라 분배한다'고 하는 원칙이 실시되는 데 그칠 뿐이다. 또한 도시와 농촌의 차이, 육체노동과 정신노동의 차이도 잔존한다.

그러나 마르크스-레닌주의에 입각한 전위당(前衛黨)의 (또는 이것과 공산주의 건설에 협력하는 기타 정당과 함께) 지도 아래, 사회주의 정부 계획의 실시에 기초하여, 과학·기술의 발전, 기타 문화의 발전이 진행되어 나가는 가운데 정치적으로는 민주주의의 급속한 침투, 경제적으로는 생산의 가속적인 증대, 문화의 전반적 보급이 실현된다(물론 이 과정에서 어려운 문제도 생기며, 모든 것이 동시에 진행되는 것은 아니지만 동시에 그러한 것들이 전혀 극복 불가능한 것도 아니다).

3) 공산주의(共産主義) : 이러한 여러 가지 해결 방법과 그 발전에 의해, 드디어 도시와 농촌의 차이, 육체노동과 정신노동의 차이가 없어지고 공동소유의 형태가 유일한 형태로 되며 계급 차별이 소멸하고 동시에 자본주의에서의 잔존물이 모두 청산되는, 그리고 노동에 있어서도, 심리에 있어서도 각자가 스스로의 능력을 자유로이 발휘하면서, 그 위에 이것을 사회에 유용하게 사용하는 상태에 이르게 된다. 이러한 경지에 이르면, 본래 의미로서의 공산주의가 실현되게 되고, 사람들은 직접적으로 화폐에 의하지 않고 필요한 물자를 취득하고 소비하는 것이 가능해지며, 정치적 권력에 의한 지배는 폐지되면서 평등한 사람들의 자치에 의한 협동 사회가 이루어지게 된다. 단 세계의 일부에 자본주의 국가가 잔존하는 경우 공산주의의 방위(防衛)를 위해 군대의 필요성이 생긴다. 이와 같이 되면 인간은 공산주의를 마음속 깊이 받아들이고, 인간 자신이 의식적으로 사회 발전의 법칙을 활용하여 자유롭게, 계획적으로 역사를 창조하면서, 인간의 전사(前史)는 추방되고 자유로운 역사가 시작된다.

9) 박세일 · 선한승, 위의 책.

10) 박세일 · 선한승, 위의 책.

11) 민주노총에서는 김대중 정부의 경우 2002년 기준으로 노동운동으로 인해 구속된 근로자의 수가 199명이며, 지난 5년 동안 885명에 이른다고 발표했다. 2002년의 경우 기간산업 사유화 반대 파업과 관련해 45명, 공무원 노조결성 관련 28명, 금속파업 관련 27명, 대우자동차 정리해고철회 투쟁 관련 22명, 보건파업 19명, 택시파업 10명 등이다. 적용된 법규는 형법상 업무방해죄가 101명으로 51%, 공무원법 위반 39명으로 20%, 그리고 폭력 22명으로 11%였다. 이는 김영삼 정부 5년의 632명에 비해 40%나 증가한 수치로 밝히고 있다. 이 중 김대중 정부 5년간 29명이 구속수감되었으며 20여 명이 수배를 받고 있다(www.jinbo.net ; 오마이뉴스, 2011.12.30).

12) Freeman, Richard B. and James Medoff(1984), *What Do Unions Do?*, New York: Basic Books.

13) Barry T. Hirsch(2007), Ch. 7 What Do Unions Do for Economic Performance? in James T. Bennett & Bruce E. Kaufman(Eds.), *What Do Unions Do? A Twenty-Year Perspective*, New York: Routledge.

14) 박세일 · 선한승, 위의 책.

15) 박세일 · 선한승, 위의 책.

16) 박세일 · 선한승, 위의 책.

17) Dunlop, John(1958, 1993), *Industrial Relations System*, Revised Version, Boston: Harvard University.

18) Hyman, Richard(1975), *Industrial Relations: A Marxist Introduction*, London: Macmillan; Hyman, Richard(1989), *Political Economy of Industrial Relations: Theory and Practices in a Cold Climate*, London: Macmillan.

19) 매일노동뉴스(2017.9.7), 노동자 대투쟁 30년과 자본주의에 도전하는 노동운동.

20) Kelly, John(1998), *Rethinking Industrial Relations: Mobilization, Collectivism, and Long Waves*, London: Routledge.

21) Braveman, Harry(1974), *Labor and Monopoly Capital: The Degradation of Work in the Twentieth Century*, New York: Monthly Review Press.

22) Korsch, Karl(1922), *Arbeitsrecht fur Betriebsrate*, Frankfurt: Europaische Verlagsanstalt.

23) Marshall, Thomas H.(1963), “Citizenship and Social Class,” In Thomas H. Marshall, *Sociology at the Crossroads and Other Essays*, London: Heinemann, 67～127.

24) 네이버 지식백과, 21세기 정치학대사전, 코퍼러티즘, 2018.1.8. 내려받음.

25) Hall, Peter A. and David Soskice(Eds.)(2001), *Varieties of Capitalism: The Institutional Foundations of Comparative Advantage*, Oxford: Oxford University Press.

26) 최영기(2008), 『한국의 사회적 대화』.

27) Walton, Richard E. and Robert E. McKersie(1965), *A Behavioral Theory of Labor Negotiations: An Analysis of a Social Interaction System*, New York: McGraw-Hill.

28) Kochan, Katz & Robert McKersie(1986), *The Transformation of American Industrial Relations*, Basic Books.

29) 김윤환(1982), 『한국노동운동사 I』, 청사.

30) 김낙중(1982), 『한국노동운동사 II』, 청사. 조선시대 말기에 이르러 민요(民擾)와 민란(民亂)은 전국에서 일어났다. 1885년 1월에는 토산현(兎山縣)에서는 백성들이 관아의 불법 징세(徵稅)에 항의하여 관아로 난입하는 소란을 벌였고 2월에는 여주(驪州)에서 도결(都結, 지방아전들이 공금이나 군포를 축내고 이를 메우기 위해 추가로 세금을 걷은 일) 폐지를 외치는 농민들이 몽둥이를 들고 이서(吏胥, 마을의 낮은 급의 관리)들을 끌어내 구타하고 태워죽였다. 이후에도 민란은 계속되었고, 이러한 소요와 시위 속에서 동학교도(東學敎徒)들은 지배층의 부패를 지적하고 척양(斥洋) 척왜(斥倭)를 외치는 복합상소(伏閣上疏)를 올리고 무장세력을 꾸리게 됨.

31) 1930년대 혁명적 노동조합운동, 블로그(https://smallnews.blog.me/6939281)에서 내려받음.

32) 김윤환(1982), 앞의 책.

33) 김수곤(1992), 앞의 책, 120～150쪽을 참조.

34) 장명국(1985), 「해방 후 한국노동운동의 발자취」, 김금수 외 지음, 『한국노동운동론 1』, 서울: 미래사.

35) 한국노동조합총연맹(1979), 『한국노동조합운동사』; 한국민주노동자연합(편)(1994), 『한국노동운동사: 1970년대 이후』, 서울: 동녘.

36) 손호철(2003), 『현대한국정치: 이론과 역사 1945～2003』, 사회평론.

37) 손호철(2003), 위의 책, 130쪽 이하 참조.

38) 지금은 5월 1일을 노동절 또는 근로자의 날이라고 부르고 있지만, 과거에는 3월 10일, 즉 대한노동조합총연맹이 설립된 날을 근로자의 날로 정하고 기념했음.

39) 한국노총(2002), 『한국노총 50년사』, 한국노동조합총연맹.

40) 한국노총(2002), 위의 책, 302쪽 참조.

41) 한국노총(2002), 위의 책, 303쪽 참조.

42) 이규창(1994), 『생산적 노사관계의 정립방향 및 노동정책과제』, 대한상의 한국경제연구센터; 한국민족문화대백과사전의 대한노동총연맹, https://encykorea.aks.ac.kr/Article/E0014959에서 2025.7.18.에 확인함.

43) 한국기독교교회협의회(1984), 『노동현장과 증언』, 서울: 풀빛; 전태일기념관건립위원회(1983), 『어느 청년노동자의 삶과 죽음－전태일 평전』; 영화, '아름다운 청년－전태일'.

44) 노동문제 전문가들의 모임을 보면 어떤 경우는 대학동기들이 노사정을 대표하는 경우도 있다. 졸업을 못한 경우는 많지만 한때는 소위 일류대학에서 같이 수업을 들었던 경우이다. 그러나 1990년대 후반에 들어서는 학생운동의 상대적인 위축으로 노동운동에 투신하는 대학생들의 규모는 대폭 축소되었고 그보다는 현장 출신의 운동가들이 많아짐을 보이고 있음.

45) 전YH노동조합・한국노동자복지협의회(엮음)(1984), 『YH노동조합사』, 형성사.

46) 정연순(1998), 「1970년대 노동교육 사례연구: 크리스찬 아카데미 산업사회 중간집단 교육」, 서울대학교 교육학 석사학위논문, 2～3쪽 참조.

47) 박세현(1996), 「한국기독교 노동교육기관의 노동교육에 관한 연구」, 한신대학교 신학대학원 석사학위 논문, 84쪽 참조; 강인철 · 민주화운동기념사업회연구소 엮음(2009), 종교계의 민주화운동, 한국민주화운동사2, 돌배게; 가톨릭노동청년회(1986), 한국가톨릭노동청년회25년사, 분도출판사. 도시산업선교회는 개인 구원보다는 사회 구원이라는 해방신학에 기초하여 도시와 산업 현장의 민주화를 위해 활동한 진보적 기독교 선교 단체를 통칭함.

48) 한국기독교교회협의회(1984), 『노동현장과 증언』, 서울: 풀빛.

49) 양승조(1991), 「1970년대 민주노조운동의 평가와 교훈」, 전태일기념사업회 편, 『한국 노동운동 20년의 결산과 전망』, 세계의 55쪽 참조.

50) 전순옥(2003), 『끝나지 않은 시다의 노래: 1970년대 한국여성노동운동에 대한 새로운 자리매김』, 서울: 한겨레신문사의 223쪽 참조.

51) 안승천(2002), 『한국노동자운동, 투쟁의 기록: 전태일에서 민주노총까지』, 박종철출판사의 32쪽 참조.

52) PD계열은 남한사회를 신식민주의 국가독점자본주의로 보고 민족모순보다 계급모순을 근본모순으로 간주했다. 즉, 제국주의 지배하의 자본주의적 진전 및 그에 따른 자본-임노동관계의 발전에 따른 노동자계급의 혁명적 역할을 일차적인 것으로 설정함으로써 남한의 혁명은 노동자계급의 헤게모니하에서 반제독점통일전선을 통해 이루어져야 한다고 주장했다. 이들에게 한반도 통일은 남한사회의 혁명 이후에 고려될 수 있는 과제였다.

NL계열에서는 주체사상을 지도사상으로 삼고 있다. 이들은 인간의 역사가 자주성 실현의 역사이며, 민족의 자주성을 가로막고 있는 미제국주의와 이에 저항하는 민족 구성원 간에 기본모순이라고 보았다. 남한은 미제국주의 하의 식민지 경제이며 국내 자본은 매판자본일 수밖에 없다. 결국 친미반공세력에 대항하는 제 세력과의 통일전선이 중요하며, 이를 통해 민족자주정권의 수립과 연방제에 의한 통일을 거쳐 완전한 조국의 자주화를 달성해야 한다고 보았다. 홍성태(1994), 「광주민중항쟁의 좌절과 진보적 노동운동의 모색」, 한국민주노동자연합 엮음, 『1970년대 이후 한국노동운동사』, 서울: 동녘의 152～153쪽 참조.

53) 전국노동조합단체협의회(1990), 「91 노동운동방향정립을 위한 전국노동자전진대회 자료집」의 12쪽 및 43쪽 참조.

54) 유범상(2005), 앞의 책, 180쪽 참조.

55) 강순희(1998), 『한국의 노동운동: 1987년 이후 10년간의 변화』, 서울: 한국노동연구원의 75～76쪽 참조.

56) 김금수(2007), 「87년 노동자 대투쟁 20년과 노동운동 과제」, 『산별 시대 노동운동 과제』, 한국노동사회연구소, 9월 12일.

57) 조우현(1992), 『노사관계개혁론』, 서울: 창작과 비평사.

58) 김금수(2007), 「87년 노동자 대투쟁 20년과 노동운동 과제」, 『산별 시대 노동운동 과제』, 한국노동사회연구소, 9월 12일, 15쪽 참조.

59) 노사관계개혁위원회(1998), 『노사관계개혁위원회 백서』.

60) 박대성(2017), 대안적 노동조합운동을 모색하며! 희망연대노동조합문제의식 소개, 토론문 3, 『6월항쟁 30주년 기념 심포지엄 자료집』, 국회위원 이인영 · 전국사무금융서비스노동조합, 6월 29일, 국회도서

관 소회의실.

61) 한국노동사회연구소(2017), 새 정부 노동정책과 노조가 나아갈 길, 제132차 노동포럼 2017-02, 6월 20일, 한국노동사회연구소 교육장.

62) 화물연대는 2021～2022년 안전운임제 일몰제를 폐지하고 적용 품목 확대를 요구하며 파업을 벌였는데, 당시 정부는 화물연대가 노동조합이 아닌 사업자단체이기 때문에 파업은 불법이고, 사업자단체의 집단행동을 금지하는 공정거래법 위반이라고 판단했지만 2025년 6월 서울중앙지법은 화물연대는 사업자단체이면서도 노동조합이라고 판단하고, 집단운송 거부행위는 근로조건의 유지나 개선을 목적으로 하는 경우에는 노조법에 따른 쟁의행위라고 보았다. 하지만 안전운임제는 2023년 사라지고 그 대신에 정부는 표준운임제를 도입한다고 했지만, 이후 시장에 맡겨진 상태다; 한겨레(2025.6.6), [뉴스AS] 윤석열이 때린 화물연대 파업은 왜 무죄가 되었나.

63) 카우프만(Kaufman, 2004: 62)은 이런 점에서 경제학과 고용관계론과의 차이를 제시하고 있음.

Chapter 08

노동조합과 고용관계시스템의 이해관계자

본 장에서는 노동조합을 결성하는 데 있어서 필요한 사항들과 근로자가 헌법에 보장된 노동3권을 행사하는 데 사용자가 방해해서는 안 되는 행위인 부당노동행위에 대해 살펴보고자 한다. 우리나라의 경우 지난 1997년 외환위기 이후 노동계는 노동조합 조직구조를 기존의 기업별 노조와 산별 연맹체제에서 산별 노조 형태로 전환하여, 이제는 산별 노조에 소속된 조합원의 수가 과반수를 넘고 있다. 그리고 우리나라에서 고용관계시스템을 구성하는 이해관계자에 대해 살펴보기로 한다.

제1절 노동조합 결성

우리나라에는 「헌법」 제33조에 **노동3권**, 즉 **단결권**, **단체교섭권** 및 **단체행동권**이 구체적으로 보장되어 있다. 그러나 노동조합을 결성하지 않으면 단결권을 행사하지 않는 것이고, 따라서 단체교섭권과 단체행동권은 법적인 틀 내에서 보호받기 어렵다.*

산업화 초기에는 노동조합 결성이 일반적인 상품거래와 같이 자유로운 노동력의 공급

* 흔히 '**법외노조**'라고 하는데 이는 결사의 자유를 바탕으로 한 '단체'로서는 활동에 문제가 없지만 노동3권에 의한 활동에 대해서는 법적으로 보장받지 못한다. 박근혜 정부에서 조합원이 10만 명에 달하는 전국공무원노동조합(전공노)과 선생님들의 노조인 전국교원노동조합(전교조)이 법외노조로 제대로 노동조합 활동을 하지 못하다가 문재인 정부 들어서 합법노조로 전환되었다.

을 제한한다는 이유 때문에 공정거래 위반행위로 금지된 바 있다. 그러나 산업화가 진전됨에 따라 근로자들은 스스로 권익보호를 위해 뭉쳐서 사용자와 투쟁을 해야 한다고 느끼게 되었다. 또한 근로자들이 노동조합을 인정받기 위해 파업(노조인정파업)을 하게 되자, 수십 년이 지난 후에 산업화가 이루어진 국가들에서는 요건을 갖추면 법적으로 노동조합을 인정하게 되었다.

미국의 경우는 1935년 **전국노동관계법**[National Labor Relations Act, 일명 **와그너법**(Wagner Act)*]이 제정되기 전에는, 즉 사용자가 노동조합의 결성을 방해할 수 있었는데, 이때에는 노조를 인정받기 위한 **노조인정파업**(union recognition strike)이 매우 격렬하고 폭력적인 분규로 연결되는 경우가 많았다. 우리나라의 경우는 1987년 노동자대투쟁 시기에 수많은 노동조합이 결성되었는데, 이때 노동조합이 결성되어 있었지만 소위 어용노동조합(노동조합이 근로자가 아니라 사용자를 위한 조직으로 운영되는 노동조합)에서 벗어나 민주적인 노동조합을 인정받기 위해 파업하는 경우도 많았다.[1]

1 노동조합 설립과 신고

우리나라는 **「노동조합 및 노동관계조정법」**(이하 **노조법**)에서 노동조합은 '근로자가 주체가 되어 자주적으로 단결하여 근로조건의 유지·개선, 기타 근로자의 경제적·사회적 지위향상을 도모함을 목적으로 조직하는 단체 또는 그 연합체'로 정의되어 있다. 노동조합 설립에 필요한 서류를 접수하는 신고를 통해 노동조합이 인정되지만 다음과 같은 결격요건이 있을 때는 행정관청이 **노조설립신고 시**에 신고서를 반려할 수 있다. 그렇게 되면 수정보완해서 제출해야 하고, 만약 제출하지 않으면 합법적인 노동조합으로 인정받지 못한다.

1) 노동조합 결성의 결격요건

첫째, 사용자 또는 항상 그의 이익을 대표하여 행동하는 자의 참가를 허용하는 경우다.

---

* 우리나라도 어린이 사망사고를 계기로 어린이 보호구역 내 안전시설 설치 의무화와 사고시 가중처벌을 정한 도로교통법 개정을 민식이법이라고 부르는 것처럼, 미국에서는 입법 발의나 개정 발의를 한 의원의 이름을 붙여서 부른다. 미국의 전국노동관계법은 1932년에 제정되고 수차례 개정되었고 1935년에 개정된 법을 발의한 의원의 이름을 붙여서 와그너법이라고 부른다.

사장 또는 임원 등과 같이 경영층이거나 인사노무부서에서 일하는 근로자들은 노동조합법상으로 사용자로 간주되어 대체로 조합원 가입자격이 없는 경우가 많다. 노동조합의 자주·독립적인 활동을 방해하기 때문이다. 구체적인 내용은 단체교섭을 통해서 결정해서 단체협약에 명시하고 있다.

둘째, 그 경비지출에 있어서 주로 사용자의 원조를 받는 경우이다. 자주적으로 단결해야 하는데 사용자의 재정적 지원을 받는 경우에는 노동조합의 독립성, 자주성을 유지하기 어렵다고 보기 때문이다. 다만 노조 사무실 제공이나 전기·수도요금과 같은 공과금 지원과 같은 최소한의 지원은 허용하고 있다.

셋째, 공제·수양, 기타 복지사업만을 목적으로 하는 경우이다. 노동조합의 기본 활동은 사용자와의 단체교섭이다. 따라서 어려운 상황에 대비한 보험성격의 공제사업이나 회원들의 심신을 갈고 닦는 수양활동, 그리고 복지사업만을 주로 하는 경우 상호부조를 위한 단체라고는 할 수 있으나 노동조합이라고 할 수는 없다.

넷째, 근로자가 아닌 자의 가입을 허용하는 경우에도 결격사유가 된다. 기존에는 기업별 노조를 전제로 하고 있었기에 해당 기업에 속하지 않는 근로자에 대한 가입을 제한해왔다. 해당 기업에서 해고되면 해당 기업의 노조에 가입하지 못하는 것이다. 하지만 2020년 12월에 그동안 기업별 노조에 해고자 등의 가입을 제한하는 것으로 해석된 노조법 제2조 제4호 라목 단서가 삭제되었다. 단서의 내용은 "해고된 자가 노동위원회에 부당노동행위 구제신청을 한 경우에는 중앙노동위원회 재심판정이 있을 때까지는 근로자가 아닌 자로 해석하여서는 아니된다"이다.

따라서 이제 노동조합의 조합원 자격은 조직형태와 무관하게 노조 자체 규약에 따라 스스로 정할 수 있게 되었다. 특정 기업에 소속되어야 할 필요가 없게 된 것이다. 대법원 판례(2001두8568)에 따르면 "노조법상 '근로자'는 특정한 사용자에게 고용되어 현실적으로 취업하고 있는 자뿐만 아니라 일시적으로 실업상태에 있는 자나 구직 중에 있는 자도 노동3권을 보장할 필요성이 있는 한 그 범위에 포함해야 한다"고 하고 있다.

다만 2020년 12월 법개정에서는 기업별 노사관계의 상황 하에서 노조의 임원이나 대의원은 사용자 측과 일상적으로 접촉하며, 단체교섭이나 노조활동을 실제로 주도하고 노조의 의사결정에 핵심적인 역할을 수행하므로, 그 자격을 해당 사업 또는 사업장에 종사하는 조합원 중에서 선출하도록 하였다. 그리고 사업 또는 사업장에 종사하는 근로자가 아닌 노동조합 조합원은 사용자의 효율적 사업 운영에 지장을 주지 않는 범위 내에서 노조활동을 할 수 있도록 규정하였다.

다섯째, 주로 정치운동을 목적으로 하는 경우이다. 노동조합의 본질적인 활동은 정치활동이 아니라는 점이다. 따라서 근로자의 경제적 사회적 지위 향상을 위한 활동을 위해 부수적으로 하는 정치활동은 허용된다고 할 수 있다.

2) 노동조합 설립절차*

노조를 설립하기 위한 첫 단계는 사전준비단계이다. 노동조합을 설립하기 위해서는 먼저 노동조합을 결성할 **노조결성추진(준비)위원회**를 구성할 중심인물이 있어야 한다. 많을수록 좋지만 최소한 3~5인이 모여 계획을 수립하고 역할을 분담하여 노조결성을 준비해 나간다. 이런 준비는 대부분 사용자가 모르게 진행되고 상급단체의 도움을 받는 경우가 일반적이다. 굳이 명칭을 가질 필요는 없지만 '노조결성추진(준비)위원회' 등의 명칭으로

[그림 8-1] 노동조합 설립 절차

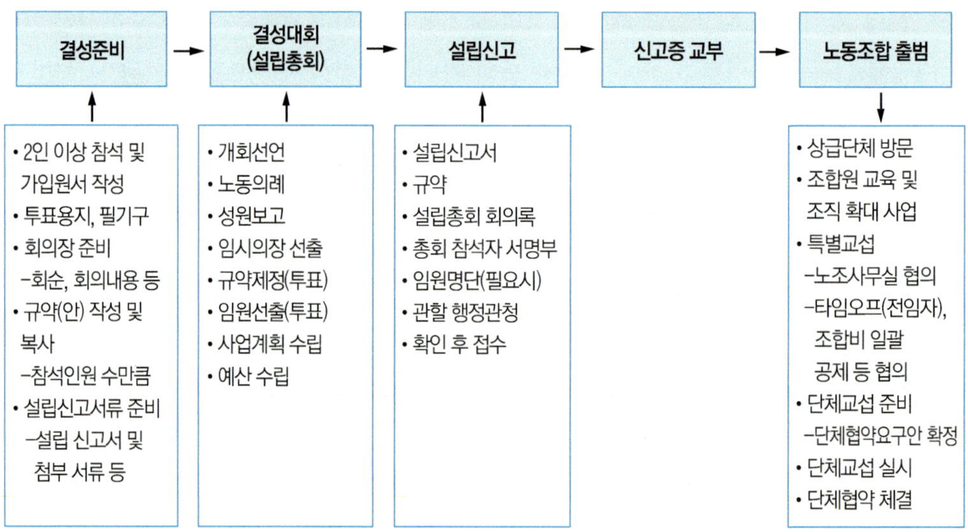

출처: 한국노총, 2024 노동조합 설립자료, http://inochong.org/storehouse/249331, 홈페이지에서 2021.3.13.에 내려받음.

---

* 노동조합 설립절차에 대한 이하의 내용은 한국노총 부천지역지부 및 한국노총 부천상담소인 노동OK에서 『노동조합 설립의 길라잡이』(https://www.nodong.kr/sulip/2089388)를 참조하였으며 2025.7.19.에 확인하였다.

형식을 갖추는 것이 좋다. 실무적인 준비로는 규약초안 준비, 집행부 구성, 단체협약 등이 포함된다. 노조를 결성하는 데는 많은 시간과 노력 및 경험이 요구되므로 전국단위 노조의 지역본부나 기타 노동단체 등의 도움을 받는 것이 바람직하다.

노조설립을 위한 두 번째 단계는 노동조합 설립총회를 개최하는 것이다. 창립총회는 참석인원에 있어서 구체적으로 최소인원은 없으나 노조결성 회의록을 작성하는 것이 좋다. 창립총회에서 유의할 사항으로는 ① 규약의 제정과 임원선출은 반드시 직접, 비밀, 무기명투표로 한다. ② 규약의 제정은 재적조합원 과반수의 출석과 출석조합원 2/3 이상의 찬성으로 의결해야 한다.

노조설립을 위한 세 번째 단계는 **설립신고**를 하는 것이다. **노동조합 설립신고서**는 노동조합 사무실의 주소지를 관할하는 특별자치도지사・시장・군수・구청장에게 제출한다. 설립신고 시 구비서류는 노조설립신고서, 규약, 임원의 성명과 주소록, 설립회의록이고, 상급단체 가입인증 서류는 해당하는 경우 첨부해야 한다. 노동조합이 둘 이상의 특별시・광역시・도・특별자치도에 걸치는 단위노동조합은 고용노동부장관에게, 둘 이상의 시・군・구(자치구를 말한다)에 걸치는 단위노동조합은 특별시장・광역시장・도지사에게 제출한다.[2)] 설립신고서를 접수한 행정관청은 접수된 날로부터 3일 이내에 신고증을 교부해야 한다.

노동조합의 설립은 신고제이므로 **설립신고증**이 교부된 날부터가 아니라 신고된 날부터 노동조합의 법적 효력이 발생한다(노조법 제12조 제2항). 다만 행정관청은 앞에서 설명한 대로 노동조합으로서 결격사유가 있는 경우에는, 보완명령을 하거나* 접수를 거부하고 노조설립신고서를 반려할 수 있다.

3) 외국의 노조결성과 대표권 행사

일본의 경우 「노동조합법」 제12조에 보면 노동조합의 결격요건이 있는데 우리와 같은 내용이다. 감독자가 조합원인 경우, 경비가 사용자의 원조에 의해 조달되는 경우, 주로 공

---

* 보완사유로는 규약의 미첨부, 설립신고서와 규약의 기재사항 누락 또는 허위사실 기재, 임원선출을 직접, 비밀, 무기명투표로 하지 않은 경우, 임원을 조합원 중에서 선출하지 않은 경우, 규약을 직접, 비밀, 무기명투표로 제정하지 않은 경우 등이 있으며 보완기간은 통보를 받은 날로부터 20일이다. 보완되지 않은 경우에는 설립신고서를 반려처분한다.

제사업이나 복지사업만을 하는 경우, 그리고 마지막으로는 정치운동이나 사회운동을 주목적으로 하는 경우이다. 우리나라 노조법을 만들 때 일본의 노조법을 참고했기 때문이다. 일본은 복수노조가 허용되나 실제로 복수노조를 결성하는 경우는 많지 않고, 복수노조 시에 유일단체교섭권제도를 두고 있다. 이는 특정 노조가 유일단체교섭권을 인정받으면 일정기간 사용자와 교섭할 수 있는 권한을 배타적으로 인정받는 것을 말한다.

미국의 경우도 **배타적 교섭권자**(exclusive representer, 특정 노동조합에 유일하게 사용자와 교섭할 수 있는 권리를 부여함)를 선정하는데, 1930년대와 같은 초창기에 복수노조로 인한 노노 간 분쟁을 경험하고, 이를 해결하기 위해 배타적으로 교섭권을 행사할 수 있는 노동조합을 인정하고 있다. 하지만 미국에서 노동조합을 결성하는 절차는 우리에 비해서 매우 까다로운 편이다. 우선 단위사업장 내에서 노조가입 유자격자의 30% 이상으로부터 노조결성에 대한 지지 서명을 받은 후에, **전국노동관계위원회**(National Labor Relations Board, NLRB)에 신청해서 **노조결성 찬반선거**를 시행할 수 있다. 사용자가 노조결성 반대운동을 하는 가운데 **노조결성 찬반투표**를 한다. 투표자의 과반수가 찬성했을 때는 대표권을 획득하며, 대표권을 획득하면 1년 동안은 배타적 교섭권자가 된다.

하지만 미국의 경우 이러한 선거절차에서 노동조합이 불리해, 선거에서 승리하는 비율이 2/3 수준이다. 전국노동관계위원회(NLRB)에 따르면 2022년 노동조합 결성을 위한 선거신청(우리나라는 신고하면 설립완료)은 2,072건이었으며 그중에 1,363건에 대한 선거가 실제로 진행되었다.[3)] 이 중에서 과반수 지지를 얻어서 노조가 결성된 사업장은 1,041건이었고, 노조결성에 실패한 선거는 362건이었다. 2021년에는 663건에서 노조가 결성되고, 288건은 노조가 결성되지 못했다. 기존 노조에 대한 해산 선거도 진행되는 2022년 노조해산선거 신청은 311건이었고, 실제로 137건의 노조해산선거가 진행되어 93건에서는 노조해산, 54건은 노조 유지였다. 노조결성이 상대적으로 어려운 상황이어서 과거 클린턴 정부에서 노조결성을 쉽게 하는 노동법개정을 시도했으나 성공하지 못한 바 있다.*

* 미국의 경우 근로자 측이 노조결성 선거에서 투표자의 과반수가 찬성해서 노조가 결성되어도, 사용자는 교섭을 지연시키다가 1년 후에 노조해산선거를 주도하여 단체협약을 체결해보지도 못하고 노조가 해산되는 경우도 발생한다.

4) 2011년 7월 복수노조 허용과 교섭창구 단일화

우리나라가 1996년 OECD(경제협력개발기구)에 가입하면서 (선진국의 노조법 수준에 맞추기 위해) 노조법의 일부 조항에 대해 개정을 약속하였다. 이후 1997년 법개정을 통해 **복수노조**[*]의 결성이 허용되었지만 13년 동안의 유예기간이 지난 후에야 2011년 7월 1일부터 실제로 시행되었다. 기존에 노동조합 설립의 결격사유로 제시되었던 사업장 내 복수노조 결성 금지조항이 사실상 삭제된 것이다. 기본적으로 근로자의 단결권을 침해한다는 헌법정신에 의한 것이고 과거 국제노동기구(ILO)에서도 오랫동안 복수노조를 허용하라는 권고를 해왔다. 미조직 근로자들이 새롭게 노조를 결성하거나 기존 조합원들이 별도의 노조를 결성할 수 있는 가능성을 막고, 노동조합 스스로가 교섭력과 투쟁력을 갖추고 자발적으로 판단할 수 있는 기회를 막는다는 이유였다.

알고 지나가기

건설현장서 또 일자리 노노갈등… 폭행사태로 번져

연초부터 건설현장이 양대 노총 건설노조원들의 폭력행위로 몸살을 앓고 있다. 민주노총 건설노조의 일부 조합원은 정치세력으로 변질된 노조를 비판하며 한국노총으로 이적하는 일도 있었다. 지난달 (2021년 1월) 30일 인천 청라국제도시의 오피스텔 건설현장에서 일자리를 둘러싸고 노조원들의 폭력행위가 발생했다.

다음날 민노 건설노조는 보도자료를 통해 "한노 건설산업노조의 700여 명이 넘는 인원이 현장을 무단 침입해 (민노)조합원을 강제로 끌어내며 집단적, 계획적 폭행을 자행했다"고 했다. 쌍방 간의 폭력이 아니라고 강조했고, 경찰이 이를 방관했다고 비판했다.

사건 직후 인천 서부경찰서는 23명 규모의 전담팀을 꾸렸다. 경찰은 현장에 있던 조합원 숫자가 한노 300여 명, 민노 30여 명 수준이었던 것으로 파악했고, CCTV, 채증자료 등을 통해 사실관계를 분석 중이다. 이에 대해 한노측은 "부당해고를 종용한 민노가 원인을 제공했다"는 입장이다. 한노 조합원 40여 명이 11월부터 시스템비계 작업을 하고 있었는데, 민노가 지상 알폼작업을 맡지 않는 조건으로 한노 조합원을 쫓아내고 그 자리를 차지했다고 주장했다.

---

* 표현은 복수노조지만 실제로는 한 사업장에 두 개, 세 개 제한없이 노조를 설립할 수 있다. 드물기는 하지만 근로자도 여러 노조에 가입할 수 있다. 조합비를 여러 조합에 납부하면 동시에 여러 조합에 조합원이 된다.

이에 대해 항의하는 과정이 격해졌다는 것이다.

업계에선 생산성이 매우 낮은 민노 조합원들이 알폼 작업까지 맡으면 극심한 공사비 손실은 물론이고 공사기간을 맞출 수가 없게 돼 이들을 최대한 기피하고 있다. 민노가 사측에 '타 조합원 해고'를 종용하고, 이에 대해 한노가 반발해 싸움이 일어난 사례는 지난달 서울 둔촌동 아파트 현장에서도 발생했다. 당시엔 타워크레인 조종사 일자리를 둘러싼 갈등이었다.

한편, 지난달 경기 북부지역의 민노 조합원 수백 명이 한노로 소속을 바꿨다. 이들은 "제21대 총선 선거운동에 동원되고, 전 통합진보당 주축세력이 민노 곳곳에 요직으로 등용됐고, 조합원들을 기만한 모습을 지속 보여왔다"며 정치색이 강해지는 민노에 반발하는 내용의 서한을 한노에 제출하기도 했다.

출처: 대한전문건설신문(http://www.koscaj.com), 2021년 2월 4일.

물론 이전에도 전국단위나 산업단위에서는 복수노조가 허용되고 있었으나 기업단위나 사업장단위에서도 허용되었다. 그동안 복수노조 허용이 유예된 배경에는 복수노조가 허용되었을 경우에 단체교섭의 혼란, 그에 따른 단체교섭의 비용증가, 그리고 노사갈등 및 노조간 갈등 가능성 등이 언급되었다.

그러나 복수노조가 허용되면서 **교섭창구 단일화** 조건이 추가되었다. 즉, 노조가 2개 이상일 경우에 단체교섭은 단일화된 창구를 통해서 진행되어야 한다는 점이다. 정부는 복수노조가 존재함에 따라 교섭이 복잡해지고 그에 따른 비용발생을 우려하여 교섭창구 단일화를 법제화하였다. 하지만 교섭창구의 단일화는 친사용자적인 근로자들이 기존의 노조에서 탈퇴하여 신규로 노조를 결성하여 과반수 노조가 되는 경우, 사용자가 복수노조에 있어서 특정 노동조합을 차별적으로 대우하는 경우 등 다양한 경우에 문제점이 발생할 수 있다는 점을 고민할 필요가 있다.

복수노조가 허용된 이후에 예상과 달리 실제로 비조합원 중심으로 새롭게 노조가 결성되는 경우는 많지 않았다. 오히려 기존의 노조내부에 존재하던 대립적인 계파들이 별도의 노조로 분리되어 복수노조가 되는 경우가 많아졌는데 그런 현상은 대기업보다는 중소기업에서 많이 발생했다. 예를 들어 보면 현대자동차 같은 대기업의 경우에는 지도부가 여러 계파로 구분되지만 노조가 별도로 분리되지는 않았으나, 소규모 택시회사나 버스회사 같은 경우에는 계파별로 별도의 노조로 분리되는 현상이 많이 발생하고 있다.

김정우(2019)는 복수노조 출현에 대해서 한국노동연구원의 사업체패널조사 결과를 이용하여 분석하였는데, 복수노조가 허용되더라도 노조 수는 늘어나지만 조합원 수 증대 효과는 크지 않을 것이라는 예측, 복수노조는 대규모 사업장이나 파업 등이 빈번하고 노사관계가 적대적인 곳에서 나타날 것이라는 예측, 복수노조의 허용으로 사용주의 지배 · 개입이 강화될 수 있으며 장기적으로 사측 우위의 노사관계 지형이 형성되는 조건이 될 수 있다는 예측과 대체로 부합하는 실증분석 결과를 제시하였다.[4)]

2 노동조합 가입 이론과 실증분석 결과

왜 근로자들은 노동조합에 가입하는가에 대해 이론적 배경을 살펴보자. 학문적 분야에 따른 접근법을 보면 개인의 효용을 극대화하기 위해 가입한다는 경제학적 접근법, 개인의 불만(족)을 해소하는 수단으로 노조에 가입한다는 심리학적 접근, 그리고 개인의 이념이나 정치적 견해에 입각해 노조에 가입한다는 사회학 또는 정치학적 관점이 있을 수 있다.[5)]

분석 대상 및 범주는 미시적 접근법과 거시적 접근법이 있다. 미시적 접근법에서는 노동조합의 조직률 변동은 개인의 **노동조합 가입성향**이 바뀌는 데 기인한다고 보고, 노조 가입성향을 결정하는 요인에 대해 연구하는 접근법이다. 대표적으로 미시 노동경제학에서는 개인이 합리적이기 때문에 노조에 가입한다고 설명하면서 노조에 참여할 때 발생하는 이익과 비용을 비교하여 이익이 비용을 초과할 때 노조에 가입한다는 것이다.[6)]

노조에 가입함으로써 얻는 이익은 임금상승, 근로조건 향상, 고용안정성 제고 등이고, 비용은 조합비 납부, 노조활동에 따른 시간과 기회비용 등이다. 박재희 · 이영면(2017)은 한국노동연구원의 노동패널조사 자료를 이용하여 노조도구성 인식은 노조가입의도를 높이고, 직무만족은 노조가입의도를 낮춘다는 분석결과를 제시하였다.[7)] **노조도구성**이란 노동조합에 가입하면 임금이 상승하고 고용안정성이 제고되는 등 구체적인 이익이 있다는 믿음이다.

그러나 이러한 미시적 접근법은 산업구조의 변화나 노사관계 주체들의 행동과 구조 변화 등과 같은 거시적 · 집단적 이유를 제대로 설명하지 못한다. 특히 기업의 수익성, 노동수요의 탄력성, 기업규모, 해당 직무의 특성 등의 요인들을 제대로 포함하지 못하는 한계가 있다. 거시적 접근법에서는 노사관계를 둘러싼 산업구조, 고용관계 등 노사관계 환경변화를 주요 요인으로 파악한다. 하지만 이러한 거시적 접근법 또한 미시적 요인들을 제대로 파악하기 어렵다는 한계를 가진다.

이러한 미시적 접근법과 거시적 접근법의 한계를 극복하는 대안으로는 노동조합 수요 공급 이론이 있다. 여기서는 노조 조직률을 개인의 노조가입 선택, 즉 수요 측면과 이를 제약하는 제도적·구조적 요인, 즉 공급 측면과의 상호작용으로 설명한다. 현실에서 노조에 대한 수요와 공급은 일치하지 않는 경우가 대부분인데 이를 **노동조합 대표권의 격차**(gap)라고 한다. 그중에서 노조에 대한 초과수요가 존재하는 경우 이를 **좌절된 노조수요**(frustrated demand for union)라고 한다. 이후 노조가입성향에 대해 잠재적 조합원까지 포함하는 연구들이 진행되었다. 이러한 연구는 국내에서도 진행되어서 한국에서 좌절된 노조수요의 크기가 22~35%까지 달한다는 설명이 있다. 이는 노동조합의 공급이 충족될 경우 우리나라 노동조합 조직률이 비약적으로 상승할 수 있다는 주장이다.[8)]

노동조합 가입 결정요인에 대한 선행연구들을 보면 첫째, 일자리의 산업적이고 직업적인 특성을 가장 큰 영향요인으로 설명하고 있다.[9)] 그 다음으로는 개별 근로자의 성·연령·인종 관련 특성이지만 일관성은 약하다.[10)] 세 번째로는 노조가 직접 경험하지 않고서는 그 효과를 알기 어렵다는 경험재(experience good) 속성이 강조된다.[11)] 마지막으로는 노조에 대한 수단성 인식이 노조에 영향을 미친다는 주장이다. 노조가 내가 처한 현실의 문제(불만 등)를 극복하는 데 도움이 된다고 생각하면 노조에 가입한다는 설명이다.[12)]

3 기업별 노동조합과 산업별 노동조합

우리나라는 1980년 법에 의해 산업별 단체교섭에서 기업단위의 단체교섭으로 전환되었다. 당시에 법적으로 각 기업은 그 기업을 단위로 결성된 노동조합과 교섭을 해야 하는 것이다. 예를 들어 현대자동차주식회사는 현대자동차 노동조합과 교섭을 해야 한다. 당시 전두환 정권에서 의도했던 바는 이러한 기업별 단체교섭을 통해 '각개격파(各個擊破)' 방식의 노사관계 관리 방식이라고 할 수 있다. 산업단위로 여러 노동조합이 뭉쳐서 전체적으로 힘을 합치면 그 위세가 더 커질 것으로 생각했기 때문에 기업 단위로 교섭하도록 한 것이다. 당시에는 상급단체인 산별 노조도 제3자로 간주하여 단체교섭에 참여하지 못하도록 제한하였다. 1997년 외환위기 이후에 한국노총과 민주노총은 적극적으로 조직구조를 산별 노조로 전환함으로써 이제는 산별 노조에 소속된 조합원의 수가 과반수를 차지한다. 다만 산별 노조로 전환했지만 실질적으로는 여전히 기업별 단체교섭이 이루어지고 있음에 유의할 필요가 있다.

1) 외환위기 이후 양대 노총의 산별 노조화

1997년 외환위기를 전후로 하여 한국노총과 민주노총은 기업별 노조를 단위로 하는 산별 연맹체제에서 산업을 단위로 하는 산별 노조체제로 바꾸는 노력을 기울였다. 그 이유는 조직단위를 확대함으로써 노동조합의 경쟁력을 강화할 수 있다고 생각했기 때문이다. 한국노총은 매우 현실적인 입장에서, 민주노총은 이상적인 입장에서 산별 노조결성에 접근하고 있지만, 양 노총은 공통적으로 산업구조의 변화, 조직률의 하락, 노동유연화에 따른 근로자의 고용불안 및 근로조건 악화 등은 단위노조가 풀기보다는 좀 더 확대된 조직, 즉 산별 노조 건설로 돌파구를 열 수 있다고 생각하였다.

그러나 산별 노조결성이 추진된 배경에는 1997년의 노동법 개정도 산별 노조의 결성을 촉진한 요인으로 들 수 있다. 당시 노동법 개정내용에는 그동안 상급단체의 **복수노조 금지, 제3자 개입금지** 조항 등 산별 노조체제를 가로막아 왔던 조항의 철폐, 노조총회의 특별결의에 따라 조직형태의 변경이 가능하도록 한 것, 교섭권 및 체결권 위임의 자유화 등은 모두 산별 노조의 건설을 촉진한 요인으로 들 수 있다. 특히, **전임자 임금지급 금지** 조항의 신설은 노조가 기업별 노조체계를 더 이상 유지하기 곤란하게 만드는 요인으로 작용했다고 할 수 있다.[13] 2000년 이후 산별 노조로의 전환이 적극 추진되었고 그 결과 이제는 과반수 이상의 조합원이 산별 노조에 속해 있다.

노조의 조직구조 전환에 대해 기업들도 노사관계 전략을 수정하였다. 사용자의 노사관계에 대한 대응은 항상 정해져 있는 전략이 아니라 환경의 변화에 따라 다양한 전략을 추구한다. 사용자가 소유주와 연계되어 있는 주요 대기업집단에서는 산별 노조로의 전환에 대응하는 노사관계전략을 추진하였다.

산별 교섭과 기업별 교섭은 각기 고유한 장·단점을 가지고 있다. 두 교섭구조가 가진 이러한 장·단점은 상당히 개념적인 요소로부터 노사간의 실제적인 교섭과정과 관련된 구체적인 요소에 이르기까지 다양하게 지적될 수 있다.

2) 산별 노조와 산별 교섭체제의 장 · 단점

산별 노조를 기반으로 산별 교섭을 추진하는 것처럼 교섭구조를 집중화시키는 것은 비단 노동조합이나 사용자와 같은 직접적인 이해당사자들뿐만 아니라, 국가적인 차원에도 여러 가지 의미 있는 공공재 생산의 효과를 가져다 줄 수 있다.

첫째, 무엇보다 특정 산업 전체에서 이루어지는 산별 교섭은 그 해당 산업 내의 모든 기업에게 임금비용과 관련하여 유사한 조건을 마련해 줄 수 있다. 근로자 간에는 불공평함으로 인한 불만이 줄어들게 되어 연대감이 증가하게 된다.

둘째, 기업별 교섭체제는 무수히 많은 개별 기업 차원의 교섭을 위해 노사간에 많은 노력과 시간이 투입되기 마련이지만, 산별 교섭을 실시하는 경우 단체교섭구조가 중앙단위로 집중되어 교섭비용이 절감될 수 있다. 이러한 교섭비용 절감은 교섭구조의 중앙집중화를 통한 규모의 경제효과를 통해서도 이루어지지만, 개별 기업 수준에서 노사간의 이해가 첨예하게 대립될 수 있는 사항들을 기업 외부, 곧 산별 노사대표 조직에게 위임함으로써 직접적인 갈등 소지를 줄일 수 있다. 물론 사용자 입장에서는 이중교섭의 부담이 생겨날 수 있다.

셋째, 산별 교섭체제 아래에서는 산업 전반의 생산성을 향상시키기 위해서 개별 기업 수준의 단체교섭에서 논의되거나 실행되기 어려운 직업훈련 프로그램의 제공, 숙련노동자들의 공급 확보 등 공공재를 적절히 만들어내기가 상대적으로 용이하다.

넷째, 산별 교섭체제 아래 강력한 산별 노조가 결성될 경우, 무엇보다 노동조합의 사회적 · 경제적 · 정치적인 영향력이 커질 수 있다. 물론 이렇게 강력한 산별 노조가 구축되게 되면, 산별 교섭이 결렬될 경우 관련 분규가 전국 규모화될 우려가 없는 것은 아니지만, 노동조합의 인적 · 재정적인 자원의 집중이 가능해져 정책개발 기능이 활성화되고 노조의 전문성이 제고되는 효과를 기대할 수 있다.

하지만 산별 교섭체제는 다음과 같은 단점도 내재할 수 있다. 첫째, 산별 교섭체제는 개별 기업의 재무상태나 지불능력 등 기업별 특수성을 반영하기가 어렵다. 또한 외부 시장 환경의 변화에 따라 기업 경쟁력을 보전하기 위해 임금체계와 작업관행 등을 유연하고 즉각적으로 변화시킬 필요가 있을 경우에도, 산별 체제는 이러한 변화를 추구하기가 어렵도록 만들 수 있다.

둘째, 개별 기업의 경영상태가 서로 다를 것이기 때문에, 산별 본조, 지역(혹은 기업)지부, 사업장 분회 등 여러 수준에 걸쳐 다중교섭을 해야 하는 번거로움이 초래될 수 있다. 특히, 산별 교섭의 초기 정착기에는 일단 산별 교섭이 종료된 이후에도 기업별 혹은 사업장 수준에서 다시 협상이 요구될 가능성이 커서 비효율적인 교섭이 될 가능성도 있다.

셋째, 산별 교섭체제 하에서의 산별 노조는 기업별 노조처럼 사업장 수준의 단층적 구조가 아니라 산별 본조－지역지부－기업지부－사업장 분회와 같은 중층적 구조를 갖는다. 또 대부분의 산별 노조들은 조합원 규모가 크고 조직 내부의 다양성 또한 크기 때문에 노동조합 조직의 민주적인 운영이 어려워지는 난점이 있을 수 있다.

넷째, 산별 교섭체제 하에서는 만일 교섭이 결렬될 경우, 기업별 교섭체제와는 달리 전국 규모의 총파업 같은 노사갈등으로 치달을 가능성이 있다. 또한 산별 교섭과정에서는 개별 기업 차원의 현안보다 사회적 이슈나 정치적인 쟁점이 교섭 및 쟁의의 우선 대상이 되어 교섭이 불필요하게 장기화될 가능성도 배제하기 어렵다.

3) 기업별 노조와 기업별 교섭체제의 장 · 단점

반드시 그런 것은 아니지만 기업별 교섭체제의 장 · 단점은 앞서 논의한 산별 교섭의 단점과 장점을 역전시켜 생각해 볼 수 있겠다. 하지만 그 외에도 기업별 교섭체제와 관련해서는 다음과 같은 몇 가지 장 · 단점을 추가하여 지적해 볼 수 있다.

먼저, 기업별 교섭체제는 해당 기업별 실정에 맞는 유연한 노사관계관리 그리고 신속한 관련 의사결정을 해나갈 수 있는 이점이 있다. 또한 기업별 교섭체제 아래서는 자사의 경영상태나 여건에 맞추어 고용관계의 내부화를 추진해 갈 수 있고, 기타 여러 가지 인적자원관리 기법이나 관리관행을 적용함으로써 노동자들을 조직 내부적으로 적절히 통합시켜 나가기가 용이하다.

그러나 이러한 이점에도 불구하고, 분권화된 기업별 교섭체제 하에서는, 특히 임금인상과 관련하여 앞서 언급한 바와 같이 '왜곡된 조정시스템(perversely coordinated system)'이 작동될 수도 있다(Soskice, 1990).[14] 즉, 대기업 혹은 전략사업장 등 상대적으로 수익이 좋은 특정 회사에서 높은 임금인상이 허용되면, 같은 산업의 수익성이 좋지 못한 기업의 노동자들은 이를 자신의 높은 임금인상을 위해 이용할 수 있고, 따라서 산업 전체적으로 보았을 때 평균적으로 높은 임금인상이 이루어져 전반적인 산업경쟁력이 약화될 가능성도 있는 것이다. 또한 재정 여건이 좋지 않은 기업과의 임금격차가 커져서 노노간 연대감 형성에 부정적으로 작용할 수 있다.

그 밖에도 기업별 교섭체제는 앞서 논한 바와 같이 산업 차원에서 사전 조율된 숙련노동력의 공급 및 직업훈련의 제공 등 사회적으로 유익한 공공재의 생산 및 제공이 원활하지 못한 단점도 있을 수 있다.

4) 산별 노조, 산별 교섭 및 정부정책

산별 노조는 산업의 특성에 따라 교섭에 다양함을 보이지만 개별적인 산별 노조의 특성을 초월하여 상당히 공통적인 사항으로 대두되고 있는 내용도 많음을 알 수 있다.

그러나 산별 노조 결성이 추진된 지 20여 년이 흘렀고, 다수의 산별 노조로 전환되었으나, 아직도 기업별 체제의 유지를 원하는 정서가 노동조합 지도부와 개별 조합원에게 상당히 남아 있다. 이로 인해 아직 산별 노조의 위상정립은 물론, 특히 중앙본조의 물적・인적 자원의 확보가 충분하지 않은 실정이다. 그러나 산별 노조 본조의 조직강화와 여러 자원의 중앙집중화 제고는 꼭 필요한 과제이다.

그리고 교섭 수준 간 교섭시기 조정 및 협약내용의 효과적인 분리와 조율이 필요하다. 산별 교섭의 원활한 진행을 위해서는 산별 중앙교섭과 지부(보충)교섭의 내용상 역할 및 구속력의 범위를 분명히 구분하고, 또 교섭시기를 서로 다르게 조정하는 것이 바람직하다. 문제는 우리나라의 경우 산별 협약이 해당 산업의 최저선만 정하고 나머지는 모두 보충협약으로 해결하려 하는 경우가 많다. 이는 기존의 기업별 교섭체제와 큰 차이가 없어지는 한편, 사용자들에게는 산별 교섭이 결국 이중교섭의 부담만 가중시켰다는 인식을 주게 되기 쉽다.

(1) 교섭구조의 변화와 사용자단체

한국경영자총협회를 포함한 사용자 측은 여전히 기존의 노동조합 연맹조직들이 산별 노조로 전환해가고 또 기업별 교섭체제가 산별 교섭체제로 전환되는 상황에 대해 비판적이다. 다만, 산별 노조체제가 교섭비용을 감소시키고, 기업 현장 내부의 갈등을 외부화시키는 데 효과적이며, 기업별 임금격차를 축소하는 데 일정부분 기여할 수 있다는 점을 부인하지는 않는다. 하지만 다음과 같은 문제점을 지적하고 있다.

첫째, 선진국의 노사관계가 기존의 **중앙집권화**에서 **분권화**(decentralization)로 전환되고 있는 추세를 감안할 때, 현재 우리나라에서 제기되고 있는 산별 체제로의 전환은 기본적으로 시대의 조류를 거스르는 주장이라는 것이다.

둘째, 이와 같은 기본인식에 기반하여, 사용자단체들은 무엇보다 기업별 노조에 대한 그간의 오랜 경험을 충분히 활용해 갈 필요가 있다고 지적한다.

셋째, 산별 노조체제가 확산되기 어려운 한 요인으로 현재의 노동관계법 문제를 들 수 있다. 현재 우리 노동법 체계는 기업별 노조에 익숙하게 규정되고 또 해석되어 왔기 때문에, 무리한 산별 노조의 추진은 많은 부작용과 혼란을 초래할 가능성이 있다는 것이다.

넷째, 산업별 체제에 대응할 사용자단체가 미처 구성되어 있지 않은 경우가 많고, 또 노조의 목소리도 통일되어 있지 않은 점을 지적한다.

그러나 이러한 지적과 우려에도 불구하고 노동조합의 조직구조는 노동조합이 자율적으로 정하는 것이다. 사용자는 부정적이고 비판적인 입장보다는 노동조합의 조직구조 변경의 배경을 충분히 이해하고 사용자단체를 구성하여 노사가 자율적으로 교섭에 임하는 자세를 가질 필요가 있다.

(2) 산별 노조와 산별 교섭에 대한 정부정책

우리나라 노조법은 기본적으로 기업별 노조를 전제로 만들어져 있어서 산별 노조의 산별 교섭에 대해 구체적으로 명시하지 못하고 있었으나 2020년 12월 일부 법개정이 된 바 있다. 특히 정부가 산별 교섭과 같은 다양한 형태의 교섭방식을 지원하도록 하고 있다.

그러나 여전히 산별 교섭에 따른 이중교섭의 문제는 남아 있으며, 이를 해소하기 위해서는 교섭 수준 간 교섭의제의 중복이 최소화되도록 의제를 배분할 필요가 있다. 따라서 교섭사항 중 중앙단위와 지부단위의 교섭항목을 사전에 조율하는 것이 중요하다. 다음으로, 쟁의행위와 관련해서는 동일한 의제에 대해 이중파업이 발생하지 않도록 노력할 필요가 있다. 쟁의행위 주체와 관련해서는 원칙적으로 산별 노조이나, 산별 노조 규약에 의해 위임된 권한의 범위 내에서는 지부·분회가 독자적으로 쟁의행위를 결의할 수 있다.

4 노동조합의 역할과 효과

노동조합은 조합원들의 권익을 실현하기 위한 조직이기 때문에, 지도부를 선출하고 일정한 권한을 위임한다. 지도부는 위임받은 권한 내에서 조직을 운영하게 되는데 조합원의 대표자로서 다음의 역할에 충실할 필요가 있다. 지도부와 조합원의 민주적 관계를 설정하기 위한 대중성, 지도부가 조합원의 이해관계를 조정하고 반영할 수 있는 전문성, 그리고 경영환경의 변화에 대응할 수 있는 정합성 그리고 투명한 윤리성 등 네 가지 역할이라고 하겠다.[15)]

1) 노동조합의 역할

노동조합은 자율성을 가진 조직이기 때문에 스스로 결정할 수 있지만, 노조의 대중성이란 의사결정의 민주성을 통해 노동조합 지도부의 위상이 확립되는 데 중요한 역할을 수행하며 이에 관련된 활동으로는 지도부의 선출방식, 지도부의 권한, 조합 내 의사결정과정, 대의원의 역할, 조합원의 의식 등을 포함한다고 하겠다. 전문성이란 노동조합이 조합원의 요구사항을 반영하는 수준을 의미하며 노동조합의 가입대상, 조합원의 자질, 집행부의 경영분석 능력, 사무국의 위상, 조합활동에 관련된 교육활동 등을 포함한다고 하겠다. 정합성이란 환경변화에 따른 대응능력으로서 경영환경변화에 대한 인식, 조합원의 의식변화 인식 등을 포함한다.

〈표 8-1〉 노동조합의 네 가지 역할

3차원	대중성	전문성	정합성	윤리성
목표	조합원 대표능력	관리능력	환경 대응능력	투명한 조직
주요 개념	• 의사결정의 민주성 • 지도부의 위상확립	• 조합원의 요구와 불만의 수렴 및 조정	• 활동방향의 설정	• 의사결정의 투명성 • 지도부의 도덕성
개념 내용	• 지도부 선출방식 • 지도부의 권한 • 의사결정과정 • 대의원의 역할 • 조합원의 의식	• 노동조합 가입대상 • 조합원의 자질 • 집행부의 경영분석 능력 • 사무국의 위상 • 교육훈련	• 경영에 대한 이해 • 경영환경에 대한 인식 • 조합원의 의식변화 인식 • 조합 내부의 정보 공유	• 의사결정과정 투명성 • 지도부의 도덕성 • 반부패 · 반부정 • 사회적 책임의식

출처: 김태기(1994), 『경쟁력 향상과 노사관계』, 서울: 한국노동연구원을 참조하여 필자가 윤리성을 더해서 정리함.

(1) 노동조합의 대중성

우리나라 단위노동조합의 의사결정 구조는 총회, 대의원대회, 운영위원회, 상무집행위원회 등으로 구성되어 있다. 전반적으로 조직규모에 비해 의사결정구조가 다단계화되어 있다고 할 수 있다. 총회는 전 조합원이 참여하는 최고 의사결정기구이지만, 조합원 숫자가 많아서 직접 참여하는 회의는 시간적으로 비용적으로 문제가 많기 때문에, 주로 대의원대회를 통해 의사결정이 이루어진다. 대의원대회의 경우 대의원은 주로 부서별, 인원별 등 안배원칙에 따라 선출된다. 선출된 대의원의 임기는 주로 1년이고 노조위원장이나 집행부의 임기가 3년인 경우가 많아서 서로 간의 이해관계 조정이 어려울 수 있다. 대의원의 경우는 현장의 조합원과 노동조합을 연결하고 사용자 측에 대해서는 현장 차원에서 노동조합을 대변하는 역할을 수행해야 하지만 자주 교체되는 경우 이들의 대중성과 전문성을 확보하는 데는 한계가 있을 수 있다.

(2) 노동조합의 전문성

노동조합 지도부의 **전문성**은 일차적으로 조합원의 다양한 이해관계를 수렴하고 조정하는 데서 시작된다. 조합원의 요구나 불만은 부서, 직무, 직급, 성, 연령 등에 따라서 달라진다. 이러한 조합원의 인적인 속성은 노동시장의 변화, 기술의 변화로 더욱 차이가 커진다. 예를 들어, 여성의 경우는 일반적으로 남성보다 근속연수가 짧아 후생복지보다는 급여에 대한 관심이 많다. 장년층의 경우는 청년층보다 자녀들 교육문제나 승진, 그리고 퇴직금에 대해 관심이 많다. 현장부서의 조합원들은 지원부서보다 공장의 환경개선이나 잔업문제에 관심이 많다. 노동조합의 전문성을 제고하기 위해서는 조합간부들의 조합관리능력을 제고할 필요가 있다. 이를 위해서는 조합원만이 아니라 노조 간부에 대한 교육훈련의 확대가 필요하다고 하겠다.

새롭게 증가하는 MZ세대 근로자들의 새로운 가치관에 대해 어떻게 노동운동을 접목시킬 것인가, 일·가정 양립과 일·생활 균형 관점을 어떻게 기업의 경쟁력 향상도 병행하여 가져갈 수 있는가, 특고형태의 근로자 증가에 대해서 어떻게 대응할 것인가 등은 노조가 스스로 해결해야 할 과제들이다.

(3) 노동조합의 정합성

정합성은 환경변화에 따른 대응능력으로 크게 기업의 경영에 관련된 사항과 조합원에 관련된 사항으로 나눌 수 있다. 경영여건이 호전될 때에는 근로자들의 임금이나 근로조건의 개선에 대한 요구가 쉽게 반영될 수 있지만 경영여건이 악화될 때에는 사측의 구조조정 요구가 강화되고 노동조합의 양보가 불가피하게 된다. 내적으로 조합원의 의식변화를 위해서는 환경변화에 대한 일반 조합원의 인식공유가 필요하며 이를 위해서는 노동조합의 조합원에 대한 교육·홍보기능이 중요하다.

기업을 둘러싼 환경의 변화에 대해 노동조합이 현상유지만을 강조하는 것은 지속성이 부족하다. 그보다는 연공성이 지나친 임금체계에 대한 새로운 접근법 제시, 자동화나 로봇사용에 대한 노사상생의 관점과 방안의 도출 등은 노동의 미래에 대해 꼭 필요한 사항들이다.

(4) 노동조합의 윤리성

노동조합의 윤리성은 노동조합이 근로자의 이익을 대변하는 조직으로서 흔히 이야기하는 **주인-대리인 문제**와 같은 비윤리적 문제가 발생한다면 노동조합의 이미지에는 치명적인 결과를 낳을 수 있다. 따라서 노동조합은 기업이나 다른 조직보다 더 높은 수준의 도덕적인 행동을 요구받고 있다고 하겠다. 최근 취업의 어려움에 따라 일부 노조지도부가 채용과 관련해 뇌물을 받거나 청탁을 하는 경우, 특정 노동조합의 위원장 자리를 자식에게 물려주는 세습, 조합원 자녀의 채용에서 특혜 제공 등의 문제는 노조의 윤리성에 심각한 우려를 낳게 하고 있다.

윤석열 정부가 국민세금으로 지원하는 노동계 지원금에 대해 회계자료를 요구한 것은 노동조합의 자율성 침해라는 관점도 있지만, 기본적으로 국민 세금에 대한 투명한 운영을 요구하는 관점도 있다.

2) 노동조합의 정치활동과 사회적 성과

노동조합을 하나의 이익집단으로 본다면 노동조합도 조합원의 사회·경제적 지위향상을 위해 정치활동을 하는 것이 당연하다. 특히 민주노총의 경우는 조합원이 정치세력화를 구체적으로 명시하고 있다. 지난 1997년 노동법의 개정으로 노동조합법상 정치활동의 금지는 삭제되었으나, 노동조합의 결격사유에 주로 정치활동을 목적으로 하는 경우를 추가하였다(노조법 제2조 제4호 마목).

노동조합 측에서는 근로자의 개별적인 정치활동만으로는 근로자의 사회・경제적 지위의 향상에 별 효력이 없기 때문에 조직적인 정치활동이 필요하다고 주장하고 있다. 민주노총은 '선언'에서 노동자의 정치적 지위 향상을 구체적으로 명시하고 있으며, 강령의 두 번째 내용과 규약의 제4조(목적과 사업)에 '노동자의 정치세력화를 실현하고'라고 정치활동을 지향하고 있다.

한국노총은 1991년 이후 정기대의원대회에서 정치방침들을 결의했다. 1997년 대통령선거를 앞두고서는 '21세기 정치활동 플랜'을 발표한 바 있으며 2004년에는 녹색사민당이 17대 총선에서 당선자를 배출하지 못하고 결국 정당이 해산되었다. 이후에는 독자적으로 선거운동을 하기보다는 기존 정당과 연대를 강화하고 있다. 2007년 대선 때는 한나라당 후보와 공식적인 정책연대를 시도하여 짧은 기간이었지만 이명박 정부와 협력적인 관계를 유지하였다. 2017년에는 내부 선거를 통해 다수를 득표한 문재인 후보를 공식적으로 지지하였고, 이후 2025년 이재명 후보의 선거운동에서도 공식적으로 지지를 표명하는 등 적극적으로 정책연대를 진행하고 있다.

민주노총의 경우 조직적 결의를 토대로 2000년 1월 **민주노동당**이 창당되었다. 민주노동당은 '인류사에서 면면히 이어져 온 사회주의적 이상과 원칙을 계승 발전시켜, 새로운 해방공동체를 구현할 것'을 목표로 하는 이념정당이고, 노동자 중심의 민중정당 성격을 지닌다. 민주노동당은 이후 대통령선거에서 약 4%의 지지율을 확보하는 등 정당으로서의 입지를 확보한 바 있으나, 2012년 총선과 대선에서 통합진보당 중심으로 활동한 이후, 종북성향에 대한 논란으로 당이 분화된 바 있다. 2017년 대통령선거에서는 심상정, 김선동 후보를 공식적으로 지지하는 기자회견을 가진 바 있다. 이후 민주노총은 뚜렷한 지지정당 없이 독립적으로 정치활동을 추진하고 있다.

김금수(2007)는 우리나라에서 노동운동이 정치세력화를 활성화하기 위해서는 다음과 같은 기본방침이 요구된다고 제시한 바 있다.[16] 첫째, 노동조합이 주장하는 '노동자 주도성'과 '계급연합 정당'을 실현하고 강화하는 일이다. 노동자 주도성을 실현하기 위해서는 당원 확대를 위한 노력이 우선적으로 필요하다는 것이다. 둘째, 정당활동과 대중투쟁의 유기적 결합이 중요시되고 있다. 노동운동이 추구하는 전략적 목표는 정당의 의회활동만으로 실현되기는 어려운 조건이므로 '대중투쟁과 의회 공간 활용의 결합'은 필수적인 요건으로 보고 있다. 셋째, 정당 내부의 정파 또는 각종 분파 사이의 갈등을 해소하기 위한 구체적인 방책을 강구할 필요가 있다는 점을 강조한다. 넷째, 지역조직의 기능강화와 지역 차원의 사업 충실화가 중요할 것으로 보고 있다. 정당활동이나 선거정치는 지역적 토대구축이 중요하기 때문이다.

하지만 정당을 통한 정치활동에만 집중할 것이 아니라 전국단위의 경제사회노동위원회나 지역별 노사정위원회 등에도 적극적으로 참여함으로써 '사회적 대화'를 통해 근로자들의 권익을 찾고 보호하는 노력도 게을리하지 말아야 할 것이다. 아쉽게도 민주노총은 2000년 이후 사회적 대화에는 참여하지 않고 있다.

노동조합의 역할에 대해 프리만과 메도프(Freeman & Medoff)는 사회경제적 약자인 노동자의 참여를 증진시켜 형평성을 제고하기도 하지만, 노동조합과 조합원의 독점적 지위를 추구하기 때문에 사회전반적인 형평성을 저해할 수도 있다는 **두 가지 얼굴의 노동조합주의**(two faces of unionism)를 주장하였다. 이러한 주장은 정치학의 **시민자원주의 모델**(civic voluntarism model)과 유사한데, 시민자원주의 모델에서 노조는 조합원들이 부족한 부분을 채워주고 심리적인 지지와 조직활동으로 조합원들의 정치활동 참여를 증진시켜 준다는 설명이다. 이러한 주장에 따라 우리나라 비정규직 노동조합에 대해 연구한 최종석·김강식(2017)에 따르면 노조활동이 비정규직의 형평성을 제고한다는 연구결과를 발표하였다.[17] 하지만 노동계의 입장에 선 황선자(2020)는 우리나라 노조가 조합원의 임금극대화를 중심으로 한 분배교섭에서 벗어나 임금평준화를 위한 통합교섭으로 전환되어야 한다는 주장을 하고 있어서, 형평성 제고에는 미흡하다고 할 수 있다.[18]

외국, 특히 유럽의 국가들은 노동조합과 정치활동이 밀접하게 연계되어 있다. 영국은 1824년 노동조합이 결성된 이후 19세기 말까지는 정치활동에 소극적이었으나 1900년 노동자대표위원회가 결성되고 1906년 노동당으로 이름을 바꾼 후 정식으로 정당의 모습을 갖추게 되었다. 당원 중에 노동조합 조합원의 비중이 높아서 노동당의 의사결정에도 중요한 역할을 하고 있다. 물론 총리의 경우를 보면 노동당 출신이면서도 노동조합과 일정한 거리를 유지하고 있다는 점은 있으나 그래도 노동조합과 정치활동은 밀접한 관계를 유지하고 있다는 점은 확실하다. 독일의 경우를 보면 독일노동조합연맹(DGB)은 사민당과 독립적인 관계를 유지하나 사민당의 다수를 조합원이 차지하고 있다. 따라서 당비납부를 통해 재정적인 지원을 하고 있다. 전반적으로 보면 노사정 상호 간에 협동체제를 유지하고 있다고 할 수 있다.[19]

3) 노동조합의 거시경제적 효과

노동조합의 거시경제적 효과에 대한 논의는 부정적 효과와 긍정적 효과가 공존한다.[20] 노동조합의 부정적 효과에 대해서는 노조가 노동공급에 대해 독점력을 행사함으로써 자유로운 시장에서 결정되는 임금보다 높은 수준의 임금을 요구함으로써 물가가 상승하고 고용이 위축된다고 주장한다. 아울러 노동조합은 기업의 투자비용은 분담하지 않고 그에 따른 과실만 향유하려고 하기 때문에 기업의 투자가 위축되고 생산성이 둔화된다는 주장도 있다.

반면에 노동조합의 긍정적 효과를 강조하는 이들은 개별 근로자와 사용자의 힘관계가 불균등한 상황에서 근로자들은 노동조합을 통해 정당한 권리를 보장받을 수 있다고 본다. 특히 프리만과 메도프(Freeman & Medoff, 1984)의 『노조는 무엇을 하는가?(What Do Unions Do?)』라는 책에서 노동조합이 있는 경우, 근로자들은 이직(exit) 대신에 불만을 표출할 수 있는 언로(voice)기능을 이용함으로써 이직하지 않으며, 불만을 제기하기도 하지만, 필요할 때는 작업과정의 개선이나 생산성 향상을 위한 의견제시도 이루어진다고 주장한다.[21]

또한 고용규모의 축소 가능성에 대해서도, 교섭의 내용이 임금에 관한 것으로만 한정될 경우 실업을 증가시킬 수 있지만, 임금뿐만 아니라 근로시간 조정과 고용계획 전반에 관한 사항이 교섭에 포함되는 경우에는 임금과 고용이 반드시 상충관계에 있는 것은 아니라고 주장한다. 아울러 노동조합은 인적자본에 대한 투자를 활성화시키고 작업장 민주주의를 증진시켜 생산성 제고와 숙련형성에도 기여할 수 있다고 주장한다.

특히, 노조활동이 조합원의 상대적인 임금 수준을 높이지만 경제 전반의 임금소득에 대한 불평등을 완화시키는 이유로는 조합원 내의 임금불평등을 축소시켜 국민경제 전체의 소득불평등을 완화시킨다고 설명한다. 이병희(2017)는 1987~2016년에 걸쳐 국내 노동조합은 상용직 근로자의 임금분산(임금 격차의 정도)을 줄이는 데 기여하였다고 보고하였다.[22] 따라서 노동조합의 부정적 효과와 긍정적 효과 중에서 어느 것이 더 큰가 하는 것은 이론적으로만 설명하기에는 한계가 있으며 실증적인 분석이 요구된다고 하겠다. 실증연구 결과를 보면 경제성장률, 실업률, **노동생산성** 증가율, 물가상승률, 임금상승률의 경우에는 연구에 따라 결과가 혼재되어 있지만 **소득불평등**에 대해서는 노사관계의 조정수준이 높을수록 소득불평등의 정도가 낮다는 실증연구 결과가 많다는 점은 주목할 필요가 있을 것이다.

그러나 노동조합의 기업성과에 미치는 영향, 즉 이익률이나 투자규모에 미치는 영향은 부정적이라는 실증분석이 다수를 차지하고 있다.[23)]

4) 노동조합의 임금인상 및 고용보장효과

우리나라의 경우 노동조합이 전통적으로 가장 관심을 가졌던 부분은 아마도 임금일 것이다. 고용은 역사문화적으로 공동체주의로 소위 '한솥밥 문화'가 존재해서 쉽게 해고하는 관행은 없었다. 그러나 우리나라는 IMF외환위기를 겪으며 정리해고가 도입되면서, 노조는 회사의 해고가능성에 대해 고용보장을 받아내는 데 어느 정도 역할을 한 것으로 보인다. 여기서는 노동조합의 임금효과를 먼저 살펴본 후에 고용보장에 대한 효과를 살펴본다.

경제학자들은 오랫동안 노동조합이 임금에 미치는 효과를 연구해 왔다. 특히, 미국에서는 루이스(Gregg H. Lewis, 1986)가 노동조합의 임금에 대한 광범위한 연구결과를 요약하여 제시한 바 있다. 하지만 루이스도 노동조합이 임금에 미치는 효과가 어느 정도인가는 결론짓지 못하고 있다.

(1) 노동조합의 임금인상 효과

노동조합의 임금인상효과를 설명하는 데는 여러 가지가 있다. 우선 노동조합의 임금인상효과는 조합원과 비조합원의 경력이나 능력 등 다른 조건에 차이가 없는 경우 독점적 상황이 아니라면 오랜 기간 유지될 수 없다는 주장이다. 즉, 경쟁상황에서는 노동조합이 있는 회사에서 높은 임금을 주고서는 회사를 유지할 수 없기 때문이다. 그런데 조합원의 임금 수준은 비조합원보다 높기 때문에 조합원이 되려는 근로자들이 많고 사용자는 그중에서 상대적으로 우수한 능력을 가진 근로자를 채용하고 이들이 조합원이 된다. 그래서 이른 **선택편의**(selection bias)라고 하는데, 사원 채용 시 무작정 뽑는 것이 아니라, 상대적으로 높은 경쟁력을 뚫고 입사한 직원들은 더 훌륭한 역량을 가지고 있으며, 그래서 더 높은 임금을 받는다는 것이다. 그리고 그들이 더 높은 생산성을 발휘하기 때문에 시장에서 생존할 수 있다는 설명이다.

하지만 높은 임금에 따른 경쟁력 저하를 오랜 기간동안 유지하기 위해서는 산업 전반적으로 노조가 결성되어 있거나(자동차 제조회사는 거의 모든 나라에서 노조가 결성되어 있다), 공공부문으로 경쟁이 제한되거나(공공서비스는 비싸도 이용할 수밖에 없다), 해외경쟁이 제한되거나(수입해서 사용하기가 어렵다), 제품의 수요가 비탄력적일 필요(비싸도 살 수밖에 없다)가 있다.

(2) 노동조합의 밀림효과와 위협효과

노동조합의 임금효과는 노조가 결성된 부문에만 나타나는 것이 아니라 노조가 결성되지 않은 부문에도 영향을 미친다.

첫째, '**밀림효과**(spillover effect)'이다. 이는 노조결성부문의 임금이 상승함에 따라 노동력에 대한 수요가 감소되고, 남는 인력이 노조비결성부문으로 옮겨 가게 된다. 그 결과 노조비결성부문의 인력은 남게 되어 상대적으로 노조비결성부문의 임금 수준은 떨어진다. 하지만 단정적으로 말할 수는 없다. 노조결성부문에서의 임금 수준이 높기 때문에 상당수의 근로자들은 노조결성부문에 남아 노조결성부문의 실업률이 높을 수도 있다. 이를 대기행렬이라고 부른다.

둘째, '**위협효과**(threat effect)'이다. 이는 노동조합이 결성되지 않은 사업장에서 노조결성을 피하기 위해 노조결성을 통해서 얻을 수 있는 높은 임금을 제시하고 선임권(seniority), 고충처리 등과 같은 제도를 도입하는 것이다. 즉, 노조가 결성되는 위협을 피하기 위해 높은 임금을 제공하는 것이다. 우리나라 대기업 중에는 노조결성을 피하기 위해 동종 경쟁기업의 임금 수준보다 높은 임금을 제공하는 경우가 있는데, 바로 이러한 경우라고 하겠다. 이제는 아니지만 삼성전자나 삼성그룹의 계열사들은 오랫동안 노조결성을 피하기 위해 더 높은 임금과 더 많은 복리후생을 제공한 배경으로 작용했다고 할 수 있다.

(3) 임금인상에 대한 실증분석결과

노동조합의 임금인상효과는 분석에 따라 많은 차이를 보이고 있다.[24] 인구통계학적인 변수들을 중심으로 행해진 연구결과를 보면 젊은층의 경우에 그 효과가 크다고 밝히고 있다. 멜로우(Wesley Mellow)의 경우는 25세 미만의 조합원의 상대적 임금효과는 13%인데 25세 이상의 경우는 6%에 머물렀다고 밝히고 있다.[25]

루이스(Lewis)는 미국의 자료를 분석하여 노조의 임금인상효과가 경력과는 2차함수의 모형, 즉 유(U)자 모양을 이룬다고 했다.[26] 즉, 초기에는 경력이 증가할수록 차이가 줄어들지만 근속연수가 30년이 넘어가면 다시 늘어난다고 밝히고 있다. 미국의 경우는 전체 근로자에 대해서는 약 15% 내외의 임금인상효과가 있으며 백인보다는 흑인이, 여성보다는 남성의 경우 임금인상효과가 더욱 큰 것으로 보인다.[27] 그러나 미국의 경우도 1970년대 이후 독일이나 일본 제품의 수입확대에 따른 글로벌화로, 경쟁이 심해져서, 노조의 독점효과로 인한 임금인상효과는 점차 줄어들고 있는 것으로 알려지고 있다.

직종과 산업에 따른 차이도 나타나는데 비생산직의 경우에는 관리직이나 영업직보다는 서비스직의 경우에 노동조합의 임금인상효과가 컸다.[28] 생산직의 경우를 보면 산업구분 없이 숙련직과 비숙련직 모두 조합원의 임금이 많았다. 지역에 따른 차이도 나타나는데 미국의 경우는 남부지역과 국경지역에서 북동부지역보다 조합원의 상대적 임금 수준이 높았다.

(4) 우리나라의 노조의 임금효과

우리나라에서 노조의 임금효과에 대한 1990년대 초반의 연구는 주로 노동부의 '임금구조기본통계조사'를 이용하여 제조업 중심의 노조효과를 분석하였는데 1987년 이전에는 노조의 임금효과가 예상과 달리 오히려 음(−)으로 나타남을 보여주었다. 그러나 1990년대 중반에는 연구에 따라 다르지만 대체로 2~8%의 양(+)의 효과가 있음을 보여주었다.

2006년 경제활동부가조사 결과를 이용해 분석한 조성재 · 조준모 · 조동훈 · 이종현 · 황선웅(2007)의 연구결과는 다음과 같다. 첫째, 노조 조합원이 동일한 인적 속성을 가진 비조합원에 비해 임금 수준이 시간당 임금기준으로 8% 정도 높고 통계적으로도 유의한 것으로 나타났다. 둘째, 임금효과를 성별로 구분했을 경우 남성은 6% 정도 임금을 상승시키는 효과를 보였으며, 여성 근로자의 경우에는 남성의 2배인 12% 수준으로 나타났다. 셋째, 사업체규모별로 살펴보면 300인 미만의 경우에는 11%, 300인 이상의 경우에는 6% 정도로 나타났다. 연구자들은 이에 대해 위협효과로 설명하고 있었다. 비정규직에 있어서는 7%로 정규직의 5%보다 높게 나타났는데, 비정규직이 전반적으로 임금 수준이 낮지만 노조에 가입한 비정규직의 경우에는 임금효과가 더 큰 것으로 볼 수 있다. 그러나 이러한 효과의 규모는 일반화하기에는 한계가 있다.

(5) 노동조합의 복리후생개선효과

노동조합의 복리후생개선효과도 명백히 나타나고 있다.[29] 왜 노동조합은 전체 급여 중에서 복리후생의 비율을 높이는 것일까? 일반적으로 노동조합은 조합원의 평균적인 요구와 입장을 강조한다. 다시 말하면, 젊은 조합원보다는 상당한 수준의 근속연수를 가지고 있는 조합원, 그리고 회사를 옮길 생각이 별로 없는 조합원들의 관심사항에 중점을 두기 때문이다. 이들은 연금, 건강보험, 그리고 **선임권**(seniority)이 작용하는 휴가시기 결정 등에 관심이 많다. 또한 노동조합이 없는 경우는 회사가 근로자들의 복리후생을 상대적으로 경시하기 때문이라고 주장하는 경우도 있다.

(6) 고용안정효과

우리나라의 경우 IMF외환위기 이후에 노동조합의 효과로 임금인상보다는 오히려 고용안정에 더 무게가 실리고 있다. 노동조합에 가입함으로써 임금인상을 기대할 수도 있지만 통상해고나 정리해고 등 구조조정에 따른 해고로부터 보호받을 수 있기 때문이다.

노동조합이 고용안정에 미치는 효과로는 먼저 근로자의 직장만족도를 높여서 자발적 이직을 감소시킨다는 설명이다. 그러나 다른 연구에서는 노동조합이 일반적인 해고확률은 줄이지만 정리해고의 확률을 낮추지 못한다는 주장도 있다. 한 걸음 더 나아가 기업별 교섭 하에서는 수익성이 높은 기업에서 높은 임금인상이 이루어지고, 이는 동종 산업의 수익성이 낮은 기업에 임금인상의 압력을 가중시키고 결국 더 높은 평균임금 수준으로 인해 고용불안이 심화될 수 있다는 주장도 있다. 그러나 이러한 주장들은 외국의 노동조합 활동을 분석한 결과로 우리의 경우에는 어떠한 결과를 가져올지는 역시 실증적인 분석을 필요로 한다고 하겠다.

조성재 외(2007)는 한국노동패널조사 5차년도와 8차년도의 자료를 이용해 분석한 결과, 조합원의 직장유지율이 상대적으로 매우 높은 것으로 밝히고 있다. 그리고 노조가 결성된 사업장이 대기업인 경우가 많기는 하지만 대체로 근속기간도 비노조 사업장보다 높게 나타나고 있다. 최낙혁(2017)은 국내 노동조합이 근로자의 고용안정에 긍정적인 기여를 한 연구결과를 제시한 바 있다.[30)]

(7) 근로시간단축효과

조성재 외(2007)의 노동조합의 근로시간에 미치는 영향에 대한 분석결과를 보면 정규근로시간의 경우에는 노조사업장이 짧았고, 초과근로시간의 경우에는 노조사업장에서 더 길었다. 즉, 노조는 정규근로시간은 줄여서 조합원의 근로환경을 개선하고, 초과근로시간은 확대함으로써 조합원의 임금인상을 유도한 것으로 나타났다.

5) 노동조합과 생산성 향상

노동조합이 회사 측에 부담을 주는 것은 사실이다. 하지만 반드시 비용의 측면에서만 볼 수 없다. 노동조합은 수익 측면에서 회사에 도움을 줄 수 있다. 쉽게 말하면 상생(相生) 전략인 것이다. 미국에서 노동조합이 기업의 성과에 미치는 연구는 매우 많다.[31] 1980년대에는 주로 미국 하버드(Harvard) 대학교에서 많이 연구되었다. 연구의 결론은 노조결성 기업들은 높은 임금 수준에도 불구하고 경쟁시장에서 비노조기업들과 경쟁할 수 있다는 점이었다. 이러한 주장은 기존의 독점(monopoly)시장가설에 대비되는 것이다.

(1) 노동조합의 생산성 저하: 기존의 독점시장가설

노동조합이 생산성을 낮춘다는 첫 번째 이유는 전통적으로 노동조합은 독점기관으로서 임금구조를 왜곡시킨다고 주장되어 왔다.* 노동조합의 임금인상은 자원의 합리적인 배분을 방해한다. 즉, 노조결성으로 임금 수준이 올라가면 고용이 줄어들어 생산량이 감소하며, 상대적으로 노동력의 공급이 많아진 비노조기업의 경우는 임금이 낮아져서 고용이 증가하고 생산량이 확대되어 제품가격이 하락하게 된다. 하지만 노조기업의 경우 높은 임금으로 인해 근로자들이 대기할 수도 있다. 또한 노동조합의 영향력은 임금에만 있는 것이 아니라 이윤, 투자, 성장성 등에도 영향을 미친다.

두 번째 이유는 경직된 관행이다. 이 때문에 노동조합은 비효율적이라고 주장된다. 작업에 소요되는 인력, 작업장 크기, 기타 작업장 관행에 대한 제한 때문에 국민총생산이 0.3%가 감소한다는 주장이 있을 정도이다.[32]

세 번째 이유는 파업에 의한 손실이다. 파업에 대한 직접적인 비용(파업일수, 파업참가자 수, 생산손실일수 등)에 대한 문헌은 많다. 하지만 이를 좀 더 분석한 연구는 별로 없다. 파업비용은 얼마나 대체재가 가능하냐에 달려 있다. 또한 파업의 원인이 노동조합에만 있다고 할 수는 없다. 하지만 1967~75년까지 20개국의 생산성 증가율은 파업이 있었던 경우 약 0.5%씩 낮아지는 결과를 보였다.[33] 그러나 그 생산성 증가율의 감소가 파업 때문이라는 설명을 하지는 못했다.

---

* **독점시장가설**은 노동조합이 노동에 대한 공급을 독점함으로써 시장에 의한 효율적 수요·공급보다 비효율적으로 임금이 결정되고 노동 수요·공급이 결정된다는 주장이다.

(2) 노동조합의 생산성 향상: 언로이론

노동조합이 생산성 향상에 기여한다는 주장은 1980년대 하버드대학교 학자들에서 제기되었다. 이들의 주장은 그 이전 **발언권가설**[exit-voice model 또는 **언로이론**(voice theory)]*에 바탕을 두고 있다.

발언권가설에서는 특정 회사에만 가치가 있는 기술을 가진 경우는 이직함에 따라 상당한 비용을 치러야 하므로 정규직으로 안정적인 직무를 갖는 것이 유리하다. 이러한 이유로 회사와 근로자 간에는 오랜 기간 동안의 고용관계가 이루어지고 그 결과 고용관계는 반드시 시장가격으로만 결정되지는 않는다. 근로자들은 비화폐적인 근로조건에 대해서도 관심을 가지게 되고 생산과정에도 의견을 제시하는 등의 생산성 향상에 영향을 미칠 수 있게 된다.34)

또한 이 가설에서는 일터의 공공성으로 인해 생산성 향상이 가능하다고 주장한다. 첫째, 일터에서 근로자들은 공동의 근로조건을 결정하기 위해 고민하게 되고 노동조합은 이러한 정보를 수집해서 회사 측에 제공함으로써 가장 효율적인 임금체계, 인사정책을 실시할 수 있게 만든다. 이러한 **집단의 목소리**(collective voice)는 근로자들이 이직할 때 말하는 **출구 목소리**(exit voice)보다는 효율적이다. 왜냐하면 집단 목소리는 다양한 의견, 평균적인 의견을 제시할 수 있기 때문이다.

둘째, 노력하는 정도에 대한 논의이다. 조직의 집단적인 성격이 없다면 개인 근로자들은 가장 적게 노력할 것이다. 그러나 노조가 결성됨으로써 조합원들 사이에 서로 격려하고 감시하는 상황이 존재하게 된다는 것이다. 이 경우 집단적인 성격 때문에 노력하는 정도도 집단적으로 결정될 수 있을 것이다. 그 결과 회사의 성과는 향상된다. 이러한 집단적인 성격은 노동조합으로 대변될 수 있다.

노동조합을 통해 불만을 토로할 수 있다면 이직하는 근로자들의 수도 줄어들 것이고, 모집 및 선발에 따르는 비용도 절감할 수 있으며 특정 회사만이 필요로 하는 교육훈련을 강화할 수 있다. 노동조합으로 대변되는 집단 목소리를 통해 근로자들 간의 협력을 강화하고 작업장의 사기도 제고할 수 있다.

---

* **발언권가설**이란 노조가 결성된 경우 이직 대신에 회사에 의견을 제시함으로써 경영에도 참여하고, 생산과정도 개선 · 향상되어 결국 생산성이 향상된다는 주장이다. **언로이론**(voice theory)으로도 표현한다.

(3) 노동조합과 생산성 및 수익성

생산성 향상을 측정하기 위해 이용되는 생산함수에 문제가 없는 것은 아니나 여기서는 이를 인정하고 실증적인 문제를 살펴보기로 한다. 한 연구결과를 보면 산업별 수준에서 노동조합이 생산성을 약 20% 향상시킨다는 결과를 보여주고 있다.[35] 하지만 문제는 수익성이다. 생산성 향상에도 불구하고 노동조합이 있는 경우 수익성은 낮은 것으로 나타나고 있다. 이상의 연구결과는 생산성을 높이는 결과를 보였지만 많은 연구결과를 보면 다양한 실증분석결과를 볼 수 있다. 하지만 이에 반하는 연구결과도 있다.

일부 연구는 노동조합의 생산성 증가분과 임금증가분은 비슷하기 때문에 노조기업과 비노조기업이 서로 경쟁할 수 있는 것으로 결론짓고 있다.[36] 하지만 노동조합의 생산성 증가가 바로 수익성 증가와는 연계되지 않는다는 점을 기억해야 한다.[37] 노조가 수익성에 미치는 영향은 임금, 생산성 외에도 제품에 대한 수요와 공급, 총비용에서 차지하는 인건비비중 등에 의해서 영향을 받는다.[38]

노동조합이 수익성에 미치는 영향에 대한 실증적인 연구도 상당수 있다.[39] 이 연구들은 다음과 같이 요약할 수 있다.[40] 첫째, 사용자가 노조를 회피하는 것은 노조가 수익률을 낮출 것으로 생각하기 때문이다. 둘째, 노조의 생산성 향상효과는 인정할 만하지만 임금인상을 극복할 수 있는 충분한 수익성을 낼 것으로는 보이지 않는다. 셋째, 일부 연구결과에서 보이는 생산성 효과는 믿을 만한 근거가 부족하다. 결국 노조의 임금효과나 생산성까지는 그 효과를 인정하고 있지만 수익성에 대해서는 동의하기 어렵다고 본다.

제2절 사용자의 부당노동행위

부당노동행위란 '사용자가 근로자의 노동3권을 침해하는 행위'를 말하며, 부당노동행위구제제도란 '근로자의 노동3권 행사를 방해하는 사용자의 부당한 행위로부터 근로자를 구제하자는 취지에서 만들어진 제도'이다. 국제노동기구(ILO) 협약 제98호에도 회원국이 부당노동행위에 대해 규정하도록 권고하고 있다.

우리나라에는 부당노동행위만을 전담하여 심판하고 판정을 내리는 **노동위원회**가 있는

데, 이는 유럽의 노동법원과 유사한 역할을 하고 있지만 재판에 비해서 낮은 비용으로 신속하게 전문적인 서비스를 이용할 수 있다는 장점이 있다. 1953년 처음으로 부당노동행위가 법제화되었을 때에는 노동조합 쪽의 부당노동행위도 있었으며 형벌을 부과할 수 있었다. 그러나 1963년 노동조합의 부당노동행위가 삭제되었으며, 원칙도 **처벌주의**에서 **원상회복주의**로 바뀌었다. 다만 노동위원회의 구제명령을 위반하는 경우에만 벌칙을 부과하게 되었다. 1986년의 개정에서는 **과벌주의**가 추가되었다. 「노조법」 제81조에는 부당노동행위의 다섯 가지 유형이 정의되어 있다.

사용자단체인 **한국경영자총협회**는 노동조합의 부당노동행위 조항을 신설하도록 법개정을 요구하고 있다. 다음의 〈알고 지나가기〉는 노동조합의 부당노동행위에 대한 역사적 배경과 미국의 예이다.

알고 지나가기

노동조합의 부당노동행위

1953년 3월 8일에 노동조합법이 제정될 당시에는 노동조합의 부당노동행위도 정의되어 있었으나 1963년 노동법이 개정될 때 노동조합의 부당노동행위가 삭제되었다. 당시 우리 상황에서 노동조합의 부당노동행위를 정의한다는 것은 노동조합을 없애겠다는 의도와 같다고 하겠다. 아직 우리 노조법에는 노동조합의 부당노동행위가 없는 이유는 사용자에 비해 근로자의 힘, 노동조합의 힘이 약하다고 인정하는 법정신이 있기 때문이다.

하지만 미국의 경우 1935년 「와그너(Wagner)법」에는 사용자만의 부당노동행위가 정의되었으나 1947년에 개정된 「태프트-하틀리(Taft-Hartley)법」에서는 노동조합의 부당노동행위가 추가되었다. 당시 상황에서 노동조합의 힘이 상대적으로 커졌다고 판단했기 때문이다.

우리나라는 노동조합의 성실교섭 원칙만 시행되고 있다. 2020년 12월 노조법 개정을 통해서 사용자의 조업권을 기본권으로 인정하고, 쟁의행위에서 사용자의 점유를 배제하여 조업을 방해하는 형태의 쟁의행위는 금지하였다.

1 불이익취급

「노조법」 제81조 제1항 제1호에는 '근로자가 노동조합에 가입 또는 가입하려고 하였거나, 노동조합을 조직하려고 하였거나 기타 노동조합의 업무를 위한 정당한 행위를 한 것을 이유로 근로자를 해고하거나 불이익을 주는 행위'를 **불이익취급**이라고 하며 부당노동행위로 정의하고 있다. 여기에는 다섯 번째 부당노동행위도 유사하게 정의된다. 동법 제81조 제1항 제5호에는 '근로자가 정당한 단체행동에 참가하거나 사용자의 부당노동행위를 신고한 것 등을 이유로 불이익을 주는 행위'도 부당노동행위로 정하고 있다.

불이익취급의 형태를 보면 해고가 가장 많으며 좌천, 승급제외, 승진제외, 출근정지, 휴직, 복직거부, 강등 또는 상위직 승진을 하는 경우도 포함된다. 예를 들어, 조합원 가입자격이 없는 직위 또는 직급으로 승진시키는 것도 부당노동행위가 될 수 있다.

하지만 노조설립활동을 구실로 노사협의회에서 결정한 연장 및 야간근로를 거부하고 동료근로자들을 선동한 이유로 회사의 취업규칙에 따라 해고된 경우, 노조활동과 무관한 사건으로 유죄판결을 받아 해고된 경우, 기존의 노동조합을 어용노조라고 노동조합과 회사를 함께 비방하고 허위사실을 유포한 것에 대해 감봉처분한 경우, 학력위장 취업자를 학력에 적합한 직위로 승진발령한 경우, 파업 중 근로시간에 해당하는 합리적 액수의 특별수당을 파업종료 후 파업불참자에게 지급하는 경우 등은 부당노동행위에 해당되지 않는다.[41)]

2 비열계약

노조법 제81조 제1항 제2호에는 "사용자가 근로자에 대해 어느 특정 노동조합에 가입하지 아니할 것 또는 탈퇴할 것을 종용하거나 특정 노조의 조합원이 될 것을 고용조건으로 하는 행위"를 부당노동행위로 정하고 있다. 이를 **비열계약** 또는 **황견계약**(yellow dog contract)이라고 말한다.

하지만 동법 제81조 제1항 제2호 단서에는 "노동조합이 당해 사업장에 종사하는 근로자의 2/3 이상을 대표하고 있을 때에는 근로자가 그 노동조합의 조합원이 될 것을 고용조건으로 하는 단체협약의 체결은 부당노동행위가 아니다"라고 예외적으로 규정하고 있다.

그 이유는 사용자의 부당노동행위를 인정하지 않음으로써 근로자의 단결권을 더 보호할 수 있기 때문이다. 즉, **유니언숍**(union shop)이 합법이라는 점이다.

그러나 해당 단서에는 유니언숍이 체결되었다고 해서 특정 근로자가 그 노동조합에서 제명되었거나 또는 그 노동조합을 탈퇴하여 새로 노동조합을 조직하거나 다른 노동조합에 가입한 것을 이유로 근로자에게 신분상 불이익한 행위를 할 수 없다고 규정하고 있다.

2011년 7월 이후 복수노조가 허용되었기 때문에 암묵적인 비열계약에 따른 사용자의 부당노동행위가 발생할 수 있는 여지는 크다고 하겠다. 복수노조 하에서는 사용자도 친사용자적인 노동조합 결성을 적극적으로 추진할 수 있기 때문이다.

3 단체교섭 거부

단체교섭 거부는 '사용자가 노조의 대표자 또는 노동조합으로부터 단체교섭권을 위임받은 자와 단체교섭의 체결, 기타의 단체교섭을 정당한 이유 없이 거부하거나 해태하는 것'을 말한다. 그러나 사용자는 단체교섭에 성의를 가지고 임할 것을 요구받는 것이며 반드시 단체협약을 체결할 의무가 있는 것은 아니다. 따라서 교섭을 계속하였으나 당사자 간의 주장이 첨예하게 대립되어 단체교섭이 결렬되는 경우는 부당노동행위라고 할 수 없다. 이 성실단체교섭의무는 법개정으로 노동조합도 새롭게 부여되었다(노조법 제30조).

2021년 1월에 개정된 법에는 국가 및 지방자치단체는 기업 · 산업 · 지역별 교섭 등 다양한 교섭방식을 노동관계 당사자가 자율적으로 선택할 수 있도록 지원하고 이에 따른 단체교섭이 활성화될 수 있도록 하는 내용이 추가되었다. 이는 기존의 기업별 교섭이 산별 교섭화하고, 다시 지역별 교섭 등 교섭형태가 다양화되는 방향을 체계적으로 지원하기 위함이라고 하겠다.

4 지배 · 개입, 경비원조

사용자가 노동조합의 운영을 지배하거나 개입할 목적으로 경비를 지원하면 부당노동행위에 해당한다. **지배 · 개입**은 노동조합의 조직 · 운영, 운영비의 지원 등을 포함한다. 이러한 **경비원조**를 제한하는 이유는 노동조합의 자주성 · 독립성을 침해할 가능성이 많기 때문이다. 그러나 다만 근로시간 중에 사용자와 협의하는 시간에 대해 급여를 지급한다거나 기금의 기부, 사무소 제공은 예외로 한다. 다음은 사용자의 지배·개입에 의한 부당노동행위에 대한 예이다.42)

알고 지나가기

노동조합 조직 및 운영에 대한 지배·개입 사례

조합조직에 지배·개입하는 경우로는 ① 노동조합의 조직 또는 가입을 비난하거나 노조결성을 인정하지 아니하겠다는 발언을 하는 경우, ② 폭행으로 조합탈퇴를 강요하고 사용자 임의로 조합해산 신고를 한 경우, ③ 노동조합의 해산을 강요하는 경우, ④ 특정 노조로부터의 탈퇴 혹은 다른 노조 또는 어용조합에의 가입을 권유·설득하는 경우, ⑤ 하도급업체를 만들어 조합원을 동 업체에 유인·흡수함으로써 노동조합을 해산하게 하는 경우, ⑥ 비조합원의 조직 등 노동조합의 대항단체를 결성·비호하는 경우, ⑦ 노동조합 설립을 혐오하여 이를 와해시킬 목적으로 위장폐업한 경우 등이 해당된다.

조합운영에 지배·개입하는 경우로는 ① 회사 측이 노동조합의 집행부와 반대파 간의 화해를 주선하고 현조합장과 협의하여 노조집행부 임원을 권고사퇴시킨 경우, ② 조합대회에 출석을 방해 또는 감시하는 행위, ③ 조합전임자나 조합간부의 조합활동상의 곤란함을 주기 위해 원직복귀 명령을 내리는 행위, ④ 조합간부를 매수하는 행위, ⑤ 반조합적 내용의 강연 또는 강좌의 실시, ⑥ 이전부터 공제하던 조합비를 공제하지 아니하는 행위, ⑦ 노동조합 해산 및 조합장 재선거 유도발언을 하는 행위, ⑧ 비근무시간인 작업시간 전의 노조홍보교육을 방해하는 행위, ⑨ 노조의 조직과 운영에 관하여 조합원을 상대로 설문조사를 실시하는 행위, ⑩ 노동조합 간부의 요청에 따라 근로자를 해고하는 행위 등이다.

근로시간면제제도(타임오프제도)는 2011년 7월부터 시행되었는데 노사간에 이견이 상존하고 있는 내용이다. 근로시간면제제도는 처음 도입되면서 노조전임자에 대한 사용자의 급여지급이 원칙적으로 금지되고, 일한 한도의 시간 이내에서 노조활동을 하는 경우에 대해서만 유급처리되도록 하였다. 이는 오랫동안 관행적으로 시행되던 노조전임자 모두에 대한 급여지급을 제한함으로써 노동조합의 자주성과 독립성을 보장하는 원칙적인 측면이 있지만, 다수의 중소규모 노조는 낮은 조합비로 인해 사실상 노조활동을 위축시키는 결과를 가져올 수 있다. 예를 들어, 조합원 규모가 50~99명인 경우에는 연간 최대 2,000시간

〈표 8-2〉 근로시간면제 한도

조합원 규모	연간 시간 한도	사용가능인원
99명 이하	최대 2,000시간 이내	• 조합원 수 300명 미만의 구간 : 파트타임으로 사용할 경우 그 인원은 풀타임으로 사용할 수 있는 인원의 3배를 초과할 수 없다. • 조합원 수 300명 이상의 구간 : 파트타임으로 사용할 경우 그 인원은 풀타임으로 사용할 수 있는 인원의 2배를 초과할 수 없다.
100∼199명	최대 3,000시간 이내	
200∼299명	최대 4,000시간 이내	
300∼499명	최대 5,000시간 이내	
500∼999명	최대 6,000시간 이내	
1,000∼2,999명	최대 10,000시간 이내	
3,000∼4,999명	최대 14,000시간 이내	
5,000∼9,999명	최대 22,000시간 이내	
10,000∼14,999명	최대 28,000시간 이내	
15,000명 이상	최대 36,000시간 이내	

주: 조합원 규모는 「노동조합 및 노동관계조정법」 제24조 제4항의 '사업 또는 사업장'의 전체 조합원 수를 의미하며, 단체협약을 체결한 날 또는 사용자가 동의한 날을 기준으로 산정한다. 공무원과 교원의 경우는 별도로 정한 면제한도 기준이 있다. 대체로 민간부문의 절반 정도로 보면 된다.
출처: 고용노동부, 『근로시간 면제 한도 적용 매뉴얼』, 2013.7.

까지 유급처리되며 풀타임 전임근로자인 경우에는 1명, 파트타임 전임근로자인 경우에는 최대 3명까지 나누어 사용할 수 있다.

그리고 전체 조합원이 1,000명 이상인 사업 또는 사업장으로 여러 광역자치단체에 분산되어 있는 경우에는 추가로 근로시간 면제한도가 부여된다. 예를 들어 광역자치단체 개수가 2∼5개면 10%, 6∼9개면 20%, 10개 이상이면 30%가 추가로 부여된다. 단, 광역자치단체는 지방자치법 제2조 제1항 제1호에 따른 특별시, 광역시, 특별자치시, 도, 특별자치도를 말하며, 광역자치단체의 개수는 해당 사업 또는 사업장의 전체 조합원 5% 이상이 근무하는 것을 기준으로 산정한다.

이러한 법제도의 시행에 대해 노동조합은 절대적으로 반대하고 있으며 양대 노총과 민주노총은 다시 법개정을 통해 원상회복하려는 움직임을 보여 왔다. 2020년 12월 노조법 개정에서 보면 노조전임자 급여 지급금지 규정은 삭제하여 국가에 의한 노사관계 개입의 가능성을 제한하였으며, 근로시간면제자(사용자로부터 급여를 지급받으며 노동조합 업무에 종사하는 자)는 근로시간면제 한도 내에서만 급여지급이 가능하도록 하였다. 그리고 근로시간면제 한도를 초과하는 내용을 정한 단체협약 또는 사용자 동의는 그 부분에 한해 무효로 하고, 근로시간면제 한도를 초과하여 사용자가 급여를 지급하는 경우에는 부당노동행위로 처벌하도록 하였다.

여기서 전임자에 대해 임금을 사용자가 부담하는가는 국가별로 많은 차이를 보인다. 미국의 경우도 노조에서 조합비로 해결하는 경우가 일반적이다. 독일도 노조에서 조합원이 납부하는 회비와 보유 자산에서 발생하는 수익으로 재정을 충당한다.[43] 국가지원금이나 공공보조금은 받지 않으며, 노조 운영비와 행정직원 및 전업 조합 간부 등에게 지급되는 급여는 노조가 자체 자금으로 부담한다. 따라서 우리는 우리에게 맞는 관행을 만들어갈 필요가 있다.

제3절 부당노동행위 구제

부당노동행위에 대한 구제는 법원에 의한 구제제도와는 별도로 신속성 · 간이성 · 전문성을 확보하기 위해 노동위원회에 의한 구제제도가 주로 이용되고 있다. 부당노동행위에 대해서는 노동위원회의 명령에 따라 **원상회복주의**를 원칙으로 하고 있지만, 노동위원회의 부당노동행위에 대한 노동위원회의 구제명령 · 기각결정 또는 중앙노동위원회의 재심판정에 대해 이를 이행하지 않는 경우에는 3년 이하의 징역 또는 3,000만 원 이하의 벌금에 처할 수 있다(노조법 제89조). 이는 노동위원회의 판정을 중시하되 고의적 · 반복적으로 부당노동행위를 자행하는 사용자에 대해서는 신속하게 수사하여 사법처리하도록 하는데 그 의미가 있다고 하겠다.

1 부당노동행위에 대한 구제신청

사용자의 부당노동행위에 의해 권리를 침해당한 근로자 또는 노동조합은 사용자를 피신청인으로 하여 노동위원회에 구제신청을 할 수 있다(노조법 제82조 제1항). 사건이 발생한 사업장의 소재지를 관할하는 지방노동위원회에 3개월 이내에 서면으로 또는 구두로 신청할 수 있다.

알고 지나가기

부당노동행위와 부당해고

부당노동행위는 위에서 본 것처럼, 근로자가 노동조합을 결성하려고 하거나 노동조합활동을 했다는 사유로 불이익취급했다거나 노조활동에 사용자가 지배 · 개입하는 등 사용자가 해서는 안 될 일을 하는 경우를 말한다. 그런데 그중에 대표적인 행위가 노조결성을 이유로 또는 노조활동을 이유로 근로자를 해고하는 경우인데, 이러한 경우는 부당노동행위이면서 부당해고에 해당한다. 하지만 부당해고는 노동조합 활동과 상관없이 여성 근로자가 결혼이나 임신 등을 이유로 해고하는 경우에도 해당되고, 정당한 사유없이 회사에서 나가라고 하는 경우도 부당해고에 해당한다. 따라서 부당노동행위의 대표적인 내용의 하나가 부당해고이지만, 부당해고가 반드시 부당노동행위가 되는 것은 아니다.

알고 지나가기

부당노동행위에 대한 구제결정, 얼마나 걸리나

노동조합을 결성하려고 하거나 노동조합활동을 열심히 하는 근로자를 사용자가 해고한다면 노동조합 결성이나 운영이 어려워질 것이다. 그리고 그 해고가 부당하다고 하더라도 오랜 시간이 흐른 후에 사업장에 돌아온다면 그때의 분위기도 사라지고, 동료도 없어서 원상회복주의를 근간으로 하는 우리의 노동법체계 하에서는 사용자에게 유리한 법제라고 할 수밖에 없다. 우리의 경우는 초심에 대한 구제결정이 대체로 3개월 정도 소요된다. 재심도 비슷한 시간이 걸린다.

2 노동위원회의 구제 절차

노동위원회에 의한 구제 절차는 **지방노동위원회**의 초심과 **중앙노동위원회**의 재심이 있으며, 중앙노동위원회의 결정에 불복하는 자는 행정법원에 **행정소송**을 제기하여 대법원까지 다시 3심 제도를 활용할 수 있다. 노동위원회의 초심과 재심의 경우는 신청 · 심사 · 합의 및 구제명령의 순서로 진행되며, 그 과정에서 신청의 각하 · 취하 또는 화해에 의하여 구제절차가 종료될 수 있다.*

[그림 8-2] 부당노동행위 구제 절차

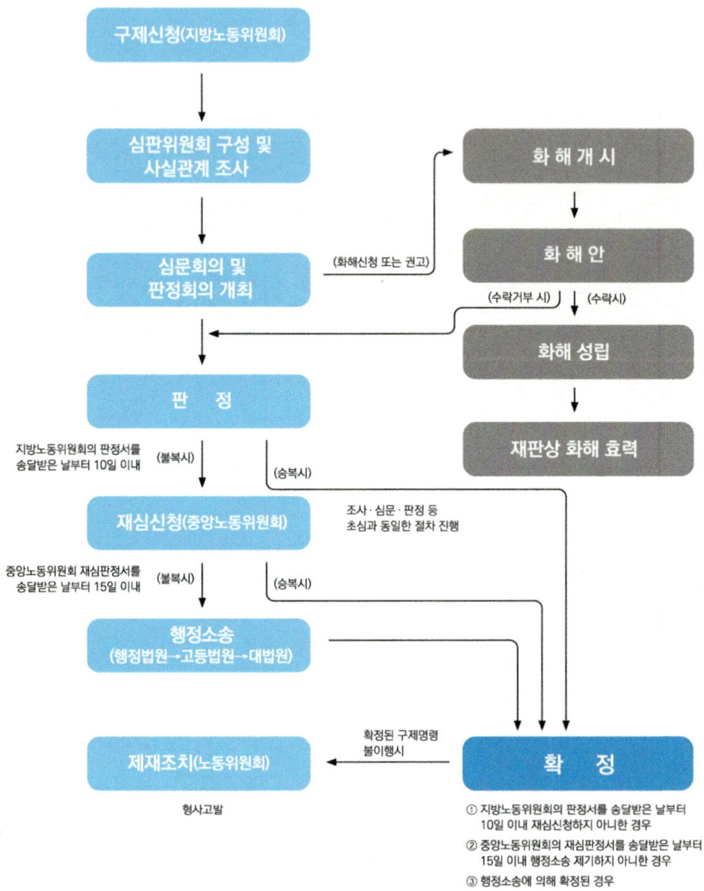

출처: 중앙노동위원회(2024), 『2023 노동위원회 통계연보』, 41쪽.

조사는 신청인이 주장하는 사실과 내용 및 쟁점을 정리하고 당사자의 견해를 명확히 하는 것이다. **심문**이란 관계당사자의 신청 또는 직권으로 증인을 출석하게 하여 필요한 사항을 질문하는 것이다. 심문과정에서는 **반대심문**의 기회가 주어져야 한다. 심문을 종결하기 위해서는 당사자에게 **최종 진술** 및 필요한 증거를 제출할 수 있도록 충분한 기회를

* 각하란 노동위원회에서 다룰 사항이 아니라는 결정(상시근로자 5인 미만 등)이며, 취하는 신청인이 구제신청을 취소하는 것이고, 화해는 신청인과 피신청인이 합의에 의해 구제신청 절차가 종료되는 것이다.

주어야 한다. 필요한 경우에는 심문을 재개할 수도 있다.

심문을 종결하고 의장은 공익위원회를 개최하여 합의한다. 공익위원회는 합의 전에 사용자위원 및 근로자위원이 당해 사건에 대해 의견을 진술할 기회를 주어야 하며 의결이 이루어진 과정은 비밀로 한다.

3 구제명령

부당노동행위가 있었음을 인정하는 **구제명령**은 부당노동행위가 행해지지 않은 것과 동일한 상태로의 회복, 즉 원상회복을 목적으로 하는 **원상회복명령**이 원칙이다. 불이익취급으로 가장 대표적인 경우인 부당해고는 해당 근로자를 원직 또는 원직에 상당하는 지위에 복직하도록 하고, 부당해고 기간 동안에 받지 못한 임금에 대해 소급지급을 명하는 것이 일반적이다. 부당노동행위가 없었다고 결정하는 경우에는 기각결정이 내려진다.

구제명령은 서면으로 하되 관계당사자는 구제명령을 이행해야 한다. 노동위원회의 구제명령은 당사자가 중앙노동위원회에 재심을 청구하거나 행정소송을 제기한다고 하더라도 그 효력이 정지되지 아니한다(노조법 제86조). 지방노동위원회의 구제명령 또는 기각결정에 불복하는 경우 10일 이내에 중앙노동위원회에 재심을 신청할 수 있다. 중앙노동위원회의 구제명령 · 기각결정 · 각하결정 또는 재심판정은 일종의 행정처분이기 때문에 이에 대해 행정소송법상의 취소소송을 제기할 수 있다.

4 외국의 부당노동행위와 처리

미국의 경우는 1935년 사용자의 부당노동행위가 「**와그너법**(Wagner Act)」에 포함된 이후에, 1947년에 개정된 「**태프트-하틀리법**(Taft-Hartley Act)」에 노동조합의 부당노동행위도 똑같이 포함되었다. 즉, 특정한 노동조합에의 가입을 강요하거나, 특정 조합원 또는 비조합원에 대한 차별대우 종용, 정당한 이유 없이 단체교섭을 거부, 2차 보이콧을 시행하는 것, 지나친 노동조합비를 요구하는 것 등을 노동조합 측의 부당노동행위로 정의해 놓았다. 또한 무노동에 대한 보상을 요구한다든가(featherbedding) 또는 유니언숍을 강요하는 경우도 노동조합의 부당노동행위에 해당된다.

그 이후 1959년에 개정된 「**랜드럼-그리핀법**(Landrum-Griffin Act)」에서는 노동조합의 자기조합원에 대한 부당노동행위를 추가하였다. 미국에서 부당노동행위에 대한 구제신청은 매년 2만 건 정도 되는데, 2022년의 경우 전국노동관계위원회(National Labor Relations Board, NLRB, 우리나라의 노동위원회와 유사한 기관)에 접수된 부당노동행위 구제신청은 1만8천 건 정도였다.[44] 접수된 사건의 절반 정도는 취하되고, 5천 건은 합의에 도달하고, 7백여 건에 대해서는 부당노동행위가 인정되었다. 대부분이 취하되거나 당사자 간 합의로 종결된다. 구제 판정의 경우는 1년 이상 소요되는 경우가 많고 대부분 근로자의 주장이 기각되는 경우가 많다.

미국의 EPI(경제정책연구소, Economic Policy Institute)는 노조결성회피와 단체교섭을 피하기 위해 합법적 및 비합법적 수단을 활용하는데, 노조결성 선거의 41.5%에서 법위반으로 구제신청을 당하는 것으로 보고하고 있다.[45] 부당해고, 협박, 불법감시 외에도 노조회피를 위한 컨설팅 비용으로 매년 3억4천만 달러를 사용하고 있다고 한다.

우리나라와 유사하게 부당노동행위가 규정된 일본의 경우를 보면, 2022년에 일본 노동위원회에 접수된 부당노동행위 구제신청 초심 사건은 394건이고, 이전에 접수된 사건을 포함해서 2022년에 종결된 사건은 419건이었다.[46] 중앙노동위원회에 재심 접수건수는 2022년에 66건이고, 83건은 종결되었다. 초심에서 종결된 사건 419건 중에 취하·화해된 경우는 302건이고, 명령·결정된 경우는 117건이다. 재심에서도 83건 중에 52건과 31건이다.

일본의 경우도 보면 진행건수 중에 전년도 이월건수가 더 많아서 1년 이상 소요되는 경우가 많다고 할 것이다. 그래서 일본의 중앙노동위원회는 사전처리 기간에 대한 목표를 가지고 있는데 1년 3개월이고, 2019년에 1년 3개월 이내에 결론이 난 사건의 비율은 50% 대 수준이지만, 취하·화해의 경우는 그 비율이 높아도 명령·결정의 경우는 23건 중에 4건에 불과해 상당히 오랜 시간이 걸린다고 하겠다. 이렇게 시간이 길어지는 것은 근로자나 노동조합 입장에서는 당연히 불리한 것이다.

5 부당노동행위 구제신청 현황

정부는 노동조합 및 노동관계조정법에 따라 산업현장에서 발생하는 사용자의 부당노동행위에 대하여 노동위원회를 통한 구제절차(제82조)와 함께 형사처벌제도(제90조)를 통해 정당한 노동조합활동을 보호하고 있다.

중앙노동위원회의 통계연보를 보면 2023년의 부당노동행위 사건처리건수는 823건이고 지노위에서 627건, 중노위에서 196건을 처리하였다.47)

[그림 8-3] 연도별 부당노동행위 사건 처리건수

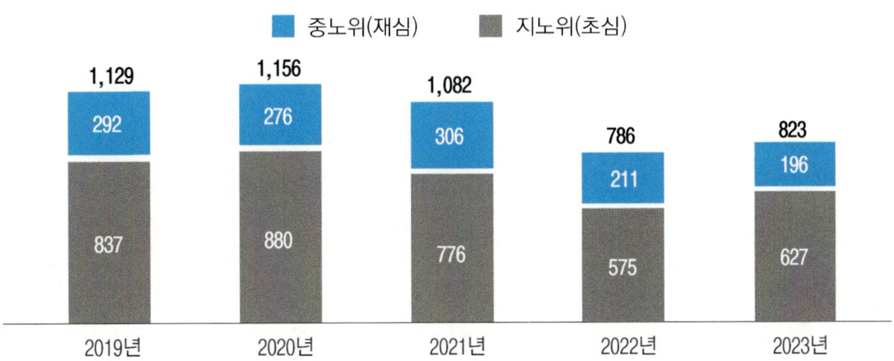

출처: 중앙노동위원회(2024), 『2023 노동위원회 통계연보』, 31쪽.

[그림 8-4] 연도별 부당노동행위 사건의 권리구제율

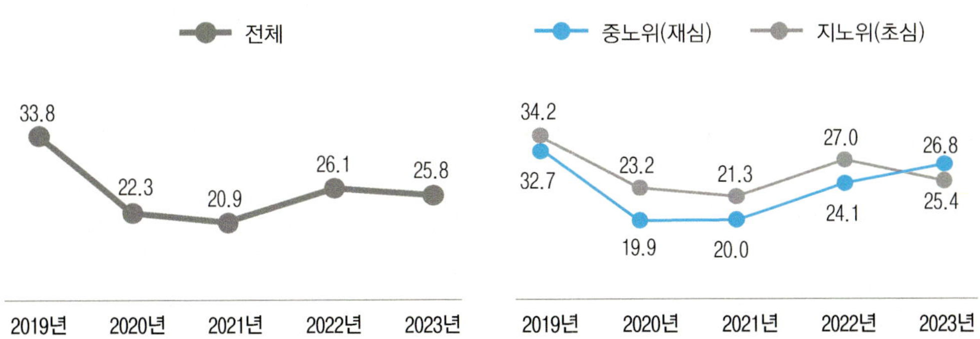

주: 권리구제율이란 종결된 사건 중에서 부당노동행위 인정, 화해 또는 조정이 이루어진 사건의 비율이며 여기에는 기각이나 각하 사건은 제외된다.
출처: 중앙노동위원회(2024), 『2023 노동위원회 통계연보』, 31쪽.

하지만 부당노동행위 사건에 대한 인정률은 25% 수준으로 높지 않으며, 최근에는 인정률이 더 낮아지는 추이를 보이고 있다.

법에서는 엄격하게 정해져 있지만 현실적으로 부당노동행위를 한 사용자에 대한 사법처리가 엄격하게 이루어지지는 않아 왔다. 2017년 부당노동행위 신고사건은 617건으로, 이 중에서 고용노동부가 검찰에 기소의견으로 송치한 사건 수는 118건으로 전체의 19.1% 수준이다.[48] 송치한 사건 중에는 지배・개입과 운영비 원조가 70건으로 59.3%를 차지하며, 다음은 불이익 취급으로 34건에 이른다.

제4절 고용관계시스템과 주요 이해관계자

고용관계의 주체는 누구인가? 가장 기본적으로는 근로자와 사용자라고 할 수 있다. 또한 사회적으로 약한 근로자를 인정해서 노동조합을 결성할 수 있도록 법적으로 보호하고 있으니 노동조합도 근로자로 간주할 수 있다. 그래서 노사관계라고 한다. 하지만 문제는 노동조합에 가입하지 않거나 가입하지 못하는 근로자도 상당수 있다. 우리나라 노동조합 조직률은 2023년 말에 13% 정도로 100명의 근로자 중에서 단지 13명 정도만이 노동조합 조합원이다. 노사관계를 조정하는 정부와 노사관계에 의해 영향을 받는 국민도 포함되어야 한다. 여기서는 먼저 노동조합을 중심으로 살펴본 후에 사용자, 그리고 정부에 대해 살펴보기로 하자.

1 근로자와 노동조합

우리나라의 경우 2025년 6월말 기준으로 15세 이상 인구는 4,574만 명, **경제활동인구**는 2,991만 명, 15~64세 인구의 **고용률**(OECD비교기준)은 70.3%이고, 실업자 수는 82.5만 명으로 실업률은 2.8%이다.[49] 2024년 12월말 기준으로 노동조합과 관련하여 노조를 결성하거나 노조에 가입할 수 있는 **조직대상근로자**는 2023년 말 기준으로 2,103만 명으로 15년 전인 2008년의 1,585만 명에 비해 518만 명이 증가하였다.[50] 하지만 조합원은 2023년 말

기준으로 274만 명으로 11년 전인 2008년의 166만 명에 비해 108만 명이 증가했다. **노조 조직률**은 13.0%이다. 이는 조합원 수가 193만 명에 조직률이 20%에 달했던 1989년에 비하면 조직률은 상당수준 하락하였지만, 절대적인 조합원 수는 증가한 것으로 볼 수 있다.

우리나라는 노동법*에서 **노동조합**은 '근로자가 주체가 되어 자주적으로 단결하여 근로조건의 유지・개선, 기타 근로자의 경제적・사회적 지위향상을 도모함을 목적으로 조직하는 단체 또는 그 연합체'로 정의되어 있다.

1) 노동조합 단위조직 유형

노조의 분류는 크게 단위조직의 유형에 따른 구분과 단위조직들의 결합방식에 의한 구분으로 나누어진다.** 먼저 단위조직의 유형에 따른 분류로 직종별 노조(craft union), 일반 노조(general union), 기업별 노조(enterprise union), 그리고 산업별 노조(industrial union) 등이 있다.

직종별 노조는 동일 직종의 근로자들이 모여 만든 조직형태이다. 중세의 길드***조직에서 보듯이 숙련 근로자들의 이권을 보호하기 위한 조직으로 가장 먼저 발달한 조직이다. 직종별 노조의 장점은 근로조건에 대하여 일관되고 명확하게 제안할 수 있으며, 상대적으로 어용화의 위험이 적다. 단점으로 단체협약 시 사용자가 불명확하고 관계설정이 용이하지 않다. 산업화의 진전에 따라 그 힘이 점차 약화되고 있다. 우리나라의 대부분 노조는 기업별 또는 산업별 노조의 형태를 취하고 있으나, 부분적으로 직종별 노조의 성격을 가진 조직을 볼 수 있다. 우리나라의 대표적인 직종별 노조는 초・중・고등학교의 교원들의 **전국교직원노동조합**(https://www.eduhope.net/), 항만에서 일하는 부두노동자들의 **전국**

---

* 노동법이란 법률은 없다. 노동과 노동조합 등과 관련된 법률을 통틀어 노동법이라고 부른다. 노동조합에 대해서는 「노동조합 및 노동관계조정법」이 있고 줄여서 노조법이라고 한다.

** 노조의 분류에 관한 내용은 한국경영자총협회(2002), 「산업별 노조에 관한 연구」, 연구총서 42의 제3장 ; 신수식・김동원・이규용(2003), 『현대고용관계론』, 서울: 박영사의 제4장 ; 김성수(2004), 『노사관계론』, 제2판, 서울: 삼영사의 제6장 ; Holley, William H. and Kenneth M. Jennings(2001), The Labor Relations Process, 7th edition, Harcourt College Publishers의 Chapter 4 등을 참조하였다.

*** 요즘에는 온라인 게임에서 형성되는 유저들의 모임이란 의미도 있지만, 원래 길드는 중세 유럽에서 도시가 형성되는 과정에서 중요한 역할을 수행한 상공업자들의 동업자 조직이다. 중세초기에는 공동제사(公同祭祀), 공동주연(公同酒宴), 상호부조(相互扶助) 등이 맺어진 고(古)길드와 상인들에 의해서 결성된 상인길드나 수공업자들의 동직길드(同職, craft guild)로 구분된다.

항운노동조합연맹(부산항운노동조합 등이 소속됨), 연예인들의 **한국방송연기자노동조합**(http://kbau.co.kr/html/main/index.php) 등을 들 수 있다.

일반노조는 기업, 직종, 산업에 관계없이 모든 근로자가 한 노동조합에 가입할 수 있는 조직형태이다. 직종별 노조와 같은 배타성이 없음이 장점인 동시에 단점으로 작용한다. 일반노조의 경우, 내부적 이해관계의 조율이 어렵고 교섭상대가 불명확하다는 문제점을 가지고 있다. **기업별 노조**는 기업단위로 노조를 조직하는 형태이다. **산업별 노조**는 '1산업 1조합'을 조직원리로 하고 있다.

결합방식에 따른 분류에서는 **단일조직**(unitary organization)과 **연합체조직**(federation organization)이 있다. 단일조직은 독자적이고 자체적으로 완결적인 조직형태로서 조직 전체가 단일한 형태로 되어 있다. 개별 근로자들이 직접 중앙조직에 가입하고 구성원이 되며, 각 지역 및 기업에 지부와 분회를 두는 조직형태이다. 기업별 노조나 산별 노조가 단일조직이 예이다.

연합체조직은 개별 근로자가 아닌 단위노조들이 구성원이 되어 조직되는 노조의 연합체이다. 일종의 연합노조로서 산업별 연맹체(산별 연맹)나 업종별 연맹체 등 주로 상급단체들의 경우라고 볼 수 있다. 그러나 연맹이라고 했을 때는 독립성을 가진 노동조합들이 모인 느슨한 형태이며, 기존 노조들이 통합하여 하나의 노조가 되었을 때는 강력한 형태의 결속력을 가지는 것으로 구분된다. 예를 들어 기존의 한국노총 산하 금융연맹이 금융노조로, 민주노총 산하 금속연맹이 금속노조로 조직을 개편하는 경우다.

일반적인 기업별 그리고 상급단체로서 산별 연맹을 제외하면 동종 내 소규모 사업체에 고용된 근로자를 중심으로 결성되는 지역별·업종별 노동조합을 들 수 있다. 그 예로는 과거 청계피복노동조합, 서울지역제화공노동조합과 성남제화노동조합, 1999년에 설립된 **전국여성노동조합**(https://kwtu.or.kr) 등을 들 수 있다. 그러나 지역과 업종이 동시에 반영된 노조는 다수가 존재한다. 서울지역 대학 청소·시설·경비노동자들 중심인 공공운수노조 서울지부(https://union.campaignus.me/31), 파리바게뜨 사례에서 보는 한국노총 중부지역 공공산업노조 등을 예로 들 수 있다.

2) 노동조합의 일반적인 특징

다음의 내용은 조금 시기적으로 오래되기는 했으나 큰 변화를 겪지 않아서 그대로 정리하고, 필요한 부분은 추가하기로 한다.

(1) 노동조합의 가입범위

윤성천 · 김정한(1998)의 조사결과를 보면 비조합원에 대한 규정이 있는 경우 비조합원의 범위에는 인사담당자, 경리담당자, 노무담당 등 인사업무 담당자가 많이 포함되어 있으며, 고용형태에 있어서는 임시직이나 일용직이 제외되는 경우가 많다.[51] 사무직 및 영업직의 경우 업종별로 많은 차이를 보였다.[52] 금융 · 보험 · 사무금융의 경우 사무직은 부장급까지 직급에 상관없이 거의 노동조합에 가입할 수 있으나, 화학 · 고무, 금속, 통신 · 항운 · 선원의 경우에는 과반수 정도이다. 제조업의 경우는 주로 고졸사무직으로 가입범위를 제한하고 있었다. 영업직의 경우에는 금융, 보험, 사무금융의 경우만 과반수가 노조에 가입할 수 있었다.

다만 2020년을 전후하여 대기업의 사무관리직은 대졸 이상의 고학력자가 많은데 기존의 생산직 중심의 노조와 별도로 복수노조를 설립하는 경우가 많아졌다. 그 이유로는 공정한 성과급과 복리후생을 개선하는 목소리를 내는 것이다. 과거에는 사무관리직들이 노조 가입자격은 있지만 가입을 하지 않는 것이 일반적인 관행이었다. 사무관리직 노조는 현대자동차, SK하이닉스 등이 대표적인 경우이다.

비정규직의 경우를 보면 대체로 노조가입 대상에서 제외되어 있는 경우가 많았다. 따라서 정규직과는 별도로 노동조합을 결성하는 게 일반적이다. 같은 회사인데 정규직이 비정규직을 포괄하지 못한 모습은 아쉬운 점이다.

관리직의 경우를 보면 조장 · 반장과 같은 현장간부직은 대체로 노조에 가입할 수 있으나, 주임이나 계장급이 되면 과반수 정도에 그치며 대리직 이상은 가입대상이 아닌 경우가 많았다. 다만 금융 · 보험 · 사무금융노련의 경우 대리, 과장도 조합원이 될 수 있었으며, 차장이나 부장도 일부에서는 노조가입자격이 있어 상대적으로 높은 직급의 근로자들도 노조가입자격을 가지고 있었다.

우리나라의 경우는 일부 서비스업(금융업 등)을 제외하고는 직급이 상승함에 따라 조합원 자격을 잃게 되는 경우가 거의 없다. 다만 팀장이나 실장 등 책임자 역할을 수행할 때는 잠정적으로 조합원 자격이 중단되는 경우가 많다. 하지만 임원급으로 승진하면 조합원 자격을 상실하는 게 일반적이다. 공공부문에서는 승진을 하게 되어 비조합원이 되면 명예조합원이라고 해서 조합비를 계속 내면서 사실상 친노동조합의 지위를 유지하는 경우도 많다.

일본의 경우는 조합원 출신 임원 비율이 꽤 된다. 하지만 우리는 신분에 대한 고정적인 측면이 강해서 조합원 출신이 임원이 되는 것을 꺼려하는 분위기가 있고 결과적으로 노사관계를 대립적으로 만드는 이유가 된다고 하겠다. 조합원 출신의 경영자와 관리자가 좀 더 많아질 때 협력적인 노사관계의 분위기가 쉽게 조성될 수 있을 것이다.

(2) 유니언숍제도와 노조가입

유니언숍제도는 노조가입대상자의 2/3 이상이 노조에 가입하고 노사간에 합의가 있을 때 나머지 근로자를 노조에 가입시키는 노동조합활동 보호조항의 하나이다. 하지만 2011년 복수노조 허용으로 그 효력은 제한적이다. 판결에 따르면 유니언숍 협정이 시행되고 있다고 하더라도 근로자는 특정 노동조합에 반드시 가입할 의무가 없으며 아무 노동조합에 가입하지 않는 것이 아니라 다른 노동조합에 가입하더라도 사용자가 불이익처분을 할 수 없다.[53)]

(3) 노동조합의 조직기구와 간부 및 전임자

노동조합의 조직은 일반적으로 심의 · 결의기구, 집행기구 및 감사기구로 구성된다. 심의 · 결의기구는 조합원총회, 대의원대회, 운영위원회, 상무집행위원회, 노사협의회 등이 대표적인 기구이다. 집행기구는 대체로 위원장, 부위원장, 사무국장 등으로 구성된다.

노조는 대부분 규모에 큰 차이 없이 **대의원제도**를 가지고 있었으며, 노조전임자가 있는 노조는 전체 노조의 절반 정도였다. 하지만 2011년 7월 이후 노조전임자에 대한 사용자의 임금지급이 원칙적으로 금지되고 근로시간면제제도에 따라 일정한 한도 내에서만 유급으로 처리되게 되었다. 결과적으로 노조활동을 하는 경우에 회사로부터 급여를 지급받는 근로시간면제자가 있고, 추가적으로 노조가 자체적으로 급여를 지급해야 하는 노조전임자가 발생할 수 있다. 노조전임자는 원칙적으로 휴직을 하고 노조에서 급여를 지급받으며 노동조합 활동을 한다.

(4) 조합비 징수와 지출 및 기금적립

조합비를 보면 급여 수준에 따라 조합비가 결정되는 정률 방식이 일반적이었고, 정률 방식인 경우 기본급 기준이 가장 많았다. 과거에는 법적으로 기본급의 1.5%를 넘지 못하는 기준이 있었으나 이제 그러한 제한이 없으며 1.5%가 넘는 경우도 전체의 1/4 정도를 차지하고 있었다. 금액으로 하는 경우에는 1~2만 원 수준이 다수를 차지한다. 민주노총 소속 조합원의 조합비가 대체로 높은 경향을 보인다.

조합비의 징수는 회사에서 일괄적으로 거두어 노조에 전달하는 **일괄공제제도[체크오프 시스템**(check-off system)]가 많이 활용되는데 단체협약에 규정되어 있는 경우가 대부분이었고, 관행적으로 활용하는 경우까지 포함하면 거의 다 이 제도를 활용하고 있다고 하겠다.

조합비의 지출은 근로시간면제자의 임금을 회사 측이 부담하고 있는 만큼 인건비의 비율은 낮은 편이며, 사업비, 회의비 등이 상대적으로 높은 비율을 차지하고 있었다. 일본의 경우를 보면 사업비가 가장 높은 비율을 차지하고 있었으며, 그 다음이 의무금과 인건비 비중이 높았다. 하지만 미국의 경우는 인건비가 전체 지출의 절반 수준을 차지하고 있었고 유지비 및 복리후생비 등의 고정성 경비가 높은 비율을 차지하고 있었다. 특히, 세금도 10% 이상으로 우리의 노동조합이 세금을 내지 않는 것과는 대비를 이루고 있었다. 우리나라는 세금을 내지 않는 대신에 조합비에 대한 사용내역서를 공개해야 한다.

조합비 중의 일부를 적립하는 기금이 있는 경우가 절반 정도인데 그 내용을 보면 쟁의기금이 가장 많았고 후생기금이 그 다음이었다.

3) 주요 산별 노조

2000년을 전후로 한국노총과 민주노총이 적극적으로 추진한 산별 노조로의 전환 정책의 성과로, 한국노총의 금융노조, 민주노총의 금속노조 및 보건의료노조를 대표적인 성과로 볼 수 있다. 그 외 한국노총(inochong.org)의 산별 노조로는 **금융노조**, **공공 · 사회산업노조**, **건설산업노조**, **담배인삼노조**, **우정노조** 등을 들 수 있다. 민주노총(nodong.org)에는 2020년 말 기준으로 **금속노조**, **보건의료노조**, **공공운수노조**, **공무원노조**, **전교조** 등을 들 수 있다. 산별 노조 조합원 수에 대해서 별도의 통계는 없지만, 2023년 말을 기준으로 전체 조합원 수 274만 명 중에서 초기업노조 소속 조합원 수는 163만 명으로 59.4%를 차지하고 있다.[54)]

산업별 노조는 대산별 노조와 소산별 노조로 나누어 볼 수 있다. **대산별 노조**는 하나의 산별 노조가 전국 상급단체로 구성되어 있는 경우로서, 예를 들면 전국금융산업노동조합(http://kfiu.org)은 하나의 조합이며, 은행과 보증기금 등을 지부로 가진 대산별 노조라고 할 수 있다. 반면, 하나의 연맹 산하에 다수의 **소산별 노조**가 있는 경우도 있다. 예를 들어, **전국건설산업노동조합연맹**(http://www.kfcitu.org)의 경우 산하에 **전국건설노동조합**, **전국건설기업조합**, **전국플랜트건설노동조합** 등이 있다.

(1) 민주노총의 금속노조와 보건의료노조

민주노총 산하의 금속산별 노조의 건설계획은 1997년 금속연맹, 자동차연맹, 그리고 현총련의 세 조직이 통합되면서 본격적으로 추진되었다.[55] 이후 2001년 2월 8일 창립대회에서 규약을 제정하였고, 이후 '17만 조합원, 160만 금속노동자 합류를 목표'로 하는 **전국금속노동조합**(**금속노조**, http://metalunion.nodong.org, ilabor.org)'을 건설하였다.

금속노조는 단일조직이며 본조-지부-지회의 조직체계로 구성되어 있다. 지부와 지회는 독자적인 조직 단위가 아니라 '활동 단위'이고 '집행 단위'이다. **지부**는 금속노조의 사업을 집행하는 기본 단위이며 일상 활동의 중심 단위이다. **지회**는 현장 활동 단위이면서 조합원의 의사소통이 만들어지고 실천되는 기본단위이다. 한편 한국노총은 1960년 10월 전국철강노동조합이 결성되면서 시작된 **전국금속노동조합연맹**(금속연맹)이 있는데 2000년대 초반 산별 노조 전환을 시도하여 2007년 14개 노조가 전환을 결의한 바 있으나, 2008년 산별 노조 전환 추진을 중단하여 지금도 연맹체로 유지되고 있는 **금속연맹**(http://metall.or.kr)이 있다.

1988년 산별 연맹으로 출발한 병원노련(**전국병원노동조합연맹**)은 연맹체로서의 한계를 극복하기 위해 산별 노조 건설노력을 계속해 왔다. 이후 1998년 2월, 전국 94개 사업장의 2만5천 명의 조합원을 포괄하는 산별 노조로 출범한 전국보건의료산업노동조합(약칭 보건의료노조)은 이후 꾸준히 조직확대를 계속하여 2021년 2월 기준으로 200개 의료기관과 복지시설 지부에서 일하는 보건의료노동자 8만5천여 명으로 구성된 산별 노조로 성장했다(http://bogun.nodong.org).

보건의료노조의 조합원 범위는 의사를 제외한 간호사, 의료기사, 간호조무사, 요양보호사, 약사, 행정사무연구직, 시설관리, 영양사, 정신보건전문요원, 기술기능직 등 60여 개의 다양한 직종을 포괄하고 있고, 보건의료계에서 일하는 100여만 명의 노동자를 대표하는 전국 최대 단일 산별 노조이다.[56]

보건의료노조는 1998년에 우리나라에서 가장 빨리 산별 노조를 성립시켰으나, 병원 사측의 소극적 태도로 2003년이 되어서야 노사간의 성실교섭과 자율교섭의 분위기가 형성되었고, 2004년에 노사교섭대표가 주 5일제를 포함하여 처음으로 산별 협약에 합의한 바 있다. 이후 보건의료사용자협의회와 산별 교섭을 진행하고 있다.

2020년 보건의료산업 산별중앙교섭 합의서를 보면 코로나19 상황에서 해고를 금지하며, 비정규직 확대없이 정규직 전환에 노력하고, 코로나19 극복과 전염성 감염병 대응체계 등을 위해 노사정 전문가가 참여하는 긴급 사회적 대화를 노사 공동으로 추진한 바 있다.[57)] 2025년에는 간호간병통합서비스 확대, 지역의사제 도입, 공공의대 설립, 산별 교섭 제도화 등을 교섭안건으로 제시하고 있다. 다만 대규모 병원, 중소규모의 병원, 의원 등의 상황에 많은 차이를 보이는 점이 통일적인 교섭안 마련에 어려움을 주고 있다.

(2) 한국노총의 금융노조

1961년 한국노총 산하 주요 은행노조들이 전국 단일 산별 노조를 결성하면서, 한국의 **금융권 노조**는 **교원노조**, **언론노조**와 함께 한국 화이트칼라 노동운동의 한 축을 담당해 왔다. 그러나 1980년 개정 노동조합법에 의해 기업별 노조체제로 강제 재편되면서, 기업별 노조의 연합체인 '**전국금융노동조합연맹**'(약칭, **금융노련**)으로 조직이 개편되었다. 그 후 1987년 제2금융권이 탈퇴하고 또 민주노총의 출범 이후 산하 '**민주금융노동조합연맹**'이 분리되어 나갔음에도 불구하고, 금융노련은 한국노총 내 주요 산별 조직 중 하나이며, 또한 양대 노총을 통틀어 화이트칼라 노동조합 중 최대 산별 연맹으로서의 위치를 차지해 왔다(김태현, 2004).

그러나 1997년 IMF 경제위기로 인한 금융권의 대규모 구조조정과 그 이후로 계속된 일련의 대규모 감원조치들을 겪으면서, 2000년 3월 3일 정기대의원대회를 통해 **전국금융산업노동조합**(http://kfiu.org)이 출범하게 되었다. 2022년 10월 금융노조는 은행대표들의 협의체인 **금융산업사용자협의회**와 산별 중앙교섭에서 총액임금 3.0% 기준 임금인상률, 주 4.5일제 등 노사공동TF 구성, 국책 금융기관 노사공동TF 구성 등에 합의하였다.[58)] 2025년 금융노조는 산별 교섭에서 임금인상률 5.0%, 주 4.5일제 도입 등을 주요 안건으로 제시한 바 있다.

필자 생각에 지난 수년간 진행되어온 은행원들의 대규모 명예퇴직에 대해서는 구체적인 논의가 없다는 것이 아쉽다. 2025년 초에도 KB국민, 신한, 우리, KEB하나, NH농협 등 5개 시중은행에서 2천3백여 명의 직원이 명예퇴직하였다.[59)] 2021년 말 2,310명 퇴직 이후 계속 매년 2천여 명이 명예퇴직하였다. 비록 희망퇴직금(특별 퇴직위로금)이 평균 5억 원

내외에 달한다고 하지만, 이러한 현상은 모바일 금융의 발전과 그에 따른 지점폐쇄로 인해 당분간 계속될 전망이다. 노사공동으로 **사회공익재단**을 만들어 좋은 일 하는 것도 중요하지만 조합원들의 일자리를 좀 더 안정적으로 유지하게 하는 것이 노동조합의 가장 기본적인 일임에도 불구하고 명예퇴직에 따른 위로금에 초점을 맞추는 듯한 모습이 안타깝게 보인다.

(3) 외국의 산업별 노동조합

서구의 경우 산업별 노동조합은 자본주의의 발달에 따라 1800년대 전후부터 직업별 숙련공 노조의 한계를 극복하려는 근로자들의 투쟁 속에서 성장하였다. 우리의 상황과는 달라서 직접적인 시사점을 찾기는 어려울지 모르나, 경험을 배운다는 점에서는 의미가 있을 것이다. 유럽 국가들은 금속, 목재와 같이 대규모 산별 노조인데, 미국의 경우는 자동차, 철강, 통신 등의 소규모 산별 노조로 차이가 있다.

독일의 경우 산별 노조는 제2차 세계대전 이후에 확립된다. 이때 한 사업장의 근로자는 동일한 노조에 속하도록 한다는 원칙과 단위노조는 산업단위로 조직한다는 원칙을 채택하였다. 독일에는 산업별 노조의 중앙조직인 **독일노동조합총연맹**(독일노총, DGB)이 대표적인 노조 중앙조직이며 독일 노조 조합원의 3/4 이상이 여기에 소속되어 있다. 독일노총 산하에는 10여 개의 산업별 노조가 있고, 조합원의 20%는 퇴직자, 7%는 실직자이다. 공무원 46만여 명도 여기에 속해 있다. 산하 노조인 금속노조(IG Metall)가 조합원 수가 200만 명이며, 그 외에 **독일통합서비스노조**, **독일광산 · 화학 · 에너지노조** 등이 있다. 독일노총 외에 독일공무원노조(DBB)와 독일사무직노조(DAG)가 통합된 통합공공서비스노조와 독일 기독교노동조합총동맹(CGB) 등이 있다.[60)]

독일공무원노조(DBB)는 공무원협의체로 독일에서는 공무원이 단체교섭권과 파업권이 없으며 국가직 공무원의 근로조건에 대한 협의를 한다. **독일사무직노조**(DAG)는 모든 산업 부문의 사무직을 조직 대상으로 하고 있다. 따라서 독일사무직노조는 독일노동조합총연맹(DGB)에 소속된 노조와는 조직이 중복되며, 특히 수송 · 공공부문노조와 상업 · 은행 · 보험노조와는 조합원을 확보하기 위해 서로 경쟁한다.

미국의 산별 노조는 1930년대부터 조직되기 시작했다. 1935년 사용자의 부당노동행위를 법으로 금지한 전국노동관계법(National Labor Relations Act, 일명 와그너법)이 통과되고 노조활동에 유리한 여건이 조성되자 조합원 수가 급속하게 증가하였다. 이를 계기로 전통적으로 숙련공중심의 **미국노동총동맹**(American Federation of Labor: AFL)에서 소외되었던 반숙련 · 비숙련 근로자의 조직화가 급속히 추진되었다. 이들이 다수 일하고 있던 자동차, 고무, 광산 등의 산업에서 산업별 노조가 등장하였다. 이들 산업별 노조는 1938년 별도의 상급단체인 **산업별 노동조합회의**(Congress of Industrial Organization: CIO)를 출범시켰다.

이후 1955년 두 조직이 통합되어 오늘의 **미국노동조합총연맹**(AFL-CIO)이 되었으며 전형적인 산별 노조로는 자동차, 통신, 철강, 의복 · 섬유노조를 들 수 있다. 이후 2005년에는 **승리혁신연맹**(Change To Win, CTW)이 기존의 AFL-CIO를 탈퇴하여 전체 조직근로자의 45%를 대표하는 노조로 분리되었다. 조합 수는 적지만 조합원이 많은 대형 노조를 중심으로 노조의 수단성과 영향력을 높임으로써 노조의 조합원 수 증가를 꾀하고 있다. 하지만 다시 일부 노조가 탈퇴하면서 승리혁신연맹(CTW)의 미래는 밝지만은 않다. 이러한 배경을 이유로 서울과학기술대 노용진 교수(2011)는 복수노조가 노동운동의 쇠퇴국면에는 노조운동 활성화에 반드시 기여하는 것은 아니라고 밝히고 있다.

이후 미국에서는 하이테크산업 중심으로 노조결성 움직임이 있는데 2018년에는 구글에서 2만여 명이 회사의 성희롱정책의 변화를 촉구하면서 시위를 벌인 바 있다. 아쉽게도 노조결성까지는 이어지지 않았다. 그 이유는 이들이 높은 임금에 좋은 복리후생을 제공받기 때문에 노조결성에 어울리는 직종이 아니라는 점이 그 이유로 해석된다. 이후 비디오게임산업 쪽에서도 게임 출시를 앞둔 시기에 지나치게 많은 근로시간을 반대하는 움직임이 있었으며, 법적으로는 초과근로가 허용되는 경우였으나 2020년 2월에는 킥스타터(Kickstarter)에 노조가 결성되었다.[61] 이후 2022년 6월 애플 매장에서 처음 노조가 결성되었고, 마이크로소프트에도 노조가 결성되었다.[62] 스타벅스 본사에서도 노조가 결성된 바 있으며, 아마존에서도 노조결성 움직임이 있었다.

4) 한국노총과 민주노총

우리나라는 1980년 이후 기업별 노조의 형태에서, 1997년을 지나면서 여러 산별 연맹이 단일 노조로 조직구조가 전환되어, 이제는 과반수 조합원이 산별 노조 산하 조합원이 되었다. 1995년까지는 **한국노동조합총연맹**(**한국노총**, **한노총**, http://www.fktu.or.kr)이 전국 단위에서 유일한 노동조합이었으나 같은 해 11월 민주노총이 결성되었으며 1999년

11월에는 민주노총도 전국단위 노동조합으로 법적 지위를 인정받게 되었고, 최근 통계를 보면 민주노총의 조합원이 한국노총 조합원과 비슷한 규모로 증가하였다.

한국노총의 운동방향을 보면 "노동이 존중되는 평등복지통일국가"를 지향하고 있다.[63] 한국노총은 일제강점기에 독립운동과 함께 지하노동운동을 전개한 역사를 가지고 있으며, 그 전신은 1946년 3월 10일에 결성된 **대한독립촉성노동총연맹**으로 볼 수 있고, 그 이후 1954년 **대한노동조합총연합회**(대한노총)로 바뀌었다가, 1960년 11월 현재의 **한국노동조합총연맹**(한국노총)으로 이름이 바뀌었다.

한국노총과 함께 우리나라 노동조합의 양대 산맥이라고 할 수 있는 **전국민주노동조합총연맹**(**민주노총**, **민노총**, http://www.nodong.org)은 1987년 노동자대투쟁 이후 당시 유일한 전국단위조직이던 한국노총을 거부하고 자주성과 민주성을 강조하면서 연대조직건설을 추진하였다. 초기에 대표적인 지역 및 업종별 조직으로는 마창노련, 사무금융노련, 현노협 1기, 병원노련 등을 들 수 있다. 그 이후 1990년 1월 전국노동조합협의회(전노협)가 결성되었으며 같은 해 5월에는 전국업종노동조합회의(업종회의), 1993년 6월에는 전국노동조합대표자회의(전노대)가 결성되었다. 그 이후 1994년 11월 민주노총준비위원회가 결성되었으며, 1995년 11월 11일 창립대의원대회가 개최되었다. 창립선언문을 보면 "인간다운 삶과 존엄성을 유지할 수 있는 노동조건의 확보, 노동기본권의 쟁취, 노동현장의 비민주적 요소 척결, 산업재해 추방과 남녀평등의 실현, … 사회의 민주적 개혁을 통해 전체 국민의 삶의 질을 개선함과 더불어 조국의 자주, 민주, 통일을 앞당기기 위해 … 국경을 넘어서서 전 세계 노동자의 단결과 연대를 강화하고 침략전쟁과 핵무기 종식을 통한 세계평화 실현을 위해 노력할 것이다."라고 밝히고 있다.[64]

5) 노동조합 조직률 및 조합원 수 추이[65]

근로자들이 헌법 제33조에 명시된 노동3권(단결권, 단체교섭권, 단체행동권)을 행사하기 위해서는 먼저 노동조합을 결성해야 한다. 그런데 노동조합 조직률은 1989년을 정점으로 20여 년간 하락세를 보였으며, 이후 교원노조·공무원노조가 허용되었지만 정체추이를 벗어나지 못하였다. 전 세계적으로 보면 구미 각국을 포함해 거의 모든 국가에서 조직률이나 조합원 수가 감소하는 추이를 보이고 있다. 최근 10여 년 추이는 [그림 8-5]에서 보는 대로 조합원 수가 증가하기 시작하였고, 2018년부터는 조직률도 11%대를 기록하였으며

[그림 8-5] 노동조합 조직률 및 조합원 수 추이: 1989~2023

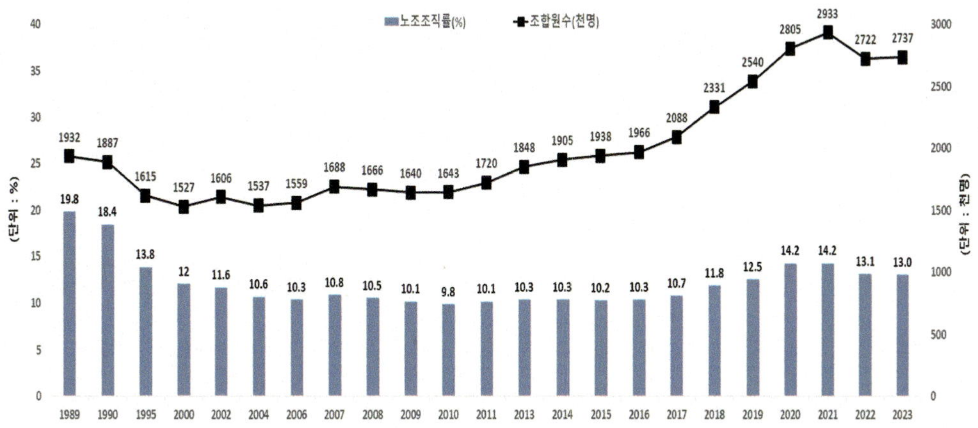

출처: 고용노동부(2024.12.18), 「'23년 노동조합 조직률은 13.0%, 조합원 수는 273.7만 명」, 보도자료, 1쪽에서 인용.

2023년에는 13.0%를 기록하였다.

상급단체별 조직현황을 보면 2023년 말을 기준으로 한국노총 조합원이 116만 명으로 42.3%를 차지하고, 민주노총 소속 조합원이 109만 명으로 전체 조합원의 40.0%를 차지하고 있으며, 상급단체가 없는 미가맹 노조가 48만 명으로 17.5%를 차지했다. 양대 노총이 다수를 차지하지만 미가맹 노조가 상당한 비중을 차지하고 있다([그림 8-6] 참조).

적용법규별 조직현황을 보면 2023년 말을 기준으로 민간부문의 조직률은 임금근로자 수의 9.8%, 공공부문은 71.6%를 차지하고 있다. [그림 8-7]은 2009년 이후 2023년까지 추이를 보여준다. 공공부문이 민간에 비해 7배나 높다는 점이 우리에게 시사하는 바는 무엇일까? 정부의 역할은 공공부문이 아니라 민간부문에 있다는 점을 보여준다. 노동시장의 또 다른 이중구조이기 때문이다.

기업규모별로 조직률 수준을 보면 2023년 기준으로 300명 이상의 대기업은 조직률이 36.8%를 기록하고 있어서 근로자 세 명 중 한 명은 조합원일 정도로 조직률이 높지만, 30명 미만 기업의 경우 1,230만 명의 근로자 중에 단지 1만7천 명만 조합원으로 조직률이 0.1% 수준으로 천 명 중에 한 명 정도만이 조합원이라, 사실상 조합원 비율은 무의미하다고 할 수 있다. 이러한 특징도 우리나라 노동시장의 이중구조를 보여주는 수치라고 하겠다.

[그림 8-6] 상급단체별 조합원 수 추이: 2000~2023

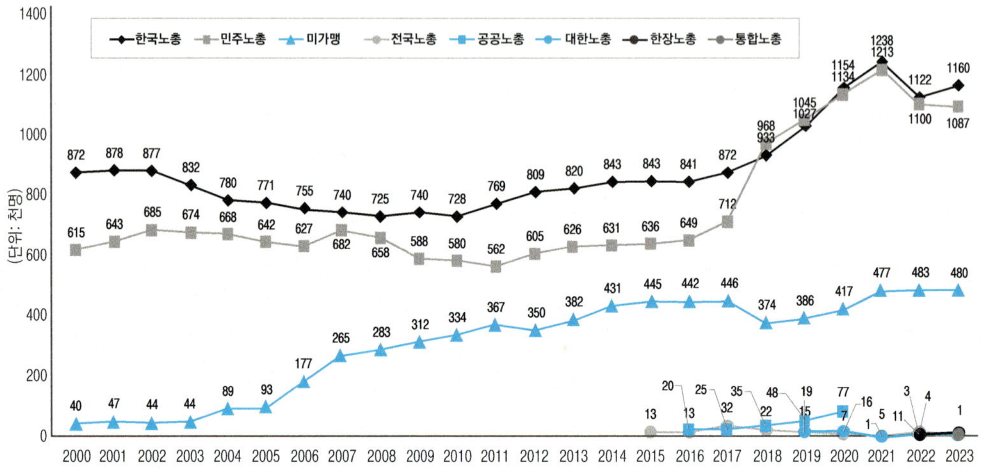

출처: 고용노동부(2024.12), 「2023년 전국노동조합 조직현황」, 10쪽에서 인용함.

[그림 8-7] 부문별 노동조합 조직률 변화추이: 2009~2023

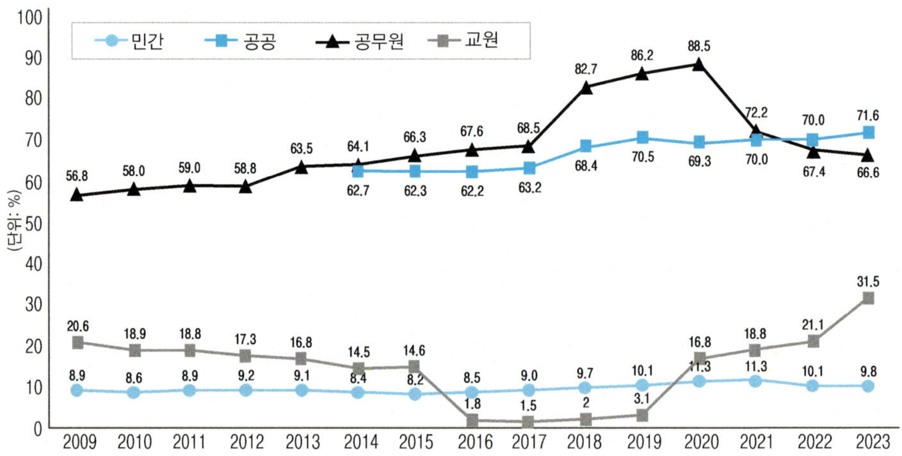

출처: 고용노동부(2024.12), 「2023년 전국노동조합 조직현황」, 14쪽에서 인용함.

조합원 수와 조직률에 관련한 특징의 하나는 상급단체인 한국노총이나 민주노총에 가입하지 않거나 탈퇴한 조합들이 증가하여 2023년 말 조합원 수가 48만 명에 달해서 조합원 여섯 명 중에 한 명은 상급단체가 없는 노동조합에 소속된 근로자이다. 하지만 조합원 수로 보아도 상급단체 미가맹 노조의 조합원 수가 2000년 4만 명에서 2021년 말에는 열 배 이상 증가한 점은 양노총의 역할에 대한 고민이 필요하다고 할 수 있다. 과거 1980년대 이후 미국의 노동조합 조직률이 떨어지면서 노동조합이 비판을 받았는데 노조가 제 역할을 제대로 하지 못한다는 비판이었다.

물론 지난 10여 년 동안 조합원 수가 지속적으로 100만 명 이상 증가하였다는 점에서는 긍정적이라고 하겠으나 그럼에도 불구하고 민간부문의 경우 근로자의 약 9.8%만이 직접적인 노동조합의 우산 아래 있다는 것을 의미한다.[66] 그렇다면 나머지 90%의 비노조원 근로자들에 대한 보호는 누가 해야 할 일인가? 법적으로 보호하는 방안이 제대로 강구되어 있는가? 노동조합들은 어떠한 역할을 해야 하는가? 이러한 숙제를 우리는 가지고 있는 것이다.

그동안 우리 경제환경과 노동환경이 급변했다. 경제발전의 대표주자라고 할 수 있는 제조업체에 고용된 근로자 비율은 이미 1990년을 정점으로 30년 이상 점진적으로 하락하고 있다. 인력구조에서도 변화를 보이는데 대표적으로는 여성근로자의 비율증가, 고학력 · 지식근로자의 비중증가, 그리고 점차적으로 연령구조가 고령화하는 현상을 보이고 있다. 한동안 주춤했던 외국인 근로자도 고용허가제를 바탕으로 꾸준히 유입되고 있다.

다음의 〈표 8-3〉에서 보는 대로 2000년 이후 일본, 호주, 프랑스, 독일, 영국, 미국 모두 조직률이 하락한 점에 주목할 필요가 있다. 이런 점에서 본다면 우리나라는 글로벌 추이에서 볼 때는 예외적이라고 할 수 있다.

참고로 1970년 '전태일 분신사건'으로 우리나라 지식인들과 근로자들이 노동운동에 눈길을 돌린 이후 많은 노동단체들이 만들어졌다. 1970년대 초반 도시산업선교회가 노동자의 권리의식화운동에 본격적으로 나선 무렵에는 종교라는 보호망을 가진 단체들이 노동자들을 도와줄 수 있었다. 하지만 1987년 노동자대투쟁 이후 상황은 급변하였고, 요즈음 대표적인 단체의 일부는 〈표 8-4〉에서 보는 바와 같다.

〈표 8-3〉 주요 국가 노동조합 조직률 변화 추이: 2000~2023

국가		2000	2002	2004	2006	2008	2010	2011	2012	2013	2014	2015	2016	2017	2018	2019	2020	2021	2022	2023
한국		12.0	11.6	10.6	10.3	10.5	9.8	10.1	10.3	10.3	10.3	10.2	10.3	10.7	11.8	12.5	14.2	14.2	13.1	13.0
일본		21.5	20.2	19.2	18.2	18.0	18.3	18.0	17.9	17.7	17.5	17.4	17.3	17.1	17.0	16.7	17.1	16.9	16.5	–
호주		24.9	23.2	22.8	20.4	18.8	18.4	18.2	18.2	17.	15.1	–	14.6	–	13.7	–	14.3	–	12.5	–
프랑스		9.5	9.5	8.9	8.6	8.5	9.0	9.1	9.1	9.0	9.0	9.0	9.0	8.9	8.8	–	–	–	–	–
독일		24.6	23.5	22.2	20.6	19.0	18.9	18.4	18.3	18.0	17.7	17.6	17.0	16.7	16.5	16.3	–	–	–	–
영국	취업자	27.2	26.3	26.0	25.7	25.0	23.9	23.3	23.3	22.8	22.2	21.9	21.0	20.8	20.8	21.0	21.5	20.9	20.9	–
	임금근로자	29.8	28.8	28.8	28.3	27.4	26.6	26.0	26.0	25.6	25.0	24.7	23.5	23.3	23.4	23.5	23.7	23.1	22.3	–
미국		13.5	13.3	12.5	12.0	12.4	11.9	11.8	11.3	11.3	11.1	10.7	10.3	10.7	10.5	10.3	10.8	10.3	10.0	–

주: 임금근로자 수를 기준으로 한 조직률임. 영국의 경우 취업자(In employment)는 무급 가족 일을 제외한 일자리를 가진 16세 이상의 근로자(종업원 또는 자영업자 포함)이며 임금근로자(Employees)는 그들 자신을 임금 및 급여소득자로 간주하는 사람으로 구분함.

자료: 한국 고용노동부(2024.12), 2023 전국노동조합 조직현황.
일본 厚生労働省(2023.8), 令和3年労働組合基礎調査の概況.
호주 Austrialian Bureau of Statistics(2024.10), Trade union membership.
영국 Department for Business(2023.5), Trade Union Membership 2022, Employee 기준.
미국 U.S. Bureau of Labor Statistics(2023.1), Union Members News Release.
OECD(공통) http://www.oecd.org/, 원자료는 한국노동연구원의 2024 해외노동통계이고, 최근 자료는 ILOSTAT.

〈표 8-4〉 노동단체의 예

구 분	단체명	홈페이지 주소
종합 포털	노동OK(한국노총 부천상담소)	www.nodong.or.kr
비정규직	한국비정규노동센터	www.workingvoice.net
연구	한국노동사회연구소	www.klsi.org
산업재해 · 직업병 등	노동건강연대	www.laborhealth.or.kr
여성	한국여성노동자회	www.kwwnet.org
뉴스 · 정보제공	매일노동뉴스	www.labortoday.co.kr
노사기관	노사발전재단	www.nosa.or.kr

주: 2025.7.20.에 각 노동단체 홈페이지 주소와 활동상황을 확인함.

6) 노동조합 활동과 개선 방향

2022년 출범한 윤석열 정부는 친노동조합 정책에서 벗어나 문재인 정부와는 다르게 법과 원칙을 강조하는 대노동조합 정책을 추진한 바 있다. 윤석열 정부의 이러한 정책전환은 일반 국민들의 노동조합에 대한 인식변화에 기인한다고 볼 수 있다. 1980년대 후반 노동자대투쟁의 시기 전까지 노동조합은 기업과 정부의 반노동조합 정책으로 노동운동에 상당한 어려움을 겪었다. 그래서 노동자대투쟁의 시기에 노동조합이 불법적인 파업을 하더라도 국민들의 시선은 노동조합에 대해 긍정적이었고, 파업으로 인한 생활의 불편함을 감수했다. 하지만 이러한 태도는 점점 바뀌어 갔다.

2023년을 기준으로 보면 노동조합 조직률은 13%를 넘어섰지만 주로 대기업과 공공부문에서 높은 조직률을 보이고 있고 30인 이하의 소규모 사업장에서 일하는 1천2백만 명의 근로자 중에서는 단지 2만 명 정도만이 노조 조합원일 정도로 우리나라 노동조합은 대기업과 공공부문 중심으로 활동하고 있다고 해도 과언이 아니다. 이러한 배경으로 대기업 노조에 대해서는 귀족노조라는 비아냥이 많이 들리고 있고, 공무원의 80% 조직률에 대해서는 중복 보호라는 비판도 있다. 이러한 배경으로 인해 윤석열 정부는 친노동조합 정책에서 벗어나 노동조합의 회계투명성 제고, 건설현장에서 건설노조의 횡포 규제 등을 강조하면서 노동조합도 법적인 테두리 내에서 활용해야 함을 강조하고 있다. 사실 노동조합 간부의 횡령 사건도 드물지 않고, 항운노조의 비리는 오랫동안 적폐로 비판을 받아 왔다.

그러나 비상계엄 사태로 대통령은 탄핵되었고 윤석열 정부에서 추진했던 노동정책은 별다른 성과를 보지 못하고 이재명 정부로 넘어가게 되었다.

(1) 윤석열 정부의 주요 노사관계 정책

첫 번째는 노동조합 회계 투명성 제고였다. 일부 노동조합의 불법·부당한 관행들로 다른 노동조합이나 근로자들의 노동권이 침해받고, 불투명한 회계로 인해서 투명하고 자주적인 노조 운영과 발전이 전해되는 문제점을 지적하면서 노동조합의 회계 투명성 제고를 강조하였다. 이를 위해 노동조합의 회계공시를 사실상 의무화하고, 이를 이행하지 않을 경우 세액공제 대상에서 제외할 방향을 정했다. 고용노동부는 야당의 반대를 피하기 위해 법을 개정하지 않고 이를 위해 노동조합법 시행령과 소득세법 시행령을 개정하였다. 이후에는 조합원 1,000명 이상의 양대 노총이나 대형 노조들은 결산 내용을 회계 공시 시스템에 공표하지 않으면, 조합원들이 내는 조합비에 대해 세액공제 혜택을 받을 수 없게 했고, 양대 노총은 강하게 반대한 바 있다.

둘째, 건설노조의 과도한 활동에 대한 제재다.67) 건설회사들은 채용강요를 호소하였다. 노조의 조합원 고용률은 직종별로 70~100% 정도인데, 이들의 작업효율성은 비노조원이나 외국인근로자의 절반도 안 되지만, 채용하지 않으면 집회나 태업 등으로 괴롭힌다는 설명이었다. 관련해서 민주노총 조합원과 한국노총 조합원 사이에서 채용 경쟁을 두고 몸싸움이 벌어지고 특수폭행과 공동상해 사건으로 이어졌다.

이러한 건설노조의 행위는 2017년부터 급격하게 늘었다고 설명하는데 당시 아파트 공사가 활성화되면서 외국인 노동자가 필요하게 되자 불법 외국인 단속을 이유로 노조가 영향력이 커졌다는 설명이다. 양대 노총의 건설노조 조합원 수는 2016년 11만2,500명에서 2020년 24만9,500명, 2022년 28만6,515명으로 증가했다. 2017년 이후 신규 설립된 건설관련 노조는 157개에 달했는데, 이들 군소노조들이 분진・미세먼지 등 환경법, 안전모 미착용 등 산업안전법, 외국인 고용 위반 등을 이유로 공사를 방해하면 업체들은 요구를 들어줄 수밖에 없다고 한다.

하지만 건설노조와 노동법률 단체들은 윤석열 정부의 건설노조 불법행위에 대한 압수수색・소환조사에 대해서 잘못을 지적하였다. 채용강요가 아니라 건설업계의 특성상 고용과 실업이 반복되기 때문에 고용안정을 요구하는 것이며, 타워크레인의 월례비는 위험작업이나 초과근무를 시키기 위해 웃돈을 주는 게 관행으로 이어진 것이라고 설명하였다. 이재명 정부 출범 이후 건설노조에 대한 정부 정책은 새롭게 진행될 것으로 보인다.

셋째, 적극적인 정책은 아니었지만 항운노조의 독점적 운영과 문제점이다. 항운노조의 경우 예외적으로 클로즈드숍을 인정받아 왔다. 다시 말하면 항구의 부두에서 일하려면 먼저 노동조합에 조합원으로 가입한 이후에, 노조에서 정한 회사로 가서 일을 할 수 있는 조건으로 일반 기업이나 사업장에서는 생각하기 어려운 노동조합에 대한 혜택이라고 할 수 있다. 따라서 조합원에서 제명되면 일자리를 잃는 것이다. 물론 이러한 독점권에 따른 폐해를 막기 위해 상용화 등과 같은 다양한 노력이 시행되었지만 큰 성과를 보이지는 않고 있다.

부산항운노조도 일정한 조합원 수를 정하고 조합원 탈퇴자가 생기면 충원하는 방식으로 운영하다 보니 조합 가입 자체가 큰 이권이 되어버린 것이다. 그렇다 보니 소위 '노조가입비'가 오가게 된 것도 이유다. 부산의 항만에서 일하는 부두 근로자의 절반은 조합원이 되기 위해 대기하는 임시조합원이다. 이는 부산항 개항 이후 140여 년간 이어져 오고 있다. 이러한 문제를 해소하기 위해 2003년에 노사 합의하에 근로자를 채용하기로 하고 독점적인 노무공급권을 폐지했지만, '폐습'은 쉽게 고쳐지지 않고 있다. 2004년에는 노조 간부가 취업 대가로 2천만 원을 받은 혐의로 검찰에 구속되었고 2005년 1월에도 노무원을 취직시키고 1천만 원을 받은 협의로 검찰에 구속되었다.

이후 2019년에는 부산항운 노조에 가입・승진・정년연장, 신항 전환배치, 일용직 공급 등 취업 및 인력공급 전반에 걸쳐 전・현직 노조위원장이 개입된 구조적인 비리로 항운노조 전 위원장 2명을 포함한 항운노조 관계자 18명, 터미널 운영사 임직원 4명, 일용직 공급업체 대표 2명 등 총 31명을 기소(구속 16명)하였다.[68]

서울의 가락시장의 경우도 서울가락항운노조가 농산물 하역 업무를 수행하는데 지도부가 오랫동안 비민주적으로 조합원들을 지배하며 특권을 누려오다가 2019년 조합원들의 민주화투쟁에 직면하였다. 이 투쟁에 참여한 하역노동자들은 일자리까지 잃게 되었는데 3년여의 소송 끝에 부당해고를 인정받았다. 당시 기존의 가락항운노조의 조직과 작업장을 포괄적으로 승계한 서울경기항운노조가 사용자로서 하역노동자들을 부당하게 해고했다는 법원이 판결이 있었다.[69]

(2) 이재명 정부의 고용노동정책

이재명 정부의 공약은 소위 **노란봉투법**의 법제화인데 핵심 내용은 하청회사에 소속된 근로자들의 노동조합이 원청회사의 사용자에게 단체교섭을 요구할 수 있도록 사용자의 범위를 확대하는 것과, 노동조합이 비합법적으로 노조활동을 했을 때 사용자가 손해배상을 청구하는데 금액상 제한을 두어 노동3권을 제한하지 못하도록 하는 것이다. 사실상 우리나라의 경우 하도급이 일반화되고 원청회사의 영향력이 매우 큰 경우가 많은데 하청회사 소속이라는 이유로 원청회사는 단체교섭을 거부하고 있는 상황이다. 다만 향후 사용자의 범위가 확대된다면 기업으로서는 단체교섭을 포함한 노사관계에 대한 부담이 커질 전망이다.

손해배상에 대한 제한은 영국이나 일본 등에 비해서 제한이 없다는 점에서 차이가 있다. 따라서 모든 불법적인 노동조합 활동에 대해 무조건적으로 손해배상을 제한하는 것이라 상황별로 불가피성이 인정된다면 손해배상액을 제한함으로써 노동3권이 과도하게 제한하지 않도록 할 필요가 있다.

2 사용자단체

전국단위에서 한국노총과 민주노총에 대응하는 사용자단체는 **한국경영자총협회**(경총)이다. 1970년 **한국경영자협의회**(http://www.kefplaza.com)로 시작한 경총은 회원들의 회비로 운영되는데 상당히 큰 규모를 가지고 있다. 회장단에는 회장을 비롯해 고문, 명예회장, 부회장, 그리고 사무국 등으로 구성되어 있다. 5개의 위원회가 운영되고 있고 1개의 특별위원회가 구성되어 있으며 서울을 비롯해 15개 지방경영자협회가 있다. 노동법 제·개정, 국회 및 정당 입법, 고용정책, 사회복지정책 등에 대해 기업의 입장을 대변하는 역할을 수행하며 별도로 관련된 교육연수사업을 수행한다.

한국경제인협회(한경협)[http://www.fki.or.kr, 전 **전국경제인연합회**(**전경련**)]는 주로 대기업집단의 이해관계를 대변한다. 경총과 전경련 외에도 **대한상공회의소**, **한국무역협회**, 그리고 **중소기업중앙회**도 사용자의 이익을 위한 단체로 볼 수 있다. 기타 사용자단체로 제조업의 경우 업종별로 협회가 있으며 농림수산업, 건설업, 운송업, 유통업, 금융업, 서비스업 등에도 협회가 있다.

3 노동행정기구

1) 고용노동부

우리나라의 노동행정을 책임지고 있는 기구는 고용노동부다. 1948년 노동국으로 신설되었고, 1963년 독립기관인 노동청으로 바뀌었으며, 이후 1981년 노동부로 승격되어 근로조건의 기준, 직업안정, 직업훈련, 실업대책, 고용보험, 산업재해보상보험, 근로자의 복지후생, 노사안정 등 노동에 관한 전반적인 업무를 관장하여 왔다. 2010년 7월부터 정부 내 고용정책 총괄 부처로서의 역할을 분명히 하기 위하여 고용노동부로 명칭이 변경되었다. 과거 성장 중심의 경제체제 하에서는 근로자보다는 사용자 편에 선다는 비판을 많이 받아왔지만 이제는 정부부처 내에서 근로자 편이라고 비판을 받을 정도로 이미지를 개선하여 노사간의 중립적인 입장에서 고용노동행정을 관리하려고 하고 있다. 하지만 아직도 노동계에서 바라보는 고용노동부와 정부의 입장은 만족스러운 것은 아니다.[70]

이재명 정부는 전 민주노총 위원장을 고용노동부장관으로 임명하는 등 노정간의 관계

개선에 적극 노력하고 있다. 신임 고용노동부장관은 동일노동 동일임금과 노란봉투법을 핵심과제로 제시하였는데 동일노동 동일임금은 비정규직에 대한 차별을 해소하겠다는 의지로 보인다. 비정규직과 같은 고용형태, 남녀 성별, 연령, 국적 등에 관계없이 동일한 임금을 지급해야 한다는 것이지만 현실적으로 연공(근속연수)을 무제한적으로 반영하는 호봉제 임금체계도 동일노동 동일임금 원칙에서 벗어날 수 있는 점을 어떻게 해결할 것인지 기다려볼 만한 사항이다.

고용노동부(http://www.moel.go.kr)는 기획조정실, 고용정책실, 노동정책실 등의 3개 실이 있었는데 2021년 산업안전본부를 신설한 바 있다. 고용정책실 산하에 노동시장, 고용서비스, 고용지원 업무를, 노동정책실 산하에 노사협력, 근로기준, 근로감독, 공공노사 관련 업무를 수행한다. 지방에는 6개 지방고용노동청, 40개 지청 그리고 2개 출장소가 있다.[71]

고용노동부 소속기관으로는 고용노동청 외에 노동위원회(http://www.nlrc.go.kr), 최저임금위원회(http://www.minimumwage.go.kr), 산업재해보상보험심사위원회, 고용보험심사위원회 등 10여 개 위원회가 있다. 산하기관으로는 근로복지공단(http://welco.or.kr), 산업안전보건공단(http://www.kosha.net), 한국산업인력공단(http://hrdkorea.or.kr), 한국장애인고용공단(http://www.kead.or.kr), 한국고용정보원(http://www.keis.or.kr), 한국폴리텍대학, 한국기술교육대학교, 노사발전재단, 건설근로자공제회, 한국사회적기업진흥원(http://www.socialenterprise.or.kr), 한국잡월드, 그리고 한국고용노동교육원 등이 있다. 그 외에 관련 기관으로 한국노동연구원(http://kli.re.kr), 한국직업능력연구원(http://www.krivet.re.kr)이 있다.

국제적인 수준에서의 노동과 관련된 기구로는 대표적으로 ILO(International Labour Organization, http://www.ilo.org), OECD, UN 등을 들 수 있다.

2) 노동위원회

노동위원회는 1953년 3월 8일 노동위원회법으로 제정되었다. 근로자위원, 사용자위원 및 공익위원으로 구성되어 독립적으로 준사법적 업무를 수행한다. 그 업무는 첫째, 노동쟁의의 조정이다. 조정기능에는 노사간의 노동쟁의 상태에서의 조정, 중재, 필수유지업무 결정, 긴급조정 등이 있다. 둘째, 복수노조 교섭창구 단일화 사건 등의 결정이다. 셋째, 부당해고 및 부당노동행위 등에 대한 심판이다. 넷째, 비정규직 차별적 처우에 대한 시정이다. 마지막으로 근로조건 개선조치의 권고와 같은 정책적 업무를 수행한다.

노동위원회는 중앙노동위원회, 12개의 지역별 **지방노동위원회**, **특별노동위원회**로 구분된다. 2007년에 비정규직 보호법이 시행됨에 따른 비정규 차별에 대한 시정조치, 2011년 복수노조가 허용됨에 따른 교섭창구 단일화 및 교섭단위 분리결정, 공정대표의무 위반 시정 등으로 업무가 증가하고 있는 추세다.

과거에는 노동위원회의 위원장을 주로 전직 고용노동부 공무원이 맡아왔고 예산이나 사무직원의 인사 등을 고용노동부장관이 관리하고 있어서 자주성과 독립성이 의심받는 경우가 많이 있었다. 최근에 들어서는 고용노동부와의 독립적인 관계가 확대되어 노와 사, 일방에 치우치지 않는 판정과 조정으로 과거에 비해 많이 향상된 위원회의 역할을 볼 수가 있다. 특히, 노사간의 분쟁조정에 있어서는 전에 비해 조정이 성립되는 비율이 증가하고 있다.

2024년에 노사간 단체교섭에 대한 조정을 위해 접수된 사건은 1,036건이었으며, 조정 성립률은 52%였다.[72] 부당해고와 같은 사건에 대해 노동위원회에 구제신청을 하는 심판사건 수는 2009년 이후 1만 건을 넘어섰고, 2024년에는 22,577건이었다.[73] 대부분의 구제신청은 지방노동위원회의 초심과 중앙노동위원회의 재심에서 마무리되고 전체 사건의 5% 정도는 행정소송으로 가고 있다.

2023년에 지방노동위원회에서 처리한 사건 15,655건 중에서 539건만 법원에 소송이 제기되어 노동위원회에서 분쟁종결률은 96.6%로 나타났다.[74] 중앙노동위원회에서 처분한 1,736건 중에서 539건에 대한 소송이 법원에 제기되었는데, 법원에서 재심판정이 유지되는 비율은 84.4%이고, 재심판정이 취소되는 비율은 15.6%였다. 물론 전체 신청사건을 고려하면 매우 낮은 비율이지만, 신속성과 전문성을 강조하는 노동위원회의 판정결과가 법원에서 노동위원회의 결과를 바꾸는 경우 노동위원회의 취지, 역할, 위상에 제한이 따를 수밖에 없다. 참고로 미국의 경우는 전국노동관계위원회(National Labor Relations Board, 우리나라의 노동위원회와 유사한 역할을 수행함)의 결정에 대해 소송을 제기할 수 있지만 결과가 바뀌는 경우가 거의 없어서 소송이 제기되는 경우가 사실상 없다.

알고 지나가기

공정대표의무 위반에 대한 손해배상 책임 부담

가. 절차적 공정대표의무의 인정 범위 및 불법행위책임의 성립 …(중략)… 교섭대표노동조합이 절차적 공정대표의무에 위반하여 합리적 이유 없이 소수노동조합을 차별하였다면, 이러한 행위는 원칙적으로 교섭창구 단일화 절차에 따른 단체교섭과 관련한 소수노동조합의 절차적 권리를 침해하는 불법행위에 해당하고, 이로 인한 소수노동조합의 재산적 손해가 인정되지 않더라도 특별한 사정이 없는 한 비재산적 손해에 대하여 교섭대표노동조합은 위자료 배상책임을 부담한다. …(중략)…

다. 정보제공 및 의견수렴과 관련한 공정대표의무 위반 및 손해배상책임 인정 여부 …(중략)… 피고 노동조합이 잠정합의안 마련 전에 원고 1에 단체교섭과 관련된 일부 정보를 제공하고 의견을 수렴하였다고 하더라도, 단체교섭의 과정에서 중요한 사항인 잠정합의안에 대하여 자신의 대의원들에게만 이를 알리고 대의원회의 결의 절차를 거쳤을 뿐 원고 1에 대해서는 잠정합의안 마련사실을 알리거나 이에 대하여 설명하고 그로부터 의견을 수렴하는 절차를 전혀 거치지 않은 것은, 단체교섭의 전 과정을 전체적·종합적으로 살펴볼 때 교섭대표노동조합이 가지는 재량권의 범위를 일탈하여 소수노동조합인 원고 1을 합리적 이유 없이 차별함으로써 절차적 공정대표의무를 위반한 것이며, 그 위반에 대한 피고 노동조합의 고의 또는 과실도 인정된다. 나아가 피고 노동조합의 위와 같은 절차적 차별에 의한 공정대표의무 위반행위는 원고 1에 대한 불법행위가 되어, 피고 노동조합으로서는 이로 인한 위자료 배상책임을 부담한다고 할 것이다(대법원 2020.10.29. 선고 2019다262*** 판결).

출처: 노동위원회 홈페이지 사례분석 상세보기, 2022년 5월 25일.

4 경제사회노동위원회

대통령 소속 **경제사회발전노사정위원회**(**노사정위원회**)는 1998년 1월 15일 외환위기를 극복하고 노사관계를 개혁하며 민주주의와 시장경제의 병행발전이라는 목표를 실현하기 위해 출범한 제1기 노사정위원회의 다른 이름이다. 이후 1998년 3월 노사정위원회 설치규정이 대통령령으로 제정되고, 같은 해 5월 제2기 노사정위원회가 구성되었으며 이후

1999년 5월 노사정 간의 합의에 의해 노사정위원회의 설치 및 운영에 관한 법률이 제정·공포됨으로써 제3기 노사정위원회가 출범하게 된다. 다시 2006년 5월 노사정대표자회의에서 노사정위원회 개편에 대한 합의가 이루어지고 법이 개정됨에 따라, 2007년에는 경제사회발전노사정위원회로, 2018년에는 **경제사회노동위원회**(**경사노위**, http://www.eslc.go.kr)로 개편되었다.

경사노위는 과거 김영삼 문민정부시절인 1995년에 설립된 노사관계개혁위원회와 그 맥을 같이 한다고 하겠다. 하지만 노사관계개혁위원회는 노사 당사자와 공익위원들의 역할이 컸으나, 경사노위는 2000년 이후 지속적으로 민주노총이 공식적인 참여를 거부함에 따라 그 사회적 위상이 약화되어 있는 형편이다.

경사노위는 앞에서 살핀 대로 서구 유럽 국가들이 시행하고 있는 코포라티즘적 성격, 즉 노사정 간의 **사회적 협의주의** 성격이 강한 조직으로 노사가 정부의 정책결정과 집행에 적극적으로 참여하는 특징을 가진다.* IMF외환위기를 맞은 1998년 2월 제1기 노사정위원회는 사회협약에 대해 합의한 바 있다. 비록 노동계가 적극적이지는 않았으나 그래도 회의에 참석하였고 IMF외환위기의 초기에 노사간에 사회적 합의를 도출함으로써 그래도 큰 혼란 없이 위기를 넘기는 데 큰 공헌을 하였다. 하지만 지난 1999년 말 전임자 임금지급금지 이슈부터 불거져 나온 노사간의 갈등은 노사정위원회가 초기 취지에 부합하는 활동을 못하고 있는 것으로 평가되고 있다. 특히, 민주노총이 불참을 선언한 2000년 이후 사회적 협의의 효과는 점차 약해지고 있다.

그렇지만 2007년 이후 비정규직대책, 단체교섭체계개선, 임금체계개선, 고용보험제도발전, 노사관계발전, 산업안전보건제도개선, 공공부문, 하역부문, 노사관계선진화, 근로시간·임금제도개선, 고용서비스발전, 일·가정양립 및 여성고용촉진, 베이비붐세대고용대책, 중소기업고용개선 등을 위한 위원회를 구성하여 운영하였으며 2011년에는 중소기업고용개선과 베이비붐세대고용촉진을 위한 노사정 합의문도 도출해 냈다.

그러나 2015년 노동법 개정사항에 대해 노사정위원회에서 합의한 내용이 국회에 가서

---

* 노사정 사회적 협의의 대표적인 모델로 제시되고 있는 것은 **네덜란드의 폴더(Polder)모형**이다. 네덜란드의 폴더모형은 노조와 경영자단체로 구성된 노동재단과 노사정대표로 구성된 사회경제협의회가 그 축을 이루고 있다. 이들은 자체적인 기금으로 운영되는 반면, 우리의 노사정위원회는 예산과 인사가 전적으로 정부에 의존하므로 정부정책에 어긋나는 자문이나 권고가 어렵고 적극적인 조정자의 역할에도 한계가 있다.

제대로 진행되지 못하고 결국 한국노총까지 탈퇴하게 되어 실질적으로 운영되지 못하고 있다가 문재인 정부 출범 이후 경사노위로 이름도 바꾸고 새롭게 재출발하였으나 여전히 민주노총은 공식적인 참여를 거부하는 등 기대수준에는 미치지 못하고 있다.

그래도 매년 노사정 협의체 운영을 통해 합의를 하고 있는데 2021년의 경우 『공공기관의 지속가능한 발전을 위한 합의』, 『지속가능한 버스산업 발전을 위한 버스운수산업위원회 노・사・정 합의』, 『근로자대표제도 개선에 관한 노사정 합의』, 『사람 중심의 스마트 공장 실현을 위한 노사정 합의』, 『배달노동종사자의 산재보험 사각지대 해소를 위한 노사정 합의』, 『관광산업 생태계 유지와 고용안정을 위한 긴급 노사정 합의』 등을 도출해 냈다. 윤석열 정부 들어서서 김민수 전 경기도지사를 위원장으로 임명해서 재활성화를 추진한 바 있고, 2024년에는 노사정이 일부 위원회를 운영하고 있지만 비상계엄 사태 이후 한국노총이 소극적으로 참여하고 있고, 오히려 국회에서 사회적 대화가 이루어지고 있는 형편이다.

지역노사민정협의회는 경제사회노동위원회법에 따라 지방자치단체장이 설치할 수 있는데, 지방자치 시대에 걸맞은 지역 차원의 노・사・정 협의체로서 신뢰와 협조를 바탕으로 지역노사정 협력방안, 지역 내 실업 및 고용대책에 관한 사항, 그리고 기타 지역경제활동에 관한 사항들을 협의하며 궁극적으로는 지역산업의 평화를 도모하고 국민경제의 균형 있는 발전에 이바지함을 목적으로 하고 있는 대표적인 지역 협의기구라고 할 수 있다. 2021년 말 기준으로 17개 광역자치단체에 설치되어 있고, 147개 기초자치단체에 설치되어 있다. 2021년에는 과천, 송파구, 하남시, 구리시, 가평군, 인천 중구 등에 설치되었다. 현실적으로 일부 지역을 제외하고는 활발하게 운영되고 있지는 못한 형편이다. 하지만 노사정 협의는 대화를 통해서 사회의 시급한 과제를 해결하기 위해 노력한다는 점에서 더 적극적으로 활용될 수 있도록 모두의 노력이 필요하다.

정리문제

1. 다음을 간단히 정리하시오.

- 노동조합의 정의
- 노동조합 결성의 결격요건
- 복수노조
- 노동조합의 4대 역할
- 사용자의 부당노동행위
- 타임오프(근로시간면제제도)

2. 다음에 관해 의견을 제시하시오.

- 노동조합 설립 절차
- 교섭창구 단일화 과정
- 기업별 교섭과 산별 교섭
- 노동조합의 독점시장가설과 언로이론
- 부당노동행위의 구제신청과 절차
- 노동위원회와 경제사회노동위원회

3. 팀보고서를 작성하시오.

- 복수노조와 노노갈등
- 산별 노조임에도 기업단위 교섭이 계속되는 이중교섭이 유지되는 이유
- 우리나라 노동조합 활동의 개선 방향

토론문제

1. "도면 못 봐도 월 700만 원"…기상천외한 건설노조 불법행위

(전략) 대표적인 게 채용 강요다. 한 예로 민주노총 건설노조 경기중서부지부가 요구한 조합원 고용률은 직종별로 70~100%에 달했다. 전국 25개 현장을 관리하는 B하도급사 이사는 "공사 첫날 망치 한 번 안 들어본 노조원들이 우르르 몰려와 '이제부터 같이 일하라'고 선언한다"며 "직함은 목수팀장, 철근팀장인데 도면도 못 보면서 월 700만 원씩 가져간다"고 호소했다. A사 임원은 "비노조원이나 외국인 근로자만큼 생산성이 나면 아무 문제 없다"며 "작업 효율성이 절반인데 채용 안 하면 집회, 태업 등으로 괴롭히니 미치겠는 것"이라고 말했다.

2021년 경기 양주시에선 건설업체가 채용 요구를 들어주지 않자 레미콘 차량 통행로에 동전 수천 개를 뿌리고 하나하나 천천히 주워가며 공사를 방해한 기상천외한 사례도 있었다. 이들은 증거 인멸을 위해 집회 당시 사용한 무전기 어플을 삭제키도 했다. 이 사건으로 민주노총 간부 2명이 지난달 구속됐다. 강성주 전문건설협회 노동정책팀장은 "집회시위법상 소음 기준(10분)에 맞춰 심야에 장송곡과 노동가를 9분씩 틀었다 껐다 하며 주민 민원을 유발하는 경우도 빈번하다"고 말했다. (후략)

(출처: 중앙일보(2023.2.21), "도면 못봐도 월 700만 원"… 기상천외한 건설노조 불법행위)

Question !

1. 위와 같이 고용안정을 요구하는 것은 불가피한 것인가요?
2. 앞으로 어떻게 개선하는 것이 필요할까요?

2. 건설노조 불법행위? 사실은 이렇습니다

(전략) 권두섭 민주노총 법률원 변호사는 "건설업의 모든 직종이 단기간 고용과 실업을 반복한다. 이는 대기업인 원청건설사와 그 아래 전문건설업체 모두 상용적인 고용책임을 회피하기 때문"이라 설명했다. 이윤재 건설노조 정책기획실장은 "2022년 기준 전국의 건설사는 9만 개가 넘는다. 전국의 편의점이 약 5만 개이니 얼마나 많은지 실감이 될 거다. 그 많은 건설사에서 상시로 고용된 건설노동자는 한 명도 없다"고 지적했다.

이윤재 정책기획실장은 "여기에 법적으로 금지된 다단계하도급이 더해진 것이 건설업의 현실"이라고 꼬집었다. 건설업은 1차례의 도급(원청건설사 → 전문건설업체)만 허용된다(건설산업기본법 제29조). 이윤재 정책기획실장은 "대부분의 건설현장에선 일명 '오야지'라고 불리는 중간관리자를 통해 전문건설업체가 다시 하도급을 한다. 불법이다"며 "이 과정에서 임금체불, 고용불안 등의 문제가 생긴다"고 주장했다. 실제 건설근로자공제회가 발표한 '2022년 건설근로자 종합생활실태조사 결과'에 따르면 건설노동자의 74.9%는 팀장 · 반장 등의 중간 소개자를 통해 구직하고 있었다.

권두섭 변호사는 "이렇게 불법하도급과 상시적 고용불안에 시달리는 건설노동자들을 위해 노동조합이 고용 안정을 요구하는 것은 노동조합 본연의 역할이며 (불법하도급이라는) 불법을 시정하는 행동"이라고 강조했다. (후략)

(출처: 김광수(2023.2.16), 「건설노조 불법행위? 사실은 이렇습니다」, 『참여와 혁신』)

Question !

1. 위와 같이 고용안정을 요구하는 것은 불가피한 것인가요?
2. 앞으로 어떻게 개선하는 것이 필요할까요?

주요 참고문헌

고용노동부(2011), 『타임오프고시(근로시간면제제도)』.

고용노동부(2023.2.6), 『2021년 전국 노동조합 조직현황』.

김린(2020), 유니온 숍 협정의 효력 제한 – 대법원 2019.11.28. 선고 2019두47377 판결 –, 『노동판례 리뷰』, 『노동리뷰』, 2020년 2월호, 97～101.

김정우(2014), 『노동조합과 비정규 고용』, 서울: 한국노동연구원.

김정우(2019), 「복수노조 출현의 결정요인과 노조조직률 증감효과 패널분석」, 『산업노동연구』, 25(1), 187～218.

김정한(1997), 「단체교섭실태에 관한 연구」, 『정책연구』, 서울: 한국노동연구원.

김태현(2004), 『산별 노조운동의 현 단계』, 서울: 한국노동연구원.

노동부(2004), 『산별 노조 운영 및 활동에 관한 법 해석상의 문제점과 개선방안』, 노동부.

노동부(2007), 『산별 노조와 단체교섭』.

노용진(2011), 「미국의 복수노조」, 『국제노동브리프』, 9(8), 3～13.

박재희 · 이영면(2017), 「근로자의 노조가입의도에 영향을 미치는 요인에 관한 연구 – 한국노동패널조사(KLIPS) 자료를 중심으로 –」, 『인적자원관리연구』(한국인적자원관리학회), 24(1), 57～76.

이종선(2017), 「왜 다시금 산별노조인가? 새 정부하 산별노조운동의 방향과 과제」, 『금속노동자』, 7월 4일.

중앙노동위원회(2024), 2023 노동위원회 통계연보.

하이너 드립부쉬 · 페터 비르케(2014), 「독일의 노동조합: 조건, 제반 여건, 도전과제」, FES Information Series, 2014-03.

한국경영자총협회(2002), 『산업별 노조에 관한 연구』, 연구총서 42.

McNicholas, Celine, Margaret Poydock, Julia Wolfe, Ben Zipperer, Gordon Lafer, and Lola Loustaunau(2019), *Unlawful U.S. employers are charged with violating federal law in 41.5% of all union election campaigns*, Report, Economic Policy Institute, December 11.

Traxler, F.(2003), "Bargaining (De)centralization, Macroeconomic Performance and Control over the Employment Relationship," *British Journal of Industrial Relations*, 41(1), 1～27.

미주

1) 1980년에 개정된 노동조합법에는 노조가입대상자의 30인 또는 1/5 이상이 찬성하는 경우 설립총회의 의결을 거쳐 노동조합을 설립할 수 있었다. 그러나 1987년 노동자대투쟁 이후 이 조항이 삭제되어 노조설립신고필증만 받으면 노동조합으로 인정받을 수 있음.

2) 전국단위 노동조합의 경우에 선출된 시장이나 구청장 등의 정치적 성향에 따라 노조설립에 긍정적이거나 부정적인 경우가 있기 때문에 지역을 달리하여 노조설립신고서를 제출하기도 함.

3) 미국의 National Labor Relations Board(우리나라 노동위원회와 유사한 정부조직) 홈페이지 https://www.nlrb.gov/reports/nlrb-case-activity-reports/representation-cases에서 2023.7.6. 확인.

4) 김정우(2019), 「복수노조 출현의 결정요인과 노조조직률 증감효과 패널분석」, 『산업노동연구』, 25(1), 187~218.

5) 김정우(2014), 『노동조합과 비정규 고용』, 서울: 한국노동연구원. 10~13.

6) 이에 대한 주장은 Farber, H. S., and D. H. Saks(1980), “Why Workers Want Union: The Role of Relative Wages and Job Characteristics,” *Journal of Political Economy*, 88(2): 349~369와 Hirsch, B. T., and J. T. Addison(1986), *The Economic Analysis of Unions: new approaches and evidence*, Allen & Unwin 등이 있음.

7) 박재희 · 이영면(2017), 「근로자의 노조가입의도에 영향을 미치는 요인에 관한 연구 – 한국노동패널조사(KLIPS) 자료를 중심으로 – 」, 『인적자원관리연구』(한국인적자원관리학회), 24(1), 57~76.

8) 김유선(2008), 「노조수요 추정과 노조가입의사 결정요인」, 『고용과 직업연구(한국고용정보원)』 2(1), 29~50; 윤진호(2005), 「노동조합 존재확률의 결정요인과 대표권의 갭」, 『사회경제평론(한국사회경제학회)』 24, 139~176; 이시균 · 김정우(2007), 「노동조합 가입성향 결정요인과 대표권의 갭」, 『사회경제평론(한국사회경제학회)』 29(3), 93~132.

9) Antos, J. R., M. Chandler, and W. Mellow(1980), “Sex differences in union membership,” *Industrial and Labor Relations Review*, 33(2): 162~169; Booth, A.(1986), “Estimating the Probability of Trade Union Membership: A Study of Men and Women in Britain,” *Economica*, 53: 41~61; Deery, S., and H. D. Cieri(1991), “Determinants of Trade Union Membership in Australia,” *British Journal of Industrial Relations*, 29(1): 59~73.; Hernandez, A.(1995), “The Impact of Part-Time Employment on Union Density,” *Journal of Labor Research*, 16(4): 485~491.; Arulampalam, W., and A. L. Booth(2000), “Union status of young men in Britain: a decade of change,” *Journal of Applied Econometrics*, 15(3): 289~310.; 홍성우(1996), 「한국의 노조 조직률 하락 원인에 관한 연구」, 『산업노동연구』(한국산업노동학회), 2(2): 197~224; 김유선(2002), 「노조가입 결정요인」, 『노동경제논집』(한국노동경제학회), 25(1): 23~45; 이시균 · 김정우(2005), 「비정규직의 노동조합가입 결정요인 분석」, 『노동리뷰』(한국노동연구원), 10월호, 71~80.

10) Antos, J. R., M. Chandler, and W. Mellow(1980), “Sex differences in union membership,” *Industrial and Labor Relations Review*, 33(2): 162~169; Haynes, P., Vowles. J. and P.

Boxall(2005), "Explaining the Younger-Older Worker Union Density Gap: Evidence from New Zealand," *British Journal of Industrial Relations*, 43(1): 93～116.

11) Blanden, J., and S. Machin(2003), "Cross-Generation Correlations of Union Status for Young People in Britain," *British Journal of Industrial Relations*, 41(3): 391～415.; Gomez, R., anf M. Gunderson(2004), "The experience-good model of union membership," In Wunnava, P. V. (ed.), *The Changing Role of Unions: New Forms of Representation*, M. E. Sharpe, 92～114.

12) Charlwood, A.(2002), "Why do Non-union Employees Want to Unionize? Evidence from Britain," *British Journal of Industrial Relations*, 40(3): 463～491; Schnabel, C., and J. Wagner(2005), "Who Are the Workers Who Never Joined a Union? Empirical Evidence from Germany," *Discussion Paper*, No. 1658, Institute for the Study of Labor(IZA).

13) 윤진호(1998), 『노동조합 조직체계의 동향과 정책과제』, 한국노동연구원 ; 문무기 · 이승욱(2004), 『노조 조직형태의 다양화와 노동법의 과제』, 서울: 한국노동연구원 연구보고서 2004-15.

14) Soskice, D.(1990), "Wage Determination: The Changing Role of Institutions in Advanced Industrialized Countries," *Oxford Review of Economic Policy*, 6(4), 36～61.

15) 본 절의 내용은 김태기(1994), 『경쟁력과 노사관계』, 서울: 한국노동연구원을 주로 참고하여 서술하였음을 밝힌다.

16) 김금수(2007), 앞의 글, 20～21쪽 참조.

17) 최종석 · 김강식(2017), 「노동조합의 두 얼굴과 정치참여」, 『질서경제저널』, 23(2), 57～84.

18) 황선자(2020), 「임금소득불평등 축소를 위한 노동조합의 역할과 연대과제」, 『노동 N 이슈』, (2020-1), 1～15.

19) 이병훈(2007), 「노동체제의 양극화와 산별 노조운동」, 『산별 시대 노동운동과제』, 한국노동사회연구소, 9월 12일.

20) 이하의 내용은 조성재 · 조준모 · 조동훈 · 이종현 · 황선웅(2007), 『노사관계 및 노동조합의 사회경제적 영향분석』, 서울: 한국노동연구원, 2007 노동부 학술연구용역사업 연구보고서에서 인용하여 정리하였음.

21) Freeman, Richard B. & Medoff, James L.(1984), *What Do Unions Do?*, Basic Books, Inc., Publishers, New York, USA.

22) 이병희(2017), 「노동조합이 임금 분배에 미치는 영향: 1987-2016」, 『경제발전연구』, 23(4): 1～31.

23) Hirsch, Berry T., 2008, "What Do Unions Do for Economic Performance?," in Bennett, James T. and Kaufman, Bruce E.(eds.), *What Do Unions Do? A Twenty Year Perspective?*, Transaction Publishers, New Brunswick, USA, 193～237.

24) 노동조합의 임금효과를 측정하는 데는 다양한 방법이 사용되어 왔는데 그 이유는 효과를 추정하는 데 있어서 방법론상의 문제점이 많기 때문이다. 이에 대한 자세한 내용은 다음의 문헌을 참조하기 바란다. Hirsch, Barry T. and John T. Addison(1986), *The Economic Analysis of Unions: New Approaches and Evidence*, Boston, MA: Allen & Unwin ; Lee, Lung-Fei(1978), "Unionism and Wage Rates: A Simultaneous Equations Model with Qualitative and Limited Dependent

Variables," *International Economic Review*, 19(2), June, 415~434.

25) Mellow, Wesley(1983), "Employer Size, Unionism, and Wages," in Joseph D. Reid, Jr.(ed.), *New Approach to Labor Unions*, Greenwich, CT: JAI Press, 253~282.

26) Lewis, Gregg H.(1986), 앞의 책.

27) Ashenfelter, Orley(1978), "Union Relative Wage Effect: New Evidence and a Survey of their Implications for Wage Inflation," in Richard Stone and William Peterson(ed.), *Econometric Contributions to Public Policy*, New York: St. Matins Press, 31~60.

28) Ashenfelter(1978), 위의 논문 참조.

29) Freeman, R.(1981), "The Effect of Unionism on Fringe Benefits," *Industrial and Labor Relations Review*, 34(1), October, 3~23.

30) 최낙혁(2017), 「노동조합의 기능」, 『사회과학연구』, 28(2), 281~298.

31) Slichter, Sumner H., James J. Healy, and E. Robert Livernash(1960), *The Impact of Collective Bargaining on Management*, Washington, DC: Brookings Institution ; Freeman & Medoff(1984), *What Do Unions Do?*, New York: Basic Books ; Addison, John T. and Barry T. Hirsch(1984), *Union Effect on Efficiency, Productivity, and Profits: Alternative Views and Evidence*, University of North Carolina at Greensboro, February ; Addison, John T.(1985), "What Do Unions Really Do? A Review Article," *Journal of Labor Research*, 6(2), Spring, 127~146 ; Hirsch, Barry T.(1985), "What Do Unions Do? Comment," *Industrial and Labor Relations Review*, 38(2), January, 247~250.

32) Rees, Albert(1963), *The Economics of Trade Unions*, 2nd ed., Chicago, IL: University of Chicago Press.

33) Maki, Dennis R.(1983), "The Effects of Unions and Strikes on the Rate of Growth of Total Factor Productivity in Canada," *Applied Economics*, 15(1), February, 29~41.

34) Freeman, Richard B.(1976), "Individual Mobility and Union Voice in the Labor Market," *American Economic Review*, 66(2), May, 361~368 ; Freeman and Medoff(1984), 위의 책.

35) Brown, Charles and James Medoff(1978), "Trade Unions in the Production Process," *Journal of Political Economy*, 86(3), June, 355~378.

36) Brown, Charles and James Medoff(1978), 위의 논문 참조.

37) Burton, John and Gordon Tullock(1983), "Concluding Comments," in Joseph D. Reid, Jr(ed.), *New Approaches to Labor Unions*, Greenwich, CT: JAI Press, 347~353.

38) Clark, Kim B.(1980), "The Impact of Unionization on Productivity: A Case Study," *Industrial and Labor Relations Review*, 33(4), July, 451~469.

39) Freeman, Richard(1983), "Unionism, Price-Cost Margins, and the Return to Capital," *National Bureau of Economic Research Working Paper*, No. 1164, July ; Karier, Thomas(1985), "Unions and Monopoly Profits," *Review of Economics and Statistics*, 67(1), February, 34~42 ; Voos, aula B. and Lawrence R. Mishel(1985), "The Union Impact on Profits: Evidence from Industry

Price-Cost Margin Data," mimeo, University of Wisconsin, May ; Salignar, Michael A.(1984), "Tobin's Q, Unionization, and the Concentration-Profits Relationship," *Rand Journal of Economics*, 15(2), Summer, 159～170.

40) Hirsch, Barry T. and John T. Addison(1986), *The Economic Analysis of Unions*, Boston: Allen and Unwin의 211～216쪽 참조.

41) 구건서(1997), 『새 노동법해설』, 중앙경제사, 397～402쪽을 참조 바람.

42) 구건서(1997), 위의 책.

43) 하이너 드립부쉬 · 페터 비르케(2014), 독일의 노동조합: 조건, 제반 여건, 도전과제, FES Information Series, 2014-03.

44) National Labor Relations Board의 Disposition of Unfair Labor Practice, http://www. nlrb.gov에서 2023.7.6.에 확인함.

45) Celine McNicholas, Margaret Poydock, Julia Wolfe, Ben Zipperer, Gordon Lafer, and Lola Loustaunau(2019), *Unlawful U.S. employers are charged with violating federal law in 41.5% of all union election campaigns*, Report, Economic Policy Institute, December 11.

46) 不當勞動行爲事件處理現況, 日本의 中央勞動委員會(Central Labor Relations Commission, JAPAN)의 홈페이지에서 2023.7.6.에 내려받음.

47) 중앙노동위원회(2024), 2024년 통계연보, 32쪽.

48) 연합뉴스(2018.1.9), 고용부, 지난해 부당노동행위 118건 기소의견 검찰 송치.

49) 통계청(2025.7.16), 「2025년 6월 고용동향」, 보도자료.

50) 고용노동부(2025.7.3), 「2023년 전국 노동조합 조직현황」, 보도자료.

51) 이하의 내용은 윤성천 · 김정한(1998), 『단체협약분석(II)』, 한국노동연구원의 내용을 많이 참조하였음.

52) 박덕제 · 박기성(1990), 『한국의 노동조합 I』, 서울: 한국노동연구원.

53) 김린(2020), 「노동판례리뷰: 유니온 숍 협정의 효력 제한－대법원 2019.11.28. 선고 2019두47377 판결－」, 『노동리뷰』, 2020년 2월호, 97～101.

54) 고용노동부(2024.12), 『2023년 전국 노동조합 조직현황』.

55) 이하의 금속산별 노조건설은 현대자동차노동조합(2002), 『만화로 보는 산별 이야기』를 참조한 내용임.

56) 전국보건의료산업노동조합 홈페이지, https://bogun.nodong.org/.

57) 보건의료노조(2020), 『2020년 보건의료산업 산별중앙교섭 합의서』.

58) 전국금융산업노동조합, 노조소식(2022.10.20), 「금융노조, 2022 산별중앙교섭 조인식 개최」.

59) 한겨레(2025.1.26), 5대 은행 희망퇴직 2300여명…퇴직금 최대 10억원, https://www.hani.co.kr/arti/economy/finance/1179799.html.

60) 박덕제(1999), 「산별 노조와 단체교섭(외국의 사례와 시사점)」, 노사관계학회 추계정책토론회, 한국방송통신대학교, 11월 20일.

61) Hall, Charlie(February 18, 2020). "Kickstarter employees vote to unionize, relieving tension among

game developers," Polygon, Retrieved February 18, 2020.

62) BBC News 코리아(2022.6.19), 미국에서 첫 애플 매장 노조가 결성됐다, https://www.bbc.com/korean/international-61855448에서 2023.7.7에 확인함; BBC News 코리아(2023.1.4), 마이크로소프트, 미국 사업장 최초로 노조 인정, https://www.bbc.com/korean/international-64161101에서 2023.7.7.에 확인함.

63) 한국노동조합총연맹 홈페이지(http://www.inochong.org/)에서 2018.18. 내려받음.

64) 전국민주노동조합총연맹 홈페이지(http://nodong.org) 창립선언문에서 2018.1.8. 내려받음.

65) 고용노동부(2024.12), 『2023년 전국 노동조합 조직현황』.

66) 노동조합 조직률은 노조에 가입할 수 있는 자격을 가진 근로자들 중에서 실제로 노조에 가입한 근로자의 비율을 말한다. 하지만 노조에 가입하지 않는다고 하더라도 한 사업(장)의 노조가입률이 과반수 이상이면 단체협약의 적용대상이 되므로 단체협약적용대상자, 즉 노조의 보호 아래 있는 근로자비율은 조직률보다 약간 높을 수 있다. 하지만 우리나라의 경우는 노조결성기업의 경우 노조가입률이 매우 높아서 실질적인 차이는 크지 않음.

67) 중앙일보(2023.2.21), "도면 못 봐도 월 700만 원"… 기상천외한 건설노조 불법행위.

68) 부산지방검찰청(2019.6.10), 부산항운노조 수사결과, 보도자료.

69) 한국농정(2023.2.9), '짓밟혔던 민주화 위지' 가락시장 해고 하역노동자들 법정 승소.

70) 예를 들어, 노동운동으로 구속되거나 수배 중인 근로자의 수는 매우 많으나 부당노동행위나 기타 노동과 관련하여 구속된 사용자는 찾아보기가 어렵다는 점에서 그 주장의 근거를 살필 수 있다. 허영구는 "지난 30년 동안 더불어민주당, 자유한국당 할 것 없이 정권과 자본에 맞서 자신의 권리를 위해 싸운 노동자 6천 명이 구속되었다"라고 한다. https://blog.naver.com/hyg9990/221143091769에서 2018.1.9. 내려받음.

71) 고용노동부 홈페이지, 2021.2.12.에 확인함

72) 중앙노동위원회 홈페이지의 통계자료, 2025.4.14.에 확인함.

73) 중앙노동위원회 홈페이지의 통계자료, 2025.4.14.에 확인함.

74) 중앙노동위원회 홈페이지 통계자료, 2025.4.14.에 확인함.

Chapter 09

단체교섭과 쟁의행위

앞에서 노동조합의 결성에 대해서 살펴보았다. 사용자는 근로자의 노동조합 활동이나 노조 결성을 방해하면 안 된다. 이를 부당노동행위라고 하였다. 본 장에서는 노동조합의 가장 중요한 활동인 사용자와의 단체교섭에 대해 살펴보고 단체교섭을 체결하기 위한 수단으로, 즉 사용자의 양보를 받아내기 위한 방법으로 파업을 포함한 쟁의행위를 살펴보기로 한다. 그리고 공공의 이익을 고려하여 쟁의행위가 제한되는 공공부문의 고용관계에 대해서도 살펴본다.

제1절 단체교섭

「노동조합 및 노동관계조정법」(노동조합법, 노조법)에는 노동조합을 결성하는 절차와 내용 등과 노조가 결성된 이후, 절차에 따라 교섭하고 필요한 경우 쟁의행위를 할 수 있다고 언급되어 있지만 어떤 내용에 대해서 어떤 방식으로 교섭하라고는 정해져 있지 않다. 그러나 일반적으로 노사간 단체교섭은 임금과 고용조건을 포함하는 근로조건이 가장 중요한 사항으로 언급되고 있다. 교섭형태는 기존의 기업별 교섭에서 산별 노조결성에 따라 산별 교섭과 같은 형태가 증가하고 있다. 다만 2011년 7월 이후 복수노조가 허용됨에 따라 **복수노조**가 존재하는 경우 **교섭창구 단일화** 과정이 추가되었다.

일반적으로 노사간의 단체교섭이 법이나 제도만으로 완성될 수는 없다. 물론 제도와

알고 지나가기

임금협약과 단체협약

우리나라는 **임금협약(임협)**과 **단체협약(단협)**을 구분해서 말한다. 사실 임금협약은 단체협약 속에 포함된다. 하지만 우리나라의 경우 1997년 노동법이 개정되기 전까지는 임금을 제외한 단체협약은 유효기간이 2년이었고 임금에 대한 협약은 유효기간이 1년으로 매년 교섭하도록 되어 있었다. 법적으로는 매년 심한 물가인상을 고려한 제도였다. 그 중요성으로 보아 또한 매년 교섭하도록 한 별도의 조치로 인해 우리나라에서는 임금협약과 단체협약을 별도로 구분해서 부르고 있다. 이후 임금에 관한 협약도 2년 이내로 그 유효기간이 연장되었으며, 2020년 12월 법개정으로 단체협약의 유효기간은 3년으로 확대되었다. 하지만 여전히 임금에 대해서는 매년 교섭하는 경우가 대부분이다.

원칙이 필요하지만 때로는 상대방에 대한 신뢰, 양보 등이 작용하지 않으면 교섭은 성공적으로 타결될 수가 없다. 어린아이들은 집 앞에 있는 슈퍼에 가서 물건을 산다. 과자값이 비싼지, 싼지 잘 모른다. 어른이 되면 물건을 사러 시장이나 백화점에 간다. 자동차를 사고 집도 산다. 정찰제가 시행되면서 흥정은 많이 사라졌지만 아직도 자동차, 집 등을 살 때는 잘 사면 싸게 살 수 있다. 단체교섭도 이러한 거래와 흥정이라고 할 수 있다.

하지만 집을 흥정하는 것과 단체교섭과는 차이가 있다. 집을 사는 것은 비싸게 샀다고 해서 전 주인에게 불만을 터뜨려 보아야 별 효과가 없다. 하지만 단체교섭은 다르다. 만약 이번 교섭에서 사용자가 얕은수를 썼다면 다음 교섭에서는 그만큼 비용을 지불해야 한다. 단체교섭은 반복적인 교섭이기 때문이다.

상황에 따라서 흥정이 다른 것처럼 단체교섭의 방법도 정답이 없다. 시간과 비용을 들여서 관행을 만들어가고 시행착오를 거치면서 서로 간의 신뢰와 경험을 쌓아가는 것이다. 1987년 이후 몇 년간 우리는 많은 비용을 지불하면서 노사간에 교섭에 대한 관행을 만들어왔다. 그러나 아쉬운 점은 30년이 지난 지금까지 다수의 단체교섭에서 대립적이고 투쟁적인 단체교섭 관행이 유지되고 있다는 점이다.

1 단체교섭과 교섭방식

단체교섭이란 법적으로 볼 때 '노동조합과 사용자 또는 그 단체 간에 근로조건의 유지・개선, 기타 근로자의 경제적・사회적 지위향상에 관한 집단적인 교섭'을 말한다. 하지만 단체교섭의 방식이나 형태는 노동조합의 조직형태, 노동운동의 발전과정 또는 산업사회의 발전과정에 따라 상이한 형태를 보이고 있다. 우리나라는 법에서 교섭방식과 교섭내용에 대해서는 구체적인 규정을 두고 있지 않다. 현실적으로는 앞에서 설명한 대로 노동조합의 조직형태는 산별 노조 형태지만, 단체교섭은 여전히 기업별 교섭이 중요시되고 있다. 이러한 상황이지만 2020년 법개정으로 국가와 지방자치단체는 기존의 기업별 교섭 외에도 산업별・지역별 교섭 등 다양한 교섭방식이 활성화되도록 노력해야 한다는 규정이 신설되었다.

1) 단체교섭방식

단체교섭의 방식은 흔히 기업별 교섭, 통일교섭(산별 교섭), 공동교섭, 집단교섭, 대각선 교섭 등으로 구분한다. 단체교섭방식은 이를 연구하는 학자, 기관 등에 따라 사용하는 용어나 의미에 있어 약간의 차이를 보이고 있으나 이를 종합하면 우리나라에서 행해지고 있거나 가능한 교섭방식으로는 기업별 교섭, 통일교섭(산별 교섭), 공동교섭, 집단교섭, 그리고 대각선교섭 등을 들 수 있다.* 각 교섭방식의 정의와 특징을 살펴보면 다음과 같다.**

(1) 기업별 교섭

기업별 교섭은 우리나라의 노동조합이 오랫동안 기업별 노조의 형태를 띠어왔기 때문에 그동안 가장 일반적인 형태로 사용되어 왔다. 기업별 교섭은 특정 기업이나 사업장단위로 조직된 노동조합이 단체교섭의 당사자가 되어 당해 기업주(사업주)와 교섭하는 방식이다. 기업별 교섭은 해당 기업의 노동조합과 사용자 간의 교섭이다.

---

* 실무적으로 기업단위를 넘어서는 교섭방식을 중앙교섭, 집중화된 교섭으로 부르기도 한다.

** 단체교섭방식의 분류에 관한 내용은 한국경영자총협회(2002), 『산업별 노조에 관한 연구』 연구총서 42; 신수식・김동원・이규용(2003), 『현대고용관계론』 서울: 박영사; 김성수(2004), 『노사관계론』 제2판, 서울: 삼영사; Holley, Williams H. Jr. and Kenneth Jennings(2001), *The Labor Relations Process*, 7th edition, Harcourt College Publishers의 Chapter 4 등을 참조하였다.

노조의 교섭력이 취약하다는 지적이 있지만, 각 기업의 경영실적과 기타 근로조건의 특수성을 잘 반영시킬 수 있다는 장점이 있다. 단체교섭이 기업별 교섭으로 진행되면 동종 또는 유사산업 내의 기업 간의 임금 및 근로조건에 상당한 격차를 발생시킬 수 있다는 단점을 가지고 있다. 기업별로 수익성이 다르고, 규모별로 수준 차이가 많기 때문이다. 또한 교섭사항이 기업 내 문제로 국한되기 때문에 산업 전체의 문제 또는 전체 경제 차원의 문제는 전적으로 배제될 수밖에 없어 노조 간에 차이가 확대되는 기업 단위의 노동조합 이기주의가 확대되는 여건을 제공한다. 기업별 교섭은 교섭 수준과 관련해서는 기업 또는 사업장 수준에서 이루어지는 교섭이기 때문에 가장 분권화된 교섭형태이다.

(2) 통일교섭 또는 산별 교섭

두 번째는 통일교섭 또는 산별 교섭이다. **통일교섭**은 전국에 걸친 산업별 노조 또는 직종별 노조와 이에 대응하는 사용자단체와의 교섭을 말한다. 기업별 노조로부터 교섭권을 위임받은 **상급단체**(산별 연맹)와 이에 대응하는 사용자단체 또는 교섭권을 위임받은 사용자단체와의 교섭도 통일교섭으로 간주할 수 있다.

통일교섭은 산별 노조 또는 교섭권을 위임받은 산별 연맹(독립적인 단위 노조가 구성한 협의체)이 교섭권과 체결권을 함께 가지는 중앙집권적인 성격을 가지고 있다. 프랑스나 독일 같은 서부 유럽 국가에서는 최근 교섭구조가 분권화되고 있기는 하지만 아직도 산별 교섭이 지배적인 교섭방식으로 자리 잡고 있다. 북미와는 달리 서부 유럽에서 산별 교섭이 지배적인 이유는 다수 사용자 교섭에 대한 노사의 호의적인 반응 이외에도, 노조 스스로 단체교섭을 사회의 근본적인 재구축을 위해 투쟁하는 광의의 노동계급 운동으로 인식하는 이념적인 측면에서 차이가 있기 때문으로 보인다.

통일교섭은 해당 산업에 속한 근로자들의 임금 및 근로조건의 통일성을 높일 수 있다는 장점이 있으나 기업경영상 기업 간의 격차가 심한 경우에는 통일교섭이 이루어지기 어려우며, 설령 실시하더라도 노사 양측 모두 내부적인 불만으로 기피하는 경향이 있는 것도 사실이다.

우리나라에서는 오랫동안 기업별 교섭이 주된 교섭방식이었으나 2000년을 전후로 노동조합이 조직구조를 산별 노조로 전환하면서 **산별 교섭**이 대두되었다. 그러나 형식적으로는 산별 교섭이지만 실질적으로는 아직도 기업별 교섭이 중심을 이루고 있다. 실질적인 통합이 이루어지지 못해서, 산별 교섭에서는 큰 틀만 만들고, 기업단위로 다시 구체적인 근로조건을 정하는 **이중 교섭**이 일반적이다.

산별 교섭이 진행된 바 있는 전국금융산업노동조합(금융노조, 한국노총), 전국금속노동조합(금속노조, 민주노총), 전국보건의료산업노동조합(보건의료노조, 민주노총) 등 세 산별노조의 단체교섭이 실질적으로 산별 교섭이라고 할 수 있다. 한편, 산별 노조로 간주되고 있는 전국철도노동조합, 전국전력노동조합과 한국발전산업노동조합(발전5개사 노조), 전국우정노동조합(구 체신노조), 진국담배인삼노동조합 등이 산별 교섭을 하는 것으로 평가되고 있으나 사실상 이들 기관은 정부의 한 기관에 종사하는 현업 종업원으로만 구성되어 있다는 점에서 엄밀한 의미에서 산별 노조라기보다는 기업별 노조의 성격을 가지고 있어 이들 노조가 행하는 교섭형태는 통일교섭이라기보다는 기업별 교섭이라고 해도 무방하다고 판단된다.

(3) 공동교섭

세 번째로는 공동교섭이다. **공동교섭**이란 기업단위 지부의 교섭에 산별 노조가 참가하는 것을 말한다. 다시 말해 산별 노조와 산별 노조의 지부가 공동으로 사용자와 교섭하는 것을 의미한다. 현행 노조법 제29조 제2항에 의거하여 기업 또는 지역단위의 노조는 총회 또는 대의원회의 의결을 얻어 교섭권을 연합단체노조에 위임할 수 있다.[1] 또한 산업별 연합단체와 단위노조 산하의 지부도 단체교섭 당사자가 될 수 있으므로 단위노조가 참여하는 공동교섭이 가능하다

우리나라에서는 단위노조가 상급단체에 교섭권을 위임한 후 상급단체의 이름으로 교섭을 행하되 실제로는 상급단체의 간부와 단위노조의 간부가 함께 교섭에 참가하는 경우가 많다. 대표적으로 대학의 직원노조가 전문성 등이 부족하기 때문에 상급단체에 교섭권을 위임하고 함께 단체교섭에 참여하는 경우가 있다. 이 경우 단위노조로서는 자신의 취약한 교섭력을 상급단체의 힘을 빌려 보완할 수 있고, 동시에 단위노조도 교섭에 참여하므로 단위기업의 특수한 사정을 반영할 수 있으며, 단위노조의 자주성을 지킬 수 있다는 장점을 지니고 있다.

(4) 집단교섭

네 번째로는 집단교섭이다. **집단교섭**이란 여러 개의 노동조합이 집단으로 이에 대응하는 사용자 측의 집단과 교섭하는 형태를 의미한다. 이는 여러 개의 단위노조가 연명으로

이에 대응하는 사용자 또는 사용자단체와 교섭하는 형태를 의미한다. 예컨대, 업종, 기업규모, 지역 등이 공통되는 여러 개의 단위노조가 그에 대응하는 사용자 또는 사용자단체와 교섭을 행하는 것이다. 대표적으로 버스업종이나 택시업종 등이 있다.

통일교섭과 집단교섭은 기업의 단위를 벗어나서 노사의 상급단체에서 교섭이 이루어진다는 점(집단교섭의 경우 상급단체가 직접 당사자가 되는 것이 아니라 간사 역할을 하며 반드시 상급단체가 존재하지 않아도 무방함)에서는 유사한 유형으로 볼 수 있다. 통일교섭과 비교해 보면 통일교섭은 노사의 단체교섭권과 협약체결권을 산별 노조가 지니며, 산별 연맹인 경우에도 교섭권뿐 아니라 체결권까지 단위노조가 상급단체에 완전히 위임한다. 반면 집단교섭의 경우에는 노사 관련 상급단체를 통하여 노사 대표자들이 모여 집단을 구성해 노사 각각 수명에게 교섭대표권을 위임하여 일정 범위만을 타결하고, 이를 바탕으로 기업 수준에서 기업별 교섭을 통해 협약을 체결한다는 점에서 차이가 있다.

(5) 대각선교섭

마지막으로 대각선교섭이다. **대각선교섭**은 산업별 노조 또는 교섭권을 위임받은 상급단체가 개별 기업의 사용자와 교섭하는 형태다. 특정 상급단체(연합단체)가 교섭권을 위임받아 개별 기업의 사용자와 단체교섭을 하게 되면 대각선교섭이 이루어진다. 이러한 대각선교섭은 사용자단체가 조직되어 있지 않다든지 또는 조직되어 있는 경우라도 각 기업에 특수한 사정이 있는 경우에 사용되고 있는 교섭형태이다.

대각선교섭은 주로 산별 노조(산별 연맹)와 개별 사용자 간에 주로 이루어지며 사용자단체와 개별 기업별 노조 간의 대각선교섭은 찾아보기 어렵다. 중소규모의 노동조합이 교섭권과 협약체결권을 산별 노조에 위임하여 개별 사용자와 교섭하는 경우 많이 이용되고 있다. 때로는 산별 노조 형태를 취한 경우에 통일협약을 적용받기 꺼리는 개별 기업이 사용자단체에 가입을 회피하는 경우에도 산별 노조와 개별 기업 간에 대각선교섭이 이루어지기도 한다.* 대각선교섭의 예로서, 전국대학노조(민주노총 산하)와 개별 대학재단(사용자)과의 교섭을 들 수 있다.

---

* 상부조합이 대각선교섭을 두 개 이상 동시에 행하고 있을 때에는 상부조합에서 볼 때에는 방사선모양을 하고 있으므로 방사선교섭이라고도 한다.

〈표 9-1〉 교섭방식과 집중화 · 분권화 정도

교섭방식	단체교섭 당사자		분권화 · 집중화 정도	
	노동조합 측	사용자 측	노동조합 측	사용자 측
기업별 교섭	기업별 노조	개별 사용자	분권화	분권화
공동교섭	산별 노조와 지부 (상급단체와 기업별 노조)	개별 사용자	중간	분권화
집단교섭	다수의 기업별 노조	다수의 사용자	중간	중간
대각선교섭 1	산별 노조(상급단체)	개별 사용자	집중화	분권화
대각선교섭 2	기업별 노조	사용자단체	분권화	집중화
통일교섭(산별 교섭)	산별 노조(산별 연맹)	사용자단체	집중화	집중화

2) 교섭의 집중화와 분권화

이러한 다섯 가지 교섭방식은 단체교섭이 이루어지는 수준과 교섭에 참가하는 노동조합과 사용자의 성격에 따라 기업별 교섭은 가장 **분권화**된 교섭 형태로, 통일교섭은 **집중화**의 정도가 가장 높은 교섭 형태로, 그리고 대각선교섭, 집단교섭과 공동교섭은 분권화와 집중화가 중층적으로 또는 복합적으로 이루어지는 교섭방식으로 구분할 수 있다.

위의 교섭방식 중 집중화의 정도가 가장 높은 교섭방식은 통일교섭이다. 노동조합의 활동과 관련된 모든 의사결정의 권한이 조직의 상층부, 즉 노동조합의 전국 중앙조직 또는 산별 노조와 이에 대응하는 사용자단체와의 교섭이므로 가장 집중화가 높은 교섭방식이라 할 수 있다.

그 다음으로 집중화의 정도가 높은 교섭방식은 집단교섭과 대각선교섭이다. 집단교섭은 다수의 노조와 다수의 사용자가 집단으로 교섭한다는 측면에서 하나의 산별 노조 또는 상급단체가 한 사용자와 교섭하는 대각선교섭에 비해 집중화의 정도가 높은 것으로 평가할 수 있으나 의사결정권, 즉 체결권을 누가 가지고 있느냐의 측면에서 보면 대각선교섭이 집단교섭에 비해 집중화의 정도가 높은 교섭방식이라 할 수 있다. 대각선교섭은 단위노조로부터 상급단체로 교섭권과 체결권이 모두 위임되지만, 집단교섭에서는 교섭체결권은 여전히 단위노조에 있기 때문이다. 대각선교섭이 집단교섭에 비해 집중화의 정도가 높다고 하지만 이는 노동조합에게만 해당되기 때문에 집단교섭에 비해 반드시 집중화의 정도가 높다고는 할 수 없는 것으로 보인다.

2 단체교섭에 관한 이론

경제학 관점에서 노동조합은 (이상적인 상황을 가정한다면) 노동시장에서 노동을 독점적으로 판매하는 조직이다. 문제는 노동이 일반적인 상품이 아니라 보관이 어려우며 장래에 제공될 서비스의 교환가치를 의미한다는 점이다. 또한 노동조합은 그 목적이 소득극대화에만 있는 것도 아니다. 노조 내부의 정치적 성격도 무시할 수 없다.

일반적으로 **교섭**(bargaining)이라고 할 때는 다음과 같은 세 가지 가정이 있다.[2)] 첫째, 교섭은 적어도 두 사람 또는 두 집단 간에 이루어진다. 둘째, 교섭은 파이(pie)를 배분하거나 공통적으로 관심 있는 문제를 해결하기 위한 시도이다. 셋째, 양 당사자는 양보할 수도 있지만, 상대방에게 피해를 줄 수 있어야 한다.

단체교섭에 대한 이론은 다양하지만 크게 수학적·경제학적 모형과 행위중심의 모형, 그리고 기술적 접근방법으로 나뉜다. 수학적·경제적 단체교섭모형은 대부분 교섭당사자들의 효용(utility)을 극대화시키는 교섭결과에 주목하고 있다. 효용이란 당사자들이 느끼는 가치를 말한다. 즉, 노동조합은 임금인상률 3%보다는 5%에 더 높은 효용을 부여하기도 한다.* 이 모형에서는 당사자들이 각자의 효용을 극대화하는 합의에 도달하는 수준 또는 범위를 예측한다. 하지만 당사자들이 서로 상대방의 효용에 대해서 정확히 알지 못하고 있다는 점, 또 합의에 이르지 못했을 때의 비용 등에 대해 잘 모른다는 점 등이 한계로 지적되고 있다.

이에 비해 행위중심의 모형은 경제적 요소뿐만 아니라 행위적 요소들도 포함하고 있어서 교섭에 영향을 미치는 다양한 요인들과 서로 간의 관계를 이해하고 확인하는 데 유용성을 제공해준다. 아래에서는 이 행위중심의 교섭유형에 대해 먼저 살펴보자.

1) 행위중심의 교섭유형[3)]

행위중심의 교섭유형에 대해서는 제4장의 노사관계이론 중에 행동이론에서 설명한 바 있으나 여기서 다시 개요를 설명하기로 한다. 왈톤과 맥커시(Walton & McKersie, 1965,

---

* 물론 노동조합운동론에 대한 관점에 따라서는 "투쟁 없는 5% 임금인상보다 투쟁을 통한 3% 임금인상이 더 중요하다"고 생각하기도 한다. 협력과 대화는 노동운동의 방향이 아니며 투쟁을 통한 결과 확보가 더 바람직한 운동방식이라고 생각하기 때문이다.

1991)는 다음과 같이 네 가지로 교섭유형을 구분하고 있다.

(1) 분배교섭과 통합교섭

분배교섭(distributive bargaining)에서는 한정된 희소가치를 노사가 분배하는 문제를 교섭의 초점으로 본다. 즉, 교섭을 통해서 가치가 증가할 수 없다고 보는 입장에서의 교섭이다. 쉽게 말해서 **제로섬**(zero-sum)**게임**이다. 예를 들면, 임금교섭에 있어서 높은 임금인상이 이루어지면 노조에는 이익이 되지만 회사 측에는 손실을 초래하는 것이다. 이 교섭 결과는 교섭력에 의해서 결정된다.

과거 쿠바에서의 러시아 미사일 사례를 대표적인 분배적 교섭으로 들 수 있다. 1963년 러시아가 쿠바에 미사일 기지를 설치하겠다고 하자 당시 미국의 대통령인 케네디는 이를 받아들일 수 없으며 전쟁도 불사하겠다고 발표했다. 이를 위해 예비군동원령을 내리고 국회의 인준을 받았다. 하지만 다음 단계의 의사결정은 아직 확정되지 않았다는 암시를 보냈고 결국은 합의에 도달하여 쿠바의 미사일기지를 제거하게 된다. 대륙간탄도미사일이나 핵미사일을 두고 북한과 미국이 대립하는 것도 한쪽이 양보하지 않으면 평화적 해결방식이 없다는 분배적 교섭이라고 할 수 있다.

두 번째 교섭의 종류인 **통합교섭**(integrative bargaining)은 교섭이 상충되는 이해관계 사항뿐만이 아니라 이해공통사항도 포함된다는 교섭이다. 즉, 노사간에도 비용절감을 위한 생산성 향상 활동이나 산업재해 예방을 위한 안전관리활동 등은 노사간에 이해가 같은 내용이다. 양 당사자의 가치나 효용이 더 증가하는 **포지티브섬**(positive sum)**게임**이다. 통합적 교섭은 한 당사자의 이해관계가 다른 당사자의 이해관계와 반드시 갈등관계에 있지는 않기 때문에 서로에게 이익이 될 수 있다.

(2) 태도구성 교섭과 내부조직 교섭

태도구성 교섭(attitudinal structure bargaining)은 상호 간의 태도변화가 주안점이다. 교섭당사자가 우호적·적대적, 신뢰, 존경, 협력 등과 같은 태도를 형성하는 과정을 말한다. 노사관계는 1회성인 상거래와 달리 오랜 기간 동안 반복적으로 이루어지는 교섭으로 교섭당사자의 개인적인 특성과 경험, 평판 등이 교섭에서 중요한 역할을 한다. 예를 들어 한 회사의 공장장이 야간 작업자를 위한 식당 배식에 2년에 걸쳐 지속적으로 참여하자, 조합원들이 공장장의 진심을 받아들이고 대립적인 노사관계가 서로 인정하고 신뢰하는 노사관계로 전환된 사례도 있다.

내부조직 교섭(intraorganizational bargaining)은 교섭팀 내부의 타협과정을 말한다. 다수의 조합원으로 구성되어 있는 경우는 대외적인 교섭도 중요하지만 대내적으로 통합된 의견을 만드는 것도 쉽지는 않은 일이다. 노사 모두 그 구성원이 동질적이 아니기 때문에 노사 쌍방 모두 내부적으로 상충되는 견해와 이해관계가 존재하게 된다. 그러므로 교섭상대방과 교섭을 진행하기 위해서는 우선 내부갈등을 해소하여야 한다. 이렇게 내부적으로 통합된 의견을 만드는 교섭을 내부조직적 교섭이라고 한다. 특히 현대자동차나 코레일(한국철도공사) 같은 대기업의 노조는 수만 명의 조합원을 가지고 있기에 조합원들의 다양한 의견을 수렴하여 사용자에게 요구안을 제시하기 위해서는 조합내부적으로 상당한 교섭과 협상, 흥정이 필요하다. 여러 지부가 있는 노동조합도 그렇고, 여러 산별 노조나 산별 연맹으로 구성된 전국단위 노조도 마찬가지다.

3 단체교섭의 전략적 의미[4)]

노사간에 단체교섭은 노사간에 상호작용을 하는 과정이고 다양한 내적·외적 변수가 작용하는 과정이다. 따라서 노사간에는 교섭과정에서 복잡한 선택을 해야 하는 과정이다.

교섭전략은 몇 가지 특징을 가지고 있다고 할 수 있다.[5)] 첫째, 교섭전략은 교섭의 다양한 상황적 변수와 당사자 간의 상호작용에서 오는 정보의 부족과 불확실성, 상황의 불투명성 속에서 선택을 한다는 점이다. 이는 선택이 불확실성 속에서 이루어지기 때문에 예상한 대로 성공적인 교섭결과를 가져올 수 있지만 예상치 못한 실패를 가져올 수 있다는 것이다. 둘째, 교섭전략은 당사자들이 선택하는 행위패턴을 의미한다. 교섭전략은 다양한 세부적인 기술을 포함하기 때문에 이러한 세부적인 기술들이 모여서 하나의 패턴을 의미하게 된다. 셋째, 교섭전략은 방향성과 일관성을 가진다. 교섭전략은 이러한 연속성 속에서 방향성을 가지고 일관되게 진행되는 것을 의미한다.

1) 교섭전략의 유형

교섭전략은 학자에 따라 다양하게 구분할 수 있다. 두취(Deutch)는 교섭행위의 패턴을 **공세적**(competitive) **교섭**이냐 **협력적**(cooperative) **교섭**이냐에 따라 구분하였다.[6)] 이러한 구분은 앞에서 살핀 분배적 교섭과 통합적 교섭과 유사하다고 하겠다. 프루이트(Pruit)는 상대방의 결과와 자신의 결과 중에 어느 쪽을 더 중시하느냐를 기준으로 노사간의 교섭이 합의에 이르는 방법 네 가지를 제시했다.[7)]

첫째, 노사가 서로에게 유리한 대안을 찾아가는 **문제해결형 전략**, 둘째, 어느 일방이 상대방에게 자기주장을 강요한 **공세전략**, 셋째, 자신의 요구를 낮추는 **양보전략**, 넷째, 협상 자체에 대해서 소극적으로 나오는 **무위전략** 등이다. 왈톤, 쿠셔-거션필드, 맥커시(Walton, Cutcher-Gerchenfeld & MeKersie, WCM)는 협상전략을 압박전략, 포용전략, 그리고 회피전략 등 세 가지로 구분했다.[8)] 이들 세 가지 전략 중에 **회피전략**은 아예 관계 자체를 해지하려는 전략이기 때문에 실제로는 **압박전략**과 **포용전략**을 중심으로 하고 있다.

이러한 구분을 바탕으로 이성희(2002)는 우리나라의 경우 노사간의 교섭전략을 살피는데 세 가지를 제시하고 있다.[9)] 첫째, 교섭전략이 대체로 **공세전략**과 **협력전략**으로 구분되고 있다. 제로섬의 경우는 상대방을 압박하려는 공세전략을 취하고 포지티브섬의 경우에는 협력하는 전략을 사용한다는 점이다. 둘째, 교섭의 목표가 단기적인 이해관계에 있느냐 아니면 노사관계의 변화까지도 고려하는 장기적인 측면에 있느냐에 따라 **협상전략**이 달라질 수 있다. 셋째, 교섭에서 실력행사에 대한 태도가 중요한 기준이 된다. 노조의 경우는 파업, 사용자의 경우는 **노조무력화**나 **대체근로** 등을 얼마나 선호하느냐에 따라 교섭전략이 달라질 수 있다는 점이다. 이러한 기준을 가지고 우리나라의 교섭전략을 〈표 9-2〉와 같이 구분하고 있다.

〈표 9-2〉 노사간의 교섭에 대한 전략 구분

주 체	협상전략	특 징
사용자	압박전략	- 분배적 교섭기술 - 상대방에 대한 공세적 태도
	포용전략	- 통합적 교섭기술 - 상대방에 대한 신뢰, 우호적 태도
	회피전략	- 상대방 무력화 - 폐업 또는 이전
노동조합	공세전략	- 분배적 교섭기술 - 파업을 배경으로 한 교섭력
	협력전략	- 통합적 교섭기술협상을 통한 교섭력

출처: 이성희(2002), 「노사협상전략의 선택조건과 협상전략이 협상결과에 미치는 영향에 대한 실증연구」, 고려대학교 대학원 경영학과 박사학위논문.

사용자는 세 가지의 전략이 대표적이다. 이성희에 따르면 우리나라 기업들의 경우는 일반적으로 단기적인 이해관계 외에 중장기적인 노사관계 태도에도 많은 관심을 보인다.10) 공장폐쇄나 해외이전과 같은 매우 강력한 회피전략을 제외한다면 실제로는 압박전략과 포용전략 중에서 선택할 수 있다. 노동조합은 상대적으로 사용자와 달리 단기적인 이해관계에 더 초점을 두는 경우가 많다. 사용자와는 달리 노동조합의 지도부는 2~3년 만에 선거에 의해서 재선출될 수 있는 가능성을 무시할 수 없기 때문이다. 단기적으로 조합원들의 선호를 대변하지 못하면 지도부를 유지하기 어렵다. 이를 바탕으로 공세전략과 협력전략 중에서 선택할 수 있다.

그렇다면 회사와 노동조합은 어떠한 기준으로 교섭전략을 선택하게 되는가? 교섭전략을 선택하는 데에는 교섭전략의 목표, 교섭력, 노사간의 신뢰관계, 상대방의 예상되는 교섭전략, 경제적인 압력, 노동조합의 내부 조직구조와 노동조합 내 민주주의, 교섭대표의 이데올로기적인 가치관, 교섭대표의 협상경험, 그리고 노사간 쟁점의 성격 등을 들 수 있다. 다음에는 이 중에서 가장 중요하다고 생각되는 교섭력을 살펴보기로 한다.

2) 교섭력이론

노동조합의 교섭력과 사용자의 교섭력은 네 가지 요소에 의해서 결정된다. **교섭력이론**(bargaining power theory)은 서로 상대방의 요구에 합의함으로써 얻는 이익과 손실, 그리고 서로 상대방의 요구에 합의하지 않음으로써 얻는 이익과 손실 속에서 교섭력이 결정된다는 것이다.

(1) 노조의 교섭력

노조의 교섭력은 '사용자가 노조의 요구에 합의해서 입는 손실'이 커질수록 약해지며, '합의하지 않음으로써 사용자가 입는 손실'이 커질수록 커진다.

$$\text{노조의 교섭력} = \frac{\text{노조의 요구에 합의하지 않음으로써 사용자가 입는 손실}}{\text{노조의 요구에 합의함으로써 사용자가 입는 손실}}$$

예를 들어, 노조의 요구에 합의함으로써 경영자가 입는 손실에는 노조에 비치는 약한 사용자의 모습, 업계에서 쏟아지는 비난, 노조의 요구사항을 들어주는 결과 생겨나는 여러 가지의 보상체계 등이다. 그러나 합의함으로써 사용자는 생산활동을 지속할 수 있어 파업에 따르는 비용을 절감할 수 있으며, 산업평화 지속의 이미지를 강화할 수 있다. 따라서 노조가 교섭력을 강화하려면 위 공식에서 분모값을 줄이거나 분자값을 크게 해야 한다. 노조는 분자값을 줄이려면 사용자의 합의비용을 줄여야 하는데, 그 방법으로는 생산성 향상만큼 임금을 연계시켜 인상하는 생산성반영 교섭, 상품판촉활동에 같이 참여함으로써 회사 이미지의 개선 등을 고려할 수 있다.

다음으로 분모값을 크게 하면 노조의 교섭력을 제고할 수 있는데, '노조의 요구에 합의하지 않음으로써 사용자가 입는 손실'에는 파업에 따르는 생산손실 확대 및 고객에 대한 회사의 이미지 실추 확대 등을 들 수 있다. 따라서 노동조합은 이 손실을 크게 하기 위해 확실하게 총파업을 수행하거나, 소비자나 협력업체에 파업지지를 호소하기도 한다.

(2) 사용자의 교섭력

사용자의 교섭력은 '사용자의 요구에 합의함으로써 노조가 얻는 손실'이 작으면 약해지고, '사용자의 요구에 합의하지 않음으로써 노조가 입는 손실'이 커지면 강해진다.

$$\text{사용자의 교섭력} = \frac{\text{사용자의 요구에 합의하지 않음으로써 노조가 입는 손실}}{\text{사용자의 요구에 합의함으로써 노조가 입는 손실}}$$

사용자 측의 요구에 합의함으로써 입게 되는 노조의 손실에는 어용이미지가 있다. 이러한 손실을 줄이기 위한 사용자 측의 전략은 이익분배제도의 도입, 보너스의 지급, 물가연동 임금인상 도입 등이 있다. 사용자 측의 요구에 합의하지 않음으로써 노조가 입는 손실에는 조합원소득의 상실이나 파업에 따르는 실직이 있다. 이러한 노조의 손실을 크게 하기 위한 사용자 전략은 재고량 확대, 자동화 확대, 해외로의 공장 이전, 비조합원 활용을 통한 생산활동의 지속 등이다.

(3) 교섭력 결정요인

이를 다시 정리하면 사용자의 교섭력을 결정하는 요인은 여유 있는 자금사정, 비수기 시장여건, 최종 또는 중간소비자와의 관계, 제품출하와 재고의 패턴 등이라고 하겠다.[11] 사용자 측의 자금사정이 나쁘면 파업이 발생할 경우 손실이 커지기 때문에 교섭력이 떨어진다. 시장여건에서는 비수기에 조업중단이 발생하면 사용자의 손실이 줄어든다. 하지만 파업으로 인해 조업이 중단될 때 경쟁기업이 시장점유율을 쉽게 높일 수 있다면 손실은 그만큼 커진다. 최종 또는 중간소비자와의 관계를 보면 파업기간 동안에 소비자들이 대체 제품을 쉽게 구할 수 있다면 사용자의 교섭력은 떨어진다. 하지만 공급에 있어서 독점력을 가진다면 사용자의 교섭력은 강해진다.

제품에 대한 수요가 일정하고 안정적이라면 사용자는 파업이 발생하기 전에 재고를 증가시켜 파업에 대비함으로써 교섭력을 제고할 수 있다. 하지만 콩나물, 두부와 같이 쉽게 상하는 음식료 제품인 경우 또는 제품의 특성상 재고비축이 어려운 경우 사용자의 교섭력은 약해진다. 자동차 같은 경우 완성된 자동차를 야적장에 며칠 정도 둔다고 해도 제품의 가격이 떨어지지 않아서 재고를 충분히 비축하고 파업에 대한 피해를 줄일 수 있어서 사용자의 교섭력이 증가한다.

노동조합의 교섭력을 결정하는 요인은 다음의 다섯 가지로 정리할 수 있다.[12] 첫째, 우선은 노조의 조직구조라고 하겠다. 기업별 노조보다는 업종별, 산업별 노조가 결성되었을 때 교섭력이 훨씬 높아진다. 파업의 파급력이 크기 때문이다. 둘째, 조합원의 의식과 단결력이다. 조합원의 단결력이 강할 때 조합의 교섭력은 제고된다. 셋째, 노조의 지도력이 우수할 때 노조의 교섭력이 올라간다. 노조의 지도력은 파업이 발생했을 때 파업의 열기를 유지하고 파업이 길어질 때 이탈자를 관리하는 점에서 힘을 발휘할 수 있다. 넷째, 노동조합과 파업에 대한 여론이 유리하고 노동조합의 요구가 대의명분을 가질 때 노동조합의 교섭력은 올라간다. 언론의 기사 방향이 중요하다. 다섯째, 파업이 진행되는 동안에 파업에 참여하는 조합원들의 생활능력이 있을 때 교섭력이 제고된다. 파업기금이 충분하거나 다른 노조로부터 자금을 손쉽게 조달할 수 있다면 교섭력이 제고될 것이다.

4 단체교섭의 준비

실제로 단체교섭을 진행하기 위해서는 공식적이고 명시적인 규정과 지식만이 아니라 협상을 하기 위한 자질과 경험이 중요하다. 여기서는 그중에서 기업별 교섭을 중심으로 설명할 수 있는 내용에 한하여 설명하기로 한다.

1) 교섭위원의 자질

교섭위원은 교섭의 원만한 진행과 협약체결에 중대한 영향을 미친다. 또한 최근 우리나라 단체교섭의 상당수가 산별 교섭을 전제로 하기 때문에 아래에 언급한 내용 외에도 추가적인 내용이 있을 수 있다. 일반적으로 교섭위원이 갖추어야 할 자질로는 다음과 같은 내용을 들 수 있다.[13)]

(1) 책임감과 판단력

교섭위원은 자신이 대표하는 집단의 이익을 위해 노력해야 한다. 또한 협상은 노사가 서로 상황에 따라 양보와 절충이 필요하므로 교섭위원은 상황을 제대로 판단하고 필요한 행동을 취할 수 있어야 한다. 또한 교섭위원은 교섭과정에서 책임을 질 수 있는 발언을 하고 타결된 협약에 대해서는 책임질 수 있어야 한다. 사용자 측 교섭위원은 사용자의 대표가 아니더라도 결정권한을 위임받아서 교섭에 참여해야 하며, 노조 측도 잠정타결안이 조합원의 동의를 받을 수 있을지를 판단할 수 있어야 한다. 잠정타결안이 부결되었을 경우 노조지도부는 큰 타격을 받을 수밖에 없다.

(2) 침착함과 인내심

노사간의 의견대립은 협상에서 불가피한 현상이다. 이런 상황에서 서로에 대한 인신공격이나 감정적인 문제로 협상이 흘러가게 되면 협상의 진행은 더디어지고 교섭은 어려워진다. 이러한 상황을 피하기 위해서는 대립적인 상황에서도 침착함을 유지하고 인내심을 가져서 교섭이 진행되도록 이끄는 자질이 필요하다. 특히 교섭이 교착상태에 빠졌을 때 흥분하거나 과격해지는 일반조합원들을 잘 설득하고 관리할 수 있는 노조 지도부가 있어야 사용자의 업무방해나 기물파괴 등의 형사사건을 피할 수 있다.

(3) 교섭경험

판단력이나 인내심은 이론적으로 훈련할 수도 있지만 교섭현장에서 경험을 통해 향상시킬 수 있다. 따라서 단시일 내에 억지로 경험을 쌓기보다는 자연스럽게 현장에서 직접적인 경험을 쌓을 수 있어야 한다. 이를 위해서는 교섭담당자들의 빈번한 인사이동을 피해서 경험이 축적될 수 있도록 지원해야 한다. 단체교섭결과에 대한 분석과 평가도 필요하며 모의교섭도 경험을 쌓는 데 도움이 될 수 있다.

(4) 신뢰와 지지

교섭위원은 자신이 대표하는 집단의 구성원으로부터 신뢰와 지지를 받고 있어야 한다. 교섭위원의 권한은 위임된 것이므로 구성원들이 느끼는 교섭결과에 대한 평가는 교섭위원에 대한 신뢰와 깊은 관계가 있다. 신뢰가 있을 때에는 교섭결과가 기대에 미치지 못하더라도 이를 이해하고 수용하려는 경향을 보이지만 신뢰가 부족할 때는 교섭결과에 의심을 품을 가능성이 많다.

2) 단체교섭의 준비

단체교섭의 준비는 자료의 수집, 교섭방향의 설정, 교섭위원의 선정, 전략 및 전술의 수립 등의 활동을 포함한다.[14] 교섭대상의 범위, 조합원 수, 기업의 규모 등이 교섭기간에 영향을 미치며 단체교섭에 앞서 교섭방향의 설정, 입장정리에 필요한 내부적인 의견교환이 상대적으로 긴 시간을 요구한다. 교섭준비기간이 충분해야 교섭준비를 철저히 할 수 있고 유리한 교섭결과를 가져올 수 있으나 준비기간이 지나치게 길어질 때는 교섭여건을 제대로 반영하기 어렵게 되기도 한다. 우리나라 노조의 임금교섭 준비기간은 대체로 1~3개월 정도이며 대기업의 경우는 3개월 이상이 되기도 한다.

하지만 최근 산별 교섭은 국가의 전반적인 정책, 특히 근로자에 대한 정책이나 비정규직에 대한 정책, 정치 정당의 정강이나 공약 등 좀 더 거시적인 정보에 대한 수집 및 분석 그리고 대안모색이 필요하기 때문에 기존보다 더 많은 시간과 노력이 필요할 것이다.

(1) 양측의 교섭준비

노동조합은 우선 단체교섭에 임하는 자세를 정리하고 동시에 노동조합이 해결해야 할 문제점과 향후 과제들을 점검할 필요가 있다. 교섭을 성공적으로 이끌기 위해서는 교섭자료를 제대로 만들어야 한다. 교섭자료에는 조합원들의 요구나 불만사항에 관한 자료, 설문지 조사결과, 비교되는 노조의 단체교섭결과, 상급노조의 단체교섭지침, 생계비 상승률, 기업의 영업실적, 일반경제, 산업전망 및 노동시장 관련 자료, 노동판례, 정부의 정책자료, 과거 단체교섭이나 노사협의회 자료 등이다.[15] 노동조합은 특히 근로자들의 요구와 불만,

생계비, 회사의 경영실적 등에 특히 많은 관심을 보인다.[16] 그 외에도 산별 노조의 경우에는 앞에서 언급한 거시적인 정책이나 정보에 대한 과제들이 추가된다.

사용자 측은 단체교섭을 통해 바람직한 노사관계의 방향을 제시할 수 있다. 즉, 기업의 향후 발전방향과 맞추어본 노사관계, 각 부서별 문제점 분석을 통한 인력과 조직관리의 문제점 파악, 각 부서의 노사관계에 대한 애로사항 등을 통해 단체교섭을 준비할 수 있다. 사용자 측이 교섭을 준비하기 위해 사용하는 자료로는 사용자단체의 교섭지침, 회사 및 타회사의 노동생산성 향상 수준, 회사의 중장기 전망 및 전략, 생계비 실태조사, 사내여론조사, 물가자료, 정부의 임금지도지침 및 근로자 측이 제시한 교섭안 분석 등을 들 수 있다.[17]

(2) 노사의 자료교환 및 공유

단체교섭의 효율성을 제고하기 위해서는 노사간에 자료를 서로 교환하고 공유하는 것이 바람직하다.[18] 노동조합은 사용자에 비해 경영 관련 자료와 정보가 미흡해 정보의 불균형을 초래하기 쉽고 이 때문에 불필요한 갈등이 발생할 수도 있기 때문이다. 사용자는 일반적으로 경영 관련 정보가 노동조합 쪽에 넘어가게 되면 경쟁기업에 이용당하거나 노동조합 측에 의해서 편파적으로 해석될 수 있다고 생각하는 경우가 많다.

하지만 노동조합도 사용자 측이 제공한 정보를 비밀을 유지하고 객관적이고 공정하게 해석하는 태도를 가진다면 정보의 비대칭성 해소에 많은 도움이 될 것이다. 근로자들의 애로사항이나 불만 등 작업현장에 대한 정보는 노동조합이 상대적으로 많이 가지게 된다. 이러한 자료는 사용자 측에서 자료제공을 요구함으로써 불필요한 문제를 사전에 해소하는 효과를 낼 수도 있다.

필요하다면 노사가 쟁점이 되는 이슈에 대해 공동으로 자료를 수집하고 분석을 할 수 있다. 예를 들면, 임금인상과 관련된 생산성과 생계비 자료, 신기술도입의 효과에 대한 평가자료 등은 공동으로 자료를 수집하고 분석함으로써 노사간의 이견을 조정하는 데 도움이 될 수 있다. 필요하다면 노사는 공동으로 특정 주제 등에 대해 위원회를 구성하여 운영할 수 있다.

(3) 단체교섭 당사자의 목표

교섭에 임하는 교섭당사자의 목표는 서로 다르다. 우선 노동조합의 교섭목표를 보자.

일반적으로 노동조합의 교섭목표는 조합원의 **경제적 · 사회적 지위향상**이라고 할 수 있다. 하지만 이를 좀 더 분석할 필요가 있다. 노동조합의 지도부는 조합원의 지지율을 높여야 하는 과제가 있다. 따라서 좀 더 극적인 상황, 즉 지도부가 일반조합원을 위해 최선을 다했다는 모습을 보일 필요가 있다. 예를 들면, 단체협약의 체결은 오전 10시나 오후 5시가 아니라 새벽 2시 또는 밤을 샌 아침 6시와 같은 경우가 많다. 이는 노사당사자가 최선을 다했다는 이미지를 보여준다.

많지는 않지만 **숙련공노조**(craft union)의 경우는 노동수요에 맞게 노동공급을 제한함으로써 조합원들의 파워를 유지할 수 있다. 따라서 도제식으로 기능공 배출을 통제해 왔다. 노동조합은 아니지만 우리나라에서 항상 문제가 되고 있는 의사인력과 법조인력에 대한 확대가 의사협회나 변호사협회의 반대에 부딪치는 상황을 본다. 의대 설립을 확대하고 로스쿨(법학전문대학원)을 확대하면 질이 낮아지고 실업자가 생겨서 사회문제가 된다는 주장이다. 일견 이해가 가면서도 노동력 공급을 제한함으로써 보상 수준을 유지하려는 숙련공노조와 같은 모습으로 이해할 수 있다. 또한 항운노조와 같은 경우는 클로즈드숍(closed shop)은 없어지고 있지만 여전히 항만에서 노동력공급에 있어서 상당한 권한을 행사하고 있는데, 이것이 바로 노동공급을 통제함으로써 노조와 조합원들의 파워를 유지하는 것이다. 항운노조의 **정조합원**과 **임시조합원**제도가 이를 보여준다. 항운노조에 가입하면 바로 정조합원이 되는 게 아니라 임시조합원이 되고, 상당한 기간이 지난 후에 정조합원이 줄어들면 그때 임시조합원에서 정조합원이 된다. 말 그대로 정조합원은 안정적으로 일할 수 있지만, 임시조합원이 필요에 따라 일할 수 있다.

사용자의 교섭목표는 노동비용의 절감, 노동생산성의 향상, 이윤의 확보, 파업비용의 최소화, 경쟁력 유지라고 할 수 있다. 이 때문에 단체교섭의 양 당사자는 항상 부딪치는 것이다.

5 교섭 이슈: 임금인상과 고용안정

노사간의 교섭 중에서 가장 첨예한 대립을 보이는 이슈는 임금인상과 고용안정이다. 과거 고성장시대에는 고용안정은 전제조건이었으나 1990년 후반 외환위기 이후에는 대규모 구조조정이 기업생존 차원에서 진행되기 시작했고 그에 따라 고용안정과 일자리 지키기가 노동조합의 과제로 대두되었다. 여기서는 먼저 임금인상률을 결정하는 노사간의 입장과 요인들을 살펴보고, 고용안정에 대해 살펴보기로 한다.

1) 임금의 결정구조와 결정요인의 이해

개별 기업의 경우에는 임금인상률이 노사간의 교섭력에 많은 영향을 받는데 여기서는 일반적인 이슈들을 중심으로 살펴보자. 첫째, 노동조합에서 주로 활용하는 생계비이다. 특히 물가상승과 함께 실질임금인상률이 많이 언급된다. 둘째, 사용자 측에서 주로 활용하는 지불능력이다. 회사의 입장을 고려했을 때 조합에서 원하는 만큼 임금을 인상하기가 곤란하다는 입장의 근거로 많이 활용된다.

(1) 노동조합의 임금인상 결정요인

노동조합에서 요구하는 **임금인상률**은 대체로 세 가지에 의해 결정된다. 첫째, 물가상승률을 반영하는 실질소득의 유지를 위한 요구이다. 이는 물가가 인상되면 실질소득이 하락하는 것이므로 이를 임금인상에 반영하고자 한다. 대개 이를 위해서 도시소비자물가지수를 활용한다. 사실 우리나라 노동조합원의 경우 기본급이 대체로 근속을 반영하는 호봉제이기 때문에, 매년 물가상승 정도의 임금인상이 이루어진다. 이를 보통 **베이스업**(base up)이라고 한다. 같은 호봉에 대해서 물가상승을 반영해 임금수준이 올라간다. 가장 대표적인 사례가 공무원이라고 하겠다. 여기에 추가하여 임금인상이 단체교섭에서 이루어지기 때문에 최종적인 임금상승은 이 두 가지를 다 고려하는 것이 맞다. 즉, 호봉 자체가 올라가는데, 여기에 호봉도 승급이 이루어지기 때문이다. 예를 들어 10호봉이 3백만 원인 경우에 베이스업으로 10호봉이 3백10만 원이 되고, 11호봉이 320만 원에서 330만 원이 된다고 하자. 내 호봉은 10호봉에서 11호봉이 되기 때문에 금년에 10호봉 300만 원에서 내년에는 11호봉 330만 원이 된다는 의미다.

둘째, 실질소득을 향상시키고자 하는 요구이다. 노동력이라는 상품의 가치는 증가하기 마련이고 생활의 개선도 필연적이라고 보기 때문에 노동생산성이 향상된 만큼 임금이 인상되어야 한다는 주장이다. 생산성 향상은 자본투자에 따른 생산성 향상이 있고, 노동자의 일한 성과에 따른 노동생산성 향상이 있다. 따라서 이 노동생산성에 대한 향상분은 임금인상에 반드시 반영되어야 한다는 주장이다.

셋째, 조합원의 평균 부양가족 수를 고려했을 때 근로소득 충족 **생계비**를 보장해야 한다는 주장이다.

한국노총의 경우를 보면 2023년에 임금인상요구율이 9.1%였는데 이는 경제성장률과 물가상승률의 합, 그리고 코로나로 인해 정상적인 물가인상분이 반영되지 못한 3개년(2019~2021)의 물가상승률 평균치를 합한 인상률을 최종인상률로 정한 것이다.[19]

(2) 사용자 측의 임금인상 결정요인

사용자 측의 임금결정요인은 기본적으로 **생산성**과 **지불능력**이 기준이다. 단기적으로 볼 때는 생산성 향상에 따른 요인이며, 중장기적으로는 자기자본비율이나 고정비율로 볼 수 있다. 장기적인 지불능력은 우리 기업의 대부분이 재무구조가 취약하고 타인자본의존도가 높아 외국기업에 비해 지불능력이 낮은 편이다. 단기적 지불능력은 일반적으로 노동생산성으로 나타낼 수 있는데, 사용자 측은 생산성 향상비율과 명목임금인상률을 연계하려는 경우가 많다.

또한 사용자는 임금관리전략에서 선도전략을 취할 수 있는데 이는 시장임금보다 더 높은 임금수준을 유지하는 것이다. 대기업이나 우수자원을 확보하고, 이직률을 낮추기 위한 목적을 가진다. 다음은 시장임금 수준을 택하는 유지전략이 있고, 시장임금보다 낮은 수준을 유지하려는 후행전략이 있다.

(3) 사회경제적 요인

일반적으로 임금결정에 영향을 주는 요인으로는 두 가지를 들 수 있는데, 하나는 정부정책이고 다른 하나는 기업에 대한 사회적 요구라고 할 수 있다. 정부정책은, 예를 들어 수출지향적인 경제정책을 사용하는 경우 임금인상보다는 실업자의 구제가 더 중요하다는 생각에서 임금인상을 제한하는 경우를 말한다. 기업에 대한 사회적 요구는 경제가 성장하는 과정에서 나타나는 문제점을 해소하기 위해 정부나 국민이 기업에 요구하는 기업복지와 같은 것이다. 임금과는 직접적인 관련이 없을 수도 있으나 결국은 인건비와 연계되어 있다. 최저임금제, 건강보험, 국민연금, 고용보험, 사내근로복지기금 등을 대표적인 예로 들 수 있다.

또한 대통령선거에 따라 어떤 성향의 정부가 들어서느냐도 중요한 영향요인이다. 문재인 정부는 소득주도성장을 이루기 위해서는 임금수준이 정규직만이 아니라 비정규직도 상승해야 한다고 주장하고 있기 때문에 노동조합에 유리한 분위기가 형성될 것으로 예상되었다. 윤석열 정부의 경우는 국가경제 발전은 기업의 성장발전이 원동력이 되어야 한다는 기본적인 생각을 가지고 있어서, 임금상승에 대해서 구체적인 내용을 제시하지는 않았다. 2022년 당시 기획재정부장관은 한국경영자총협회 회장단 간담회에서 "소위 잘 나가는, 여력이 큰 상위 기업들 중심으로 성과보상 또는 인재 확보라는 명분하에 경쟁적으로 높은 임금 상승을 주도하고 있다….", "과도한 임금인상은 고물가 상황을 심화시킬 뿐만 아니라 사회적 갈등을 증폭시킬 우려가 있다…."와 같은 발언을 하였는데 이는 임금인상에 대하여 부정적인 입장이라고 해석할 수 있다. 이재명 정부의 임금정책에 대해서는 좀 기다려보아야 할 것이다.

2) 고용안정과 구조조정 · 고용유연성

과거 노사간의 단체교섭에서는 임금인상이 가장 중요한 이슈였으나 1997년 외환위기 이후 노동조합은 임금보다는 고용안정에 더 중점을 두게 되었다. 외환위기 당시 전국적으로 밀려오는 구조조정에 대해 노동조합은 체계적으로 대응하지 못하였고, 그 결과 대규모의 구조조정에 따른 정리해고를 감수해야 했으며 그에 대한 대응으로 조직구조를 산별 노조로 전환해서 노조의 단결력과 힘을 강화하고자 하였다.

(1) 고용안정과 단체교섭

2000년대 초반까지만 하더라도 주요 단체교섭은 주로 임금인상과 같은 금전적 측면이 강했다. 2004년의 **GS칼텍스** 파업이나 아시아나 조종사 파업도 고용문제보다는 임금인상과 같은 금전적 보상에 관한 사항이었다. 이후 사회적으로 관심을 가진 파업은 모두 임금보다는 고용에 관한 것이었다. 2010년에 **쌍용자동차**(지금의 KGM, KG Mobility) 파업, 2011년 **SC제일은행** 파업, **한진중공업** 파업 등은 모두 회사의 **구조조정**과 관련해서 발생한 파업이었다. SC제일은행의 경우 표면적으로는 성과급이 이슈였지만 결국 파업이 끝난 이후 은행원들에 대해 대규모 명예퇴직이 이어졌다.

물론 2010년대 중반에 오면서 파업건수는 100여 건을 유지하였는데 대표적인 파업 중에는 고용안정과 관련되지 않은 파업들도 많지만 고용안정과 관련된 파업들도 많다. 2017년의 **현대자동차** 파업은 경제적 이슈였으나, **현대중공업**의 파업은 고용과 구조조정에 관한 파업이었다. 그 외에 KBS 파업은 적폐청산이 이슈였다.

매년 일상적으로 파업이 진행되었던 자동차업종이었지만 현대자동차는 2019년 이후부터 5년 동안 연속으로 파업 없이 협약을 체결하였는데 그 배경에는 전기자동차로의 전환이 일자리 감소를 가져오기 때문에, 파업보다는 미래에 대한 논의가 중요했기 때문이었다고 한다. 쌍용자동차도 적자지속으로 매각이 논의되고 있었으며, 르노삼성은 2021년 2월 초에 파업을 결의한 바 있지만, 희망퇴직을 시행하고 있는 상황이다. 모두가 고용안정이 핵심이슈이다. 2025년 들어서는 **한국GM자동차**의 경우 노동조합은 강력하게 성과급과 고용안정을 요구하고 있지만 사용자 측은 국내에서 사업을 철수한다는 소문 등과 함께 노조에 대응하고 있다.

(2) 일본과 독일의 일자리 나누기

일본의 후생노동성은 **워크 셰어링**(work sharing)을 도입 목적에 따라 고용유지형(긴급피난형), 고용유지형(중고령자대책형), 고용창출형, 다양취업형 등의 네 가지로 구분하고 있다.[20)]

첫째, **고용유지형**(**긴급피난형**)은 경기악화와 구조개혁에 따라 일시적으로 생산량과 매출이 감소하여 잉여인력이 발생하는 경우에 생산성을 유지·향상하고 고용을 유지하기 위하여 소정근로시간을 단축하고 이에 따라 임금이 감소하는 유형이다.

둘째, **고용유지형**(**중고령자대책형**)은 중고령자의 고용을 확보하기 위해 중고령자를 대상으로 해당 근로자 1명당 소정근로시간을 단축시켜 사내에서 보다 많은 고용을 유지하는 유형이다.

셋째, **고용창출형**은 실업자에게 새로운 취업기회를 제공하는 것을 목적으로 하여 국가 또는 기업단위로 근로시간을 단축해 보다 많은 근로자에게 고용기회를 제공하는 유형이다.

넷째, 마지막으로 **다양취업형**은 정사원에 대해 단시간근무를 도입하는 등 근무방식을 다양화하여 여성이나 고령자를 비롯해 보다 많은 근로자에게 고용기회를 제공하는 유형이다. 물론 일본의 경우도 기업들이 이러한 워크 셰어링에 대해 긍정적으로만 평가하고 있지는 않다. 하지만 고용확보를 통한 사회적 책임 이행, 유능한 인재의 확보 및 퇴직 및 유출 방지, 인건비 저하 등에서 장점을 인식하고 있다.

독일의 경우는 대량해고를 피하기 위해 단시간근무를 도입하고 조업을 단축하는 기업에 대해 정부에서 지원금을 지급하는 제도 외에 **근로시간계좌제도**도 활용하고 있다. 이 근로시간계좌제도는 전통적인 근로시간제도의 경직성을 완화하고 노사에게 근로시간의 유연적 설계를 가능하게 하였다. 근로자는 매일 계약한 근로시간과 실제 근로시간을 비교하여 근로시간계좌에 초과분과 미달분을 정리하고 특정기간 내에 소멸 또는 변제되도록 하는 방법이다. 이를 통해 일간, 주간, 월간 근로시간을 변화시킬 수 있는 가능성이 증가하였다.

독일에서는 1970년대 후반 고실업 상황에서 노조가 워크 셰어링을 주장하였고, 이후 금속노조에서 근로시간을 40시간에서 35시간으로 단축하였으며 이후 다른 산업에서도 근로시간 단축이 꾸준히 이루어졌다. 2008년 외환위기 당시 독일에서 일자리 나누기에 참여한 근로자 수는 150만 명을 넘어선 바 있다.

자동차회사를 포함하는 독일의 금속노조는 폭스바겐과 협상에서 공장의 해외이전 대신에 기존의 정규직임금보다 상당히 낮은 임금을 주는 별도의 회사를 만들자고 주장해서, **'아우토5000'**이라는 회사를 만들어 운영하였고 이후 경제가 회복되자 다시 정규직으로 전환되었다. 그만큼 임금하락을 인내하지만 실업의 충격을 줄이자는 의도였다.

국내에서도 어려움이 있었지만 2015년 이후 **'광주형 일자리'**라는 이름으로 유사한 형태의 일자리 확대 움직임이 진행된 바 있다. 우여곡절 끝에 2023년 5,754억 원이 투자되어 **광주글로벌모터스**(Gwangju Global Motors)가 설립되었고, 캐스퍼라는 경차를 판매하기 시작하였다. 사업의 주체는 현대자동차가 아니고 광주광역시인데, 최근의 평가는 부정적이다. 자치단체장 중심의 행정 독주, 견제기능이 약한 지방의회 등이 이유로 언급되고 있다.[21)]

6 단체교섭의 절차

단체교섭을 하는 데는 특정한 기간이 정해지지는 않았으며 기존의 단체협약의 유효기간이 만료되기 전에 교섭을 재개하여 새로운 단체협약을 체결하면 된다. 단체교섭을 위해서는 **준비과정**이 필요하고 **교섭과정**, 그리고 **마무리과정**이 필요하다. 다만 2011년 7월 이후 복수노조가 허용되어서, 두 개 이상의 노조가 있는 경우 교섭창구의 단일화 과정이 먼저 필요하다.

1) 복수노조의 경우 교섭창구 단일화

복수노조의 **교섭창구 단일화**는 사용자 측에서 교섭의 효율성을 위해 주장하였으며 노동계는 노조설립도 자율이라면 교섭도 자율이어야 한다는 점에서 반대했으나, 정부는 교섭창구의 단일화를 법제화해서 시행하고 있다. 다만 자율적인 단일화는 시도하는 과정에서 사용자는 개별교섭에 대해 동의가 가능하며, 사업 또는 사업장이나 현격한 근로조건의 차이, 고용형태, 교섭관행 등을 종합적으로 고려하여 노동위원회가 예외적으로 교섭단위의 분리를 결정할 수 있도록 하고 있다.

교섭창구 단일화는 단계적으로 진행되는데 먼저 노조 간 자율적으로 교섭대표노조를 정하여 사용자와 교섭할 수 있다. 자율적으로 단일화가 되지 않은 경우에는 교섭창구 단일화에 참여한 노조 중에서 과반수 노조가 있으면 해당 노조가 교섭대표노조가 된다. 그러나 자율적 단일화도 안 되고 과반수 노동조합이 없는 경우에는 창구 단일화에 참여한 노조가 공동교섭 대표단을 구성하여 사용자와 교섭하되, 여기서는 전체 조합원의 10% 미만 노조는 제외된다. 최종적으로 노조가 자율적으로 결정하지 못할 경우에는 노동위원회에서 결정한다.

그러나 교섭대표노조와 사용자는 합리적 이유 없이 교섭에 참여한 다른 노조를 차별하여서는 안 되도록 **공정대표의무제도**가 도입되어 있다. 합리적 이유 없이 차별받은 노조는 노동위원회에 시정을 요청할 수 있고, 노동위원회의 확정된 시정명령을 불이행할 경우 3년 이하의 징역이나 3천만 원 이하의 벌금을 부과할 수 있다.

2) 단체교섭의 시기와 절차[22]

단체교섭을 하는 데 특별히 정해진 기간은 없지만 기존의 협약만료 외에 노동조합과 사용자들은 내부적으로 연대를 위해 교섭기간을 공동으로 정하기도 한다.

(1) 단체교섭의 시기

우리나라의 단체교섭은 대체로 봄에 시작되어 여름에 협약을 체결하는 경향을 보인다. 매년 초 한국노총과 민주노총은 그 해 단체교섭의 지침을 마련하고, 이에 대응해서 경총에서도 단체교섭 실무지침을 만들고 구체적인 제안을 한다.

우선 왜 교섭이 집중되는가부터 생각해 보자. 첫째, 노동조합의 교섭력은 노동조합에서 통제할 수 있는 조합원의 규모가 커질수록 커진다고 할 수 있다. 따라서 전체 노동조합이 집중적으로 교섭함으로써 파업과 같은 쟁의행위의 위력을 키울 수 있기 때문이다. 최소한 같은 업종이나 또 더 나아가서는 한국노총이나 민주노총별로 힘을 결집시킬 수 있기 때문이다. 둘째, 같은 시기에 집중적으로 교섭함으로써 서로서로 정보를 교환할 수 있다는 점이다. 우리나라의 경우는 우리 회사의 임금인상률이 절대적으로 몇 %였다는 것도 중요하지만, 경쟁사의 임금인상률에 비해 높으냐, 낮으냐도 노동조합의 지도부를 평가하는 중요한 잣대가 된다. 따라서 집중적 단체교섭이 이러한 정보교환도 용이하게 한다.

그렇다면 왜 봄에 집중되는가? 첫째, 기업의 성과가 연초가 되어야 구체적으로 나온다는 점이다. 단체교섭은 아무래도 기업의 성과와 향후 전망에 의해 크게 좌우된다. 따라서 연초에 나온 기업의 재무성과자료를 바탕으로 교섭전략을 세우기가 용이하다고 하겠다. 둘째, 교섭이 진행되다가 교착상태에 빠지면 노동조합은 파업과 같은 쟁의행위를 준비하고 필요하면 파업에 돌입해야 하는데 5, 6월과 같은 시기가 겨울보다 파업을 진행하기가 용이하기 때문이다.

(2) 교섭절차

교섭은 **교섭준비**, **예비교섭**, **본교섭**, **마무리교섭** 및 타결, 교섭의 평가 등의 단계로 나눌 수 있다. 양 당사자가 교섭준비를 마치고, 처음으로 만나는 예비교섭에는 노사교섭위원의 상견례, 교섭방향에 대한 쌍방의 입장표명, 교섭일정에 대한 합의까지의 시기가 된다. 본교섭은 노동조합 측이 공식적으로 교섭요구사항을 제시하고 사용자 측도 대안을 제시하면서부터 시작되며, 실제 교섭은 수차례 이상 진행되기도 한다. 몇 가지 쟁점사항에 대해 노사가 합의사항을 보지 못하는 상황이다. 마무리교섭은 본교섭에서 미해결된 쟁점사항을 처리하는 시기에서부터 완전히 타결되는 시기로 볼 수 있다.

예비교섭

예비교섭은 교섭위원의 상견례로부터 시작된다. 노동조합 측은 교섭요구안을 사용자 측에 제시하고 입장을 설명한다. 사용자 측은 기업의 경영여건, 노사관계에 대한 평가와 향후의 진로 등을 밝히게 된다. 교섭의 효율성을 위해서는 노조가 교섭이 시작되기 전에 **교섭요구안**을 서면으로 사용자 측에 제시하는 것이 바람직하다. 예비교섭에서는 본교섭의 일정, 교섭장소, 본교섭에서 다룰 안건들의 우선순위, 쟁의조정제도의 활용 등에 대한 합의가 필요하다.

교섭사항은 대개 금전적인 사항과 비금전적인 사항으로 나뉘는데 우선 비금전적인 사항을 다루는 것이 일반적이다. 그러나 비금전적 사항이라도 노사의 명분에 관련된 사항이면 처음에 교섭하는 것을 피해야 한다. 잘못하면 자존심 대결로 비화할 수 있기 때문이다. 그리고 대립하기 쉬운 금전적인 사항이나 핵심적인 사항을 순차적으로 다룰 필요가 있다. 노사간에 쟁점이 될 사항이거나 실무자들의 검토가 필요한 경우라면 소위원회를 구성할 수도 있다. 또한 교섭사항이 많을 때도 소위원회를 구성할 수 있다. 소위원회가 제대로 역할을 하기 위해서는 권한을 가져야 하며 합의가 어려운 경우에는 본교섭에 넘긴다.

안건의 처리방식에는 **단계적 타결방식**, **일괄타결방식**, 단계적 타결방식과 일괄타결방식의 **절충식** 등으로 나눌 수 있다. 안건의 처리방식에 대해서는 예비교섭에서 합의를 보는 것이 좋다. 단계적 타결방식은 어떠한 안건이 타결되지 않으면 다음 안건으로 넘어가지 않는 방식이다. 일괄타결방식은 모든 안건이 타결될 때까지 개별적인 안건을 타결시키지 않는 방식이다.

본교섭

본교섭은 사용자 측이 노조의 요구안에 처음으로 제안을 하면서 시작된다고 볼 수 있다. 본교섭은 예비교섭을 통해 상대방의 입장이 어느 정도 파악된 상태에서 진행된다. 사용자 측은 단체교섭에서 다루어야 할 과제를 명확하게 제시하여 쟁점이 무엇인지를 명확하게 하는 것이 좋다.

노동조합이 처음부터 비현실적인 내용과 수준의 요구를 한 경우에는 사용자의 제안도 자연히 비현실적이기 쉬우며, 그 결과 교섭은 교착상태에 빠지기 쉽다. 조합원들은 비현실적인 제안과 양보가 많은 교섭 결과에 대해 실망하게 되고 노조집행부에 대한 불신으로 나타날 가능성도 있다. 이러한 점을 고려한다면 노조의 교섭요구안도 현실적인 제안이어야 할 필요가 있다.

본교섭은 노사의 안이 서로 반복되면서 진행된다. 그런데 빈번한 수정안의 제시는 진지한 교섭 분위기를 해칠 수 있으므로 안을 제시하기 전에는 충분한 검토가 필요하다. 또한 어떤 쟁점에 대해 교섭이 한창 진행 중일 때는 교섭을 중단하지 말고 계속할 필요가 있다. 특별한 사유 없이 교섭을 중단하면 교섭의 흐름이 깨지고 시간적인 낭비도 크게 된다.

마무리교섭 및 타결

마무리교섭은 본교섭에서 핵심적인 쟁점사항에 대해 교섭이 공전 상태에 들어가는 시점에서 시작된다. 노사는 하나하나 미합의된 사항들에 대해 합의에 도달하기도 하지만 시간적인 제약 때문에 일괄타결하는 경우도 많다. 따라서 이 시기에는 교섭위원들의 판단력이 매우 중요하다.

마무리교섭에서는 노사가 쟁점사항에 대해 마지막으로 입장을 정리하게 된다. 그리고 교섭의 타결을 위해서 교섭목표를 낮추고 그에 따라 전략을 수정하게 된다. 필요한 경우는 노사 교섭대표가 단독으로 또는 한두 명의 교섭위원과 함께 **막후교섭**(under the table)을 진행하기도 한다. 막후교섭은 매우 민감한 사안이거나 공개적으로 논의되기 어려운 사안을 다루는 데도 이용된다. 막후교섭이 성공하기 위해서는 교섭대표 간에 신뢰가 있어야 한다. 그리고 막후교섭의 결과에 대해 서로가 비밀을 유지할 수 있어야 한다.

노동조합의 **쟁의발생 신고**나 **쟁의행위 결의**에 대한 찬반투표는 노사 모두에게 교섭을 마무리하게 하는 압력요인이 된다. 마무리교섭 단계에서 교섭타결을 위해서 압력을 가할 때 실력행사로 인한 법규위반 문제도 신경을 써야 한다. 교섭의 타결은 분위기에 의해 좌우된다. 객관적으로는 아무리 교섭결과가 좋다고 하더라도 내부적으로 지지받지 못하면 교섭이 성공적이라고 할 수 없다. 따라서 교섭위원들은 타결시기 선택에 서로 협조할 필요가 있다. 타결을 발표하기 전에 비공식으로 내부의 의견을 알아볼 필요가 있다. 또한 노사 중 한쪽이 일방적으로 발표할 때 교섭결과가 오도될 수도 있다.

조합원의 인준문제

잠정합의안이 조합원 또는 대의원의 **인준과정**을 거치게 되어 있는 경우 **최종합의안**을 위해서는 이 인준과정을 제대로 통과해야 한다. 인준과정은 조합원 보고대회 등을 통해 이루어지는데 조합원 또는 대의원의 투표를 거치는 것이 일반적이다. 인준투표의 통과 여부는 조합 내부의 분위기가 중요하므로 노조지도부는 교섭결과에 대한 홍보에 최선을 다해야 하며 사용자 측에서도 협조할 필요가 있다.[23] 민주노총의 경우는 대부분 잠정합의안에 대해 조합원 인준과정을 거친다. 2017년 말 현대자동차와 현대중공업의 잠정합의안이 조합원 투표에서 모두 부결된 바 있다. 현대자동차는 2018년 1월 4일부터 부분파업을 이어갔으며 이후 2차 잠정합의안을 도출하였다. 2020년 9월에는 현대자동차 임금동결 잠정합의안이 조합원 찬반투표에서 52.8%의 찬성으로 인준을 받았다. 인준과정은 사실상 집행부에 대한 신임투표로 해석되며 부결되는 경우 위원장이 물러나는 경우가 많다.

3) 단체교섭과 단체협약의 법적인 측면

단체교섭과 단체협약의 체결은 노동조합의 대표자와 사용자 또는 사용자단체 간에 이루어진다(노조법 제29조). 교섭 또는 협약체결권을 위임받은 경우는 그 범위 안에서 권한을 행사할 수 있다(노조법 제30조). 단체협약은 서면으로 작성해서 당사자 쌍방이 서명날인하고, 15일 이내에 행정관청에 신고하여야 한다(노조법 제31조). 하지만 단체협약 중 위법한 내용이 있는 경우에는 행정관청이 노동위원회의 의결을 거쳐 그 시정을 명할 수 있다(노조법 제31조).

(1) 단체협약의 유효기간

단체협약의 유효기간은 기존에 2년에서 2020년 12월 법개정으로 3년을 초과할 수 없다(노조법 제32조). 과거에는 임금에 관한 단체협약(임금협약)의 경우는 물가상승을 적절히 반영하기 위해 매년 교섭하여 갱신하도록 되어 있으나 2020년 이후 물가상승도 어느 정도 안정화되어 예측이 가능하고 매년 단체교섭에 들어가는 시간과 비용을 절감하기 위해 임금협약과 단체협약에 대한 구분 없이 3년을 초과하지 못하도록 정하고 있다. 문제는 기존의 단체협약이 만료되었는데 새로운 단체협약을 체결하지 못한 경우이다. 이러한 상황에서 별도의 약정이 없는 경우에는 기존의 단체협약이 그 효력만료일로부터 3월까지 계속 효력을 갖는다(노조법 제32조). 다만, 별도의 약정이 있는 경우에는 그에 따르되, 당사자 일방은 해지하고자 하는 날의 6월 전까지 상대방에게 통고함으로써 종전의 단체협약을 해지할 수 있다.

(2) 단체협약 해석상의 의견불일치

단체협약의 운영과 관련하여 문제는 단체협약의 해석이나 이행방법에 관하여 관계당사자 간에 의견의 불일치가 있을 때에는 당사자 쌍방 또는 단체협약에 정하는 바에 의하여 어느 일방이 노동위원회에 그 해석 또는 이행방법에 관한 견해의 제시를 요청할 수 있다(노조법 제34조 제1항). 이에 대해 노동위원회는 요청받은 날로부터 30일 이내에 명확한 견해를 제시해야 하며 이 견해는 **중재재정**과 동일한 효력을 갖는다(노조법 제34조 제2항 및 제3항). 우리나라의 경우 체결된 단체협약에 대해 의견의 불일치를 이유로 쟁의행위는 할 수 없다.

(3) 일반적 구속력과 지역적 구속력

단체협약의 적용대상에는 일반적 구속력과 지역적 구속력이 있다. **일반적 구속력**이란 '하나의 사업장에서 조합원과 비조합원에 대해 동일한 근로조건을 적용하는 것'이다. 즉, 하나의 사업장 또는 사업장에 상시 사용되는 동종의 근로자 과반수 이상이 하나의 단체협약을 적용받게 된 때에는 당해 사업 또는 사업장에 사용되는 다른 동종의 근로자에 대해서도 당해 단체협약이 적용된다(노조법 제35조). 이는 요건을 갖추면 자동적으로 적용된다는 점에서 사용자가 단체협약을 임의로 비조합원에게 적용하는 것과는 다르다.

지역적 구속력이란 대개 산업별 노조 또는 지역별 노조가 단체협약을 체결하는 경우 일정 지역에 있는 다수의 근로자에 대해 동일한 근로조건을 적용함으로써 형평성을 도모하기 위한 것이다. 즉, '하나의 지역에 있어서 동종의 근로자 2/3 이상이 하나의 단체협약의 적용을 받게 된 때에는 행정관청은 당사자의 쌍방 또는 일방의 신청에 의하거나 그 직권으로 노동위원회의 의결을 얻어 당해 지역에서 종사하는 다른 동종의 근로자와 그 사용자에 대해서 당해 단체협약을 적용'한다는 결정을 할 수 있다(노조법 제36조).

유럽 국가들의 경우는 노동조합 조직률은 높지 않아도 단체협약의 효력확장제도를 통해 단체협약을 적용받는 근로자의 비율은 매우 높은 편이다. 독일은 60%, 네덜란드, 오스트리아는 70%, 프랑스는 90%대를 보이고 있다. 하지만 우리나라는 이러한 효력확장이 실행되는 경우가 거의 없어서 노동조합 조직률과 단체협약 적용률에 큰 차이를 보이지 않는다. 기업별 교섭의 전통에 따른 아쉬운 점이라고 하겠다.

7 단체교섭의 전략과 전술[24)]

단체교섭은 노사쌍방의 교섭목표뿐만 아니라 교섭전략과 전술의 상호작용으로 나타나고 이것이 자신과 상대방 사이에서 양보와 절충을 거친다. 일반적으로 교섭과정에서 나타나는 양보와 절충은 다음의 네 가지로 나타난다.

첫째, 자신이 양보할 수 있는 최대한의 안을 처음부터 제시하고 추가적인 양보를 하지 않는 방식이다. 둘째, 교섭 초기에 양보하는 데 인색하여 상대방으로 하여금 타결을 위해서는 상대방이 양보를 얻어내려는 방식이다. 셋째, 상대방이 양보했을 때 자신도 동일한 수준에서 양보하는 방식이다. 넷째, 상대방으로부터 동일한 수준의 양보를 기대하면서 먼저 양보를 하는 방식이다. 노동조합이 가장 많이 활용하는 방식은 세 번째인 상대방의 양보를 먼저 얻어내는 방식이다.

1) 교섭전략과 교섭전술

교섭목표의 달성을 위한 전략과 전술은 다양하다. 어떠한 전략과 전술을 선택할 것인가는 상대방의 교섭전략과 전술에 따라 달라지지만, 전제가 되는 것은 자신의 교섭목표라고 할 수 있다. 교섭목표를 너무 이상적으로 잡으면 이를 실천하는 전략과 전술을 수립하는 데 어려움이 따른다. 따라서 교섭목표를 가능한 한 현실적으로 세움으로써 전략과 전술이 서로 맞물릴 수 있도록 해야 한다.

2) 단체교섭의 기법[25)]

(1) 인간적인 문제와 협상문제의 구별

교섭위원들은 인간적인 문제와 협상문제를 구별할 줄 알아야 한다. 교섭이 진행되면서 의견이 팽팽히 대립되면 교섭위원들은 감정적인 자세로 바뀌기 쉽다. "제안이 의미가 없다", "그 제안에 너무 집착한다"는 등의 표현을 하면서 자신의 입장을 강조하면 그 결과 오히려 자신에게 불리한 결과를 가져오기도 한다. 감정적인 태도를 극복하기 위해서는 가치판단적인 자세를 지양해야 한다.

(2) 대안제시형 교섭

교섭은 입장이나 원칙의 제시가 궁극적인 목표가 아니라 교섭을 통해 협약을 타결하는 데 있다. 입장이나 원칙을 강조하면서 상대방을 설득하기보다는 구체적인 대안을 제시하고 상대방이 수락할 수 있도록 만들 필요가 있다. 이를 위해서는 노동조합 측의 생계비 근거, 회사 측의 생산성 등과 같은 구체적인 기준을 바탕으로 해서 대안을 제시한다. 또한 대안을 제시할 때는 상대측에서도 어떠한 이점이 있는가를 알려주어서 대안의 설득력을 높인다.

(3) 신축적인 태도의 견지

교섭대표들은 합의를 위해서 신축적인 태도를 지녀야 한다. 또한 상대방이 어떤 원칙을 고집하면 그 원칙을 포괄하면서도 보다 커다란 원칙을 제시하는 것이 도움이 된다. 교섭초기의 목표가 실제 협약에서 2/3 정도만이 달성되었다고 하더라도 그 교섭은 성공적이라고 평가할 수 있다.

(4) 객관적인 근거의 이용

대안을 제시할 때는 근거의 제시가 중요하다. 이때 대안의 근거가 객관성이 있어야 노사간에 감정적인 협상으로 흐르는 것을 예방할 수 있다. 따라서 협상준비에서는 노사가 서로 인정할 수 있는 근거를 찾아야 한다. 노조의 생계비나 회사의 생산성 등은 신뢰도 제고를 위해서 노사가 인정하는 기관이나 단체의 통계를 이용하는 것이 바람직하다.

(5) 상대방의 발언경청과 간단명료한 발언

교섭대표들은 상대방이 발언할 때 경청하고, 자신이 발언할 때는 간단하고 명료하게 하는 것이 좋다. 상대방의 발언을 경청함으로써 상대방을 존중한다는 이미지를 줄 수 있고 교섭의 흐름을 부드럽게 만든다. 장황한 발언은 자신의 주장을 전달하는 데 어려움을 주며 본의 아니게 자신의 전략과 전술을 보이는 실수를 유발하게 하기도 한다.

8 단체교섭의 주요 내용

결국 단체교섭의 내용은 단체협약에 제시되므로 여기서는 단체협약을 살펴보자. 2017년 9월에 체결된 LG화학의 단체협약서는 전체로 127조로 구성되어 있으며, 총칙, 조합활동, 인사, 복무, 급여, 재해보상, 교육안전 및 보건, 단체교섭, 단체활동, 그리고 부칙으로 구성되어 있다.

미국의 대표적 노동조합의 하나인 기계노조[International Association of Machinists and Aerospace Workers, IAM(AW)]의 노스웨스트항공사지부와 노스웨스트항공사 간의 단체협약을 보면 서문, 제1장부터 제30장, 그리고 부칙으로 구성되어 있다. 작은 책 크기로 약 250페이지로 구성되어 우리의 경우보다는 자세하게 그리고 구체적으로 정리되어 있음을 알 수 있다. 미국의 경우는 단체교섭내용이 법에 명시되어 있는데, **의무적 교섭사항**, **임의적 교섭사항**, **교섭금지사항**으로 구분되어 있다. 우리나라는 법에는 명시되어 있지 않지만, 사용자에게 교섭의무가 있는 사항을 '의무적 교섭사항', 사용자에게 교섭의무가 없는 사항을 '임의적 교섭사항'으로 구분하고 있으며 대법원도 이러한 입장을 가지고 있다(대법원 1996.2.23. 선고 94누9177 참조).

의무적 교섭사항(**규범적 부분**)으로는 임금, 근로시간, 휴일·휴가, 재해보상, 안전보건 등 근로조건의 결정에 관한 사항이 해당하고, 임의적 교섭사항(**채무적 부분**)으로는 노동조합 활동에 관한 사항, 조합비 공제 및 노조전임자·근로시간면제자에 관한 사항 등 집단적 노사관계에 관한 사항 등이 해당된다.[26] 이 임의적 교섭사항에 대해서는 교섭을 거부하거나 해태하더라도 부당노동행위에 해당하지 않는다. 교섭금지사항으로는 **고용세습**(**우선·특별채용조항**), **유일교섭단체**, 일반적 구속력의 적용배제, 갑근세의 감면 등이 있는데 이에 대해서는 단협을 체결하더라도 무효가 된다.

1) 총칙에 포함되는 주요 이슈[27]

(1) 복수노조 허용으로 유일교섭단체조항의 제한적 효과

유일교섭단체조항이란 "회사는 노조가 전조합원을 대표해 임금협약이나 단체협약 등에 대해 교섭하는 유일한 교섭단체임을 인정한다"라는 조항이다. 2011년까지 우리나라는 복수노조를 인정하지 않으므로 사실상 이 조항은 당연한 것이었다. 그런데 2011년 7월 이후 복수노조가 허용됨으로써 이 조항은 더 이상 의미를 갖기 어렵게 되었다. 하지만 노조는 이러한 단체협약 개정에 대해 부정적인 입장을 가지고 있다. 하지만 정부에서는 이 유일교섭단체조항은 헌법 제33조 제1항 및 노조법 제5조에 위배되어 무효라고 정하고, 우선은 노사 자율적으로 시정하도록 지도하고 있다.[28]

(2) 숍제도

이는 노동조합가입과 관련해서 조합원의 확보를 용이하게 하는 규정이며, 여기에는 여러 가지 종류가 있다.

첫째, 노동조합에게 가장 유리한 **숍제도**(**조합안정규정**, union security provision)는 **클로즈드숍**(closed shop)이다. 이는 신규사원을 채용할 경우에 이미 특정한 노조에 소속된 조합원만을 고용한다는 약속이다. 일부 국가가 항만에서 일하는 근로자에게만 예외적으로 인정하고 있으며, 대부분 국가에서 불법으로 규정되고 있다. 우리나라도 주요 항구의 부두 노동자들로 구성된 항운노조만 예외적으로 인정받아 왔으나, 비리사건이 발생한 이후 지역별로 폐지해 나가고 있다.

둘째, **유니언숍**(union shop)을 들 수 있다. 이는 회사에 입사할 경우는 누구나 입사할 수 있지만, 일정한 기간이 지난 다음에는 반드시 노조에 가입해야 하는 조건이다. 하지만 2011년 복수노조 허용으로 더 이상 의미 있는 단체협약 내용으로 포함하기 어렵게 되었다. 유니언숍에 대해 협약이 있더라도 근로자는 자유롭게 해당 노동조합을 탈퇴하여 새로운 노동조합을 설립하거나 다른 노동조합에 가입할 수 있게 되었다.[29] 다만 아직도 상당한 단체교섭에는 이 조항이 포함되어 있고, 실제로 작동하고 있지만, 그 법적인 효력을 엄격하게 따진다면 무효 조항이다.

셋째, **에이전시숍**(agency shop)이 있다. 이는 비조합원의 경우 조합원이 열심히 노조활동을 통해서 개선되는 임금이나 근로조건을 똑같이 향유하기 때문에 비조합원도 조합비를 내야 한다는 내용이다. 즉, 불공평성을 없애자는 이야기이다. 우리나라에서 이런 경우는 거의 없다.

넷째, **프리퍼랜셜숍**(preferential shop)이 있다. 이는 사원채용 시 사용자가 조합원에게 우선권을 부여한다는 점이다. 실제로는 차별적 요소가 강해 적용하는 경우가 거의 없다.

다섯째, **메인터넌스숍**(maintenance shop)은 노조가입은 자유이나 조합원이 단체협약 유효기간 중에 탈퇴하는 경우에는 해고한다는 규정이다.

마지막으로, **오픈숍**(open shop)이다. 이는 노조가입이 전적으로 근로자의 자유로운 결정에 달려 있으며 아무런 제한도 없는 경우를 말한다. 형식적으로는 우리나라에서 가장 많이 적용되고 있는 유형이다.

2) 조합활동에 관한 규정

조합활동에 있어서는 전임자, 근무시간 중 조합활동, 조합비 공제, 사내홍보활동, 조합원교육 등이 주요 이슈가 된다. 전임자는 대부분의 단체협약에 규정이 되어 있는데 상시전임제(노조 관련 활동만 함)가 가장 많고, 시간전임제나 필요시 전임제도 일부 규정되어 있다. 과거에는 노조전임자 수나 임금지급에 대한 제한은 없었다. 하지만 2011년 7월 법개정으로 이후 노조전임자에 대한 사용자의 임금지급이 원칙적으로 금지되나, 다만 **근로시간면제제도(타임오프제도**, time-off)를 통해서 근로시간면제자에 대해 일정시간에 대해서만 유급처리되고 있다.[30]

근무시간 중 조합원의 조합활동에 대해서는 대부분의 단체협약에 규정이 있는데 회사와의 사전협의, 회사의 사전동의, 회사에 사전통고, 회사에 사전통고 후 승인, 특별한 사정이 없는 한 인정 등으로 근무시간 중의 노동조합활동에 대해서는 어떤 형태로든 회사 측에 사전에 이를 알리도록 정하고 있다.[31]

조합비공제에 대해서는 조사대상 대부분의 단체협약에 규정이 있는데, 회사에서 조합비를 일괄적으로 노조에 인도하는 형태가 대부분이다. **편의제공**에 대해서는 사무실, 비품과 집기 등에 대해서는 대체로 규정되고 있으며, 전화, 전기, 수도, 방송, 사무용품이나 소모품에 대해서도 규정을 가지고 있다. 사내에 노조신문이나 유인물을 배포하는 일에 대해 규정을 가지고 있는 경우가 대부분이고, 게시판 등 일정 장소를 사용하는 경우는 자유게시, 사전통보 후 게시, 협의 후 게시 등의 형태로 규정되어 있다.

조합원에 대한 교육시간에 대해 규정이 있는 경우는 그다지 많지 않다. 다만 신입사원의 경우에는, 입사시 교육훈련과정에 특정시간을 할애한다고 규정하는 비율이 조금 높다. 조합원에 대한 교육은 노동조합에 매우 중요한 의미를 갖는다. 특히, 오픈숍의 경우에는 노동조합에 대한 첫인상이 노조가입 여부를 결정할 수 있는 중요한 요인이 되기 때문이다.

3) 인사에 관한 규정

인사, 임금, 근로조건, 산업안전 및 보건에 관한 조항 등은 일반 조합원에게 가장 중요하고 가장 관심이 많은 조항들이다. 특히, 최근에는 조합원의 고용안정에 대한 관심이 높아져서 임금보다도 더 많은 관심을 가지고 있다. 노동조합의 입장에서는 확실한 고용보장을 받아내고자 하지만 반대로 사용자의 입장에서는 여지를 남겨놓고 싶어한다. 즉, 최선을 다한다, 열심히 노력한다 등과 같이 조금은 애매모호한 입장을 견지하고자 한다.

(1) 인 사

인사에 대한 일반원칙은 채용, 임면, 퇴직 등 인사권이 회사에 있음을 인정한다는 경우가 과반수 수준이었고, 그 다음으로는 인사권*이 회사에 있음을 인정하되 회사는 인사관리에 공정하고 합리적인 인사가 되도록 노력해야 한다. 또는 인사권이 회사에 있음을 인정하되 조합원임을 이유로 차별대우하지 않는다 등의 규정이 있다.[32]

조합원에 대한 인사의 경우도 회사의 임의결정이 가장 많고, 그 다음으로는 노조에 통보, 노사협의, 노사합의 순으로 나타나고 있다.[33] 조합간부에 대해서는 노사협의가 가장 많았고, 노조동의, 노조에 통보 순으로 조합간부에 대해서는 노조의 관여비율이 매우 높다.

(2) 인사위원회 및 징계 · 해고

인사위원회 또는 **징계위원회**를 설치하고 있는 경우가 많지만 인사위원회에 노조 참여를 규정하고 있는 경우는 별로 많지 않다. 노조가 참여하는 경우는 위원으로서 일부 참여하는 형태가 가장 많고, 그 다음으로는 노사 동수 참여, 의견제시, 노사협의, 사용자의 일방적 결정 순이다.

문제는 인사권, 특히 징계권이 경영권(management prerogative)에 속해 노사간의 교섭대상이 될 수 없다는 논의이다. 사용자의 입장에서는 당연히 이러한 입장을 취하고 있지만, 노동조합의 입장에서는 산업민주주의를 실현하기 위해서는 경영권도 단체교섭의 대상이 된다고 주장하고 있다. 이 문제와 관련해서 노동법학자들의 다수의 견해나 법원의 판례, 노동부의 행정해석을 보면 인사와 경영에 관련된 사항이라고 하더라도 '근로조건의 향상과 밀접한 관계를 가지고 그것이 사용자의 처분권한 내에 있는 사항이라면' 교섭대상이 된다는 입장을 취하고 있다.[34] 이재명 정부의 노조법 개정에는 경영권에 대해서도 단체교섭 대상이 될 수 있도록 하고 있다.

징계사유에 대해 구체적으로 규정하는 경우가 많은데 그 내용으로는 고의 또는 과실로 회사에 손해를 끼친 경우, 무단결근, 회사규정 위반, 명령불복종, 기강풍기문란, 체형(體刑, 징역과 같이 직접 사람의 몸에 형별을 가하는 징벌로 징역 또는 금고의 형) 확정자, 근무태만, 회사명예실추, 회사기밀누설, 직무관련금품수수, 이력서 허위기재, 부당노동행위, 음주운전 또는 마약복용 등의 순서로 언급되고 있다.[35]

징계의 종류로는 견책(譴責, 잘못을 꾸짖고 나무람), 감봉(減俸), 정직(停職, 신분은 유지하나 일정기간 직무에 종사하지 못하고 급여도 없거나 감소함), 출근정지, 해고 순이었으

* 인사권은 회사의 경영권으로부터 나온다. 경영권은 '사유재산권'으로부터 나오는데 자세한 사항은 제10장을 참조하기 바란다. 이재명 정부에서는 정리해고와 같은 경영권 이슈에 대해서도 단체교섭 사항이라는 포괄적인 법개정을 추진중이다.

며, 경고, 직위해제, 징계해고도 일부 있었다. 대부분의 기업에서는 경고(警告), 시말서(始末書, 사건의 경위를 자세히 적은 문서) 또는 견책, 감봉(감급, 강직), 정직, 해고의 순으로 징계하는 것으로 보인다.36) 조합원징계와 관련하여 노동조합의 참여형태를 규정한 경우는 과반수 정도였다.37)

(3) 인원정리 및 고용안정

인원정리(정리해고)에 대한 규정은 점차 증가하는 경향을 보이고 있었다. 이는 IMF외환위기에 따른 기업의 위기상황과 이를 반영해 1998년 2월 20일 개정된 근로기준법의 경영상 이유에 의한 고용조정 규정 신설 등이 이를 반영하고 있다. 인원정리란 회사가 경영상의 필요에 따라 종업원의 일부를 감축하는 것으로, 근로자가 잘못해서 근로관계가 종료되는 징계해고와는 구분된다.38)

1998년 근로기준법의 개정으로 정리해고의 요건과 절차가 법으로 명확하게 되었지만 정리해고의 요건은 물론 대상자 선정, 기준절차 등에 대해서 단체협약에 규정해 놓는 것이 노사간의 다툼의 소지를 예방하는 것이라 하겠다. 인원정리에 대한 규정이 있는 경우가 과반수를 차지하고 있었으며, 구체적으로는 노조와 사전협의 후 실시, 노사합의 후 실시,

알고 지나가기

울산지노위 "대우버스 355명 해고는 부당해고"

코로나19에 따른 불황 등으로 베트남으로 공장 이전을 추진하던 대우버스(자일대우상용차, 대주주 영안그룹 백성학 회장과 가족)가 지난 (2020년) 8월 31일 필수인원 4명을 제외한 전체 노동자들에게 정리해고를 통보해 노동자들이 일자리를 잃었다. 이에 대우버스 노동자들은 억울하다며 노동부에 고발했고, 지난 (2020년) 12월 4일 울산지방노동위원회는 대우버스 부당해고에 대한 심문회의를 열고 "대우버스 355명의 해고는 부당해고"라고 판정을 내렸다.

앞서 대우버스 측이 지난 (2020년) 3월 30일 대우버스 울산공장폐쇄를 선언한 것을 시작으로 해고를 단행하자 길거리에 나앉게 된 노동자들이 "코로나19 위기를 틈타 가진 자가 더 가지기 위한 탐욕을 부리며 대우버스 노동자들을 탄압한다"며 울산시청 앞과 울산공장 등에서 천막농성을 진행해 왔다.

출처: 오마이뉴스, 2020년 12월 7일.

노조에 사전통보한 다음 노사협의 후 실시, 노조에 사전통보 후 실시, 노조에 사전통보하여 기준을 협의하고 그 규모는 노사합의 후 실시한다는 순서로 규정되고 있었다.[39]

최근 경영환경의 급박한 변화는 구조조정이라는 말을 일상용어로 만들었고 그에 따라 조합원들의 고용불안은 합병·양도·회사명 변경 시 승계의무에 대한 규정을 단체협약에 명시하게 만들었다. 또 분할·합병·양도 시 승계사항이 규정된 내용으로는 '단체협약이나 근로조건 승계'가 가장 많고, '고용승계'와 '노조승계', '근속연수 승계'도 포함되어 있었다.

4) 근로조건과 복리후생에 관한 조항

(1) 근로시간 및 휴일·휴가

근로시간과 관련해서는 기준근로시간, 월소정근로시간, 휴무제, 교대제근무, 연장근로, 휴일근로, 야간근로, 유급휴일 등에 대해 규정하는 경우가 일반적이다.

기준근로시간은 '근로기준법상 법정기준 근로시간 범위 내에서 노사간에 기준이 되는 근로시간을 취업규칙이나 단체협약에 정해 놓은 시간'을 말한다. 이 기준근로시간이 정해지지 않은 경우에는 근로기준법상의 기준근로시간이 적용된다. **월소정근로시간**은 '연장·야간·휴일근로의 경우 가산임금과 해고수당의 산정근거가 되는 통상임금의 기준이 되는 중요한 개념'이다. 하지만 실질적으로 단체협약에 월소정근로시간을 정한 경우는 많지 않다.

휴무제란 통상 당일 또는 당해 주에 근무해야 할 소정의 근무를 법정 기준근로시간을 초과하여 그 전일 또는 전주에 미리 하는 대신 그에 상응하여 당일 또는 당해 주에는 근로를 하지 않고 휴무일로 처리하는 제도이다.

교대제근무란 근로자들을 2개 조 이상 조직하여 1일 근무를 시간대별로 나누어 교대로 작업하게 하는 근로형태로써 철강제조업, 전력사업, 수도사업, 병원응급실과 같은 경우에 행해지고 있다. 기계설비 가동중단의 어려움, 지속적인 서비스의 필요, 생산설비의 최대활용 등의 이유가 있기는 하지만 근로자들의 신체적·정서적 리듬 상실, 사회적·문화적 생활에의 애로사항 등의 문제점이 있기 때문에 신중하게 활용되어야 한다. 단체협약 중에서 규정이 있는 경우가 1/3 정도를 차지하고 있었으며 구체적으로는 2교대, 3교대, 회사상황에 따라 교대제실시, 4조3교대, 3조3교대, 4조2교대 순으로 나타났다.[40]

유급휴일은 추석, 설날, 신정, 주휴일, 성탄절, 근로자의 날, 어린이날, 석가탄신일, 현충일, 정부지정 임시공휴일, 4대절(삼일절, 제헌절, 광복절, 개천절), 회사설립일, 공민권행사일, 노동조합설립일 등의 순으로 많이 규정되고 있었다.[41]

(2) 임금 · 상여금 · 퇴직금

임금은 근로기준법(제18조)에서 '사용자가 근로의 대상으로 근로자에게 임금, 봉급, 기타 여하한 명칭으로든지 지급하는 일체의 금품'이라고 정의를 내리고 있다. 하지만 현실적으로는 단체협약에 임금을 구체적으로 정의할 필요가 있다. 예를 들면, 통상임금의 범위, 임금결정방법, 임금체계의 변경 또는 개정 시 노동조합의 참여형태, 정기승급, 임금지급시기 등에 대해 명시적으로 규정할 필요가 있다.

상여금*의 경우는 상여금에 대한 지급규정이 필요한데 상여금도 임금협약서에 의하는 경우가 많았으며 정기적으로 일정률을 지급하거나 경영성과에 따라 차등지급하는 경우, 근무성적에 따라 차등지급하는 경우의 순으로 나타났다. 상여금의 지급률이나 상여금의 지급기준에 대해서도 명시적으로 규정할 필요가 있다.

퇴직금의 경우는 조사대상 대부분의 단체협약에 규정을 가지고 있었는데 퇴직금누진제를 시행하고 있는 경우도 상당수였다.[42] 1998년에 개정된 「근로기준법」에는 퇴직금의 중간정산제와 퇴직연금보험제가 새로 도입된 바 있다.

2013년 상여금이 정기성 · 일률성 · 고정성을 가지는 경우에 통상임금에 포함된다는 대법원 판결이 있었다. 이 판결 이후 다수 노조에서 임금청구소송을 제기하였고 수년째 계속되고 있다. 통상임금은 초과근무수당, 야간근무수당, 야간근무수당 등 각종 수당지급의 기준이 되기 때문에, 특정 상여금이 통상임금에 포함되는 경우 지난 3년치에 대한 미지급임금을 요구할 수 있게 된 것이다. 기아자동차 노조는 2011년 정기상여금을 통상임금에 포함해 재산정한 연장 · 야간 · 휴일근로수당 등의 법정 제수당의 차액을 청구하는 소송을

---

* 상여금이란 '매월 지급되는 임금 이외의 분기별 또는 특정시기에 사용자가 일시금으로 근로자에게 지급하는 금품'이다. 그러나 정기적으로 지급되고 또 그 지급액이 확정되어 있는 경우에는 명칭여하를 불문하고 고요한 의미의 상여금으로 보지 않고, 임금으로 본다. 예를 들어 기본급 기준으로 연 400%를 지급한다든가 추석 100%, 여름휴가 100% 등과 같은 경우는 임금으로 취급되어야 한다. 특히 2013년 대법원의 판례 이후 정기성 · 일률성 · 고정성이 있는 상여금은 통상임금에 포함되어 초과근무수당 · 야간근무수당 · 휴일근무수당 산정의 기준이 된다. 그러나 지급시기와 지급액수가 명시적으로 또는 관례적으로 확정되어 있지 않는 상여금은 '기타 금품'으로 보아서 주어도 되고 안 주어도 되는 은혜적 성격의 '보너스'로 본다. 2024년 12월 고정적인 성격의 상여금은 추가로 통상임금에 포함시켰다.

제기하였고, 2020년 8월 대법원은 근로자주장의 일부를 인정했는데 처음에는 2만7천 명이 6,588억 원을 요구했지만, 대법원에서는 569억 원만 인정하였다.[43)]

(3) 복리후생 및 교육훈련

복리후생에는 대표적으로 휴게실, 식당, 운동시설, 탈의실, 목욕탕, 기숙사, 도서실, 샤워실, 매점 등의 순으로 나타나고 있으며 통근버스, 진료소, 하계휴양소, 오락실, 사택, 이·미용실, 신용협동조합 등으로 규정되는 경우가 많았다. **사내근로복지기금**은 이윤의 일부를 기금으로 출연하여 이를 효율적으로 관리·운영함으로써 근로자의 생활안정과 복리증진에 이바지할 수 있도록 하는 제도이다.

1991년 8월에 「사내근로복지기금법」이 제정되고 1992년부터 시행되었으며, 2010년 「근로복지기본법」으로 통합되었는데, 이 사내근로복지기금은 기업의 법인세 세전 순이익의 100분의 5 기준 내외의 출연금으로 기금을 조성하여, 근로자 주택구입 및 임차자금, 우리사주주식 구입자금지원 등 근로자의 재산형성을 위한 지원, 저소득근로자의 생활안정을 위한 자금대부, 장학금, 재난구호금, 경조비 지급 등의 복지사업에 사용하도록 되어 있다. 사용자는 유연하게 근로복지를 제공할 수 있고, 근로자는 세금 없이 복지혜택을 누릴 수 있다.

우리나라 사내근로복지기금은 그 규모가 2018년 말 기준으로 1,672개 기업에서 약 10조 8천억 원 규모이다.[44)] 정부는 2020년 12월 근로복지기본법 시행령을 개정하여 코로나19 상황에서 협력업체 근로자까지 수혜 대상을 확대하였다. 사내근로복지기금이 주로 대기업 중심으로 조성되어 있어서 중소기업이나 협력업체는 수혜를 보기 어려웠기 때문이다. 중소기업들이 공동으로 공동근로복지기금을 조성할 수도 있다.

5) 단체교섭, 노동쟁의에 관한 조항

단체교섭에 대해서는 단체교섭사항, 단체교섭위원 수 등에 대해 정하며 노동쟁의의 경우는 노동쟁의발생신고, 쟁의행위 중 시설이용과 출입자유보장, 쟁의행위 중의 신분보장 및 신규채용과 대체근무의 금지 등이다. 단체협약에 대해서는 유효기간, 유효기간 만료 시 효력연장, 유효기간 중의 재교섭 등에 대해 조항을 마련하는 경우가 많다.

(1) 단체교섭

단체교섭과 관련해서는 단체교섭 대상, 단체교섭요구와 단체교섭의무, 단체교섭위원 수, 단체협약의 성립, 교섭대표위원의 참석의무 등에 대한 규정을 들 수 있다. 단체교섭의 대상에 대해서는 법적으로 정한 바가 없으나 임금 및 근로조건개선, 복리후생, 인사, 조합활동, 산업안전보건 및 산업재해, 단체교섭 절차 및 단체협약 체결 · 해석 · 갱신, 기타 노사가 필요하다고 인정하는 사항 등이 대표적인 내용이라고 하겠다.

단체협약은 「노조법」 제31조 제1항에 "서면으로 작성하여 노사 쌍방이 서명하고 날인해야 성립한다"고 규정되어 있다. 하지만 노조 측의 경우 노조대표를 의미하는지 교섭위원 전원을 의미하는지 분명하지 않기 때문에 이를 분명히 할 필요가 있다. 대법원은 협약체결권이 노조대표자에게 있다고 판결하였다.[45] 이에 따라 「노조법」 제29조 제1항에서는 노동조합의 대표자는 그 노동조합 또는 조합원을 위하여 사용자나 사용자단체와 교섭하고 단체협약을 체결할 권한을 갖는다고 명시해 협약체결권을 둘러싼 그동안의 논란을 해결하였다.

그러나 협약체결 전에 노조대표자와 회사 측이 잠정적으로 합의한 타결안에 대해 조합원총회의 의결을 거치도록 조합규약에 규정되어 있는 경우 이를 위법으로 보기에는 여전히 문제가 있다고 하겠다.

(2) 평화의무조항과 평화적 교섭조항

평화(유지)의무조항이란 단체협약의 유효기간 중에 '협약문의 해석이나 노사간의 의견 불일치 시에도 협약내용의 변경 또는 폐지를 목적으로 쟁의행위를 하지 않을 의무'를 말한다. 단체협약의 절반 정도에 평화의무조항을 규정하고 있었다.[46] 평화의무는 절대적 평화의무와 상대적 평화의무로 나뉘는데, **절대적 평화의무**는 "협약의 유효기간 중에는 어떠한 쟁의행위도 용납하지 않는다"는 내용이고, **상대적 평화의무**는 "협약상에 명시하지는 않더라도 단체협약이 체결되면 당연히 내재한다"는 내용이다. 상대적 평화의무가 통설이다.[47]

평화적 교섭조항이란 단체교섭을 진행하는 중에 단체교섭이 결렬되어 쟁의가 발생한 경우, 쟁의를 평화적으로 해결하기 위해 제3자의 조정을 통하는 등의 방법을 사용하기로 약속한 경우이다.

(3) 쟁의조항과 필수유지업무

쟁의조항이란 쟁의행위가 평화적이고 질서 있게 행해지도록 쟁의행위 중에 각각 지켜야 할 사항들을 협정하는 것이다. 주요 내용으로는 쟁의행위 발생신고 시 사전통보, 쟁의행위 중의 시설이용, 쟁의행위 중 출입자유보장, 쟁의행위 중 비상시 조치, 쟁의행위 시의 신분보장, 쟁의행위 중의 신규채용 및 대체근무 금지, 쟁의행위 불참가자 범위 등이 있다.[48)]

2008년 이후에는 법이 개정되어 철도・전기・병원 등 **필수공익사업**에서 **직권중재제도**가 폐지되어 파업이 가능하게 되었지만, 파업 시에도 일정 수준의 서비스를 유지하여야 하는 '**필수유지업무제도**'가 도입되었다. 만약에 필수유지업무가 절반 이상 제공되지 못하는 경우 사용자는 별도의 채용 등으로 필수유지업무를 수행할 수 있다.

이러한 필수공익사업과 필수유지업무에 대해 노동계에서는 반대목소리를 내고 있다. 국제노동기구(ILO)에서도 한국정부에 폐지를 요구하고 있다. 단체행동권을 지나치게 제한하고 있기 때문이라고 주장한다.

(4) 외국의 단체협약관리와 고충처리

우리나라는 단체협약의 해석이나 이행방법에 대해 노사간에 의견의 불일치가 발생하는 경우 노동위원회에 신청하고, 노동위원회에서 견해를 제시해 준다. 제3자의 도움을 받는 것이다. 그러나 영국과 미국을 중심으로 해서 볼 때 **고충**(grievance)**처리**란 단체협약내용의 해석상에 일어나는 노사간의 이견을 절충하기 위한 제도적인 장치이다. 다시 말하면, **권리분쟁**(right dispute)*이다. 이러한 이견을 해결하기 위해 대개 1단계에서는 근로자와 작업현장의 관리자와 직접 대화로 문제를 해결하는 수준이다. 2단계에서는 노조대표와 상급관리자 간에 해결하게 된다. 대체로 공장장이나 노조위원장 간의 해결이다. 마지막인 3단계에서는 노사가 합의하에 선임한 제3자와 전문가에게 중재를 위임한다. 제3자인 **중재자**(arbitrator)의 **중재재정**(arbitration award, 중재자가 결정한 내용)** 은 최종적인 것으로 구속력을 가진다(final and binding). 미국의 경우는 권리분쟁에 대해서는 이렇게 사적 중재

---

* 권리분쟁은 '체결된 단체협약'의 해석에서 노사간에 이견이 발생하는 것이고, 이익분쟁은 단체협약을 체결하기 위한 과정에서 발생하는 분쟁으로 파업도 이익분쟁의 한 형태이다.

** 중재재정이란 중재자가 결정한 내용이다.

를 활용해서 해결하는 전통을 가지고 있으며 이를 grievance procedure(우리말로 고충처리)라고 한다. 하지만 이익분쟁에 대해서는 제3자의 개입을 철저히 배제하고 있다. 그러나 우리나라에서 고충처리라고 할 때는 주로 근로자 개인적인 문제를 회사에 부탁하여 처리하는 내용을 의미한다.

9 임금교섭의 결과 추이

단체교섭 중에 임금협상의 결과인 협약임금인상률은 2020년에 3.0%, 2021년 3.6%, 2022년 4.7%로 나타났다. 2022년의 경우 민간부문 전체는 5.2%였고, 공공부문은 1.2%였다. 우리나라의 임금교섭 결과는 1998년 외환위기시에 임금삭감의 경우를 제외하고는 지속적으로 상승하였다. 하지만 이 조사는 100인 이상 사업장을 기준으로 하기 때문에 일반화하는 데는 유의할 필요가 있다.

[그림 9-1] 연도별 임금총액기준 협약임금인상률 추이: 2015~2024

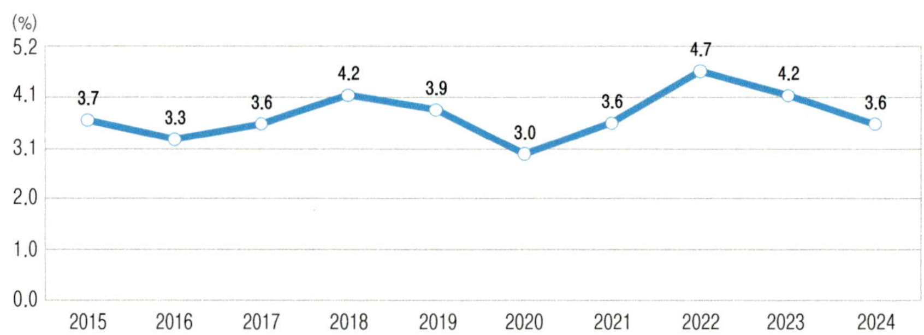

출처: 고용노동부, e-나라지표, 「부문별 지표: 임금결정 현황」, 2025.7.25. 확인.

제2절 쟁의행위

노동조합은 기본적으로 단체교섭을 통해 근로자의 경제적 · 사회적 지위향상을 도모한다. 그러나 사용자의 자본을 이용한 힘에 비해 상대적으로 열세라는 전제 하에, 법에서는 노동조합에 대해 **단체행동권**을 인정하고 있다. 하지만 단체행동권은 파업을 할 수 있다는 가능성에 초점을 두어야지, 실제로 행사하게 되면 노사 양측에 큰 부담이다. 흔히 파업이라고 하는 개념은 넓은 의미의 쟁의행위의 한 유형이다. 여기서는 파업으로 대표되는 쟁의행위와 그 절차, 그리고 제3자가 개입하는 조정제도에 대해 살펴본다.

1 노동쟁의와 쟁의행위의 정의

「노동조합 및 노동관계조정법」(이하, 노조법) 제2조에 **노동쟁의**란 '임금, 근로시간, 후생, 해고, 기타 대우 등 근로조건에 관한 노동관계 당사자 간의 주장의 불일치(不一致)로 인한 분쟁상태'를 말한다. 즉, 노동쟁의는 구체적인 행동과는 상관이 없다. '노사간에 단체교섭이 노사 쌍방의 주장이 불일치함에 따라 결렬되고 난 이후의 대립상태'를 의미하는 법률용어이다. 일반적으로는 **노사분규**(勞使紛糾), **노사분쟁**(勞使紛爭)으로 불리기도 한다. 그러나 노사분규는 **이익분쟁***뿐만 아니라 **권리분쟁**을 포함한 일체의 표면화된 노사갈등을 지칭하는 것으로 노사분규는 가장 포괄적 개념의 노사분쟁이고, 노동쟁의는 이익분쟁을 의미하며, 노동조합과 사용자 간의 분쟁으로서의 차이점이 있다.

이러한 '쟁의상태를 해결하기 위해 노동조합이 구체적인 행동'을 취할 때 이를 **쟁의행위**라고 한다.[49] 더 구체적으로 쟁의행위란 '파업 · 태업 · 직장폐쇄 기타 노동관계당사자가 그 주장을 관철할 목적으로 행하는 행위와 이에 대항하는 행위로서 업무의 정상적인 운영을 저해하는 행위'를 말한다. 법적으로 정해진 쟁의행위에 대해서는 법에 따라 규제(보호와 제한)가 있지만, 이에 해당되지 않는 단체행동은 노동법에서 규제하지 않는다.

---

* 이익분쟁은 새로운 단체협약을 체결하는 과정에서 발생하는 분쟁이고, 권리분쟁은 이미 체결된 단체협약의 해석과 관련된 분쟁이다. 이익분쟁의 형태로는 파업과 같은 단체행동이 포함되지만, 권리분쟁에서는 파업 같은 단체행동이 포함되지 않는다.

노사간에 단체교섭이 결렬되면 「노조법」 제45조 제1항에 따라 노동쟁의 발생사실을 사측에 서면으로 통보해야 한다. 이를 **쟁의발생 신고**라고 한다.

2 노동쟁의 조정절차

노사간 단체교섭은 자율적으로 진행되는 것이 원칙이다. 단체교섭이 원만하게 진행되지 못하면, 즉 쟁의가 발생하면, 사용자의 입장에서는 생산활동과 같은 기업의 운영이 중단되는 부담이 있으며 노동조합의 입장에서는 근로자들이 임금을 받지 못하는 '무노동무임금' 원칙이라는 부담이 있다. 물론 회사에 따라서는 파업이 종료된 이후에 여러 가지 이름을 붙여 근로자들의 임금손실을 보전하기도 하지만, 대기업의 경우에는 '무노동무임금' 원칙이 지켜지고 있는 편이다.

1) 알선과 조정

알선(conciliation)이란 노사간에 서로 만나게 자리를 마련하는 것이다. 광의의 조정제도에서 알선은 오랫동안 조정의 첫 단계로 활용되어 왔으나 우리나라에서는 실효성이 없다는 이유로 1997년 3월 노동법이 개정되면서 폐지되었다. 해외에서는 알선이 여전히 중요한 노동쟁의 조정 절차로 활용되고 있다.

조정(mediation)이란 제3자가 노사간에 서로 합의할 수 있는 안을 만들어 권고하고 합의를 유도하는 과정이다. 우리나라의 경우는 당사자의 합의나 단체협약이 정하는 바에 따라 행해지는 사적 조정·중재 절차도 가능하지만, 노동위원회를 통한 노동쟁의 조정은 모든 노동쟁의에 강제로 적용되고 있다. 이를 **조정전치주의**(調整前置主義)라고 한다. 즉, 쟁의행위를 하기 위해서는 먼저 조정을 거쳐야 한다는 의미다. 쟁의가 발생하게 되면 당사자는 사업장 개요, 단체교섭경위, 당사자 간의 의견불일치 사항 및 이에 대한 당사자의 주장내용, 기타 참고사항 등을 정리한 서류를 첨부하여 노동위원회에 **조정신청**을 해야 한다.

노조법에서는 노동쟁의를 '임금·근로시간·복지·해고 기타 대우 등 근로조건에 관한 노동관계 당사자의 불일치로 인한 분쟁'으로 규정하고 있어서 노동쟁의의 대상을 이익분쟁으로만 규정하고 있다. 체결된 단체협약의 해석에 대한 분쟁인 권리분쟁은 노동쟁의의 대상에서 제외하고 있다.

[그림 9-2] 노동쟁의 조정 절차

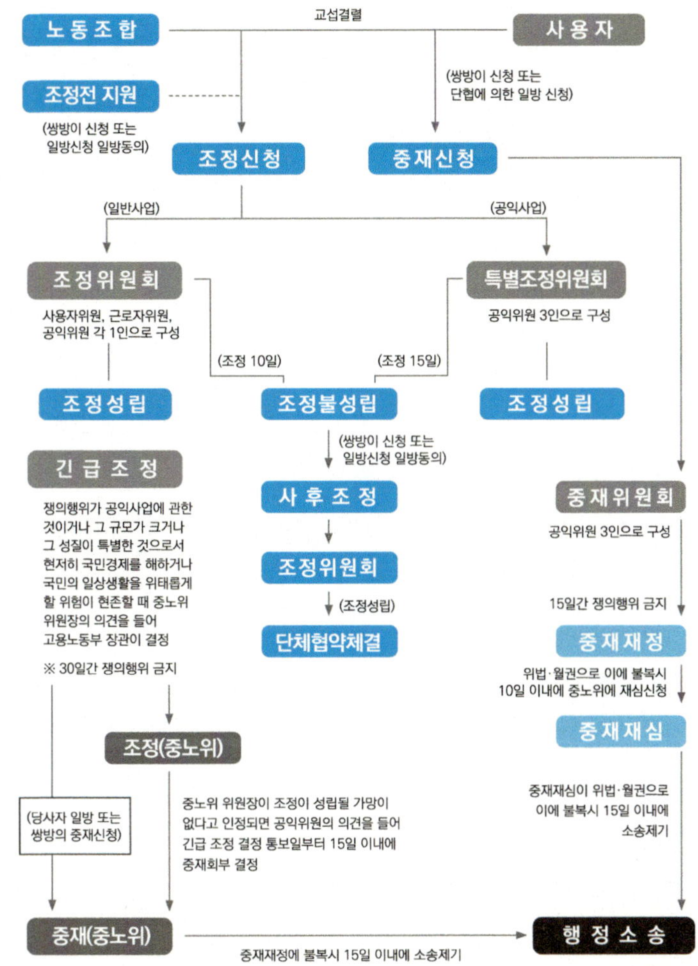

출처: 중앙노동위원회(2024.7), 『2023 노동위원회 통계연보』, 40쪽.

이렇게 쟁의행위를 하기 전에 반드시 조정을 거쳐야 하는 조정전치주의에 따라서, 조정절차를 거치지 아니하거나 조정기간이 만료되기 전까지는 쟁의행위가 금지되어 있다. 조정신청이 있으면 노동위원회에서는 일반사업의 경우는 조정위원회를, 공익사업의 경우에는 특별조정위원회를 구성하여 조정한다. 조정기간은 일반사업은 10일, 공익사업은 15일이다.

먼저 조정위원회는 근로자위원, 사용자위원, 조정담당 공익위원 각 1인으로 구성된다.

단 노사 쌍방의 동의가 있으면 조정위원회를 구성하지 않고 노동위원회 위원장이 지명하는 단독 조정인에 의해 조정을 할 수 있다.

양측의 위원 추천에 있어서 근로자위원은 사용자가, 사용자위원은 노동조합이 추천하는 자 중에서 노동위원회 위원장이 지명해야 한다. 따라서 조정위원회 회의 3일 전까지 노조는 사용자위원 중에서 추천을 해야 한다. 만약 노조가 추천하지 않으면 위원장이 전체 사용자위원 중에서 지명한다. 노동위원회는 조정신청을 접수한 후 회의 일시, 사용자위원 명단, 구비서류, 조정위원 추천서식 등을 발송한다.

2) 조정 절차와 결정

「노조법」 제58조에 따라 조정위원장은 기일을 정해 당사자를 출석시켜 주장을 들어야 한다. 노조 대표자가 출석해야 하지만 위임장을 지참하여 대리인이 출석할 수 있다. 조정위원회 회의는 조정위원 전원의 출석과 과반수 찬성에 의해 의결되며 당사자의 출석을 통해 요점을 확인하고 **조정안**을 작성하여 수락을 권고한다. 조정안을 당사자가 수락하면 조정서의 내용은 단체협약과 동일한 효력을 가진다.

신청된 조정에 대한 결정으로 노동위원회는 네 가지 중에 하나를 결정한다.

① **조정 성립** : 조정위원회는 조정안을 제시하고 수락 여부를 묻는다. 노사 쌍방이 수락하면 조정이 성립된다. 성립된 조정안은 단체협약과 동일한 효력을 갖는다.

② **조정 불성립** : 어느 일방이라도 거부하거나 조정안을 제시한 후 3일 이내에 수락의 의사표시가 없으면 조정은 성립하지 않은 것으로 종료된다.

③ **조정 중지** : 쌍방이 모두 출석하지 않거나 하는 등의 사유로 조정을 계속할 수 없는 경우 중지결정을 내린다.

④ **행정지도** : 분쟁상태가 아닌 경우 그 사유와 해결방안을 제시한다.

당사자가 조정안의 수락을 거부하여 더 이상 조정이 이루어질 여지가 없다고 판단되면 조정의 종료를 결정하고 이를 쌍방에 통보한다. 공익사업을 담당하는 **특별조정위원회**는 2007년까지는 조정이 성립될 가망이 없다고 인정하면 조정기간이 만료되기 전에 당해 사건의 중재회부를 노동위원회에 권고할 수 있으나, 법개정으로 공익사업에 대한 중재회부 권고나 결정이 삭제되었다. 2006년 말 법개정에 따라 필수공익사업장에 대한 범위도 조정되었다.

〈표 9-3〉 공익사업과 필수공익사업

공익사업	필수공익사업
① 정기노선 여객운수사업 및 항공운수사업 ② 수도 · 전기 · 가스 · 석유정제 및 석유공급사업 ③ 공중위생, 의료사업 및 혈액공급사업 ④ 은행 및 조폐사업 ⑤ 방송 및 통신사업	① 철도사업, 도시철도사업 및 항공운수사업 ② 수도 · 전기 · 가스 · 석유정제 및 석유공급사업 ③ 병원사업 및 혈액공급사업 ④ 한국은행사업 ⑤ 통신사업

주: 2008년 1월 1일부터 시행.

2022년의 경우 중앙노동위원회와 12개 지방노동위원회에서 조정을 한 사건 수는 1,183건으로, 1년 전의 1,205건과 비슷한 추이를 보인다.[50] 그중에서 처리한 건수는 1,150건이며, 처리 건수 중에 조정이 성립(조정안 수락 및 합의 취하)된 비율은 51.1% 수준이다. 다만 조정안을 거부하거나 조정이 중지되어 조정이 성립되지 않은 조정불성립 건수도 456건이나 된다. 조정이 불성립되는 경우 민간부문의 경우는 쟁의행위로, 공공부문의 경우는 쟁의행위나 중재로 가게 된다.

〈표 9-4〉 조정사건 현황: 2012~2024 (단위: 건, %)

구분	접수	처리	조정성립			조정불성립			행정지도	취하	기타	진행	조정 성립률(%) A/(A+B)
			소계 (A)	조정안 수락	합의	소계 (B)	조정안 거부	조정 중지					
2012	752	741	394	179	215	243	92	151	38	66	0	11	61.9
2013	762	739	414	252	162	223	71	152	34	68	0	23	65.0
2014	886	864	401	169	232	327	43	284	45	91	0	22	55.1
2015	877	858	382	148	234	328	51	277	42	106	0	19	53.8
2016	822	796	410	161	249	293	32	261	14	79	0	26	58.3
2017	863	839	443	188	255	313	47	266	16	67	0	24	58.6
2018	1160	1130	503	209	294	524	37	487	17	86	0	30	49.0
2019	1291	1244	527	198	329	581	39	542	27	109	0	42	47.6
2020	983	957	454	170	284	397	19	378	14	92	0	26	53.3
2021	1205	1169	482	198	284	559	33	526	18	110	0	33	46.3
2022	1183	1150	506	217	289	485	29	456	18	141	0	30	51.1
2023	1114	1056	403	185	218	527	42	485	18	108	0	29	43.0
2024	1036	996	449	240	209	412	37	375	26	109	0	32	52.0

출처: 중앙노동위원회, 통계자료: 조정사건 노동위원회별 접수 · 처리현황에서 2025.7.25. 확인.

알고 지나가기

사적 조정과 사적 중재

사적 조정과 사적 중재가 법적으로 허용된 지는 오래되었다. 당사자의 합의 또는 단체협약이 정하는 경우에 사적 조정이나 중재가 가능하다. 즉, 조정이나 중재를 담당하는 조정자나 중재자를 당사자 간에 결정할 수 있다는 것이다. 하지만 이러한 제도에도 불구하고 사적 조정이나 중재가 별로 활용되지 못하고 있다. 우리는 아직까지 중립적인 입장을 인정하지 못하는 경우가 많다. 이쪽 아니면 저쪽이지 중간은 없다는 것이다. 중립적인 입장으로 인정받는 경우는 종교인인 경우에 한정되고 있다. 미국의 경우는 권리분쟁(즉, 단체협약을 해석하는 데 의견의 불일치가 있는 경우)에 대해서는 사적 조정인이나 중재인이 많이 활용되고 있다. 미국에는 조정이나 중재를 전업으로 하는 전문가들이 약 1천 명 이상이고, 연방조정알선청(Federal Mediation & Conciliation Service, FMCS, 우리나라의 노동위원회와 유사)에서 다루기 전에 기업 내 차원에서 처리되는 것이 일반적이다.

3 쟁의행위

노사간에 단체교섭이 일반적인 협상과정에 따라 타결되면 노동쟁의가 발생하지 않고 해결되지만, 단체교섭이 결렬되고 노동조합이 단체교섭을 타결하기 위해 헌법에서 보장된 권리인 단체행동권을 실제로 행사하면 쟁의행위가 발생하게 된다. 대표적인 쟁의행위로는 파업이 있지만 그 외에도 다양한 형태의 쟁의행위가 존재한다.

1) 쟁의행위의 유형

노동조합의 쟁의행위는 **파업**(strike), **태업**(soldiering) 외에도 **사보타지**(sabotage), 생산관리 등의 방법이 있다. 사용자 측의 쟁의행위로는 **직장폐쇄**(lockout) 외에 사용자의 **보이콧**(boycott) 등이 있으나, 우리나라에서는 직장폐쇄만이 법적으로 인정되고 있는 사용자 측의 쟁의행위이다.

〈표 9-5〉 쟁의행위의 유형

<table>
<tr><th colspan="2" rowspan="2">구 분</th><th colspan="2">쟁의행위 수준</th></tr>
<tr><th>기본적</th><th>부수적</th></tr>
<tr><td rowspan="2">행위주체</td><td>노동조합</td><td>파업(strike), 태업(soldiering), 사보타지(sabotage), 생산관리</td><td>보이콧(boycott)</td></tr>
<tr><td>사용자</td><td>직장폐쇄(lockout)</td><td>보이콧</td></tr>
</table>

(1) 파 업

파업(strike)이란 '조직적으로 노동력 제공을 거부하는 대표적인 노동조합의 쟁의행위'이다. 파업은 쟁의대상, 전략, 쟁의시기 및 조직화 여부에 따라 구분할 수 있다. 먼저 쟁의대상에 따라서는 노동법상의 파업, **동정파업**, **정치파업** 등으로 구분할 수 있다. 전략에 따라서는 파업에 참가하는 근로자의 수와 범위에 따라 일정한 기업 또는 산업의 모든 근로자가 파업에 참여하는 **전면파업**, 전면파업보다 파업에 참여하는 범위가 더 넓은 것으로 전산업에 걸쳐 전국적으로 행해지는 **총파업**, 노동조합의 일부가 참여하는 **부분파업**, 지명된 특정 근로자만 참여하는 **지명파업** 등으로 구분할 수 있다. 쟁의시기에 따라서는 공격적 파업과 방어적 파업으로 구분된다. 마지막으로는 조직화 여부에 따른 구분으로 일반적인 조직화 파업과 일부 조합원이 노동조합의 공식적인 승인절차 없이 행하는 비조직화 파업

〈표 9-6〉 파업의 유형

<table>
<tr><th colspan="2">구 분</th><th>내 용</th></tr>
<tr><td rowspan="3">쟁의대상</td><td>노동법상 파업</td><td>사용자를 상대로 함</td></tr>
<tr><td>동정파업</td><td>타사업장의 쟁의를 지원하기 위한 파업</td></tr>
<tr><td>정치파업</td><td>정부 또는 국회를 상대로 파업</td></tr>
<tr><td rowspan="4">전략</td><td>총파업</td><td>전 산업에 걸쳐 전국적으로 파업</td></tr>
<tr><td>전면파업</td><td>사업장 전체 근로자가 참여</td></tr>
<tr><td>부분파업</td><td>사업장의 일부 근로자가 참여</td></tr>
<tr><td>지명파업</td><td>지명된 특정 근로자만 참여</td></tr>
<tr><td rowspan="2">쟁의시기</td><td>공격적</td><td>사용자의 직장폐쇄 전에 파업을 시작</td></tr>
<tr><td>방어적</td><td>사용자의 직장폐쇄 이후에 파업을 시작</td></tr>
<tr><td rowspan="2">조직화 여부</td><td>조직화(노조주도)</td><td>노동조합의 지휘하에 파업</td></tr>
<tr><td>비조직화</td><td>노동조합의 규약 또는 지시에 따르지 않는 파업</td></tr>
</table>

(wildcat strike) 등으로 구분된다.

노동법상으로 쟁의행위는 노동조합이 주체가 되어 사용자를 상대로 근로조건의 개선 등을 목적으로 하고 있으므로 동정파업이나 정치파업, 노조가 주체가 아니거나 적법한 절차에 따르지 않은 파업, 그리고 불법적인 파업은 법적인 보호를 받기가 어렵다.

(2) 태업과 사보타지

태업(soldiering)은 '형식적으로 노무를 제공하지만 고의로 능률을 저하시키는 행위로 필요 이상의 완만한 작업이나 필요 이상의 작업활동을 하는 것'을 말한다. 작업시간 중에 노래를 부르는 방법으로 태업하는 등의 행위는, 쟁의발생 신고 이후 조정을 거치고 조합원 과반수의 찬성을 얻는 파업찬반투표를 거치지 않았다면 정당한 조합활동이 아니며,[51] 의식적인 자재낭비나 불량품의 생산 등은 정당성을 인정받기 어렵다.

사보타지(sabotage)는 '태업보다 강력한 수단으로 단순한 태업의 개념에 그치지 않고 의식적으로 생산시설을 파괴하거나 사무를 방해하는 행위 또는 사업주의 사적 비밀 또는 험담 등을 고객들에게 알려 업무의 정상적인 운영을 방해하는 행위'들을 말한다. 이러한 것들이 정상적인 노조활동의 범위를 벗어나거나 쟁의행위의 정당성을 상실하게 되면 업무방해 및 명예훼손 등이 성립될 수 있다. 예를 들어, 회사 1층 로비에서 1주일간 조합원 총회를 가지고 농성장을 점거하는 등의 쟁의행위는 업무방해죄를 구성한다.[52]

생산관리는 사업장 또는 공장을 점거하여 직접 기업경영을 행하는 쟁의행위를 말한다. 생산관리는 소극적인 노무제공 거부가 아니라 적극적으로 공장, 사업장 등을 점유하고 사용자의 지휘명령을 배제하면서 기업경영을 하는 것으로 경영권 침해로 판단되어 정당한 쟁의행위로 인정되지 않는다.

(3) 보이콧과 피케팅

보이콧(boycott)이란 '파업대상의 사업장에서 만들어내는 제품의 사용을 금지하도록 또는 거부하도록 하는 쟁의행위'를 말한다. 일반적으로 평화적 설득방법에 의한 불매 및 시설 불이용 호소 등의 경우에는 정당성이 인정되나, 필요 이상의 폭행, 협박, 허위선전, 비방광고 등은 사안에 따라 정당성을 상실할 수 있다.

피케팅(picketing)이란 '사업장 앞에서 생산활동에 참여하는 근로자들을 대상으로 파업에 참여할 것을 독려하는 방법'을 말한다. 외국의 경우에는 사업장 내에서의 쟁의행위가 사용자의 사유재산을 침해한다는 이유로 금지되는 경우가 있다. 이런 경우에 회사 앞에서 피케팅을 하면서 요구사항을 제시하고, 파업에 참여할 것을 독려하며, 외부에 파업 중임을 알리기도 한다. 우리나라는 주로 사내에서 농성형태로 파업을 하기 때문에, 피케팅은 오히려 시민단체 등에서 많이 활용한다.

(4) 준법투쟁

준법투쟁이란 주로 우리나라에서 많이 사용되는 쟁의행위의 한 형태로 '법적으로 사규나 업무수행방식을 엄격하게 지킴으로써 업무의 정상적인 운영을 방해하는 쟁의행위'이다. 안전규정을 엄격하게 준수하거나, 근로기준법에 의한 법정 근로시간준수, 집단 휴가사용, 집단조퇴 등이 해당된다. 예를 들면, 버스운전기사 또는 지하철승무원이 모든 정류장 또는 지하철역에서 (평소에는 잘 안 지켜왔던 규정에 따라) 일정시간 동안 정차함으로써 그동안 관례적으로 지켜져 왔던 버스와 지하철운영을 방해하는 경우를 말한다.

준법투쟁은 순수한 목적으로 법규정을 준수하는 차원에서 실행이 된다면 별 문제가 없으나 준법 자체가 집단화되어, 식당의 한 개 배식구에만 한 줄로 서서 배식을 받는 행위, 단체로 같은 시간에 화장실을 가는 행위 등은 의식적으로 노조 측의 주장을 관철할 목적으로 업무의 정상적인 운영을 방해하였다면 쟁의행위가 된다. 따라서 이러한 준법투쟁도 쟁의행위에 속하므로 절차상의 하자가 있다면 정당성을 잃게 된다.

다음은 쟁의행위로 인정되지 않는 준법투쟁의 몇 가지 예이다.

① 업무개시 전, 점심시간 중 등의 시위행위는 근무시간 이외의 단체행동으로 쟁의행위가 아니다.[53]

② 일과시간 종료 후에 중역실(중역은 업무수행 중에 있었음) 앞에서의 농성은 쟁의행위가 아니다.[54]

③ 업무시간 이외의 시위행위는 쟁의행위가 아니다.[55]

④ 시간외 근무는 쟁의행위가 아니다. 또한 잔업거부는 근로자의 당연한 권리의 행사이다.[56]

⑤ 근무시간 중이라도 피케팅, 호각, 완장, 리본 착용 등과 같이 사용자의 조업을 저지하기 위한 작업저지행위가 아니면 쟁의행위가 아니다.[57]

그러나 다음과 같은 준법투쟁은 쟁의행위로 인정되었다.

① 추위를 피하기 위해 본관 건물의 현관 및 복도를 점거하고 회사의 연장근무 지시를 집단적으로 거부하여 회사의 업무에 지장을 초래한 이상 쟁의행위에 해당한다.58)

② 상급단체가 지시한 집단월차 휴가에 대해 조합원들에게 이를 독려하고 사용자의 승인이 없이 집단으로 월차휴가를 실시하게 하여 회사의 업무수행을 중단시킨 경우에, 이는 쟁의행위에 해당하므로 절차를 지키지 않은 노조지부장의 징계해임 처분과 직위해제 처분은 정당하다.59)

③ 회사의 본관 앞 도로상에서 그 회사 소속 근로자 1,100여 명을 모아 놓고 선동을 하면서 농성을 주도하여 회사의 정상업무를 저해한 행위는 노동쟁의행위에 해당한다.60)61)

④ 단체협약의 근거에 따라 관행적으로 실시되어온 휴일근로를 근로자들이 정당한 이유 없이 집단적으로 거부한 것은 쟁의행위에 해당한다.

(5) 사용자의 직장폐쇄

사용자 측에서는 '근로자의 노동력제공을 거부'하는 **직장폐쇄**(lockout)가 있다. 이는 파업에 참여하는 조합원들의 회사출입을 금지하는 행위로 업무 또는 생산활동을 중단하는 사용자의 의사결정이다. 하지만 직장폐쇄 중이라고 하더라도 파업에 참여하지 않는 비조합원을 활용하여 업무나 생산활동을 계속할 수 있다. 또한 사용자 측의 보이콧이란 '파업기간 중에 소속근로자의 타회사 취업을 방해하는 행위'를 말한다. 우리나라에서는 직장폐쇄만이, 그것도 노동조합 측의 쟁의행위가 발생한 이후에만 행사할 수 있도록 규정되어 있다.

「노조법」 제46조에는 '사용자는 노동조합이 쟁의행위를 개시한 이후에만 직장폐쇄를 할 수 있다'고 규정되어 있으며 사용자에게 노동자들의 파업에 대항하기 위한 직장폐쇄권이 부여되어 있다. 그러나 노동계는 파업권이란 약자인 노동자의 기본적 권리를 보장하기 위한 헌법적 권리이므로, 이 파업권에 대항하는 사용자의 방어권을 인정한 것은 파업권의 본질을 부정하는 것으로 **직장폐쇄권**은 당연히 폐지되어야 한다고 주장한다.

예를 들어, 노조가 이미 쟁의상태에 들어간 이후라도 그 규모·방법에 대응하는 상당한 정도를 초과하여 직장폐쇄를 실행하는 것은 허용되지 않으며, 비록 적법한 직장폐쇄라도 대항적·방어적 성격을 상실하고 근로자에게 심한 타격을 주어 단결권 자체를 위협하는 성격으로 전환한 경우에는 직장폐쇄가 위법하게 된다.62) 노조가 파업을 종료하고 직장

복귀 의사를 밝히고 협상을 요청하였음에도 불구하고 회사가 직장폐쇄를 계속할 경우도 위법이므로 부당하다.

4 쟁의행위의 정당성

쟁의행위는 정당한 경우에 민사상·형사상 면책을 받는다. 「형법」 제20조에는 법령에 의한 정당한 행위 또는 업무로 인한 행위는 벌하지 않는다는 규정이 있고, 「노조법」 제3조에 사용자는 쟁의행위로 인한 손해에 대해 손해배상을 청구할 수 없으며 노동조합의 민사상 면책을 인정하고 있다. 또한 「노조법」 제4조에서는 정당한 쟁의행위에 대하여 형사상 면책도 인정하고 있다. 물론 폭력이나 파괴행위는 어떠한 경우에도 정당한 행위로 해석되지 않는다.

쟁의행위의 주체는 노동조합이다. 따라서 쟁의행위는 단체교섭이 결렬되었을 경우에 노동조합이 주도하여 단체협약의 체결을 위해 행사되어야 한다. 쟁의행위의 목적은 근로자들의 경제적·사회적 지위향상에 있어야 한다. 쟁의행위의 수단적인 측면에서 볼 때 쟁의행위는 개별 조합원의 행동이 아니라 노동조합에 의한 조직적인 행동이어야 하므로 노조가 아닌 일부 조합원들의 쟁의행위는 정당성이 없어서 위법하다.

1) 대체근로의 제한

쟁의행위란 노동조합이 사용자에게 물리적·심리적 피해를 겪게 하기 위함이므로, 사용자가 쟁의기간 중에 당해 사업과 관계없는 자를 채용하거나 대체할 수 없도록 하고 있다. 현행 노조법(제43조)은 쟁의행위로 중단된 업무의 수행을 위해 당해 사업과 관계없는 자의 채용 또는 대체, 나아가 쟁의행위로 중단된 업무의 도급이나 하도급을 금지하고 있다. 「근로자파견법」(제16조 제1항)에서도 쟁의행위 중인 사업장에 그 쟁의행위로 중단된 업무의 수행을 위한 근로자의 파견을 금지하고 있다. 이러한 **대체근로**의 제한은 쟁의행위의 실효성을 위한 것이다. 하지만 기존의 근로자를 배치전환해서 업무를 계속 수행할 수는 있다.

국제노동기구(ILO)는 **필수서비스**(그 정지에 의해 국민의 생명, 신체적 안전 또는 건강을 위태롭게 할 수 있는 서비스) 부문에서 파업이 발생하는 경우 대체근로가 허용된다고 본다. 외국의 경우를 보면 일정한 경우 대체근로를 허용하고 있다. 프랑스의 경우는 파업에 의해 중단된 업무를 수행하기 위해, 계약직 근로자를 채용하는 것은 금지되지만 정규직 근로자의 채용은 금지되지 않는다. 다만 파업종료 이후 파업근로자들이 복귀하면 대체근로자들은 정당하게 해고할 수 있다. 미국의 경우 파업권과의 균형을 유지하는 차원에서 사용자는 파업기간 동안에도 사업을 계속적으로 운영할 권리를 인정하고, 그에 따라 파업참가들을 일시적 또는 영구적으로 대체하는 근로자를 고용할 권리가 있다는 판례가 있다.

우리나라의 경우 **필수공익사업**에 대해서는 **필수유지업무**를 정해서 파업 중에도 유지되도록 하고 있다. 그런데 필수유지업무가 유지되지 않는 경우에는 파업참가자의 50/100까지 대체근로를 허용하고 있다. 그러나 근로자 파견업을 통한 대체근로는 현재와 같이 제한하며, 대체근로는 쟁의행위 기간 중에 한하여 가능하다고 규정함으로써 파업을 이유로 한 영구적 대체근로는 허용되지 않음을 명시하고 있다.

2) 면책합의

쟁의기간 중의 행위에 대해 징역형의 실형을 받지 않는 한 그 책임을 묻지 않기로 약정한 후, 노조위원장인 원고가 선고유예 판결을 받자 단체협약상의 노조와 협의절차도 거치지 않고 쟁의기간 중 행위를 이유로 원고를 징계·해고한 것은 부당노동행위에 해당한다.[63]

또한 농성기간 중의 행위에 대해 근로자들에게 민·형사상의 책임이나 신분상 불이익처분 등 일체의 책임을 묻지 않기로 노사간에 합의를 한 경우에 그 취지는 농성중의 행위와 일체성을 가지는 행위 또는 농성 중의 행위와 필연적으로 연속되는 행위로서 불가분적 관계에 있는 행위에 대해서도 면책시키기로 한 것이라고 보아야 한다. 따라서 면책합의 이전의 농성행위 등으로 인해 면책합의 이후에 처벌을 받고 그로 인해 결근한 행위가 형식상 회사의 인사규정 등의 징계해고사유에 해당한다고 하더라도 이를 이유로 징계해고한 것은 위 면책합의에 반한다고 할 것이다.

그러나 회사와 노동조합 사이에 쟁의행위 중에 발생한 구속 및 고소·고발자에 대하여 "징계를 하지 않는다"라는 문구 대신 "최대한 선처하겠다"라고 합의한 경우, 이는 회사가 구속자에 대한 형사처벌이 감경되도록 노력하겠다는 취지로 해석되지만 구속자들을 징계하지 않겠다는 내용의 합의로는 볼 수 없다.[64]

우리나라는 노동조합의 파업이 기물파괴와 같은 불법적인 행위를 수반하는 경우가 많지만, 그 점을 고려하더라도 노조 위원장과 같은 지도부에 대한 형사처벌의 빈도나 수위가 높고, 민사적으로 손해배상 책임의 규모도 매우 큰 편이다. 전국금속노조 구미지부 KEC지회 소속 조합원 44명은 2010년 진행한 파업에 대해 회사가 청구한 손해배상액 301억 원 중에 30억 원을 3년 동안 임금압류를 통해서 갚아야 하는 경우가 있다.[65] 2010년 7월 현대차 하청노동자가 불법파견 해결을 요구하며 벌였던 울산공장 점거파업을 지원한 당시 금속노조 간부와 현대차 정규직, 비정규직 4명에게 20억 원을 배상하라는 판결도 2017년 부산고법에서 나왔다.[66] 2022년 7월 대우조선해양 비정규직 지회가 51일 동안 파업을 진행했고, 회사는 470억 원의 손해배상 청구 소송을 제기하였다.

3) 배상책임과 노란봉투법

물론 불법적인 측면이 있다고 하더라도, 이를 금전적으로 보상하라는 판결의 결과는 국제적으로는 매우 예외적이다. 영국이나 독일, 일본 등에서는 노동조합의 파업과 관련해

알고 지나가기

대우조선해양(현 한화오션) 하청노동자 470억 원 손해배상 소송

삭감된 임금 원상회복을 요구했다가 470억 원의 손해배상 소송을 당한 대우조선해양 하청노동자들을 지원하는 소송대리인단이 (2022년 12월) 13일 발족했다. (중략) 대우조선해양은 지난 8월 26일 김형수 금속노조 거제통영조선하청지회장과 유최안 부지회장, 이김춘택 사무장 등 5명의 조합원에게 470억 원의 손해배상을 청구했다. 지회 조합원들이 조선업 불황기 줄어든 임금의 원상회복을 요구하며 1도크를 점거했는데, 이로 인해 배의 진수가 늦어지는 등 업무 손해가 발생했다는 이유에서다. (중략)

대리인단은 "대우조선해양이 노동관계법의 직접고용 원칙에 위반해 탈법적인 하청생산구조를 확대한 실태를 밝힐 것"이라고 강조했다. 전 변호사는 "대우조선해양 하청노동자들의 파업은 우리 법체계가 보장하는 정당행위임을 밝힐 것"이라며 "대우조선해양이 열악한 근무조건하에 근무하던 하청노동자들을 상대로 470억 원을 파업 책임으로서 소구하는 것은 명백한 소권남용으로서 우리 법체계상 허용될 수 없음을 확인받을 것"이라고 전했다.

출처: 매일노동뉴스(http://www.labortoday.co.kr), 2022년 12월 14일.

손해배상소송을 못하게 하거나 한도를 정해놓고 있다. 영국의 경우는 조합원이 5천 명 이하일 경우에는 손해배상액의 상한이 1만 파운드(약 1,300만 원)이고, 조합원이 2만5천 명에서 10만 명까지인 경우에도 12만5천 파운드(약 15억 원)로 상한이 정해져 있다.

2022년 이후 국회에서는 소위 노란봉투법이 이슈로 다루어져 왔으며 2025년 8월 더불어민주당 주도하에 법이 통과되었다.[67] **노란봉투법**이란 노동조합에 대해 불합리한 손해배상 청구를 제한한다는 취지의 법안으로 2014년 쌍용자동차 파업 중에 노조 지지측이 노란색 봉투에 성금을 전달한 것에서 유래했다. 핵심적인 내용은 폭력이나 파괴로 인한 직접 손해를 제외하고, 단체교섭이나 쟁의행위 등 노조의 목적달성을 위한 행위로 인한 손해에 대해 노동조합 또는 근로자에게 손해배상을 청구할 수 없도록 하는 내용이다. 또한 손해배상의 책임이 있다고 하더라도 그로 인해 노동조합의 존립이 불가능하게 되는 경우에는 손해배상 청구를 허용하지 않고, 손해배상의 상한을 정하도록 하였다. 그리고 손해배상의 배상의무자는 법원에 감면을 청구할 수 있다.

5 전술적 무기로서의 파업

파업과 직장폐쇄는 단체교섭의 전술적 무기이다. 흔히 경찰은 권총과 같은 무기를 가지고 다닌다. 하지만 경찰이 총을 쏘면 항상 문제가 된다. 총은 쏘라고 있는 것이 아니라, 총을 쏠 수 있으니 조심하라는 의미가 더 큰 것이다. 단체행동권도 마찬가지라고 본다. 노동조합은 교섭의 타결을 위해 파업과 같은 쟁의행위를 할 수 있다. 하지만 무조건 쟁의행위를 하라는 의미보다는 사용자에게 파업을 할 수 있는 힘이 있으니 가능하면 우리의 의견을 들어달라는 강한 메시지를 보내는 것이다.

노사관계학자인 김수곤은 파업의 기능을 다음과 같이 정리하고 있다.[68] 첫째, 파업은 상대방의 태도를 바꾸는 데 효과적이다. 즉, 사용자는 노동조합이 설마 파업을 할 수 있겠냐라고 생각하면서 매우 경직된 모습을 보이다가 실제로 파업이 발생하면 태도를 바꾸는 경우가 많다. 이는 후에 설명될 비대칭정보이론에 의한 파업발생 설명과도 유사한 점이 있다.

둘째, 노조 내부의 일반조합원과 교섭대표자 사이의 관계를 조정하는 데 효과적이다. 이러한 주장은 아쉔펠터와 존슨이 처음 주장했다.[69] 노조지도부는 자기들의 요구를 사용자가 받아들일 수 없다는 점을 알고 있다. 하지만 노조지도부가 스스로 요구조건을 낮추면 조합원들의 지지를 확보하기 어렵다. 따라서 노조는 파업을 일으키고 그 결과 사용자가 양보하지 않으면 조합원들은 스스로 자신들의 요구가 지나쳤다는 점을 파악하고 요구 수준을 낮춘다. 노조지도부는 자신들이 위험한 상태에 빠지지 않으면서 요구 수준을 낮추고 교섭을 타결할 수 있게 된다.

셋째, 공공부문의 경우 파업은 예산편성 담당자의 마음을 움직이는 데 효과가 있다. 공공부문은 사용자라고 하더라도 예산을 조정하기가 어렵기 때문에 노동조합의 요구를 효과적으로 받아들이고 실천하기가 어렵다. 이런 경우에 노동조합은 예산편성 담당자를 대상으로 요구조건을 제시한다. 실현 가능성을 더욱 높여주기 때문이다.

6 파업발생이론

파업이 왜 발생하는가에 대한 학문적 논의는 오랜 전통을 가지고 있다. 왜 사후에 후회할 일을 하는가? 개인적으로 싸움을 한다면 나중에 후회하는 것은 불가피할 것이다.

그러나 개인 간에 싸움이 없어지지 않는 것처럼 노사간에도 오래전부터 파업이 발생해왔고 앞으로도 파업이 사라질 것으로는 생각되지 않는다. 여기서는 왜 파업이 발생하는지에 대한 학문적 접근을 간략히 살펴보고자 한다.

1) 힉스의 두 곡선

1930년대 **힉스**(Hicks)는 노사간의 교섭과 관련해서 두 개의 곡선으로 파업을 설명하려고 했다.[70] [그림 9-3]에서 보는 바와 같이 Y축은 예상임금인상률이고 X축은 예상파업기간이다. 우선 노동조합의 무차별곡선을 생각해 보자.* 예를 들어, 노동조합은 10%의 임금인상이 이루어진다면 파업 없이 그 안을 받아들일 수 있다. 하지만 5%의 임금인상은 약 5일의 파업이 있은 후에야 받아들일 수 있다. 이처럼 노동조합의 입장에서 임금인상률과 파업의 기간을 고려한 무차별곡선을 그릴 수 있다. 하지만 임금동결은 결코 받아들일 수

---

* **무차별곡선**(indifference curve)은 두 가지 이상의 재화가 주는 효용이 같은 수량끼리 묶은 조합을 나타내는 곡선이다. 이 곡선 위의 점에 해당되는 수량의 조합이 실현되면 어느 조합이나 같은 만족을 주기 때문에 차이가 없다.

[그림 9-3] 힉스의 두 곡선

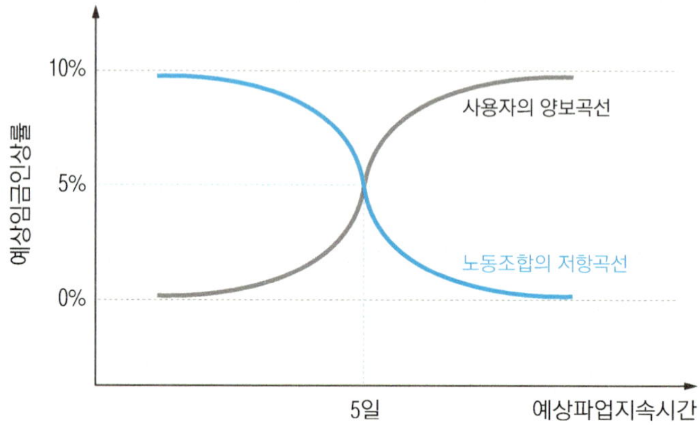

없다. 이 경우 무한대의 파업을 계속한다는 것이다. 이를 **노동조합의 저항곡선**(resistance curve)이라고 한다.

이제는 사용자의 무차별곡선을 그려보자. 사용자의 입장에서는 노동조합의 임금인상요구율이 동결이라면 파업 없이 받아들일 수 있다. 하지만 임금인상이 5%라면 약 5일의 파업이 있은 다음에야 받아들일 수 있다. 임금인상요구율이 10%라면 아무리 파업이 계속되어도 받아들일 수 없다. 이를 **사용자의 양보곡선**(concession curve)이라고 부른다. 이 두 곡선은 설명한 대로 5%의 임금인상률과 5일간의 파업기간에서 서로 교차한다. 이러한 상대방의 행동유형에 대해서 알고 있다면 서로 5일간의 파업을 거치면서 어려움을 겪을 것이 아니라 바로 5%의 임금인상률로 타결하면 될 것이다.

그래서 힉스는 파업이 발생하는 이유가 이러한 상대방의 행동유형(**무차별곡선**)을 제대로 파악하지 못하는 교섭경험의 부족에 있다고 했다. 노사가 서로 많은 교섭을 통해 많은 경험을 쌓는다면 상대방의 행동을 정확히 파악할 수 있고 그 결과 파업을 피할 수 있다는 주장이다. 즉, 상대방의 무차별곡선을 비교적 정확히 그려낼 수 있다는 것이다. 하지만 이러한 주장에 문제가 있다. 서로 상대방의 행동유형(무차별곡선)을 사전에 정확히 알 수 없기 때문이다. 노사는 서로 자신의 입장을 그대로 보여주기보다는 과장을 하게 마련이다. 따라서 서로 말로 하는 주장을 그대로 믿을 수 없다. 결국 파업이 발생한 이후에야 상대방의 행동유형(무차별곡선)을 알게 되니 파업은 불가피하다는 결론에 도달한다.

2) 파업비용이론

파업비용이론이란 파업을 하는 비용이 파업을 피하는 비용보다 저렴하기 때문에 파업이 발생한다는 주장이다. 환경이 안정적인 경우에는 과거의 관행이 그대로 적용되는 경우가 많기 때문에 몇 가지에 대해서만 새롭게 교섭을 해서 타결하면 새로운 단체협약을 체결할 수 있다. 하지만 환경이 급변하는 경우에 또는 단체협약 유효기간인 2년 동안에 많은 상황이 변했을 때에는 교섭에서 많은 내용을 새롭게 논의해야 한다. 예를 들어, 우리나라의 경우는 단체협약 유효기간이 최대 3년으로 되어 있으나 미국의 경우는 평균 3년 내외이며 긴 경우는 10년짜리 단체협약도 있다. 따라서 심한 경우에는 매우 많은 이슈들을 교섭해야 한다. 그러느니 차라리 파업을 통해서 서로가 급한 상황에서 교섭을 신속하게 진행하는 것이 더 효율적이다.

이러한 주장은 1980년에 **케난**(Kennan)이 주장하였는데, 사실 최근 IMF외환위기로 최초로 임금동결이나 임금삭감을 논의해야 하고 정리해고, 복지삭감 등을 논의해야 하는 1998년 이후의 우리나라 상황을 일부 설명할 수 있다고 본다.[71] 하지만 1990년대 이후 파업의 건수는 점차 감소하는 추세를 보인다. 노사가 서로 비용을 고려하는 합리적인 행동을 한다면 파업비용이론은 많은 시사점을 준다고 하겠다.

3) 비대칭정보이론

1930년대 힉스의 주장은 **헤이즈**(Hayes, 1984)에 의해 좀 더 구체화되었다.[72] 헤이즈는 다음과 같이 주장했다. 우선 사용자는 사업이 잘 되거나 어렵거나 노동조합과 교섭할 때에는 사업이 어렵다고 주장할 것이다. 잘 되는 경우에도 어렵다고 해야 노동조합의 요구 수준을 낮출 수 있으며 정말로 어렵다면 어렵다고 해야 노동조합의 요구를 낮게 유지할 수 있을 것이다. 문제는 노동조합의 입장에서는 사업이 정말로 어려운지 아니면 사업이 잘 되는지 알 수가 없다. 이 정보는 사용자가 노동조합에 알려줄 리가 없다. 이 상황이 노동조합의 **비대칭정보**(asymmetric information 또는 private information) 상황이다.

따라서 노동조합은 사용자가 거짓말을 하는지 아니면 사실을 말하고 있는지 파업을 통해서 확인할 수 있다. 만약 사용자가 거짓말을 하고 있다면 파업이 발생했을 때 신속하게 양보하여 파업을 끝내려고 할 것이며, 거짓말을 하고 있지 않다면 파업이 발생한다고 하더라도 쉽게 양보하지 않을 것이다. 즉, 노동조합은 파업을 통해 사용자에 대한 정보를 얻을 수 있다. 파업은 **사후적**(ex post)으로는 최선의 대안이 아니라고 하더라도 **사전적**(ex ante)으로는 최선의 대안일 수 있다는 것이다.

4) 소외이론

파업이 발생하는 이론으로 외딴 지역에서 발생하는 파업을 설명하는 **소외이론**이 있다. 이 이론은 파업이 외딴 지역에서 발생할 때 좀 더 과격하고 좀 더 오랜 기간 동안 지속된다는 것이다. 그 이유는 외딴 지역에서 발생하는 경우 지역적으로 외진 곳이어서 소외감도 많이 느끼고 그 결과 파업이 발생하면 과격해진다는 주장이다. 주로 탄광지역에 발생하는 파업을 설명하기 위해 사용되는데, 우리나라에서는 1980년 강원도 사북지역에서 발생하는 파업이 매우 과격했으며 오랜 기간 동안 계속되었다. 과거 구 소련의 탄광지역에서 발생한 과격한 파업이나 중국의 광산부문 공기업에 대한 구조조정 결과로 발생한 파업이나 폭동들도 이 이론에 의해 설명될 수 있을 것이다.

5) 기타 이론

노동조합의 역할 중에 파업을 통해 사회주의 혁명을 이룩한다는 **혁명적 조합주의**를 보면 파업은 혁명의 선봉대 역할을 한다. 하지만 우리의 경우 이러한 움직임이 전혀 없다고 할 수는 없지만 우리의 파업을 설명하기에는 적절하지 않은 것으로 생각된다.

지금까지 파업을 설명하기 위한 여러 이론들이 있지만 파업을 합리성을 바탕으로 한 이론들로 설명하기에는 한계가 있다. 특히, 우리나라의 파업들을 외국에서 만들어진 이론들로 설명하기에는 한계가 있을 것이다.

7 쟁의행위 실태

1) 쟁의행위 결의

일반적으로 노동위원회의 **조정기간**(일반사업 10일, 공익사업 15일)이 끝나면 노조는 **쟁의행위**에 들어갈 수 있으나 쟁의행위 결의와 신고를 해야 한다. 또한 쟁의행위의 기본원칙으로 ① 쟁의행위는 그 목적, 방법 및 절차에 있어서 법령, 기타 사회질서에 위반되어서는 아니된다. ② 조합원은 노동조합에 의하여 주도되지 아니한 쟁의행위를 하여서는 아니된다고 규정되어 있다(노조법 제37조).

쟁의행위의 결의는 총회의 의결사항인데 조정기간이라도 쟁의행위 결의를 할 수 있다. 총회가 아닌 총투표방식도 가능하지만 총투표를 할 때에도 총회의 요건, 즉 공고기간 등을 지켜야 하며 직접·비밀·무기명 투표에 의해 조합원 과반수의 찬성을 얻어야 한다.

쟁의행위에 있어서 유의할 사항은 첫째, 쟁의행위 도중에 새로운 쟁의사항이 추가된 경우에 별도의 조정신청을 할 필요는 없다. 둘째, 시기와 절차를 위반한 쟁의행위라고 하더라도 당연히 무효가 되는 것은 아니다. 셋째, 총회소집절차를 거치지 않은 쟁의행위 찬반투표도 당연히 무효인 것은 아니다. 쟁의행위의 일시·장소·참가인원 및 그 방법을 미리 서면으로 고용노동부장관(관할 행정관청)과 관할 노동위원회에 신고해야 한다(노조법 시행령 제17조).

2) 쟁의행위와 필수유지업무

2006년 말 「노동조합 및 노동관계조정법」(노조법)이 개정되면서 그동안 노동계에서 요구해왔던 **공익사업** 및 **필수공익사업**에 대한 직권중재제도가 폐지되었다. 그러나 대신에 공익성을 고려하여 **필수유지업무**를 정하고 이에 대해서는 쟁의행위를 제한하는 규정을 추가하였다. 이 조항들은 2008년 1월 1일부터 시행되고 있다.

먼저 필수유지업무란 노조법 제71조 제2항의 규정에 따른 "필수공익사업의 업무 중 그 업무가 정지되거나 폐지되는 경우 공중의 생명·건강 또는 신체의 안전이나 공중의 일상생활을 현저히 위태롭게 하는 업무로서 대통령령이 정하는 업무"를 말한다(노조법 제42조의2①). 그리고 필수유지업무의 정당한 유지·운영을 정지·폐지 또는 방해하는 행위는 쟁의행위로서 이를 행할 수 없다(노조법 제42조의2②).

노사 당사자는 쟁의행위기간 동안 필수유지업무의 정당한 유지·운영을 위하여 필수유지업무의 필요 최소한의 유지·운영 수준, 대상직무 및 필요인원 등을 정한 협정(이하, '필수유지업무협정'이라 한다)을 서면으로 체결하여야 하고 필수유지업무협정에는 노동관계 당사자 쌍방이 서명 또는 날인하여야 한다(노조법 제42조의3).

8 우리나라 쟁의행위의 유형별 분석

우리나라의 쟁의행위 역사는 100여 년 전으로 거슬러 올라간다. 1886년 초산역사건을 그 시초라고 할 수 있다.73) 초산역사건을 시작으로 1912년에는 6건이 발생해 1,573명이 참여했고, 1930년에는 160건에 1만8,792명이 참여한 것으로 나와 있다. 우리나라의 파업 건수는 정치상황과 관련이 깊다. 해방 이후 1987년 이전의 경우는 매년 100여 건 정도가 발생했으나 1960년 227건과 1980년 407건으로 그 전후에 비해서 매우 많은 건수를 기록하고 있다.

노사분규 건수와 그에 따른 근로손실일수 추이는 [그림 9-4]에서 보는 바와 같다.* 그러나 노동자대투쟁의 시기였던 1987년에는 엄청난 수의 파업이 발생했다. 1987년에는 3,749건이 발생했는데 그중에서도 8월과 9월에 3,254건이 발생해 거의 무정부상태를 방불케 했다. 이때의 파업은 우선 파업을 하고 후에 협상을 하는 '선파업, 후협상'의 모습을 보였다. 그 이유는 그동안 눌려 있었던 근로자들의 감정이 폭발한 것이다. 특히, 생산직 근로자들의 사무직에 대한 임금격차, 노동운동에 대한 탄압 등이 그 구체적인 이유라고

[그림 9-4] 노사분규건수와 근로손실일수: 2015~2024

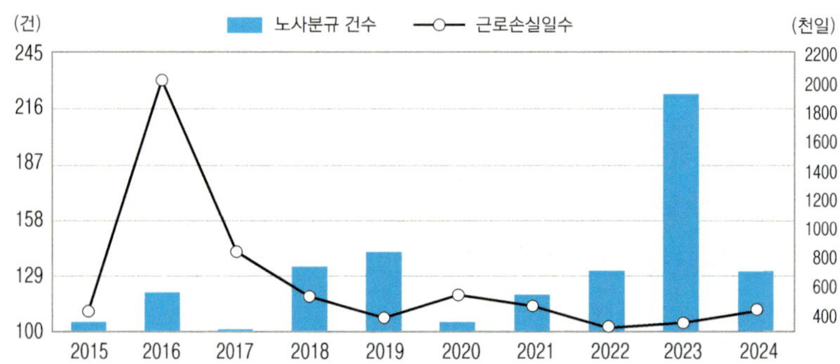

출처: e-나라지표, 노사분규 건수 및 근로손실일수를 2025.7.25.에 내려받음.

---

* 고용노동부의 노사분규 건수에 대한 통계에서는 쟁의행위 건수를 조사하는 것이 아니라 노사분규를 '노동조합과 사용자(사용자단체) 간 근로조건의 결정에 관한 의견의 불일치로 인해 노조 측이 작업 거부 등에 돌입함으로써 1일 근로시간(8시간) 이상 작업이 중단된 경우 노사분규 발생사업장으로 보며, 부분파업 등을 누계해서 1일 근로시간(8시간)이 되지 않거나 근로조건 개선과 관계없는 이른바 정치파업(예: ○○법 개정 저지 등을 목적으로 하는 파업)은 노사분규발생 사업장으로 보지 않고 있다. 또한 산별 노조 파업에 다수 사업장이 참가하는 경우 2006년부터는 1건으로 처리하였다.

하겠다. 이러한 추세는 1988년과 1989년까지도 계속되었다.

1988년 이후에는 정부에서도 법규정에 따른 파업을 강조하였지만 1990년에 이르러서야 파업의 건수가 감소하기 시작했다. 그리고 당시 정부에서는 '무노동무임금' 원칙을 강조하기 시작하였다. 1994년 이후로는 파업의 건수가 100건 내외로 감소하였다가 1998년 IMF외환위기 이후 계속되는 구조조정으로 다시 파업의 건수가 늘어나기 시작하였다. 2000년 이후로는 매년 200건 이상의 파업이 발생하였으나 2006년 이후에는 지속적으로 감소하기 시작하여 2024년까지 매년 100여 건 내외의 파업이 발생하고 있다.

1) 노사분규와 쟁의행위

법적으로 구분되는 노사분규 관련 개념은 다음과 같다. **노동쟁의**는 '노동조합과 사용자 또는 사용자단체(이하, '노동관계당사자'라 한다) 간에 임금・근로시간・복지・해고 기타 대우 등 근로조건의 결정에 관한 주장의 불일치로 인하여 발생한 분쟁상태(노조법 제2조 제5호)'를 말한다. **쟁의행위**는 '파업・태업・직장폐쇄 기타 노동관계 당사자가 그 주장을 관철할 목적으로 행하는 행위와 이에 대항하는 행위로서 업무의 정상적인 운영을 저해하는 행위(노조법 제2조 제6호)'를 의미한다.

단체행동(헌법 제33조 제1항)은 "근로자 측의 집단적 행위로서, 동일한 목적을 추구하는 다수 근로자의 의식적이며 의욕적인 공동행위를 말하며, 쟁의행위인 파업, 태업 등은 물론 가두시위, 집회, 완장착용 등도 해당된다"고 볼 수 있다. 현재 광범위하게 사용되고 있는 노사분규는 법적 개념이 아니지만 노사분규는 '노동관계 당사자 중 적어도 일방의 이해와 직접 관련된 사항에 대해 각자의 주장을 관철할 목적으로 적・불법에 관계없이 정상적인 업무활동을 중단 또는 저해하는 일체의 집단행동'을 의미한다.

현행 우리나라의 쟁의행위에 대한 통계분석은 노사분규로 정의하고 있다. **노사분규**는 '노동조합 및 노동관계조정법상의 쟁의행위(적법이냐 불법이냐를 불문하고) 중에서 직접고용관계에 있는 근로자집단이 직접고용 사용자를 대상으로 작업거부 또는 농성에 돌입함으로써 1시간 이상의 근무시간에 대해 작업중단 상태가 1일(8시간)을 초과하여 지속된 노사분규'를 대상으로 하고 있다.

이러한 개념으로 예를 들어 지난 몇 년 동안 사회적으로 문제가 제기된 하청회사 근로자들의 원청회사에 대한 노사분규는 정부의 공식통계에는 포함되지 않고 있다. 또한 직접적인 고용관계가 종료된 근로자들의 원직복귀를 요구하는 경우는 직접 고용관계에 있지 않을 뿐만 아니라 조업중단을 초래하지 않기 때문에 노사분규에 포함되지 않는다.[74] 노란봉투법으로 개정되면 이 부분이 노사분규 통계에 포함될 것으로 보인다.

따라서 향후에는 노사분규에 대한 기준을 확대하여 고용관계 및 조업중단 여부를 불문하고 통계에 포함시킬 필요가 있을 것이다. 또한 노사분규라는 실무적인 개념을 활용하되 노조법상의 쟁의행위를 구분하여 통계를 내고 이를 활용할 필요가 있을 것이다.

2) 쟁의행위의 제한

법적으로 인정되고 있는 쟁의행위지만 다음의 경우에는 제한을 받는다.

① 법령, 사회질서에 위반되지 말아야 하며(노조법 제37조①) 쟁의목적, 방법 및 절차에 있어서 위반되지 말아야 한다.

② 집행부가 주도하지 않는 파업[들고양이 파업(wildcat strike)] 금지(노조법 제37조②)

③ 출입방해 금지, 피케팅 제한, 작업시설의 손상, 원료, 제품의 변질 또는 부패방지를 위한 작업은 쟁의 중에도 정상적으로 수행되어야 함

또한 생산시설의 점거, 보안작업 파업, 근로희망자에 대한 출입통제, 조업방해 등 불법적인 쟁의행위에 대한 금지규정이 있다. 그리고 쟁의행위의 참가 설득은 폭행, 협박이 아닌 평화적 방법에 의하도록 정하고 있다(노조법 제38조).

구체적으로 점거가 금지되는 생산 또는 주요 업무에 관련되는 시설의 범위는 개별 사업장의 업무 종류, 쟁의행위 당시의 생산 또는 업무형태에 따라 달라질 수 있으며, '생산 또는 주요 업무시설에 준하는 시설로서 대통령령이 정하는 시설'도 점거가 금지된다.

9 단체행동과 노동쟁의실태의 국제비교

파업을 국제적으로 비교한다는 것이 쉬운 일은 아니다. 왜냐하면 파업을 정의하는 방법이 나라마다 다르기 때문이다. 우리는 참여자 수에 제한 없이 1일(8시간) 이상 지속되면 파업으로 정의하지만, 미국의 경우는 1천 명 이상이 1일 근무시간 이상 파업을 지속해야 통계에 포함시킨다. 그래서 미국의 경우는 연간 파업건수가 20여 건 내외로 매우 작다.

일본의 경우는 1/2일 동안 지속되어야 한다. 또한 우리는 파업기간 중에 대체근로를 엄격히 금지하고 있지만 미국의 경우는 파업참가자에 대해 **영구적인 대체근로**가 허용된다. 파업을 하다가 직장을 잃을 수도 있다는 것이다. 이렇게 환경이 다르기 때문에 직접적인 비교는 큰 의미가 없을 수도 있으나 각 나라의 노사관계환경을 이해하기에는 파업의 규모나 실태도 도움이 되기 때문에 간단히 살펴보려고 한다.

1) 미국의 파업

미국의 경우는 1910년대와 1940년대, 그리고 1970년대에 파업의 횟수가 많았다. 1910년대는 노동운동이 제대로 보호받기 이전의 시기였기 때문에 노동조합을 인정받기 위한 **노조인정파업**(union recognition strike)이 많은 수를 차지했다. 1940년대는 제2차 세계대전이 끝나고 집으로 돌아온 많은 청장년들이 직업을 구하지 못하자 이와 연계되어 파업이 발생했다.

1970년대는 미국의 경기가 최고조에 달할 때였다. 호경기 상황에서 보다 많은 것을 요구하기 위해 그리고 상대적으로 이를 받아줄 수 있는 사용자가 있었기에 파업건수가 증가하였다. 그러나 1981년 이후 미국정부는 파업에 대한 정의와 집계방식을 바꾸어서 파업참가자 수가 1천 명 이상이어야 하고 하루 이상(교대근무시간) 계속되어야만 파업으로 집계

[그림 9-5] 미국의 주요 파업건수: 1947~2024

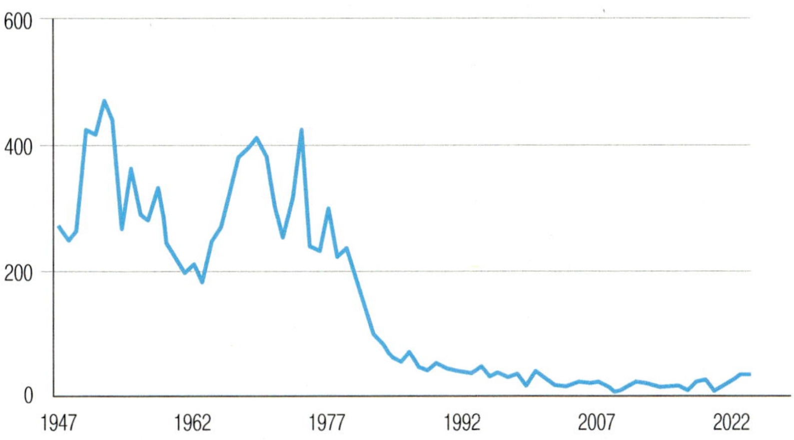

출처: Bureau of Labor Statistics, Numbe of work stoppages involving 1,000 workers or more beginning in the period, https://www.bls.gov/wsp/factsheets/summary-of-work-stoppages-in-the-united-states.htm에서 2025.7.25.에 내려받음.

하고 있다. 2000년 이후 이런 대형 파업건수는 연평균 20여 건에 머물고 있으며 2022년에는 16건이 발생했고 8만700명이 참여했으며 근로손실일수는 160만 일 수준이었다. 2023년의 경우 5월까지 9건이 신규로 발생했고, 10만2천여 명이 참여했다. 2024년에는 31건이 발생했다. 그러나 미국에서는 여전히 다수의 단체교섭이 진행되고 있는데 2021년 회계연도를 기준으로, **연방조정알선청**(Federal Mediation & Conciliation Service, FMCS)은 약 2,788여 개의 단체교섭을 조정하였다.[75]

2022년 블랙프라이데이에 **아마존**의 노동자들은 공정임금, 노조가입인정 등을 요구하며 파업을 진행하였으며, 2022년 12월 **뉴욕타임즈** 기자 1천여 명이 40년 만에 처음으로 하루 동안 파업을 진행하였다. 미국의 정부의 공식통계와는 달리 코넬대학교에서는 2022년에 374건의 파업이 발생했다고 보고하고 있다.[76]

2) 영국의 파업

영국의 경우는 1910~1920년대에는 연간 1,500건, 1940~1960년대에는 연간 2,500건, 그리고 1970년대에는 연간 4,000건을 기록하였다. 1970년대까지 상당히 많은 건수를 보였으나 철의 여인이라 불린 대처 수상이 들어선 이후, 노동조합에 불리한 법개정과 정책의 운영으로 노동조합운동도 약화되었고 그 결과 파업건수도 감소하였다. 2000년대에 들어서는 200건 이하로 줄어들었으나, 2022년 이후 2024년까지 매년 수백 건의 파업이 발생하였으며, 2025년 들어서서는 다시 수십 건 수준으로 줄어들었다.[77]

영국은 전통적인 자발적인 **당사자주의**(voluntarism)의 영향으로 형사적으로 단체행동이 금지되는 부문이나 업종에 대한 제한은 거의 없다[78] 단체행동권이 명시적으로 금지되는 것은 경찰과 군인 정도이다. 공무원의 경우에도 단체행동이 금지되지 않는다. 그리고 우리나라의 필수공익사업의 필수유지업무제도 같은 국민보호 조항은 없다. 사후적으로 식품, 물, 연료, 전기 등의 공급이 위험에 처하는 **국가비상사태**의 경우 군대 등이 투입되어 공급을 원활하게 할 수 있으나 이 경우에도 단체행동에의 참여를 금지할 수 없다.

2022년 말 코로나19를 거치면서 피로도가 심해진 필수공공부문 노동자들이 속한 지하철, 철도, 버스, 중고등교사, 간호사, 대학 노조가 파업에 들어갔지만 정부의 구체적인 개입은 없었다. 영국에서 파업은 사회적 대화 파트너인 사용자와 노동자들이 풀어야 하는 과제로 보기 때문이다. 다만 파업으로 인한 공백을 최소화하기 위해 공항과 항구의 국경보안군

을 비롯해 2천여 명의 군인과 공무원들이 파업 발생을 대비하고 있다고 보도되었다.[79]

영국에서는 불법파업의 경우 형사적 규율 자체가 없고, 단체행동의 절차규정 등 각종의 제한규정의 위반에 대해서도 민사상의 책임만을 묻는다. 노동조합과 노조 간부에 대한 손해배상청구가 가능하지만 사용자가 노조 간부에 대한 손해배상청구를 한 적은 거의 없다. 노동조합의 경우도 손해배상액 상한이 정해져 있다. 조합원 5천 명 이하의 노조는 1만 파운드가 상한액이다. 노동조합에 대한 손해배상청구도 현재까지 사례가 없다.

3) 일본의 파업

일본의 경우 적대적인 노사관계가 대표적이었으나 1970년대 오일쇼크 이후 대립보다는 협력의 관계가 강조되면서 파업건수가 대폭 감소하였다. 2000년 이후에는 매년 수십건이 발생하는 수준이다. 2021년에는 55건이 발생하였다.[80] 일본에서 불법파업에 대한 책임을 살펴보면 쟁의행위의 정당성을 우리보다 넓게 인정하고 있다. 특히 경영권에 관한 사항에 대해서도 폭넓게 인정하기 때문에 정치파업이나 동정파업과 같은 사안의 경우에만 목적의 정당성이 부정된다고 하겠다.

또한 **위법쟁의행위**에 대한 책임에 있어서도 우리보다 책임이 제한된다. 형사적 책임에 있어서 근로자들의 쟁의행위가 단순히 노동력제공을 집단적으로 거부하는 행위로 이루어지는 경우 정당성을 상실했다고 하더라도 형법상 업무방해죄를 적용하지 않는다. 민사적인 책임에 있어서도 노동조합과 개인근로자의 책임은 제한되어야 한다는 주장이 일반적이다.

이상에서 보듯이 1970년대 이후에는 거의 전 세계적으로 파업횟수가 격감하였는데 이는 미국의 보수적인 레이거노믹스 등장, 영국의 대처리즘, 그리고 일본의 오일쇼크의 극복 등이 전반적으로 노동조합의 힘을 약화시켰고, 그 결과 파업의 건수도 줄어들었다고 하겠다. 그리고 영국이나 일본의 경우 파업에 따른 노동조합의 책임도 우리보다는 적다는 점에 유의할 필요가 있다.

정리문제

1. 다음을 간단히 정리하시오.

- 임금협약과 단체협약
- 기업별 교섭, 통일교섭, 산별 교섭, 공동교섭, 집단교섭, 대각선교섭
- 교섭력이론
- 교섭창구 단일화와 공정대표의무
- 단체협약의 일반적 구속력과 지역적 구속력
- 유일교섭단체조항의 효력
- 숍제도: closed shop, union shop, open shop
- 평화의무조항과 평화적 교섭조항
- 노동쟁의와 쟁의행위
- 공익사업과 필수공익사업
- 파업, 태업, 사보타지, 생산관리, 직장폐쇄, 보이콧
- 알선, 조정, 중재
- 공익사업과 필수공익사업
- 쟁의행위의 유형
- 공공부문의 노동3권
- 공무원노조와 전국공무원노동조합
- 학교비정규직

2. 다음에 관해 의견을 제시하시오.

- 단체교섭의 집중화와 분권화
- 행위중심의 교섭전략 유형: 분배교섭과 통합교섭, 태도구성 교섭과 내부조직 교섭
- 노사간의 교섭전략: 사용자의 압박·포용·회피 전략, 노동조합의 공세·협력 전략
- 교섭위원의 자질
- 사적 조정과 사적 중재
- 파업발생이론
- 공무원에 대한 국가주의 모델과 시민주의 모델

3. 팀보고서를 작성하시오.

- 준법투쟁을 포함하는 불법파업은 보호받을 수 없는가?
- 대체근로는 어디까지 허용되어야 하는가?
- 공무원의 노동3권과 제한 수준은?

토론문제

1. 건보공단 고객센터 노조, 끝나지 않은 정규직 전환 전쟁

국민건강보험공단 고객센터 노동조합이 오는 (2022년 11월) 11일 파업을 진행한다. 건보공단이 정규직 전환 등 조건을 받아들이지 않으면 오는 23일부터 전면 파업에 들어간다고 예고했다. (중략)

민주노총 공공운수노조 건보공단 고객센터지부는 입장문을 내고 "11월 11일 하루 파업을 진행한다"며 "국민건강보험 고객센터 업무를 수행하는 11개 업체와 국민건강보험공단의 태도 변화가 없을 시 민주노총 공공운수노조 국민건강보험 고객센터지부는 11월 23일부터 전면파업에 돌입할 예정"이라고 했다. 이들은 건보공단에 정규직 전환을 요구한다. 고객센터 노조는 지난해 수차례 파업을 거쳐 공단으로부터 산하 소속기관을 통한 고객센터 직원 1,600여 명의 정규직 전환이라는 합의안을 얻어냈다. 정권이 바뀐 후 세부 방안으로 상담인력 축소를 논의하는 등 이전과 다른 분위기가 감지되자 파업에 나선 것으로 풀이된다. (중략)

건보공단 고객센터지부는 "유사한 업무를 수행하는 다른 콜센터 노동자들과 비교해도 열악한 임금을 받고 있다"며 "친절하고 정확한 상담보다는 경쟁으로 내모는 인센티브를 강요하고 있다"고 했다. 문제는 공단 내부 분위기다. (중략) 고객센터 상담사 파업은 직원 업무 가중으로 이어진다. 지난해 파업 당시에도 1,600여 명 중 노조원 약 970명이 업무에서 빠지면서 노조에 가입하지 않은 상담사들이 이들의 업무를 대신했고, 남은 상담사들이 대응하지 못하는 전화는 전국 178개 공단 지사 직원들이 받았다.

지난해 파업 당시에도 공단 내부에서는 고객센터 노조 파업에 대한 반발이 컸다. 공단 직원들 사이에서는 상담사 직고용이 공정에 위배된다는 목소리가 나왔다. 당시 건보공단 노조가 고객센터 노조와 동일하게 민주노총 공공운수노조 소속이라 정규직 전환을 막지 못한다며 노조와 반대 노선을 취했다. MZ세대 직원들을 중심으로 공정가치연대라는 모임을 만들었고, 건보공단 노조는 민주노총 출신 위원장을 탄핵시켰다. 한 건보공단 직원은 "정부가 바뀌면서 고객센터 상담사 전원 정규직 전환이 어려운 분위기가 조성되자 파업에 들어가는 것 아닌가 생각된다"라고 했다.

(출처: 머니투데이, 2022년 11월 10일)

Question !

1. 정규직 전환 요구는 무슨 의미인가?
2. 문재인 정부와 윤석열 정부의 비정규직 정규직화 정책은 어떻게 다른가?
3. 공공부문의 고용안정성은 민간부문에 비해 얼마나 우월한가?

2. 서울 시내버스 멈추나…서울시, 비상수송대책 마련

서울 시내버스 노사의 올해 임금·단체협약(임단협) 교섭이 난항을 겪고 있다. 29일 자정까지 노사가 이견을 좁히지 않으면 시내버스 노동조합(노조)은 30일 쟁의행위에 돌입할 예정이다. 서울시버스노조는 "28일 오후 5시까지 조합원 쟁의행위 찬반투표를 진행한 결과, 전체 조합원의 84.9%가 찬성해 쟁의행위가 최종 가결했다"고 28일 밝혔다. 투표 인원 대비 찬성률은 96.3%다. (중략)

올해 임단협의 쟁점은 정기 상여금 통상임금 반영과 임금 인상, 복지 확대, 고용 안정 등이다. 서울시 버스노조는 ▸운전직 호봉제 상향(9→11호봉) ▸운전직 시급 8.2% 인상 ▸정년 만 65세 연장 ▸하계 유급휴가 신설 ▸고용안정협약 체결 등을 요구하고 있다. (중략)

하지만 서울시는 인건비와 재정 지원이 급격히 증가하면 서울시 재정에 부담이 될 수 있다는 입장이다. 서울시 관계자는 "상여금을 통상임금에 포함할 경우 버스 기사 임금이 15% 늘어난다"며 "노사간 합리적 조정이 필요하다"는 입장이다. (중략)

시내버스 감시 시스템상 버스 운행 간격, 운행 속도, 정류소 정차 시간 등에 이상 상황이 발생하면 즉각적으로 조치할 예정이다. 주요 교통혼잡 지역에 교통경찰을 배치하고, 버스 중앙차로 구간에 운행 지연이 발생하면 후속 버스가 추월할 수 있도록 조치한다. 지하철도 1일 총 173회를 늘린다. 출퇴근 주요 혼잡시간을 현행보다 1시간 연장해 열차투입을 늘리고, 지하철 막차도 다음날 오전 2시까지 연장 운행할 예정이다. 서울 25개 자치구는 주요 지하철역을 오가는 무료셔틀버스를 운행한다. 시내버스 운행이 중단되는 노선 중 마을버스가 다니지 않는 지역을 중심으로 민·관 차량 500여 대를 투입할 예정이다.

(출처: 중앙일보, https://www.joongang.co.kr/article/25331998, 2025.4.28)

Question !

1. 시내버스의 경우 파업권은 시민들의 불편이 너무 크지 않은가? 적법한가?
2. 노동조합의 요구는 결국 버스회사의 부담이 커지는가 아니면 서울시 부담이, 궁극적으로는 서울시민의 부담이 커지는가?
3. 적절한 타협안에는 무슨 내용이 포함되어야 한다고 생각하는가?

주요 참고문헌

국제노동기구 통계홈페이지, http://www.laborsta.ilo.org.

중앙노동위원회, http://www.nlrc.or.kr.

고용노동부(2024), 교원노동조합 조직현황(2023년 말 기준).

고용노동부(2024), 공무원노동조합 조직현황(2023년 말 기준).

고용노동부(2024), 『고용노동통계』.

고용노동부(2013.10.24), 「고용부, 전교조에 '법상 노조 아님' 통보」, 보도자료.

김상겸 · 최경애(2019), 공무원노동조합에 관한 비교법적 연구 – 노동3권의 인정범위를 중심으로 –, 『법학논총』, 32(2), 241 ~ 277.

김정한 · 문무기 · 이승협 · 채준호(2010), 『공무원노조 시대의 공무원직장협의회 활성화방안 연구』, 서울: 한국노동연구원,

박준식 · 박주영(2005), 『공무원 노동조합의 형성과정과 의식조사를 통해 본 공무원 노사관계의 특성과 정책과제』, 서울: 한국노동연구원.

이성희(2010), 『공공부문 단체교섭제도에서 경영권과 교섭권의 합리적 조정방안 연구』, 서울: 한국노동연구원.

임상훈 · 배규식 · 강병식(2004), 『공공부문 구조조정과 노사관계 안정화』, 연구보고서 2004-13, 서울: 한국노동연구원.

정영훈(2014), 「일본에서의 불법파업과 법적 책임」, 『국제노동브리프』, 12(4), 49 ~ 63.

정재하(2005), 『공공부문의 범위와 고용변화 분석』, 서울: 한국노동연구원.

조규준(2021), 「소방공무원 노동조합 조직화와 배경」, 『월간노동리뷰』, 11월호, 55 ~ 70.

조성재 · 채준호 · 신지원 · 손영우 · 송태수 · Michael O'Donnell · 전인 · 성시경(2009), 『공공부문 민영화의 쟁점과 노사관계』, 정책연구 2009-3, 서울: 한국노동연구원.

행정안전부(2025), 2024 행정안전 통계 연보.

미주

1) 노동조합 및 노동관계조정법(법률 제6456호 일부개정 2001.3.28)의 제3장(단체교섭 및 단체협약) 제29조(교섭 및 체결권한)를 보면 다음과 같다. ① 노동조합의 대표자는 그 노동조합 또는 조합원을 위하여 사용자나 사용자단체와 교섭하고 단체협약을 체결할 권한을 가진다. ② 노동조합과 사용자 또는 사용자단체로부터 교섭 또는 단체협약의 체결에 관한 권한을 위임받은 자는 그 노동조합과 사용자 또는 사용자단체를 위하여 위임받은 범위 안에서 그 권한을 행사할 수 있다. ③ 노동조합과 사용자 또는 사용자단체는 제2항의 규정에 의하여 교섭 또는 단체협약의 체결에 관한 권한을 위임한 때에는 그 사실을 상대방에게 통보하여야 함.

2) 김정한(1997), 『단체교섭실태에 관한 연구』, 서울: 한국노동연구원.

3) 이에 대한 자세한 내용은 Walton, Richard E. and Robert B. McKersie(1965, 1991), *The Behavioral Theory of Negotiations*, Ithaca, NY: Cornell University Press를 참조.

4) 본 내용은 이성희(2002), 「노사협상전략의 선택조건과 협상전략이 협상결과에 미치는 영향에 대한 실증연구」, 고려대학교 대학원 경영학과 박사학위논문을 참조하여 서술한 것임.

5) Dixt, Avinash K. & Barry J. Nalebuff(1991), *Thinking Stratigically: the Competitiveness Edge in Business, Politics, and Everyday Life*, New York: W.W. Norton Company.

6) Deutch, Morton(1973), *The Resolution of Conflict: Constructive and Destructive Process*, New Haven: Yale University Press.

7) Pruit, Dean G.(1983), "Strategic Choice in Negotiation," *American Behavioral Scientist*, 27(2), 167~194.

8) Walton, Richard E., Joel E. Cutcher-Gerchenfeld, & R. B. MeKersie(1994), *Strategic Negotiation: A Theory of Change in Labor-management Relations*, Harvard Business School Press.

9) 이성희(2002), 앞의 논문, 37~42쪽.

10) 이성희(2002), 앞의 논문, 41쪽.

11) 김태기(1993), 『단체교섭의 절차와 기법』, 서울: 한국노동연구원.

12) 김태기(1993), 위의 책, 19~20쪽.

13) 김태기(1993) ; Lewicki, Roy J., Joseph A. Litterer, John W. Minton and David M. Saunders (1994), *Negotiation*, 2nd edition, Burr Ridge, Illinois: Irwin ; Bazerman, Max H. and Margaret A. Neale(1992), *Negotiating Rationally*, New York, NY: Free Press.

14) 김태기(1993), 앞의 책, 56~70쪽 참조.

15) 이선 · 강순희(1992), 『임금결정과 임금관리』, 서울: 한국능률협회.

16) 김태기(1993), 앞의 책.

17) 이선 · 강순희(1992), 앞의 책.

18) 김태기(1993), 앞의 책, 60쪽 참조.

19) 한국노동조합총연맹(2023.2.6), 2023년 한국노총 임금인상요구안.

20) 厚生勞働省(2001),「ワークシェアリングに關する調査研究報告書」.

21) 슬로우 리포트(2025.5.28), 광주형 일자리의 예견된 실패: 연봉 반토막이라도 일자리 늘면 좋은 것 아니냐고?, https://slownews.kr/137533.

22) 이하 단체교섭에 대한 내용은 위의 책 김태기(1993)의 내용을 참고하였음.

23) 김태기(1993), 앞의 책, 79쪽 참조.

24) 김태기(1993), 앞의 책, 65~68쪽 참조.

25) 이에 대한 자세한 내용은 김태기(1993),『단체교섭의 절차와 기법』, 서울: 한국노동연구원, 83~85 ; Lewicki, Roy J., Joseph A. Litterer, John W. Minton and David M. Saunders(1994), *Negotiation*, 2nd edition, Burr Ridge, Illinois: Irwin ; Bazerman, Max H. and Margaret A. Neale(1992), *Negotiating Rationally*, New York, NY: Free Press를 참조.

26) https://blog.naver.com/gundalin/222122860642에서 2021.2.5.에 확인함.

27) 단체협약의 모범안은 한국노총이나 민주노총에서 찾아볼 수 있으며, 한국경총도 모범안을 제시하고 있다. 단체협약에 대한 자세한 분석은 윤성천 · 이선 · 김정한(1990),『단체협약분석』, 서울: 한국노동연구원 ; 윤성천 · 김정한(1998),『단체협약분석(II)』, 서울: 한국노동연구원 등을 참조.

28) 고용노동부(2010),『사업(사업장) 단위 복수노조 업무매뉴얼』.

29) 고용노동부(2010), 위의 자료 14쪽 참조.

30) 노조전임자는 노조법 제24조 제1항 및 제2항에 따라 '노동조합 업무에만 종사하는 자'로서 사용자의 급여지급이 금지되며, 이들의 업무범위와 몇 명을 둘 것인가는 노사가 자율적으로 정할 수 있으나, 급여는 노조 자체의 재정에서 부담하여야 한다. 근로시간면제자는 '정해진 시간 내에서 근무를 면제받고 노조법에 규정된 근로시간 면제 대상에 속하는 업무를 수행할 수 있도록 지정된 자로 이러한 근로시간 면제자의 활동에 대해 유급처리가 가능하다. 그러나 근로시간면제자라 하더라도 파업, 공직선거 출마 등 사업장 내 노사공동의 이해관계에 속하는 업무와 무관한 활동은 근로시간면제 대상업무로 볼 수 없으므로 이러한 활동에 대해서는 유급처리를 해서도 안 되고 유급처리를 받아서도 안 된다.

31) 윤성천 · 김정한(1998), 앞의 책, 45쪽 참조.

32) 윤성천 · 김정한(1998), 앞의 책, 61쪽 참조.

33) 윤성천 · 김정한(1998), 앞의 책, 64쪽 참조.

34) 윤성천 · 김정한(1998), 앞의 책, 67쪽 참조.

35) 윤성천 · 김정한(1998), 앞의 책, 97쪽 참조.

36) 윤성천 · 김정한(1998), 앞의 책, 100쪽 참조.

37) 윤성천 · 김정한(1998), 앞의 책, 101쪽 참조.

38) 권석균 · 이영면(1999),『감량경영 & 고용조정』, 서울: 한언.

39) 윤성천 · 김정한(1998), 앞의 책, 112쪽 참조.

40) 윤성천 · 김정한(1998), 앞의 책, 129～131쪽 참조.

41) 윤성천 · 김정한(1998), 앞의 책, 135～136쪽 참조.

42) 윤성천 · 김정한(1998), 앞의 책, 160～161쪽 참조.

43) 더 팩트(2020.8.20), 기아차 노조 통상임금 소송 9년 만에 최종 승소.

44) 이데일리(2020.12.29), 10내 규모 사내근로복지기금으로 코로나 피해 근로자 지원.

45) 대법원 1993.4.17. 91누12257.

46) 윤성천 · 김정한(1998), 앞의 책, 201쪽 참조.

47) 윤성천 · 김정한(1998), 앞의 책.

48) 윤성천 · 김정한(1998), 앞의 책, 207～222쪽 참조.

49) 우리나라 노동부는 쟁의행위에 대한 통계를 내지 않고 노사분규라는 정의하에 통계를 내고 있다. 불법으로 쟁의행위를 하기 때문에, 즉 법적으로는 쟁의행위라고 할 수 없는 경우가 많기 때문에, 노사분규라는 개념으로 불법 쟁의행위를 포괄하고 있는 것으로 생각된다. 하지만 노사분규라는 개념은 일반적으로 부정적인 의미를 포함하고 있다. 따라서 이제 불법 쟁의행위가 많지 않기 때문에 노사분규가 아니라 쟁의행위라는 말로 바꾸어 사용해야 할 것임.

50) 중앙노동위원회(http://www.nlrc.go.kr)의 조정사건 노동위원회별 접수 · 처리 현황, http://www.nlrc.go.kr/nlrc/st/stmd_receipt.go에서 2023.7.7. 확인.

51) 서울고판 89구157812, 1990.10.11.

52) 대법원 91도383, 1991.6.11.

53) 대법원 92도1645, 1992.12.8.

54) 노사32281-6465, 1988.5.3.

55) 대법원 제1부 1993.3.3. 판결.

56) 대법원 76도3657, 1979.3.13. ; 마산지법 제2민사부 1989.10.11. 판결.

57) 노사32281-10117, 1989.7.10. ; 노사32281-6917, 1988.5.11.

58) 서울고법 1990.7.5. 판결.

59) 대법원 제3부 1993.4.23. 판결.

60) 대법원 제2부 판결, 91도1051, 1991.7.9.

61) 대법원 제3부 판결, 90도162, 1990.4.13.

62) 대전지법 93가합566, 1995.2.9.

63) 대법원 제1부 판결, 19누10893, 1992.8.18.

64) 대법원 제2부 판결, 93다1503, 1993.5.11.

65) 오마이뉴스(2018.9.25), 결혼 4개월 만에… 회사에 꿈을 빼앗겼습니다.

66) 뉴스타파(2017.9.13), 노조법률원엔 노동보사 형사사건이 더 많다.

67) 연합인포맥스(2022.9.19), [시사금융용어] 노란봉투법.

68) 김수곤(1992), 『현대한국노사관계론』, 서울: 경문사.

69) Ashenfelter, Orley and George Johnson(1969), "Bargaining Theory, Trade Unions, Industrial Strike Activity," *American Economic Review*, 59, November, 35～49.

70) Hicks, John(1963), *The Theory of Wages*, 2nd Edition, New York, NY: McMillan.

71) Kennan, John(1980), "Pareto Optimality and the Economics of Strike Duration," *Journal of Labor Research*, 1, Spring, 77～94.

72) Hayes, Beth(1984), "Unions, Strikes, and Asymmetric Information," J*ournal of Labor Economics*, 2, January, 57～83.

73) 이때부터 일제시대, 해방 전후에 대해서는 노동운동의 역사를 통해서 대신하기로 한다. 이에 대한 자세한 설명은 김윤환(1982), 『한국노동운동사I』, 서울: 청사 ; 김낙중(1982), 『한국노동운동사II』, 서울: 청사를 참조하면 됨.

74) 김정한 · 문무기(2006), 『새로운 유형의 노사분쟁 등에 대한 통계 관리방안』, 2006년 노동부 학술연구 용역사업 보고서.

75) FMCS, FMCS Role and Function-FY21, https://www.fmcs.gov/resources/documents-and-data/에서 2023.1.26.에 확인함.

76) 포춘코리아(2022.12.20), 미국 기업 노사 전쟁 시작됐다.

77) Office for National Statistics, Employment and labor market, number of stoppages in progress in period, 2025.7.26.에 확인함.

78) 심재진(2014), 「영국에서의 불법파업과 법적 책임」, 『국제노동브리프』, 12(4), 16～30.

79) 한겨레(2022.12.7), 100여년 만에 최대 규모 파업…영국 정부 '군 동원 검토'.

80) ILOSTAT explorer, 2023.1.26.에 확인함.

Chapter 10

사용자의 노사관계전략 및 공공부문 노사관계

근로자에 대해서는 근로기준법과 노동3권을 통해 사회적 보호를 받지만, 그에 대응하는 기업의 권리는 없는가? 노동3권을 포함한 근로자의 권리는 헌법에 명시되어 있고 구체적으로 각종 법률과 제도로 실현되고 있지만, 기업의 입장을 대변하는 **경영권**은 상대적으로 그 구체성이 떨어진다. 그러나 아무리 시장에 의해 기업의 경쟁력이 확보된다고 하더라도 기업의 타고난 권리인 경영권도 보장되어야, 서로 간에 균형을 찾을 수 있고 그에 따라 국가의 지속가능한 발전이 가능할 것이다.

또한 노사관계와 고용관계에 대해 기업은 전략을 수립하고 이를 실천할 수 있다. 기업은 노사관계에 대해 어떠한 전략을 세울 수 있고 선택할 수 있는가? 회사 측에서 적극적인 방안을 활용해서 노동조합이 없는 비노조경영을 추구하는 경우도 있고, 반대로 근로자들이 노동조합결성에 대해 소극적인 경우도 있다. 상황이야 어쨌든 간에 우리나라에서 이러한 비노조기업에서 일하는 근로자가 다수를 차지한다. 물론 기업의 인적자원관리방식이 문제가 없는 것은 아니지만, 이제는 옛날 같지 않고 많이 현대화하였으며 회사가 인적자원을 중시하는 경향도 늘어나고 있다.

본 장에서는 먼저 경영권을 살펴보고 기업이 고용관계에 대해 선택할 수 있는 기본적인 전략에 대해 설명하기로 한다.

제1절 경영권

경영권은 노동3권에 비해 구체적으로 제시되고 있지 않지만 여기서는 경영권에 대해 가능한 구체적으로 그 근거를 살펴보기로 한다.

1 경영권[1)]

우리나라의 헌법 제33조 제1항은 근로자의 노동3권을 보장하고 있다. 이 노동3권을 바탕으로 근로자는 노동조합을 결성할 수 있고, 노동조합은 사용자와 단체협약을 체결하며, 필요시 단체행동을 할 수 있다. 그리고 이 노동3권에 기초해서 노사는 근로조건 향상을 위한 협약자치(노사가 당사자로서 약속을 하고 이를 실현하는 방식)를 구현할 수 있다.

노동조합은 지난 1987년 노동자대투쟁 이후 임금인상과 근로조건 향상만이 아니라, 정리해고에 대한 고용안정협약 요구, 기업의 **인수 · 합병**(Merger and Acquisition, M&A)과 분할 활동에 대한 반대, 사업장의 해외이전에 대한 반대, 고용안정을 위한 해외 생산물량의 국내 환입, 기업 이윤의 일정부분에 대한 사회기금으로의 환원 요구, 노동자의 이사회 참여 등 단체교섭의 요구범위를 확대해 왔다.

이러한 요구에 대해 경영계는 이러한 사항이 기업의 고유한 권리인 경영권에 속하며 따라서 교섭에 응할 필요가 없다고 주장해 왔다. 그러나 이러한 요구사항들이 단체교섭 대상에 해당하는지에 대한 분명한 정리가 되어 있지 않은 것이 현실이다. 최근에 경영권에 대한 판례가 나온 이후 경영권에 대한 연구가 일부 있으나, 아직 충분한 논의를 거쳤다고 보기는 어려운 형편이다.[2)]

김화진(2004)은 (기업) 경영권에 대해 경제적 측면에서 투자결정을 포함한 경영판단을 내릴 수 있는 권한, 인사권, 대표권 등을 포함하며, 법률적 측면에서는 주주총회 결의의 통제권, 이사선임을 통한 이사회 구성권, 이사회 결의에 대한 통제권, 주주총회 또는 이사회를 통한 대표이사 선임권, 대표이사의 권한을 통한 회사의 업무집행권 등을 의미하는 것으로 설명하고 있다.[3)]

1) 헌법상 기본권과 재산권

박종희(2004)는 경제활동에 대한 기본권으로서의 경영권의 개념을 다음과 같이 정리하고 있다. 우선 헌법 제119조 제1항은 "대한민국의 경제질서는 개인과 기업의 경제상의 자유와 창의를 존중함을 기본으로 한다"고 밝히고 있다. 이어서 제2항은 "국가는 균형 있는 국민경제의 성장 및 안정과 적정한 소득분배를 유지하고 시장의 지배와 경제적 남용을 방지하며, 경제주체 간의 조화를 통한 경제 민주화를 위하여 경제에 관한 규제와 조정을 할 수 있다"고 정하고 있다. 그러나 구체적으로 어떤 경제시스템인지에 대해서는 명확하게 정의하고 있지는 않다.

일반적으로 경제시스템은 '**계획경제체제**'와 '**시장경제체제**'로 구분된다. 우리나라의 경제체제는 앞의 헌법조항에 따르면 기본적으로 개인이나 기업과 같은 경제주체의 자유로운 활동을 보장하는 시장경제체제를 채택하지만, 경제력 남용을 방지하고 부의 적정한 분배를 위해 국가가 개입할 수 있는 **혼합경제체제**라고 할 수 있다. 다만, 헌법 제119조의 제1항에서 언급된 '경제상의 자유'는 '경제활동을 할 수 있는 자유'를 의미하며 이는 개인만이 아니라 기업에 대해서도 경제상의 자유를 보장하며, 그러한 자유권을 침해하지 않고 존중한다는 의미로 해석할 수 있다. 그러므로 여기에는 **사적 소유권**의 보장, 직업 및 영업의 자유, 행동 내지 **거주이전의 자유**, 그리고 계약자유의 원칙 등이 전제되어 있다고 할 수 있다.

헌법에서 언급된 기본권 중에 경제생활과 밀접하게 관련된 내용으로는 사적 소유권의 보장(헌법 제23조), **직업선택의 자유**(헌법 제15조), 거주이전의 자유(헌법 제14조), 결사의 자유(헌법 제21조), 그리고 인간의 존엄과 가치 및 **행복추구**를 보장하는 기본권(헌법 제10조) 등을 들 수 있다. 이 중에서도 헌법 제23조의 사적 소유권, 즉 재산권 보장은 가장 기본적인 경제적 자유권에 속한다고 하겠다.

헌법에서 보장된 재산권이란 단지 민법에서 보장하고 있는 소유권만이 아니라, 개별 법률이 형성・보장하는 권리들의 종합으로 볼 수 있다. 이러한 근거로 박종희(2004)는 헌법상 기본권으로 **재산권**을 보장하는 것은 시장경제질서의 기초이면서 영업 혹은 기업에 대한 기업주의 재산권을 인정하는 것으로 해석한다. 기업주는 이러한 재산권 보장의 법리에 기초하여 기업, 영업, 혹은 영업재산에 대한 사용・수익 내지 처분권을 행사할 수 있다는 것이다. 이러한 결정은 영업양도나 분할, 또는 기업재산의 매각, 위탁경영 등과 같은 형태로 구현된다.

따라서 이와 같은 결정은 곧 기업 경영상의 결정이라고 할 수 있으므로 기업에 대한 기업주의 재산권은 경영권의 내용을 구성한다고 본다. 다만, 재산권 보장의 법리는 어디까지나 기업 혹은 영업이라는 재산적 가치를 가진 물질적 및 비물질적 대상에 대한 권리이므로, 이로부터 당해 기업 내지 영업에 속해 있는 근로자를 지배할 수 있는 권한이 포함된다고 볼 수는 없다고 밝히고 있다.

2) 직업선택 및 결사의 자유

헌법 제15조에는 모든 국민의 **직업선택의 자유**를 보장하고 있다. 이는 모든 국민이 자신에게 적합한 활동을 직업으로 영위할 수 있는 권리를 보장하는 것이다. 일반적으로 직업활동은 사회에서 생존의 기초가 되기 때문에, 본질적으로 영리를 추구하는 영리활동을 포함한다. 여기에는 독립적인 영업활동만이 아니라, 노동력을 제공하고 임금을 확보하기 위한 노동력 제공행위, 즉 근로자로서의 활동도 직업 활동의 범위에 포함된다.

또한 개인은 헌법상 결사의 자유에 따라 일정한 영리단체를 결성하여 경제활동에 참여할 수 있기 때문에 이 같은 단체에 대해서도 기본권을 인정하여야 할 것이다. 즉, 개인과 마찬가지로 단체를 통한 영리목적의 활동도 보장되어야 한다는 것이다. 따라서 어떤 형태의 단체를 조직하여 영업활동을 전개할 것인가를 정하는 것은 기업주 자유의 내용에 포함된다. 여기에는 기업경영을 어떻게 할 것인지, 어디에 투자할 것인지, 생산방식은 어떻게 할 것인지, 제품가격이나 경쟁은 어떻게 할 것인지, 그리고 인력수급을 어떻게 할 것인가도 직업선택의 자유(**영업의 자유**)에 포함된다고 하겠다. 다만, 노동보호입법에 의한 제한과 같은 사항은 법률에 의해 제한된다고 볼 수 있다.

3) 경영권의 실체와 내용

이상에서 살펴본 대로 시장경제체제라는 기본 경제질서 위에 구축된, 기업주의 경제활동의 자유는 기업주로서 기업에 대한 재산권, 영업의 자유에서 나오는 설립 및 운영에 관한 자유, 시장가격 형성에 참여할 자유, 단체인 기업을 결성하여 보다 큰 힘으로 영업활동을 할 자유 등으로 구체화된다. 이렇게 기업주가 행할 수 있는 경제활동의 자유를 경영권이라고 할 수 있다.

경영권에 대한 법원의 판단은 2003년에 처음 구체적으로 나타난다.[4] 판결내용을 보면 헌법 제23조 제1항과 제119조 제1항에 따라 …… (중략) …… "우리 헌법이 사유재산제도와 경제활동에 관한 사적자치의 원칙을 기초로 하는 자본주의 시장경제 질서를 기본으로 하고 있음"을 선언하고 있다. 헌법 제23조의 재산권에는 개인의 재산권뿐만 아니라 기업의 재산권도 포함되고, 기업 재산권의 범위에는 투하된 자본이 실현된 물적 생산시설(회사건물이나 공장 등)뿐만 아니라 여기에 인적 조직 등이 유기적으로 결합된 종합체로서의 '사업' 내지 '영업'도 포함된다. 그리고 이러한 재산권을 보장하기 위해서는 그 재산의 자유로운 이용 · 수익뿐만 아니라, 그에 대한 처분이나 상속도 보장되어야 한다.

한편 헌법 제15조에 따라 "직업선택의 자유에는 기업의 설립과 경영의 자유를 의미하는 기업의 자유를 포함하고 있다. 이러한 규정의 취지를 기업활동의 측면에서 보면, 모든 기업은 그가 선택한 사업 또는 영업을 자유롭게 경영하고, 이를 위한 의사결정의 자유를 가지며, 사업 또는 영업을 변경(확장, 축소, 전환)하거나 처분(폐지, 양도)할 수 있는 자유를 가지고 있고 이는 헌법에 의해 보장되고 있는 것이다. 이를 통틀어 경영권이라고 부르기로 한다."로 되어 있다.

4) 경영권을 부정하는 학설의 입장

지금까지 살펴본 경영권에 대한 논의와 반대로 경영권을 부정하는 입장도 존재한다. 다시 말해, 경영권은 법률상의 구체적인 권리가 아니라 관념적인 산물이며 경영에 속하는 각종 권리의 집합체로, 사실상 파악되는 것에 불과한 단순한 사실상 정책적 개념이라는 주장이다. 또한 어떤 특정인 또는 집단이 생산설비에 대한 소유권 혹은 주주로서 기업에 대한 지배력을 행사하는 현상일 뿐이라는 주장이다.[5]

그에 더해 경영권은 단체교섭으로부터 자유로운 영역을 설정함으로써 경영에 대한 노동조합의 관여를 배제하기 위해 만들어진 허구적이며 정책적 · 실천적 법 개념에 불과하다는 주장도 있다.[6] 따라서 경영권은 실체성이 없는 방어적 권리에 지나지 않기 때문에, 어떤 교섭사항이 경영권에 속하느냐 속하지 않느냐에 따라 교섭사항이냐의 여부를 논하는 것은 적절하지 않다고 주장한다.[7] 이러한 입장에서 노동계는 단순한 근로조건을 넘어서는 폭넓은 이슈에 대해 단체교섭권이 존재한다고 주장한다.

5) 경영권과 인사권

경영권과 함께 논의된 사용자의 권리로 인사권이 있다. **인사권**의 일반적인 범주는 기업의 인력계획에서부터 배치전환, 승진, 보상, 해고에 이르기까지 매우 넓다. 박종희(2004)는 인사권을 개별 근로자의 구체적인 근로제공과 관련된 배치전환에 관한 부분과 기업의 전체 인력구조에 관한 결정 및 집행과 관련된 것으로 구분한다.

전자를 구체적인 노무제공의무 이행과 관련한 사용자의 구체적인 **노무지휘권**(勞務指揮權, 노동력의 처분에 관한 권한, 근로제공의 수단으로서 근로자를 복종시키는 권한)과 관련한 것으로 보고 있다. 이러한 노무지휘권은 근로계약상의 당사자 합의에 따라 결정되는 것으로, 예를 들면 근무장소를 특정한 사업장으로 한정하는 것, 특정한 직종에서 근무할 것으로 정하는 것 등이 해당된다. 이러한 근무장소와 근무내용은 이미 근로계약 체결 시에 당사자 합의로 한정되었기 때문에, 이를 변경하는 것은 계약의 주요 내용 변경이며 따라서 계약 상대방인 근로자의 동의를 필요로 한다.

그러나 후자에 해당하는 기업 전체 인력구조에 대한 계획은 경영상 결정영역에 속하는 것으로 보아야 한다고 주장한다. 인력수급 계획이란 기업경영 전반에 걸친 경영사항과 직접 관련된 사항이기 때문에 생산계획, 투자계획, 제품의 가격정책 등을 인력계획과 분리해서 생각하기 어렵다는 것이다. 따라서 이러한 광의의 인사권을 협의의 인사권과 구분할 필요가 있으며, 단체교섭의 대상으로 삼는 것은 논리적 비약이라고 주장하고 있다.

6) 노동3권과 한계[8)]

앞에서 언급한 대로 경영권은 헌법에 직접적으로 명시되어 있지 않아서 논리적 추론과 판례에 의한 해석이 요구되지만, 근로조건 향상을 위한 노동3권은 헌법 제33조에 기본권으로 보장되고 있다.

(1) 기본권으로서의 노동3권과 협약자치

기본권이란 '근로자에게 특별한 지위를 부여하기 위해서가 아니라 인간으로서 존엄과 가치를 유지하기 위한 자유의 의미에서 보장하는 권리'이다. 따라서 노동3권의 보장은 근로자의 집단적 자치를 통해 근로자의 근로조건 향상을 달성하도록 하기 위한 것이다.[9)]

경제적 · 사회적 지위가 열세인 근로자가 (별도의 규제 없이 시장논리에 따라) **사적 자**

치를 통해서는 자신의 지위를 유지하기 어렵다는 전제하에, 실질적으로 대등한 노사관계를 제도적으로 보장하기 위해 노동3권을 기본권으로 인정하고, 이를 바탕으로 적정한 근로조건을 형성할 수 있도록 하는 것이다. 집단적 자치를 통해 근로조건을 결정하도록 하는 것은 국가에 의한 근로조건 결정을 부인하고, 적정한 근로조건을 규율할 수 있는 지위를 노사자치 당사자에게 부여한다는 취지가 포함되어 있다.

그러나 헌법에는 집단적 자치의 구조와 형태 그리고 그 작동원리에 대해 구체적으로 명시하고 있지는 않다. 다만 역사와 경험을 통해서 볼 때, 노동조합을 중심으로 하는 근로조건의 집단적 결정을 그 핵심으로 하고 있다고 하겠다. 따라서 노동조합이 체결하는 단체협약 중심의 집단적 자치를 '협약에 의한 자치'라고 할 수 있다. 이를 구체화한 법률이 「노동조합 및 노동관계조정법」(이하 '노조법')이다.

기본권으로서의 노동3권을 보장하는 목적은 근로조건 향상이며, **협약자치**는 이를 구체화하기 위한 것이다. 그런데 근로조건의 향상이란 이미 확보된 권리의 실현을 의미하는 것이 아니라, 앞으로 이루어질 분배와 관련된 적정한 자신의 몫을 주장할 수 있게 하는 것이다. 그래서 문제는 "협약자치를 어디까지 인정하느냐" 하는 것이다. 따라서 협약의 당사자는 협약자치의 범위 내에서 그 권한을 행사할 수 있으며, 그 범위를 넘는 대상에 대해서는 임의로 규율할 수 없다.

(2) 단체교섭권과 단체교섭 대상

우리나라 헌법에서는 단체교섭권을 기본권으로 보장하고 있는데, 노조법 제81조 제3호에는 사용자가 정당한 사유 없이 단체교섭을 거부할 경우 부당노동행위로 규제하고 있다. 이는 단체교섭권이 단순한 자유라는 기본적 속성을 벗어나 상대방인 사용자에게 일정한 의무를 부여하고 있다고 하겠다. 다만 사용자는 노조의 교섭요구가 협약자치의 범위를 벗어난다면 이를 정당하게 거부할 수는 있을 것이다.

(3) 경영권과 단체교섭 대상

경영권이 단체교섭의 대상인가에 대해서 학설과 판례는 부정설, 제한적 긍정설, 그리고 구분설로 나눌 수 있으며, 판례는 부정설의 입장에 서 있는 것으로 정리할 수 있다.[10] **부정설**은 경영에 관한 사항은 사용자의 경영권에 속하기 때문에 단체교섭의 대상이 아니라는 입장이다.[11] 근로자에게 노동3권을 보장한 기본적 전제는 사용자의 기본권을 침해하지 않는 범위 내에서 임금과 근로조건 등에 대해 단체교섭을 허용한 것이므로, 경영상 결정사항 등은 단체교섭 대상이 될 수 없다는 입장이다.

제한적 긍정설은 경영에 관한 사항이 고용의 계속을 포함하여 근로조건과 직접적인 관계가 있으면 **의무적 교섭사항**이 된다는 입장이다.[12] **구분설**은 경영에 관한 사항이 근로조건에 영향을 미치는 경우에 경영의사결정과 그것이 근로조건에 미치는 영향을 구분하여 전자는 **임의적 교섭사항**으로, 후자는 의무적 교섭사항으로 보려는 입장이다.

경영권의 행사 자체를 단체교섭의 대상으로 보는 것은 소위 공동결정제도를 인정하는 것으로 이는 헌법상 재산권을 침해하게 된다는 입장이다. (독일의 경우는 제한적이기는 하지만 공동결정제도를 법으로 정하고 있다.) 그러나 경영권에 관한 사항은 이것이 근로조건에 영향을 미치는가 또는 근로조건과 관련을 맺고 있는가에 무관하게 항상 임의적 교섭대상이라고 본다. 이상의 제한적 긍정설과 구분설은 양자가 모두 헌법에 의해 보장되는 경영에 관한 기본권리가 단체교섭권의 대상이 되지 않는다는 점에서 같다고 하겠다.

2 고용노동부와 법원 판례의 경영권과 인사권 해석[13]

고용노동부의 집단적 노사관계 업무매뉴얼에 따르면 **인사·경영권**과 관련하여 인사·경영권이란 '기업경영과 관련하여 사용자에게 귀속되는 일체의 권한'을 의미하는 것으로 해석하며, 인사권은 '근로자의 채용, 전보, 배치, 인사고과, 승진, 해고 등 징계, 휴직 등의 사항에 관한 사용자의 권한'을 의미하며, 경영권이라 함은 '회사의 양도양수, 공장이전, 용역전환, 휴·폐업, 신기술 도입 등에 관한 사용자의 제반 권한'을 의미하는 것으로 보고 있다.

인사·경영권은 헌법상 보장된 재산권의 관리·행사를 위하여 사용자의 권한으로 인정되고 있어 '경영상 의사결정 자체'나 '인사결정권 자체'는 원칙적으로 의무적 교섭사항이 아니다. 다만, 인사·경영권에 속하는 사항이라 하더라도 근로조건과 밀접한 관련이 있는 부분으로서 사용자의 인사·경영권의 본질적 사항을 침해하는 것이 아닌 한 그 한도 내에서 단체교섭 대상이 될 수 있다.

그리고 인사·경영권의 본질적 내용을 침해하는 사항을 목적으로 쟁의행위를 하는 경우 목적의 정당성을 인정할 수 없다고 정리하고 있다.

1) 판 례

판례는 경영주체에 의한 **고도의 경영상의 결단**에 속하는 사항일 경우 비록 근로자들의 근로조건의 변경이 필연적으로 수반되더라도 원칙적으로 교섭대상이 아니라는 입장을 취하고 있다. 예를 들면, "사업조직의 통폐합 등 기업의 구조조정의 실시 여부는 경영주체에 의한 고도의 경영상 결단에 속하는 사항으로서 이는 원칙적으로 단체교섭의 대상이 될 수 없고, 비록 그 실시로 인하여 근로자들의 지위나 근로조건의 변경이 필연적으로 수반된다 하더라도 그 쟁의행위는 목적의 정당성을 인정할 수 없다"(대법원 2002.2.26. 선고 99도5380)라고 판결하였다. 또한 2010년 12월 13일 대법원은 "구조조정 실시 여부는 고도의 경영상의 결단에 속하는 사항이어서 원칙적으로 단체교섭 사항에 해당하지 않음에도, 노조 측이 구조조정 실시 자체를 반대하기 위해 단체교섭을 요청해, 회사 측이 이를 거부한 것은 정당하다"고 판결한 바 있다.

또한 판례는 인사경영사항에 관한 단체협약에 노사합의(동의 · 협의) 규정을 두고 있더라도 이를 근거로 사용자의 인사경영권이 제한되는 것은 아니라고 하고 있다. 예를 들면, "단체협약에 '정리해고나 사업장 조직 통폐합에 따른 직원의 해고 시 노조와 사전에 합의한다'라는 규정은 단체협약의 체결 경위와 당시의 상황, 단체협약의 전체적인 체계 및 내용 등에 비추어보면, 정리해고 등 경영상 결단을 하기 위하여는 반드시 노조의 사전 동의를 요건으로 한다는 취지가 아니라, 사전에 노조에게 해고기준 등에 관하여 필요한 의견을 제시할 기회를 주고 노조 의견을 성실히 참고하게 함으로써 구조조정의 합리성과 공정성을 담보하고자 하는 협의의 취지로 해석함이 상당하다 할 것이다"(대법원 2002.2.26. 선고 99도5380 등)라고 판결하였다.

2) 행정해석

행정해석에서도 경영권 양도양수, 공장이전 등은 원칙적으로 사용자의 경영권의 본질적인 사항에 해당되므로 단체교섭의 대상이 될 수 없다는 입장이나, 경영권 양도 시 고용문제, 공장이전과 관련한 이주비 등은 근로조건과 관련되는 범위 내에서는 단체교섭의 대상이 될 수도 있다고 보고 있다. 예를 들면, "경영권의 양도나 회사의 타지역 이전의 결정 그 자체는 사용자의 경영권의 본질적인 사항에 해당한다 할 것이어서 단체교섭 사항이 될 수 없는 것이 원칙이므로, 노조동의가 없다고 하여 경영권 양도나 회사 이전이 무효가 되는 것은 아니다. 다만 경영권 양도 시 고용문제나 회사 이전과 관련한 이주비 지원 등 근로조건과 직접적인 관련되는 사항은 그 한도 내에서 교섭대상이 될 수 있을 것이다"(노조 68107-1200, 2001.11.2)라고 해석하고 있다.

이러한 판례와 행정해석에 따라 고용노동부의 지도방안은 첫째, 판례나 행정해석상 인사・경영권의 본질적인 사항은 사용자의 고유한 권한이므로 단체교섭의 대상이 되지 아니한 것이 원칙이다. 다만, 인사・경영권에 관한 사용자의 의사결정권이 본질적으로 침해되지 않는 범위 내에서 근로조건과 밀접한 관련성이 있는 사항은 단체교섭의 대상이 될 수 있다. 예를 들어, 회사 이전 시 이사비용 요구, 배치전환 기준 등 일정한 '인사기준'의 설정 요구 및 징계 시 노조의견 청취 요구의 경우 등이다. 둘째, 인사・경영권의 본질적 사항을 침해하는 단체협약 규정은 그 효력이 제한될 수 있다. 셋째, 인사・경영권의 고유한 사항에 대하여 노사가 합의하여 행사하도록 규정한 단체협약 내용은 갱신과정에서 노사가 자율적으로 시정하는 것이 바람직하다고 정리하고 있다.

3 이재명 정부에서의 노동법 개정과 경영권

2025년 국회 환노위에서는 노동쟁의에 개념을 개정하였다. 기존에는 근로조건에 대한 주장의 불일치로 인해 발생한 분쟁상태를 노동쟁의로 정했던 내용을 확대하여 근로자의 지위를 포함하는 근로조건의 결정과 근로조건에 영향을 미치는 사업경영상의 결정에 관한 주장 및 사용자의 명백한 단체협약 위반으로 발생한 분쟁상태로 수정하였다.

핵심적으로는 기존에 개인 수준의 근로조건에 대한 교섭은 인정했으나 이제는 사업경영상의 결정, 즉 경영권으로 해석되었던 사항에 대해서도 교섭하고 필요시 쟁의행위를 할 수 있도록 폭을 넓힌 것으로 해석할 수 있다.

더불어서 쟁의행위로 인한 손해배상과 관련해서 2025년 8월 ① 기존의 내용에 추가해서 노조 활동으로 인한 손해에 대해 배상을 청구할 수 없다; ② 사용자의 불법행위에 대해 노조가 방어적 차원에서 사용자에게 손해를 가한 경우 배상책임이 없다; ③ 손해배상 책임을 인정하는 경우 손해배상 의무자인 근로자에 대해 책임비율을 정해야 한다; ④ 손해배상 책임에 대해 법원에 감면을 청구할 수 있다; ⑤ 신원보증인은 사용자의 손해에 대해 배상 책임이 없다; ⑥ 사용자가 노조의 존립을 위태롭게 하거나 운영을 방해할 목적으로 또는 조합원의 노동조합을 방해하고 손해를 입히려는 목적으로 손해배상청구권을 행사해서는 안 된다; ⑦ 사용자는 손해배상 책임을 면제할 수 있다는 내용으로 법을 개정하였다. 시행 시기는 법 공포 후 6개월이 지난 2026년 2월로 예정되어 있다.

제2절 기업의 고용관계전략

굳이 경영권을 언급하지 않더라도 일반적으로 기업은 노동조합을 달갑게 여기지 않을 것이다. 핵심적인 이유로는 의사결정의 지연에 있고, 제도개선의 어려움일 것이다. 경우에 따라서는 기업들이 사업장 내에 노동조합의 결성을 피하기 위해 적극적으로 노력을 기울이기도 한다. 우리나라에서 오랫동안 **비조합주의**를 표방해왔던 삼성그룹의 노사철학을 보면 노동조합 자체를 부정하는 것이 아니라 노조의 필요성을 부정하는, 즉 '종업원이 노조를 필요로 하지 않는 기업경영'을 유지해 왔다.[14] 사실 삼성과 관련이 깊은 신세계, CJ, 한솔그룹 등도 비조합주의를 강조해 왔다. 삼성에서는 지난 1987년 노동자대투쟁 이후 사회적인 격동기를 겪으면서도 노동조합이 결성되지 않은 이유를 ① 노조 없는 기업경영을 위해 어떤 기업보다도 종업원의 욕구가 표면화되기 전에 한 발 앞선 대처와 ② 고도성장시기에 다소 여유 있는 경제적인 여건으로 인한 최고의 처우유지 등이 가능했다는 점에서 찾고 있다.

그러나 2018년 삼성전자는 노조결성을 방해했다는 이유로 경영진이 구속되었고, 이후 삼성전자에도 다수의 노동조합이 결성되어 교섭을 진행하고 있다. 외형적으로 삼성이 지금까지 노조 없는 기업경영이 가능했던 이유를 찾으면 다음과 같이 정리할 수 있다.[15] ① 창업이념, ② 공정한 인사와 청결한 조직풍토(능력주의), ③ 우수한 인재의 등용(제일주의), ④ 끊임없는 교육운영으로 그룹의 전통계승, ⑤ 조직에 대한 강한 자부심, ⑥ 활발한 의사소통, ⑦ 최고경영자의 확고한 의사소통, ⑧ 경영자의 강력한 노사안정을 위한 실천의지와 관리자의 적극적인 노사문제 예방활동 등이다. 그러나 결국은 노조결성을 피하기 위해 부당노동행위를 했다는 이유로 최고경영진이 구속수감되었다. 노조를 원치 않는 것까지는 문제가 없으나, 노조결성을 방해하는 것은 부당노동행위에 해당한다.

현대자동차, KT 등 대기업은 노동조합 조직률이 절반에 이르지만 중소기업의 경우 대부분 노동조합이 없다. 30인 이하 사업장에서 일하는 근로자 1천2백만 명 중에 조합원은 2만 명 수준이다. 사실상 노조가 없다고 해도 과언이 아니다. 이는 비조합주의를 추구하는 기업들의 일반적인 방침과 원칙이다. 그 첫째 이유는 작업을 할당하고 종업원을 배치·이동하는 것이 자유롭기 때문이라는 것이다. 노조가 없음으로써 작업에 대한 지나친 규칙이 없다면 효율성이 제고되어 비용이 절감되며 종업원들의 직무에 대한 권태감을 줄여줄 수 있다는 점을 강조한다. 둘째 이유로는 기술변화에 대한 저항이 적다는 점이다. 변화의 시대에 노조는 기술변화를 어려워하고 비노조 기업들은 상대적으로 유연하게 적응할 수 있다는 것이다. 그 외에도 노조원의 비용부담 절감, 단체교섭에 따르는 시간과 비용 절감 등의 장점들을 열거하고 있다.

그러나 삼성그룹이 이재용 부회장에게 승계되는 시기에 다양한 부당노동행위에 대한 재판이 진행되어 왔고, 구속에서 풀려난 이재용 부회장은 자식에 대한 승계가 없을 것이라는 약속과 함께 기업경영에서 준법경영을 강화하여 노조결성을 방해하지 않고, 단체교섭

알고 지나가기

삼성그룹노조연대, 민주당과 정책협약·이재명 지지 선언

삼성그룹노동조합연대(삼성노조연대)는 22일, 더불어민주당 제21대 대선 노동존중선대위와 정책협약을 체결하고, 이재명 대선 후보의 지지를 선언했다. 삼성노조연대와 더불어민주당은 ▲삼성그룹사 내 노동3권 보장 ▲노사협의회의 민주적 운영 ▲고령노동자 차별금지 및 온전한 정년연장 ▲단체협약 효력 확장과 산별교섭 촉진 ▲특수고용노동자 노동3권 및 고용·산재보험 보장 ▲산재예방 이행 ▲정의로운 전환을 위한 사회적 대화 ▲정책협의 등 8가지 항목에 협약했다. (중략)

오상훈 삼성노조연대 의장은 "소년 때부터 사회적 약자인 노동자로 살아와서 누구보다 노동자와 서민의 애환을 잘 알고 노동 존중, 국민 주권의 의미를 실천할 것으로 믿는 이재명 더불어민주당 후보를 지지하기로 했다"면서 "꼭 대통령이 돼서 노동자와 국민이 주인 되는 세상을 만들어 주길 바란다"고 말했다.

출처: 로리더(http://www.lawleader.co.kr), https://www.lawleader.co.kr/news/articleView.html?idxno=16241, 2025.7.27.에 확인함.

도 진행하겠다고 하였다.

앞의 〈알고 지나가기〉는 삼성그룹노조연대가 민주당과 정책협약을 맺고 이재명 대통령 후보 지지를 선언한 내용이다.

2025년 3월 전국삼성전자노동조합(전삼노)은 2023 · 2024 · 2025년도 임 · 단협 잠정 합의안에 대한 조합원 찬반 투표 결과 선거인 3만1,243명 중 2만2,132명(70.8%)이 참여해 찬성 1만9,412표(87.7%)로 최종 가결됐다고 밝혔다.[16] 반대는 2,720표(12.3%)였다. 이에 따라 삼성전자는 임금 5.1%를 인상하고 삼성전자 제품을 구매할 때 사용할 수 있는 패밀리 넷몰 200만 포인트와 자사주 30주를 모든 직원에게 지급한다.

전삼노는 2024년 7월 삼성전자 창립 이래 사상 첫 총파업에 나섰지만 이후 교섭이 계속되었다. 흥미로운 점은 2025년 3월에 체결된 단체협약에서 노조전임자에 대한 임금인상률이 일반 조합원보다 더 높다는 사실이 밝혀진 이후 전삼노 3기 집행부 전원이 사임했고, 조합원도 7천 명 가까이 탈퇴하는 상황이 발생했다.

다시 일반론으로 돌아가보자. 회사의 노동조합과 관련된 전략은 그 정도에 따라 [그림 10-1]과 같이 분류할 수 있다. 하지만 한 가지 전략만을 사용한다기보다는 상황에 따라 복수 이상의 전략을 사용하는 것이 일반적이다.

[그림 10-1] 기업의 고용관계전략 유형

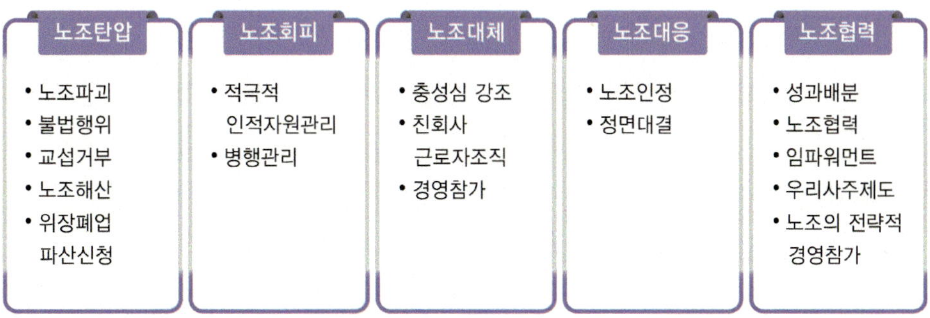

1 노조탄압전략

첫 번째는 노동조합을 피하기 위해 적법한 방법 외에도 탈법·불법의 방법을 서슴지 않고 사용하는 경우인데 이를 **노조탄압**(union suppression)전략이라고 한다. 구체적으로는 아래의 여러 가지 방법이 있다. 이러한 전략은 우리나라 기업만이 아니라 해외에서도 활용되고 있다. 미국의 경우에는 노조결성을 피하기 위해 컨설팅 회사에 수억 달러를 지불한다고 한다. 노조선거 중에 절반 정도는 부당하게 개입한다고 한다.

1) 노조파괴전문가 활용

가장 적극적으로 노조에 대응하는 회사의 전략은 노조탄압전략이다. 이는 신생노조가 결성되는 것을 적극 방해하는 사용자의 부당노동행위를 포함하여 기존의 노동조합도 그 활동을 방해하고 노조해산을 유도하는 등 다양한 노동조합 방해활동을 말한다. 미국의 경우는 기존의 노동조합을 파괴하는 일을 전문으로 하는 **노조파괴전문가**(union buster)라는 직업도 있다.[17] 우리나라에도 드러남이 없이 사용자의 노조파괴 노력을 전문적으로 도와주는 노조파괴전문가가 존재한다.

기업과 노동조합 사이에 관계가 악화된 경우 노조에서는 사용자가 고용한 노조파괴전문가가 활동한다는 주장을 하게 된다. 하지만 그 증거를 찾기란 쉽지 않은 것이 현실이다. 이러한 활동을 적극적으로 하는 기업들은 전통적으로 가장 극단적인 비노조전략을 추구하는 기업에 속한다. 우리나라에서 서울고등법원은 2017년 10월 노무법인 A컨설팅이 "B사와 C사에서 금속노조 지회 조합원을 탈퇴시키기 위한 노무 자문을 했고, 그 결과 공격적 직장폐쇄와 조합원 선별복귀, 차별행위 같은 부당노동행위가 벌어졌다"고 지적하면서 금속노조에 배상하라는 판결을 내린 바 있다.[18]

또한 위 부당노동행위 판결로 징역 8개월을 확정받은 B사의 대표이사는 노조법 조항이 위헌이라고 헌법소원심판을 냈는데, 2022년 5월 재판전원일치 의견으로 합헌 결정했다. 그 외에도 Y기업의 회장, K오토텍의 대표이사도 노조파괴를 이유로 징역형이 확정된 바 있다.

2) 사용자의 노조결성추진세력 · 노조지도부 해고

사용자는 노동조합의 정당한 활동을 방해하면 안 된다. 하지만 현실적으로 노조활동을 방해하는 사용자의 부당노동행위는 끊임없이 계속되고 있다. 특히, 노조결성을 적극적으로 추진하는 핵심인물들을 부당노동행위인지 알면서 해고하는 경우가 많다. 우리나라의 경우 사용자가 부당노동행위를 한 것으로 노동위원회가 판정하더라도 상습적이지 않으면 **원상회복주의**를 취하기 때문에, 다시 복직시키고 밀린 임금을 지급하면 그만이다. 하지만 해고되었다가 복직된 근로자 입장에서 보면 시간은 이미 흘러가버렸기 때문에 다시 노조결성을 하려면 처음부터 시작해야 하는 어려움이 있다.

예를 들어 보면 A회사는 2003년 근로자들이 노조를 결성하고 단체교섭을 요구하자 이를 거부하였고 파업을 하자 직장폐쇄를 하고 근로자들을 해고한 뒤 이듬해 새 회사를 설립했다. 해고된 근로자들은 위장폐업을 주장하면서 소송을 냈고 대법원은 2011년이 되어서야 해고된 근로자들에 대해 복직할 때까지의 손해배상금과 임금지급을 판결하였다.[19] 보건의료노조 Y의료원 지부는 조합원 3명이 11년째 해고된 상태로 복직을 못하고 있다. 앞의 사례와 같은 C컨설팅의 자문을 받아 파업을 유도하고 파업한 노조간부를 징계해고해서 노조를 무력화하는 방식을 가동한 바 있다.[20]

37년 동안 복직투쟁을 벌인 바 있는 김진숙 민주노총 부산본부 지도위원의 복직을 촉구하는 400km 도보행진이 2021년 2월 8일 종료되었다.[21] 한진중공업의 전신인 대한조선공사에서 근무하던 김 위원은 1986년 노동환경을 지적하는 유인물을 만들었다가 경찰의 고문을 당했고, 무단결근을 이유로 회사에서 해고된 바 있다. 이후, 2009년 민주화운동 관련자 명예회복 및 보상 심의위가 부당한 공권력 탄압에 따른 해고라며 복직을 권고했었다. 이후 민주노총 전국금속노동조합과 HJ중공업이 합의해서, 김위원은 2022년에야 명예 복직이 된 바 있다.

3) 교섭거부

정당한 사유 없이 노동조합과의 교섭을 거부하기도 한다. 원칙적으로 사용자는 정당한 사유 없이 노조와의 교섭을 거부할 수 없다. 거부하면 법에 따라 부당노동행위가 된다. 하지만 기업은 노조와의 교섭을 피하고 무관심 속에서 노조를 대하면서 노조의 활동력을 저하시키려고 하기도 한다. 단체교섭에 임하기는 하지만 교섭을 해태하기도 한다.

2010년 2월 제주지방법원은 제주시청소차량운전분회가 제주도를 상대로 낸 단체교섭 응낙 가처분신청에 대해 "제주도는 단체교섭 신청에 대해 성실하게 단체교섭을 해야 한다"고 청소차량 노조의 손을 들어준 바 있다.[22] 2018년 1월 형지에스콰이아노조는 회사가 정당한 사유없이 단체교섭을 거부했다고 회사를 부당노동행위로 고소했다.[23] 일방적으로 정리해고 방침을 통보하고 교섭을 거부했다는 이유다. 그러나 회사는 2개월 전에 임단협을 체결했기 때문에 굳이 교섭에 응할 필요가 없다는 입장이었다.

2023년 1월 서울행정법원은 CJ대한통운이 택배노조와 단체교섭을 거부한 것은 부당노동행위라는 판결을 내렸다.[24] CJ대한통운 167개 집배점 소속 택배기사를 포함한 약 1,200명의 CJ대한통운 택배기사들이 조합원으로 가입돼 있는 전국택배노동조합은 2020년 3월 6가지 의제를 가지고 CJ대한통운에 단체교섭을 요구했었다.

4) 노조해산

노조를 해산하려면 재적 조합원의 과반수 이상의 출석과 과반수 이상의 찬성으로 가능하다. 노조집행부가 불신임당하거나 어려운 위기에 처한 경우 사용자가 주도적으로 반집행부 조합원들을 모아서 **노조해산 결의**를 할 수 있다. 사용자는 노조의 자주성을 침해한 것으로 사실상 부당노동행위를 하고 있지만 현실적으로 이를 입증하기란 쉽지 않다.

우리나라의 경우 노조해산은 사실상 경우가 많지 않은데 형식적으로는 노동조합이 조직구조를 변경할 때, 기업별 노조에서 산별 노조로 전환할 때 노조를 해산하고 다시 새로운 노조를 결성하거나 기존 노조에 가입하는 것이 일반적이다. 또 다른 예로 충남대학교 미화원노조는 조합원이 전원 공무직으로 전환되면서 노조를 해산하는 경우와 같이 조합원의 신분변경으로 새로운 노조에 가입하게 되는 경우도 있다.

미국의 경우는 매년 수백 건의 노조해산 선거가 이루어지고, 상당수 노조가 해산된다. 회사는 노조결성 이후에 단체교섭을 차일피일 미루다가 1년이 지나면 노조해산 선거를 할 수 있는데, 그 과정에 회사 측의 개입을 의심할 만한 충분한 개연성이 있다.

5) 위장폐업 · 파산신청

노조가 결성되면 회사가 고의적으로 **파산신청**을 하여 노조활동이 불가능하게 만드는 것이다. 사례는 다음과 같다. 2011년 12월 한 회사에서 노조가 설립되자 그 회사는 5일

후에 전 직원에게 해고를 통보하고 이틀 후에 **폐업신고**를 냈다. 그런데 23명의 직원 중에 노동조합에 가입했던 7명을 제외하고 나머지는 원청회사에 재취업되었다. 이에 대해 노조는 "노조탄압을 위한 위장폐업"이라고 주장하며 농성을 벌였고 결국 고용노동부 해당 지역 지청의 지도에 따라 노조조합원 7명도 원청회사에 재취업하게 되었다.[25]

영안모자그룹은 2003년 대우자동차의 버스부문을 인수해 대우버스를 인수하였는데 2020년 계약직을 모두 계약해지하고, 정규직에 대해서는 희망퇴직을 시행한 후 남은 근로자 356명을 정리해고했다.[26] 인수 이후 18년간 1천6백억 원의 적자누적으로 경영이 어려워 울산공장을 폐쇄하겠다는 입장이다. 이후 대우버스는 베트남으로의 이전계획에 따라 공장이전 및 증설 움직임이 있는데, 이를 정리해고로 보아야 할지 아니면 위장폐업인지에 대한 법리다툼이 있었고, 위장폐업이라면 부당노동행위이고 부당해고인 것이다. 노동위원회는 부당노동행위이며 따라서 부당해고라고 판정했고, 행정법원에서도 해당 판정을 유지했다(전국금속노동조합 배포자료, 2024.9.27).

2 노조회피전략

여기서의 **노조회피**(union avoidance)전략은 회사 측이 법을 어겨가면서까지 노조를 탄압하는 것은 아니지만 가능한 한 회사에 노조가 결성되는 것을 막고 최소한 확산되는 것을 막으려는 회사 측의 전략적 입장을 말한다.

1) 적극적 인적자원관리

비노조기업이 노조를 피할 수 있는 가장 효과적인 방법은 경쟁대상인 노조기업이 단체교섭과 임금교섭을 통해 결정된 임금 수준과 근로조건보다 더 높은 임금 수준과 더 좋은 근로조건을 제시함으로써 노조를 결성하려는 근로자들의 의지를 약화시키는 것이다.

좀 더 적극적으로 인적자원관리, 즉 근로조건, 교육과 훈련, 배치전환, 경력개발, 고충처리 등과 부분에 있어서 최고의 수준과 세심한 배려로 근로자들의 불만을 사전에 파악하고 이에 대해 능동적으로 대응함으로써 근로자들이 노조를 원치 않도록 만드는 것이다. 과거 삼성그룹의 경우 현대자동차나 LG전자 등과 비교하여 높은 임금 수준과 복리후생제도를 통해 구성원들을 설득했다. 굳이 노조가 필요한가라는 질문을 던지면서.

미국의 경우에는 대표적인 비노조기업들, 예를 들면 아이비엠(IBM)사와 같은 경우는 이러한 **적극적 인적자원관리** 방식을 통해 근로자들의 노조결성의지를 낮추고 있다. 미국의 다수 기업들은 노조가 없다. 그래서 우리가 흔히 이야기하는 수십만 명의 근로자를 가진 대기업들 마이크로소프트, 애플, 아마존, 메타 등과 같은 기업들의 일부 사업장이나 일부 직종에 노조가 결성되면 뉴스거리가 된다.

스타벅스의 경우 미국 내에 약 9천 개 매장이 있는데 2021년 말부터 270여 곳에서 노조찬반 투표가 진행되었고 50여 곳에서 노조가 설립되었다.[27] 애플도 1976년 설립된 이후 40여 년이 지난 2022년 6월 미국 내 메릴랜드주의 한 '애플' 매장에서 노동조합 찬반투표 결과 찬성 65표, 반대 33표로 노조가 결성되었는데 이는 애플 역사상 처음이다.[28] 2023년 1월 마이크로소프트의 비디오게임 부문 자회사인 제니맥스 스튜디오 근로자 300명 중에 과반수가 찬성해서 노조가 결성되었다.[29] 이는 마이크로소프트에서 처음 노조가 결성된 것이다. 마이크로소프트 전체 직원 수는 2022년 기준 22만 명이다.

2) 병렬관리

이 방법은 기존의 노조가 있는 사업장에서는 노조를 유지하지만 노조가 없는 사업장이나 신규사업장에서는 노조가 결성되지 않도록 관리하는 방법이다. 다수의 계열사를 가지고 있거나 다수의 사업장이 있는 경우 회사는 현상유지전략으로 나아가는 것이다.

또한 상대적으로 합리적인 노동운동을 하는 한국노총계열의 노조가 상대적으로 강경한 투쟁을 전개하는 민주노총으로 전환되지 않도록 노력하는 것도 이에 준하는 관리방식이라고 할 것이다.

3 노조대체전략

노조대체(union substitution)전략은 노조 대신에 노사협의회와 같은 대안을 제시함으로써 사실상 노조의 결성과 활동을 막으려는 사용자 측의 전략을 말한다. 충성심을 강조해서 노사간의 구분을 약하게 한다거나 노사협의회와 같은 조직을 통해서 근로자들의 불만을 처리하거나 제안을 받아들이는 방법이다. 그 외에도 다양한 경영관리방안에 근로자들의 의견을 반영하는 제도를 만들어서 근로자들의 의견을 반영하고 이를 통해 노조의 결성을 피하려는 방법이다.

우리나라는 1980년 이후 「노사협의회법」이 독립된 법으로 될 정도로 정부에서는 노사협의를 강조했으나, 1987년 노조는 「노사협의회법」의 폐지를 주장할 정도로 노조나 근로자로부터 불신을 받아왔다. 1997년 「근로자참여 및 협력증진에 관한 법률」로 이름이 바뀌면서 그 내용도 강화되었으나 아직도 제대로 운영되는 노사협의회의 비율이 높지는 않다. 특히, 노동조합은 쟁의권이 없는 노사협의회는 실체 없는 형식에 불과하다며 의심의 눈길을 주고 있다. 우리나라의 노사협의회에 대해서는 다시 논의하기로 한다.

그 외에도 **청년이사회**나 **청년중역회**와 같은 제도 등도 근로자들의 경영참가를 통한 참여욕구의 충족 등을 통해 노조결성요구를 낮추려는 방안으로 활용되기도 한다. LG전자의 경우에는 사원협의체인 **주니어보드**(Junior Board)라는 입사 2~3년차 사원 중심의 조직을 운영하는데 최고경영자와의 직접 대화를 활용한다. 주니어보드는 롯데건설, 태광산업 등에서 활용하고 있으며, 비슷한 다른 이름으로도 활용되고 있다.

4 노조대응전략

노조대응(union response)전략은 기존의 노조를 인정하고 '눈에는 눈, 이에는 이'와 같은 방식으로 노사관계를 유지하는 것이다. 아마도 우리나라의 상당수 노조결성기업은 사용자가 이러한 전략을 가지고 노조를 대하고 있으리라 본다. 법적으로 인정되어 있고, 사용자가 반대한다고 해서 노조가 결성되지 않는 것도 아니다. 따라서 노조를 있는 그대로 인정하고, 노조와 협력보다는 대응·대립하는 자세로 임한다.

최근까지 대다수 대기업의 노사관계를 이러한 사용자의 전략으로 설명할 수 있다. 하지만 이러한 전략에서는 회사 측이 노조와 힘을 합쳐 시너지를 내겠다는 생각은 별로 없다. 그저 있는 그대로 노조는 노조, 회사는 회사라는 식으로 노사관계가 유지되는 것이다. 아쉽지만 현대자동차의 기존의 노사관계도 이러한 노조대응전략의 대표적인 사례라고 할 것이다. 우리나라 대표적인 노사관계임에도 불구하고 아직도 현대자동차의 노사관계를 협력적·파트너십 노사관계로 표현하기에는 어울리지 않는다. 하지만 전기자동차와 같은 자동차생산에서 근본적인 변화가 진행되자 현대차 노조도 매년 계속했던 파업보다는 새로운 생산방식에서 고용을 안정시키기 위해 투쟁보다는 협의를 강화하는 자세를 보이고 있다.

5 노조협력전략

노조협력(union cooperation)전략이란 회사와 노동조합이 긴밀한 협력관계를 유지하면서 향후 노사가 운명공동체임을 인식하고 협력을 통해 시너지를 창출하는 데 최선을 다하는 전략이라고 하겠다. 대표적인 노조와의 협력전략에는 성과배분제도, 노조의 적극적 협력, 임파워먼트, 우리사주제도, 경영전략수립에의 노조참여 등을 생각해 볼 수 있다.

1) 성과배분제도

이 **성과배분제도***는 노사가 힘을 합쳐서 향후 어떠한 목표를 달성하면 그에 따른 보상을 시행한다는 약속을 사전에 하는 것이다. 삼성전자는 1년에 한 번 **초과이익성과급**(Overall Performance Incentive, OPI)을 지급한다. 사업부 실적이 연초 목표를 넘었을 때 개인 연봉의 최대 50% 범위 내에서 지급하는데 전체 한도액은 초과이익의 20%이다. 이와 더불어 연 2회 지급되는 **목표달성장려금**(Target Achievement Incentive, TAI)이 있는데 사업부별 실적을 기준으로 상・하반기에 나누어서 지급하는 성과급이고 최대 기본급의 100% 수준이다. 따라서 삼성전자의 경우 사업부별로 성과배분액에 많은 차이를 보인다. 2025년초 삼성전자의 메모리사업부는 실적 개선 성과를 인정받아 기본급 200%의 사상 최대 TAI가 지급됐으며, 적자가 지속된 파운드리사업부와 시스템LSI사업부엔 기본급 25%의 지급률이 적용됐다.[30)]

SK하이닉스의 경우 2021년 역대급 이익에도 불구하고 성과급 지급액에 불만을 품은 사무직들에 대해 성과급 지급제도를 투명하게 변경했다. 우선 **초과이익분배금**(Profit Sharing, PS)은 연간 실적에 따라 1년에 한 번 연봉의 최대 50%까지 지급하는 인센티브인데 이 재원은 전년 영업이익의 10%이다. 그리고 **생산성격려금**(Productivity Incentive, PI)은 상・하반기에 월 기본급의 최대 100%까지 지급하고 있다. 2025년의 영업이익률이 40%에 이를 것으로 예상되고, 영업이익은 37조 원으로 예상되고 있다.[31)]

과거에는 생산과정에서 절감되는 비용을 회사와 근로자가 공유하는 **절감비용공유제**(gain sharing)가 활용되었으나 이제는 많이 사용되지 않는다.

---

* 성과배분은 성과분배, 이익공유라고도 한다.

2) 노조의 적극적 협력

회사가 어려움에 처한 경우는 노조가 먼저 고통분담에 동참하는 등 노조가 회사의 운영에 적극 협력하는 경우를 말한다. 불황으로 어려움을 겪고 있을 때 조합원들이 시내 번화가에서 판매촉진활동을 벌인다든가 자발적으로 임금을 동결 또는 삭감함으로써 인건비를 절감해 제품의 단가를 낮춘다든가 하는 방안들을 생각해 볼 수 있다. 그 외에도 생산현장에서 제안제도의 활성화, 고충처리제도의 공동운영, 노사협력대회의 개최 등 일상적인 업무에서도 노사가 서로 힘을 합칠 수 있는 예들을 많이 생각해 볼 수 있다.

2015년 삼성정밀화학은 삼성그룹 차원의 구조조정 결과 롯데그룹으로 넘어가게 되었다. 노조가 결성되어 있던 삼성정밀화학의 사장은 노조와 함께 구조조정에 대응하여 비상대책위원회를 공동으로 구성하고 구조조정과정에 회사와 노동조합원의 고용보장을 위해 함께 노력하였다. 그 결과 2016년 2월 법적으로 삼성정밀화학이 없어지는 날, 사장은 노조위원장의 큰절을 받으며 회사를 떠났다.

LG전자도 LG그룹의 대표기업으로 협력적인 노경관계(일반적인 노사관계 대신에 사용하는 단어)를 강조해 왔는데 최근에는 조합원 수가 급격하게 감소하고, 추가적으로 노조가 결성되면서 실질적인 협력관계가 계속되고 있는지는 의문이다. 2021년에는 LG전자 사람중심 사무직 노조가 결성되었다. 2025년 단체교섭에서 임금인상률은 4.3%로 하고, 사무직 구성원의 초과근로 축소를 위해 월고정 OT수당 기준을 24시간에서 20시간으로 줄였다.[32)]

3) 임파워먼트

임파워먼트(empowerment)는 현장사원 또는 일선근로자들에게 가능한 한 많은 권한을 위임해서 자율적으로 업무를 수행하고 또한 스스로 수행한 업무에 대해 책임을 지도록 함으로써 참여의식을 제고하고 업무의 성과를 높이자는 방안이다.

4) 경영전략수립에의 참가

노동조합이 회사의 경영에 참여하는 데는 여러 가지 수준이 있다. 작업현장에서 단체교섭에서도 참가할 수 있지만 여기서 말하는 경영전략이란 회사의 기본적인 계획과 방안을 수립하고 운영하는 것을 말한다. 노동조합이 이러한 수준에까지 참여할 수 있기 위해서는 노사간의 신뢰가 높은 수준에 도달해 있어야 한다.

조금 다른 관점이지만 회사경영의 최고의사결정단계인 이사회에 노조가 추천한 노동자이사를 참여하게 하는 방안도 공공부문을 중심으로 추진되고 있다. 대표적으로 서울시 산하 공공기관인데 2020년을 기준으로 15개 기관에 **노동자이사제도**가 운영되고 있다. 하지만 아직 일반 민간기업에서 노동자이사를 찾아보기는 쉽지 않다. 유럽 특히 북유럽 국가들에서 노동자이사는 일반적인 관행이며, 오랜 역사를 가지고 있다. 중요한 의사결정을 투명하게 한다는 점에서는 긍정적으로 검토할 사항이라고 할 것이다.

현대자동차의 경우 2024년까지 수년간 파업이 없이 단체교섭을 체결하였는데, 이는 전기차 신공장이나 기존 파워트레인을 대신하는 자동차 구동방식의 변화에 따른 근본적인 생산방식의 변화 그리고 그에 따른 고용규모의 축소 등으로 인해 노사간에 협의체 구성이 활발하게 진행되는 것도 그 이유라고 할 것이다.

제3절 구조조정과 정리해고

이제 **구조조정**(business restructuring)이라는 말은 우리에게 익숙한 단어가 되었다. 그러나 일하는 근로자의 입장에서는 매우 두려운 단어이고 겁나는 단어이다. 1997년 말 IMF 외환위기가 있기 전까지 구조조정의 의미는 사업의 매각이나 철수 등 계획된 차원의 회사의 중장기적인 구조조정이었기 때문에 대량의 인력감축은 별로 없었다. 우리나라의 **'한솥밥문화'**가 지배적이어서 회사가 문을 닫기 전에는 근로자를 해고하지 않는다는 문화가 강하게 자리잡고 있었다. 하지만 1997년 말 IMF외환위기는 우리에게 구조조정에 따른 인력감축을 자주 접하게 만들었고 이제는 상시적 구조조정이라는 개념이 자연스럽게 활용되고 있다. 이후 2008년 글로벌 금융위기를 겪으면서 더 일상적인 개념이 되었으며, 이제는 민간기업에서 상시구조조정에 대한 거부감도 그다지 크지 않게 되었다. 미국의 경우 대기업들이 불황이나 구조조정을 이유로 수천 명에서 수만 명에 이르는 근로자를 해고하는 경영방식을 닮아가는 것이라고 볼 수 있다.

구조조정은 기업들이 위기극복을 위해 취한 일련의 기업의 회생전략을 의미한다. 이는 정부가 주도적으로 추진한 경우도 많았다. 하지만 이제 구조조정은 기업들이 경쟁력 강화라는 목표하에 상시적으로 추진되는 기업경영전략이 되었으며 그와 함께 고용유연성 제고는 경영혁신의 한 축을 이루고 있다. 하지만 그 결과 근로자들은 그동안의 고용보장이 사라지고 고용불안이라는 심리적·물질적인 압박 속에서 생활하게 되었다.

1 구조조정

1997년 말 IMF외환위기 이후 기업들은 실물부문의 경기침체와 금융시장의 경색이 맞물려 어려움을 겪었다. 2008년의 글로벌 금융위기, 2020년 코로나19 사태도 마찬가지였다. 구조조정이란 기업의 입장에서 본다면 '환경변화에 적응해 가는 끊임없는 노력'이라고 할 수 있지만, 근로자의 입장에서는 일거에 수십, 수백, 수천 명의 일자리를 뒤흔들어 놓는 평지풍파와 같은 것이었다.[33]

1997년 말 발생한 IMF외환위기를 극복하기 위해 정부는 기업구조조정을 적극적으로 추진했다. 그 배경에는 기업경영의 투명성 제고, 상호지급보증의 금지, 재무구조의 개선, 핵심부문의 설정, 지배주주와 경영진의 책임강화 등이 있었다.[34] 외환위기를 극복하지 못하고 결국은 주저앉은 부실기업을 구제하기 위해 정부는 네 가지 정도의 방법으로 기업회생을 주도하였다. 빅딜(big deal), 워크아웃(work-out), 기업인수·합병(merger and acquisition, M&A), 자산부채 이전(purchase of assets and assumption of liabilities, P&A) 등을 들 수 있다.

빅딜(big deal)이란 둘 이상의 기업이 주요 사업부문을 맞교환하는 것을 말한다. 사업영역이 중복되는 기업들 간에 경쟁력이 없는 사업을 넘겨주고 상대방에게서 다른 사업을 넘겨받는 형태이다. 우리나라의 그룹들이 서로 기업을 교환하는 방식이다.

워크아웃(work-out)이란 재무적으로 어려움을 겪는 기업의 재무구조를 개선하기 위한 방법이다. 채권단을 중심으로 대출채권의 출자전환, 단기대출의 중장기 전환, 대출원리금의 상환유예, 이자감면, 채무변제 등을 통해 채무구조를 조정하고 신규자금을 지원하며 감자, 주력사업의 설정, 외자유치 등을 통해 기업구조 개선작업이 진행된다.

기업인수·합병(M&A)이란 기업의 인수를 말한다. **자산부채 이전**(P&A)은 우량금융기관이 부실금융기관의 부실채권을 제외한 우량자산과 부채를 인수하는 방식으로 고객계좌와 고객에 대한 대출이 인수자 쪽으로 함께 이전된다. 부실채권은 부실채권 전담은행인 배드뱅크(Bad Bank) 또는 정부가 떠안는다. P&A의 경우 M&A와는 달리 고용승계를 보장하지 않아 고용승계 문제가 발생하는 경우가 많다.

구조조정에는 항상 인력조정이 뒤따르기 때문에, 고용관계가 매우 중요한 이슈로 제기된다. 2010년의 쌍용자동차, 2011년의 한진중공업, 이후 2014년 은행과 금융권, 2015년 이후 현대중공업을 포함한 조선산업의 구조조정 등 모두 기업의 구조조정이 인력구조조정과 연계되면서 사회적으로 큰 이슈가 되었던 사례들이다. 특히 코로나19 이후에 항공, 관광, 여행, 면세점, 백화점 등과 같은 기업에서는 대규모 구조조정이 진행된 바 있다. 기업들은 경영환경의 변화에 대응하기 위해 구조조정이 불가피하다고 하지만 그 결과 일자리를 잃게 되는 근로자들에게는 생존의 문제이기 때문에 상충되는 갈등이 쉽게 해소되기는 어렵다.

2 고용조정의 효과와 문제점

인력을 줄이는 감량경영이라고 말할 때 넓은 의미에서의 **다운사이징**(downsizing) 또는 **규모 적정화**(right sizing)라고 할 수 있다. 이는 1997년 IMF외환위기 이전의 구조조정, 즉 인력감축이 핵심초점이 아닌 전체적인 '조직의 효율성과 생산성, 그리고 경쟁력 향상을 위해 조직의 비용구조, 인력규모, 업무흐름에 변화를 주는 일련의 의도적인 조치'라고 할 수 있다.[35] 하지만 여기서는 감량경영을 좁은 의미에서의 다운사이징, 의도적인 인력규모 감축방안, 즉 고용조정으로 정하였다.[36] 감량경영은 위기에 처한 기업을 회생시키고 닥쳐올 어려움을 사전에 대비하는 효과적인 방법으로 인식되고 있다. 그러나 이에 대한 부정적인 인식도 만만치 않다.[37] 가장 대표적인 문제점은 그 효과가 단기적이라는 점이다. 또한 여러 측면에서 부정적인 결과가 나타난다는 주장도 있다.

1) 고용조정의 긍정적 효과

고용조정의 긍정적인 효과로는 우선 인건비 및 간접비 절감을 통한 생산성과 수익성 제고를 들 수 있다. 본질적으로 감량경영은 비용이 수익성을 압박할 때, 노동력과 자본 등에서 비용부담을 줄임으로써 기업의 효율성을 개선시킬 수 있도록 유도하는 것이다. 고용조정은 당연히 직접인건비의 감소를 가져온다. 코로나19 이후 매출의 급격한 감소를 겪는 항공, 여행, 숙박업 등에서는 비용절감을 위해 대규모 인력구조조정을 진행한 바 있다.

인력 외에도 느슨하게 운영되던 조직자원을 줄이게 되면 간접비가 획기적으로 줄어든다. 특히, 오랜 타성이 젖어있는 관료적 비효율성을 제거하고 **조직관성**(organizational inertia)을 타파할 수 있는 기회를 제공한다. 매년 수조 원을 흑자를 기록하면서도 수백 명씩 희망퇴직시키는 은행이나 금융기업들도 디지털 환경변화에의 적응을 위한 경계심 제고를 위한 노력으로 볼 수 있다.

이 같은 비용통제가 이루어지더라도 대부분 단기적 산출량에는 큰 변화가 없기 때문에 투입 대 산출이라는 공식에 의거한 산술적인 생산성은 증가하게 되는 것이다. 이로써 최소한 단기적으로는 수익성 개선효과를 낳는다. 또한 감량경영은 차별화된 인력관리를 가능하도록 해 인적자원의 역량을 높이는 기회가 될 수 있다.

2) 고용조정의 부정적 효과

그러나 고용조정이 실패하는 이유는 장기적 관점에서 기업경쟁력을 강화하기 위한 수단으로 사용되지 않기 때문이라고 지적한다.[38] 미국기업의 경우 인력감축을 선언하게 되면, 대부분 일시적인 주가의 상승을 가져온다. 인력감축과 관련한 사후적 효과로 원가절감과 가격경쟁력 상승이 기대되기 때문이다. 실제로 이러한 효과가 나타나는 경우도 많다. 그러나 장기적으로 효율성과 경쟁력이 증진되지 않는 경우가 많다. 그 이유는 부정적 효과가 동시에 수반되기 때문이다. 대표적인 부정적 결과로는 핵심인력의 손실, 회사의 신뢰상실, 위험회피행동 등이다.

감량경영에 있어서 부정적 효과의 가장 큰 이슈는 **핵심인력**의 손실이다.[39] 감량경영 후 생존한 종업원들에 대해서 기업은 계속 일하게 된 것을 감사하며, 이전보다 더욱 열심히 일할 것으로 기대할 수도 있다. 하지만 이런 생각은 잘못이라고 밝혀지고 있다.[40] 또한 상대적으로 회사에의 기여도가 낮은 주변인력뿐만 아니라 유능하고 기여도가 높은 이른바 고성과 우수인력이 이직하는 경우가 발생하는 것이다.

그 이유는 우선 경영층이 환경의 위협에 대한 과민반응으로서 일종의 **위협경직성**(threat rigidity)을 갖게 되고 그 결과 무작위적인 감량을 실시하기 때문이다. 이러한 무작위적인 감량결정이 이루어지면 회사가 꼭 필요로 하는 고성과인력이 대량으로 감축될 위험이 있다. 한때 우리 기업들이 명예퇴직제를 많이 실시했는데 이때의 딜레마가 바로 이 점이었다. 회사의 입장에서 퇴직했으면 하는 사원들은 퇴직신청을 하지 않고, 남아 있었으면 하는 사원들은 퇴직위로금을 챙기고 퇴사해서 오히려 경쟁기업으로 가는 현상이 일어나는 것이었다.

두 번째 부정적 결과는 감축대상에 직접 포함되지 않은 우수인력도 회사에 대한 신뢰를 잃게 된다. 즉, 외부환경이 변하거나 사업전략이 변화되어 자신이 수행하는 직무와 기술부문에 대한 수요가 줄게 되면, 자신도 감축대상이 될 수 있다는 불안감이 고성과인력의 자발적 이직을 불러일으킬 수 있는 것이다. 이는 장래 경력에 대한 불확실성이 크기 때문이다.

세 번째 부정적 결과는 혁신과 신제품개발에 대한 의지도 줄어들게 된다는 점이다. 혁신에는 항상 위험이 따르게 마련인데, 감량경영으로 인하여 조직 내에 비용통제의 분위기가 지배적이면, 새로운 것을 시도하는 데 수반되는 불확실성과 위험, 그리고 새로운 시도를 위해 요구되는 비용유발 때문에 구성원들이 당연히 소극적인 태도를 취하게 된다. 그리하여 구성원들이 현상유지를 선호하게 되고, 설령 혁신을 추구하더라도 비용절감형 작업과정 개선에만 초점을 두게 될 수 있다.

3 정리해고에 대한 법적인 측면

정리해고는 기업이 처한 경영상 어려움을 극복하기 위한 수단으로 일시에 대규모로 근로자를 해고하는 것이다. 징계해고가 근로자 잘못으로 해고를 하는 것이라면, 정리해고는 근로자 개인의 잘못 없이 회사의 어려움을 극복하는 수단으로 해고당하는 것이다. 따라서 신중하게 기준을 적용할 필요가 있다.

정리해고에 대해 법원에서는 이미 1989년부터 그 요건과 절차에 대해 정의하고 있었다. 1989년 대법원의 판례를 보면 ① 해고를 하지 않으면 기업경영이 위태로울 정도로 긴박한 경영상의 필요성이 존재하며, ② 경영방침이나 작업방식의 합리화, 신규채용의 금지, 일시휴직 및 희망퇴직의 활용 등 해고회피를 위한 노력을 하였어야 하며, ③ 합리적이고 공정한 정리기준을 설정하여 이에 따라 해고대상을 선별하여야 하고, ④ 해고에 앞서 노조나 근로자 측과 성실한 협의를 거치도록 하여 그 요건을 정하고 있다.[41]

그러나 그 이후 법원의 판례에서는 “긴박한 기업경영상의 필요는 기업의 경제적 이유에만 한정되는 것이 아니라 기업의 기술적 이유와 구조적 변화에도 있음에 비추어 반드시 기업의 도산을 회피하기 위한 것에 한정할 필요는 없고 인원삭감이 객관적으로 보아 합리성이 있다고 인정될 때에는 긴박한 경영상의 필요성이 있다고 간주해야 한다”고 보고 있다.[42]

1997년 3월에 개정된 「근로기준법」을 보면 경영상 이유에 의한 고용조정 규정을 신설하여 경영상 이유에 의하여 근로자를 해고할 수 있는 경우를 긴박한 경영상의 이유로 인정하고 있고(제31조 제1항), 고용조정을 하기 전에 해고를 피하기 위한 노력을 다하여야 하며, 합리적이고 공정한 해고의 기준을 정하고 이에 따라 그 대상자를 선정하도록 정하고 있다(제31조 제2항).

또 해고를 피하기 위한 방법 및 해고의 기준에 대해서는 당해 사업 또는 사업장에 근로자의 과반수로 조직된 노동조합이 있는 경우에는 그 노동조합, 과반수로 조직된 노동조합이 없는 경우에는 근로자의 과반수를 대표하는 자와 성실하게 협의하도록 규정하고 있다(제31조 제3항).

개정된 「근로기준법」에서는 긴박한 경영상의 필요에 관한 규정에 경영악화 방지를 위한 사업의 양도・인수・합병도 긴박한 경영상의 필요가 있는 것으로 보는 규정을 신설하였다(제31조 제1항). 이와 동시에 해고대상자 선정 시 남녀차별금지규정을 신설하였으며 해고회피방법 및 해고기준 등을 해고 50일 전에 근로자대표에게 통보하고 협의하도록 하였다. 일정규모 이상을 해고할 때는 고용노동부장관에게 신고하고, 사용자는 경영상 해고 후 3년 내에 근로자를 우선 고용해야 하며, 정부는 해고 후 3년 내에 대해 우선적으로 생계안정, 재취업, 직업훈련 등의 조치를 취하도록 하는 규정을 신설하였다. 이 근로기준법 개정으로 해고의 요건과 절차가 법으로 명확하게 되었다.

우리나라의 경우 아쉽게도 정리해고 건수나 정리해고에 따른 실직자에 대한 통계가 없다. 간접적으로 정리해고라는 개념이 통계에 사용되기는 하지만 구체적인 숫자를 파악하기는 거의 불가능하다. 고용보험 피보험자 현황에 따르면 2024년 말 기준으로 피보험자는 1,537만 명인데 취득자는 753만 명이고, 상실자는 722만 명이다.[43] 전체의 절반 이상이 소속 사업장이 변동되었다. 그만큼 고용에 있어서 변동이 많다는 의미로 해석할 수 있다.

1) 정리해고 첫째 필수요건: 긴박한 경영상의 이유

'**긴박한 경영상의 이유**'에 따른 정리해고는 다음의 세 가지 설로 해석되고 있다. 첫째는 **도산회피설**로 인원정리를 하지 않으면 기업의 존속유지가 위태롭게 되는 경우에 한하여 정리해고의 유효여건이 된다는 견해이다. 둘째는 **합리적 필요설**로 도산회피까지는 이르지 않더라도 사용자가 인원정리를 결정한 것이 객관적으로 보아 합리적인 것이라고 인정된다면 정리해고가 가능하다는 견해이다. 셋째는 **감량경영설**로 생산성 향상, 이윤추구를 위하여 사용자가 인원정리의 결정을 할 수 있고 그 결정은 유효한 것으로 보는 견해이다. 우리나라 대법원은 앞에서 본 대로 1989년까지는 도산회피설을 취했으나 1990년대 이후 합리적 필요설이나 감량경영설을 취해 정리해고에 대한 해석의 폭을 넓히고 있는 추세이다.[44)]

법개정 이후 대법원은 "긴박한 경영상의 필요라 함은 반드시 기업의 도산을 회피하기 위한 경우에 한정되지 않고, 장래에 올 수도 있는 위기에 미리 대처하기 위해 인원삭감이 객관적으로 보아 합리성이 있다고 인정되는 경우도 포함한다"(대법원 2002.7.9. 선고 2000두9373)라고 판시하고 있다. 따라서, 즉 도산까지는 아니더라도 작업형태 변경, 신기술 도입, 기술혁신에 따라 생기는 산업의 구조적 변화 등으로 인해 잉여의 근로자를 감축하거나 또는 그 인원구성을 바꾸기 위한 객관적 합리성이 있다고 인정될 때에도 긴박한 경영상 필요가 있다고 인정될 수 있다. 그러나 법인의 일부 사업부문 내지 사업소의 수지만을 기준으로 할 것이 아니라 법인 전체의 경영사정을 종합적으로 검토하여 결정하여야 한다(대법원 2015.5.28. 선고2012두25873판결).

구체적으로 긴박한 경영상의 필요성이 인정되는 경우를 보면 생산의 중단·축소로 인해 작업부서를 폐지한 경우, 취업규칙 등에 근거하여 경영합리화를 목적으로 직제를 개편한 경우, 경영상의 이유로 과(課)를 폐지하고 법인산하 타사업장으로 흡수한 경우, 계속된 노사분규로 인한 장기적인 경영이 악화된 경우 등을 들 수 있다.[45)]

하지만 긴박한 경영상의 필요성이 인정되지 않는 경우는 다음과 같다. 영업의 양도 그 자체만이 이유인 경우, 경영진의 사정으로 분할하여 운영하던 사업 중 하나를 폐지하는 경우, 정리해고의 시점에서 기업의 자금사정이 여유가 있었던 경우, 감원을 단행하면서 새로운 사무실을 구입한 경우, 경영권을 인수한 새로운 경영진이 경영개선의 노력 없이 감원한 경우 등을 들 수 있다.

2) 정리해고 둘째 필수요건: 해고를 피하기 위한 노력

기업이 당면한 경영상의 어려움을 타개하기 위하여 실현가능한 경영상의 모든 조치를 강구하는 등 신의성실의 원칙에 입각한 '**해고회피노력**'을 기울였으나 그러한 노력만으로는 경영상의 곤란을 극복할 수 없었거나, 해고 이외의 다른 경영상의 조치를 취하는 것을 기대하기 곤란한 사정이 있어 부득이 최후의 수단으로서 정리해고를 할 수밖에 없음이 인정되는 경우에 정리해고가 정당하다고 할 수 있다.

한편, 특정 기업에 있어서 요구되는 해고회피노력의 내용은 그 기업의 경영상 해고시점에서의 특수상황을 종합적으로 감안하여 판단하여야 할 것이다. 다음은 판례에서 나타난 구체적인 해고회피노력이다.

경영방침의 개선이나 경영진의 교체 및 작업방식의 과학화, 합리화 등을 통한 경영합리화 방안을 시행한 경우, 전직(배치전환) 등을 통해 노동력을 이동시킨 경우, 신규채용(중도채용 포함)을 중지하고 정한 계약기간이 있는 근로자의 계약갱신을 중단한 경우, 단축조업, 휴일·시간 외 근로의 중단, 휴가(연월차휴가 등) 앞당김·증가책 등 근로의 분산에 의한 시간적 조치를 취한 경우, 임원수당의 삭감, 상여금이나 단체협약 수준 이상의 특별수당지급 폐지와 같은 제경비의 절약을 위한 재정적 조치를 취한 경우, 일시휴직(휴업, 자택 대기발령)을 시행한 경우, 퇴직장려 및 희망퇴직자 모집 등을 시행한 경우는 해고회피노력으로 인정받을 수 있었다.[46)]

해고를 통하지 않는 고용조정방법으로서의 해고회피노력으로는 근로시간의 단축, 임금동결이나 임금삭감, 기업의 조직재구축, 명예퇴직 또는 희망퇴직, 사외파견제도(출향)나 전적 등을 들 수 있다. 근로시간의 단축에는 일시적인 휴업, 정규근로시간의 단축, 초과근로시간의 단축이나 폐지, 연월차휴가사용의 적극 권장, 파트타임근로 실시, 탄력적 근로시간제 실시 등을 들 수 있다. 임금의 조정에는 상여금 축소 등의 임금비용감축, 성과급의 확대 등을 포함한 임금체계의 다양화, 비임금 노동비용의 삭감 등을 들 수 있다.

질적인 고용조정방법과 기업조직의 재구축방안으로는 하청이나 외주가공의 확대, 분사화, 소사장제 실시 등이 모두 해고회피노력으로 인정된다. 구체적인 판례를 통해서 보면 사실상 해고조치 외에 마땅한 방법이 없는 경우, 사무실 규모축소, 임원의 임금동결, 촉탁직원의 권고사직 등을 한 경우, 신규채용 중단, 명예퇴직 등의 실시, 다른 직종으로의 전환을 제의한 경우, 기구 통·폐합을 단행하면서 행한 취업알선, 일정기간 임금을 지급한 경우, 경영합리화 조치로서의 근무시간 단축, 임원 차량매각 등을 시행한 경우 해고회피노력으로 인정하고 있었다.[47)]

그러나 경영합리화조치, 신규채용 억제 등 적극적인 노력을 하지 않은 경우, 조업단축이나 배치전환의 노력이 없었던 경우, 희망퇴직자, 인건비 절감, 휴직희망자 모집 등을 하지 않은 경우, 타공장 전보나 일시휴직 등의 해고회피노력을 하지 않은 경우, 희망퇴직자의 모집, 작업방식의 합리화 등의 노력이 없었던 경우, 인건비 확보 및 퇴직희망자의 모집·배치전환 등의 노력이 없었던 경우, 정년자의 자연감소가 예상됨에도 불구하고 경영상 해고를 단행한 경우, 해고통보를 하면서 3개월분의 기본급여만 지급한 경우 등은 해고회피노력으로 인정하지 않고 있었다. 최근 판례를 보면 대법원은 회사가 최종 감원 목표를 상회해서 감원한 상황에 추가로 정리해고를 했다면 이는 해고회피노력을 다한 것으로 보기 어려워 부당해고라고 판결한 바 있다(대법원 2016두52194).

3) 정리해고 셋째 필수요건: 합리적이고 공정한 해고의 기준

해고대상자는 합리적이고 공정한 기준에 의하여 선정되어야만 근로자의 희생을 최소한도로 줄일 수 있으며, 만일 이러한 합리성과 공정성이 결여된다면 설사 긴박한 경영상의 필요성과 해고회피노력이 인정된다 하더라도 해고 자체가 무효가 될 수 있다.

선별의 대상이 되는 근로자의 범위와 구체적인 해고대상의 선별기준에 관한 판결은 거의 없는 현실이나 원칙적으로 근로자 각자의 '주관적인 사정'에 해당하는 자료를 위주로 하여 상대적으로 사회적·경제적 약자에 해당하여 더욱 보호받아야 할 근로자 순으로 해고대상에서 제외하는 방법으로 선별해야 한다는 입장이다. 그러나 해고대상자를 선정함에 있어 선별대상 근로자들의 주관적·개인적 사정에만 의존할 수 없고 사용자 측의 경영상의 이해관계와 관련된 사정도 함께 참작하여야 '형평의 원칙'에 부합하는 해석일 것이다.

해고대상자의 선정기준은 단체협약이나 취업규칙에 정하여 놓으면 바람직할 것이나 만일 그렇지 않다면 해고시점에서 합리적이고 공정한 원칙을 정해야 할 것이며, 이 경우 근로자의 생활보호 측면과 기업의 이익 측면이 적절히 조화되어야 할 것이다.

구체적인 판례를 통해서 보면 일용근로자를 정리해고한 경우, 평소근무성적, 상벌관계, 경력, 기능의 숙련도 등을 기준으로 해고자를 정한 경우, 전혀 독립된 별개의 사업장으로 인식된 사업부 소속 근로자만을 대상으로 한 경우, 업무상 능숙한 영어구사능력이 요청되

〈표 10-1〉 정리해고대상 선정기준요소

근로자 생활보호 측면(재고용 가능성)	사용자이익 측면(기업에의 공헌도)
• 근로자의 연령 • 근속연한 • 가족에 대한 부양의무 • 재산소유상태 • 다른 가족의 소득 • 근로자의 건강상태 및 건강악화 요인 • 산업재해 또는 업무로 인한 직업성 질병 등	• 평소의 근무실적(결근일수, 지각 횟수, 명령위반, 상벌관계 등) • 경력 • 기능의 숙련도 • 근로능력, 경험기능 및 직업적 자격, 자질 • 전직의 가능성 • 기업에의 불이익 유무 • 고용형태에 있어 기업에의 귀속성 정도: 비정규근로자[시간제근로자(파트타이머), 아르바이트(임시직), 계약사원, 파견사원, 정년 후 재고용자(촉탁사원, 특별사원)]와 정규근로자[상용근로자, 정사원] 등

출처: 주완(1998), 『경영상해고와 M & A』, 중앙노동위원회, 심판실무참고자료, 3월.

는 업무에 있어서의 영어구사능력이 없는 자를 정리해고 대상자로 선정한 경우, 단기근속자의 경우, 입사경력이 적은 순으로 감원대상자를 선정하였으나 업무능력에 기인한 사정으로 일부 예외를 인정한 경우, 인사고과상 직급별 순위 최하위자를 대상으로 한 경우는 합리적이고 공정하다고 인정하고 있었다.[48]

그러나 장기근속자, 단체협약에 정하여진 선정기준을 지키지 않은 경우, 조직개편과 관계없는 직종 · 직급도 해고대상에 포함한 경우, 정년에 가까운 자를 대상으로 한 경우, 근로자의 연령, 가족상황, 근속연한, 가족의 수입 및 재산상황 상태, 유책성 등 근로자의 주관적인 사정을 고려하지 않은 경우 등은 합리적이고 공정한 대상자 선정방법으로 인정받지 못하고 있었다.

4) 정리해고 넷째 필수요건: 노동조합 또는 근로자대표와의 성실한 협의

정리해고가 정당성을 확보하려면 앞에서 언급한 3가지의 요건은 물론 이에 대한 노동조합 또는 근로자대표와의 성실한 협의라는 절차적 요건도 충족하여야 하는데, 이러한 절차는 **신의칙**(**신의성실의 원칙**)*에 기인한 것으로서 개정법상 협의는 해고하고자 하는 날

---

* 신의성실의 원칙, 줄여서 신의칙은 법률관계의 당사자가 상대방의 정당한 이익을 고려하여 권리를 행사하고 의무를 이행해야 한다는 원칙이다. 민법 제2조 제1항에 따르면 "권리의 행사와 의무의 이행은 신의에 좇아 성실히 하여야 한다"고 명시되어 있다. 대법원 판례에 따르면 이는 사회생활에서 발생하

의 50일 전까지 노동조합 또는 근로자 대표에게 해고회피방법 및 해고대상자 선정기준 등을 통보하고 시작해야 한다.

근로자대표와 협의하여야 할 내용과 범위에는 정리해고의 필요성과 그 긴박성, 해고회피의 방법, 잉여인원의 수와 범위, 정리기준과 그 적용방법, 정리해고 해당자에 대한 보호조건(해고예고제, 해고에 대한 보상, 재고용의 특권 등)을 포함해야 할 것이다.

정리해고대상자가 조합원이 아니더라도 노동조합과의 협의만으로 충분하다고 할 수 있는 경우, 노동조합 본부의 지시와 다르더라도 지부와의 노사협의만으로 충분하다고 판단한 경우, 노사협의회에서의 수차례 협의를 거친 경우, 노동조합이 회사에 조직축소를 건의한 경우 등에 대해서는 성실한 협의로 인정하였다. 그러나 노동조합이 없다는 이유로 협의하지 않은 경우, 정리해고 며칠 전에 정리해고 사실을 통보한 경우, 해고대상자들과 단 한 차례의 면담만을 가진 경우에는 성실한 협의로 인정하지 않고 있다.[49]

5) 구조조정과 고용감축에 대한 전망

향후 우리나라에서의 구조조정과 고용감축은 계속될 것인가? 쉽게 답하기는 어렵지만 지금과 같이 글로벌화가 계속되어 시장이 개방되고 해외진출이 계속된다면 상시적인 사업구조정과 그에 따른 고용조정 및 고용감축은 계속될 것이다. 특히 4차 산업혁명으로 인한 자동화, 로봇화, 인공지능 등은 이러한 구조조정을 더 빠르게 더 광범위하게 만들 것이다. 앞에서 살펴본 대로 기업들은 인력운영의 유연화를 통한 인건비 절감을 계속 추구할 것으로 전망된다. 기존의 국내공장 폐업과 해외로의 공장이전은 더욱 확대될 가능성이 크다.

물론 기술발전과 생산성 향상은 새로운 일자리를 더 많이 창출한다는 일자리에 대한 긍정적인 시각도 있지만 그에 대해서는 대비할 필요가 적으니, 상시적인 사업 구조조정으로 인한 급속한 변화가 미칠 부정적인 영향에 대해 대비할 필요가 있을 것이다. 사업성이 떨어지는 제품이나 서비스의 경우는 폐업이나 공장의 해외이전이 불가피하다. 그렇다면 기업은 배치전환의 노력을 기울이겠지만 이 또한 제한적이라면 인력감축은 필연적인 결과일 수밖에 없다.

그렇다면 해결책은 없는 것인가? 노사의 공동의 노력이 함께 한다면 해결책을 찾을 수 있을 것이다. 기업은 지속적으로 사업성을 갖춘 사업을 계속 개발하는 것이다. 제품의 지

는 다양한 법률관계에서 지켜야 할 기본적인 윤리규범이자 법의 기본 원리이다(Google AI).

속적인 혁신을 통해 품질은 제고하되 원가는 낮출 수 있어야 할 것이며 새로운 제품은 계속 만들어져야 할 것이다. 또한 불가피한 구조조정이라면 그에 따른 충격을 완화할 수 있는 방안을 다각도로 찾아야 할 것이다.

근로자의 입장에서는 앞의 경영진의 노력에 동참하는 것은 물론이고 두 가지의 방안을 생각해 볼 수 있다. 하나는 자신의 가치를 높이는 것이다. 이를 위해서는 끊임없이 자신을 개발하고 자신의 역량을 향상시키는 노력을 게을리 하지 않는 것이다. 그 다음으로는 고용의 안정성을 확보하기 위해 임금에 유연성을 제공하는 성과급, 직무급, 생산성 임금제와 같은 임금유연성 확보를 인정하는 것이다. 물론 두 가지 방법 모두 근로자에게 쉬운 것은 아니지만 기업과 근로자가 서로 근로자의 삶의 질을 유지하도록 하고 동시에 기업의 경쟁력을 확보하기 위해서는 불가피한 선택이 될 것이다.

일본은 생산성 향상이 근로자의 일자리 감축으로 이어지지 않으며, 또한 이어지지 않도록 한다는 '노사간의 신사협정'이 있기 때문에 근로자와 노조가 생산성 향상을 위한 노력을 게을리 하지 않으며, 조직적인 저항도 찾기 어렵다. 왜 우리는 노사간에 이러한 신사협정이 없는지 안타까울 따름이다. 수동적인 방어전략이 언제까지 유효할지 기다려서 확인하기에는 이미 늦은 게 아닐까. 좀 더 자발적인 선도전략이 필요하다고 생각된다.

제4절 공공부문의 노사관계

다음으로 **공무원**을 포함한 **공공부문**의 근로자와 **교원**의 단결권을 비롯한 노동3권을 살펴보기로 한다. 공무원의 경우에는 2006년 1월 이후 노조를 결성할 수 있는 단결권은 인정되었지만 교원과 같이 제한적으로 단체교섭권이 허용되고 단체행동권은 금지되고 있다. 교원의 경우는 지난 1999년 7월 이후 단결권이 허용되고 단체교섭권을 부분적으로 인정받고 있다.

이렇게 제한된 노동3권은 문재인 정부 시절인 2020년 12월 법 개정으로 공무원의 노조가입 범위가 확대되었고, **퇴직공무원**도 노조가입이 허용되었다. 교원의 경우에도 **퇴직교원**도 노조가입이 가능해졌다. 향후 노사관계는 글로벌 경쟁이 심해진 민간부문에서 여전히 서비스 제공에 독점적 성격을 가진 공공부문으로 그 축을 옮겨갈 것으로 보인다. 이러한 추세는 우리나라만이 아니고 전 세계적인 추세라고 할 수 있다.

공공부문을 별도로 다루는 이유는 그 업무의 성격상 국민에 미치는 영향이 매우 크기 때문이고 또한 사용자가 사실상 국민이기 때문이다. 그래서 노조를 결성할 수 있는 권리도 제한을 받고 있으며 특별한 경우에 노조를 결성한다고 해도 **단체행동권**은 제한받는 것이 일반적이다. 공무원의 경우는 1997년 노동법 개정에서 공무원협의회를 결성하는 것으로 일단락된 바 있으나 2006년 법개정을 통해 공무원에게 단결권과 단체교섭권을 허용하여 노동조합활동을 허용하였다. 교원노조도 단체행동권은 제약을 받지만 단결권과 단체교섭권을 인정받고 있다. 2020년 12월 법개정에서는 공무원의 노조가입에 대한 직급제한(6급 이하)이 폐지되었고, 공무원과 교원 모두 퇴직자의 노조가입이 허용되었으며, 소방공무원도 노조를 결성할 수 있게 되었다.

1 공공부문의 정의와 존재 이유

공공부문은 일반적으로 시장경제원리가 전면적으로 작동하는 민간부문에 대비되는 개념으로 국가가 소유하거나 통제권을 행사하는 부문을 말한다.[50] 공공부문을 정의하는 데는 세 가지 기준이 사용된다.

첫째, 소유·지배의 측면에서 정부나 이로부터 권한을 위임받은 공공단체가 운영하는 부문을 가리킨다. 둘째, 노사관계 측면에서 사용자가 누구인가에 따라 나누는 방식으로 공공부문은 사용자가 정부나 공공기관인 부문을 말한다. 셋째, 사업내용의 공공성에 주목하여 공공재의 생산 여부로 민간부문과 공공부문을 구분한다. 이 경우 국가행정관리부문, 공공복지 및 서비스부문, 사회간접자본 등이 포함되며 금융, 철강 등의 기간산업도 포함할 수 있다.

1) 공공부문의 정의[51]

공공부문에 대한 개념은 정치적·행정학적 관점, 법적인 관점, 경제학적인 관점, 그리고 노사관계의 관점에서 구분할 수 있다. 정치적 관점에서의 공공부문에 대한 개념은 자유주의 사상에 기초하여 '공적인 것'과 '사적인 것'을 구분하는 논의에서부터 본격적으로 정립되기 시작했다.[52] 즉, 자본주의체제와 자유민주주주의 발전과정에서는 개인의 자유로운 선택에 의한 시장에서의 자유로운 활동영역인 사적 영역을 보호하기 위한 최소한의 국가 역할을 담당하는 정치과정을 공적인 영역으로 인식하였다. 이러한 자유주의적 사상의 바탕 위에 공공부문의 개념화는 **공익**(the public interest)을 중심으로 발전하였다.

반면 행정학적인 관점에서의 공공부문 개념은 일반적으로 **공공기관**(public institution)이 행하는 일련의 활동 및 이들 기관이 의사를 결정하고 집행하는 영역 모두를 포함하고 있다. 이런 관점에서 공공부문을 '정부활동과 관련된 제도적 영역'으로 정의한다면 전통적인 접근방법으로서 공공부문은 '행정' 혹은 '공공당국'을 의미한다.

법적인 관점에서 보면, '헌법에 나타난 국민의 생활의 질을 증진시키기 위하여 시장원리를 초월하여 공공서비스를 제공하며, 공공성을 위해 경제부문과 활동에 대한 규제와 조정과 같은 활동을 하는 것'을 공공부문의 역할이라 할 수 있다.[53]

일반적으로 경제학적인 관점에서의 공공부문 개념은 '사적', 즉 시장과 대칭을 이루는 개념으로 주로 사용되고 있으며, 공(公)과 사(私)는 정부의 재정지원 혹은 통제를 받는 공적 조직들에 의해 생산 또는 분배되는 부문이냐의 여부에 따라 구분되거나, 생산수단이 공적 혹은 사적 소유인지의 여부 등에 따라 구분된다.

마지막으로 노사관계 관점에서 보면 노사관계 관점 또는 사용자와 근로자 측면에서의 공공부문은 "정부가 일정한 근로자에 대하여 사용자로서의 지위에서 근로조건을 결정하고 통제하는 부문을 말한다."[54] 노사관계에서 정부가 일정부분 사용자의 역할을 하는 경우로 정부기관뿐 아니라 **정부투자기관 · 출연기관 · 공공법인체** 등이 포함된다.

한편, 노사관계법에서의 공공부문은 정부가 사용자인지의 여부뿐만 아니라 필수 공공서비스 부문의 공공성 및 공익성도 함께 고려하여 그 범위가 규정되고 있다. 즉, '**공공재**(public goods)'의 특성을 감안하여 광의의 공공서비스를 생산하는 기관을 공공부문으로 정의하고 있는데, 이런 공공성 측면에서 본다면 사용자가 정부가 아닌 민간부문에서 공공서비스를 공급하는 경우도 많다. 예를 들어, 소유권이 정부에서 민간부문으로 이전되거나 이전 중인 전력이나 통신의 경우 등은 공공서비스부문으로 정의될 수 있고, 민간부문에 속하는 공익사업과 방위산업도 이에 포함할 수 있다.

2) 공공부문의 존재이유

자본주의 시장경제체제하에서 경제활동에 대한 정부개입은 "민간부문의 기업이 개별적으로 이윤극대화전략을 추구하는 것이 **사회적 복지**(social welfare)를 극대화하지 못한다"는 가정에 근거한다.[55] 소위 '**시장의 실패**'를 말한다. 이에 대비해 정부는 기업을 공적으로 소유함으로써 민간 주주의 이기적인 목적보다 사회전체 이익을 극대화하도록 지배권을 행사하는 것이다.

하지만 공기업에 대한 정부의 지배권 행사가 최고경영자의 선임에 집중되어 나타날 때 공기업의 최고경영자가 **대리인**(agent)으로서 **주인**(principle)인 국민의 이익에 따라 경영할 유인(motive)이 얼마나 있느냐 하는 소위 주인-대리인문제가 심각하다. 사기업에도 이 대리인문제가 있지만 공기업의 경우는 더 심각하다. 그 이유로는 첫째, 주인인 국민이 주인으로서 행동하기 어렵다는 점이며, 둘째는 주인-대리인의 단계가 다단계로 구성되어 문제가 복잡하고 문제해결을 위한 인센티브의 도입이 쉽지 않다. 국민-정치인-장관-고위관료 등의 다단계는 문제해결을 어렵게 만든다.[56]

2 공공부문의 현황

공공부문을 현실적으로 구분해 보면 크게 공무원과 비공무원 공공부문, 즉 공공기관으로 나누어진다. 공공기관은 공기업, 준정부기관 및 기타 공공기관으로 구분된다. 지방자치단체의 지방공기업은 별도 관리된다.

먼저 2023년 12월 31일 기준으로 우리나라 공무원 정원은 117만1,070명이다.[57] 이는 2010년의 97만9천 명에 비해 20만 명 정도가 증가한 규모이다. 이 중 행정부 소속 국가공무원이 75만 명이고, 지방공무원이 39만 명, 입법부 4천 명, 사법부 1만8천여 명, 헌법재판소 348명, 중앙선거관리위원회 2,977명이다.

공공기관이란 '정부의 투자·출자 또는 정부의 재정지원 등으로 설립·운영되는 기관'으로서 기획재정부장관이 지정한 기관을 의미하는데, 「공공기관의 운영에 관한 법률」 제5조에 따라 공공기관은 크게 **공기업**, **준정부기관**, **기타 공공기관**으로 분류된다(www.alio.go.kr).

2025년에 중앙정부에서 관리하는 공공기관(「공공기관의 운영에 관한 법률」에 따른 중앙공공기관 및 지방공기업 기준)으로 지정된 기관은 331개이다(alio.go.kr).* 임직원 정원은 2019년 말 기준 41만 명에서 2025년 3월 말에 42만6천여 명으로 증가하였으며 현원은 39만4천여 명이다. 2024년에만 2만여 명을 신규로 채용했다. 공기업 14만2천 명, 준정부기관 11만1천 명, 기타공공기관 14만 명 수준이다.[58] 2022년 9월 30일 기준 지방공기업은 서울시 산하 32개를 포함하여 411개이며, 지방출자・출연기관은 자치단체가 직접 설치・경영하거나 법인(지방공사・지방공단 등)을 설립하여 경영하는 기업으로 2022년 9월 30일 기준으로 서울특별시의 68개를 포함하여 848개에 달한다.[59]

지방공공기관 통합공시사이트인 클린아이에 따르면 지방공기업의 임원 수는 2019년 말 1,300명에서 2024년 말 1,518명으로 증가했고, 일반 정규직 직원 수는 정원 기준으로 2019년 말 61,877명에서 2024년 말에 92,210명으로 증가하였다.[60] 지방출자・출연기관은 별도의 통계로 제시되는데, 2023년 말 기준으로 831개 기관에 임원 2,865명, 정원 50,873명, 현원 43,704명 수준이다(cleaneye.go.kr).

3 공무원의 노동3권과 노사관계

헌법 제33조 제2항을 보면 공무원의 경우는 법률로 정한 자에 한하여 노동3권을 인정한다고 되어 있다. 「국가공무원법」 제66조를 보면 집단행위에 대해 광범위한 제한을 하고 있으며, 「지방공무원법」 제58조에도 같은 제한을 하고 있다. 「정부투자기관관리기본법」에도 이를 제한하고 있으며 기능직 공무원과 고용직 공무원에 한해서만 노동조합 결성을 인정하고 있다. **국제노동기구**(International Labor Organization, ILO)에서는 공무원의 특수성은 인정하고 있으나, 단결권은 허용하라고 권고하고 있다.

---

* 공기업은 '직원정원이 50인 이상이고 자체수입원이 총수입액의 1/2 이상인 공공기관 중에서 기획재정부장관이 지정한 기관(시장형 공공기관은 자산규모가 2조 원 이상이고 총수입액 중에서 자체수입액이 85% 이상인 공기업으로 한국전력공사, 한국가스공사 등이 해당되며, 준시장형 공공기관은 시장형 공기업이 아닌 공기업을 말하며 한국관광공사, 한국방송광고진흥공사 등이 있음)'이고, 준정부기관은 '직원 정원이 50인 이상이고 공기업이 아닌 공공기관 중에서 기재부장관이 지정한 기관(기금관리형 준정부기관은 국가재정법에 따라 기금을 관리하거나, 기금의 관리를 위탁받은 준정부기관으로 국민체육진흥공단 등이 있으며, 위탁집행형 준정부기관은 한국장학재단 등이 있음)'이며, 그 외에 공기업이나 준정부기관이 아닌 공공기관으로 기타공공기관이 있다.

1) 공무원에 대한 상반된 관점

뎀크와 모일라넨(Demmke and Moilanen)은 EU 국가들의 공무원 비교연구에서 나라마다 공무원 신분을 이해하는 방식이 다르다고 설명한다.[61] 공무원은 헌법적·법적 신분 규범으로 해석될 수 있지만, 전통적인 관료 국가에서는 공무원이 다른 전문직과 구분되는 사회적 지위, 즉 신분을 가지는 것으로 해석될 수 있다. 공무원으로 대표되는 공공부문 근로자와 민간부문 근로자가 차이가 있다고 하는 주장에서는 공공서비스의 업무가 독특하고, 본래 민간부문의 업무와 다르다고 주장한다.[62]

즉, 공무원들은 ① 상당한 권력과 책임이 주어진다. ② 시민들에 대한 법적·규범적 기준을 정한다. ③ 리더십 제공을 위한 책임감을 보유한다. ④ 공공을 위한 업무수행을 위해 공공예산으로부터 자금을 지원받는다. ⑤ 다른 가치, 정신, (공공부문) 동기부여를 보유한다. 따라서 공무원은 국가가 특별한 신분과 처우를 보장해야 하고, 당사자들은 이익관철을 위한 행위를 억제해야 한다는 논리다. 이러한 주장을 **국가주의 모델**이라고 할 수 있다.

반대로 특별한 공무원 신분주의에 반대하는 주장에서는 공무원의 업무가 민간의 업무에 비해 특별히 더 가치가 있는 것은 아니라고 한다. 오늘날 공공서비스는 민간서비스와 차이가 줄어들고 심지어는 혼합되고 있으며, 많은 국가에서는 공공부문 근로자들이 더 많이 고용되어 있다고 주장한다. 이렇게 공무원도 시민사회의 행위주체들과 유사하거나 동일하게 처우받고 행동해야 한다는 주장을 **시민주의 모델**이라고 할 수 있다. 그러나 현실적으로 이 두 가지는 서로 혼재될 수 있으며 한국사회도 그렇다고 할 수 있을 것이다.

2) 공무원 노동기본권의 역사적 전개

공공부문에서도 공무원에 대한 노동기본권은 상대적으로 더 높은 수준으로 제한되어 왔다. 우리나라의 경우 1987년 헌법을 개정할 때까지 공무원의 노동기본권 행사는 원칙적으로 금지되었고 예외적으로만 허용되었다. 그러나 1987년 이후 헌법 개정을 시작으로 노동기본권에 대한 논의가 시작되었고, 구체적인 입법논의도 진행되었다. 1996년 김영삼 정부에서는 **노사관계개혁위원회**를 구성하여 1997년 1월 「공무원 단결권 보장방안(안)」에 대해 의결하여 1997년부터 공무원의 고충처리 등을 위한 '**직장협의회**'를 설치·운영하기로 하고 「공무원직장협의회법」이 제정되고 1999년 1월부터 시행되었다. 2006년 1월부터는 「공무원의 노동조합설립 및 운영 등에 관한 법률」이 시행됨에 따라 공무원노조가 합법적으로 가능하게 되었다.

3) 공무원 노동조합의 결성과정*

1999년 1월부터 공무원직장협의회 설립이 허용된 이후 같은 해 1월 12일 산업자원부에서 최초로 공무원직장협의회가 설립되었다. 이후 직장협의회가 결성되면서 2000년 2월 '전국공무원직장협의회 발전연구회(이하, 전공연)'가 결성되었다. 이후 공무원노조에 대한 요구가 높아지면서 별도의 조직인 **전국공무원직장협의회총연합**(이하, 전공련)이 2001년 2월 출범하게 된다. 그러나 당시 정부는 이러한 움직임이 공무원의 단결을 금지하는 공무원법에 정면으로 배치된다는 입장을 가지고 있었다.

이후 전공련은 2001년 10월에 노조결성을 결정하고, 결국 2002년 3월 24일 100여 명의 관계자가 연행되면서도 법외노조인 **전국공무원노동조합**(이하, 전공노, http://www.kgeu.org)을 출범시킨다(전국공무원노조, 2005).[63] 2004년 7월에는 **공무원노동조합총연맹**(이하, 공무원노총)이 출범하였다.

그리고 2006년 1월 28일 「공무원의 노동조합설립 및 운영 등에 관한 법률」(이하, 공무원노조법)이 시행됨에 따라 일반직 공무원도 노동기본권이 보장되고 공무원노조가 합법화되었다. 2006년에는 공무원노총(이하, 공노총)이 출범하였고, 2007년에는 민주공무원노조와 전국공무원노조가 합법노조로 전환되었다. 2007년 2월 기준으로 '설립신고증'이 교부된 노조는 84개, 조합원 수는 6만9천 명으로 조직대상 29만 명 중의 23.7% 수준이었다. 그러나 전공노, 민공노, 법원노조 통합 이후 통합공무원노조(가칭 전공노)가 출범하였으나 설립신고서가 반려된 바 있다.

정부 인사혁신처의 공무원노사관계 목표를 보면 "상생과 협력의 공무원 노사관계 구축을 통해 국민의 눈높이에 맞는 신뢰받는 공직사회를 만들겠습니다."라고 되어 있다. 그리고 노사합동 봉사활동을 보면 연탄배달, 헌혈봉사 등이 예시로 제시되어 있고, 노사합동 워크숍에는 일선현장 공무원의 의견청취 및 인사혁신 등 정부정책에 대한 설명과 공유가

---

* 공무원 노동조합의 결성과정에 대한 이하의 내용은 박준식 · 박주영(2005), 『공무원 노동조합의 형성과정과 의식조사를 통해 본 공무원 노사관계의 특성과 정책과제』, 서울: 한국노동연구원을 참조하여 정리한 것이다.

주제로 제시되어 있다. 전국공무원노동조합(kgeu.or)의 강령을 보면 공직사회의 관료주의와 부정부패청산, 공무원의 노동조건개선, 노동3권 쟁취, 민주사회건설과 세계평화를 위한 연대 등으로 되어 있다.

문재인 정부 출범 이후 공무원 노사관계는 큰 변화를 보인다. 우선 조합원이 10만 명이 넘는 전공노가 합법노조로 전환되었고, 2020년 12월에는 법개정을 통해서 공무원노조가입 직급제한이 폐지되었고, 공무원노조와 교원노조에 퇴직공무원과 퇴직교사도 조합원으로 가입이 가능하게 되었다. 또한 2021년 '공무원노동조합 관련 해직공무원등의 복직에 관한 특별법'이 국회를 통과하여 136명의 해직 공무원(2002년 3월 23일부터 2018년 3월 25일 사이)에 대해서 해직당시 직급으로의 복직 및 징계 관련 인사기록 말소, 해직기간중 법내 노조 기간 경력인정, 감액된 퇴직급여 전액지급 등의 내용을 담고 있다. 136명의 경우 해직이 정당한 것으로 대법원이 판결한 바 있다. 2023년 12월 말 기준으로 공무원노동조합은 159개, 조합원 수는 32만7,944명으로 조직률은 65.2%이다.[64] 가장 큰 노동조합은 전국공무원노동조합(공무원노조, 전공노)으로 조합원은 14만3천 명이다.

4) 공무원 노동조합의 노동운동과 전망

공무원의 경우는 고용이 법으로 보장되어 있고, 실제 이직률이 1% 미만으로 청년들에게는 선호하는 직업으로 공무원시험 지원경쟁률이 수십 대 일을 넘어선다. 여기에 이제 노동조합 활동까지 활발하게 전개될 수 있으니, 임금이나 근로조건 등은 점진적으로 개선될 것으로 보인다. 하지만 공무원의 보수는 국회를 통과해야 하기 때문에 자유롭지 못하고, 단체행동권 행사도 제한된다. 전공노를 비롯한 공무원 노동조합은 다시 한번 창립정신을 검토하고, 향후 공무원 노동조합의 노동운동 방향을 정립할 필요가 있다.

5) 외국의 공무원 노사관계[65]

미국의 경우 공공부문의 단결권이 헌법상의 기본권으로 보장되어 있기 때문에 연방정부나 주정부가 공무원들의 노조결성을 제한하거나 금지할 수 없다. 하지만 단체교섭권과 단체행동권은 헌법상 기본권이 아니기 때문에 각급 정부는 이를 제한할 수 있다. 「공무원제도개혁법(Civil Service Reform Act)」에 따라 연방정부는 단체행동권을 금지하며, 주정부 대부분도 파업권을 금지한다. 지난 40여 년 동안 민간부문의 축소에 비해 공공부문은 확장

〈표 10-2〉 주요국 공무원 노동기본권 인정 현황

국가	직 종	단결권	단체교섭권	단체행동권	비 고
미국	연방 공무원	○	△(임금 제외)	X	임금교섭권 없음
	주정부 공무원	○	29개 주 인정	12개 주 인정	
영국	일반공무원	○	○	○	중앙: 분권화 / 지방: 전국
	교사, 간호사, 의사	○	△(임금 제외)	○	임금조사기구 존재
	경찰	단일단체가입가능	X	X	경찰법 적용
독일	일반공무원	○	X(협의권)	X	임금은 법령으로 결정
	사무직, 노무직	○	○	○	전국교섭
	경찰	○	X(협의권)	X	
프랑스	일반공무원	○	△(약속)	○	대국민서비스는 단체행동권 제한
일본	일반직 공무원 (국가, 지방)	○	X(협의권)	X	인사원 결정
	현업 공무원	○	○(예산제약)	X	
한국	일반 공무원	○	○	X	
	현업 공무원	○	○	○	

주: ○: 전면 허용, △: 부분 허용, X: 전면 미적용
출처: 김정한 · 문무기 · 이승협 · 채준호(2010), 『공무원노조 시대의 공무원직장협의회 활성화방안 연구』, 서울: 한국노동연구원, 3쪽의 〈표 1-2〉 주요국의 공무원 노동기본권 인정현황에서 인용하고, 김상겸 · 최경애(2019), 「공무원노동조합에 관한 비교법적 연구」, 법학논총 (국민대학교 법학연구소), 32(2), 241~277쪽을 참고하여 수정보완함.

되면서 조직률이 36%에 달해 민간부문의 8%와 대비된다. 그러나 2000년 이후 부시 정부, 오바마 정부, 트럼프 정부에 따라 상당히 다른 노사관계가 전개되고 있다.

일본의 경우 소방관, 경찰관, 자위관 등의 일부 공무원을 제외하고 대다수의 공무원들은 단결권을 인정받고 있다. 일본은 근무조건 법정주의를 채택하고 있어서 법률 또는 조례에 의해 근무조건이 결정되기 때문에 대부분 단체교섭권은 인정되지 않는다. 단체행동권은 일부 특별직 지방공무원 외에는 모든 공무원의 쟁의권은 금지되어 있다. 공공부문의 경우 노조가 직업별 · 지역별로 복수노조가 발달해 있으며 민간부문과 공공부문이 통합된 경우도 많은 특징을 가지고 있다.

일본의 공무원 노사관계에서 역사적 이슈를 보면 1980년대 나카소네 정권에서 작은 정부를 강조하면서 신자유주의에 기반을 둔 행정개혁을 추진한 사건이 있다. 당시에 공기업 민영화를 통한 인력감축 및 임금억제, 사회복지 축소 등으로 인해 노사갈등을 일으킨 바 있다. 또한 일본에서는 인사원의 권고보다 낮은 수준의 임금결정으로 인해 심지어 2002

년부터는 마이너스 임금인상 권고율로 갈등이 발생한 바 있다.

독일은 공공부문에 공무원법 적용을 받는 직업공무원과 민법의 노동법을 적용받는 일반종사자로 구분되는데 직업공무원만 신분보장, 공무원연금, 다양한 사회보장 등이 제공된다. 이들 직업공무원에 대한 노사관계를 보면 제도적으로는 노동3권을 제한하고 있지만, 비제도적인 면에서 협의와 합의를 통해 보완해 주는 이원적인 구조를 가지고 있다. 즉, 제도적으로 단체교섭권과 단체행동권이 제한되기 때문에 비공식적인 정보교환, 협의, 합의 등이 중요한 비중을 차지하고 있다.

독일 공무원 노사관계의 특징을 보면 ① 공무원의 고용, 승진, 임금, 근로조건 등이 법률을 통해서 규제된다. ② 공무원들은 국가의 관료라는 의식을 강하게 갖는다. ③ 단체교섭권과 단체행동권은 인정하지 않는다. ④ 직장평의회를 구성할 수 있도록 허용해서 이를 통해 공무원들의 이해관계가 반영된다.

독일의 공무원 노사관계 이슈를 보면 첫째 공무원 임금 수준을 민간 수준의 80%로 정하며, 직무 대신 직위를 토대로 임금이 지급된다. 또한 직급 간의 이동이 원칙적으로 불가능해서 노조는 다양한 요구를 하고 있다. 최근의 행정개혁에 대해 독일노총은 행정현대화에 반대하는 것은 아니지만 인원감축보다는 역량강화에 대한 노력을 강조하고 있다.

영국의 경우 공무원 노사관계는 민간과 크게 다르지 않으며, 특별한 법률도 제정되어 있지 않다. 영국에서는 경찰 등 일부 공무원을 제외하고는 노동3권을 모두 인정받는다. 하지만 1979년 보수당 정권이 출범하면서 공공부문에서 경영권을 강화하고, 임금유연화와 공공서비스의 외주화 등으로 공공부문에서도 비정규직이 증가하고 공무원의 안정성이 더 이상 담보되지 못하고 있다. 구체적으로 살펴보면 연금수급시기 연장, 공무원 인원감축 8만 명을 포함한 행정개혁을 통한 정부지출 축소, 임금동결 등으로 노사관계는 대립적인 상황이 유지되고 있다.

6) 공무원 노사관계의 국가비교

공무원 노사관계에 대해서 대체로 영미식 관점의 경우 이익을 추구할 수도 있는 사적 행위자들이며 다만 부문적인 제약을 받는 공적 서비스 근로자로 보지만, 유럽대륙식 관점에서는 공무원이란 국가로부터 특별한 임무와 그에 따른 신분을 부여받은 존재로 사회적 규제를 받아야 한다고 본다. 독일이나 일본이 대표적인 경우다.

우리나라 공무원 노사관계는 앞에서 설명한 국가주의 모델과 시민사회 모델이 혼재되어 있다고 할 수 있다. 우리는 기존의 국가주의 모델에서 지속적인 개방, 혁신, 경쟁, 민간과의 형평성, 민영화 등이 시도되면서 공무원집단의 반발을 경험하고 있다.

지난 수년 동안 공무원 노조를 중심으로 진보적 성향을 가진 정당과 함께 노동3권을 주장하고 있다. 하지만 우리나라는 독일처럼 헌법에 직업공무원제도를 명문화하여 공무원의 신분을 보장하고 있다. 이는 신분보장을 하는 대신 정치적으로 중립성을 가지도록 하는 방법이다. 영국이나 프랑스는 단체행동권을 허용하는 반면에, 독일의 경우 직업 공무원의 노동조합에 대해서는 단체교섭권도 부여하지 않고 있다는 점을 참고할 필요가 있다. 해당 국가의 상황과 특성에 따라 공무원에 대한 노동3권을 검토할 필요가 있다.

4 경찰 직장협의회와 소방공무원 노동조합

공무원직장협의회는 1999년부터 시작되었지만 경찰과 소방의 직장협의회는 2020년 6월부터 설립과 가입이 가능해졌다. 설립이 가능한 기관은 295개 기관에 10만5천 명이다. 하지만 **직장협의회**는 노동조합과 달리 단체협약 내용을 반드시 이행해야 할 의무는 없으며, 협의사항을 최대한 이행하도록 노력하게 되어 있다. 2020년 기준으로 경찰관서 300여 개 중에서 275곳에 직장협의회(**경찰직협**)가 설치되어 있고, 5만4천여 명의 경찰이 가입해 있다.

소방공무원의 직장협의회는 257개 기관 5만1천 명이 협의회 구성이 가능하다. 소방공무원의 경우 2021년 1월 노조결성이 가능하도록 공무원노조법이 개정된 이후 같은 해 7월 6일 노조결성이 허용되자 3대 공무원 노동조합 소속(대한민국공무원노동조합총연맹, 한국노동조합총연맹, 전국민주노동조합총연맹) **소방공무원 노동조합**이 출범하였다.[66]

소방공무원 노조가 허용된 결정적인 계기는 2019년 7월 EU가 한국이 ILO의 핵심협약인 제87호 결사의 자유 및 단결권 보호에 관한 협약 등을 비준하지 않아서 한국의 노동법이 한-EU FTA 협정문에 위반된다며 분쟁해결 절차를 개시하였기 때문이다. 이에 정부는 2021년 1월 노조법, 공무원노조법, 교원노조법 등을 개정하고, 2021년 4월 ILO에 협약비준서를 정식으로 기탁했다. 소방공무원도 노조결성이 가능해진 것이다.

소방공무원의 경우 24시간 근무가 필수적이라 98% 이상이 3교대제로 근무하여, 주간,

야간, 휴무 3팀이 24시간마다 교대근무하는 형태로 평균 주 56시간, 월평균 240시간 이상을 일한다. 휴무팀이라고 하더라도 출동상황이 발생하면 언제라도 현장에 출동해야 한다. 다음으로는 구급대원에 대한 폭언과 폭행 피해 예방을 위한 방어권 신설, 외상후 스트레스 장애 치료를 위한 지원 등이 애로사항으로 제시되고 있다. 또한 순직 소방공무원보다 극단적 선택으로 목숨을 잃은 소방공무원이 두 배 더 많다. 삶의 질 향상을 위해 4교대제 근무를 주장하고 있다.[67)]

5 공공기관(공기업, 준정부기관, 출자 · 출연기관)의 노사관계

1) 공공기관 및 공기업의 노사관계

공공기관 특유의 소유와 지배구조는 노사단체의 조직구조 및 운영 그리고 정부와 노사간 관계에 영향을 미쳐 공공기관의 노사관계가 민간기업과 다르게 형성되도록 한다. 대표적으로 임금결정방식에서의 민간기업과 공공기관 간의 차이점을 들 수 있다. 민간부문의 경우 임금은 기본적으로 노사간 자율적인 교섭으로 결정되며, 이러한 자율적 결정은 기업의 경영성과에 대해 노사가 가장 많은 정보를 가지고 있다는 것을 근거로 합리화된다. 또한 이러한 자율적 임금결정은 노동시장에서의 효율적인 노동력 배분을 가져올 것으로 기대된다.

반면에 공공기관에서는 사용자가 중층적 대리인 관계 속에서 궁극적인 주인인 국민의 이익을 대변하지 않을 가능성이 있다. 즉, 민간기업의 사용자와 달리 기업수익에 대한 잔여수익 청구권을 가지고 있지 않기 때문에 공공기관의 사용자는 근로자와 노동조합의 과도한 임금인상 요구에 대해 적극적으로 대응하지 않는다. 더욱이 독점적인 시장구조 속에서 안정적인 수입이 보장되므로 적극적으로 대응할 유인 또한 미약하게 된다. 이러한 상황에서 공공기관의 노사 당사자는 단체교섭이나 사회적 협의에 대한 내실화가 어려우며 결국 개별 공공기관 노사간에 담합의 가능성이 생겨나게 된다.

2) 임금교섭

공공부문의 임금 수준은 공공기관 지정 여부에 차이가 난다. 공기업, 준정부기관, 기타 공공기관은 「공공기관의 운영에 관한 법률」에 따라 인건비 예산편성이 정부의 직접적인 규제를 받는다. 각 기관장은 예산편성공통지침에 의거하여 차기년도 예산을 편성하고 이사회의 의결로 확정하며 이를 정부에 보고한다. 매년 1월이 되면 노사 양측은 서로 임금인상안을 가지고 임금협상을 하지만 실질적으로는 정부의 임금인상가이드라인을 받아들이느냐 거부하느냐를 결정하는 것이다. 현실적으로 임금은 이미 짜여진 **임금가이드라인**에 의해 타결되고 보충협약을 통해 추가적인 임금인상효과를 얻는 경우가 많다.[68]

3) 공공부문의 구조조정

대부분의 국가에서는 정부성향에 따라 민영화나 정원동결 및 재배치와 같은 구조조정 정책에서 많은 차이를 보인다. 1998년 IMF외환위기 직후 들어선 김대중 정부는 한국전력 내 발전소의 자회사 전환(지금의 동서발전, 남동발전, 한국수력원자력) 등 상당한 수준의 구조조정을 추진하였다. 이후 박근혜 정부에서는 경영평가에서 방만경영이나 성과연봉제 도입 등의 제도 개선을 추진하였고, 문재인 정부에서는 공공부문의 역할 강화와 비정규직 정규직화 등 효율성보다는 일자리 유지와 확대에 초점을 둔 바 있다. 윤석열 정부는 민영화 등과 같은 거시적인 구조조정은 아니지만 단위 기관에서의 인력재배치와 같은 효율성 제고 노력을 강조한 바 있다.

4) 해외 공공부문의 구조조정

영국을 비롯한 대다수 유럽 국가들은 1990년대를 전후로 민영화를 포함한 공공부문 구조조정을 경험하였다. 민간부문에서와 같이 성과급과 같은 새로운 인사제도가 도입되었으며 단체교섭의 분권화현상도 나타났다. 비용절감을 위해 임금억제와 동결, 그리고 물가상승에 연동한 자동적인 임금인상제도의 제한 등이 모든 나라에서 도입되었다. 그러나 가장 큰 폭의 변화는 영국에서 나타났는데 성과를 강조하는 신인적자원관리가 전면적으로 실시되고 단체교섭의 분권화, 사회적 협의축소 등을 포함하여 노동유연성의 증가로 인한 고용불안정이 확산되었다. 1990년대에 진행된 영국통신과 전력산업의 구조조정에서 이런 현상이 분명하게 드러난다. 영국통신의 경우 민영화 결과 전체 인력은 절반으로 줄어들었으나 비정규직 규모는 두 배로 증하였다.[69] 미국의 경우 연방·주정부 공무원만이 공공부문에 속하고 우리나라에서 보는 공기업은 거의 없다.

조성재 외(2009)는 외국의 여러 공기업 민영화 사례를 분석한 결과를 바탕으로 민영화는 정부지분을 매각하여 소유권을 민간으로 넘기는 단순한 정책이 아니며, 정의와 방식, 양태 등이 매우 다양하게 나타나지만 결국은 고용의 감소와 고용형태 다양화, 외주화 등을 통한 노동시장에서의 주변화, 근로조건의 악화 등의 결과를 가져온다고 평가하고 있다. 예산을 절감하여 재정적자를 피하고 효율적으로 양질의 공공서비스를 제공해야 한다는 명제를 거부할 수는 없지만, 공공부문의 민영화 목적을 보다 분명히 하고, 그에 적합한 추진전략에 대해 각계각층이 공동으로 모색하는 것이 중요하다고 강조한다.

6 학교와 노동조합운동

한국에서 교원노조운동은 역사적 격변기와 깊은 관계를 보인다. 초기 교원노조는 신간회 결성 등으로 항일운동이 조직적으로 전개되기 시작했던 1930년대에 시도되었고, 해방 후 1946년 교사들은 비록 교원노조라는 명칭을 사용하지는 않았지만 일제 잔재 청산, 민족의 문화적·경제적 발전, 교사의 사회·경제적 지위 향상 등을 내세우며 조선교육자협회를 결성하여 노조와 유사한 활동을 전개했다.[70] 그리고 4·19 직후 사회적 격동기에 교사들은 전체 교원의 거의 절반을 포괄하는 교원노조를 건설하여 본격적으로 노조운동을 시도한다. 이후 오랜 시간 제대로 노조운동을 하지 못했으며 1987년 민주화운동과 노동운동 전반의 분출에 이어 시작되었던 교원들의 노조결성은 10년 동안 법외노조로 활동하다 1999년 관련 법제정으로 합법화되기에 이른다.

1) 교원노조의 합법화

1999년 1월 29일 「교원의 노동조합 설립 및 운영 등에 관한 법률」(교원노조법)이 통과되었으며 같은 해 5월 25일 시행령이 제정되었다. 지난 1989년 대규모 교사 해직사태가 발생한 이후 합법성을 인정받지 못했던 **전국교직원노동조합**(**전교조**)이 합법성을 인정받게 된 것이다. 그동안 국제적으로 비난을 받으면서도 교원노조가 합법화되지 못했던 이유는 ① 군사부일체의 유교적 가치관과 ② 국민의 학습권 및 교육의 정치적 중립성 침해에 대한 국민정서상의 우려라고 할 수 있다.[71]

1996년 문민정부는 노사관계개혁위원회를 설치하고 공무원과 교원의 단결권 문제를 포함하는 전반적인 노동법 개정을 논의하였는데 1996년 OECD에 가입하면서 "한국 노사관계의 기준을 국제기준에 맞게 개선하겠다"고 한 약속과도 연계된다.[72] 이후 1998년 2월 6일 노사정위원회는 "정부가 1999년 7월부터 교원의 노동조합결성권이 보장되도록 법개정을 추진한다"는 내용에 합의하였으며, 1998년 10월 31일 노사정위원회 본위원회에서 교원의 노조결성권에 대한 일괄합의가 이루어졌다.

1999년 1월에 통과되어 1999년 7월부터 시행되고 있는 교원노조법에서는 보편적 국제기준에 따라 교원에 대한 노동기본권은 보장하되, 교원의 신분적 특수성을 감안하여 단체행동권(쟁의행위)은 금지하고 있다. 또한 단체교섭권과 관련해서 단체협약 체결권은 인정하되, 법령 · 조례 · 예산에 의해 규정되는 내용과 법령 또는 조례에 의한 위임을 받아 규정되는 내용은 단체협약의 효력을 부인하고 성실이행의무를 부여하고 있다.*

2) 단체교섭과 분쟁조정

단체교섭의 내용으로는 임금 · 근무조건 · 후생복지 등 경제적 · 사회적 지위향상과 관련된 사항으로 한정되어 있으며 교육정책 · 교육과정 등의 사항은 관련 법령에 의거하여 행정기관이 권한과 책임을 가지고 집행하는 사항이므로 교섭사항으로 명시하지 않음으로써 국민의 학습권을 보장하려는 교육부의 입장이 들어가 있다. 하지만 현실적으로 이를 어떻게 구분할 것인가는 큰 숙제라고 하겠다.

교원노조의 경우는 쟁의행위가 금지되어 있기 때문에 이를 보완하기 위하여 중앙노동위원회에 별도의 '**교원노동관계조정위원회**'를 설치하여 분쟁을 조정하게 되어 있다. 쟁의행위를 하는 경우에는 5년 이하의 징역이나 5천만 원 이하의 벌금에 처하도록 벌칙이 규정되어 있다. 교원노동관계조정위원회는 조정담당 공익위원 3인으로 구성되어 조정기간인 30일 동안 조정을 시도하게 되어 있다. 중재는 중앙노동위원회 위원장의 직권 또는 노동부장관의 요청에 의해 중재에 회부한다는 결정을 한 경우에 직권중재를 허용하고 있다. 중재안에 대해 불복하는 경우에는 15일 이내에 중앙노동위원회 위원장을 피고로 행정소송을 제기할 수 있다.

* 교원에 대한 노동권은 단결권, 제한적인 단체교섭권을 인정하여 1.5권이라고도 부른다.

3) 교원의 노동조합활동

교원의 경우 노동조합조직률은 2023년 말 기준으로 31.5%인데, 이는 2001년 33.1%이후 감소하다가 다시 증가하는 추이를 보이고 있다.[73] 조합원 수로는 2017년 12월에 설립된 유초등 연합단체인 교사노동조합연맹이 119,306명으로 가장 많은 조합원 수를 가지고 있고, 그 다음으로 전국교직원노동조합이 41,794명, 전국초등교사노동조합이 37,038명 순이다. 참고로 교수가 조합원인 전국국공립대학교수노동조합은 999명, 전국교수노동조합은 1,566명, 한국사립대학교수노동조합은 458명 순이다.

교사노동조합연맹(https://www.kftu.net, 교사노조)은 2015년에 분권형 교원노조를 만들고자 하는 교사들이 모여서 시작했고, 20～30대 조합원이 60%를 넘고 2023년 말 기준으로는 12만 명 수준이다. 교사노조는 친절한 노조, 교사 권익 제고, 교사의 영향력 확대 등을 구체적인 목표로 하고 있다.

오랫동안 교원노조를 대표하는 전국교직원노동조합(https://www.eduhope.net)은 1999년 7월 1일 합법노조로서 활동을 개시했는데 노조설립신고 시에 조합원 수는 6만2천 명이고 분회 수는 약 5천 개로 신고했다. 1989년 5월 28일 전국교직원노동조합(전교조, http://www.eduhope.net)으로 법외단체로 출범한 후 10년 만에 합법화된 것이다. 당시 문교부는 7월 1일 전교조에 가입한 1,527명을 해임하였으나 1993년 6월 16일 전교조 해직교사에 대한 해임무효소송이 전교조의 승소로 판결이 났으며, 1994년 3월에는 해직교사 1,524명 중 1,294명이 복직하였다. 그리고 1999년 1월 6일 교원노조법이 국회를 통과하였다.

그러나 2013년 10월 24일 이명박 정부 시절 고용노동부는 **전국교직원노동조합**이 「교원의 노동조합 설립 및 운영 등에 관한 법률」에 의한 노동조합으로 보지 않는다고 통보하였는데, 이에 대해서 전교조는 고용노동부를 상대로 법외노조 통보처분 취소 소송을 내서 패소했지만, 2020년 9월 대법원은 법외노조 취소 판결을 했다. 이후 고용노동부는 해당 통보를 취소하였다. 전교조가 다시 합법지위를 가지게 된 것이다. 2023년 들어서도 전교조는 성명서와 논평, 기자회견 등을 통해 활발하게 활동하고 있다.

노동조합은 아니지만 1947년에 설립되어 교원들의 권리를 보호하는 **한국교원단체총연합회**(**한국교총**, **교총**)가 교육기본법 제15조(교원단체)와 민법 제32조(비영리법인)에 근거하여 1947년에 설립되었으며, 교원의 사회적·경제적 지위향상과 교직의 전문성 확립을 목적으로 하고 있다. 12,000여 개의 학교분회로 구성되고 있고, 18만 명이 넘는 회원수를 밝히고 있다. 한국교총은 교육기본법(교원단체)과 민법(비영리법인의 설립과 허가)에 근거하여 설립되었지만 교육부와 단체교섭을 하고 있으며, 2022년 말 제1차 본교섭에서는 무분별한 아동학대 신고 대책 마련, 교원 현장연구 지원 등 120개항을 요구하였다. 한국교총과 교육부의 단체교섭은 1991년에 제정된 '교원지위 향상을 위한 특별법(현 교원의 지위 향상 및 교육활동 보호를 위한 특별법)'에 의거해 지난 1992년부터 매년 진행되고 있다. 2025년에는 공무원보수위원회의 2026년 공무원 임금인상률에 대해 교직이탈을 막을 수 없다면서 비판적 입장을 제시한 바 있다.

4) 학교 비정규직 근로자

문재인 정부 시절 공공부문 비정규직의 정규직 전환 추진계획에 따라 교육부는 2017년 9월 교육분야 비정규직 개선방안을 발표한 바 있다.[74] 교육분야종사자를 먼저 정규직과 비정규직으로 구분하는데, 정규직은 다시 교원(공무원), 행정직 등(공무원), 학교회계직원 등이 있고, 비정규직은 기간제 교원, 학교 강사, 그리고 학교회계직원 등으로 구분된다. 국공립 학교회계직원의 경우 기존의 1년 이상 근무자에 대해 15시간 미만 근로자, 55~60세 근로자 등 약 1만2천 명이 무기계약직 전환 대상에 포함되었다. 국립학교 학교회계직원들은 동일한 업무를 수행함에도 불구하고 공립학교 학교회계직원들에 비해 낮은 처우를 받아 왔다.

민주노총서비스연맹산하 **전국학교비정규직노동조합**은 2011년 4월에 출범하였는데, 여기에 **전국여성노동조합**, **방과후학교강사노동조합** 등이 참여해서 **전국학교비정규직연대회의**라는 협의체를 운영하고 있다. 보도자료에 따르면 학교비정규직은 교육공무직원 17만 명, 방과후강사 등 비정규직 강사 16만 명을 포함해 30여만 명이 넘고, 전국 2만여 유초중고등학교와 교육기관에서 교사 공무원과 함께 일하며 전체 교직원의 40%를 차지하는 주체로 설명하고 있다.[75]

교육부는 2018년 4월 학교비정규직 직원들의 협의체인 전국학교비정규직연대회의[(전국)**학비연대**]와 첫 단체협약을 체결했다.[76] 국립학교 학교회계직원 560명에게 적용되는데 학교회계직원은 공무원이 아니면서 학교에서 교육행정업무를 담당하는 비정규직 직원을 말한다. 조리사, 조리원, 돌봄전담사, 특수교육보조원, 교육행정업무 보조, 사서, 상담사 등이 여기에 해당한다. 이들에 대한 처우가 공립학교 평균수준으로 개선되는 단체협약이 체결된 것이다.

2019년 7월초에는 전국학교비정규직연대회의는 교육부・교육청과의 단체교섭의 결렬로 총파업에 돌입하여 급식・돌봄교실 종사자 등 주최 측 추산 10만여 명이 파업에 참여하여 전국 2,572개 공립학교에서 대체급식을, 230개 교는 단축수업을 실시한 바 있다.[77] 이후 연대회의와 교육부는 2020년 집단(임금)협약을 2021년 1월에 체결했는데 기본급 17,000원 인상, 명절휴가비 연 20만 원 인상, 맞춤형복지비 연 5만 원, 급식비 월 1만 원이 인상지급되었다.[78] 다시 2025년 1월에 2024년 임금교섭을 체결했는데 기본급 월 8만 원 인상, 명절휴가비 연 15만 원 추가 지급, 그리고 근속수당은 급간 3만9천 원에서 4만 원으로 인상되며, 근속상한이 최대 22년에서 23년으로 1년 확대되었다.[79]

정리문제

1. 다음을 간단히 정리하시오.

- 경영권과 인사권 및 단체교섭 대상
- 노란봉투법과 경영권
- 노조탄압, 노조회피 및 노조대체 전략
- 노조대응 및 노조협력 전략
- 정리해고의 네 가지 요건
- 전국공무원노동조합, 전국교직원노동조합, 소방공무원노동조합

2. 다음에 관해 의견을 제시하시오.

- 경영권과 구조조정
- 4차 산업혁명과 인력구조조정
- 코로나19와 인력구조조정
- 공무원에 대한 국가주의 모델과 시민주의 모델
- 교원노동조합과 교원단체총연합

3. 팀보고서를 작성하시오.

- 경영권과 노동3권
- 기업의 고용관계전략
- 특정 기업의 고용관계전략의 분석과 평가
- 코로나19가 기업 인력운영전략에 미치는 영향
- 공무원의 노동3권 국제비교

토론문제

1. 대법원, 쌍용차 정리해고 정당

쌍용차 해고자 153명이 회사를 상대로 낸 해고무효확인소송 상고심에서 대법원은 "회사에 정리해고를 할 수밖에 없는 긴박한 경영상의 필요가 있었고, 당시 회사가 해고회피노력을 다하지 않은 것으로 보기는 어렵다"고 판시하여, 정리해고는 유효하다고 보고 사건을 서울고등법원으로 돌려보냈다.

대법원은 "원심은 피고(쌍용차)가 손상차손 인식의 대상이 된 유형자산에서 생산될 차량의 예상매출수량을 부당하게 과소 추정함으로써 해당 유형자산의 손상차손이 과다계상됐다고 봤으나, 미래에 대한 추정은 불확실성이 존재할 수밖에 없는 점을 고려할 때 피고의 예상 매출수량 추정이 합리적이고 객관적인 가정을 기초로 한 것이라면 그 추정이 다소 보수적으로 이뤄졌다고 하더라도 그 합리성을 인정해야 할 것"이라고 판결하였다.

재판부는 이 밖에 △경기불황·스포츠유틸리티차량(SUV) 세제혜택 축소·정유가격 인상에 따른 계속적 구조적 위기로 해고를 단행할 긴박한 경영상 필요가 존재했고 △인원감축 규모가 비합리적이거나 자의적이라고 볼 수 없으며 △회사가 정리해고에 앞서 부분휴업·임금동결·순환휴직·사내협력업체 인원축소·희망퇴직 등 해고회피노력을 다한 것으로 볼 수 있다고 판단하였다. 대법원 판결에 대해 노동계를 비롯하여 진보성향의 시민단체와 야권은 일제히 반발하고 나섰다.
(출처: 한국노동연구원, 「주요노동동향」, 『월간 노동리뷰』, 2014년 12월호, 115쪽)

2. 문재인 정부의 쌍용차 문제 관심

10년 가까이 이어져온 쌍용차 사태 해결은 2018년 7월 급물살을 탔다. 문재인 대통령이 인도 방문에서 아난드 마힌드라 마힌드라앤마힌드라 회장에게 "쌍용차 해고자 복직 문제에 관심을 가져달라"고 언급하면서다. 마힌드라앤마힌드라는 쌍용차의 최대주주다. 이로써 '해고는 살인'임을 보여준 쌍용차 문제가 해결의 실마리를 찾았다. 2018년 9월 문성현 대통령 소속 경제사회노동위원회 위원장이 중재에 나서면서 노사 합의까지 이어지게 됐다.

2018년 9월 14일 쌍용차와 쌍용차 노동조합, 금속노조 쌍용자동차지부, 대통령 직속 경제사회노동위원회 4자는 서울 광화문 경제사회노동위에서 해고자 전원 복직에 합의했다. 합의서에 따라 나머지 해직 노동자 48명은 2019년 상반기 중에 복직한다.

2018년 12월 31일은 노동자들에게 특별한 하루였다. 쌍용자동차에서 해고된 노동자들이 이날 평택 공장으로 복귀했다. 2009년 5월 정리해고된 지 10년 만이다. 이날 평택 공장으로 출근한 해고자는 71명. 2018년 9월 노사정 합의안에 따라 전체 해고자 119명 중 60%가 복직했다.
(출처: 대한민국 정책브리핑, 2018년 마지막 날, 71명 해고 10년 만에 출근)

3. 쌍용차, 지난해(2022년) 4분기 영업이익 41억…24분기 만에 흑자

쌍용자동차는 지난해(2022년) 4분기 영업이익(별도 기준)이 41억 원을 기록, 전년동기 213억 원 적자에서 흑자전환했다고 18일 공시했다. 매출은 1조339억 원으로 전년동기보다 57.85% 늘었다. 지난해 4분기 3만3,502대의 판매 실적을 기록했다. 연간 매출은 3조4,242억 원으로 41.7% 늘었고, 영업이익은 2021년 2,607억 원 적자에서 1,175억 원 적자로 적자폭을 줄였다. 연간 판매대수는 11만3,960대로 전년 대비 34.9% 증가했다.

(출처: 스마트시티투데이, 2023.1.18)

4. 쌍용자동차, 35년 만에 사명 변경 'KG모빌리티' 주총 의결

쌍용자동차가 회사명을 35년 만에 KG모빌리티로 변경하고 미래 모빌리티 기업으로의 첫 발을 내디뎠다. 쌍용자동차는 22일 경기도 평택 본사에서 개최된 주주총회에서 KG모빌리티로 사명 변경을 확정했다. 1954년 하동환자동차제작소로 출발해 1977년 동아자동차, 1988년 쌍용자동차 변경 이후 35년 만에 새로운 이름을 갖게 됐다.

(출처: 뉴스핌, 2023.3.22)

5. KGM, 20년 만에 이룬 반전 소식

KG모빌리티가 20년 만에 2년 연속 흑자를 기록하며 실적 반등에 성공했다. 다양한 신차 출시와 수출 확대 전략이 주요 성장동력으로 작용한 것으로 분석된다. KG모빌리티는 2023년 별도 재무제표 기준 123억 원의 영업이익을 기록해 전년(50억 원) 대비 147.0% 증가했다고 밝혔다. 같은 기간 매출은 3조7,825억 원으로, 전년(3조7,800억 원)보다 0.1% 늘었다. 당기순이익은 462억 원으로 전년 대비 213.0% 급증했다. 특히, KG모빌리티가 별도 재무제표 기준 영업이익과 순이익 모두 2년 연속 흑자를 기록한 것은 2004년 이후 20년 만이다.

회사 측은 △액티언 등 신모델 출시 △글로벌 시장 공략 확대에 따른 수출 증가 △토레스 EVX 판매에 따른 이산화탄소 페널티 환입 △환율 효과 △생산성 향상 등의 원가절감 노력이 실적을 견인했다고 설명했다. 그러나 지난해 전체 판매량은 10만9,424대로 전년 대비 5.7% 감소했다. 내수 판매가 4만7,046대로 25.7% 줄어든 반면, 수출은 6만2,378대로 18.2% 증가하며 실적 상승을 이끌었다.

(더위드카, 2025.2.25)

Question !

1. 쌍용자동차 정리해고에 대한 경과를 정리하시오.
2. 대법원의 논리는 어떠한 것인가? 개인적으로 동의하는가?
3. 문재인 정부는 쌍용자동차 정리해고에 대해 어떻게 해결하였는가?
4. 쌍용자동차의 새 이름, KG모빌리티의 미래는 어떻게 실현되고 있는가?

주요 참고문헌

금속노조 쌍용자동차지부 노동자역사(2010), 『해고는 살인이다』, 한내.

김동한 · 강형구(2020), 「국내 자동차 산업의 구조 개편 방향에 관한 고찰」, 『경영교육연구』, 35(6), 229～250.

김선동(1994), 『삼성의 노조를 필요로 하지 않는 경영』, 서울: 신어림.

김소영(2018), 『노동법 사례연습』, 서울: 신조사.

김형배(2012), 『노동법 강의』, 서울: 신조사.

박기일(2022), 「[외투기업의 노동탄압❶] 대형로펌과 결탁한 외국계 자본의 노조 파괴 행위」, 『월간 한국노총』, 586, 32쪽.

박종식(2022), 「제조업 위기와 사무직/MZ 세대 노동조합의 등장」, 『노동리뷰』, 76～97.

박종희(2004), 『경영권에 관한 연구』, 한국경영자총협회 부설 노동경제연구원.

연태훈 편(2005), 『기업경영권에 대한 연구 – 실증분석과 제도정비방안을 중심으로』, 한국개발연구원.

이용우(2017), 『자유민주주의를 위한 일념으로』, 서울: 법률신문사.

이정현(2019), 「노조/무노조 부문 병행전략의 성격과 의미」, 『산업관계연구』, 29(1), 133～164.

전국금속노동조합 부산양산지부 대우버스지회(2024.9.27), 「대우버스 위장폐업 · 부당해고 행정소송 1심 승소」, 보도자료.

미주

1) 경영권에 대한 내용은 박종희(2004), 『경영권에 관한 연구』, 연구조사자료 2004-06, 한국경영자총협회 부설 노동경제연구원의 자료를 요약 · 정리한 내용임.

2) 대판 2003.7.8. 2002도7225 ; 공병호(1997), 『경영권이야기』, 자유기업원; 김형배(2004), 「경영권과 단체교섭대상성」, 『노동법학』, 제18호, 61쪽 이하 ; 연태훈(2005), 「기업경영권에 대한 연구」, 연구보고서 2005-17, 한국개발연구원; 정진경(2004), 「경영사항의 단체교섭대상성」, 서울대 노동법연구회 정기세미나 발표자료, 3월 20일 ; 이철수(1994), 「경영전권사항」, 『국제화시대의 노동법의 과제(가산 김치선 박사 고희기념논문집)』, 366쪽 이하; 이민열(2017), 「경영권은 기본권이 될 수 있는가」, 『헌법학연구』, 23(2), 107～147.

3) 김화진, 「M&A시장의 최근 현황과 정책 및 법적과제」, 『BFL』, 제6호, 서울대학교 금융법센터, 2004, 31～62.

4) 대판 2003.7.8. 2002도7225.

5) 도재형(2003), 「구조조정에 대항하는 쟁의행위의 정당성」, 『노동법률』, 9월호, 23쪽.

6) 정진경(2004), 앞의 논문.

7) 이병태(2003), 『노동법』, 서울: 중앙경제사, 235쪽.

8) 경영권에 대한 이하의 내용은 박종희(2004), 『경영권에 관한 연구』, 연구조사자료 2004-06, 한국경영자총협회 부설 노동경제연구원의 자료를 요약 · 정리한 내용임.

9) 헌재결 1998.2.27. 94헌바13-26, 95헌바(병합).

10) 대판 2003.7.22. 2002도7225 ; 대판 2003.11.13. 2003도687 ; 대판 2003.12.11. 2001도3429 ; 대판 2003.12.16. 2001도3380 등 최근의 대법원은 경영권은 단체교섭의 대상이 아니라는 입장을 견지하고 있다.

11) 김형배, 「단체교섭권과 경영권」, 『노동법학』, 제18호, 67쪽 이하 참조.

12) 이병태(2002), 앞의 책, 239～240쪽 ; 김유성(1999), 『노동법 II』, 서울: 법문사, 144～145쪽; 임종률(2004), 『노동법』, 서울: 박영사, 122～124쪽 ; 정진경(2004), 앞의 논문, 29쪽 참조.

13) 노동부(2008), 「단체교섭 및 단체협약 체결 관련 지도 지침」, 11월.

14) 삼성그룹이 무노조경영을 추구하고 있지만 법적으로는 일부 계열사에 노조가 결성되어 있다. 삼성생명, 삼성화재, 삼성카드, 삼성중공업, 호텔신라 등에는 법적으로 노조가 결성되어 있다. 다만 노조가입률 등을 볼 때 실질적으로 노동조합이 활동하는가에 대해서는 부정적인 의견이 많다.

15) 김선동(1994), 『삼성의 노조를 필요로 하지 않는 경영』, 서울: 신어림.

16) 한겨레(2025.3.5), 삼성전자 임단협 타결…노조 "투쟁으로 이뤄낸 성과", https://www.hani.co.kr/arti/society/labor/1185471.html에서 2025.7.27.에 확인함.

17) 노조파괴전문가로 일했던 레빗과 콘로우가 1993년에 쓴 『노동조합 파괴자의 양심선언』이란 책이 녹두에서 조용진의 번역으로 2002년에 출판된 바 있다.

18) 노동과세계(2017.10.26), 창조컨설팅 · 발레오 · 상신은 금속노조에 손해배상하라.

19) 연합뉴스(2011.3.21), 위장폐업 후 부당해고, 사업주에 손배 책임.

20) 매일노동뉴스(2017.11.29), [노조파괴 컨설팅이 휩쓴 11년] 조합원 950명에서 70명으로, 해고자들은 거리로 내쫓겨.

21) 연합뉴스(2021.2.8), 김진숙 복직촉구 400㎞ 행진 34일 만에 종료.

22) 제주의 소리(2010.2.5), 단체교섭 거부하다 망신당한 '제주도'…부당노동행위 지적.

23) 매일노동뉴스(2018.1.5), [형지에스콰이아 마지막 생산공장 매각 논란] 임금까지 위임했는데, 임단협 45일 만에 버려진 노동자.

24) 법률신문뉴스(2023.1.13), [판결] CJ대한통운, 택배노조와 단체교섭 거부는 부당노동행위.

25) 매일노동뉴스(2012.1.16), 노조 만들자마자 해고된 하청노동자, 원청 복직 합의.

26) 매일노동뉴스(2020.10.5), 대우버스 정리해고와 위장폐업.

27) 연합뉴스(2023.1.4), 미국서 마이크로소프트 근로자들 첫 노동조합 결성.

28) KBS NEWS(2022.6.22), 46년 만에 '노조' 탄생한 '애플'… 이유는?

29) 연합뉴스(2023.1.4), 미국서 마이크로소프트 근로자들 첫 노동조합 결성.

30) 시사저널e(2025.1.9), 삼성, HBM '원팀'이라더니…한지붕 식구들 성과급 차이, https://www.sisajournal-e.com.

31) 중앙일보(2025.7.23), '역대급 실적' SK하이닉스, 상반기 성과급도 '최대치'…얼마?, https://www.joongang.co.kr/article/25353747.

32) 네이트뉴스(2025.3.13), LG전자, 올 해 임금 4.3% 인상…대졸 초임은 5300만, https://news.nate.com/view/20250313n04849.

33) IMF 외환위기 이후 거시적인 구조조정과 금융구조조정에 대해서는 강효석 · 권석균 · 이원흠 · 조장연(1998), 『기업구조조정론』, 서울: 홍문사 ; 재정경제부 기획관리팀 기획예산담당관실(1999), 「금융, 기업구조조정 및 실업대책」 등을 참조하기 바람.

34) 기업개선작업은 정부의 개입 정도에 따라 정부개입이냐 민간자율이냐로 나눌 수 있다. 1970년대 초 미국이나 영국과 같이 직접금융시장이 발달하여 기업의 자금조달원천으로서 금융기관의 차입금 비중이 낮은 나라에서는 정부개입 추진방식이 이용되었는데 1990년 초반에는 스웨덴 등의 북구 3국, 헝가리 등이 동구권 국가에서 국유화를 통한 기업정상화 조치를 단행한 바 있다. 민간자율방식은 일본이나 독일 등 자금조달방식이 간접금융시장에 의존하고 있는 경우에 많이 활용되고 있다. 자세한 내용은 이재식(1999), 「기업구조조정의 추진현황과 앞으로의 과제」, 구조조정기업의 전략재구축 세미나, (주)미사미컨설팅, 6월 23~24일을 참조 바람.

35) Freeman, S. L. and K. S. Cameron(1993), "Organizational Downsizing: A Convergence and Reorientation Framework," *Organization Science*, 4(1), 10~29.

36) Cascio, W. F.(1993), "Downsizing: What Do We Know? What Have We Learned?," *Academy of Management Executive*, 7(1), 95~104 ; McKinley, W., C. M. Sanchez and A. G. Schick(1995), "Organizational Downsizing: Constraining, Cloning, Learning," *Academy of Management Executive*,

9(3), 32～42.

37) 권석균 · 이영면(1999), 『감량경영 & 고용조정』, 서울: 한언의 내용을 주로 참고하였음.

38) Cameron, K. S.(1994), "Strategies for Successful Organizational Downsizing," *Human Resource Management*, 33(2).

39) Cameron(1994), 위의 논문 참조.

40) Nelson, B.(1997), "The Care of the Un-Downsized," *Training and Development*, April, 41～43.

41) 대판 1989.5.23. 87다카2132.

42) 대판 1991.12.10. 91다8647.

43) e-나라지표, 「고용보험 피보험자 현황」, 2025.7.27.에 확인함.

44) 1989년 판례(대판 1989.5.23. 87다카2132)에서는 '긴박한 경영상의 필요'가 해고하지 않으면 기업경영이 위태로울 정도의 경영상의 필요성이 존재해야 한다고 했다. 그러나 1993년의 판례에서는 기업의 도산을 회피하기 위한 경우에만 허용되는 것이 아니므로 기업에 종사하는 인원을 줄이는 것이 객관적으로 보아 합리성이 있다고 인정될 때에는 긴박한 경영상의 필요가 있는 것으로 보아야 한다(대판 1991.12.10. 91다8647; 대판 1993.1.26. 92누3076)고 정리해고의 요건에 대한 해석을 확대하는 추세를 보이고 있다.

45) 안희탁 외(1998), 『고용조정의 실무』, 서울: 한국경영자총협회, 224～233을 정리.

46) 안희탁 외(1998), 위의 책.

47) 안희탁 외(1998), 위의 책.

48) 안희탁 외(1998), 위의 책 251～255쪽을 참조.

49) 안희탁 외(1998), 위의 책 261～264쪽을 참조.

50) 강수돌(1997), 『공기업 노사관계 및 인적자원관리연구』, 서울: 한국노동연구원.

51) 공공부문의 정의 및 범위에 대한 이하의 내용은 정재하(2005), 『공공부문의 범위와 고용변화 분석』, 서울: 한국노동연구원을 참조하여 정리한 것임.

52) 정무권 · 한상일(2003), 「한국 공공부문의 규모, 특징 그리고 국제비교」, 한국행정학회 동계학술대회발표논문.

53) 이혜영 · 황기돈(1999), 「시장과 공공영역: 공공부문 민영화와 한국사회의 공공성위기」, 『G21세기 한국사회와 공공영역 구축의 전망』, 서울: 나남출판사.

54) 이철수 · 강성태(1997), 『공공부문의 노사관계법』, 서울: 한국노동연구원.

55) 유승민(1996), 「민영화정책의 핵심논쟁에 대한 소고」, 미발표논문, 서울: 한국개발연구원.

56) 이종훈(1997), 『공기업 노사관계의 주요 쟁점과 정책대응』, 서울: 한국노동연구원.

57) 행정안전부(2024), 『2024 행정자치통계연보』.

58) 기획재정부, 알리오(alio.go.kr)의 주요통계의 임직원현황에서 2025.7.26.에 내려받음.

59) 지방공기업이란 지방자치단체가 경영하는 사업 중 지방공기업법의 적용을 받는 사업(지방공기업법에 의한 정의)으로 직접 경영하는 ① 지방직영기업(지자체 출자 100%): 지방자치단체가 직접 운영하는

사업(상・하수도, 공영개발 등), 간접 경영하는 ② 지방공사(지자체 출자 100% 또는 50% 이상)・지방공단(지자체 출자 100%): 지방자치단체가 법인을 설립하여 간접적으로 운영하는 사업(도시개발공사, 시설관리공단 등으로 여기에 종사하는 자는 민간인임) 및 ③ 제3섹터(지자체 출자 50% 미만): 지방자치단체가 자본금 또는 재산의 2분의 1 미만을 출자・출연한 주식회사 또는 재단법인 등으로 이루어져 있다. 지방공기업법에 따르면 지방공기업은 "지방자치단체가 직접 기업을 설치・운영(행정조직형태)하거나, 법인을 설립(지방공사・공단, 민관공동출자법인)하여 경영하는 기업을 대상으로 기업운영에 필요한 사항을 정하여 지방자치 발전 및 주민복리 증진에 기여함을 목적으로 한다"고 되어 있다. 2022.9.30. 기준 지방공기업현황 및 지방출자출연기관 현황, 클린아이(https://www.cleaneye.go.kr) 참조.

60) 지방공공기관 통합공시사이트 클린아이(clean.go.kr) 참조.

61) Demmke, Christoph and Timo Moilanen(2013), *Government Transformation and the Future of Public Employment: The Impact of Restructuring on Status Development in the Central Administration of the EU-27*, Frankfurt: Peter Lang GmbH.

62) 이장원 외(2013).

63) 전국공무원노동조합(2005), 「공무원노동자의 노동조건 개선을 위한 의원 면담자료」, 13~69쪽.

64) 고용노동부(2024.12.23), 공무원노동조합 조직현황에서 2023.12.31. 기준. 우정직 공무원은 일반 노조법 적용을 받기 때문에 통계에서 제외됨.

65) 이하의 내용은 이장원・박준식・조강윤(2013), 『공무원 노사관계 현황과 발전방안』, 서울: 한국노동연구원의 제2장을 요약정리한 것임.

66) 조규준(2021), 소방공무원 노동조합 조직화와 배경. 노동리뷰, 55~70.

67) 소방방재신문(2025.5.9), 반복되는 소방공무원 희생 막으려면 현장 인력 충원돼야.

68) 이종훈(1997), 앞의 책.

69) 배규식(2000), 「영국 공기업의 민영화와 노사관계」; 이병훈・황덕순 편, 『공기업의 민영화와 노사관계』, 서울: 한국노동연구원, 19~88.

70) 김현준(2006), 「교원노조의 활동과 단체교섭 사례분석」; 김정한・박태주・김현준・김재훈 지음, 『공무원 노사관계－단체교섭구조를 중심으로』, 서울: 한국노동연구원.

71) 1993년 1월 IFFTU(국제자유교원노조연맹) 제16차 총회에서 한국정부에 전교조의 인정을 촉구하는 긴급결의안이 채택되었으며 ILO(국제노동기구)는 이후 수차례에 걸쳐 한국정부에 전교조 인정과 해직교사의 복직, 교사의 자유로운 단결권 행사 보장을 요구하는 권고결의안을 채택하였다. UN 경제사회이사회 산하 경제・사회・문화적 권리위원회도 1995년 5월 교원의 단결권을 인정하기 위한 법률개정을 권고하였음. 김소영(1999), 「교원 단체교섭에 있어서 교섭사항과 교섭구조」, 한국노사관계학회 정기학술발표회, 성균관대학교, 6월 18일.

72) OECD 산하 LSA(고용・노동・사회문제)위원회도 1997년 1월 한국정부에 대해 공무원 및 교원의 노조를 허용하는 방향으로 법개정의 견해를 제시하였음. 김소영(1999), 앞의 논문 참조.

73) 고용노동부(2024.12.23), 교원 노동조합 조직현황(2023.12.31. 기준).

74) 아파트라이프(2017.9.11), "교육부, '교육분야 비정규직 개선방안' 발표".

75) 민주노총 서비스연맹 전국학교비정규직노동조합(2020.10.20), 취재요청 자료, 『교육공무직, 방과후학교・돌봄교실 10만 국회입법청원 시작』 "제도 밖에서 차별받는 비정규직, 출생신고합니다".

76) 페스타(2018.4.26), 「교육부－학교비정규직연대와 첫 단체협약」.

77) 머니투데이(2019.7.16), 학교비정규직 노조, 교육부와 협상 결렬…"총파업 준비".

78) 출판교육문화뉴스(2021.1.25), 교육부・17개 시도교육청과 전국학교비정규직연대회의.

79) 대한급식신문(2025.1.1), 전국 교육청・학비연대, '2024년 임금협약' 체결.

Chapter 11

외국의 고용관계와 노사관계

외국의 노사관계를 포함한 고용관계도 우리처럼 급변하고 있다. 이제 한 나라의 노사관계가 그대로 그 나라에서만 한정되지 않는다. 미국의 자동차공장과 유럽의 자동차공장의 파업이 우리나라의 자동차 생산량과 수출에 영향을 미친다. 중국과 동남아에서 들어오는 외국인 근로자들도 이슈지만, 세계무역기구(WTO)가 언급하는 노동문제도 도외시할 수 없다. 중국 내 근로자들의 평균임금상승이 중국 근로자들에게는 다행스러운 일이지만, 중국 경제에는 경쟁력 약화요인이 될 수도 있으며, 우리 경제에는 도움이 될 수도 있다. 이제는 굳이 **글로벌 가치사슬**(Global Value Chain)을 이야기하지 않더라도 지구가 하나의 소비시장이고 서로 깊숙이 연계된 생산시장이라고 해야 할 것이다. 특히 코로나19 팬데믹이나 미국 트럼프 대통령의 보호무역주의는 글로벌 가치사슬의 근본적인 재편을 가져오고 있다.

선진국을 중심으로 지난 30여 년간의 노동조합원 수와 노동조합 조직률 추이를 살펴보면 우리와는 조금 다르게 정체 또는 감소하는 추이를 보이고 있다. 미국이나 일본만이 아니라 독일, 영국 등 유럽 국가들의 노동조합 조직률도 확실하게 감소하는 추이를 보인다(〈표 11-1〉 참조).

〈표 11-2〉의 주요 국가의 **노동쟁의 건수**를 보면 국가별로 많은 차이를 보이고 있음을 알 수 있다. 하지만 지난 50여 년을 비교해 보면 대부분의 국가에서 쟁의행위 발생건수는 줄어들었음을 볼 수 있다. 물론 국가별로 통계기준이 다르기 때문에 국가 간 비교는 신중할 필요가 있다. 예를 들어 미국의 경우는 1천 명 이상이 8시간 이상 파업에 참여해야 통계수치에 포함된다. 독일의 경우도 통계에는 포함되어 있지 않은데 2010년 이후 매년 수백 건씩 발생하고 있으며, 2016년 718건, 2018년 1,528건, 2019년 1,252건, 2020년 1,265건, 2022년 1,532건이 발생했다.

〈표 11-1〉 주요 국가 노동조합원 수 및 노동조합 조직률 추이: 1986~2022

(단위: 천 명, %)

국가	1986	1990	1995	2000	2005	2010	2015	2018	2020	2022
한국	1,036	1,887	1,615	1,527	1,506	1,643	1,905	2,331	2,805	2,722
	16.8	18.4	13.8	12.0	10.3	9.8	10.3	11.8	14.2	13.1
일본	12,343	12,265	12,614	11,539	10,138	10,054	9,849	10,070	10,115	9,992
	28.2	25.2	23.8	21.5	18.8	18.4	17.6	17.0	17.1	16.5
독일	7,892	8,014	9,335	7,928	6,856	6,330	6,290	6,222	-	-
	45.1	40.5	32.7	25.7	22.3	18.4	15.5	16.5	-	-
영국	-	-	7,113	7,119	7,083	6,589	6,446	6,350	6,558	6,253
	48.7	38.0	32.4	29.8	28.6	26.6	25.0	23.4	23.7	22.3
미국	16,975	16,776	16,360	16,258	15,685	14,715	14,576	14,744	14,253	14,285
	17.5	16.1	14.9	13.4	12.0	11.8	11.1	10.5	10.8	10.0

주: 1986~95년까지 통계는 각 연도 『KLI 해외노동통계』를 참조.

출처: 한국노동연구원, 『2024 KLI 해외 노동통계』이며, 원자료는 한국은 고용노동부(2024.12), 『전국노동조합 조직현황』; 일본은 厚生労働省(2023.8), 『令和4年労働組合基礎調査の概況』; 영국은 Department for Business(2023.5), Trade Union Membership 2022, 임금근로자 기준; 미국은 U.S. Bureau of Labor Statistics(2023.1), Union Members News Release, OECD, http://www.oecd.org.

〈표 11-2〉 주요 국가 노동쟁의행위 발생건수 추이: 1971~2022

(단위: 건)

연도	한국	일본	호주	영국	스웨덴	네덜란드	핀란드	덴마크	스페인	이탈리아	포르투갈	노르웨이	미국
1971	10	2,527	2,404	2,228	60	15	838	31	549	5,598	-	10	298
1980	206	1,133	2,429	1,330	207	22	2,182	225	2,103	2,238	269	35	187
1987	3,749	474	1,517	1,016	72	28	791	202	1,497	1,149	213	10	46
1990	322	284	1,193	630	126	29	450	232	1,312	1,094	271	15	44
1995	88	50	643	235	36	14	112	424	883	545	282	11	31
2000	250	117	700	226	2	23	96	1,081	750	966	250	29	39
2005	287	50	472	116	14	28	365	534	685	654	126	2	22
2010	86	38	227	92	5	21	191	329	986	-	-	3	11
2013	72	31	239	114	11	-	121	197	994	-	-	-	15
2014	111	27	209	155	-	-	128	318	777	-	-	-	11
2016	120	66	259	101	10	25	69	144	641	-	76	14	15
2018	134	58	163	81	1	28	166	148	726	-	144	11	20
2020	105	-	77	-	0	9	108	135	606	-	-	7	8
2022	132	-	188	749	4	33	54	-	679	-	166	5	24

주: 한국부터 영국까지는 해당국의 통계를 인용한 것임. 스웨덴부터 미국까지는 ILO 자료임.

출처: 한국노동연구원, 『2024 KLI 해외 노동통계』이며, 원자료는 ILO, Yearbook of Labor Statistics, 각 연도; ILO(http://www.ilo.org/ilostat), 2023.10. 기준; 한국 고용노동부, 『고용노동통계』(http://laborstat.moel.go. kr/), 2024.10. 기준; 일본 厚生労働省(2023.8), 『令和4年労働争議統計調査』; 호주 Australian Bureau of Statistics(2023.3), Industrial Disputes; 핀란드 Statistikcentralen, Statistik over arbetskonflikter 2022. Finland Stat(http://www.stat.fi/), 2024.10. 기준.

제1절 영미 고용관계

영국과 미국은 유럽 국가들과 함께 주요 선진국 대열에 포함되지만 노사관계를 포함한 고용관계는 유럽대륙의 국가들과 상당한 차이를 보인다. 소위 시장경제를 내세운 미국과 영국은 고용관계도 시장중심적으로 운영하기 때문에, 근로자들은 고용보장보다는 고용가능성이 중시되며, 고정적인 임금보다는 직무나 성과를 반영하는 임금체계에 상대적으로 익숙해져 있다.

오랜 노동운동의 역사를 가진 영국은 특히 1970년대 말 대처(Thecher) 총리의 취임 이후 국영기업의 민영화로 노동운동이 상당히 약해진 대표적인 경우다. 미국의 경우는 1930년대 이후 활성화된 노동운동이 1950년대 이후 노사가 동등하다는 개념이 강조되면서 노동운동에는 불리하게 작용하였다. 영국보다는 덜하지만 미국에서의 노동운동도 1970년대 이후에는 지속적으로 약화되고 있다. 그렇다고 해서 영국이나 미국에서 쉽게 노동운동이 사라지는 것은 아니다. 영국의 노동조합 조합원은 6백만 명이 넘고, 미국도 1천4백만 명이 넘는다.

1 영국의 노동운동과 공공부문 노사관계

영국은 가장 먼저 산업혁명을 경험했고, 그에 따라 가장 먼저 노동운동이 활성화된 국가이다. 19세기에는 로버트 오언의 **이상적(공상적) 사회주의**, 칼 마르크스의 **과학적 사회주의**와 **공산주의**가 시작되었다. 지금으로부터 100여 년 전에 근로자들이 노동당을 결성하여 정치활동을 통해 근로자의 입장을 대변하기 위해 노력하였다. 그리고 20세기 들어서는 강력한 노동운동을 전개해 왔다. 하지만 1979년 영국병을 고치겠다는 대처 정권이 들어선 이후 영국의 경제정책은 소위 신자유주의 원칙을 강조하면서, 노사관계에서는 노동조합을 약화시키려는 움직임이 확대되었다. 공공부문의 민영화를 포함하여 노동자와 노동조합에 불리한 노동법의 개정, 광부들의 파업에 대한 단호한 대처, **사회적 합의주의**(코포라티즘)의 종언, 그리고 노동시장의 유연화 정책이 적용되었다.[1] 이후 영국의 노동조합 조직률도 급격하게 하락하였으며 노동운동도 약화되었다. 1980년대까지 노조조직률은 40% 후반대를 기록했으나 이제는 그 절반수준에 머무르고 있다.

영국은 2022년에 인구는 6,850만 명이고, 명목GDP 기준으로 3조2천억 달러로 세계 6위의 경제규모를 가지며, 1인당 명목GDP는 2020년 기준으로 4만9천 달러로 세계 23위 수준이다. 2022년 하반기에는 공공부문 노동조합들이 심각한 인플레이션에 대응하는 파업을 진행한 바 있으며 철도노동자, 공판변호사, 간호사 노조 등이 주요 참여자이다.[2] 이와 더불어 영국 정부는 '최소업무와 안전업무'에 종사하는 노동자들이 파업하는 경우 파견노동자를 통해 대체근무를 허용하는 법개정을 추진하고 있다.

1) 영국의 노사관계와 노동조합 조직률

1970년대 말 대처 수상의 보수 정부와 그 이후 보수 정부의 노사관계 정책은 시장에서의 경쟁 심화와 그로 인한 기술발전을 가져왔지만, 반면에 노동조합 조직률 하락에 큰 영향을 미쳤다. 영국의 노동조합 조직률은 1979년 55.8%를 정점으로 계속 하락하여 2022년 말에는 22.3%를 기록하였고, 특히 민간부문은 14% 수준이어서, 50%가 넘는 공공부문과는 큰 격차를 보인다. 조합원 수는 같은 기간 동안에 1,260만 명에서 625만 명으로 절반 가까이 줄어들었다.[3]

이러한 조직률 하락으로 인해 노동조합의 쟁의행위 역시 하락세를 보였다. 조합원 100만 명당 파업건수는 1990년대 32건 수준에서 2000년대에는 19건으로 하락하였다. 1995년의 전체 파업건수는 235건이었지만, 그 이후로 계속 감소하여 이제는 연간 100여 건 내외 발생하였다. 발생한 파업도 대부분 공공행정, 교육, 교통 등 공공서비스 분야에 집중되었다. 다만 2022년에는 급증한 바 있다.

2) 공공부문의 노사관계

대처 정부는 '영국병'을 고쳐서 다시 해가 지지 않는 나라로 만들겠다고 주장하면서 공공부문 개혁을 주도하였다. 1984년에 광부들의 파업이 발생하여 1년 동안 계속되었는데, 2만 명의 경찰이 1만 명의 노조 조합원을 체포하면서 파업이 실패하였고, 이 파업은 영국의 전반적인 노동운동의 침체로 이어졌다. 영국철도의 경우 1994년에 민영화되었는데, 민영화를 전후로 철도 관련 근로자 2만5천 명이 실직하였다. 그 외에도 대규모로 진행된 민영화의 결과 1981년 187만 명이었던 공기업의 종사자 수는 1997년에 40만 명으로 급격히 감소하였다.

2001년 이후에도 다시 공공부문을 중심으로 노사관계가 갈등국면으로 접어드는데 2002년에는 남서철도차량노조에서 차별대우 폐지와 동일임금 인상과 관련해 파업이 발생해 3천여 명이 참여하였고, 버진철도에서도 회사의 구조조정에 반대하여 파업이 발생한 바 있다.[4] 2011년에는 공항직원, 교직원, 소방관, 청소부 등 260만 명이 참여하여 공공부문 역사상 가장 큰 규모의 파업이 발생한 바 있는데, 핵심은 연금수급연령을 65세에서 68세로 늦추며 연금납입액을 높인다는 내용이었다.[5] 2014년에는 공무원과 교사 등이 포함된 공공부문 종사자 수십만 명이 정부의 긴축정책과 임금상승 억제정책에 반대하며 파업에 참여한 바 있다. 2022년 말 코로나19를 거치면서 피로도가 심해진 필수공공부문 노동자들이 속한 지하철, 철도, 버스, 중고등교사, 간호사, 대학 노조가 파업에 들어간 바 있다.[6]

3) 노동조합의 대응과 향후 전망

이러한 정부의 지속적인 시장원리 도입에 대해 공공부문의 노동조합은 노동조합의 통합, 노조 민주주의의 확대, 그리고 전투성의 유지 등으로 대응하였지만 성공적이지 못했다. 노동조합의 통합을 살펴보면 공공부문의 경우 1973년 이후 20여 년 동안 중앙공무원을 대상으로 하는 노동조합의 수가 12개에서 6개로 축소되었다. 1990년대에 통합과정을 거쳐 창립된 주요 노동조합은 **유나이트**(Unite), **공공노조**(UNISON), **통신노조**(Communication Workers Union, CWU), 그리고 **공공 및 상업서비스노조**(Public and Commercial Services Union, PCS)이다.

2000년대 들어서 **영국노총**(Trade Union Congress, TUC)을 비롯한 영국 노조들은 **공동체 노조주의**(Community Unionism)를 추구하는데, 이는 지역공동체와 관계를 강화하고, 생활임금, 철도요금인상저지, 의료서비스 축소 반대, 청년일자리 확충 등과 같이 생활밀착형 이슈들을 강조하는 노동운동 방향이다.[7]

하지만 정치와 경제환경의 변화는 노동계에 불리하게 작용하고 있다. 2011년 10월과 2016년 영국은 고용관계에 있어서 핵심적인 법개정이 이루어졌다.[8] 대체로 근로자 보호를 강화하려는 조치가 포함되어 있다고 할 수 있다. 2011년의 경우는 파견근로자들도 3개월 근무 이후에는 차별없는 대우를 받으며, 명시된 퇴직연령제가 없어졌다.

영국은 오랜 노동운동의 역사를 가졌지만, 유럽 대륙 국가들과는 달리 미국과 유사하게 시장원리를 중시한다. 공공부문의 민영화를 통해 공공부문의 규모를 축소하고, 공공부문 노동자에 대한 혜택을 지속적으로 줄여서, 국가재정의 부담을 줄이고자 하는 모습을 보인다. 하지만 이와는 대조적으로 유럽 대륙의 독일이나 스웨덴은 다른 길을 가고 있다.

영국정부가 **브렉시트**를 추진했을 때, 영국의 노동조합들은 잔류를 지지했으나 다수 노동자들과 국민들은 찬성표를 던졌다. 이 당시 유럽의 우파들은 중동으로부터의 이민자와 난민이 급증하던 시기였기 때문에, 일자리와 노동조건에 대한 이민자들의 위협을 강조하였다. 당시 영국에는 약 300만 명의 유럽출신 이민자들이 있었고, 브렉시트를 통해 이들을 추방하려는 움직임도 있었다. 영국노총은 이들의 체류권을 주장하면서, 국경 통제보다는 이민노동자에 대한 착취근절로 임금에 대한 압박을 해소하는 것을 강조하였다. 2017년 총선에서 노동당이 승리한 바 있지만, 2019년 브렉시트 총선에서는 보수당이 승리한 바 있다. 2023년 영국노총은 팬데믹 경제와 우크라이나 전쟁 등에 따른 생계비의 급격한 인상에 따른 위기 대응과 같은 실용적인 이슈를 강조하고 있다.

2 미국의 고용관계

미국의 산업화는 영국이나 유럽 국가에 비해 늦게 시작되었고 그에 따라 노동운동도 19세기 후반이 되어서야 시작되었다고 할 수 있다. 하지만 급진적 성격의 노동운동은 미국에서 성공적이지 못했고, 결국 1886년에 결성된 **미국노동총동맹**(American Federation of Labor, AFL)을 중심으로 '**상업적 조합주의**(business unionism)'라고 불리는 실리적 조합주의가 자리잡게 되었다. 직접적인 정치활동보다는 임금과 근로조건을 중시하는 노동운동주의라고 하겠다.

미국에서의 노동조합 운동은 1935년 **「와그너**(Wagner)**법」**[와그너 의원이 발의한 법으로 정식명칭은 **전국노동관계법**(National Labor Relations Act, NLRA)]에 의해서, 사용자의 부당노동행위가 인정된 이후에 더욱 활성화되었다. 이후 기존의 숙련공 중심이었던 미국노동총동맹(AFL)에 대응하여 비숙련공이 중심인 **산업별노동조합회의**(Congress of Industrial Organization, CIO)가 제2노총으로 성장하게 된다. 이후 1947년 **「태프트-하틀리법」**(정식으로는 전국노동관계법의 개정법이며, 태프트와 하틀리 의원이 발의한 것임)에 따라 노동조합의 부당노동행위도 인정됨에 따라 노조는 성장세를 멈추게 된다. 1955년에는 두

연맹이 통합하여 오늘의 **미국노동조합총연맹**(AFL-CIO, www.aflcio.or.kr)이 되었다. 이후 1970년대부터는 노동운동은 정체시기를 맞게 되고, 이후 점진적인 하락기를 맞게 된다.

미국의 고용관계에서 우리와 가장 다른 점은 고용계약에 있어서 조건 없이 사직할 수 있는 근로자와 마찬가지로, 사용자도 특별한 이유 없이 근로자와의 고용계약을 해지할 수 있는, 즉 '**해고자유의 원칙**(Employment-at-will Doctrine)'이 기본적인 관점으로 존재한다. 물론 무조건 해고하는 경우는 많지 않지만, 경영상 이유에 따른 정리해고를 포함해서 사용자의 해고가 우리나라보다는 훨씬 자유롭고, 근로자들의 수용도도 높다고 할 수 있다.

미국의 노동통계국에 따르면 노동조합 조직률은 2021년 10.3%에서 2022년 10.1%로 줄어들었다. 코로나19 이후 미국에서는 대기업들의 일시해고가 다수 발생하고 있다. 디즈니는 2만8천 명, 올스테이트보험 3천8백 명, 아메리칸에어라인 1만9천 명, 유나이티드에어라인 1만2천 명 등을 정리한다고 발표했다.[9] 그 외에도 수백만 명 이상의 해고가 진행되었다. 하지만 이러한 대규모 해고에도 불구하고 실업률은 유럽 국가들보다 낮게 유지되고 있다.

그 외에 미국의 남부 여러 주(州)에서는 노동조합의 **유니언숍**(일정한 조건이 갖추어진 경우, 입사하게 되면 근로자의 의지와 상관없이 자동으로 노조 조합원이 되는 단체협약 내용)이 근로자의 일할 권리를 침해한다는 이유로 금지되어 있다. 노동조합의 입김을 약화시킴으로써 외부의 투자를 적극 유치하겠다는 뜻이지만, 노동조합의 입장에서는 조합원의 확보가 상대적으로 어려운 내용이다. 최근 우리나라 기업들이 미국에 투자하면서 이러한 내용을 고려해, 텍사스주나 조지아주 등에 공장입지를 선택했다고 볼 수 있다.

2021년에 취임한 민주당의 바이든 대통령은 노동조합에 우호적인 공약을 내걸었는데 주요 내용은 다음과 같다.[10] 우선 연방정부와 계약을 맺은 업체가 노조파괴 컨설팅을 활용하는 경우 그 정보를 공개하도록 하고, 연방정부의 사업장에 노조 조직활동가가 출입해서 노조가입을 권유하는 활동을 보장하며, 연방정부와 계약을 맺은 업체 소속 간접고용 노동자들이 일하는 사업장에서도 조합활동권을 보장할 것을 권고하였다. 그리고 노동자들이 자신의 단결권 및 단체교섭권에 대해 잘 행사할 수 있도록 하고, 부당노동행위를 당한 근로자를 보호하겠다고 하였으며, 사용자의 반노조 캠페인에 관한 정보를 투명하게 공개하고, 노조와 단체교섭에 대한 정보센터를 운영하겠다는 방침을 발표한 바 있다. 2025년 취임한 트럼프 대통령은 다시 관세를 통한 **보호무역주의**를 강조하면서, 노동계 지원보다는 경제성장을 강조하고 있다.

1) 조합원의 감소추세

노동운동의 약화에 따라 미국의 노동조합 조직률은 1954년에 최고조인 35%에 달한 이후 반세기 이상 지속적으로 감소하고 있다. 30년 후인 1983년에는 조직률이 20.1%로 하락하였고, 지난 2022년에 조합원 수는 1천4백30만 명, 조직률은 10.1%로 하락하였다.[11] 공공부문은 710만 명의 조합원에 조직률은 33.1%이지만, 민간부문은 720만 명의 조합원에 조직률은 6.0%에 머물렀다.

이러한 환경의 변화는 노동조합 간에 합병과 전국단위의 노조의 이합집산을 유행시키고 있다. 1999년 1월에는 **제지노조**(United Paperworkers International Union, UPIU)와 **정유・화학・원자력노조**(Oil, Chemical and Atomic Workers International Union, OCAW)가 합병하여 조합원 32만 명인 **제지・연합산업・화학・에너지노조**(Paper, Allied-Industrial, Chemical and Energy Workers International Union, PACE)를 탄생시켰다. 이후 2005년에는 **승리혁신연맹**(Change to Win Organizing Center, CtW)이 미국노동조합총연맹(AFL-CIO)을 탈퇴하여 분리독립하였으나, 조직률 제고에는 성공하지 못하는 형편이다. 이후 **서비스노조**(Service Employees International Union, SEIU)와 **주지방정부노조연합**(American Federation of State, County and Municipal Employees, AFSCME)과의 합병논의가 진행된 바 있다.[12] **전략적조직센터**(Strategic Organizing Center)는 서비스노조(Service Employees International Union, SEIU), **미국통신노조**(Communication Workers of America, CWA), 그리고 **미국농장노조**(United Farmworkers of America, UFW)의 세 노조가 연합한 조직으로 230만 명의 조합원을 대표해 활동하고 있다.

2) 노동조합 결성과 단체교섭

미국에서는 우리나라와 달리 노동조합을 결성하기가 쉽지 않다. 우리의 경우는 노조를 결성하고자 하면 조합원 수에 상관없이(이론적으로는 2명 이상이면 가능) 노동조합 설립신고서를 작성해서 행정관청에 제출하면 된다. 하지만 미국의 경우는 다르다. 미국에서 노동조합을 결성하기 위해서는 우선 노조를 결성할 수 있는 사업장에 소속된 근로자의 30%가 노동조합결성선거를 원한다는 의사를 미국의 **전국노동위원회**(National Labor Relations Board, NLRB)에 표시해야 한다.

이렇게 의사표시를 하면 전국노동위원회(NLRB)는 이를 공개하고 노사간에 선거운동이 벌어진다. 선거운동 후에 노동조합 결성에 대한 찬반투표가 이루어지고 투표자의 과반수가 찬성하면 노동조합이 결성된다. 이러한 복잡한 절차로 인해서, 노동조합 찬반 선거를 통해 노동조합이 결성되는 비율은 절반 정도밖에 되지 않는다. 2023년에 미국의 전국노동위원회(NLRB)에서 관리한 노조결성선거에 대한 신청은 전체 2,115건이었고, 실제로 선거는 1,391건이 진행되었고, 노조 결성에 성공이 1,152건, 실패가 365건이었다. 사용자의 부당노동행위에 대한 구제신청건수는 2022년 기준으로 17,998건이었다.[13)]

노동조합이 결성되면 노사간에 교섭이 이루어진다. 노동조합의 결성은 업종별로 이루어지는 경우가 많지만 임금을 포함한 단체교섭은 주로 사업장별로 이루어진다. 교섭에서 주요 이슈는 임금과 근로조건이다. 우리나라와 달리 고용보장은 큰 이슈가 되지 못하고 있다. 또한 노사간에 교섭은 2~3년에 한 번씩, 길게는 10년에 한 번씩 이루어지기 때문에 임금인상에서는 **물가연동조항**(Cost of Living Adjustment, COLA)을 포함하여 실질임금을 보장받으려는 노력을 기울인다.*

3) 파 업

미국의 경우는 매년 약 만 개 이상의 단체교섭이 진행되며 그중에 10% 정도는 파업을 겪고서 교섭이 체결된다. 하지만 우리와 파업에 대한 개념이 다르고 통계도 다르다. 미국의 경우 **노동통계국**(Bureau of Labor Statistics, BLS)에서는 1천 명 이상의 조합원이 8시간 이상 파업을 계속해야만 파업건수 통계에 포함되기 때문에 매년 수십 건 미만의 파업만이 통계에 포함된다. 해당 기준에 포함되는 파업(work stoppages) 건수 2022년에는 16건이 통계에 포함되었다. 또한 미국의 경우 우리와는 달리 파업 중에 **대체근로**가 포괄적으로 인정되고 있다. 우리의 경우는 노동조합이 파업을 하게 되면 단체행동권을 보장하기 위해 대체근로는 제한적으로만 허용되고 있다. 하지만 미국의 경우는 사용자가 제한 없이 대체근로자를 채용하여 영업활동을 계속할 수 있다.

미국에서는 일반적으로 파업이 발생하면 노사당사자주의를 취하고 있기 때문에 정부

---

* 물가연동조항이란 '임금인상률을 몇 %로 사전에 정하는 것이 아니라 물가지수에 연동해서 물가가 몇 % 오르면 그에 비례해서 임금인상률도 몇 %로 정하는 것'이다. 물가지수가 별로 변하지 않는 경우에는 물가연동조항을 포기하고 연금인상이나 다른 요구조건으로 내세우기도 한다. 최근에 국내 일부 노조에서도 이러한 조항으로 임금인상률을 결정하기도 한다.

의 개입은 거의 없는 편이다. 정부가 파업을 중지시킬 수 있는 권한을 가지고 있기는 하지만, 사기업부문에 이러한 권한을 행사한 경우는 거의 없으며 공공부문의 경우에도 매우 제한적으로 사용되고 있다. 그에 비해서 우리나라는 정부의 개입이 상당하고, 특히 대기업의 경우는 정부의 관심 대상이고, 여론 조성 등을 통해서 적극적으로 개입하고 있다고 하겠다.

제2절 독일과 스웨덴의 고용관계

미국이나 영국과 달리 유럽 대륙의 국가들은 **사회민주주의***적인 성격이 강해서 노동조합도 상대적으로 강한 목소리를 가지고 근로자들을 대변하고 있으며 정부의 각종 위원회나 정책결정에 제도적인 참여가 보장되어 있어서 노정간에 활발한 협력이 특징이다. 하지만 20세기에 비해서 21세기에 들어서서는 근로자와 노동조합의 목소리가 줄어들고 있다.

독일은 유럽 국가이지만 우리나라의 노사관계에 많은 시사점을 제공해 왔으며, 지금도 그 영향력이 크다.[14)] 독일의 노사관계 특징은 소위 이중구조에 있다. 즉, 산별 교섭을 중심으로 하는 산업단위 노사관계와 **사업장내노동자평의회**(Betriebsrat, **사업장평의회** 또는 **노동자평의회**로 번역) 중심의 기업단위 노사관계로 이분된다. 우리나라는 이러한 이중구조를 참고해서 노조 결성과 상관없이 상시근로자 30인 이상의 사업장에서는 노사협의회를 강제로 도입해서 운영 중이다.

또한 독일은 1989년 동독과 서독의 통일 이후 노동시장을 포함한 고용관계에 있어서

---

* 사회민주주의란 생산수단의 사회적 소유와 사회적 관리를 통한 사회의 개조를 민주주의적인 방법으로 실현하려는 주장이다. 마르크스주의자들이 폭력적인 방법으로 사회주의로 전환하려고 함에 비해 사회민주주의자들은 폭력이 아닌 민주적인 방법으로 그 목적을 실현하려고 한다는 점에서 차이가 있다. 자본주의 경제체제와 결합된 민주주의 폐단인 불평등과 사회주의의 독재체제를 극복하기 위한 정치구조라고 할 수 있다. 20세기 들어서서 마르크스레닌주의, 즉 공산주의와 결별하게 되었고, 스웨덴, 덴마크, 핀란드 등 북유럽 국가와 캐나다에서는 정치경제 등 국가운영에서 기본적인 정신으로 많이 적용되고 있다. 해당 국가의 개인들은 세금을 많이 납부하고 그 대신이 복지 혜택이 크다.

큰 변화를 겪었고, 아직도 분단국가인 우리에게는 큰 시사점을 제공할 수 있다는 점이다. 더불어 2008년 금융위기 이후 유럽 대부분의 국가들이 신용등급의 하락과 국가부도의 위험을 겪는 상황에서도 경상수지 흑자를 이루고 안정적인 실업률을 유지하고 있다는 점이다. 물론 그 과정에서 저임금노동이 구조화되었다는 비판이 없는 것은 아니다.[15] 스웨덴은 노동조합 조직률이 세계에서 가장 높은 수준을 유지하고 있으며 노사간에 힘을 전제로 한 신뢰관계를 구축하고 있는 대표적인 국가로 언급된다.

1 독일 노사관계의 이중구조

독일의 노동조합은 19세기 초에 소지역 단위로 조직되어, 해당 지역 내의 개별 기업이나 동종 기업가단체를 상대로 임금 및 근로조건에 대해 교섭하였다. 그러다가 '1848년 혁명' 과정에서 노동조합은 조직 범위를 광역 내지는 전국적 단위로 하는 노동조합연맹을 시도하는 한편, 인쇄공이나 연초공들은 직능별 노동조합연맹을 결성하였다. 이후 1873년에는 독일에서 최초로 **전국인쇄공연맹**이 전국 차원의 단체협약을 체결하였다. 사용자들은 사회주의적 지향성을 가진 노동운동을 탄압하였지만 그럼에도 이들은 지하활동을 통해 세력이 더 강해지자, 노동운동에 대한 직접적인 탄압보다는 자본주의체제 내로의 수렴이 효율적이라고 판단하고 **「사회주의자 금지법」**을 폐지하게 된다. 이후 노동조합은 1919년 **「바이마르헌법」**(제159조)에 따라 노동자의 합법적인 대변기구로 인정을 받는다. 제2차 세계대전 이후 1949년에 16개 산별 노조와 그 상급단체인 **독일노동조합총연맹**(DGB)으로 결성되어 오늘날의 산별 교섭의 조직적인 기초를 닦는다.

1) 이중구조의 역사적 형성과정: 사업장내노동자평의회의 설치

일반적으로 노사관계가 역사적인 배경을 중시하여 나름대로의 독특한 시스템이 형성되는 바와 같이, 독일의 이중구조를 이해하기 위해서는 역사적인 배경을 이해할 필요가 있다.

독일에서 **사업장내노동자평의회**는 **바이마르공화국** 시절에 설치되었다. 바이마르공화국은 1918년 11월 기존의 봉건군주체제가 붕괴되고, 공화제 및 의회민주주의로 이행한 결과로 생겨난 체제이다. **사회민주당**은 노동조합과 손을 잡고 '11월 협정'을 체결하여, 노동조합의 합법화, 단결권 보장, 노동자 50명 이상의 기업에 **노동자위원회** 설치, 1일 8시간 근무제 도입 등을 허용한다. 하지만 이러한 개혁도 1919년 총파업과 내전 등으로 계속되는 반체제운동인 소위 '**레테운동**'을 약화시키지 못했다. 결국 기업가, 정부, 사민당 그리고 체제 내의 노동조합 지도부는 레테운동을 자본주의체제 내로 포함하기 위해 1920년 종업원 20명 이상을 고용한 기업에 사업장내노동자평의회 설치를 규정한 「**사업장내노동자평의회법**」을 제정하게 된다.

「사업장내노동자평의회법」의 핵심내용은 ① 임금, 휴가, 근로시간, 교육, 취업규칙 등에 대한 공동결정권, ② 신규채용의 원칙, 대량해고, 부당해고 등 인사문제에 대한 이의제기권과 협의권, ③ 생산성 향상, 새로운 작업방식 도입에 대한 자문권, ④ 일반적인 경영상태, 재무상태 등에 대한 정보를 제공받을 권리 등이다. 사업장내노동자평의회는 노조대표 또는 노동조합원이 아닌 근로자로 구성된다. 유의할 점은 이 사업장내노동자평의회는 직접적인 근로조건에 대해서는 사용자와 공동으로 결정하지만, 나머지 사항에 대해서는 공동으로 결정하지 않는다.

2) 이중구조의 특징

독일 노사관계는 **이중구조**(dual system)로 특징지어진다. 산업별 차원에서 진행되는 산별 단체교섭과 사업장 단위에서의 사업장내노동자평의회가 주도하는 사업장체계가 서로 구분된다. 분리된 각각의 단위에서 노사간의 이익을 동시에 추구하는 메커니즘이다. 이원화의 핵심은 두 영역 간의 기능적인 분업이다. 노사간의 이해관계 충돌로 발생할 수 있는 갈등과 해결을, 기능적으로 서로 분리된 두 개의 영역이 독자적으로 담당하게 하는 것이다.

독일에서의 단체교섭은 주로 산별 단위로 노동력의 수요와 공급에 대해 산업별로 조직된 노조와 해당 산별 사용자단체가 교섭하고 합의한다. 교섭이 결렬되는 경우 노동조합의 파업과 사용자의 직장폐쇄를 통해 합의에 도달하게 된다. 산별 단체협약을 바탕으로 사업장 단위에서는 산별 협약 내용에 대해 사업장에서 어떻게 사용할 것인가에 대해, 사업장내노동자평의회와 경영진 사이에서 결정하거나 협의한다. 하지만 여기에서는 파업과 같은 노동쟁의가 허용되지 않는다.

사업장 단위와 산별 단위의 이중구조는 크게 사회정치적인 효과와 경제적인 효과를 구

〈표 11-3〉 독일 노사관계의 이중구조

구 분	산업별 단체교섭	사업장 단위 협의
이해관계	노동력의 판매조건	노동력의 사용조건
이해당사자	산별 노조와 사용자단체	사업장내노동자평의회, 경영진
관철양식	협상, 합의, 노동쟁의	노동쟁의 배제(파업 불가)

분해서 살펴볼 수 있다. 먼저 사회정치적인 효과는 이해충돌 및 해결의 소형화이다. 노동조합은 집단적이며 양적인 이해관계를 대변하는 데 집중할 수 있고, 사용자와의 구체적인 노동력 사용에 대해 발생하는 개별적이고 질적인 이해관계는 사업장내노동자평의회가 이 해관계를 대변할 수 있다. 또한 노동조합이 산별 차원과 같이 거시적인 차원에서 노동자의 이익을 대변하면서도 동시에 국가 및 자본과 공조할 수 있게 하였다는 점이다. 기업별 노조에서는 기대하기 어려운 결과이다.

경제적 효과로는 불확실성의 감소와 생산성 향상 효과를 들 수 있다. 먼저 노동조합과 사업장내노동자평의회는 각자 고용 및 노사관계에 있어서 노사간 신뢰에 기초한 중장기적인 이해관계에 대해서 포지티브섬게임을 통해 추구하게 된다. 사업장내노동자평의회는 근로자들의 이해관계뿐만 아니라, 생산성과 경제적 성과에 대해서도 공동책임을 지기 때문에 생산성 향상과 공동경영의 역할을 배우게 되고 노력하게 된다는 것이다.

2 독일의 단체교섭과 사업장내노동자평의회

1) 독일의 노동조합과 사용자단체

독일의 경우 원칙적으로 **독일노동조합총연맹**(DGB) 산하의 노동조합은 '1산별 1노조'라는 산별 단일노조주의 원칙에 따라 조직되어 있다. 산별 노조는 정치적, 종교적, 그리고 세계관에서도 독립성을 유지하며, 한 산업부문에 속한 모든 직종의 근로자가 한 노조에 가입한다.

독일에서 가장 규모가 큰 전국단위 노동조합은 1949년에 설립된 독일노동조합총연맹(**독일노총**, DGB, Deutscher Gewerkschaftsbund, en.dgb.de)으로 2025년 기준으로 약 570만 명의 조합원을 확보하고 있는데 최근 노조간에 통합으로 소속 노조 수는 많이 줄어들었다.[16] 대표 산별 노조인 **금속노조**(IG Metall, https://www.igmetall.de)는 220만 명의 조합원을 가지고 있으며, 금속전자산업 사용자단체와의 교섭에서 380만 명의 근로자를 대표하고 있다. 그 외에 공공서비스, 은행, 매체 등의 다양한 서비스산업 노동조합들이 통폐합해 만들어진 **통합서비스노조**(Ver.di, https://www.verdi.de/)가 조합원 220만 명으로 그 다음 규모다.

독일에서는 기업가 및 사용자도 단결의 자유를 법적으로 보장받고 있다. 독일에서 가장 오래된 사용자단체는 **독일인쇄업자연합**으로 1869년 **독일인쇄공노동조합**에 대응하기 위해 설립되었다. 이후 다수의 사용자단체가 설립되었으며 주로 노사관계에서 사용자의 공동대응을 과제로 설정하였다. 1949년 독일노총이 설립되자 사용자들은 1950년에 **독일사용자단체총연합**(BDA)을 설립한 바 있다. 독일에서 민간부문의 최상위 사용자단체는 **독일민간경제공동위원회**(GDGW)이고 여기에는 **독일사용자단체총연합**(BDA)을 비롯하여 **독일은행연합**(BDB), **독일경제단체총연합**(DBI), **독일상공회의소**(DIHT) 등 16개의 단체가 가입해 있다.

2) 단체협약의 유형과 단체교섭

독일의 단체협약에는 먼저 협약내용에 따라 세 종류가 있는데 임금협약, 총괄단체협약, 특별단체협약이다. 먼저 **임금협약**은 약 2천여만 명에게 적용되는 임금과 교육 관련 수당 등에 대한 협약이며 유효기간은 대부분 1년이다. 산별로 진행되며 산별 노조인 금속노조가 선도적인 역할을 하고 있다. 다음으로 **총괄단체협약**은 임금을 제외한 일반적인 근로조건에 대한 협약으로 채용, 해고조건, 노동시간, 잔업, 휴가, 도급제와 관련된 조건 등이 포함되어 **'범주협약'**이라고도 하며 이 협약의 유효기간은 내용별로 2년에서 10년까지이다. **특별단체협약**은 고용안정협약, 조기퇴직 및 고령자 단시간노동협약, 합리화보호협약 등이 해당된다.

협약체결 당사자에 따른 구분에는 집단협약, 단사협약, 그리고 사내협약이 있다. **집단협약**은 일반적인 산별 노조와 산별 사용자단체 사이의 단체협약으로 해당 산업부문 전체에 적용된다. **단사협약**과 **사내협약**은 노동조합이 산별 사용자단체에 가입하지 않은 개별 기업과 체결하는 협약이다. 이는 법적인 의무사항이다. 최근 단사협약이 뚜렷하게 증가하는 경향을 보이고 있기는 하지만, 비율로는 전체의 10% 정도에 해당된다.

3) 중재와 파업 및 직장폐쇄

독일에서는 파업이 좀처럼 발생하지 않는다. 대부분의 단체교섭은 중재에 의해 합의에 도달한다. 협상이 결렬되면 중재를 하게 되는데 중재는 협약 쌍방이 동의해야 가능하다. 중재가 시작되면 노사 양측은 쟁의를 할 수 없는 '**평화(교섭)의무**'를 가진다. 그러나 쟁의가 발생하고 6주(구 협약만료 전 2주와 협약만료 후 4주)가 지나면 평화의무는 자동적으로 없어지며 노동조합은 파업을, 사용자는 직장폐쇄 등의 쟁의행위를 할 수 있다.

파업은 법적으로 노동조합에게 보장되지만 **평화(유지)의무**(단체협약의 유효기간에는 파업이 불법)를 지켜야 하고, 근로조건이나 경제적 사항에 대한 파업(정치파업은 불법), 평화적 수단이 사용된 이후의 최종적인 방법일 것, 그리고 상대방의 파멸을 목적으로 하지 않는 파업이어야 한다. 파업을 하기 위해서는 비밀투표를 통해 조합원의 75%가 찬성해야 한다. 파업기간 중에는 원칙적으로 '**무노동무임금**' 원칙이 적용되고 실업수당을 받을 수 없다. 파업참가자들은 노동조합이 조성한 '**파업기금**'에서 보조금을 받는다. 다른 유럽 국가와는 달리 독일의 기업들은 직장폐쇄를 할 수 있다. 2020년 독일에서는 1,265개의 파업이 발생하였고, 파업에 참여한 근로자 수는 13만9천여 명이며, 노동쟁의로 인한 근로손실일수는 19만5천 일 수준이다.[17)]

4) 사업장내노동자평의회의 설치와 활동

독일에서는 사업장내노동자평의회 평의원에 대한 선거권을 가진 노동자 5인 이상을 상시적으로 고용하고 있는 사업장과 다수의 기업으로 구성된 사업장에 **사업장내노동자평의회**(Betriebsrat: BR)가 설치된다. 사업장내노동자평의회의 평의원은 명예직이기 때문에 원칙적으로 보수를 받지 않지만, 근로시간 중에 임금의 삭감 없이 평의회 관련 업무를 수행할 수 있으며 평의회 업무로 초과근로를 하는 경우에는 초과근무수당을 받을 수 있다.

사업장내노동자평의회는 분기별로 사업장의 노동자로 구성된 사업장 총회를 개최해 사업보고를 한다. 이와 더불어 노동자의 이해관계에 영향을 미치는 사안이 발생하면 추가적으로 회의를 개최할 수 있으며 사용자는 최소 1년에 한 번 사업장 총회에 참석해 인사, 고용평등 및 각종 경영관련 사항에 대해 보고해야 한다.

사업장내노동자평의회의 기업경영에 대한 참여는 「사업장조직법」에 따라 **경영참여권**과 **공동결정권**으로 나누어진다. 〈표 11-4〉에서 보는 대로 경영참여권에는 정보권, 제안권,

〈표 11-4〉 독일 사업장내노동자평의회의 경영참가권

<table>
<tr><th colspan="2">구 분</th><th colspan="2">세부내용</th></tr>
<tr><td rowspan="4">경영
참여권</td><td>정보권</td><td colspan="2">경영 전반, 특히 인사 및 복지문제 및 발전계획의 보고는 사용자의 의무</td></tr>
<tr><td>제안권</td><td colspan="2">인사계획의 도입과 실행, 직업교육 촉진, 직업교육훈련 참여에 관한 제안</td></tr>
<tr><td>청문권</td><td colspan="2">모든 종류의 해고</td></tr>
<tr><td>자문권</td><td colspan="2">사업장 형성, 인력계획, 직업교육, 노동자에게 불이익을 줄 수 있는 사업장 변화</td></tr>
<tr><td rowspan="4">공동
결정권</td><td>동의거부권</td><td colspan="2">채용, 배치 및 전출명령 등 개별적 인사조치 ; 직업훈련, 교육훈련 ; 해고</td></tr>
<tr><td rowspan="2">동의권</td><td>사회복지</td><td>공장 내 질서: 출퇴근시간, 휴식시간 및 주당노동시간 분배 ; 노동시간의 일시적 단축 및 연장 ; 임금형태, 임금지불의 시간, 장소, 방법 ; 성과급 결정 ; 휴가계획 ; 인사고과 기준 ; 그룹노동의 수행원칙 ; 산재예방 및 건강 ; 복지시설의 설치와 관리 ; 사원주택 ; 제안제도 기본원칙 ; 각종 기계장치를 통한 작업 및 행동통제</td></tr>
<tr><td>인사</td><td>인사기록카드 형식과 내용 ; 인사고과 기준 ; 채용, 보직이동, 해고에 대한 일반원칙 ; 연수담당자 문제 ; 연수참가자 추천</td></tr>
<tr><td>발의권</td><td colspan="2">노동자에게 불리한 사업장 변화의 결과에 대한 보상, 대기업의 인사원칙 설정, 기업 차원 교육훈련 실행 등</td></tr>
</table>

출처: 황기돈(2005), 『독일통일 후 노사관계변화와 그 영향』, 한국노동교육원, 58쪽, 〈표 11〉.

청문권, 자문권 등이 포함된다. **정보권**은 근로자참여의 가장 낮은 수준의 참여이지만 이는 전제조건이라고 하겠다. **제안권**은 사용자가 제안에 대해 검토하고 타당하지 않다고 생각되면 이를 서면으로 통보해 주어야 한다. **청문권**은 특정 사안에 대해, 특히 해고 등에 대해 사업장평의회의 의견을 묻지 않고 일방적으로 내린 회사 측의 결정이 유효하지 않다는 것을 강조한다.

공동결정권에 있어서 **동의거부권**이란 사용자와 동등한 힘을 가지는 것은 아니지만 사용자의 일방적인 결정을 예방할 수 있다는 점이 강조된다. **동의권**이란 사용자와 동등한 권리를 가짐을 의미하며 사업장평의회의 서명날인이 반드시 요구된다. 이러한 공동결정에 대해 노사간의 의견이 일치되지 않는 경우 중재위원회가 결정한다. **발의권**은 특정 사항에 대해 사용자의 결정을 요구하는 적극적인 권리를 의미한다.

실제로 사업장내노동자평의회를 설치한 사업장은 2010년을 기준으로 서독지역과 동독지역 모두 설치가능사업장의 10% 수준이며, 해당 근로자 비율은 서독지역이 45%, 동독지역이 37% 수준이다.[18] 다만 500인 이상의 대기업의 경우에는 서독지역의 90%, 동독지역의 94% 기업에서 사업장내노동자평의회를 설치하고 있었다. 2019년을 기준으로 사업장내

노동자평의회 근로자 측 위원은 60~80%가 독일노총의 조합원이다. 사업장내노동자평의회와 관련하여 통일 이후 쇠퇴론과 유지론에 대한 논쟁이 있으나 우선 유럽의 사업장내노동자평의회가 강화되는 경향을 본다면 독일의 사업장내노동자평의회는 여전히 근로자의 목소리를 대변하는 역할을 수행하고 있음을 알 수 있다.[19] 글로벌화 확대, 고성과 작업조직이나 일본식 생산방식의 도입과 같은 사용자 주도의 경영패러다임의 대두, 글로벌 금융위기와 유럽의 재정위기 등에도 불구하고 독일의 사업장내노동자평의회는 앞으로도 긍정적인 역할을 수행할 것이라는 예측이 우세하다.

5) 감독이사회와 노동이사제

독일은 산업 차원의 단체교섭과 사업장 차원의 사업장내노동자평의회를 통해 협상과 교섭을 진행하지만 회사의 일반적인 경영에 있어서도 노동자의 참여가 강력한 국가이다. 독일의 경우 **경영이사회**에 대해 **감독이사회**라는 별도의 기구가 감시 및 통제하는 이중적인 기업지배구조를 가지고 있고 여기에 **노동이사제도**가 작동하고 있다.[20] 다른 나라의 이사회라고 할 수 있는 경영이사회를 감독하는 감독이사회는 경영이사회의 구성원을 임명하기도 하고 파면시키기도 한다. 예를 들어 감독이사회는 인수합병, 일정 수준을 초과하는 대출을 받거나 제공하는 경우 및 새로운 사업부문 개발 등 특정한 사업상 의사결정이 필요할 때 감독이사회의 사전 승인을 받도록 요구할 수 있다.

1951년 광업과 철강산업의 감독이사회 및 이사회 노동자 참여에 관한 법(이른바 **몬탄공동결정법**)은 1천 명 이상을 고용한 석탄 및 철강 기업에 대한 **공동결정권**을 명시하고 있으며, 감독이사회에서 노동자 및 주주 대표는 동등한 대표권을 가진다. 이 규정을 적용받는 기업은 약 20여 개에 이른다. 다음으로 1976년 **공동결정법**은 직접 또는 자회사를 통해 2천 명 이상을 고용하고 있는 기업의 감독이사회는 노동자와 주주 대표를 동수로 구성해야 한다. 다만 주주 측이 선출하는 의장이 캐스팅 보트를 행사한다. 2020년 기준으로 2천 명 이상의 기업 중 감독이사회의 절반이 노동자대표로 구성된 기업은 620개에 이른다. 1952년 경영조직법에 따르면 500~2,000명을 고용한 기업은 감독이사회의 1/3을 노동자대표로 구성해야 한다. 약 1,500개 기업이 이 법의 적용을 받고 있다.

이 감독이사회의 노동자대표가 **노동이사**이며, 이들은 대부분 노동조합 조합원이고 일반적으로 보수의 상당 부분을 독일노동조합총연맹(DGB) 산하의 한스뵈클러재단에 이전해야 하며, 이는 노동자대표를 위한 교육 및 전문성 지원에 사용된다.

3 코로나19 이후 노동 관련 규율[21)22)]

독일은 코로나19가 전 세계적으로 확산되자 고용안정 및 경영위기에 대한 경제적 지원 방안으로 **근로시간단축지원금**을 2020년 말까지 한시적으로 시행하였으나 적용시기를 연장하였다. 그리고 단축된 근로시간에 대해서 지원금을 지급하는 조건으로 직업재훈련에 참여하도록 하였다. 교육비용의 최소 15%에서 (10인 이하 사업장에 대해서는) 최대 100%까지 지원한다. 근로시간이 단축된 상태에서 해고되는 경우, 실업급여 산정에 불이익을 당할 수 있기 때문에 이 부분에 대한 불이익이 없도록 하였다.

기존에는 의사결정의 직접성, 비밀보장, 자율성 등 다양한 이유로 인터넷, 전화 등 전자통신기기를 사용하여 다수가 한 장소에 모이지 않고 진행하는 회의에서 의결되는 경우에는 효력을 인정하지 않았으나, 코로나19 이후 근로자평의회 등 각 회사의 기관에서 화상 또는 전화 등을 이용하여 회의를 진행할 수 있도록 하였고, 그 의결사항에 대해서도 효력을 인정하였다.

독일의 최대 노조인 금속노조와 사용자단체는 코로나19를 맞아서 '기업은 고용보장, 노조는 임금인상 자제'라는 **위기협약**을 체결했다.[23)] 내용 중에 사업장별로 **연대기금**을 조성하기로 한 내용이 있는데, 사업장내 근로자 1인당 350유로(약 46만 원)씩 기금을 적립해서 조업단축으로 생계에 타격을 입은 근로자들에게 지원하는 것이다.

법정 최저임금은 독일 최저임금위원회의 합의를 바탕으로 2025년에는 시간당 12.82유로(약 2만742원, 1유로는 1,618원 기준)이며, 2026년과 2027년부터는 13.90유로(전년 대비 8.4% 인상)와 14.60유로(전년 대비 5.0% 인상)로 인상될 예정이다.[24)*] 구직자에 대한 기초생활 보장을 위한 급여(실업급여)(이를 하르츠 IV라고 통칭함)를 산정함에 있어서 법정생계비가 고려되어야 하는데, 미성년자의 경우는 309유로(약 41만 원)에서 급여수급권이 있는

* 독일의 최저임금은 2015년부터 시범적으로 시행되었다. 그 전에는 산별노조가 단체협약을 통해 조합원과 근로자의 최저임금을 보장했으나, 노조 조직률이 하락하면서 사각지대가 발생하자 정부가 법정 최저임금제도를 시행한 것이다. 2022년의 최저임금은 전체 노동자의 약 5분의 1 정도에 해당하는 800만 명에 영향을 주는 것으로 추산하고 있다.

독신자의 경우 446유로(약 59만 원)까지 지급하도록 하였다. 예술인의 사회보험료는 연수입의 4.2%로 결정하였다.

독일은 1919년부터 **중증장애인 고용의무제도**를 시행하였는데 이는 제1차 세계대전이후 중증장애인이 급증하여 이를 해결하는 것이 국가적 과제였기 때문이다. 상시근로자 20인 이상이면 민간 및 공공 부문의 사용자는 중증장애인을 5% 이상(일부 연방기관과 행정기관은 6% 이상) 고용해야 하고 이를 행하지 못하면 일정 금액을 조정부담금으로 납부해야 한다. 이행률이 0~2%로 매우 낮은 경우에는 2021년 1월부터 1인당 140~720유로(약 23만 원~116만 원, 1유로에 1,618원 기준)를 납부해야 한다.[25)]

4 스웨덴의 고용관계

스웨덴 인구는 2023년에 1,054만 명으로 크지 않지만 특유의 **'스웨덴 모델'**을 통해 성장과 복지를 조화시키는 국가로 알려져 있다.[26)] 1970년대 이후 20여 년간 노사간의 갈등이 심화되고 사회적 합의주의인 코포라티즘적 정책결정이 약화된 바 있지만, 1997년 노사정 간에 산업협약이 체결된 이후 다시 경제안정과 협력적 노사관계가 전개되고 있다.

스웨덴은 정치적으로 전통적인 비례대표제의 선거제도에 기반한 다당제 정당구조를 가지고 있지만, **사회민주당**은 1932년 이후 1991년까지 60여 년간 집권당으로 활동하였다. 사회민주당의 장기집권은 스웨덴 노사관계에서 노동조합의 영향력 강화와 집권화된 단체교섭구조에 영향을 미쳤다. 2000년대 초반 우파보수정당이 정권을 잡은 적이 있으나 2014년에 좌파정당연합으로, 2022년에는 다시 우파정당연합으로 정권이 교체되었다.

스웨덴 경제의 구조적 특징은 높은 해외의존성과 경제의 서비스화이다. 비록 주력산업이 제조업이지만 무역의존도가 높으며 서비스업의 비중은 70%를 넘게 차지하고 있다. 스웨덴은 북유럽에 위치한 국가로 임금근로자 수는 약 460만 명 수준이다. 대표기업으로는 볼보, 에릭슨, 일렉트로룩스, 이케아, H&M 등이 있다. 2023년 기준으로 1인당 GDP는 56,224달러에 고용률(2024년 기준)은 76.7%이고, 실업률은 7.6%이다.[27)] 제조업에 종사하는 고용인구는 지속적으로 감소하고 있지만, 고용인구 증가분의 5분의 4는 풀타임 고용이며, 고용인구 증가는 주로 외국출신 근로자 중심으로 이루어졌다.

1) 노사관계의 환경과 역사적 배경

스웨덴의 노사관계는 역사적으로 3단계로 구분할 수 있다. 제1단계는 1890년대부터 1930년대까지인데 근대적 노사관계가 확립되고 노사조직과 정부의 역할이 정의되기 시작한 시기로, 높은 갈등과 함께 이를 규율하기 위한 입법적 발전이 이루어진 시기이다. 소규모 직업별 노조로 출발한 노동조합운동은 1898년 **스웨덴노동조합총연맹**(LO)이 탄생하면서 산별 노조로 전환되기 시작했으며, 1910년에는 산별 노조가 지배적인 형태가 되었다. 사용자들도 이에 대응하여 **스웨덴사용자총연맹**[Confederation of Swedish Enterprises (Svenskt Näringsliv)]을 결성하였다. 하지만 당시에는 단결권과 단체교섭권에 대한 법적 근거가 없어서 노사갈등이 확산되자 1906년 노사간의 타협으로 노조는 '단결권'과 '단체교섭권'을 가지는데 이는 미국보다 30년 가까이 빠른 것이고, 사용자는 '채용 및 해고와 생산을 조직할 권리'를 가지게 된다. 그러나 이후에도 노사간의 갈등이 계속되자 정부는 점진적으로 노사관계에 대한 법을 제정하게 된다.

제2단계는 1932년 사회민주당의 집권과 1938년 **「살트셰바덴**(Saltsjöbaden)**협약」**을 계기로 집중적이고 협력적인 스웨덴 특유의 노사관계가 본격적으로 발전한 시기이다. 사민당이 집권하자 노조는 정부를 더 이상 사용자들과 같은 편이라고 생각하지 않게 되었으며, 1938년의 협약은 단체교섭과 노사관계를 규율하는 기본원칙이 되었고, 평화와 협력을 바탕으로 한 공동번영의 길을 가게 되었다. 1970년대까지 계속된 이 두 번째 단계에서는 '스웨덴 모델'로 알려진 독특한 모델을 개발하는데, 이는 연대임금정책, 적극적인 노동시장정책, 제한적인 경제정책, 주변노동자에 대한 보조금 지급 등을 통해 경제성장과 완전고용을 동시에 달성하려고 한 모델이다.

그러나 1970년대에 이르러 노조운동의 급진화와 이에 반발한 사용자의 탈코포라티즘 전략, 그리고 세계화와 유연화 압력으로 보다 분권적인 새로운 틀에 대한 합의가 형성되는 시기인 제3단계가 시작된다. 1983년에는 국가단위의 단체교섭에서 벗어나 최초의 산별단위의 교섭이 체결된다. 이후 1990년에는 국가 차원의 중앙교섭은 사라지게 되고, 사회적 합의주의에 따른 노사정 공동의 정책집행도 거의 사라지게 된다. 하지만 노사간에는 아직도 기본적인 공통의 가치가 존재하는 것으로 보이며, 양측은 효율성과 생산합리화, 산업평화에 대한 책임에 대해 공동의 이해관계를 보인다.

스웨덴 노사관계를 보면 임금과 관련해서는 연대임금제를 지향하여 동일노동-동일임금을 적용하며 직장에서의 차별을 개선하며 영세사업장은 자연스러운 퇴출을 유도한다. 실직자들은 자연스럽게 직업교육을 받게 된다. 비정규직의 비율은 15% 정도이고, 임금은 정규직의 80% 수준이다.

2) 스웨덴 노사관계의 당사자[28)]

스웨덴의 노동조합조직률은 1995년 86%, 2000년 81%를 기록한 이후 많이 낮아졌지만 그래도 2019년에 65.2% 수준으로 세계 최고수준이며, 조합원 수는 2018년 기준 297만 명이다. 단체협약 적용률은 2005년 93%에서 2017년 89%로 약간 하락하였다. 전국단위 노조로는 3개의 주요 노조 조직이 있는데, 2018년을 기준으로 스웨덴노총(LO)이 14개 노조연맹에 약 123만 명의 블루칼라, **스웨덴전문직노총**(TCO)은 14개의 노조연맹에 약 109만 명의 화이트칼라, 그리고 **스웨덴전문직협회**(Saco)는 23개 노조연맹에 약 58여만 명의 학위를 가진 전문직을 대표한다.

조직률이 높은 이유로는 실업급여가 노조에 의해 운영된다는 점, 노조에 대한 호의적인 국민의 태도 등이 제시되고 있다. 그러나 산업구조의 서비스화, 청년층의 노조가입 기피 등으로 인해 조직률은 지속적으로 하락하고 있다. 사용자단체로는 **스웨덴기업총연맹**(SN)이 49개 사업부문에서 활동하는 약 6만 개의 사업체를 대표하고 있으며, 그 외에 **공공부문고용주단체**(SKL) 등이 있다.

3) 단체교섭과 사회적 합의

스웨덴 노조의 특징 중에 하나는 의사결정의 높은 집중화이다. 파업과 단체협약의 승인은 중앙의 집행위원회에서 이루어진다. 그러나 사업장 단위의 노조활동도 활성화되어 있다. 사용자는 개별적으로는 기업을 대표하지만, 산별 단체교섭에서는 산별 사용자단체가, 국가 차원의 중앙교섭에서는 중앙사용자단체[**스웨덴사용자총연맹**(SAF)], 이후에는 **스웨덴기업총연맹**(SN)이 대신한다.

스웨덴의 단체교섭은 중앙 수준, 산별 수준, 그리고 지역 수준의 3단계로 이루어지는데 산별 수준에서는 대체로 전국단위로 이루어지는 중앙교섭의 결과를 수용하는 편이고, 지역 수준에서는 산별 교섭의 결과를 보충하는 수준이다. 이러한 중앙교섭 중심의 단체교섭은 사용자에게 임금억제와 산업평화를 가져다주고, 노조에는 평등임금(wage solidarity)을 가져다주는 효과를 보였다. 그러나 1990년대에 임금과 근로조건에 대한 중앙교섭이 사라지게 되었고 단체교섭은 산별 교섭과 지역교섭 중심의 2중 구조로 전환된다.

2013년부터 2016년까지 유효한 중앙협약을 보면 최저임금 인상률을 제시하지 않은 임금협약 건수가 증가하였다. 2013년 임금협약의 교섭규모는 전체 508건, 그리고 이에 영향을 받는 근로자 수는 약 200만 명이다. 향후 36개월간 임금인상 기준율은 6.8%였다. 임금교섭 중에 약 19차례 노동분쟁이 예고되었으며, 실제 발생한 노동분쟁은 7건에 달했다. 4건은 근로자 측의 파업이었으나 3건은 사용자 측의 직장폐쇄였다.

사회적 합의주의라고 불리는 **코포라티즘**(Corporatism)은 스웨덴에서 긴 역사를 가지고 발전해 왔는데, 1903년 노사 동수로 구성되고 중립적 입장의 의장이 있는 이사회에 의해 통제되는 지방의 직업소개소에서 출발했다. 이후 1912년에는 사회이사회, 보험위원회, 노동위원회에 노사가 공동으로 참여하게 되었다. 1932년 사회민주당의 출범과 1938년 「살트셰바덴협약」으로 중앙단위에서 노사의 정책참여는 더욱 확대되었다. 제2차 세계대전 중에는 '**전시 코포라티즘**(war corporatism)'이, 전후에는 비공식적 협의가, 1962년부터는 **경제계획평의회**라는 보다 공식적인 협의가 이루어졌다. 이후 정부에 따라 시기별로 부침이 있다.

4) 종업원평의회

단체교섭은 기업의 수준을 뛰어넘은 산업 수준에서 이루어지며, 단체협약은 산업별로 체결된다. 사업장 수준에서는 노동조합이 현장의 근로자들을 대표한다.[29] 별도의 구체적인 숫자에 대한 규정은 없으나 200～300명 규모의 회사라면 3～4명의 생산직 근로자대표와 그보다 작은 수의 사무직대표로 구성되고, 노조지부가 없는 경우에는 노조에서 협상을 위한 연락담당자를 지정할 수 있으며, 실제로 약 5만 명 정도가 노조에 연락을 담당하고 있다.[30]

종업원 25인 이상 기업은 **근로자 이사**를 두어야 한다. 독일은 이사회와 감독회로 기업의 이사회제도가 이원화되어 있으나, 스웨덴은 이사회로 일원화되어 있다. 전체 이사의 3분의 1은 **근로자대표**여야 한다. 근로자 이사는 근로자들의 직접 투표로 뽑는다. 단체협약이 체결되면 노동조합이 근로자 이사를 선발한다. 근로자 이사는 단체교섭이나 단체행동처럼 노사간에 명백한 이해관계의 충돌이 있는 사안이 아닌 한 회사 주주를 대표하는 이사들과 동일한 권리를 가진다.

5) 사회민주노동당과 총선

2014년 12월 스웨덴 총선에서는 스웨덴 사회민주노동당(SAP, Sveriges Socialdemokratiska Arbetareparti)은 31.2%의 지지율로 녹색당(Miljöpartiet de gröna), 좌파당(Vänsterpartiet)과 함께 좌파연합을 구성해 전체 43.7%를 득표하고 총리를 배출하게 되었다. 스웨덴의 경우 우파는 주도 정당이 없는데 그나마 온건당(Moderata Samlingspartiet), 스웨덴민주당(Sverigedemokraterna), 중앙당(Centerpartiet) 등이 있다. 스웨덴의 국회의원은 349명인데 모두 비례대표 의원이고, 310명은 권역별 비례대표이며, 39명은 전국구 비례대표 의원이다.

2018년 총선에서도 사회민주당, 좌파당, 녹색당, 중도당을 포함한 좌파정당연합이 정권을 잡았지만 2022년 총선에서는 온건당, 스웨덴민주당, 기독민주당, 자유당의 우파정당연합이 176석을 차지해 173석의 좌파정당연합에 이겼다.[31] 특히 극우 성향인 스웨덴민주당은 백인우월주의와 반이민 정서를 활용하여 21%의 득표율을 얻어 사회민주당의 30%에 이은 2위의 득표율을 차지했다.

스웨덴민주당은 이민자의 경제적 이익을 줄이고, 이민자가 많은 지역에 강한 경찰권을 부여하며, 성소수자의 망명을 금지하는 법안 등을 제시하였다. 러시아의 우크라이나 침공 이후 스웨덴은 오랜 중립국 지위를 내려놓고, 북대서양조약기구(NATO) 가입을 결정하였고, 전쟁으로 인한 물가상승과 에너지 위기 등을 겪고 있다.

제3절 일본, 중국과 동남아시아 국가의 고용관계

1 일본의 노동시장과 고용관계

일본은 인구가 1억2,600만 명 수준이며 국내총생산이 2022년 33,911억 달러 수준으로 지난 10년간 4조 달러 수준에 머물러 있다. 경제규모는 우리나라의 세 배지만, 1인당 GDP

는 2022년 말 기준 36,032달러로 우리와 비슷한 수준이다.[32)]

일본도 저출산으로 어려움을 겪고 있으며 경제성장을 위해, 2020년까지 아베 내각은 임금인상, 일자리창출, 인플레이션까지 이끌어 낸 바 있다. 저출산의 영향으로 일본의 청년 취업률은 95% 이상으로 매우 높은 편이다. 다만 주로 이공계 일자리 중심이며, 인문상경계열은 취업률이 상대적으로 낮은 편이다. 2020년 스가 내각, 2021년 기시다 내각, 이후 2024년 이시바 내각으로 바뀌었지만 정책상의 큰 변화는 없었다.

1990년대 이후 비정규직은 지속적으로 증가하고 있어서 1990년대 초 비정규직 비율은 20% 수준이었으나 2013년 이후 37%대를 보이고 있다.[33)] 일본의 경우 다른 나라에 비해서 특히 여성의 비정규직 비율이 높은 편이며, 특히 35세 이상 집단에서는 과반수가 비정규직이며, 65세 이상은 80% 이상이 비정규직이다.

1) 노동조합 조직률과 노조활동

일본은 2021년 6월말 기준으로 노동조합 수 2만3천 개, 조합원 수 1천7만 명으로 조직률은 16.9%이며, 제조업, 도소매업, 공무원 등에 조합원이 많이 소속되어 있다. 2000년에는 조직률이 21.5%였다. 민간부문의 조합원 수는 876만 명으로 전체의 87%이다. 전국조직별로 보면 일본노총인 **렌고**(連合, **일본노동조합총연합회**)의 조합원 수가 가장 많으며, 전노련, 전노협 순이다. 기업규모별 조직률을 보면 우리나라와 유사하게 1천 명 이상의 대기업은 39.2%, 100~999명은 11.1%, 그리고 99명 이하는 0.8%에 불과하였다.[34)] 가장 큰 노조는 **UA젠센**으로 154만 명의 조합원을 가지고 있으며, 파트타임 근로자의 조직률이 지속적으로 증가하고 있다.

일본의 경우 전통적으로 춘투, 즉 봄에 임단협 교섭을 진행하였는데 최근에는 형식적인 교섭이 진행되는 경우가 많아졌다. 일본의 노동쟁의는 1970년대 이후 지속적으로 감소해 왔다. 2018년에는 58건으로 2000년 이후의 100건 이하를 거의 지속적으로 유지하고 있다.

2) 일본의 아베노믹스와 임금인상

일본의 근로자 실질임금은 1997년에 정점을 찍은 이후 지속적으로 감소하고 있었는데, 아베 정권은 그 이유를 일본의 장기 불황 및 디플레이션 요인의 하나였다고 보고 근로자

임금인상 정책을 실시하였다(오학수, 2014). 2013년 말 노사정 합의내용을 보면 기업의 이익이 고용창출 및 임금인상과 연결되어야 한다는 점을 강조하고 있다.

노동조합 최대 조직인 렌고(일본노동조합총연합회)도 2014년 들어서 세계금융위기 이후 5년 만에 임금인상을 요구하였고, 디플레이션으로부터 탈출을 강조하였다. 실질임금 유지와 생산성 향상분에 대한 임금인상을 요구하면서 중소기업 근로자와 비정규직의 임금인상도 강조하였다.

최근에는 노동조합의 임금인상 요구내용도 바뀌어 가고 있다.[35] 춘투의 조타수 역할을 하는 도요타자동차노조는 2020년 단체교섭 모두에게 적용되는 기본급 인상을 줄이고, 인사평가에 따라 인상률을 달리하는 안을 사측에 제시했다. 도요타의 기본급은 직급에 따라 결정되는 **직능기본급**과 평가에 따라 결정되는 **직능개인급**으로 구분되는데, 임금인상액 배분을 모두 직능개인급으로 일원화하자고 제안한 것이다. 일본의 대표적인 은행인 미쓰비시 은행은 기본급 인상을 요구하지 않고, 인사평가 및 성과를 중심으로 임금을 인상하기로 주장하였다.

하지만 2020년 이후 일본의 임금인상률은 코로나19의 여파로 음의 값을 보인 바도 있고 2022년이 지나서는 2% 미만을 유지하고 있다. 2023년 4월 기준으로 일본의 월평균임금은 32만6천 엔으로 약 298만 원(100엔이 917원 기준)으로, 우리나라의 390만 원보다 훨씬 낮은 수준이라고 할 수 있다.

3) 일본의 고령화와 정부정책

일본정부는 저출산 · 고령화와 동시에 생활방식이 다양해지는 가운데 사회보장제도의 개편을 추진하고 있는데 핵심적인 내용은 정년은 60세지만, 65세까지는 고용확보조치를 취해야 하고, 70세까지는 취업기회확보 노력의무다. 노동시장과 관련된 내용은 다음의 네 가지다.

첫째, 70세까지의 취업기회확보이다. 이전에는 65세까지 희망자 전원고용이었으나, 이제는 정년폐지, 70세까지 정년 연장, 70세까지 계속고용 등의 방법으로 계속 일할 수 있게 하는 방법이다.

둘째, 중도채용/경력자채용의 촉진이다. 이를 위해 301명 이상의 대기업을 대상으로 정규직 중 중도채용자 비율을 공포하는 법안을 준비 중이다.

셋째, 겸업/부업의 확대다. 겸업/부업의 확대에 걸림돌이 되는 과중한 노동에 대한 우려, 노동시간 관리/차악의 곤란 등에 대해 더 검토를 해나간다.

넷째, 프리랜서 등 고용계약을 체결하지 않는 취업자 보호이다. 이는 특히 고령자 취업기회 확대에 기여할 것으로 생각하여 노동정책상 보호나 경쟁 규율 등을 재정비하기로 하였다.

연금과 관련해서는 연금수급개시연령은 65세로 하되, 연금수급개시연령을 현행 65~70세에서 60~75세까지 연장할 수 있도록 법을 개정하였다.

일본의 고령화대책은 단계적으로 장기적으로 접근하고 있다. 1976년 60세 정년연장을 제기하고 1998년 실제로 60세 정년 의무화가 시행되기까지 22년이 걸렸다. 연령도 60세-65세-70세로 그리고 '노력'의무에서 '법적'의무화, 대상자 '한정'에서 '확장' 등으로 단계적이고 점진적으로 접근하고 있다. 우리의 국민연금이라고 할 수 있는 후생연금도 수급연령의 인상을 정년연장과 맞추어 단계적으로 추진하여, 우리나라의 정년과 수급연령 미일치 문제는 발생하지 않았다.

2 중국의 노동시장과 고용관계

중국의 전통적인 사회주의 이데올로기는 "노동력은 상품이 아니다"였으나 중국에서 "노동력은 상품이다"라는 이데올로기로 전환되어 가면서, **사회주의 계획경제** 하에서 방대한 농촌인구로 인한 독특한 경제체제는 전환점을 맞는다. 중국 노동시장의 특징은 전통적으로 볼 때 방대한 농촌인구의 도시유입 통제와 국가가 할당하는 과잉노동력의 비효율적 활용이었다. 그러나 개혁개방 이후 농촌에서 인민공사체제를 해체하여 잉여노동력이 도시로 이동하는 것이 가능해졌고, 중국정부는 이들이 스스로 직업을 찾도록 하는 정책을 시행함으로써 노동력 수급의 결정자로서의 역할을 포기한 바 있었다.

지난 30년 가까이 고속 경제성장을 이룩한 중국은 하루가 다르게 달라지고 있고 아직 미흡한 부분들이 많이 있지만, 이제 중국은 새로운 단계에 접어들어서 세계 2위의 경제강국이 되었고, 산업구조에서도 제조업 탈피를 선언하는 등 향후 중국경제는 세계 경제의 주도 세력으로 그 지위를 강화할 것으로 보인다.

1) 중국의 노사관계정책 변화과정과 노동3권

중국의 노사관계정책은 크게 3단계로 구분할 수 있다.[36] 1단계는 1978년부터 1993년까지로 시장화 노사관계 구축에 중점을 두고 전개되었던 시기다. 중국의 노사관계는 전통적인 시장경제와는 달리 경제체제 개혁의 필요에 따라 형성된 특징을 가진다. 이 단계에서는 이동이 자유로운 노동시장을 구축하고 이를 기초로 시장화된 노사관계를 구축하는 목표를 가지고 있었다.

2단계는 1994년부터 2001년까지다. 1992년 '**사회주의 시장경제체제**' 도입 이후 국영기업에서 소유와 경영 분리가 추진되었고, 민간 경제는 급속하게 발전한다. 근로자 권익에도 관심을 가지기 시작했지만, 국유기업의 효율성 제고를 위한 대량 감원 등 시장화 노사관계는 여전했다. 시장화 노사관계는 필연적으로 근로자의 불만과 저항을 가져오게 됨에 따라, 중국 정부는 시장화 노사관계와 근로자 권익보호라는 상반된 두 가지 목표를 동시에 추구하게 된다.

마지막 3단계는 2002년부터 현재까지이다. 시장화 노사관계가 어느 정도 완성됨에 따라 중국의 노사관계는 행정통제 방식에서 시장조절 방식으로 바뀌게 된다. 하지만 근로자의 권익침해현상이 계속되면서 노동정책은 근로자 권익보호에 더 중점을 두게 된다.

중국에서의 노동3권을 살펴보면 다음과 같다. 우선 단결권과 관련해서 **공회법**(우리나라 노동조합법과 유사함)은 "공회는 노동자들이 자발적으로 결성한 노동자계급의 대중조직이다. 중화전국총공회 및 각 공회조직은 노동자의 이익을 대변하고, 법에 따라 노동자의 합법적인 권익을 보호한다"라고 정하고 있다. 그러나 총공회 이외의 노동자단체는 인정하지 않고 있다. 다음으로 단체교섭권과 관련해서는 노사관계의 안정화 관점에서 정부당국이 주도적으로 추진하고 있다. 또한 단체교섭권과 관련된 규정들이 단일법률로 존재하지 않고, '**임금단체협상시범시행방법**(工资集体协商试行办法)', '**단체협약규정**(集体合同规定)' 등 행정법규, 규정 등 하위규범에 규정되어 있으며, 그나마 있는 규정들도 단체교섭의 절차에 대해 간단하고 모호하게 규정하고 있다.

단체행동권과 관련해서 보면 파업의 정당성이 어느 정도 확인되고 있으나, 합법성 문제는 여전히 남아 있다. 1982년 헌법에서 파업권이 삭제된 이후 여전히 명문화된 규정은 없다. 다만 명시적으로 금지하는 규정도 없어서 소극적으로 파업을 용인하고 있다고 볼 수 있다.

2) 중국 노동시장의 특징

중국은 1978년 개혁개방 이후 40여 년간 연평균 9% 성장하면서 일본, 한국, 대만 등의 기록을 넘어섰다. 다만 코로나19로 2020년은 2.2%로 추락했지만 2021년 8.4%, 2022년 3.0%를 기록하였다. 2022년 경제규모는 18조3천억 달러로 우리의 네 배 규모이다.[37] 2019년 말 중국의 인구는 14억 명이며, 2022년 1인당 명목 GDP는 12,970 달러 수준이다. 취업자 수는 약 8억 명이며, 도시취업자는 4억 명 수준이다.[38] 산업별 GDP 비중을 보면 2015년 기준으로 농업이 8.9%, 제조업이 42.7%, 서비스업이 48.4% 수준이다.

중국 노동시장의 가장 큰 특징은 방대한 인구와 노동인구로 인해 장기간에 걸쳐 노동력 공급이 수요를 과다하게 초과하였으나, 2010년에 이르러서는 수요가 공급을 초과하는 반대 현상을 보이고 있다는 점이다. 중국의 고용변화는 1991년부터 2008년 사이에 도시화가 진전되면서 도시고용과 농촌기업의 고용이 약 2억 명 가까이 늘어났다. 그 결과 공급과잉의 노동시장이 형성되었다. 하지만 2009년 중반기 이후 중국경제의 빠른 성장에 힘입어 다시 노동력 공급부족 현상이 해안지역의 공업지대, 즉 주강삼각주와 장강삼각주 지역을 중심으로 나타나기 시작되었다.

3) 중국의 기업과 공회(노동조합)

중국에서 기업이라고 할 때는 소유 주체에 따라 **전민소유**(국가소유), **집체소유**(지방정부 등), 개인소유(개인)로 나뉘는데, 전민소유 중 경영주체가 국가면 '**국영기업**', 민간이면 '**국유기업**'으로 구분한다. 집체소유는 집체, 즉 기관, 기구 등 단체, 개인소유는 개인이 경영주체가 되며 후자를 '**사영기업**'이라고 한다.

중국의 **공회**(工會, 우리의 노동조합)의 설립과 발전은 노동3권에 기초를 두고 있는데 1950년 6월 처음으로 공회법이 공표된 이후 2001년에 개정된 바 있다. 2008년에 신노동법이 공포되어 노동자 권익보호에 대한 강제 수준과 노동쟁의 처리 효율성을 제고하였다. 그 결과 노동자의 권리의식이 신장되었고 노사정 3자 기제를 정착시켰다.

중국 「**공회법**(工會法, 노동조합법)」을 종합적으로 검토하면 공회의 기본적 기능은 경영참가(종업원의 민주관리권의 확보), 종업원의 권익보호(경제적 · 사회적 분배), 종업원의 교육훈련, 기업발전에의 동참(기술혁신 및 생산성 향상 선도) 등의 네 가지로 요약할 수 있다.[39] 중국은 사용자가 전체 노동자 임금총액의 2%를 공회에 공회경비로 지급하면, 지역・업종에 따라 차이는 있지만 일반적으로 40% 이상을 기업공회에서 사용하고, 나머지는 지역공회로 전달하고 있다.

중국정부와 **중화전국총공회**는 2012년 연말까지 기업법인단위 공회설립률 90%, 노동자의 공회가입률 92% 이상을 목표로 하고 있는 상황에서 공회설립에 대한 압력이 더욱 거세질 것으로 보인다. 2012년 공회조직과 공회업무발전상황 통계공보(2012年工会组织和工会工作发展状况统计公报)에 의하면, 중국 총공회의 조합원 수는 2.8억 명, 체결된 단체협약 수는 224.5만 건, 적용대상 기업과 노동자 수는 각각 579.2만 개, 2.67만 명인 것으로 나타났다.[40)]

하지만 노동운동 활동가들은 중국이 자본과 권력이 담합한 체제로 전락하고 있다는 비판과 부패관료에 대하 반감을 표출하면서, 공회를 우회한 비공식 노동자조직을 만들고 인

알고 지나가기

노조활동하면 체포되는 '공산국가' 중국의 딜레마

지난달(2021년 1월) 중국의 3대 온라인 쇼핑몰인 핀둬둬의 20대 여직원이 밤샘 야근을 하고 퇴근하다 돌연사한 사건이 일어나면서 2억6,000만 명에 달하는 중국의 노동자, '농민공'들의 불만이 터져나오고 있습니다. 특히 젊은 농민공들은 중국 IT업계를 비롯해 기업 전반의 노동환경이 개선돼야 한다고 주장하고 노조설립과 노동쟁의 등을 활발히 추진하고 있는데 중국당국은 노조설립을 논의만 해도 체포하는 강경책으로 일관하고 있습니다. 공산국가인 중국에서 노조활동이 처벌받는 아이러니가 발생하고 있는 것입니다.

6일(현지시간) 뉴욕타임스(NYT)와 주요 외신들에 따르면 중국 상하이시 당국은 핀둬둬의 노동시간 및 노동환경에 대해 조사에 들어갔습니다. 이는 지난달 4일 핀둬둬 신장위구르자치구 우루무치 지부에 근무하던 20대 여직원이 새벽 1시 30분께 퇴근길에 돌연사한 사건이 동료의 사회관계망서비스(SNS)를 통해 알려지면서 중국 농민공들이 일제히 불만을 터뜨렸기 때문인데요. 돌연사라 하지만 사실상 매일 야근에 시달리다 과로사한 것이란 비판이 쏟아지면서 젊은 중국 노동자들은 누구에게나 일어날 수 있는 일이라며 분노하고 있습니다. SNS에서 핀둬둬 직원 사망사건에 대한 해시태그는 2억 회 이상 검색되며 중국의 열악한 노동환경에 대해 경종을 울렸습니다.

출처: 아시아경제, 2021년 2월 7일.

터넷을 통해 빠르고 광범위하게 소통한다.[41] 기존의 공회가 현장 노동자들의 요구와 정서와 너무 멀리 떨어져서 대표성과 신뢰를 잃고 있기 때문에 공회 내 민주주의 확립이 필요하다고 강조하고 있다.

2017년 제19차 당 대회에서는 '시진핑 신시대 중국 특색의 사회주의 사상'이 발표된 이후 공회 조직에 대해서도 '시진핑 사상'을 중심으로 한 당의 지도 강화와 정치사상적 지도가 더 강화되고 있다.[42] 특히 2018년 12월에 발표한 중화전국총공회 주석인 왕둥밍의 담화문을 보면, '중국의 꿈'과 '노동의 아름다움'을 심화하는 것이 새로운 시기 공회의 주요 임무라고 강조하면서, '중국 특색의 조화로운 노동관계 구축'을 위해 '독립공회'나 '민간공회'의 출현 방지 및 '적대 세력'의 개입과 선동에 의한 경계를 더욱 강화할 것을 강조하고 있다.

4) 임금체계 개혁의 역사와 결과

중국은 1956년 임금개혁을 통해 전국적으로 통일된 임금제도를 구축하였다. 국가기관 및 사업체에서는 30등급 임금제를 실시하였으며 국영기업에서는 8등급 임금제를 시행하였다. 이러한 제도가 구축된 이후 임금은 '**따궈판**(大鍋飯)'이라고 불리며 기업의 성과나 근로자들의 노력과 상관없이 국가의 기준에 따라 일률적으로 결정되는 평균주의 분배제도가 자리 잡게 되었다.

그 이후 1978년부터 임금개혁이 시작되었는데 초기에는 임금 수준을 어느 정도 향상시키면서 **성과급**[計件工資制(찌잰꿍즈: 작업량에 따라 임금을 지급하는 성과급)]과 **보너스**(獎金, 기업의 보너스) 등을 시행하기 시작하였다. 1985년에는 기업 및 사업단위에서 등급임금제가 폐지되었고 직무에 따라 급여에 차등을 두는 **구조임금제**(結構工資制)를 시행하게 된다. 이는 **기본급**(基本工資, 지번꿍즈), **직무급**(職務工資), **경력급**(工齡津貼, 진톄) 및 **보너스**(獎金) 등으로 구성되었다. 또한 기업의 임금분배권을 확대하여 경제효율을 높이는 기업은 임금을 인상할 수 있도록 하였다. 이로 인해 그동안 바탕이 되어 온 평균주의 임금분배 체제는 붕괴하게 된다. 현재 민영기업과 주식회사 대부분의 임금분배는 기본적으로 이미 시장화되었으며, 국유기업의 임금분배는 시장 지향을 기본으로 하고 있다(양리밍, 2014). 그러나 정부는 여전히 그에 필요한 관리와 규제 정책을 시행 중이다.

국가공무원의 경우는 2006년 「공무원법」이 본격 시행됨에 따라, 직무와 직급이 상호결합된 전국 통일의 새로운 공무원 임금제도가 되었다. 공무원의 기본급은 직무급과 직급급의 두 항목으로 구성되며, 그 외에 각종 수당과 연말에 일회성 상여금이 지급된다. 공공기관에는 2006년 **직위 성과급제**라는 새로운 임금체계가 도입되었는데 기본급은 **직위급**과 **호봉급**의 두 항목으로 구성되며, 그 외에 **성과급**과 **수당 보조금**이 있다. 과거와 달리 직위의 가치와 성과에 대한 인센티브 기능을 강조하였으며, 국가가 성과급 총액을 정하며 그 총액 범위 내에서 분배의 자율권을 가진다.

개혁개방 초기 중국의 임금 개혁은 '**평균주의**'와 '**공동배식**'이라는 체제를 벗어나는 것이었으나 40여 년이 지난 지금은 오히려 지속적인 임금소득 격차의 확대와 분배 불공정에 따른 갈등이 문제로 제기되고 있다. 구체적으로 보면 첫째, 여전히 큰 도농 간 발전 격차와 주민 소득분배 격차; 둘째, 업종 간 · 지역 간 · 계층 간 현격한 임금소득 격차; 셋째, 낮은 최저임금 기준과 일반 노동자 임금, 경제성장률을 밑도는 대다수 근로자의 임금상승률이라고 하겠다.

5) 임금과 근로조건

중국의 국내경제 성장세가 전에 비해 둔화된 측면이 있지만 기업들은 인재유치를 위해 임금을 올리고 있으며 소비자 물가지수가 상승하면서 인플레이션 압력도 작용한 결과라고 할 수 있다.[43] 대기업의 경우, 베이징이나 톈진, 상하이 같은 대도시는 어느 정도 수준이 되고, 1인당 연간 평균 소득이 3만 위안(약 520만 원)에 달하지만, 리커창 총리는 2020년 기준으로 약 6억 명의 월급이 한화로 17만 원 정도밖에 안 된다고 하였다.[44] 하지만 인건비의 상승으로 제조업이 탈중국화하고 있는데 중국 선전에 위치한 선전시 산업단지 근로자의 세후 월평균 급여가 5천 위안(약 81만 원)을 넘어서자, 1만5천여 개 기업이 동남아나 인도로 옮겨갔다.[45] 베트남의 12배 수준이라는 것이다.

중국에서의 표준근로시간은 일 8시간, 주평균 40시간이며 매일 고정되지 않는 근로시간도 주평균 44시간을 넘지 못하도록 규정되어 있다. 공휴일은 주휴가로 규정되어 있으며 1995년부터는 주 5일제를 실시한다고 규정되어 있다. 우리와는 달리 가족방문휴가가 별도로 있는데 만 1년 이상 근무하고 배우자나 부모와 함께 생활하지 않는 경우에 1년에 1회 배우자 방문 시는 30일, 부모 방문 시는 20일의 휴가를 주도록 규정되어 있다. 출산휴가는 산전 15일, 산후 75일로 모두 90일이며, 난산일 경우는 15일 추가, 쌍생아일 경우에도 역시 15일이 추가된다.

또한, **사회보험** 사업도 눈부신 발전을 거두었다.[46] 2013년 5대 사회보험(실업, 의료, 산업재해, 출산양육, 양로보험) 기금의 총수입은 3조5,253억 위안으로, 전년 대비 14.7%가 증가했고, 기금지출 합계도 2조7,916억 위안으로, 전년 대비 19.7%가 증가했다. 구체적으로 첫째, 도시와 농촌의 기본양로보험제도가 전면 시행되면서 전 국민이 의료보험의 혜택을 받게 되었다. 둘째, 사회보험의 적용범위가 지속적으로 확대되었다. 셋째, 기업퇴직자의 기본양로급여가 재인상되고, 정해진 기일에 모두 지급되었다.

6) 중국의 단체교섭

과거에는 기업 내의 작업조건도 정부에 의해서 제정되었으나, 이제 기업의 경영자율권이 보장되고 1995년부터는 노동법과 **단체협약**(**집체합동**)규정이 시행되면서 많은 변화가 일고 있다. 단체협약(집체합동)은 사용자와 공회(노동조합)가 교섭하고, 공회가 없는 경우에는 근로자들이 추천한 직공대표가 단체교섭을 하고 단체협약을 체결할 수 있다.

하지만 중국의 단체교섭은 **단체협의**(collective consultation)로 더 잘 알려져 있다.[47] 여러 법이 존재하지만 여전히 형식적인 수준에 머물러 있다고 알려져 있다. 이는 "공회가 근로자들을 잘 대변하지 못하며, 사측의 요구를 받아들이는 경우가 많아 제대로 협상이 진행되지 못하고, 오히려 정부나 상급노조의 요구라고 할 수 있다"라고 정리하고 있다. 이러한 이유는 기업별 노조가 총공회 산하에 위치하지만 총공회가 당-국가의 통제 하에 놓여 있기 때문이다.

그러나 '중화인민공화국노조법', '중화인민공화국노동법', '중화인민공화국계약법', '노동쟁의중재조정법', '단체계약규정', '임금 단체협상시행령', '지역별・업종별단체협상전개에 관한 의견' 등을 기반으로 법규체계가 구축되어 임금 단체협상을 제도적으로 뒷받침하고 있다. 2013년 말 전국적으로 기업직공의 노동계약 체결률은 88.2%에 달했고, 노무파견 노동자 관리를 강화하고 이를 규제하기 위해 **「노무파견행정허가변법」**을 공포했다. 단체협상과 단체협약제도를 추진하여, 연말 각지 인력자원과 사회보장 부문은 155만5천 개의 단체협약을 비준했고 이는 1억5,700만 명의 직공에게 적용된다.

7) 노동쟁의 발생과 처리 및 현황

중국은 집단적 노동분쟁에 대한 세부규정이 없는데 그 이유는 중국의 노동자의 파업권을 인정하지 않았기 때문이었다. 그러나 최근에는 노동자들의 권리의식 강화와 중국 정부의 노동친화적 법률제정으로 집단적 노동분쟁이 증가하고 있다. 또한 총공회 허가 없이 발생한 **비공인 파업**(wildcat strike) 형태의 노동운동이 증가하고 있다.[48] 일단 노동쟁의가 발생하면 어느 일방 또는 당사자 모두가 노동쟁의처리를 신청할 수 있다. 노동쟁의처리는 3단계로 진행되는데 첫째는 기업 내에 종업원대표, 기업대표, 공회(노동조합)대표로 구성된 **노동쟁의조정위원회**에서 조정이 이루어진다. 조정이 결렬되면 각 현이나 시, 직할시에 설치된 노동쟁의중재위원회에서 중재가 시작된다. 중재재정에 대해 불복하는 경우 인민법원에 소송을 제기할 수 있으며 2심까지 청구할 수 있다.

중국 노동쟁의중재위원회에 집단적 노동분쟁 사건으로 접수된 건수를 보면 2015년에는 10,466건이고 2016년에는 9,745건이며 여기에 관련된 근로자 수는 각각 34만 명과 29만 명에 달한다.[49] 이는 2008년 이후 친노동자적인 노동관련법을 시행한 이후 연평균 21.6%씩 증가하였다.

중국에서 「노동계약법(勞動合同法)」 및 「노동분쟁조정중재법(勞動爭議調解仲裁法)」이 시행되면서 노사관계 당사자의 권리와 의무관계를 새롭게 조정하였고, 노동자의 권익보호를 강화하는 데 토대를 제공하였다.[50] 「노동분쟁조정중재법」의 발효로 중국의 노동분쟁처리제도는 '행정주도, 다방협력, 조정우선, 신속처리'라는 중국식 노동분쟁처리시스템의 특징을 점차적으로 확립해 나가고 있다.

8) 2021년 파업 등 단체행동

중국노공통신(中國勞工通訊, China Labour Bulletin)*에 따르면 2021년 중국 내 노동자 단체행동은 2020년보다 200여 건이 늘어난 1,100여 건이었다.[51] 중국의 파업은 공식적으로 노동조합에서 계획적으로 진행할 수 없기 때문에 장기적으로 쌓인 불만과 억눌린 감정이 어떤 계기로 인해 돌발적으로 그리고 폭발적으로 발생하는 특징을 가진다. 업종별

* 중국노공통신(China Labour Bulletin)은 1994년 홍콩에서 설립한 노동자 공익기구임. 중국 내 파업은 2011년 184건, 2012년 382건, 2013년 656건, 2014년 1,379건, 2015년 2,774건, 2016년 2,664건 2017년 1,257건, 2018년 1,700여 건이 발생하였다.

로 보면 건축업이 420건(38.4%)으로 가장 많았고, 이 중 주택건설과 복합쇼핑몰 건설현장에서 임금체불과 관련해 발생한 단체행동이 각각 118건과 72건으로 가장 많은 비중을 차지했다.

2021년 노동자 단체행동의 폭발점은 교통운수업이었는데, 이 중 배달대행 플랫폼 기업 사이에서 배달시장을 선점하려는 경쟁에서 배달료 인하, 임금체불 등이 발생하였고 이로 인해 배달원의 운행중단, 파업 등 단체행동이 발생하였다. 지역별로는 하남성, 광동성, 산동성 등에서 많이 발생하였고, 규모별로 보면 전체의 75.5%에 달하는 825건의 단체행동이 100명 이하의 사업장에서 발생했다.

정부의 대응방식에서 보면, 단체협상을 통한 해결이 487건으로 전체의 절반을 차지해 가장 많았고, 이어서 정부가 노사분쟁에 개입하여 조정 및 중재를 통해 해결한 정부개입(361건, 37.1%), 경찰출동(85건, 8.7%), 폭력진압(24건, 2.4%), 체포(16건, 1.6%), 노조개입(1건, 0.1%) 등 순으로 나타났다. 경찰이 개입하는 사건 비율은 과거에 비해 확연하게 줄어들고 있다. 특이한 점은 단체행동에 대해 정부가 개입하지만 공회가 개입하는 사건은 거의 없었다.

알고 지나가기

중국 최대 화물차 공유업체 운전기사 파업

2022년 11월 중국의 화물차 공유업체 '화라라'의 운전기사들이 부당한 대우와 권익 침해에 항의하며 중국 곳곳에서 집단적으로 파업을 했다. 광둥성 둔관에서는 400여 명의 기사가 모여 시위를 벌여 경찰이 해산시켰으며, 선전에서는 1천 명 이상이 참여했다. 기사들은 "회사가 기사들의 운행거리와 운송 물량을 제대로 정산하지 않으며, 동일한 운송거리에도 운임이 들쭉날쭉하고, 이용객의 부당한 요구를 거절하거나 길이 막혀 배송이 늦어져 민원이 제기되면 배송료를 깎는다"라고 주장하였다.

2013년에 설립된 화라라는 중국 최대 화물차 공유업체로 중국 352개 도시에 영업망을 갖추고 있으며, 화물차 기사는 66만 명, 월간 이용자는 950만 명에 달한다.

출처: 연합뉴스, 2022년 11월 19일.

9) 최저임금제도[52)]

중국은 경제성장의 결과 심해지는 소득불균형의 문제를 해결하기 위해 사회복지제도를 확충하는 등 다양한 제도를 도입하고 있는데, 이 중에 최저임금제도는 중국정부가 기업의 임금분배를 조절하여 근로자가 합리적인 노동에 대한 대가를 받을 수 있도록 하는 중요한 수단의 하나이다.

중국 **인력자원 · 사회보장부**는 월 최저임금과 시간당 최저임금 표준을 발표하는데, 최저임금과 시급은 현지 도시민의 생활비용 수준, 근로자의 평균임금 수준, 실업률, 노동생산성, 지역 간 경제발전 수준 변화, 소비자물가, 주택공급자금 데이터 등을 고려하여 책정된다.[53)] 31개 성별로, 다시 성내에서 급지별로 다른 최저임금이 결정된다. 2025년 4월 기준으로 전일제 근로자(하루 8시간, 주당 40시간을 초과하지 않는 근로자)에게 적용되는 월최저임금이 가장 높은 곳은 상하이로 월 2,690위안(약 51만 원, 1위안 190원 기준)이고, 시간급 최저임금이 가장 높은 지역은 베이징으로 26.4위안(약 5,100원)이다. 월최저임금이 가장 낮은 지역은 헤이룽장성, 하이난 등이다.

3 동남아시아 국가의 고용관계

2022년까지 베트남에 투자된 한국기업의 프로젝트는 9천여 개이며, 2020년에만 투자규모가 900억 달러가 넘는다. 베트남에서 일하는 한국 전문가들만 1만여 명에 달한다.[54)] 베트남은 인구가 9천8백만 명으로 동남아에서 세 번째로 많고 평균 나이는 30대 초반으로 젊으며, 10명 중 4명이 도시에 살 정도로 도시인구 비율이 높다.

1) 베트남의 경제와 고용관계[55)]

한국과 베트남은 1982년 수교해서 30년이 넘었다. 베트남은 인근 중국, 캄보디아, 라오스와 함께 사회주의적 이념과 정치체제를 유지하고 있지만 '사회주의를 지향하는 시장경제'를 운용하고 있는 국가이다. 하지만 통일 이후 경제적 어려움을 경험하면서 1980년대 중반부터 **도이머이**(Doi Moi, 새롭게 변경한다)라는 개혁개방정책을 실시하면서 1990년대 초반 시장경제로의 전환 이후 빠른 경제성장을 기록하고 있다. 도이머이 정책의 핵심은 외국자본의 투자를 적극 유치하고 시장경제를 도입하는 것이다. 특히, 이 과정에서 거시경제적인 혼란도 없었고 정치적으로도 불안한 경험을 하지 않았다.

베트남 경제는 1986년 도이머이 정책을 승인하게 되고 이를 계기로 중앙집권적 계획경제, 국가의 가격통제, 집산화, 평준화된 임금체계 등이 재검토되고 사유화를 확대하고 시장경제를 도입하는 정책적 변화가 시작된다. 이후 1990년대 중반까지 연평균 9%의 GDP성장률을 기록하였으며 2000년대 이후에도 연평균 7% 이상의 성장을 기록하고 있다. 최저임금은 2010년 이후 두 자릿수 인상을 기록하다가 2017년부터 한 자릿수로 낮아졌으며, 2024년 7월의 경우 호치민이나 하노이 같은 주요 도시인 1지역은 월 496만 베트남동(약 189.9달러, 약 24.8만 원, 1동은 0.05원 기준), 시급 2만3,800동(약 91센트, 약 1,190원)이며, 가장 낮은 4지역은 월 345만동(약 17만2,500원), 시급 1만6,600동(약 830원) 수준이다.

외국자본은 주로 제조업에 투자되고 있다. 값싸고 양질인 노동력이 풍부하다는 인식때문에 섬유, 봉제, 의류, 신발, 가방을 중심으로 한 노동집약적 제조업에 외국자본이 집중되어 있다. 하지만 최근에는 부동산, 건설, 광업, 전자・통신, 유통, 기타 서비스분야에 대한 투자도 급증하고 있다.

역사문화적으로 볼 때 베트남은 다른 나라보다 친근로자적인 성향을 가지고 있다. 노동시장은 냉정하지만 거친 자본주의적 경향을 제한하는 법규와 국가관행을 가지고 있다. 그러나 베트남에서의 문제는 노동쟁의 시 효과적인 노동조합의 참여가 미흡하다는 점이다. 쟁의는 보통 노동조합에 의해서가 아니라 지역정당이나 국가조직에 의한 정치적 개입을 통해 비공식적으로 해결된다.

베트남은 신헌법에 따른 노동법을 1994년에 공포하였으며 2002년 이후 수차례 개정되었고, 2021년 다시 개정되어 2022년부터 적용된다.[56] 2021년부터는 베트남에서 근로계약을 맺지 않은 경우에도 계약에 따라 근무하며, 임금을 받고, 사용자의 관리감독을 받으면 노동법 적용 대상이 된다. 기존의 서면계약에 전자적 수단을 통한 계약도 인정되지만, 구두 계약은 1개월 미만의 임시직에만 허용된다. 근로계약에는 정규직 근로계약과 36개월 이하의 기간제 근로계약 두 가지만 허용된다. 36개월 이하의 계약은 1회에 한해 연장할 수 있으며, 2회 연장시에는 정규직으로 전환된다. 다만 고령근로자, 외국인근로자 등은 제외된다.

베트남에서 노동조합 설립은 필수가 아니지만 노조가 없는 경우 지역의 상위 노조가 노조설립을 유도할 수 있다. 베트남 근로자는 모두가 노동조합지원금은 임금의 2%를 납입하는데 노조가 없으면 상급노조가 100% 가지게 되지만, 기업 내 노조가 있으면 65%를 기업 내 노조에서 사용할 수 있다. 근로시간의 경우 1주 48시간의 근로시간제도를 기본으로 하지만 건강보호나 고용증대를 위해 초과근로를 엄격히 제한하고 있다. 초과근로는 1일 4시간, 월 30시간으로 제한하고 있다.

베트남의 노동조합은 흔히 **사회적 합의주의**(corporatism)로 설명되는데, 이는 국가가 노동조합의 이해관계를 중시하지만 노동조합이 국가의 관리체제 안에 편입되어 있다는 특징을 가진다. 국영기업, 근로자 10인 이상 사업주, 외국인투자기업 등은 단체협약을 체결하도록 되어 있으며, 단체협약의 유효기간은 보통 1～3년이며 유효기간 3개월 경과 후에도 새로운 협약을 체결하지 못한 경우에는 자동으로 효력을 상실한다.

노동쟁의가 발생한 경우에는 당사자에 의한 직접 교섭과 자율협의가 원칙이다. 그러나 상호 권익을 존중하고 사회의 이익존중 및 법률에 따른 조정 및 중재가 공개적으로 신속하게 이루어지도록 하고 있다. 쟁의가 발생한 경우에 기업 내에서 해결하지 못하면 지역단위 노동관서의 노동조정관이 쟁의해결을 담당하고 그래도 안 되면 **인민법원**이 담당한다.

2) 인도네시아의 고용관계[57)]

인도네시아는 동남아시아의 적도 부근에 위치한 섬나라로 섬의 개수는 17,508개에 이른다. 면적은 192만㎢로 남한의 20배 정도이며 인구는 2억7천만 명으로 중국, 인도, 미국에 이어 세계 4위의 인구대국으로 다종족 국가이다. 인도네시아의 5개 건국이념은 **판차실라**(Pancasila, 판차는 '다섯', 실라는 '원칙')인데 중앙의 별은 유일신에 대한 믿음인 신앙의 존엄성, 금빛 사슬은 공정하고 고상한 인류애를 나타내는 인간의 존엄성, 반얀 나무는 통일 인도네시아, 들소는 대의 정치, 벼이삭과 목화는 사회정의 구현을 의미한다.

인도네시아는 17세기 초부터 네덜란드의 식민지였다가 1949년 독립하였다. 종교적으로는 86%가 이슬람교를 신봉하는 이슬람문화가 주류이지만 비교적 개방된 이슬람사회로 여성의 사회참여가 보장되어 있어서 경제발전에 따라 여성의 사회진출이 더욱 확대되고 있다. 정부구조는 대통령중심제이고, 국민대표기관으로는 국민협의회와 국회가 있다. 경제적으로 1998년 외환위기로 어려움을 겪었으나, 국내총생산 규모는 2024년 1조3,963억 달러 규모로 세계 경제의 1.32%를 차지하고, 1인당 국민소득은 2024년 말에 4,367달러를 기록했다. 인도네시아 노동력의 특징은 낮은 교육 수준, 생산직 저임금 노동시장에 대한 만

성적인 공급초과현상, 고급인력의 부족과 고급인력의 해외유출 등이다. 산업별로는 1차 산업이 중심이고 서비스업, 제조업 순이다. 제조업은 증가추세를 보이고 있다.

인도네시아는 노동법 이외에도 각종 법률과 행정명령 등으로 근로자의 권리와 근로조건을 규정하고 있는데 네덜란드 식민지시대 영향으로 비교적 상세하고 합리적으로 규정되어 있다. 노동조합은 1945년 독립 이후 정당의 정치목적에 이용됨으로써 발전하지 못하고 오히려 후퇴하는 경향을 보였고, 1968년부터는 전국에 단일 노조만을 허용하고 노조를 정부의 통제 하에 둠으로써 원래 의미의 활동에 한계를 보였다.

1998년 이전까지는 사내 노조를 원하는 경우 노사정 3자 협의회 주관으로 찬반투표를 통해 과반수 찬성이 요구되었다. 또한 당시에는 대통령령으로 파업이 금지되었으며 파업을 하는 경우 사회치안 교란 혐의로 단속을 했다. 그러나 저임금, 아동노동, 야간노동, 산업재해 등으로 인해 일부 과격한 노동운동이 발생하기도 했다.

이후 1994년부터는 근로자들의 자유노조 결성요구와 대내외 압력으로 결국 1998년 새 노동정책 이후 민간부문 근로자들은 최소 10인 이상(2000년 노동법 개정)의 찬성으로 신고만으로 정부의 사전 승인 없이 노조설립이 가능해졌다. 복수노조도 가능해졌다. 2003년에 다시 노동법이 개정되는데 기업의 핵심적 업무가 아니며 회사 전체 업무와 연결되지 않는 업무에 한해 아웃소싱이 가능해졌으며(제65조), 계약직 근로계약은 정규직 성격을 갖는 직종에 적용될 수 없다고 규정됐다(제59조). 하지만 이러한 조항은 노동계에서는 수용하기 어려운 부분이었다. 2004년에는 노사분쟁이 중재자개입으로도 해결되지 않을 경우 노동법원에 심판을 청구할 수 있게 되었다.

인도네시아는 싱가포르나 브루나이처럼 노동력이 부족해 이주노동자들을 들여와 산업이 돌아가는 나라가 아니라 인구가 많고 노동력이 풍부해서 노동운동은 공장 단위를 넘어서서 지역 단위로 연대하여 꾸준히 최저임금을 인상시켰고, 국민건강보험 도입을 비롯한 복지제도 개혁도 이끌어냈다.[58] 고도성장은 이러한 노동운동의 바탕이 되었다. 2010년부터 2019년까지 10년간 평균 5.4%의 경제성장률을 보여주었고, 2024년도에는 5.03%를 기록하여 코로나19 대유행 이전 수준을 회복하였다. 2004년 전국단위 3개 노총과 산하 41개 업종별 노조연맹, 그리고 40개 독립 노조연맹이 등록되었으나, 2020년 기준으로 전국단위 노총이 16개, 그 산하 업종별 노조연맹이 106개, 그리고 독립노조 연맹은 55개에 달해 급속한 증가를 확인할 수 있다.

이후 2020년에는 고용창출과 투자유치를 위한 옴니버스법 개정을 앞두고 정부와 노동계가 갈등을 겪고 있다. 주요 내용으로는 외국인근로자 근로 허가 완화, 아웃소싱 규정 완화, 유연한 최저임금의 적용 허락, 해고 절차 간소화 등의 내용이 포함되어 있다. 이에 대해 노동계는 최저임금제도 무산, 퇴직금 삭제, 노동시장 유연성 및 아웃소싱 및 계약직 사용 확대, 외국인 근로자 확대, 사회보장제도의 손실 위험, 기업가에 대한 형사 제재 완화 등의 이유로 옴니버스법의 제정을 반대하였으며 2021년에는 헌법재판소가 위헌 판결을 내렸다. 이에 대해 정부는 2023년 3월 일부 내용을 수정하여 최종 법률로 확정했다. 주요 내용은 인력파견을 다시 일부 업종으로 제한, 중앙정부의 최저임금 결정에 유연성 부여 등이다.

제4절 유럽 전환경제 국가의 고용관계

전환경제(transition economy)란 계획경제(planned economy)에서 자유시장경제(free market economy)로 변화하고 있는 경제를 의미한다.* 1980년대 말부터 본격화된 사회주의 붕괴는 동유럽을 중심으로 시작되어 이제는 북한 정도를 제외하고 대부분의 사회주의 국가에 급속하게 전파되었음은 주지의 사실이다. 이에 대한 연구결과를 보면 다음과 같이 정리할 수 있다.

첫째, 경제체제의 전환을 경험한 국가들에서 전환과정은 각 국가의 문화와 관습, 경제구조 등 여러 가지 요인에 의해 상이한 형태로 나타나고 있다. 둘째, 전환과정이 다르지만 그럼에도 대체로 전환과정 초기에 높은 인플레이션과 높은 실업률을 경험하였다. 셋째, 경제체제의 전환이 반드시 정치체제의 전환과 병행되어 진행된 것은 아니라는 점이다. 중국의 경우는 정치적으로는 여전히 사회주의체제를 유지하면서 경제적으로는 전환과정에서 가장 앞서가고 있다. 북한은 아직 전환경제체제로 진입하지는 않고 있지만 전환경제로 진입할 수도 있다. 여기서는 체코, 폴란드, 헝가리 등의 유럽 전환경제 국가의 고용관계에 대해 살펴보고자 한다.

---

* 이하의 기본적인 내용은 김주섭(2007), 「전환경제하에서의 노동시장변화」, 『국제노동브리프』, 5(7), 1~2쪽에서 인용하였으며, 최근 자료는 필자가 보완하였다.

체코, 폴란드, 헝가리를 포함하는 국가들은 과거 **사회주의 시장경제체제**에서 자본주의 시장경제체제로 전화였다는 공통점을 가지고 있다.[59] 체코는 1989년 **'벨벳혁명'**으로 불리는 민주화운동으로, 폴란드는 1989년 마조비에츠키, 1990년 바웬사로 이어지는 체제개혁을 통해서, 그리고 헝가리는 1989년 헌법개정과 1990년 헝가리민주포럼에 의한 집권 등으로 변화를 겪는다. 다만 체코나 폴란드는 격렬한 범국민시위를 통해 체제전환이 이루어졌지만 헝가리는 자유선거를 통한 평화적 정권교체가 이루어졌다는 점에서는 차이가 있다.

체코를 포함한 전환경제 국가들은 EU에 가입하였고, EU에서는 1인당 총소득(GNI)이 EU 평균의 90% 미만인 회원국들에게 경제적 불평등을 줄이고 지속가능한 발전을 도모하고자 조성된 결속기금(Cohesion Fund) 대상국으로 지정되어 2014~2020년 기간 동안 체코를 포함한 15개 회원국에게 총 634억 유로의 결속기금이 할당되었다.[60]

체제전환 이후 경제적인 변화를 보면 체코의 GDP는 1994년 411억 달러에서 2021년 2,818억 달러로 7배 가까이 증가하였으며 폴란드도 1994년 985억 달러에서 2021년 6,794억 달러로 7배 가까이 증가했다. 헝가리도 1994년 418억 달러에서 2021년 1,818억 달러로 8배 이상 증가하였다. 참고로 우리나라 GDP는 1994년에 4,636억 달러에서 2021년에 1조 8,110억 달러로 증가했다.

1 체코의 고용관계

체코는 1993년 체코슬로바키아에서 분리하여 체코공화국으로 출범하게 되는데 국토면적은 7만9천㎢로 남한보다 조금 작고 인구는 약 1천만 명이며, 2023년에 1인당 명목GDP는 31,591달러이다.

이전 체코는 소련의 붕괴 이후 공산정권이 퇴진하고 1990년 6월에 제정된 신헌법에 따라 자유총선을 실시하고 민주정부를 구성하였다. 체코의 노동시장은 1989년 이후 많은 변화를 겪는다. 경제적 과도기 초반, 고령근로자가 은퇴를 하고 여성근로자는 전업주부로 자리를 옮기고, 그 밖의 많은 근로자가 서비스부문과 자영업으로 자리를 옮기면서 해고근로자의 수는 감소하였다. 이러한 노동력의 감소, 3차 산업으로의 흡수, 정부의 대기업 지원 등은 모두 체코가 높은 고용률을 유지하는 데 기여하였다. 2023년 1월 체코의 고용률은 75.6%이고, 2023년 5월 체코의 실업률은 3.5%이다.

2024년 2분기 기준 체코 월평균임금은 약 45,854코루나(한화 약 298만 원, 1코루나는 약 65원 기준) 정도이며, 최저임금은 2024년 기준 월 18,900코루나(약 122만8천 원 정도)이다.[61]

체코에서 노동조합은 설립과 가입이 자유로우며 최소 3인 이상으로 조직할 수 있다. 노조설립은 의무사항이 아니며, 노조간의 경쟁을 원칙으로 하고 있다. 1989년 92%였던 조직률은 2018년 기준으로 11.4% 수준이다.[62] 체코노동조합연맹에 따르면 총 32개의 산업별 조합과 약 46만 명의 조합원이 등록되어 있다. 노동조합은 국가적 수준에서 단체교섭을 진행하는데, 노조의 역할은 여전히 사회주의적인 것으로 인식되고 있다.

파업은 공공노조에서 일부 발생하지만 민간기업에서는 거의 발생하지 않으며, 파업이 일어나는 경우에도 조업중단이나 판매중단 등의 위력을 발휘하지 못하는 경우가 많다. 사업장 내에 노동조합이 없는 경우에는 이러한 노동조합의 권리를 수행하기 위해 근로자협의회나 안전보건 대표자를 선출할 수 있다. 쟁의행위는 우리나라의 조정전치주의와 유사하게 조정이 실패한 경우에만 가능하다.

2023년 2월 체코에 위치한 넥센타이어 체코공장 노동조합이 무기한 파업에 돌입하여 1,000여 명의 직원 중 17%인 190여 명이 참여하였다.[63] 참고로 2022년 체코의 자동차생산량은 122만 대였다.

시장경제체제에서 새로운 형태의 경제활동과 근로계약이 등장하고 확대되었다. 폭넓은 기술, 다기능작업, 탄력적인 계약 및 근무시간, 일자리가 있는 지역으로의 이주나 통근 등을 통해 근로자의 적응가능성과 유연성이 강조되었다. 체코공화국에서 공식적으로는 파트타임 계약직이나 기간제 근로자가 제한적으로 활용되고 있지만 현실적으로는 다양한 방식이 혼합되어 노동유연성이 확보되기도 한다. 이런 다양한 방식은 다음과 같다.

첫째, 비공식적인 보수다. 공식적으로는 낮은 임금만 지급되고 사용자의 재량에 따라 나머지 보수가 현금으로 지급되는데 그 이유는 근로소득세를 피할 수 있기 때문이다. 둘째, 사업자등록증을 가진 근로자를 채용하는 것이다. 기업에서는 이들을 채용하면 근로소득세를 내지 않아도 된다. 셋째, 외국인의 경우는 주로 건설, 농업, 하이퍼마켓, 섬유업 등에서 우크라이나인 중심의 육체노동자들이 노예와 다를 것 없는 조건에서 매우 낮은 임금으로 비숙련업무에 종사하고 있다. 넷째, 도급업체의 활용이다. 기업은 어떤 책임도 지지 않으면서 노동력을 제공받을 수 있기 때문이다.

2010년에도 우파정부는 노동조합의 반대에도 불구하고 기업과 근로자의 부담을 완화하는 연금부담율 축소, 노동시장의 탄력성 제고(초과근무시간을 150시간에서 300시간으로 확대, 계약직 고용을 2년에서 5년의 연장, 기업의 필요에 따라 업무변경 가능)를 추진하였다.

2020년에는 지난 수년간 진행되어온 노동법 개정내용이 적용되기 시작한다.[64] 주요 변경사항으로는 ① 고용관련 서류의 우편 전달 가능, ② 고위직 관리직만 직급 해제 가능, ③ 신규 고용주에게 업무나 활동의 이전시에 고용관계 권리와 의무 양도 범위 축소, ④ 직장과 가정생활의 조화를 위해 동일한 직무를 두 명 또는 그 이상의 직원이 공유하도록 가능하도록 하였다.

2 폴란드의 고용관계

폴란드는 유럽 북동부에 위치하고 있으며 면적은 31.3만㎢이고 인구는 3천8백만 명으로 동유럽 지역에서 가장 많은 인구를 가지고 있다. 1989년 동유럽 및 중부유럽 국가 중에서 가장 먼저 체제를 전환하였으며, 드물게 평화적 정권교체를 이룩한 국가이다. 1인당 GDP는 2024년 기준으로 23,014달러 수준이고, 실질 경제성장률은 2022년에 4.9%를 기록하였다.[65] 2025년 초 최저임금은 월 4,666즈워티(약 171만 원)로 인상되었고, 2026년에는 시간당 31.40즈워티(약 1만1,500원)로 인상될 예정이다.

폴란드의 경우 과거 바웬사의 자유노조(Solidarity)로 대표되는 강성노조의 이미지를 가지고 있었지만 이후 노동조합운동은 그다지 활발하지 못하고 주로 공공부문에서 이루어지고 있다. 노동조합 조직률은 1980년대 자유노조의 연대투쟁에 힘입어 80%에 달했지만 이후 급속하게 낮아져서 이제는 2017년 13.4%로 유럽 국가에서는 가장 낮은 국가의 하나이다. 노조 조직률이 하락한 이유로는 근로자의 권익보호보다 정치활동을 중시함에 따른 근로자들의 외면, 민영화 과정 이후 공공부문의 축소와 중소기업과 비정규직 근로자의 증가, 높은 실업률로 인한 노조활동보다는 취업중시 경향 등으로 설명된다.

집단적 노동관계법을 보면 폴란드는 노동조합활동과 관련해 별도의 노동조합법을 두고 있는데 고용형태와 관계없이 모든 근로자들은 노동조합을 결성할 수 있으며 퇴직 또는 장애연금수급자 및 실업자도 노조에 가입하거나 노조활동을 할 수 있다. 폴란드의 노동법상 노동분쟁은 법원을 통해 해결할 수 있다. 다만 법원에 소송을 제기하기 전 근로자의 신청에 의하여 조정적 해결방법을 통하여 해결할 수 있다. 여기에서 분쟁해결의 방법은 조정적 해결의 방법과 노동법원을 통한 판정적 해결의 방법 두 가지가 있다.

3 헝가리의 고용관계

헝가리는 유럽 중동부 내륙에 위치하고 있으며 면적은 9만3천㎢로 남한 정도의 크기이며, 남한의 1/4 정도인 1천만 명의 인구를 가지고 있다. 국토면적의 약 70%가 경작가능하며 전체 국토면적의 약 84%가 해발 200m 미만의 평지와 완만한 구릉을 이루고 있다. 경제적으로는 1960년대 말 '**신경제정책**'으로 시장경제 요소를 도입한 바 있으나 1989년 혁명 이후 시장경제로 급격히 전환되었다. 헝가리는 전 인구의 2/3 이상이 고교졸업 이상의 높은 학력을 보유하고 있으며 근면하고 우수하지만, 기업경영에 대한 이해와 교육 부족으로 상대적으로 노동생산성은 낮은 편이다. 2025년 1인당 GDP는 25,703달러였으며, 2025년 기준 월 최저임금은 266,000포린트(약 100만 원)이며, 2027년까지 평균임금의 50%인 43만 포린트까지 올릴 계획이다.[66)]

헝가리의 노동법체계는 1989년 정치경제적인 변화 이후 본격적으로 진행되어 그동안 자유로운 단체교섭을 방해한 장애물을 제거하고 노동과 관련된 모든 사항에 대해 교섭이 가능하도록 하였다. 파업에 대해서도 법적인 권리를 보장하고 파업절차를 규정하였다. 1989년 단일노조체계가 와해되기 전까지는 19개 산별 노조로 구성된 **전국노동조합협의회**(SZOT)가 주도했으나 이후에는 시장경제로의 이행과정에서 조직률은 감소하였다. 2018년 기준으로 헝가리에는 5개의 전국단위노조가 결성되어 있지만, 노동조합 운동은 매우 분열되어 있어서, 조직률은 8.3%에 불과하다. 2000년에는 23.8%였다. 한국은 헝가리에 가장 많이 투자한 외국 국가이고, 한국타이어가 2006년에 진출한 바 있으며, 이후 삼성SDI, SK이노베이션과 협력업체들이 진출해 있다.

헝가리의 노동법에서는 모든 근로자의 노동조합 설립에 관한 자유를 보장하고 있어 조합의 설립 또는 기능에 국가의 승인, 허가 또는 등록이 필요하지 않다. 노동조합은 재산권 행사에 관하여 법인체로서의 성격을 부여받고 있기 때문에 재산에 관한 제반의 권리를 행사할 수 있다. 하지만 노동법적 측면에서 본다면 헝가리는 불안정하고 비교적 높은 수준의 유연성, 덜 엄격한 고용보호 법률 등의 특징을 갖는 '동유럽식' 유연안정성 모델에 속한 것으로 평가되고 있다.[67)]

이익분쟁은 사용자와 노동조합 간에 단체교섭을 체결하는 과정에서 발생하는 분쟁으로 헝가리에서는 교섭이 결렬되면 먼저 조정이 시작되며 7일 조정이 실패하면 법원이 중재를 하게 된다. 법원의 중재도 실패하면 그때부터 쟁의행위를 할 수 있다. 쟁의기간 동안 임금은 지급되지 않는다. 쟁의는 화해협상, 조정, 중재 등의 방법으로 해결될 수 있다. 권리분쟁은 노동법원에서 다루는데 사건이 접수되면 노동법원은 사건조사 및 심문절차를 이행한다.

정리문제

1. 다음을 간단히 설명하시오.

- 미국의 유니언숍제도와 노동조합
- 미국 사용자의 해고자유의 원칙
- 독일의 사업장내노동자평의회
- 중국의 공회와 노동3권
- 전환경제

2. 다음에 관해 의견을 제시하시오.

- 영국의 코포라티즘과 대처 정권
- 독일의 노사관계와 이중구조
- 중국의 공회와 역할

3. 팀보고서를 작성하시오.

- 영국의 대처 수상과 노동운동의 변화
- 스웨덴의 노사관계와 한국에의 함의
- 중국의 고용관계 변화
- 베트남과 인도네시아의 고용관계
- 전환경제국가의 고용관계 전망

토론문제

1. 독일, 최저임금 2년 뒤 1만4천 원까지 인상키로

독일이 최저임금을 2년 후 10.45유로(1만4,090원)까지 단계적으로 올리기로 했다. 후베르투스 하일 독일 연방노동부장관은 30일(현지시간) 기업과 노조 측이 참여한 가운데 열린 최저임금위원회에서 이같이 결정됐다고 밝혔다. 현재 최저임금은 지난 1월 1일부터 9.35유로(1만2,607원)다. 2년간 1.1유로(1,483원)를 인상하는 셈이다. 경제지 한델스블라트에 따르면 최저임금은 2022년 7월까지 4단계에 걸쳐 인상된다. 우선 최저임금이 2021년 1월 1일까지 9.50유로로 올라간 뒤 2단계로 같은 해 7월 1일까지 9.60유로로 증가한다. 이어 3단계로 2022년 1월 1일까지 9.82유로로 인상되는 데 이어 2022년 7월 1일까지 10.45유로로 상승하는 방안이다.

독일은 2015년 최저임금을 처음 도입했다. 당시 최저임금은 8.50유로로 시작해 2019년 1월 1일 9.19유로로 올랐다. 교육생이나 업무 3개월 미만의 인턴은 최저임금을 적용받지 않는다. 현재 200만 명 정도의 노동자가 최저임금을 적용받고 있다. 최저임금위원회의 얀 칠리우스 위원장은 이번 조정이 상당한 경제적 불확실성을 반영해 결정됐다고 설명했다.

(출처: 한국경제, 2020년 7월 1일)

Question !

1. 최고의 국가 독일이 2015년에야 최저임금제도를 도입한 이유는?
2. 여전히 적용대상이 다수가 아닌 이유는?
3. 북유럽 국가들에는 여전히 최저임금제도가 없는가?

2. 중국, 최저임금 인상 러시…상하이 월 54만 원으로 최고

내수 활성화를 위해 소득 증대를 꾀하고 있는 중국의 지방정부들이 최저임금을 인상하고 있는 것으로 집계됐다. 중국 경제매체 제일재경은 인적자원사회보장부 자료를 인용해 4월 1일 기준 전국 성·자치구·직할시의 최저임금 기준을 발표했다. 자료에 따르면 현재 21개 성의 1단계 월 최저임금 기준이 2,100위안 이상이고, 8개 성의 1단계 월 최저임금 기준이 2,300위안 이상으로 나타났다.

중국은 지역별로 경제발전 수준과 생활비 등을 감안해 최저임금을 다르게 설정한다. 같은 성 내에서도 수준에 따라 1~4단계로 최저임금에 차등을 둔다. 전일제(정규직) 근로자에게는 월 최저임금을, 비전일제(시간제) 근로자에게는 시간당 최저임금을 적용한다.

올해 초부터 많은 성에서 최저임금 기준을 인상했다. 광둥성은 3월 1일 정규직 근로자에 대한 월 최저임금 기준과 시간제 근로자에 대한 시간당 최저임금 기준을 올렸다. 광둥성은 광저우가 최고 금액으로 월 2,500위안(약 50만875원), 별도의 임금 테이블을 설정하고 있는 선전은 월 2,520위안(약 50만4,882원)으로 인상됐다. 광저우와 선전의 시간제 근로자에 대한 시간당 최저임금 기준은 시간당 23.7위안(약 4,748원)이다.

푸젠성은 4월 1일부터 최저임금을 인상했다. 푸젠성의 정규직 최저임금은 4단계로 각각 월 2,265위안(약 45만3,793원), 2,195위안(약 43만9,768원), 2,045위안(약 40만9,716원), 1,895위안(약 37만9,663원)이다. 각 구간별 연평균 인상률은 4.03%이다. 시간제 근로자의 최저 시급도 23.5위안(약 4,708원), 23위안(약 4,608원), 21.5위안(약 4,308원), 20위안(약 4,007원) 등 4단계로 나뉜다. 각 단계의 평균 연간 인상률은 4.1%이다.

구이저우성은 2월 1일 최저임금 기준을 조정해 월 급여가 2,130위안(약 42만6,746원), 1,980위안(약 39만6,693원), 1,890위안(약 37만8,662원)으로 설정했다. 시간당 최저임금도 22.4위안(약 4,484원), 20.8위안(약 4,167원), 19.8위안(약 3,967원)으로 인상됐다. 쓰촨성, 충칭시, 신장위구르자치구, 산시성도 올해 1월 1일부터 최저임금 기준을 조정했다.

정규직 근로자의 월 최저임금이 가장 높은 지역은 상하이로 월 2,690위안(약 53만8,942원)을 받았다. 시간제 근로자는 베이징이 시간당 26.4위안(약 5,289원)으로 집계됐다.

(출처: 서울경제, 2025.4.7., https://www.sedaily.com/NewsView/2GRFFHJWTO)

Question !

1. 중국의 최저임금은 한국, 일본, 베트남, 태국 등에 비해 높은가? 낮은가?
2. 최저임금제도가 잘 지켜지고 있는가?
3. 향후 중국의 최저임금제도는 어떻게 나가야 할 것인가?

주요 참고문헌

고용노동부(2014.3.5), 「베트남 노동법 세미나」, 보도자료.

김현기(2013), 「독일 작업장평의회의 주요 특징과 최근 변화에 대한 연구고찰」, 『산업관계연구』, 23(4), 1～44.

노사발전재단(2020), 『중국진출기업 인사노무관리 가이드북』.

박명준 · 김훈 · 어기구 · 채준회(2013), 『노동조합의 정책역량에 관한 연구』, 서울: 한국노동연구원.

배규식 · 황경진(2010), 「2010년 중국 노사관계 변화의 배경, 영향 그리고 전망」, 『국제노동브리프』, 8(9), 26～41.

야마코시 게이치(2014), 「일본의 임금현황」, 『국제노동브리프』, 11월호, 4～28.

양리밍(2014), 「중국임금제의 기본현황과 변화 방향」, 『국제노동브리프』, 11월호, 29～46.

오학수(2020), 「2020년 일본 노동시장 및 노사관계 전망」, 『국제노동브리프』, 2월호, 38～53.

우석훈(2003), 「스웨덴의 노사관계」, 김동원 편, 『세계의 노사관계 변화와 전망』, 서울: 한국국제노동재단.

윤종석(2014), 「중국의 노동운동 최근 동향: 중국노공통신의 2011-2013년 보고서를 중심으로」, 『국제노동브리프』, 12(4), 87～98.

원순구(2006), 『인도네시아 진출기업 노무관리 안내서』.

이승현(2021), 「2021년 달라지는 독일의 노동관련 법령」, 『국제노동브리프』, 1월호, 87～97.

이승현(2014), 「독일의 단체협약 체결현황과 단체협약상 직업훈련생의 급여수준」, 『국제노동브리프』, 12(7), 59～67.

이시다 미쓰오(2014), 「일본의 임금제도 개혁」, 『국제노동브리프』, 12(5), 34～47.

이홍재 · 이철수 · 박은정 · 손향미(2006), 『동유럽지역 주요 진출국가 노무관리안내서』, 2006년 노동부 정책연구용역사업 보고서.

전제성(2023), 「동남아시아의 선봉 인도네시아 노동운동, 새로운 도전에 직면하다」, 『ANUAC 다양성+Asia』, 6월(21호),

정선욱 · 황경진(2013), 「중국 파업에 대한 최근 논의 분석 및 파업 사례 연구」, 『산업관계연구』, 23(4), 67～93.

조성재 · 장영석(2013), 「베이징현대차의 성장과 인적자원관리 발전」, 『산업관계연구』, 23(3), 1～33.

황경진(2014), 「중국의 최근 노동정책 변화와 그 영향」, 『국제노동브리프』, 12(6), 19～26.

황기돈(2005), 『독일통일 후 노사관계변화와 그 영향』, 한국노동교육원.

Adam Fforde(2007), 「베트남노동시장의 변화」, 『국제노동브리프』, 5(7), 14～23.

Chan, Chris King-Chi and Hui, Elaine Sio-leng(2014), 「중국의 단체교섭은 노동자주도형인가, 당-국가 주도형인가?」, 『국제노동브리프』, 12(6), 27～39.

Clarke, Simon, and Pringle, Tim(2009), "Can party-led trade unions represent their members?," *Post-Communist Economies*, 21(1), 85～101.

Friedman, Eli and Ching Kwan Lee(2010), "Remaking the World of Chinese Labour: A Thirty Year Retrospective," *British Journal of Industrial Relations*, 48(3), 507～533.

Hammarström, O., T. Huzzard, and T. Nisson(2004), "Employment Relations in Sweden," in Bamber & Lansberry(eds.), *International and Comparative Industrial Relations*, SAGE Publications Ltd.

Hüther, Michael(2014), 「하르츠 개혁과 독일의 고용기적」, 『국제노동브리프』, 12(7), 4～17.

Kjellberg, Anders(2019), Sweden: collective bargaining under the industry norm, In Collective bargaining in Europe: towards an endgame, European Trade Union Institute(Brussels).

KOTRA, 『베트남 노무관리 안내서』.

Lee, Chang Hee(2009), "Industrial Relations and Collective Bargaining in China," *ILO Working Paper* No. 7.

Li Mingfu(2007), 「중국의 사회보장제도」, 『국제노동브리프』, 5(4), 53～60.

Nölke, Andreas(2014), 「독일의 고용기적: 원인과 리스크」, 『국제노동브리프』, 12(7), 33～44.

Rosenbohm, S. and T. Haipeter(2019), "German Board-level Employee Representation in Multinational Companies: Patterns of Transnational Articulation," *European Journal of Industrial Relations*, 25(3), 219～232.

Rosenbohm, Sophie & Haipeter, Thomas(2022), 「독일의 노동이사제: 효과 및 평가」, 『국제노동브리프』, 5월호, 20～29.

Seifert, Hartmut(2014), 「노사관계를 통해 살펴본 독일의 고용기적」, 『국제노동브리프』, 12(7), 18～32.

Vecemik, Jirl(2007), 「체코노동시장의 변화 및 현황」, 『국제노동브리프』, 5(7), 22～30.

Waddington, J. and A. Conchon(2016), *Board-Level Employee Representation in Europe: Priorities, Power and Articulation*, London: Routledge.

미주

1) 이하, 영국의 공공부문 노사관계는 박태주(2002), 「신자유주의, 그리고 영국 공공부문 노사관계의 전개」, 『산업노동연구』, 제8권 제1호, 169~194의 내용을 인용하여 서술하였음.

2) 한겨레(2022.12.7), 100여년 만에 최대 규모 파업…영국 정부 "군 동원 검토"; 매일노동뉴스(2022.9.6), 연쇄파업하는 영국 노조들.

3) 이정희(2011), 「영국 노조 조직률 현황 및 하락원인 분석」, 『국제노동브리프』, 11월호, 71~79.

4) 매일노동뉴스(2002.2.6).

5) 중앙일보(2011.10.30), 영, 공공부문 노조 전면 파업…260만 명 최대규모.

6) 매일노동뉴스(2022.9.6), 연쇄파업하는 영국 노조들.

7) 이정희(2014), 「영국에서의 새로운 노동이해대변 방식: 공동체 노조주의의 확산」, 『국제노동브리프』(한국노동연구원), 12월호, 13~21.

8) Personneltoday, 2011년 9월 30일자, '1 October: employment law changes come into force', 영국노총(TUC) 홈페이지; 『국제노동브리프』, 2011년 12월호에서 재인용.

9) 아주경제(2021.2.7), [코로나19 해고] 디즈니부터 셸까지…깊고 넓게 퍼지는 고용 그늘.

10) 매일노동뉴스(2022.2.10), "노동조합은 모두에게 유익하다"는 미국 정부.

11) Bureau of Labor Statistics(2022.1.19), Union Members Summary Release. https://www.bls.gov/news.release/pdf/union2.pdf에서 2023.1.29.에 내려받음.

12) New York Times(2016.5.5), 2 Big Labor Unions Share Efforts to Gain Power and Scale, https://www.nytimes.com/2016/05/06/business/afscme-seiu-labor-unions-merger.html에서 2018.1.14.에 내려받음.

13) 미국의 전국노동위원회(NLRB)의 연도별 부당노동행위 및 노조대표선거 신청건수, nlrb.gov/reports/nlrb-case-activity-reports/annual-case-intake/unfair-labor-practice-and-representation에서 2023.1.29.에 확인함.

14) 독일의 노사관계에 대해서는 황기돈(2005), 『독일통일 후 노사관계변화와 그 영향』, 한국노동교육원에서 참고하여 서술하였음.

15) Alexandra Wagner(2012), 「복지국가, 비정규근로와 저임금노동」, 『국제노동브리프』, 10(1), 1월호, 5~23. 1995년 독일 전체에서 저임금 노동의 비율은 14.7%였던 반면, 2008년에는 이미 20.7%로 증가하였다. 2008년 독일에서는 660만 명의 근로자가 저임금 기준에도 미치지 못하는 임금을 받고 근무하였음.

16) 박명준 · 김훈 · 어기구 · 채준회(2013), 『노동조합의 정책역량에 관한 연구』, 서울: 한국노동연구원의 제6장 독일노총(DGB)의 정책역량에서 인용함.

17) KOSIS, 파업과 직장폐쇄(OECD), https://kosis.kr/statHtml/statHtml.do?orgId=101&tblId=DT_2KAA342_OECD에서 2023.2.1.에 확인함.

18) 이규영(2011), 「독일의 2010년 단체협약 적용률과 사업장내 근로자 이익대표」, 『국제노동브리프』, 9(6), 54～63; "Durch Betriebsrat vertretene Beschäftigte nach Branchen," Statista (in German). Retrieved 2019-06-13.

19) 주요 참고문헌의 김현기(2013)을 참고함.

20) Rosenbohm, Sophie & Haipeter, Thomas(2022), 「독일의 노동이사제: 효과 및 평가」, 『국제노동브리프』, 5월호, 20～29.

21) 본 하르츠 개혁에 대한 논의는 한국노동연구원의 『국제노동브리프』 2014년 7월호 기획특집의 세 개 글을 요약정리한 것이다. Hüther(2014), Seifert(2014), Nölke(2014) 등을 참고하였고 추가하여 한국노동연구원(2014.10.2), 독일, 독일의 시간의 근로현황, 해외노동동향과 한국노동연구원(2014. 10.23), 독일, 경기회복추세에도 비전형 고용관계 개선 제자리, 해외노동동향도 참고하였음.

22) 이승현(2021), 「2021년 달라지는 독일의 노동관련 법령」, 『국제노동브리프』, 1월호, 87～97.

23) 매일노동뉴스(2020.4.9), [코로나19 최악의 실업대란] 독일 금속산업 노사 '위기협약 체결'로 일자리 지키기.

24) 중앙일보(2025.6.27), 독일 2년간 최저임금 14% 인상…2027년 2만3300원 된다, https://www.joongang.co.kr/article/25347360; 강하림(2022), 「독일의 최저임금 인상이 노동시장에 미치는 영향」, 『국제노동브리프』, 11월호, 54～61.

25) 세계법제정보센터(2024.2.21), 세계 각국의 장애인 의무고용제도, https://world.moleg.go.kr/web/dta/lgslTrendReadPage.do?CTS_SEQ=51187&AST_SEQ=3891#.

26) 스웨덴의 고용관계에 대한 이하의 내용은 우석훈(2003), 「스웨덴의 노사관계」, 김동원 편, 『세계의 노사관계 변화와 전망』, 한국국제노동재단 ; Hammarström, O., T. Huzzard and T. Nilsson(2004), "Employment Relations in Sweden," in Bamber & Lansberry(eds.) *International and Comparative Industrial Relations*, SAGE Publications Ltd. 등의 내용을 참조하였고, 위 미주에서 인용한 문헌들을 참고하여 정리한 내용임.

27) OECD Data: Selected Indicators for Sweden, 2023.2.2. 확인.

28) Kjellberg, Anders(2019), Sweden: collective bargaining under the industry norm, In Collective bargaining in Europe: towards an endgame, European Trade Union Institute(Brussels).

29) 매일노동뉴스(2014.9.26), 노동운동 33년 경력의 수상.

30) worker-participations.eu, workplace represnetation, 2018.1.14. 확인.

31) 한겨레(2022.9.15), 스웨덴, 8년 만에 우파로 정권교체…극우 정당, '제2정당'으로.

32) 나무위키, 일본/경제, 2018.1.14. 확인.

33) 오학수(2020), 「2020년 일본 노동시장 및 노사관계 전망」, 『국제노동브리프』, 2월호, 38～53.

34) 매일노동뉴스(2022.1.17), '일본 노동조합 기초조사 개황'과 노동행정의 외주화.

35) 월간노동법률(2020.2.25), 「일본, 노조가 임금차별 확대 요구해」.

36) 황경진(2014), 「중국의 최근 노동정책 변화와 그 영향」, 『국제노동브리프』, 12(6), 19～26.

37) 박재곤(2020), 「2020년 중국 경제의 위상」, 『중국산업경제브리프』, 7월호 통권 73호, 산업연구원.

38) 황경진(2014), 「중국의 최근 노동정책 변화와 그 영향」, 『국제노동브리프』, 12(6), 19～26.

39) 이효수 · 채훈(1998), 『중국의 노사관계: 한국계 진출기업의 전략적 선택을 위한 분석』, 서울: 한국노동연구원의 114쪽을 참조.

40) 황경진(2014)의 위 참고문헌.

41) 홍명교(2016.8), 「지금, 중국 노동운동을 보라」, 『오늘보다』, 제19호.

42) 프레시안(2019.4.19), '사회주의 국가' 중국에도 노동조합은 있지만….

43) 양리밍(2014), 「중국임금제의 기본현황과 변화 방향」, 『국제노동브리프』, 11월호, 한국노동연구원, 29～46; 한국노동연구원(2014.1.23), 「중국, 2014년 기업 임금인상률 8.8% 전망」, 해외노동동향.

44) 뉴시스(2020.5.29), "중국인 6억명 월수입 17만 원에 불과…집세도 못내" 리커창 토로.

45) 헤럴드경제(2018.9.3), 中 떠나는 기업들…베트남보다 인건비 12배 높아.

46) 국제노동브리프(2014.9), 「중국: IBM 선전공장 파업」, 12(5), 100쪽.

47) Chan, Chris King-Chi and Hui, Elaine Sio-leng(2014), 「중국의 단체교섭은 노동자주도형인가 당-국가 주도형인가?」, 『국제노동브리프』, 12(6), 27～39.

48) Clarke, Simon, and Pringle, Tim(2009), "Can party-led trade unions represent their members?," *Post-Communist Economies*, 21(1), 85～101.

49) 우위동 · 한현수(2019), 「중국의 집단적 노동분쟁 현황 및 처리제도에 관한 연구」, 『Asia-Pacific Journal of Business & Commerce』, 11(1), 19～39.

50) 황경진(2011), 「중국 노동분쟁 소송의 기본현황 및 특징」, 『국제노동브리프』, 9(8), 81～89.

51) 이하의 내용은 황경진(2022), 「2021년 중국 노동시장 및 노사관계 평가와 2022년 전망」, 『국제노동브리프』, 2월호, 35～48.

52) 중국의 최저임금제도는 방혜정(2007), 「중국 민생정치 시대의 개막: 최저임금제도 개선」, 『국제노동브리프』, 5(7)을 참조하여 작성하였음.

53) 한국무역협회 베이징지부(2022.4.8), 「최근 중국 최저임금 추이 및 시사점」; 차이나통(2023.1.24), 중국 지역별 최저임금(2023년 기준).

54) 인사이드 비나(2020.12.4), 「베트남진출 한국기업들, FTA 혜택가능…자국기업과 동일 적용」.

55) 베트남에 대한 이하의 내용은 Adam Fforde(2007), 「베트남노동시장의 변화」, 『국제노동브리프』, 5(7), 14～23 및 KOTRA, 『베트남 노무관리 안내서』를 참고하여 작성한 것임.

56) 코트라(2020.9.22), 해외시장뉴스, 「베트남 개정노동법 대비 노무세미나」.

57) 고용노동부 · 노사발전재단(2020), 「인도네시아 진출기업 인사노무관리 안내서」, 개정판.

58) 전제성(2023), 「동남아시아의 선봉 인도네시아 노동운동, 새로운 도전에 직면하다」, 『ANUAC 다양성+Asia』, 6월(21호), http://diverseasia.snu.ac.kr/?p=6139에서 2023.7.10.에 확인함.

59) 체코, 폴란드, 헝가리에 대한 내용은 이홍재 · 이철수 · 박은정 · 손향미(2006), 『동유럽지역 주요 진출국가 노무관리안내서』, 2006년 노동부 정책연구용역사업보고서를 참고하였으며, 체코에 대한 내용은 Jirl Vecemik(2007), 「체코노동시장의 변화 및 현황」, 『국제노동브리프』, 5(7), 22～30도 참조하였음.

최근 자료가 충분치 않아서 개정판에서 새로운 정보를 제시하지 못하였음.

60) 코트라(2019.7.1), 「해외시장뉴스, EU가입으로 경제성장 이룬 체코, 15년간 변화 살펴보기」.

61) 코트라(2021.1.29), 「해외시장뉴스, 2021년 체코 경제전망」.

62) OECD.Stat, union density, 2023.2.2.에 확인함.

63) 글로벌이코노믹(2023.2.2), 「넥센타이어 체코공장 파업, 완성차 넘어 한국기업으로 불똥 튀나」.

64) 코트라(2020.10.20), 해외시장뉴스, 「현지 변호사에게 듣는 체코 노동법 개정 Q&A」.

65) https://ko.tradingeconomics.com/poland/full-year-gdp-growth, 2023.7.8.에 확인함.

66) 신흥지역정보 종합지식포털(2024.8.26), 「헝가리, 2027년까지 최저임금을 평균임금 50%로 인상하겠다는 계획 발표」, https://www.kiep.go.kr/aif/newsBriefDetail.es?brdctsNo=370239.

67) Attila Kun(2018), 「헝가리의 근로자대표제도」, 『국제노동브리프』, 9월호, 33∼45.

PART

4

고용관계에 대한 전망

제12장 경영참여와 비노조근로자대표제도

제13장 일터의 미래: 고성과 일터와 일터혁신

지금까지 노사관계를 포함하는 고용관계의 현황을 중심으로 살펴보았다. 제1부와 제2부에서는 고용관계를 둘러싼 환경 변화로 시작해서 좋은 일자리, 개별적 근로관계인 고용관계에서 중시되는 근로자와 사용자 개념 정의, 근로계약서 작성과 임금 및 근로시간, 채용에서부터 배치전환 및 징계·해고에 이르기까지의 상황을 사례 중심으로 살펴보았다. 제3부에서는 노동조합을 전제로 하는 집단적 고용관계인 노사관계에 대해 살펴보았다. 노동조합의 결성과 노동운동, 사용자의 부당노동행위, 단체교섭과 파업으로 대표되는 쟁의행위, 사용자의 경영권과 고용관계전략 유형, 그리고 마지막으로는 해외 국가들의 고용노사관계를 살펴보았다.

제4부에서는 앞으로 고용관계가 나가야 할 방향을 중심으로 살펴보고자 한다. 제12장에서는 근로자와 노동조합의 경영참여를 살펴보되, 노동조합 조직률이 13% 수준이라는 점을 고려하여 노사협의회를 중심으로 비노조근로자참여제도에 대해 살펴보기로 한다. 마지막 제13장에서는 기업의 경쟁력과 근로자의 삶의 질을 동시에 향상시킬 수 있는 고성과 일터와 일터혁신에 대해 살펴보고자 한다. 노사가 서로 협력하고 생산성 향상과 근로자의 삶의 질을 향상시킬 때 지속가능한 기업이 될 수 있을 것이다.

Chapter 12

경영참여와 비노조근로자대표제도

한 나라의 노사관계, 더 나아가 고용관계는 역사적인 배경과 문화, 가치관 등의 환경을 반영하여 형성되기 때문에 쉽게 바뀌지 않는다. 하지만 집단적 관점에서 우리나라의 노사관계와 고용관계도 10년 전, 20년 전에 비해서는 많이 변화했다. 특히 외부에서 노동조합을 바라보는 시각도 많이 변했다. 1987년 노동자대투쟁의 시기를 겪으면서 어용노조 민주화와 생산직에 대한 차별해소가 중요한 이슈였지만, 이제는 비정규직 증가에 따른 양극화, 인건비 상승에 따른 해외이전, 기술발전에 따른 일자리 대체, 제4차 산업혁명에 따른 새로운 형태의 일자리 등이 중요한 이슈로 제기되고 있다.

여기서 모든 문제를 다룰 수는 없으나, 13%대 수준의 노동조합 조직률을 고려하면서 앞으로의 방향에 대해서 좀 더 적극적으로 고민해 보고자 한다. 문재인 정부 시절 조합원 수가 증가하고 조직률도 상승한 바 있지만, 이후 정체 현상을 보이고 있으며, 1989년의 20% 수준에 도달하기에는 쉽지 않을 것으로 보인다. 정부의 다양한 위원회에서도 기존의 양대 노총 중심에서 비정규직을 대표하는 단체가 포함되고 있다. 또한 청년이사회, 주니어보드 등의 의견수렴제도와 노사협의회를 포함하여 노동조합을 대신하는 비노조근로자대표제도에 대한 관심도 증가하고 있다.

노동조합 유무와는 별도로 기업에서 활용하고 있는 제안제도나 소원수리제도, 고충처리위원회와 같은 개인적인 차원에서부터, 주니어보드나 청년위원회나 비상대책위원회와 같이 노동조합이 결성되어 있지 않은 조직에서도 다양한 근로자의견을 수렴하는 제도를 운영할 수 있다. 특히 우리나라는 노조결성 유무와 상관없이 상시근로자 30인 이상의 사업장에는 노사협의회를 설치하도록 법으로 정하고 있다. 물론 노사협의회를 규정하는 「**근로**

자참여 및 협력증진에 관한 법률」(**근참법**)은 형식적이라는 비판도 있지만, 30인 이하 사업장에서 일하는 1천2백만 명에 달하는 근로자들의 노동조합 조직률이 0.1% 수준에 머무르는 비노조 환경에서는 차선책으로 역할을 수행할 수도 있을 것이다.

그리고 글로벌 환경 하에서 기업의 경쟁력을 제고하기 위한 고성과작업조직이나 일터혁신도 우리에게는 불가피한 선택이다. 이에 대해서도 살펴본다. 기업이 있어야 근로자도 있고, 근로자가 있어야 노동조합도 존재할 수 있기 때문이다. 기업의 경쟁력 제고는 사용자만의 일이 아니라 근로자도 함께 동참해야 할 과제이며, 그래야 진정으로 지속가능한 기업으로 자리잡게 될 것이다.

제1절 경영참여

경영참여*란 기업경영에 관련된 기업 내 의사결정 및 운영과정에 근로자, 근로자대표 또는 노동조합이 참여하는 것으로 정의할 수 있다.[1)]

최근 들어 근로자들의 경영에 대한 참여가 기업과 여러 노동조합으로부터 관심을 받는 이유는 크게 세 가지로 나누어 볼 수 있다.[2)] 첫째는 국내외 경쟁의 심화로 생산성 향상이나 지속적인 경영혁신 없이는 시장경쟁에서 이길 수 없다는 위기감이다. IMF외환위기를 극복하기 위해 유한킴벌리가 근로시간을 줄이고 대신 교육을 강화하는 교대제를 운영하는 이유도 거기에 있었다. 특히, 페퍼(Pfeffer)는 인적자원을 통한 비교우위가 쉽게 모방할 수 없는 **경쟁우위**(competitive advantage)라고 강조하고 있다.[3)] 종업원과 정보를 공유하고 의사결정과정에 폭넓게 참여시키며, 작업과정을 스스로 통제하게 할 때 종업원의 만족도는 높아지고, 결과적으로 생산성이 향상된다는 주장이다.

---

* 참여(參與)는 "어떤 일에 끼어들어 관계함" 또는 "참가하여 관계함"으로 정의되고 있고 참가(參加)는 "모임이나 단체 또는 일에 관계하여 들어감" 또는 "관여하여 참석하거나 가입함"으로 정의되어 있어서 참가는 어떤 행사에 관여하여 참석하는 것이고 참여는 참석하여 관계를 하는 것으로 풀 수 있다. 따라서 관계가 있어서 참가하는 것은 행사에 얼굴을 보인다는 의미로, 참가하여 관계한다는 것은 행사에 참석하여 이것저것을 주도한다는 것으로 볼 수 있으므로 참가보다는 참여가 더 적극적인 의미를 담고 있다고 할 수 있다. 따라서 경영참가보다는 경영참여가 더 적절한 표현이라고 생각된다.

둘째는 생산시스템의 변화에 따라 생산과정에서 종업원들의 적극적인 참가와 창의성이 더욱 필요하게 되었다. 기존의 대량생산체제에서 다품종소량생산의 **유연한 생산체제**(flexible production system)로의 전환을 말한다. 더 나아가 4차 산업혁명으로 자동화과정을 넘어서서 스마트공장이 확산되고 있다. 로봇과 인공지능(Artificial Intelligence, AI)은 인간과의 협력이 필수적이며, 근로자의 일자리 대체가 아니라 협력을 통한 생산성과 경쟁력 향상이 이루어져야 한다.

셋째는 고등교육의 확대와 생활환경의 변화로 인한 근로자들의 경영참여에 대한 욕구 증대라고 하겠다. 이야기하고 싶은데, 언로를 막으면 불만이 쌓이게 되고, 생산성 향상을 기대하기는 어려울 것이다.

그러나 현실적으로 볼 때는 노동조합 측이 상대적으로 경영참여에 대해 적극적이지만, 기업이나 정부에서는 소극적인 경우가 많았다. 다만 최근에는 많은 변화를 가져와서 기업이나 정부도 근로자, 노동조합의 참여에 능동적이다.

1 경영참여 유형: 결과참여와 과정참여

경영참여, 즉 근로자 또는 노동조합의 경영참여는 그 내용을 기준으로 결과참여와 과정참여로 나눌 수 있다([그림 12-1] 참조). 먼저, 결과참여에는 성과참여와 재산참여가 있다. 성과참여는 일정한 제도를 만들어 놓고 업무수행결과에 대한 성과를 노사가 공유하는 것을 말한다. 사전에 결정방식이 결정되고, 연말에 금액이 결정되는 보너스나 특별성과급 같은 성과배분제도가 그 대표적인 예라고 하겠다.

재산참여에는 자본에 대한 참여로서 우리사주제도나 스톡옵션제도*가 그 대표적인 예라고 하겠다. 재산참여란 구체적으로 주식을 소유하거나 소유할 수 있는 권한을 가짐으로써 직접적인 동기부여가 가능하다는 장점이 있다. 우리나라 우리사주조합**은 2023년을

---

* 스톡옵션(stock option)이란 현재 정한 가격으로 일정 기간 이후에 주식을 매입할 수 있는 제도로, 예를 들어 지금 1만 원에 주식을 100주 구입할 수 있는 자격을 주고, 1년 후에 100주를 매입할 수 있는 선택권을 주게 되면, 열심히 회사가 잘 되도록 노력한 1년 후 주가가 2만 원이 되면 1만 원에 구입하여 100주라면 100만 원의 이익을 챙길 수 있지만, 만약 주가가 5천 원이 되었다면 구입하지 않아서 손해를 피할 수 있다. 우리사주제도의 경우 손실을 피하기 어려워서 이를 피하는 방법으로 스톡옵션제도가 활용된다.

[그림 12-1] 경영참여 유형

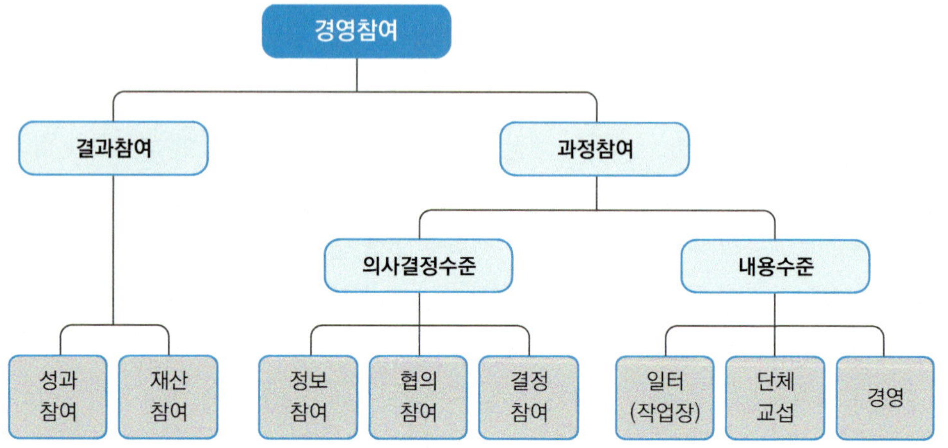

기준으로 설립조합 수는 3,723개이며, 예탁주식 수는 5억2천만 주이며, 주식취득가는 11.1조 원에 달한다.[4)]

경영과정에 대한 참여는 의사결정에 참여하는 정도에 따라 경영정보를 공유하는 **정보참여**, 특정 사항에 대해 노사가 협의하는 **협의참여**, 그리고 노사가 공동으로 결정하는 **결정참여**가 있다. 정보참여란 기업의 전략적인 의사결정이나 투자결정 등에 대해 회사가 정보를 알려주는 정도의 참여를 말한다. 협의참여란 신규사원의 채용, 신기술의 도입 등과 같은 내용에 대해 노사간에 협의를 거치는 과정을 말한다. 결정참여란 근로자들에게 직접적으로 영향을 미치는 근로시간, 휴무 및 휴일, 작업방식 등에 대해 노사간에 공동으로 결정하는 것을 말한다.

의사소통의 방향과 관련해서 위로는 이사회에 근로자대표 또는 노동조합의 대표가 참여하는 것이고, 아래로는 근로자들의 다양한 의견이 상사에게 전달되는 것이라고 할 수 있다. 대표적인 형태로는 노사협의회가 있으며 청년중역회 등과 같은 공식적인 방법들과 의사소통의 활성화와 같은 비공식적인 방법들도 있다.

** 우리사주조합(employee stock ownership association)이란 근로자들이 조합을 결성해서 자기회사 주식을 매입해 보유하도록 하는 제도로서, 임직원이 주주로서 배당금 등 회사의 성과를 공유할 수 있다. 또한 근로자의 생산성을 높여서 기업성장을 유도하고, 그 과실로 근로자의 재산형성을 돕기 위해 1968년 도입되었다.

알고 지나가기

카카오뱅크 · 페이 우리사주 '악몽'… "팔면 손해, 본전도 난망"

(전략) (2022년 12월) 27일 카카오페이는 5만6,400원, 카카오뱅크(27,800원 ▲ 600 2.21%)는 2만5,800원에 거래를 마쳤다. 연초부터 폭락세한 카카오뱅크와 카카오페이 주가가 지난 10월 저점을 찍고 지난달부터 반등하기 시작했지만, 여전히 공모가(카카오페이 9만 원 · 카카오뱅크 3만9,000원)보다는 낮은 수준이다. 공모가에 우리사주를 배정받은 직원들 모두 상당한 평가손실을 보고 있는 셈이다. 올해 카카오페이와 카카오뱅크 주가는 각각 68%, 56% 하락했다. (중략)

두 기업은 상장 당시 공모가 희망 범위(밴드) 최상단에서 공모가를 확정하는 등 흥행했다. 우리사주 청약률도 카카오뱅크는 97.8%, 카카오페이는 100%로 사실상 완판됐다. 두 기업의 증권발행실적보고서에 따르면 카카오뱅크 우리사주조합은 1인당 평균 1만3,000여 주를 배정받았다. 카카오페이 우리사주조합은 1인당 평균 4,000주를 받은 것으로 보인다. 그러나 현재 주가를 기준으로 환산하면 카카오뱅크 직원들은 1인당 약 1억8,000만 원의 손실을 보고 있을 것으로 추정된다. 카카오뱅크 주가가 고점을 찍었던 지난 8월 19일(9만2,000원) 계좌에 7억 6,749만 원의 수익이 찍혔던 것과 비교하면 처참한 수준이다. 카카오페이 직원들도 약 1억 3,600만 원의 마이너스 수익률이 찍힌 것으로 보인다. (후략)

출처: 조선비즈, 2022년 12월 28일.

또한 참여의 형태가 직접적이냐 간접적이냐로 구분할 수 있다. 개별 근로자가 직접참여하는 경우에는 작업단위에의 참여가 있을 수 있으며, 간접참여는 노동조합을 통한 단체교섭을 포함하여 노사협의회, 청년중역회 등도 간접참여의 유형이라고 할 수 있다.

독일의 공동의사결정제도는 독점적 기간산업의 경영에 대한 견제로 노조의 참여를 의무화하고 있으며 광범위한 참여가 이루어지고 있다. 미국의 경우는 전체적으로 경제적 조합주의의 입장이라 근로자들의 경영참여가 매우 제한적으로 이루어지고 있다. 나라마다 상황이 다른 것이다. 원래 경영참여는 분배의 비율을 결정하는 것이 아니라 분배의 양을 크게 하자는 목적을 가지고 있다. 그러면 자연히 내 몫이 커진다는 것이다.

2 논의 수준에 따른 과정참여 유형

노사관계를 근로자 또는 노동조합과 경영 간의 상호작용이라고 볼 때, 노사간의 논의 수준을 기준으로 일터(작업현장) 차원, 단체교섭 차원, 그리고 경영 차원의 노사관계로 나누어 생각해볼 수 있다.[5] 이렇게 나누어 생각해야 하는 이유는 다음과 같다. 예를 들어, 생산기술의 변화와 제품과 서비스시장의 경쟁심화는 작업방식의 유연성 확대, 일터(작업현장)에서의 작업자 판단의 중요성 증대 등과 밀접하게 연결되기 때문이다. 이러한 환경변화를 전통적인 단체교섭에서 반영하는 데는 한계가 있다. 그래서 일터(작업현장) 차원의 노사관계와 함께 더 거시적인 차원, 즉 경영전략변화에 따른 경영 차원의 노사관계도 중시되는 것이다.

1) 일터(작업현장)

일터 또는 작업현장 차원의 경영참여는 현장의 근로자를 대표하는 근로자대표(또는 노동조합 대의원)와 일선감독자에 의해 주도된다. 물론 여기서의 근로자대표가 반드시 노동조합 대의원일 필요는 없다. 여기서 논의되는 주요 내용은 현장근로자와 일선감독자 간의 신뢰 구축, 작업의 관리감독방식 개선, 일터혁신, 일(작업, 업무)에 영향을 미치는 산업안전과 작업환경 개선, 일터(작업, 업무)환경에서 상사의 지도나 동료의 협조 등이 주요 이슈가

〈표 12-1〉 논의내용에 따른 경영과정 참여 유형

구 분	일터(작업현장)	단체교섭	경영 차원
주요 내용	• 일선관리자와 현장근로자의 신뢰 • 작업(업무)의 관리감독방식 • 제안제도, 일터혁신 • 산업안전 • 교육훈련	• 임금 및 근로시간 • 후생복지 • 정년제도 • 노조활동보장	• 경영성과 등 정보공유 • 의사결정과정에 참가 • 경영혁신운동 • 업종조정, 공장이전 등
주요 대상	• 근로자대표(노조 대의원) • 현장관리감독자	• 노동조합대표 • 노무부서	• 근로자대표(노조대표) • 경영진
주요 목표	• 생산성 향상 • 참여의 기초토대 구축	• 노동조합을 전제로 하며 노사관계 안정이 주 목표임	• 노사간에 전략적인 협력 • 기업의 경쟁력 제고 • 근로자의 삶의 질 제고

출처: 김태기(1994), 『경쟁력과 노사관계』, 서울: 한국노동연구원, 46쪽, 〈표 2-5〉를 참조하여 필자가 수정함.

된다. 이러한 일터(작업, 업무)현장에서의 노사관계는 향후 지향하는 협력적 노사관계의 참여적 틀을 제공하는 기초가 된다. 이를 통해 쾌적한 일터(작업, 업무)환경을 만들어 나가고, 생산현장에서 생산성 향상을 추구하는 데 그 목표가 있다.

일터(작업현장)에서의 경영과정참여란 일선관리자와 일터(현장)근로자의 관계, 품질개선, 업무(작업)의 관리방식, 산업안전, 교육훈련 등을 들 수 있다. 일터(작업현장)에서의 근로자 경영참여방식으로는 **품질관리분임조**(Quality Circle), **근로자설문조사**(Employee Opinion Survey, EOP), **현장자율경영팀**(Autonomous Work Group) 등을 들 수 있다.[6)]

일터(작업현장)에서의 변화는 일본의 경우와 독일을 비롯한 유럽으로 나누어 볼 수 있다. 일본의 경우는 유연한 생산방식에의 근로자 직접참여로 설명할 수 있다. 도요타자동차의 **린생산방식**(lean production system)으로 대표되는 이 생산방식은 조직에서 발생가능한 모든 군살을 제거하고 조직을 간소화할 것을 강조한다. 과거 **포드생산방식**(Ford Production System)에서는 재고를 쌓아두고 생산하였지만, 린생산방식에서는 적시에 부품이 공급되는 시스템을 갖추어 재고비용을 줄이는 **무재고관리시스템**(just-in-time, JIT)을 도입하고, 근로자의 참여를 유도하여 생산품질까지 제고한다는 방식이다. 이를 위해 **총체적 품질관리**(Total Quality Management, TQM)체제의 확립과 소집단 중심의 지속적인 품질개선이 이용된다. 그 외에도 **6시그마**(Sigma)와 같은 품질향상 운동도 많이 활용된다. 다만 2010년 1월 도요타자동차의 품질불량에 따른 대규모 리콜사태에 대해 원가절감에 지나치게 집중하는 바람에 품질에 신경을 덜 쓰게 되었다는 비판적인 시각도 있다.

일터(작업현장)에서 근로자들의 자율성과 책임을 강조함으로써 노동의 소외를 극복하고 일터를 인간화하자는 운동은 1990년대 스웨덴의 볼보(Volvo)자동차 **우데발라**(Uddavala) **공장**이나 1980년대 이후 2000년대 초반까지 미국의 **새턴**(Saturn) **자동차공장**을 그 대표적인 예로 들 수 있다. 하지만 우데발라 공장이나 새턴 공장 모두 폐지되고 말았다.[7)]

알고 지나가기

'노사화합' 감동의 삼성정밀화학 마지막 주총

(중략) 접점을 찾을 수 없는 팽팽한 긴장 속에 노사는 개와 원숭이처럼 만나면 으르렁거리는 견원지간으로 비칠 때가 많다. 이 때문에 초래되는 사회 전반적인 구조적 모순과 비효율, 갈등은 고스란히 사회적 비용으로 노사는 물론 우리 모두에게 부메랑이 돼 돌아오고 있는 것도 현실이다.

(중략) 이런 현실적 절박함 속에 삼성정밀화학(현 롯데정밀화학) 노사가 보여준 화합의 힘은 주목할 만하다. 삼성정밀화학은 지난달 29일 오전 주주총회를 열고 ▲사명을 '삼성정밀화학'에서 '롯데정밀화학'으로 바꾸는 등의 정관 변경 ▲롯데그룹 출신 이사·감사 선임 건 ▲이사 보수한도 및 감사 보수한도 승인 건을 논의, 의결했다. 아울러 이사의 임기를 종전 3년에서 2년으로 줄이는 안건도 가결했다. 사실상 회사의 주인을 종전 삼성에서 롯데로 바꾸는 안건을 심의, 의결한 셈이다.

(중략) 이 자리에서 취재기자의 눈을 의심하게 하는 '깜놀' 장면이 나왔다. 이날부로 이사직에서 물러난 성인희 대표이사의 폐회 선언 후 노조원 수십 명은 '노동조합은 창조적 파트너십으로 생산과 안전을 책임지겠습니다'라고 쓴 대형 현수막을 내걸고 "성인희 사장님, 창조적 파트너십 실천에 감사드립니다. 노조는 창조적 파트너십으로 생산과 안전을 책임지겠습니다. 임직원 여러분, 노조는 임직원 고용 안전에 최선을 다하겠습니다"라고 소리쳤다.

(중략) 통상 인수·합병(M&A) 과정에서 고용승계 및 고용보장, M&A의 정당성, 위로금 지급 등의 문제로 내홍을 겪기 마련이다. 실제로 지난해 4월 한화로 편입된 한화종합화학은 노사가 파업과 직장폐쇄라는 초강수를 두며 첨예하게 대립했다. 또 사모펀드(PEF) MBK파트너스가 인수한 홈플러스 노조는 MBK의 직접 고용을 보장해달라며 농성을 벌이기도 했다.

(중략) 반면 롯데정밀화학 노조는 삼성이 롯데케미칼에 지분 매각을 발표한 지난해 10월 30일 이후 일주일이 채 안된 지난해 11월 8일 '롯데케미칼의 인수를 환영한다'는 성명을 발표했다. 성 전 대표이사가 취임 후 줄곧 강조해온 노사간 창조적 파트너십이 주요하게 작동한 결과라는 게 업계의 분석이다. 성 전 대표이사는 2011년 사장 취임 후 가장 먼저 울산 노조 사무실을 방문해 삼성 계열사 중 유일하게 노조를 회사 경영의 파트너로 인정했다.

(중략) 노사가 대립과 갈등이 아닌 대화와 이해 그리고 소통으로 서로가 '윈-윈(Win-Win)'하는 상생의 결과를 맞은 것이다. 결국 노사가 갈등을 씻어내고 동행하기 위해서는 서로의 존재를 인정하고 양보해 유연성과 안정성 사이 균형점을 찾고 서로를 신뢰하는 것이 답이란

걸 삼성정밀화학 노사가 보여준 셈이다. 역지사지와 상호존중, 그리고 신뢰가 노사화합의 힘을 배가시키는 길이다.

출처: BizFACT, 2016년 3월 2일.

2) 단체교섭

단체교섭에 대해서는 이미 앞에서 자세히 설명하였으므로 여기서는 간단히 언급하고자 한다. 단체교섭의 주요 내용은 임금 및 근로시간, 복리후생, 정년, 그리고 노조활동의 보장 등이라고 할 수 있다. 단체교섭 차원의 노사관계는 노동조합대표와 노무담당부서가 실제로 주된 역할을 수행하게 된다. 여기서는 노동조합이 '파업'이라는 무기를 배경으로 교섭에 임하게 되고, 사용자 측도 이에 대응할 수 있는 수단을 모색할 수 있으므로 원만한 교섭이나 관행이 정착되지 않으면, 노사관계 안정의 틀을 만들어갈 수 없다.

노동조합은 대중성(대표성)을 확보하기 위해 강경노선을 선택함으로써 취약한 지도부를 보완하는 경우가 많지만, 조합원의 지나친 관심 또는 지나친 무관심에 어려움을 겪었다. 하지만 단체교섭・임금교섭 등의 공식적인 교섭이 잦은 반면에, 비공식적인 협의의 부족으로 실질적인 대화를 충실하게 진행하지 못한다면 노사간 커뮤니케이션이 효과적이라고 하기 어렵다.

따라서 노조는 임금결정관행을 확립하고 노사간의 협약을 준수하는 관리능력을 제고할 필요가 있다. 또한 지도부의 어용성 탈피를 위해서는 근로자의 발언권을 강화하고 교육 및 홍보의 강화도 필요할 것이다.

3) 경영 차원

경영 차원의 경영참여는 경영과 관련된 정보의 공유를 바탕으로 의사결정에의 참가, 기업의 업종조정이나 공장이전 등과 같은 구조조정과 인원조정, 경영혁신운동 등이 주요 이슈가 된다. 경영 차원의 경영참여는 그 이슈가 광범위하고 기업의 경쟁력 제고와 근로자들의 삶의 질 제고라는 궁극적인 목표가 있으므로 노사가 이해관계를 합치시킬 수 있는 점이 중요하다.

경영 차원의 대표적인 예로는 노사공동위원회와 노동이사제도를 들 수 있다. **노사공동**

위원회는 노동조합이 결성된 기업에서 노조의 경영참여를 통해서 기업의 경쟁력을 제고하고, 조합원의 고용안정과 근로조건 개선을 도모하기 위한 제도이다. 노사공동위원회는 경영층과 노조의 대표로 구성된 위원회에서 생산성향상, 품질향상, 근무환경 개선 등을 위해 기존제도에 대한 문제점을 제기하고 개선방안을 찾는 근로자참여제도이다. 미국자동차노동조합과 GM 간의 노사공동위원회는 1990년대 한동안 최고의 품질을 자랑했던 새턴자동차공장을 세우고 운영하는 결과를 낳았다. 2011년 현대자동차의 공장 간 일감나누기를 협의하기 위한 물량노사공동위원회, 2020년 '노사공동발전 및 노사관계 변화를 위한 사회적 선언' 채택 등도 대표적인 예다.

노동이사제도는 노동조합의 대표 또는 종업원대표가 회사의 이사회에 참석해서 공식적으로 최고의사결정기구에 참여하는 제도를 말한다. 유럽에서는 이 근로자이사제도가 산업민주주의를 실현하기 위한 수단으로 법적으로 시행되는 경우가 많다. 독일에서는 제2차 세계대전 이후 석탄 및 철강산업에서 처음으로 노동이사제도가 시행되었다. 그 이후 다른 산업에도 확대되었고 유럽의 대부분 국가들에서 법률로 시행되고 있다. 미국의 경우에는 일부 기업들에서 시행되었는데 참여하는 근로자 수가 매우 제한적이다. 우리나라는 공공부문에서 노동이사제 도입이 시도되고 있는데, 서울특별시 산하 공공기관에는 대부분 노동조합에서 추천한 이사가 이사회 구성원으로 활동하고 있으나 아직 안정화되었다고 보기는 어렵다.

별도 조직으로 생각해 볼 수 있는 협동조합*으로 대표적인 예는 유태인의 **키부츠**, 이탈리아의 **볼로냐**, 그리고 스페인의 **몬드라곤 협동조합**이다.** 몬드라곤 협동조합은 사회

---

* 협동조합이란 '재화의 구매·생산·판매·제공 등을 협동으로 영위함으로써 조합원의 권익을 향상하고 지역사회에 공헌하는 사업조직'으로 농협이나 수협 등이 대표적이었으나, 최근에 법개정으로 협동조합은 5인 이상만 모이면 가능하다. 주식수가 의결권수인 주식회사와 달리 협동조합은 출자규모와 상관없이 1인1표제이며, 배당도 투자금액이 아닌 실적 등에 따른 배당이 가능하다.

** 몬드라곤 협동조합은 근로자생산협동조합으로 1956년에 '호세 마리아 아리스멘디' 신부가 5명의 근로자들과 함께 작은 주물공장에서 석유난로를 만들면서 시작되었다. 2021년에 약 8만1천 명이 금융, 제조, 소매, 지식산업의 네 분야 102개 협동조합, 140개 자회사, 26개의 외곽조직에서 일하고 있으며 스페인의 일곱 번째로 큰 회사인 협동조합이 되었다. 근로자들은 협동조합에 투자를 하고 일을 하기 때문에 회사의 주인이면서 동시에 피고용자로 일한다. 몬드라곤 협동조합은 10개의 원칙을 가지고 운영되는데, 이 중에서 참여형 경영원칙을 보면 "경영에 대한 조합원 참여의 점진적 발전, 가장 중요한 참여기구는 총회, 이사회는 대의적인 경영관리기관, 사회평의회는 총회 상정 이전의 자문기구로 조합원 대표자들의 조직이다"라고 정하고 있다(출처: https://www.mondragon-corporation.com/en/).

[그림 12-2] 스페인 몬드라곤 협동조합의 10대 운영원칙

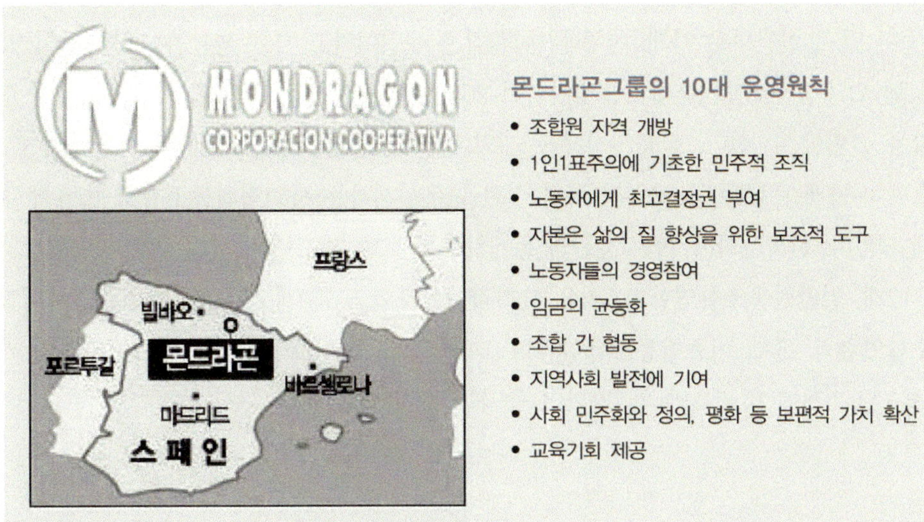

출처: https://www.mondragon-corporation.com.

적 부를 생산하기 위해 지속적인 개선과 고객만족을 중요시하며, 사업수행과 고용창출이라는 지역사회에서 요구하는 임무를 충실하게 수행하는 사명을 가지고 있다.[8] 몬드라곤 협동조합의 핵심가치는 사회적 책임, 참여, 협력 그리고 혁신이다. 정관에 따라 총회에서 선출한 이사로 구성된 이사회, 감사위원회, 경영평의회에 의해 운영된다. 하지만 조합평의회가 별도로 구성되는데 이는 노동조합과 유사한 역할을 하지만 노동조합과는 달리 회사 내의 의사소통과정을 폭넓게 함으로써 협동조합의 운영에 중요한 역할을 한다. 노사협의회와도 유사한 점이 있다고 하겠다.

몬드라곤 협동조합은 운영에 따른 이윤의 90%를 개인적으로 또는 조합 전체의 이름으로 재투자한다. 또한 불황에도 불구하고 단 한 사람의 조합원도 해고한 적이 없다. 해고보다는 자동화에 대한 교육을 통해 업무능력 향상을 꾀하고 다시 공장으로 돌아가서 일을 한다. 일자리를 잃게 된다고 하더라도 다른 곳에서 일하게 될 때까지 임시휴직상태로 급여의 80%를 지급받는다. 또한 한 회사가 파산하면 그룹 내 다른 조합의 비슷한 부서로 파산한 회사의 직원들이 재배치된다. 이러한 협동조합 기업이 21세기 들어서 자본주의 사회의 상생하는 기업형태의 대안으로 제시되고 있다.

우리나라의 **서울우유협동조합**은 목장주들이 조합원으로 구성된 협동조합으로 남양유업이나 매일유업과 같은 주식회사와는 다른 조직구조를 가지고 있다. 그 외에도 수협, 축협 등이 있고, 아름다운 가게, 한두레 등과 같은 생협이라고 하는 생활협동조합 등이 있다. 2011년 말 「**협동조합기본법**」이 제정되어 2012년 12월부터는 5인 이상이 자유롭게 협동조합을 설립할 수 있다. 금융・신용을 제외한 모든 산업부문에서 협동조합을 설립할 수 있으며 취약계층 고용 등 사회적 목적 실현을 우선시하는 **사회적협동조합**도 설립이 가능하게 되었다. 한국사회적기업진흥원의 통계자료를 보면 2022년 말 기준으로 **일반협동조합** 19,712개, **일반협동조합연합회** 93개, **사회적협동조합** 5,040개(2024년 말 기준), **사회적협동조합연합회** 25개, **이종협동조합연합회** 9개로 전체 23,969개이다. 이는 2018년 말 기준으로 14,526개에 비해 1만 개 가까이 증가한 숫자이다.[9]

3 경영참여의 이상과 현실

국제노동기구(ILO)는 **경영참여**(worker's participation in management)를 '임금과 근로조건, 고용과 해고, 기술적 변경과 생산기구의 조직 및 사회적 영향, 투자계획 등의 여러 가지의 문제에 관해 기업 수준에서 제반 결정을 행사하거나 이를 준비하고 준수하는 데 있어서 근로자들이 영향력을 행사하는 것'으로 정의하고 있다.[10] 그러나 아직도 우리나라의 대다수 기업들은 노동조합 또는 근로자의 경영참여에 대해 소극적이다.

한국노총의 실태조사결과를 보면 경영참여의 대표적인 형태로 근로자주식소유제도, 성과배분제, 자율작업팀제, 그리고 총체적 품질관리(Total Quality Management, TQM) 등을 들고 있다.[11] 그중에서 근로자 주식소유제는 조사대상 기업 145개 업체의 34.5%가 실시하고 있어서 가장 많이 활용하고 있는 제도로 평가되었다.

노사발전재단에서 2017년에 전국 600개 제조업체에 대해 시행한 일터혁신 조사에 따르면 먼저 노사관계 측면에서 의사소통활성화 수준은 5점 만점에 3.5점 정도를 보였는데 근로자 측보다는 경영진 쪽에서 더 긍정적으로 평가하고 있었다.[12] 고충처리에 대해서는 절반 이상이 해결되었다고 응답한 비율이 65%가 넘었으나 일부는 해결률이 낮다고 평가하고 있었다. 노사협의회는 노사 공히 항상 참여하거나 대부분 참여한다는 응답이 많았다. 작업조직에 대해서는 먼저 제안제도나 소집단제도에 참여하는 비율은 그다지 높지 않아서 소극적인 수준이라고 평가할 수 있으며, 다기능을 위한 숙련훈련에 참여하는 근로자가 없다고 응답한 기업들이 68%나 되고, 다기능 근로자의 활용정도도 매우 낮다와 낮은 편이라고 응답한 비율이 70%가 넘어서 일터에서 다기능숙련과 다기능활용 정도가 상당히 낮은 것으로 보인다. **혁신기법**(6시그마, ISO9000시리즈, TQM/TPM, 또는 당사가 개발한 혁신기법 등)을 도입한 기업은 64.%로 비교적 많은 기업들이 혁신기법을 적용하고 있는 것으로 나타났다.

4 경영참여에 대한 이론적 배경

1) 경영참여에 대한 일반이론

경영참여에 대한 일반이론으로는 노동인간화모형, 감성적 참여모형, 집단압력모형, 관료주의적 통제모형, 대리인·거래비용 모형 등을 들 수 있다. 경영참여에 대해 긍정적인 모형들을 먼저 살펴보자. **노동인간화모형**이란 '근로자들이 자신들의 일상적인 삶을 지배하는 일터에서 더 많은 참여와 자율성, 그리고 생산과정에서 더 많은 지식과 통제력을 가짐으로써, 노동현장에서의 소외를 극복하는 것과 아울러 노동인간화에 기초한 민주적 조직을 갖기를 원한다는 주장'이다.[13] 이러한 근로자들의 경영참여는 민주주의의 실질적 토대를 공고히 한다는 점에서도 중요하다. 또한 이 노동인간화모형에서는 민주적이고 참여적으로 운영되는 조직이 더욱 효율적이라고 주장하고 있다.

감성적 참여모형에서도 '근로자들이 경영에 참여함으로써 자기실현의 욕구를 충족하고, 그 결과 직무만족도가 증가하며 동기유발과 사기진작이 이루어져 작업의 효율성이 증가한다'고 보고 있다.[14] **집단압력모형**에서는 '경영참여가 실행되는 경우 근로자들은 모두 경영에 대한 책임을 나누어 가지므로 일부 근로자들이 열심히 일하지 않는 상황을 서로 간에 압력을 통해 발생하지 않도록 예방한다'는 설명이다. 즉, 경영참여가 이루어지는 경우 서로 간에 긍정적이고 자발적인 감시·감독기능을 수행함으로써 기업의 전반적인 감시·감독비용을 감소시키고 그 결과 조직의 효율성이 증가한다는 설명이다. **관료주의적 통제모형**은 '근로자들이 기존의 경직된 규정에 얽매이지 않고 조직의 활성화를 위해 창의적인 제안을 함으로써 조직이 지나치게 관료화되는 것을 예방한다'는 주장이다.[15] 모두 경영참여가 경영성과에 긍정적인 영향을 미친다고 주장하는 이론들이다.

2) 대리인모형과 거래비용이론

하지만 경영참여가 비효율적이라는 주장들도 있다. 대표적으로 대리인모형은 신고전주의 경제학 이론에 근거한 **대리인이론**(Agency Theory)에 근거하여 기업은 주주의 이익을 위해 기업을 대신 운영할 경영자를 찾는데, 바로 이들이 대리인이다.16) 대리인들이 기업을 운영하면서 주주의 이익을 극대화하도록 동기를 유발하는 데 소요되는 비용이 대리인비용이다. 즉, 이 대리인이론에서는 대리인의 숫자가 많을수록 대리인을 감시하는 비용이 많이 들어가 비효율적이 된다는 설명이다. 이러한 주장에 따르면 '근로자의 경영참여는 노동조합이든 아니든 대리인 숫자를 증가시키기 때문에, 기업의 효율성을 떨어뜨린다'는 결론에 도달한다.

비슷한 주장으로 **거래비용모형**(Transaction Cost Theory)에서도 경영참여가 '의사결정에 참여하는 참여자들의 수를 증가시키고, 그 결과 참여자들 사이의 의사소통과 이해조정에 필요한 시간과 비용, 즉 거래비용이 증가하여 기업의 비효율성이 증가한다'는 주장이다. 하지만 이러한 부정적인 설명에도 불구하고 근로자의 경영참여가 여러 기업에서 형식적으로 나아가 실질적으로 점차 활성화되고 있다는 점을 주목해야 할 것이다.

제2절 비노조근로자대표제도

유럽을 중심으로 서구사회에서 노동계는 전통적으로 노조가 없는 경우 근로자의 이익이 대변될 수 없다는 입장을 견지해 왔으나, 1990년대 이후 단체교섭을 대체하는 성격의 **비노조근로자대표제도**(Non-union Employee Representation System, NERS)에 대한 연구가 활발히 진행되고 있다.

이 NERS(비노조근로자대표제도) 또는 **대안적 제도**(Alternative Forms)는 기본적으로 사용자가 주도적으로 운영하는 시스템을 의미하며 고성과작업시스템 인적자원관리, 직장평의회, 노사협의회, 나아가 소위 독립노조까지 포함하는 개념이다. 더 범위를 확장하면 근로자들의 모임인 협회의 개념도 포함된다. 고다드와 프레지(Gordard & Frege, 2013)는 미국의 경우 사용자 주도의 대안적 시스템들이 노조를 대체하고 있으며, 임금과 복리후생에 대한 논의도 진행하고 있다고 주장했다.[17] 캐나다와 미국의 자료를 분석한 결과에서도 NERS가 비노조근로자들의 노조에 대한 수요를 줄인다고 밝히고 있다.[18] 그러나 NERS가 무노조의 경우에도 근로자대표제도를 통해 근로자들의 이익을 대변할 수 있다고 주장하지만 아직 실증적으로 일치된 결과를 보이지는 않고 있다.[19]

일본의 경우는 우리나라와는 달리 노사협의회 등과 같은 근로자대표제도가 법으로 정해져 있지 않다. 그러나 1990년대 이래 근로자들의 경영참여가 다양한 수준과 방식으로 이론적으로 그리고 실무적으로 관심의 대상이 되고 있다. 일본의 제도적인 참여는 지난 1970년대 이후 경영자들의 주도하에 **품질개선활동**(Kaizen; 改善)이나 **품질분임조**(Quality Circle, QC) 등과 같은 작업과정에서의 자율성을 보장해주는 조치들을 중심으로 이루어졌다. 이러한 일본식 참여모델은 생산중심적이며 인간조직적 차원에서는 새로운 내용이 없다는 비판도 받고 있다.[20] 일본의 사업장단위 또는 그 이상의 수준에서 노사협의회는 제2차 세계대전 이후 경영협의회로부터 발전하여 노사간에 정보와 의견을 교환하기 위해 만나는 상시기구라고 할 수 있다.[21]

공동결정제도로 대표되는 독일의 참여모델도 지속적으로 관심의 대상이 되어 왔다. 독일의 참여는 법과 제도적으로 보장하고 있다는 점에서 일본과 비교되어 왔다. 근로자의 이해대변을 위해 참여 수준에 따라 기업감독회 참여, 사업장 참여, 그리고 기업외부에서의 단체교섭에의 참여로 구분하고, 노동조합과 종업원평의회가 각각의 영역에 대한 역할구분을 통해 합리적으로 근로자의 이해를 대변하고 있다.

1 비노조근로자대표제도 유형과 사례

앞에서 논의한 대로 대부분의 선진국가들의 경우 노동조합 조직률이 하락하는 추이를 보이고 있고, 그 결과 기존에 노동조합의 역할이었던 최저임금 결정과 운영을 정부가 대신하고 있다. 앞으로 노동조합 조직률이 하락할 가능성은 상향될 가능성보다는 크다는 전제하에 근로자들의 의사소통 수단으로서 새로운 대안을 모색하는 것은 꼭 필요한 일이다.

미국 하버드대학교의 프리만(Richard Freeman) 교수는 1980년대에 그의 책 『What Do Union Do?』와 『What Workers Want』라는 책을 통해서 미국의 근로자들은 노동조합을 원치는 않지만, 그 대신에 새로운 형태의 의사표현제도를 원한다고 했다. 우리나라도 1987년 노동자대투쟁의 시기를 거치면서 노동조합 조직률이 20%까지 올라갔지만 그 이후 지속적으로 하락 또는 정체하는 추이를 보이고 있다. 물론 최근에 증가하고 있지만 과거의 20%까지 올라갈 것으로 보이지는 않는다. 특히 민간부문에서 노조조직률은 10%에서 정체되어 있다. 그렇다고 노사협의회가 유일한 대안이라고 볼 수는 없다. 여기서는 다양한 형태의 비노조근로자대표제도를 살펴보기로 한다.

2 비노조근로자대표제도의 유형 구분

기본적으로 근로자의 참여제도는 직접참여하는 방식과 대표를 통한 간접참여방식으로 구분되는데 직접참여는 말 그대로 근로자가 개인적으로 직접참여하는 방식을 의미한다. 하지만 일정 규모의 사업장에서는 직접참여 외에 간접참여, 즉 대표를 선출하여 참여하는 방식을 병행하고 있다.

그 형태를 보면 〈표 12-2〉의 첫 번째 칸에서 볼 수 있듯이 매우 다양하며, 그 기능도 두 번째 칸에서 보듯이 단순한 의사소통부터 노조결성 방해 등까지 다양하다. 주제나 사원대표 유형, 권한, 그리고 지속성에 따라서 다양한 구분이 가능하다.

가장 대표적인 형태의 근로자평의회는 근로자만으로 구성된 조직으로 근로자대표가 근로자 의견을 제시한다는 점에서 노사협의회와는 구분된다. 근로자평의회는 일반적으로 유럽 대륙 국가 중심으로 법제화되어 활용되지만 국가별로 많은 차이를 보인다. 근로자평의회의 권리를 기준으로 구분해보면 권리는 전혀 없거나 정보권 수준이기도 하고 공동결정권을 가지기도 한다. 국가별로 규모에 차이를 보이는데 스웨덴의 경우는 1인 이상 사업장; 독일이나 체코, 오스트리아의 경우는 5인 이상; 헝가리, 폴란드, 프랑스의 경우는 50인 이상; 그리고 벨기에의 경우는 100인 이상 사업장의 경우에 근로자평의회를 구성해야 한다.

〈표 12-2〉 비노조근로자대표제도의 차원(dimension)별 내용 예시

형 태	기 능	주 제	사원대표	권 한	지속성
• 옴부즈(Ombud) • 노사안전위원회 • 갈등해결패널 • 고충처리위원회 • 비용절감공유 위원회 • 부서생산협력 위원회 • 품질향상위원회 • 다양성관리그룹 • 상호이익조직 • 노사자문위원회 • 노사협의위원회 • 범부서고용위원회 • 공장위원회 • 근로자평의회 • 기업평의회 • 근로자이사제 • 회사차원대표제도 • 전문가협회 • 전문자문그룹	• 의사소통/정보공유 • 생산과정협조 • 사원의욕·단결심 제고 • 사원교육훈련 • 사원관계·골칫거리해결 • 사원몰입 • 기업문화 • 협력·공동목표 • 관리자·사원개발 • 노조결성방해 • 노조대체 • 노조회피 • 정부로비	• 복리후생 • 산업안전위생 • 근로조건 • 고충처리·갈등해결 • 관리문제 • 노사관계 분위기 • 생산관련이슈 • 장비/자본이슈 • 고객서비스 • 제품·생산 품질 • 사업전략 • 임금과 근로조건 • 직업의 지위	• 사내(팀원대표) • 사외(운동경기 대표) • 회사지명대표 • (비밀)투표선출 대표 • 대표의 독립성 • 외부전문가 활용	• 사측입장대변 • 권한수준 • 비공식 협의 • 자문그룹 • 공식협의 • 합의 • 회사와 협상 • 회의 의장 역할 • 주제 발굴 • 협상 • 회의록 배포 • 승진개념 적용 • 공동결정 • 과반수투표 • 근로자비토권	• 단기, 일회성 위원회 • 문제해결까지 • 일방에 의한 중단 • 제도화 • 법제화

출처: Gollan, Kaufman, Taras, & Wilkinson(2014)의 Voice and Involvement at Work의 8~9쪽 〈Table 1.1〉 Examples of Diversity of NER Plans를 번역하고 일부 수정함. 이영면(2019), 「비노조근로자대표제도의 유형과 국내 적용을 위한 과제」, 『인사조직연구』, 11월에서 재인용함.

3 새로운 형태의 근로자대표제도

전통적인 노동조합 외에 최근에 만들어진 새로운 형태의 노동조합도 존재한다. 기존 노동조합 외에 다른 주체들의 주도로 만들어진 일반노조 또는 특수직종 형태의 노동조합으로서 법적 지위 확보와 상관없이 통상의 노동조합의 활동과는 매우 상이한 내용과 형식으로 자신이 대표하고자 하는 노동자 집단의 이해를 대변하고 있는 4개의 노조를 살펴본다. 이들은 2010년을 전후로 결성된 노동조합들이다.

〈표 12-3〉 4개 노조의 특징

구 분	청년유니온	아르바이트 노동조합	노년유니온	대리기사 노조(대구)
조직형태	세대별 일반노조	일반노조	세대별 일반노조	직종노조
창립연월	2010년 3월	2013년 8월	2012년 9월	2006년 8월
이해대변 집단	청년 세대	불안정 노동자	노년층	대리기사(전업)
조합원 규모	891명	312명	약 500명	160명
조합 상근자	9명	8명	1명	1명
상급단체	없음	없음	없음	민주노총 서비스연맹

1) 청년유니온

청년유니온(https://youthunion.kr)은 설립 초기에 학원강사, 파견노동자, 아르바이트 노동자 등이 호응하여 만들어진 노동조합으로 만 15세부터 만 39세까지의 비정규직, 정규직, 구직중인 청년노동자만 가입가능한 세대별 일반노조로 2010년 3월에 창립되었다. 청년의 일자리 문제, 아르바이트/구직자/신입사원 등 청년이 겪는 수많은 노동문제, 청년이 일하는 일터에서의 문제를 드러내고 이를 해결하고 개선하기 위한 다양한 활동을 해나가고 있다.

청년유니온은 청년들의 고용안정과 노동권 보장, 생활안정을 위한 기획사업과 (넓은 의미의) 입법활동 및 제도개선, 그에 관련된 캠페인을 진행하고, 청년들이 일하고 있는 구체적인 현실을 세상에 알리기 위한 다양한 주제의 설문조사 및 실태조사를 진행하고 있다. 예를 들면 2011년 편의점 실태조사, 피자배달 30분제 폐지, 카페 주휴수당 지급; 2012년 미용실 스텝 실태조사; 2013년 서울시와 사회적 교섭, 학원강사 근로조건 실태조사; 2014년 아르바이트 감정노동 실태조사, 청소년 호텔알바 실태조사, 산학협력 현장실습생 실태조사; 2015년 블랙기업 실태조사, 롯데호텔 교섭; 2016년 청년구직자 실태조사; 2017년 최저임금 가계부조사, 드라마 제작환경 노동실태 제보센터 운영; 2018년 드라마 현장제보센터 운영, 영화제 노동실태 제보센터 운영 등이다.

2022년 12월 상임위원회 안건을 보면 조합원 수는 1,385명이고 12월 조합비 7,092천 원, 후원회비 3,614천 원으로 교부금 총액은 10,706천 원이었다.[22] 2022년 11월 주요 활동으로는 사회대전환을 위한 노동조합운동 혁신과 노동정치 전망토론회, SPL 산재사망 여성

청년노동자 추모행진 및 문화제, 서울시 프리랜서 정책토론회, 일하는 노동자를 위한 노동법 간담회, 지역격차해소 청년 지역지역일자리 토론회 참석 등으로 나타났다.

2) 아르바이트 노동조합

출발점은 민간 서비스부문에 단기계약직 아르바이트 형태로 고용되는 노동자 중심으로 시작하였고, 알바연대(알바노동자 권익 보호를 위한 시민단체)가 2013년 8월에 노조(아르바이트 노동조합) 형태로 전환하였다.

노조 성격은 전국 단위 노조로 개별 가입 형태의 일반노조이며, 주요 사업은 알바상담소를 통해 무료 상담, 노동법 교육; 사례집 발간; 알바인권운동 등이다. 알바노조는 2013년 12월 매년 세계인권선언일에 맞추어 '알바인권선언'을 발표하였다.

알바노조의 가장 대표적인 활동은 최저임금 1만 원 운동이었는데 2014년에는 민주노총 위원장 선거에서 여러 후보들의 공약이 되었고, 2016년 제20대 총선에서, 그리고 2017년 제19대 대통령선거에서도 최저임금 만 원이 대통령 후보들의 대표 공약이 되었다. 당시 문재인, 유승민, 심상정 후보는 2020년까지, 안철수, 홍준표 후보는 2022년까지 최저임금 만 원 시대를 열겠다고 밝혔다. 하지만 문재인 정부에서는 처음 2년간은 두 자릿수 인상을 했으나 5년 평균으로는 7.3% 인상되는데 그쳐서 박근혜 정부의 7.4%보다 낮은 결과를 기록했다. 알바노조는 2022년 내내 내부 분쟁과 법정 소송으로 제대로 역할을 하지 못하고 있다.

3) 노년유니온, 노후희망유니온

우리나라에서 극단적 선택은 매년 증가하지만, 그중에서도 60세 이상의 극단적 선택이 전체의 1/3을 차지하고 있을 정도로 고령자의 생활빈곤은 큰 사회적 문제다. 우리나라의 노인빈곤율은 경제개발협력기구(OECD) 국가 평균의 세 배에, 60세 이상 인구의 40%가 일하며, 그 가운데 74%는 생계형이다. 65세 이상 고령노동자가 취업하면 고용보험 적용대상에서 제외된다. 또한 최저임금에도 미달하는 임금, 단시간노동, 산재·병·휴가 등 근로기준법 적용도 제대로 받지 못하고 성차별도 심각하다. 노인을 위한 일자리는 늘지 않고 그나마 노인공공일자리마저 줄었다. 고령노동자들은 일하기를 원한다. 불안정한 사회보장제도가 노인들의 삶을 보장하지 않기 때문이다.

노년유니온 출발점은 성공회 재단의 노인복지기관에서 일하던 사회복지사의 주도적 역할로 시작되었는데, 복지시대 시니어 주니어 노동연합(2012.7월)으로 출발하여 노조로 발전하였다. 노조 성격은 만 55세 이상의 비정규직, 정규직, 구직 중인 노동자들로 조합원을 규정한 세대별 일반노조로, 2013년 4월 23일 합법노조 지위를 확보하였다.

노후희망유니온은 50세 이상의 장년 및 노년 세대가 조합원이 되고 권익을 실천하기 위해 만든 전국 단위 세대별 노동조합으로 2014년 9월에 설립되었으며, 2021년 말을 기준으로 3,512명의 조합원을 가지고 있다(http://www.hope-union.org). 노후희망유니온은 50세 이상 장년층의 일자리 창출과 알선, 인권 및 노동권 확보, 복지증진을 위한 제도나 법률 제·개정, 장·노년의 사회참여 확대 및 건강한 노년문화 창출, 민주사회단체와의 연대 등을 목적으로 가지고 있다. 주요 정책으로는 ① 기초연금법을 고령자 기본소득법으로 전환, ② 노인의료비의 국가 책임제 실시, ③ 노인 주거안정과 주거복지 강화, ④ 노인관련법 강화 등이다.

그 외에 전국시니어노동조합(시니어노조, http://www.kswu.or.kr), 노년아르바이트노조 준비위원회 등이 있다. 전국시니어노동조합은 2014년 4월 창립총회를 열었고 2022년 기준으로 16개 지역지부에 2만여 명의 조합원으로 구성되어 있다. 시니어노조는 일자리 창출을 우선하는 모든 복지문제에 참여하고 있는데, 예를 들면 예술인 마을 조성, 농촌살리기 귀농귀촌사업, 지역 건강보험료 인하 활동 등을 구체적인 사업으로 추진하고 있다.

4) 대리운전기사 노동조합

출발점은 2006년 8월 대구에서 최초 결성, 이후 전국적 조직으로 발전하였는데 대리운전업체에서 월급제로 있던 대리운전기사들이 중심으로 합법노조를 설립한 것이다. 2012년 4월 **전국대리운전노동조합**을 설립한 이후 2018년 서울시를 시작으로 총 12개 지자체에서 지역지부에 필증을 교부하였다. 대리운전노동조합의 쟁점은 ① 노사단체교섭 : 노조원들의 노동자성이 인정되지 않는 합법노조로서의 노사교섭 진행, ② 제도적 쟁점 : 제도적으로 근로기준법상, 노동조합법상 노동자성 인정의 문제(대리기사들의 산업재해 노출에 따른 산업재해보험 적용, 대리기사들의 실질적 이해대변 및 변칙적인 사업 운영을 막기 위한 제도 및 정책, 취소벌칙금 문제) 등이다. 2020년 12월 중앙노동위원회가 카카오모빌리티에 대한 교섭권을 인정하여 2022년 10월에 단체협약을 체결한 바 있다.[23)]

〈표 12-4〉 청년유니온, 알바노조, 노년유니온, 대리기사노조 활동 비교

구 분	청년유니온	알바노조	노년유니온	대리기사노조
주요 조직대상	청년노동자, 취업준비생	알바노동자 (주로 청년층)	저소득 노인	전업대리기사
이해대변의 주요 방식	캠페인, 소송, 개별상담	캠페인, 기자회견, 개별상담 및 교섭	기자회견, 언론보도	교섭, 제도개선
주요 이슈	최저임금, 근기법 준수, 청년 노동권	최저임금, 근기법 준수	기초연금, 노인복지	경제적 수입 증대, 법률 개선, 산재적용
조직화 성공 요인	청년노동이슈의 선점, 전략적인 이슈파이팅, 폭넓은 네트워크	알바노동이슈의 발굴, 전략적인 이슈파이팅. 이념적 응집성	노인당사자의 직접 조직화, 노인 복지 이슈의 시의성, 연대활동	직종특수적인 이슈의 제기, 노조 조직활동가와의 연계
활동의 제약 요인	교섭모델의 부재, 직접 조직화 경험의 부족	교섭모델의 부재, 재정 자원의 부족	조직 및 정책역량의 취약성	노동자성 문제, 법제도적 지원의 부재, 상근자 부족
기존 노조와의 관계	독립노조 연대 적극적	독립노조 사안별 연대	독립노조 연대 적극적	민주노총 가입

카카오모빌리티와의 단체협약 내용을 보면 2023년 7월부터 프로서비스에 대한 비용인 월 22,000원을 내지 않아도 되며, 배정정책을 노조에 설명하고 현장 의견을 반영해서 개선 방안을 모색하며, 약관에 표준계약서 반영 및 불이익 변경시에 노조의견을 반영하도록 한 것 등이다(전국대리운전노동조합.org).

4 노동자 이해대변의 다양화

1987년 노동자대투쟁 당시 생산직/정규직/대기업과 공공부문 중심이었다면 이제는 서비스부문, 비정규직과 간접고용, 그리고 다양한 하청업체와 협력업체가 더 중심이라고 할 수 있어서, 기존 체제가 제대로 이해관계를 대변하지 못하고 비판을 받고 있다. 박명준·권혜원·유형근·진숙경(2016)의 『노동자 이해대변의 다양화와 새로운 노사관계의 형성과정』이라는 책을 정리해 보기로 한다. 이해대변 방식이 노동조합이라는 틀을 벗어난 형태로 다양화되고 있다.

크게 네 가지로 구분할 수 있는데 이해대변의 주체가 기존 노조 행위자인가 아니면 새로운 주체인가로 구분되고, 이해대변의 형태가 노조인가 비노조인가로 구분된다(〈표

〈표 12-5〉 노동이해대변의 주체와 형태의 네 가지 유형

<table>
<tr><th colspan="2" rowspan="2"></th><th colspan="2">이해대변의 형태</th></tr>
<tr><th>노동조합</th><th>비노동조합</th></tr>
<tr><td rowspan="2">이해 대변의 주체</td><td>기존의 노동조합 행위자</td><td>[유형 1]
기존 노동조합 주도의 노조 조직화: 전략적 혁신과 조직화 노력의 심화</td><td>[유형 3]
기존 노동조합 주도의 비노조적 방식의 이해대변 시도: 시민사회와의 연대와 네트워킹 강화</td></tr>
<tr><td>노동이해대변을 추구하는 새로운 주체</td><td>[유형 2]
새로운 주체들 주도의 노동조합 형성 시도</td><td>[유형 4]
새로운 주체들 주도의 비노조적 방식의 이해대변 활성화</td></tr>
</table>

12-5〉 참조). [유형 1]은 기존 노조가 주도하여 노조를 조직화하는 유형이고, [유형 2]는 새로운 주체가 노조를 조직화하는 유형이다. [유형 3]은 노조 행위자가 비노조를 추구하는 유형이고, [유형 4]는 새로운 행위자가 비노조를 추구하는 유형이다.

이제 각 유형의 대표적인 형태를 살펴보기로 하자.

1) [유형 1] 기존 노동조합 주도의 노조 조직화

유통서비스 부문의 조직화는 민주노총의 조직화 사업으로, 아래로부터의 조직화 노력과 서비스 연맹이 위로부터 지원이 결합되어 현장의 이해와 요구를 잘 수렴하여 조직화에 성공한 경우라고 할 것이다. 면세점 판매직/홈플러스/백화점 화장품 판매직 노조에서 공통적으로 발견할 수 있는 것은 저임금, 열악한 노동조건 및 복리후생제도, 불법 부당노동행위의 만연에 대해 조직 구성원들이 강한 불만을 가지고 있었고, 이런 불만이 초기 조직화 과정에서 강한 원동력이 되었다. 다만 이들 노조의 경우 기업별 노조이므로 간접고용 비정규직은 조직화할 수 없다는 구조적 한계가 있어 이들을 조직화할 수 있는 새로운 체제를 확립해야 할 필요가 있다.

2) [유형 2] 새로운 주체 주도의 노조 조직화: 더불어사는희망연대본부

2009년 설립된 더불어사는희망연대노동조합은 지역사회운동 노조로, 2000년대부터 기존 노동조합의 중소영세사업장 노동자에 대한 저대표성을 지적하면서 지역 미조직 중소영세사업장을 조직화하고자 한 지역 일반노조의 흐름의 하나다. 민주노총 전국공공운수

사회서비스노조의 더불어사는희망연대본부(http://hopeunion.net)는 2022년에 바꾼 이름으로, 결성 초기부터 이처럼 이해대변의 공백 속에 있는 미조직 비정규직 조직화에 목표를 두었으며, 방송 · 통신 · 콜센터 산업 비정규직 조직화에 성과(지부들을 결성)를 거두었다. 희망연대본부는 정규직 노동자의 비정규직 조직화 지원과 연대, 사회연대-지역연대를 통한 사회적 · 정치적 자원의 조직화, 동종업종 비정규직 조직화 확대를 통한 영향력과 파급력 확산 등 새로운 조직화의 흐름을 만들며 대안적 노동조합주의의 상을 확립했다고 할 수 있다.

구체적으로 살펴보면 2010년 씨엔앰지부(현 딜라이브지부), 2012년 다산콜센터지부를 시작으로 SKC인프라서비스지부, 월드멀티넷지부, 2022년 딜라이브비정규직지부 등 18개 지부를 설립하였다.

3) [유형 3] 노조 주도의 비노조적 이해대변 활성화

교육통계서비스는 한국교육개발원에서 제공하는 통계인데 직원수는 정규직만을 통계로 잡고 있어서 직원의 상당수를 차지하는 비정규직에 대한 통계는 아예 없다. 2012년을 기준으로 학교의 비정규직은 영양사, 조리사, 사회복지사, 교무실무원 등 60여 직종에서 일하는 15만3천 명으로 교원 40만3천 명 및 지방공무원(6만2천 명)과 함께 학교 교직원의 25%를 차지하고 있었다.[24] 여기에 기간제교사, 방과후 강사 등을 포함하면 20만 명 이상으로 전체 교직원의 25%에 달했다.

2017년 정부가 공공부문 비정규직의 정규직 전환 정책을 시행하면서, 국공립학교 회계직원은 정규직으로 전환되었지만, 나머지 사립학교의 경우 처우개선만이 언급되었다. 학교 비정규직은 개별 학교장이 인력관리를 하고 있어서 매년 2월 재계약할 때마다 해고와 재고용의 악순환을 피하기 어렵다. 방학중에는 급여가 지급되지 않았으며 호봉제도 적용되지 않았다.

2001년 광주의 학교 급식 조리원들은 전국여성노조의 분회를 조직한 후 투쟁을 통해 빼앗긴 생리휴가와 연차휴가를 되찾았다. 전국여성노조는 1999년 학교 비정규직들의 투쟁을 지원했는데, 당시 노동운동 진영에서는 비정규직에 대한 이해가 부족하여 비정규직 노동자 조직화와 투쟁에 대해 큰 관심을 가지지 못했고, 전국교직원노동조합도 학교 현장의 비정규직을 제대로 인식하지 못했다.

공공운수서비스노조 전회련본부, 전국학교비정규직노조, 전국여성노조 학교비정규직지부 등 3개의 노조가 급식실, 행정 실무사, 사서 등 비정규직을 조직화하였다. 이런 문제제기에 전국여성노조가 가장 적극적으로 나섬으로써 조직화가 시작되었고, 학교내 비정규직들의 조직화 가능성을 인식한 여성노조는 바로 조직 산하에 비정규영양사지부를 출범시키고 이때부터 본격적인 학교 비정규직에 대한 조직화가 시작된 것이다. 학교 비정규직 조직화는 정치활동의 결과로 더욱 활성화되었다는 특징이 있으며, 또 다른 특징은 학교 비정규직의 경우 무기계약직 전환으로 고용이 안정화된 이후 처우에 대한 불만이 강하게 표출되면서 노조가입률이 증가하는 추세다.

4) [유형 4] 새로운 주체들 주도의 비노조적 이해대변 활성화

시민사회에 속하는 조직체들이 준노조 성격을 가지고 있는데 이들의 활동은 반드시 노동의 이해대변만을 핵심 취지로 삼고 있지 않으나 대체로 근로조건, 목표집단의 노동시장 내 사회적 지위 개선, 노동권 보장 등을 포함하고 있다.

한국가사노동자협회(**한가노협**, http://www.kohwa.or.kr)는 1997년 IMF외환위기 이후 당시 실업자 지원 및 조직활동을 한 전국실업자단체연대(전실련) 일자리사업단에서 시작되었다. 이후 2004년 전실련 '**전국여성일용사업단 우렁각시**'라는 전국조직으로 발전했고, 2012년 공식 단체를 창립하였다. 주로 가사관리사, 베이비시터, 산후관리사 등 가정을 방문해 돌봄을 제공하는 모든 노동자에 대한 법적 보호와 안정적 일자리, 사회적 존중을 추구한다고 밝히고 있다. 여성운동이나 시민운동에서의 접근보다는 당사자성을 중시하는 노동운동에서의 접근을 강하게 주장한다.

경남이주민센터(http://www.mworker.or.kr)는 1998년 경남지역 이주노동자들의 인권보호를 위해 창립된 이래 처음에는 노동조합을 지향하였으나 한국의 문화적 토양에 부딪혀 2005년 이후 교민회 형태로 변화하였다. 경남이주민센터는 외국인 근로자들에 대해 간접적으로 이해를 대변하고 있는데 주로 상담활동, 각국 교민회 자치활동, 문화교육사업, 한글학교, 이주민 문화축제, 한국어 교육센터 등을 운영하고 있다. 경남이주민센터는 자발적인 후원으로 운영되고 있다.

5 노동공제 운동

노동공제 운동은 기존의 노동조합 활동에도 불구하고 노동조합 조직률이 10%대에 머물러 다수의 노동자들이 노동조합의 우산 속에 보호받지 못하고 있다는 한계점을 극복하는 방안으로 제시되고 관심을 받고 있다. 이에 대해서는 제2장에서 자세히 설명한 바 있다.

제3절 노사협력과 노사협의회

우리나라에서는 오랫동안 노사협의회의 설치와 운영이 법으로 강제되어 왔다. 지난 1997년에는 노사간의 협력과 근로자의 경영참여를 강화하기 위해 「근로자참여 및 협력증진에 관한 법률」(이하, 근참법)이 제정되었고, 이후 20여 년이 지났으나 아직도 노사협의회가 기대 수준만큼 충분히 활성화되고 있지는 못하고 있다.

1 환경변화와 노사협의회의 활성화

1987년 이후 오랫동안 국내의 노사관계는 대립적인 노사간의 전략 속에서 변화를 모색해 왔다. 하지만 30년 가까이 시간이 흐른 지금에도 여전히 협력보다는 대립적인 관점에서 노사관계를 바라보고 있다. 그러나 그동안 환경은 급속하게 변했다. 대표적으로 기업의 입장에서는 글로벌화, 경쟁의 심화 등에 대응해서 해외진출, 아웃소싱이나 하청을 포함하는 외주화, 계약직이나 임시직을 포함하는 고용형태의 다양화 등으로 대응해가고 있다. 환경변화에 대해 상대적으로 대응력이 약해진 근로자와 노동조합은 산별 노조로의 전환, 비정규직의 정규직화 등으로 돌파구를 찾고 있지만 앞길이 쉬워 보이지 않는다.

공무원의 노동조합 조직률은 80%를 넘어섰지만 민간부문은 10% 수준이다. 그러나 90%에 달하는 비조합원 근로자들은 집단적 노사관계를 규정하는 노동조합관련법의 보호 밖에서 법적인 보호만을 기대할 수밖에 없다. 그리고 일부 비노조 사업장과 협력적인 노사관계를 추구하는 일부 노조결성 사업장은 노사간의 협력을 통한 기업경쟁력 확보와 근로자의 고용안정 및 삶의 질 확보를 추구하고 있다.

1) 무노조기업과 노사협력의 필요성

대기업의 경우는 노동조합 조직률이 50% 수준이지만, 30인 이하 소규모영세 사업장의 노동조합 조직률은 0.1% 수준으로 사실상 노동조합이 없다고 해도 과언이 아니다. 소규모영세 사업장의 경우 근로자들이 회사의 사정을 잘 알고 있고, 사용자인 사장님과 매일 대면으로 접촉하는 경우가 많아서 노조를 결성해서 대립적인 자세로 사용자와 교섭한다는 것이 쉽지 않다.

최근 노동조합이 결성되고 단체교섭이 시작된 삼성전자나 삼성그룹의 기업들도 대기업이지 영세중소기업은 아니다. 물론 이상적으로는 근로자들의 노동3권 행사가 자유로운 환경이 조성되어야 할 것이나, 현실적으로 볼 때 이상의 다양한 환경과 제약조건 등으로 인해 노동조합 조직률이 단기간에 급격히 증가할 것으로 예상하기는 어려운 것이 현실적인 판단이라고 할 수 있다.

그렇지만 노동계에서는 아직도 **노사협의회**를 실제적 권리가 없는, 즉 노사협의회에서 합의한 내용에 대해 사용자 측에서 실행에 옮기지 않는 경우 이를 강제할 수 있는 단체행동과 같은 강력한 제도적 장치가 없는, 허울 좋은 제도라면서 비판하는 입장이 강하다. 따라서 현재 우리나라에서 노사협의회는, 노조가 결성된 사업장보다는 노조가 결성되지 않은 비노조결성 사업장에서 근로자들의 이해관계를 대변할 수 있는 제도의 가능성이 있다. 그렇다면 대안적으로 노조가 결성되지 않은 사업장에서 근로자의 입장을 대변하는 기구로서 기존의 노사협의회를 활성화하는 방안을 대안으로 모색할 수 있을 것이다.

2) 경영참여와 노사협의회

노사협의회는 근로자의 대표가 참여하는 방식의 간접적인 근로자 참여제도이다.

(1) 노사협의회 개념과 특징

일반적으로 **노사협의회**(works councils)*는 '특정한 사용자와 그 특정 사업장 또는 기

* 일반적으로 사용자위원과 근로자위원으로 구성된 노사협의회로 사용하는데, 독일의 경우는 우리나라에서 '사업장내노동자평의회(또는 사업장평의회)' 등으로 번역하는데 핵심적인 차이는 독일의 근로자

업에 소속된 근로자들 사이의 집단적인 의사소통을 위한 제도화된 시스템'이라고 할 수 있다.[25] 일반적으로 노사협의회의 특징을 살펴보면 다음과 같이 정리할 수 있다(Rogers and Streek, 1995: 6-10).

첫째, 노사협의회는 노동조합 조합원이냐에 상관없이 특정한 사업장의 모든 근로자를 대표한다. 유럽의 경우에는 외부와 연계성이 강한 산별 노조와 함께 사업장 내에 노사협의회가 별도로 구성되는 경우가 많다. 이탈리아와 같은 경우 노조와 노사협의회는 하나의 조직으로 통합되어 있고, 독일과 같은 경우에는 법적으로 노조와 근로자평의회가 설치의무화되고 있으며, 우리나라의 노사협의회도 법적으로 노조결성의 유무와 상관없이 설치하도록 강제되고 있으며, 사업장단위로 설치하도록 되어 있다.

둘째, 노사협의회는 일반적으로 특정 사업장이나 기업의 근로자들을 대표하지만 산업이나 지역을 대표하지는 않는다. 사용자도 특정 개별 사업자로, 사업자단체와 협의를 하지는 않는다. 우리나라의 경우는 사업장단위를 중심으로 노사협의회를 포함한 노사간 협의체가 구성되어 왔지만, IMF외환위기 이후에 노사정이 모여서 논의하는 **노사정위원회**[2017년 이후 **경제사회노동위원회**(경사노위)]가 국가 차원에서 운영되고 있으며, 최근에는 지역단위나 업종단위로 노사정협의체의 구성이 활발하게 전개되고 있다.

셋째, 노사협의회는 **독립노조**(company union)와 구분된다. 일반적으로 독립노조는 상급단체가 없이 주로 회사와 협력적인 관계를 유지하는 노조인데, 기업단위 노조라고 하더라도 조합원만을 대표하기 때문에 조합원 유무와 상관없이 모든 근로자를 대표하는 노사협의회와는 구분된다.

넷째, 근로자대표제도로서 사용자 측 주도하에 운영하는 품질관리팀이나 고성과작업팀 등과는 구분된다. 최근 기업들은 **고성과 일터**(high performance workplace)란 명칭을 두고, 기업이 주도적으로 생산성향상이나 품질개선 등을 추구하는 경우가 많이 있다. 그러나 노사협의회는 사용자 측 주도의 공식적인 권한관계에서 벗어나 있으며, 기업의 공식적인 생산관리기능에서도 벗어나 있다. 그래서 노사협의회를 통해 근로자들은 개인적인 의사표현을 자유롭게 할 수 있으며, 집단적인 의견으로 바뀌어 기업 측에 제시된다.

다섯째, 노사협의회에서의 협의는 다양한 방법으로 진행되며 양쪽에서 부담 없이 협의

평의회는 구성원이 근로자 또는 노조 대표이고 사용자를 대변하는 구성원은 없다는 점이다. 또한 독일의 사업장내노동자평의회는 '협의' 수준의 참여 외에 구체적인 근로조건 등에 대해서는 '합의'를 의미하는 공동결정을 포함하기도 한다. 여기서는 유사 개념을 포괄해서 노사협의회로 사용하기로 한다.

를 요청할 수 있다. 사용자 측의 **의견청취**(information), 의견교환을 포함한 **협의**(negotiation), **합의**(agreement), **공동결정**(co-determination)까지 협의의 수준도 다양하다. 생산관련 이슈에서부터 기업의 경쟁력 제고 등과 같은 주제도 논의할 수 있다. 우리나라의 경우 법에는 분기별로 정기회의를 개최하고 필요시 임시회의를 개최하도록 하고 있다. 논의사항도 참여 정도에 따라 협의사항 · 의결사항 · 보고사항 등으로 구분되어 있다.

여섯째, 노사협의회는 법적인 또는 법제도 이외의 형태를 가질 수 있다. 노사협의회는 사용자가 일방적으로 구성해서 운영할 수도 있고, 산업단위나 지역단위의 노동조합과 사용자단체의 협의에 의해 구성될 수도 있다. 그러나 일반적으로 정부의 입법에 따라 지원되는 경우가 많다.

일곱째, 노사협의회는 국가별로 또는 지역단위로 제도가 다양하게 운영된다. 노사협의회는 사업장 내 모든 근로자를 대표하기도 하지만, 경우에 따라서는 사무직을 대표하는 협의회와 생산직을 대표하는 협의회가 별도로 구성되기도 한다.

여덟째, 노사협의회는 이사회의 근로자대표와는 구별된다. 이사회에 근로자대표가 있는 경우에도 별도로 노사협의회가 구성되기도 하는데, 이 경우에는 서로 밀접하게 연계되는 경우가 많다.

(2) 노사협의회의 유형 구분

이러한 정의에 따라 로저스와 스트릭(Rogers and Streek, 1995)은 세 가지로 노사협의회를 구분하고 있다.

첫째, 노조결성을 회피하기 위한 **가부장적 노사협의회**다.[26] 일반적으로는 사용자가 주도적으로 구성하는 경우가 많은데 대체로 노동조합의 결성을 사전에 예방하기 위해 근로자의견수렴기구로서 역할을 수행한다. 우리나라의 경우 민간부문 노동조합 조직률이 10% 수준으로 낮은데다, 일부 대기업집단들은 노조결성을 적극적으로 회피하고 있다는 점에서 이러한 이유가 배경인 노사협의회를 쉽게 찾아볼 수 있다.

둘째, **협의체**로서 노사협의회다. 이는 생산과정에서의 협력을 위해, 그리고 궁극적으로 사업장이나 기업의 성과를 향상시키기 위해, 노사간에 의견을 교환하고 협의한다. 앞에서의 가부장적 노사협의회는 정치적인 목적을 가지고 있다고 한다면, 이 협의체로서의 노사협의회는 경제적 목표를 가지고, 상호 간에 이익을 위한 이슈들을 다룬다.

셋째, **대표조직**으로서의 노사협의회다. 이는 주로 단체협약이 법을 통해서 설치되는데 사업장이나 기업의 모든 근로자를 대표하는 역할이 우선이다. 여기서는 '산업민주주의'가 그 근거라고 할 수 있으며, 노조에 의해 충분히 달성되지 못하는 근로자들의 의견수렴이 보완적으로 이루어질 수 있다고 여긴다.

(3) 비노조 조직의 노사협의회

노동조합이 포함되지 않은 비노조 조직에서의 근로자대표제도를 정리한 카우프만과 레빈(Kaufman and Levine, 2000)은 다음과 같이 그 특징을 정리하고 있다.* 첫째, 일터에서 일하는 근로자들을 어떤 제도나 기구를 통해서 대표한다. 둘째, 경영진 또는 관리자와 일터에 관련된 이슈들에 대해 만나서 논의를 한다. 셋째, 기업에 의해서 구성되고 재정적인 지원을 받으며 운영된다. 예를 들면, 안전위원회, 문제해결팀, 동료-평가위원회(peer-review panels), 부서별 생산 및 품질관리위원회, 사업장 단위의 노사협의회(plant-wide joint industrial councils) 또는 이사회에의 근로자대표 참여제도 등을 들 수 있다. 그러나 기업은 노사협의회를 운영함에 따라 발생하는 비용을 고려하기 때문에 모든 경우에 노사협의회와 같은 근로자대표제도를 선호한다고 하기는 어렵다.

기업이 근로자대표제도를 필요로 하는 조건은 세 가지로 정리할 수 있다. 첫째, 고용관계는 **불완전한 계약**(incomplete contract)이라는 점이다. 특정 기간 동안의 모든 가능한 상황에 대해 구체적으로 계약을 하는 것은 불가능하기 때문이다. 그 결과 고용계약에는 오해가 발생할 수 있고 상호간에 기회주의적인 행동도 가능하기 때문에, 기업과 근로자 사이에는 지속적인 의사소통과 발생한 문제에 대한 해결제도가 필요하다.

둘째, 고용계약에 있어서 미국에서는 소위 **해고자유의 원칙**(Employment-at-will Doctrine)이 존재한다. 일반적인 계약에서는 한쪽이 자의적으로 계약을 해지하지 못하지만 고용계약에서는 근로자가 일방적으로 계약을 해지할 수 있고 기업도 계약을 해지하는 해고를 할 수 있다.**

---

* 이하의 내용은 Kaufman, Bruce E. and David I. Levine(2000, 2016), "An Economic Analysis of Employee Representation", in Kaufman, Bruce E. and Daphne Gottlieb Taras(Eds.), *Nonunion Employee Representation: History, Contemporary Practice, and Policy*, New York, NY: Sharpes, M.E.에서 인용하여 정리한 것이다.

** 우리나라의 경우는 원칙적으로 이러한 해고자유의 원칙이 존재하지 않는다고 하겠다. 근로자의 입장에서 본다면 일방적으로 사직서를 쓰고 퇴사할 수 있지만, 기업의 입장에서는 무기계약근로자의 경우 근로기준법에 따라 정당한 사유 없는 해고는 불가능하다. 그러나 이로 인해 소위 비정규직이 급증하

셋째, 고용계약에는 **권한관계**(authority relations)가 존재한다. 시장에서 기업과 근로자는 법적으로 평등하지만, 일단 고용계약이 성립되면 노동의 판매자와 구매자의 입장에서 사용자(고용주, employer)와 근로자(employee)의 관계로 바뀌게 된다. 기업의 소유주나 경영진은 근로자의 노동을 원하는 대로 사용할 수 있는 권리를 가지게 되는 것이다. 근로자는 물론 여러 측면에서 법적으로 보호를 받고 있지만 그럼에도 불구하고 실업이나 가족의 부양 등으로 인해 실직의 부담을 가진다. 그래서 근로자는 권한관계에서 상대적으로 약자의 위치에 서게 된다.

이러한 고용계약의 특징으로 인해 근로자대표제도는 불완전한 노동시장에 발생할 수 있는 거래비용을 줄이고 효율성을 제고하는 역할을 수행할 수 있다.

(4) 노사협의회의 긍정적 효과

노사협의회를 운영하게 되면 ① 조직 내 조정 및 관리과정의 효율화, ② 근로자 의욕제고, ③ 감독자들의 도덕적 해이 가능성 감소를 기할 수 있다.

첫째, 기업은 경영전략이나 사업방침 등에 따라 다수 근로자들의 행동을 잘 조정해서 효율성을 제고할 필요가 있다. 이를 위해 기업에서는 앞에서 언급한 상사에게 합법적인 권력인 권한을 부여하여 부하의 행동을 조정하고 관리한다. 이 과정에서 노사협의회와 같은 근로자대표제도를 이용함으로써 거래비용을 줄여 효율성을 제고할 수 있다. 예를 들어 관리계층이 많은 대기업의 경우 노사협의회를 통해 현장의 정보가 바로 전달되어 정보의 축소나 왜곡을 줄일 수 있다(Boulton and Dewatripont, 1994).[27)]

둘째, 노사협의회를 운영하게 되면 근로자의 의욕제고를 기할 수 있다. 예를 들어, 일터안에서의 소음 수준, 조립라인의 속도, 위험요인 등과 같은 공공재에 대해 개인적으로는 부담스럽지만, 노사협의회와 같은 집단논의과정을 통해서 용이하게 이의를 제기할 수 있고 개선된 결과를 근로자들 사이에서 공유할 수 있다.

셋째, 노사협의회를 운영하게 되면 감독자들의 도덕적 해이 가능성이 감소할 수 있다. 중간관리자들은 상위 경영층의 평가를 받기 때문에 때로는 자신에게 유리하도록 현장사원들에 대해 부당하게 대우할 가능성이 있지만 노사협의회가 있게 되면, 현장의 정보가 바로

고 있는 것으로 볼 수도 있다. 계약직이나 파견직과 같은 소위 비정규직의 경우 기업의 계약해지에 따른 해고자유의 원칙이 사실상 존재한다고 볼 수 있다. 그리고 5인 미만 사업장의 경우는 해고의 정당성을 다툴 수가 없으므로 이 경우도 해고자유의 원칙이 적용되고 있다고 하겠다.

경영층에 전달될 수 있기 때문에 중간관리자들이 정보를 왜곡하거나 자신에게 유리하게 처리하는 도덕적 해이가 발생할 가능성이 낮아진다.

(5) 노사협의회에 대한 기업의 우려와 제약조건

그러나 이러한 노사협의회에 대한 긍정적인 기대효과에도 불구하고 기업에서는 무조건적으로 노사협의회를 포함하는 노사협의체제에 대해 찬성하지 않는다. 사용자들은 기본적으로 사업장에서 경영권을 최대한 행사하고자 하기 때문이다.

노사협의회를 운영하는 경우에 첫째, 사용자는 초기에는 비정치적인 협력체제로 운영되지만 이후에는 분배이슈를 다루는 정치적인 조직으로 발전하기 쉽다는 점에 대해 우려를 표시한다.* 이러한 걱정 때문에 사용자들은 한때 노사협의회를 잘 활용하다가도 쉽게 협의회 운영을 중단하기도 한다.

역사적으로 보면 제2차 세계대전 직후 서유럽을 예로 들 수 있다. 당시 서유럽에서 기업들은 전후 상황에서 정부의 도움을 받기 어려웠고, 노동조합은 미국의 등장으로 공산주의나 무정부주의 운동이 약화되었던 시점이었다. 그 상황에서 경제복구를 위해 노사간의 협력이 중요하게 되었고, 노사는 단체교섭 외에 사업장단위의 노사협력이 보완적으로 필요하다는 데 동의하게 된다. 그러나 1960년대에 이르면 독일의 노사협의회를 제외하고는 노사협의회 운영은 쇠퇴하게 된다.

둘째, 비노조 사업장의 근로자대표제도는 기업들이 노조결성을 피하기 위해 노조를 대체하거나 노조활동을 제약하기 위한 수단으로 이용되기도 한다. 노조대체란 낮은 임금이나 고용불안 등이 노조결성의 이유라고 보고 이러한 불만을 미리 예방하려는 방침이며, 노조활동제약이란 노조결성을 피하기 위해 노조활동가 해고나 노조활동 방해 등으로 협박하거나 회유하는 것을 말한다. 또한 비노조 사업장에서 노사협의회와 같은 근로자대표제도가 노조회피전략으로 이용되는 것이다(Kaufman and Levine, 2000, 2016).[28)]

셋째, 운영에 따른 비용과 같은 부담 또한 제약조건 중 하나이다. 노사협의회 운영에 있어서 직접적인 비용은 회의진행과 회의운영에 필요한 교육훈련에 소요되는 시간에 대한

---

* 그러나 우리나라처럼 노사협의회가 강제되는 경우 노사협의회를 통해 일부 정치적인 욕구를 흡수할 수 있다면 그로 인해 노조결성을 피할 수 있으므로 사실상 사용자는 우려스럽지 않은 형태로 노사협의회를 운영할 수도 있다. 즉, 일부 기업은 우리 회사는 노사협의회가 임금교섭과 사실상 노조의 역할을 하는데 무슨 노조가 필요하냐는 식의 반문을 하기도 한다.

보상, 회의장소 사용에 따른 비용, 서류관리비용, 전문가 도움에 따르는 비용 등이 있고 간접적인 비용에는 의사결정의 지연, 경영권 행사의 제약 등이 포함된다. 간접적인 비용에는 높아지는 노동비용도 포함된다.

2 노사협의회와 노 · 사 · 정 관계

1) 노사협의회의 역사적 전개와 노동조합

노동조합이 노사협의회를 보는 시각은 국가별로, 시기별로 다양하지만, 대체적으로는 소극적이거나 부정적이다. 역사적으로 보면 노사협의회는 유럽의 대륙 국가들에서 가장 활발하게 활용되어 왔다. 유럽에서는 산별 노동조합이 중심이기 때문에 특정 사업장이나 기업에 소속된 근로자들의 이해관계를 어떻게 대표할 수 있는가 하는 근본적인 질문을 가지고 있었고 노사협의회와 같은 근로자대표제도에 대해 관심을 가져왔다.

그러나 유럽의 산별 노조는 노사협의회와 같은 기업단위의 근로자대표조직이 산별 노조의 통제를 벗어나 자체적으로 협상을 하거나 협약을 체결하는 상황이 발생하게 되면 국가단위나 거시적인 노동운동이 파행을 겪게 되고, 기업단위에서는 근로자의 협상력이 약화될 수 있다는 우려를 하였다. 미국이나 영국에도 역사적으로 보면 20세기 초에 노동조합은 사업장에서 노조의 힘을 약화시킬 것이라는 이유로 노사협의회를 반대하였다.

하지만 유럽대륙 국가에서 노사협의제도는 점점 활발하게 진행되게 된다. 산별 노동조합은 노사협의회를 통해서 사업장단위에서의 통제권을 가지게 되며, 사용자는 노사협의회를 통해 생산성을 제고할 수 있고 노조결성을 예방할 수 있으며 근로자는 사업장단위에서 대표권을 행사할 수 있다는 효과 등이 고려되었다는 배경이 있었다.

1920년 독일의 「**바이마르**(Weimar)**헌법**」에는 후에 독일의 「**근로자평의회법**(Arbeitverfassung, German Works Constitution)」의 기초가 된 **사업장내근로자평의회**(Betriebsräte, works councils)가 포함된다. 이 법의 통과로 독일의 사업장에서는 노동조합과 근로자평의회가 공존하게 되었다. 근로자평의회 사업장단위로 근로자들의 이해관계를, 노동조합은 일반적인 이슈에 대해 근로자들의 이해관계를 대변할 수 있게 되었다. 이러한 형태로 인해 독일의 노사관계는 흔히 이중적 구조를 가지고 있다고 한다. 제2차 세계대전 이후 독일에서는 사회주의와 자본주의 사이에서 제3의 길로 제시된 '**공동결정제도**(codetermination)'가 노동조합의 전략으로 채택된다.

미국의 경우는 1980년대 이후 노동조합운동이 상대적으로 정체되는 반면에, 여전히 근로자들의 근로자대표제도에 대한 욕구는 상당 수준에 이르자 일부에서 노사협의회가 노동조합의 대안적 형태로 제시된다. 그러나 이러한 움직임은 현실적으로 큰 결과를 낳지는 못한다. 오히려 기업들이 주도하여 근로자의 몰입을 제고하는 참여형태로 발전시키게 된다.

우리나라의 경우를 보면 1987년 노동계의 투쟁이 활성화되는 시점에, 노동계는 기존의 노사협의회법을 폐지하자고 주장했다. 그 이유는 그동안 정부가 노동조합 활동을 규제하기 위해 노사간의 협력을 지나치게 강조하였으며, 그 대표적인 사항이 바로 노사협의회라는 점이다. 지금도 노동계는 노사협의회에 대해 비교적 부정적인 시각을 가지고 있으며, 근로자들의 의견을 진정으로 수렴하고 반영하기 위해서는 노동3권이 보장되는 노동조합이 필요하다는 입장이다. 그러나 최근에는 노사협의회가 노동조합을 대체하지 않고 오히려 노조활동을 활성화한다는 연구결과들이 제시되고 있다.[29]

2) 노사협의회와 정부

역사적으로 보면 유럽에서 제1차 세계대전 당시 **급진적 무정부주의자**(radical syndicalist)에 의해 만들어진 **노동자협의회**(worker councils)는 **생산자 민주주의**(producer democracy)로 여겨졌다. 하지만 이러한 노동자협의회는 정부와 사용자의 반대에 부딪쳤으며, 심지어 주류 노동조합이나 공산주의자들도 반대했다. 그러나 제2차 세계대전 이후 유럽의 자유민주주의 하에서 노사협의회는 새로운 사회적 생산방식의 하나로 받아들여졌으며, 노동조합과 사용자 간에 자율적으로 만들어 운영하는 자율조직으로 인정받게 된다.

제2차 세계대전 이후 노사간에 적절한 힘의 균형을 바탕으로 정부는 노사관계에서 역할을 줄이려고 한다. 그러나 현실적으로 노사협의회를 포함하는 근로자대표제도는 다른 노사관계제도에 비해 정부의 역할이 큰 비자발적 제도로 도입된다. 물론 정부가 앞장서서 사업장단위의 노사협의제도를 도입하려고 한 것은 아니지만 노사는 교섭을 한 후에 정부에 제도화를 요청하는 경우가 많다. 또한 법이 제정된 이후 개정의 필요성이 있어도 정부가 앞장서기보다는 노사간에 자율적으로 해결하기를 기다리는 경우가 많다.

3 사업장에서 노사협의회 활성화 결정요인

기업에서 노사협의회를 포함하는 근로자대표제도를 어느 정도 활성화할 것인가에 대한 결정은 다음과 같은 요인에 의해 결정된다. 첫째, 노사간에 일정 수준의 신뢰가 전제되어야 한다. 서로 간에 기회주의적인 활동가능성이 있다면 노사협의회와 같은 제도는 활성화되기 어렵다. 둘째, 근로자대표제도가 활성화되어 그로 인해 고용안정성이 제고되고 임금 수준 등이 향상되면 오히려 근로자들이 선호하는 조직이 될 가능성이 있다. 이 가능성이 크면 기업은 근로자대표제도에 대해 소극적으로 된다. 그 외에도 거시경제 환경, 노동조합의 활성화, 법적인 강제 수준, 노조결성 회피의지 등도 노사협의회 활성화 정도를 결정하는 요인으로 작용한다.

우리나라의 경우도 다수의 사업장에서는 노사협의회를 노동조합을 대신하는 제도로서 활용하고자 하는 것이 사용자 측의 입장이다. 최근에 바뀌었지만 몇 년 전까지 삼성그룹과 같이 무노조경영을 강조하는 경영원칙을 견지하는 경우에는 근로자들의 불만을 사전에 적극적으로 해결함으로써 노조의 결성을 예방하고자 한다. 또한 노사협의회에서 사실상 임금교섭이나 단체교섭이 이루어지고 있으므로 별도의 노동조합이 필요하지 않다는 입장이다. 그러나 노사협의회는 그 자체로 협력적인 노사간의 신뢰를 전제로 하고 있으며 노동조합은 노동3권을 전제로 하고 있기 때문에 근본적인 차이가 있다는 점을 인정할 필요가 있다.

4 미국의 노사협의회

미국의 경우 카우프만과 레빈(Kaufman and Levine, 2000, 2016)은 우리나라의 노사협의회와 같은 **비노조근로자대표제도**가 경제학적 연구를 통해서 정당화되기 어렵다고 주장한다.[30] 그 이유는 근로자대표제도를 운영하는 데 발생하는 비용이 생산성향상이나 공정성실현에 따른 이익보다 크기 때문이라고 강조한다.

그 이유로는 첫째, 생산과정과 관련된다. 생산과정이 노동집약적이고 기술이 별로 필요 없으며 개인의 성과를 쉽게 측정할 수 있는 경우 근로자대표제도를 통한 의욕제고나 협력의 효과가 크지 않다는 것이다. 둘째, 대표제도의 규모가 커질수록 개인 근로자는 자신이 실제로 의사결정에 참여한다는 생각을 갖기 어렵다. 그에 따라 의욕제고효과도 줄어든다. 근로자대표제도는 다른 고성과작업조직과 함께 하는 경우가 많은데 실증적인 증거가 많지 않다. 셋째, 역사적으로 볼 때 법적으로 강제되는 근로자대표제도에 정성을 기울이는 기업이 많지 않았다는 점이다.

대기업의 근로자대표제도 또한 문제점이 발생된다. 기업의 규모가 커지면 근로자대표제도의 운영에 따른 비용은 규모의 경제로 인해 줄어들기도 하지만, 직접적 또는 간접적으로 발생하는 추가비용은 계속 늘어나서 결국 이익을 초과하게 된다. 대규모의 근로자대표제도는 관료화되고 의사결정에 많은 시간이 필요하게 된다. 대기업의 경우 전략적인 의사결정이 많아지고 관료적인 의사결정과정에 따른 비용은 더 커진다.

그러나 근로자대표제도에 대한 찬성론자들은 비경제적인 효과를 강조한다. 근로자대표제도를 통해 모든 근로자는 기본적인 권리를 가지게 된다는 점이다(Adams and Friedman, 1998). 민주사회에서 필요한 의사결정 참여와 그에 대한 교육을 받게 된다는 것이다. 그러나 이러한 주장은 유럽 국가에서는 상당한 설득력을 가지지만 미국이나 영국에서는 큰 설득력을 가지지 못하고 있다. 프리먼과 로저스(Freeman and Rogers, 1999)의 조사결과에 따르면 미국의 근로자들은 공식적인 근로자대표제도를 선호하지 않으며 일에 더욱 몰입(involvement)하기를 원하는 것으로 나타났다. 따라서 비용보다 이익이 더 많은 기업이나 업종의 경우에 한해서 근로자대표제도가 법제화되어야 한다고 주장한다.

이러한 이론적인 논의와 마찬가지로 미국의 경우는 노사협의회와 같은 근로자대표제도의 운영이 활발하지 않다.

제4절 우리나라의 노사협의회

1 노사협의회제도

1) 노사협의회제도의 역사

우리나라에서 노사협의회제도의 역사는 벌써 50년이 넘었다. 1963년 「노동조합법」이 개정되면서 법 제6조에 "사용자와 노동조합은 노사협조를 기하고 산업평화를 유지하기 위하여 노사협의회를 설치하여야 한다"라고 처음 규정된 뒤 1973년 다시 내용이 구체화되었다. 제6조 제2항에는 "노사협의회는 단체협약 또는 취업규칙의 범위 안에서 생산, 교육, 훈련, 작업환경, 불만처리, 협의회 운영 등에 관하여 필요한 사항을 협의한다"라고 규정되었다. 이후 1974년 다시 개정되면서 '노사분규 예방'을 협의사항으로 추가하였다.

그러나 1960년대와 1970년대는 군사정권과 유신시대로 노동조합활동이 자유롭지 못한 시기라고 할 수 있다. 정부는 자율적인 노사관계보다는 '노사간의 협력'을 강조하는 관점에서 접근을 하고 있어서 노동계의 부정적인 시각을 피하지 못하였다. 1980년 전두환 정권에서도 노사협의회제도를 기존의 노동조합법에서 분리시켜 강화하였다. 이후 1987년 노동자대투쟁 시기를 거치면서 노동계는 **「노사협의회법」**의 폐지를 주장하지만, 공무원의 의견진술, 노동부장관의 노사협의회 해산 및 위원개선명령권을 삭제하는 등 노사협의회 운영의 자율성을 확대하고 협의사항과 보고사항을 확대하는 선에서 정리되었다.

이후 김영삼 정부 시절인 1995년에 설치된 노사관계개혁위원회에서는 1997년 기존의 노사협의회법을 폐지하고 **「근로자참여 및 협력증진에 관한 법률」**(이하 '**근참법**')을 제정하여 설치대상을 노조 유무에 상관없이 30인 이상의 모든 사업장에 확대적용하게 되었다. 이후 2007년에 일부 개정이 있었는데 노사협의회 설치 예외 사업장, 노사협의회 위원의 편의제공 조항 확대, 협의사항 및 의결사항에 대한 사전 요구, 회의록의 3년간 보존, 협의사항 중 근로자감시시설 설치 추가 및 노동쟁의 예방 삭제 등이다. 이후 한글화작업과 고용노동부의 명칭 변경에 따른 개정이 있었으나 내용상의 변화는 없었다.

2) 노사협의회의 목적과 원칙

현행 「근참법」에 따르면 이 법의 목적은 "근로자와 사용자 쌍방이 참여와 협력을 통하여 노사공동의 이익을 증진함으로써 산업평화를 도모하고 국민경제발전에 이바지함"을 목적으로 한다고 규정되어 있다(근참법 제1조). 즉, 분배보다는 참여와 협력을 통한 공동이익 증진에 있으며 산업평화를 도모하기 때문에 노동조합처럼 단체행동권을 통한 쟁의행위는 인정되지 않는다.

「근참법」 제2조에는 "서로 신의를 바탕으로 성실하게 협의에 임해야 한다"라고 규정되어 있다. 그리고 법 제5조에는 "노동조합의 단체교섭이나 그 밖의 모든 활동은 이 법에 의해 영향을 받지 아니한다"라고 규정되어 있어서 노사협의회 활동이 노동조합의 활동을 제한하지 않도록 하고 있다.

3) 노사협의회의 설치

노사협의회의 주체는 「근로기준법」에 의한 근로자와 사용자이다. 노사협의회의 설치 대상은 근로조건의 결정권이 있는 상시 30인 이상의 근로자를 사용하는 사업 또는 사업장이다(근참법 제4조). 여기서 근로조건의 결정권이란 임금, 근로시간 등 근로계약 체결 시 그 계약의 대상이 되는 사항에 대해 결정하는 권한을 말한다. 근로자가 지역적으로 분산되어 있다고 하더라도 전체 근로자 수가 30인 이상이면 그 주된 사무소에 노사협의회를 설치하여야 한다. 노사협의회의 설치를 정당한 사유 없이 거부하거나 방해한 자는 1,000만 원 이하의 벌금에 처하도록 되어 있다.

4) 노사협의회의 구성

노사협의회는 근로자와 사용자를 대표하는 동수의 위원으로 구성하되 각각 3인 이상 10인 이내로 한다. 노사를 대표하지 못하는 위원으로 구성하는 것은 신뢰성 부족으로 노사 불신을 발생시킬 수 있다. 근로자위원의 선출 시 과반수 노조가 있는 경우에는 노조 대표자와 노조에서 위촉하는 자로 구성되는데 노조의 위촉은 노조의 총회 또는 대의원회의 결의에 의해 위촉하는 것이 타당할 것이다. 또한 비조합원도 일정비율 위촉하는 것이 바람직할 것이다. 과반수 노조가 없는 경우에 직접, 비밀, 무기명 투표가 이루어져야 한다. 근로자위원으로 입후보하기 위해서는 근로자 10인 이상의 추천이 필요하다. 사용자위원은 당해 사업 또는 사업장의 대표자는 당연직으로 반드시 포함되어야 한다.

노사협의회 위원의 임기는 3년으로 규정되어 있으며 연임이 가능하고, 임기만료 이후라도 후임자 선출 시까지는 계속 그 직무를 담당할 수 있다. 노사협의회 위원의 신분에 있어서 신분상의 중립과 업무수행상의 효율성 및 공정성 제고를 위해 비상임, 무보수가 원칙이다. 노사협의회 위원의 직무수행을 위해 협의회 출석시간 및 이와 직접 관련된 시간으로서 노사협의회 규정에 정한 시간에 대해서는 근로한 것으로 보아 임금을 지급해야 한다.

사용자는 노사협의회 운영에 대해 다음과 같은 의무사항이 있다. 첫째, 사용자는 일방적으로 근로자위원을 위촉하거나 근로자위원 선출에 개입해서는 안 된다. 둘째, 사용자는 노사협의회 운영의 내실화를 위해 근로자 의견수렴이나 토론 등 기업의 발전이나 근로자 복지증진에 대한 제안이 가능하도록 근로자활동을 지원해야 한다.

2 노사협의회의 운영 및 고충처리

1) 노사협의회 운영

노사협의회는 3개월마다 정기적으로 회의를 개최해야 하고, 필요시 임시회의를 개최할 수 있다. 회의 개최 시에는 **협의사항**, **의결사항** 외에 **보고사항**에 대해서 보고 · 설명해야 하며, 회의 안건에 대해서는 사전에 배포하여 충분히 검토할 시간을 갖도록 해야 한다.

회의의 소집은 노사협의회 의장이 하며 의장은 회의개최 7일 전에 회의일시, 장소, 의제 등을 각 위원에게 통보해야 한다. 회의는 양측 위원이 각각 과반수 출석으로 개회하고 출석위원 2/3 이상의 찬성으로 의결한다. 회의는 공개를 원칙으로 하되 협의회의 의결에 따라 공개하지 않을 수도 있다. 위원은 협의회에서 알게 된 경영정보를 개인적으로 활용하거나 다른 경쟁기업으로 유출하면 안 되는 비밀유지의무가 있다.

회의록은 작성하고 비치해야 하며 3년간 보존해야 한다. 이는 노사간의 약속을 확실하게 남겨 이행을 담보하기 위한 것이다.

〈표 12-6〉 노사협의회의 보고사항, 협의사항 및 의결사항

구 분	내 용
보고사항	1. 경영계획 전반 및 실적에 관한 사항 2. 분기별 생산계획과 실적에 관한 사항 3. 인력계획에 관한 사항 4. 기업의 경제적·재정적 상황에 관한 사항
협의사항	1. 생산성 향상과 성과배분 2. 근로자의 채용·배치 및 교육훈련 3. 근로자의 고충처리 4. 안전·보건 기타 작업환경 개선과 근로자의 건강증진 5. 인사·노무관리의 제도개선 6. 경영상 또는 기술상의 사정으로 인한 인력의 배치전환·재훈련·해고 등 고용조정의 일반원칙 7. 작업 및 휴게시간의 운용 8. 임금의 지불방법·체계·구조 등의 제도개선 9. 신기계·기술의 도입 또는 작업공정의 개선 10. 작업수칙의 제정 또는 개정 11. 종업원지주제 또는 기타 근로자의 재산형성에 관한 지원 12. 직무발명 등과 관련하여 당해 근로자에 대한 보상에 관한 사항 13. 근로자의 복지증진 14. 사업장 내 근로자 감시설비의 설치 15. 여성근로자의 모성보호 및 일과 가정생활의 양립을 지원하기 위한 사항 16. 직장 내 성희롱 및 고객 등에 의한 성희롱 예방에 관한 사항 17. 그 밖의 노사협조에 관한 사항
의결사항	1. 근로자의 교육훈련 및 능력개발 기본계획의 수립 2. 복지시설의 설치와 관리 3. 사내근로복지기금제도의 설치 4. 고충처리위원회에서 의결되지 아니한 사항 5. 각종 노사공동위원회의 설치

2) 노사협의회의 임무

다음은 노사협의회의 보고, 설명사항, 협의사항 및 의결사항이다. **보고사항**은 노사간에 경영정보에 대한 공유가 전제되어야 노사간에 열린경영이 가능하다고 보기 때문이다. 사용자가 정기회의에서 보고사항에 대해 보고하지 않을 경우 근로자위원은 관련 자료의 제출을 요구할 수 있으며 사용자가 이에 응하지 않을 경우 500만 원 이하의 벌금이 부과될 수 있다. 협의사항은 근로자의 복지증진과 생산성 향상을 도모하는 취지에서 사업장 수준에서 근로자의 참여를 지원하고 보장하기 위한 사항이다. 의결사항은 특정 사안에 대해서

는 노사동반자 관계구축에 도움이 되는 사항들이며 사용자가 정당한 사유 없이 이를 이행하지 않을 경우에는 1,000만 원 이하의 벌금형에 처하도록 되어 있다.

협의회는 의결된 사항에 대해서는 근로자에게 신속히 공지시켜야 한다. 사내방송, 사보게재, 게시, 기타 적절한 방법으로 전체 근로자에게 신속하게 알려야 한다. 다만, 공지의 의무는 사용자에게 있는 것이 아니라 협의회에 있다. 근로자와 사용자는 의결된 사항에 대해 성실하게 이행하여야 한다. 부득이한 사유로 의결사항을 이행하지 못하였을 경우에는 그 경위를 차기 노사협의회에서 설명하고 새로운 대책을 수립할 필요가 있을 것이다.

3) 임의중재

노사협의회는 의결사항에 대해 의결하지 못한 경우, 의결된 사항에 대해 해석 또는 이행방법 등에 대해 의견의 불일치가 있는 경우에는 양측 위원 간의 합의에 의해 협의회에 중재기구를 두어 해결하거나 노동위원회 기타 제3자에 의한 중재를 받을 수 있다.

노동위원회에 중재를 요청할 경우 노동위원회에서는 심판담당 공익위원 3인(심판담당 공익위원에는 위원장 또는 상임위원 포함)으로 구성된 **심판위원회**에서 담당하며 심판위원 전원출석 및 출석위원 과반수 찬성으로 의결한다. **임의중재절차**에 의해 중재결정이 있을 때에는 노사협의회의 의결을 거친 것으로 보며, 근로자와 사용자가 임의중재사항을 위반할 경우 1,000만 원 이하의 벌금에 처하도록 되어 있다.

4) 고충처리

고충은 '근로자의 근로환경이나 근로조건에 대한 개별적인 불만'을 의미하며 법에 의한 보호를 받지 못하고 있는 사항이나 개인신상에 관한 사항까지 포함한다. 고충처리는 고충처리위원이 담당하는데, 모든 사업 또는 사업장에 근로자의 고충을 청취하고 이를 처리하기 위한 고충처리위원을 두어야 한다. 고충처리위원을 두지 아니할 때에는 200만 원 이하의 벌금에 처하도록 되어 있다.

고충처리위원은 노사를 대표하는 3인 이내의 위원으로 구성하되 노사협의회가 설치되어 있는 경우에는 협의회가 그 위원 중에서 선임하고 협의회가 설치되어 있지 않은 사업장의 경우에는 사용자가 위촉한다. 고충처리위원의 임기는 법으로 명시된 바가 없으므로 노사협의회 운영규정에서 별도로 정하거나 노사협의회 위원의 임기를 준용하여 적용할 수 있다.

고충처리결과는 근로자로부터 청취한 때에는 10일 이내에 조치사항이나 기타 처리결과를 근로자에게 통보해야 한다. 그리고 고충사항의 접수 및 그 처리에 관한 대장을 작성하고 비치해야 하며 1년간 보존해야 한다.

3 노사협의회 현황과 제도 개선방향

1) 노사협의회의 설치와 운영

첫 번째 노사협의회는 얼마나 구성되어 있는가? 현재 근참법에 따르면 상시근로자 30인 이상의 사업 또는 사업장 단위로 반드시 노사협의회를 설치하도록 되어 있다. 설치현황에 대한 정확한 정보는 공개되지 않으나 5만 개 이상은 설치되어 있다고 보고 있다. 2011년 이후에는 전국통계조사를 공식적으로 실시하고 있지 않았고, 한국노동연구원의 사업체패널조사를 통해 개략적인 모습을 알 수 있다.[31)]

2019년을 기준으로 노사협의회 설치비율은 노조가 없는 경우 91.0%, 노조가 있는 경우 93.0%였다. 노사협의회를 설치하지 않은 이유로는 근로자들이 노사협의회 설립에 나서지 않기 때문이 67.3%, 경영진이 노사협의회 설치를 반대하기 때문이 9.4% 등으로 나타났다. 노사협의회의 운영현황을 보면 노사협의회 개최횟수는 4.0회로 법적 최소기준을 맞추고 있으며, 안건별 논의 비율을 보면 무노조 사업체의 경우 임금 관련 안건이 72.1%로 가장 높은 비율을 보였고 복리후생이 48.1%, 근로시간이 19.5%, 안전보건이 16.45%, 작업환경이 11.5%를 차지하고 있었다.[32)] 논의된 안건 중에서 쟁점으로 부각된 안건들은 복리후생제도 변경, 임금제도 변경, 근로시간제도 변경 등이었으며 경영전략이나 인사평가제도 변경 등도 포함되었다.

노사협의회에서는 임금이 안건으로 제시되어 있지는 않지만 무노조 사업체의 경우 노사협의회에서 임금에 대해 근로자와 교섭해서 결정한 경우가 1.9%, 근로자들과 협의한 경우가 13.0%, 근로자들의 의견을 수렴하고 회사가 결정한 경우가 37.7%, 회사가 일방적으로 결정한 경우가 47.3%로 나타났다. 관련하여 임금인상에 대해 논의한 경우는 25.7%였으며, 논의횟수는 평균 1.9회였다.

무노조 사업체의 노사협의회 중에서 10% 내외의 사업체는 명문화된 임금교섭권, 단체교섭권 심지어는 단체행동권 등을 보유하고 있었는데 이러한 노사협의회는 노동조합 기능과 비슷한 역할을 수행하는 일종의 유사 노동조합이라고 할 수 있다.

2) 노사협의회 제도에 대한 실무 차원의 개선방향

고용노동부가 2022년에 안내한 노사협의회 운영매뉴얼이 2011년에 만들어진 것을 보면 그 이후에 별다른 변화는 없는 것으로 보인다. 실무 차원에서 몇 가지 개선방향을 제시해 본다. 첫째, 노조가 결성된 사업장에서 임단협이 진행되는 기간에도 노사협의회를 강제로 개최해야 하는 경우다. 다행히 노사간에 협력이 구축된 사업장이라면 별도로 노사협의회를 개최할 수 있지만 대부분 임단협에서는 긴장과 대립이 존재하는 상황에서 실질적인 노사협의회가 개최되고 운영될 수 있는가 하는 문제점이 검토될 필요가 있다. 임단협이 진행되는 기간에는 노사협의회 개최를 유예하는 방안을 검토할 수 있을 것이다.

둘째, 현재 노사협의회는 분기별로 개최하도록 되어 있다. 기업의 경영현황이나 인력계획 등과 같은 보고사항은 분기별로 개최하는 것이 적절할 것이나 경우에 따라 시급을 다투는 일이 생겨 정해진 시기에 노사협의회를 개최하여 논의하는 것이 부적절할 수도 있다. 따라서 논의사항이 집중되는 경우에는 집중적으로 노사협의회를 개최하고, 논의사항이 없는 경우에는 굳이 개최하지 않아도 되는 유연성을 제고할 필요가 있을 것이다.

셋째, 앞에서도 언급하였지만 현재 법에 정해져 있는 협의사항, 의결사항, 보고사항이 지나치게 구체적이어서 오히려 노사간의 협의를 제한하는 방향으로 작용할 여지가 있다. 특히, 노동조합이 결성되지 않은 사업장의 경우에는 임금이나 근로조건이 논의될 수 있다는 전제 하에서 협의사항에 대한 유연성을 제고하는 방법이 검토될 필요가 있다.

넷째, 현행법상으로 근로자 측 위원은 비상임・무보수로 일하도록 하고 있다. 최근 법 개정을 통해 약간의 유연성은 확보되었지만 노조가 없는 사업장에서 근로자 측 위원들이 근로자들의 의견을 제대로 수렴하기 위해서는 노조의 전임자와 같은 수준은 아니더라도 필요시 노사협의회를 준비하기 위한 시간과 비용에 대한 지원이 가능한 방안이 검토될 필요가 있다.

다섯째, 기존에 노사협의회와는 별도로 '사원간담회'나 '발전협의회' 또는 '주임간담회'와 같은 사원들의 대표조직이 구성되어 있는 경우, 이를 통합해서 운영할 수 있는 방안을 모색할 필요가 있다.

여섯째, **산업안전보건위원회**의 별도 운영이다. 중소규모 기업의 경우에는 법을 지키려고 하지만 지나치게 부담이 되는 경우가 많다. 일례가 산업안전보건위원회의 별도 설치 및 운영이다. 중소기업의 경우에는 이를 통합해서 운영할 수 있도록 하는 방안이 검토될 필요가 있다.

마지막으로, 원청회사와 사내하청회사 간에 **공동노사협의회**의 설치방안이다. 최근 발생하고 있는 원·하청 관련 노사간의 분쟁을 사전에 예방하고 해결할 수 있는 방안으로 원청회사와 하청회사의 노사간에 공동으로 노사협의회를 설치하고 운영하는 방안을 검토할 수 있을 것이다. 다만 이재명 정부에서 노란봉투법의 통과로 하청회사 노조도 원청회사에 단체교섭을 요구할 수 있게 되어서, 많은 변화가 예상되고 있다.

정리문제

1. 다음을 간단히 정리하시오.

- 경영참여의 유형
- 노동이사제도
- 협동조합
- 비노조근로자대표제도
- 청년유니온
- 노사협의회의 일반적 특징

2. 다음에 관해 의견을 제시하시오.

- 경영참여의 일반이론
- 경영참여에 대한 노사의 입장
- 경영참여와 대리인모형 및 거래비용이론
- 비노조근로자대표제도의 유형
- 노동이해대변의 주체와 형태의 네 가지 유형
- 노사협의회의 기대효과와 제약조건
- 노사협의회의 유형 구분
- 우리나라 노사협의회

3. 팀보고서를 작성하시오.

- 스페인 몬드라곤 협동조합
- 미국, 일본, 독일의 노사협의회 비교
- 우리나라 노사협의회의 보고사항, 협의사항 및 의결사항
- 우리나라 노사협의회 현황과 활성화 방안

토론문제

1. SK하이닉스에서 시작된 '성과급 논쟁'

SK하이닉스 노사는 지난 (2021년 1월) 4일 초과이익성과급(PS) 산정 기준을 투명하게 바꾸고 기본급 200% 추가지급에 맞먹는 우리사주를 임직원들에게 제공키로 합의했다. 여기에 300만 사내 복지포인트도 지급키로 했다. (중략)

성과급 논쟁의 촉발점은 MZ세대와의 소통문제에서 비롯됐다. 올해(2021년) 1월 28일 SK하이닉스 사측은 "성과급으로 기본급의 400%를 지급하겠다"고 공지했다. 이는 연봉의 20% 수준으로 삼성전자 반도체부문 DS직원 성과급(연봉의 47% 수준)의 절반에도 미치지 못했다. 이에 SK하이닉스 입사 4년차 직원은 2만8,000여 명에게 사내게시판과 이메일 등을 통해 "성과급 산정 기준을 투명하게 공개해 달라"고 요청했다. 또 다른 직원은 "대학시절 캠퍼스 리크루팅 때 '삼성전자와 비슷한 규모의 성과급을 보장하겠다'고 공언했지만 지켜지지 않았다"고 말했다.

논란이 커지자 최태원 SK그룹 회장은 "지난해 SK하이닉스에서 받은 연봉 30억 원 전액을 반납해 임직원과 나누겠다"고 선언했다. 하지만, 젊은 직원들은 "최 회장의 연봉을 나누면 1인당 10만 원밖에 안 된다. 성과급 산정방식을 투명하게 공개해 달라"고 회사를 압박했다.

이에 이석희 SK하이닉스 사장은 "충분히 소통하지 못한 점에 대해 사과한다"며 "향후 경영 방향은 공정성과 투명함에 집중하겠다"고 밝혔다. 또한 앞으로 성과급 내용을 미리 공지하고 필요하면 제도개선을 추진하겠다고 강조했다. 이어 4일 SK하이닉스 노사는 성과급을 영업이익과 연동하고 추가성과급 지급 그리고 성과급 산정 방식을 투명하게 하기로 약속하고 갈등을 봉합했다. (중략)

성과급 논란에 대해 HR전문가들은 '성과급은 경영성과에 따른 별도의 임금으로 그 시기와 비율은 경영진이 결정하는 것이 일반적'이라는 견해가 다수다. 홍석환 HR전략 대표는 "성과급은 경영상황에 따라 가변적일 수 있기 때문에 지급기준의 투명성보다는 회사 경영 현황 설명회 등을 통한 소통의 투명성이 더 필요하다"고 말했다. 우리나라 기업의 성과급 문화가 글로벌 기업과 역행하고 있다는 지적도 있다. (후략)

(출처: 한국경제, 2021년 2월 9일)

Question !

1. 회장과 사장의 대응방식은 적절했는가?
2. MZ세대는 기성세대와 어떻게 다른가?
3. 다른 기업들에는 어떠한 영향을 미쳤는가?

2. 노사협의회 근로자위원 하겠다는 직원이 없어요

갑을기획 인사담당자 김대리는 요즘 들어 머리가 아프다. 3년 전 처음 출범한 회사 노사협의회의 위원들 임기가 조만간 만료되어 새로운 위원을 선출해야 하기 때문이다. 3년 전 처음 노사협의회를 출범할 당시에도 직원들이 근로자위원 선거에 영 시큰둥해서 후보자를 찾는 데 어려움을 겪었는데, 이번에도 비슷한 상황이 되지는 않을지, 기왕이면 사측과 말이 통하는 기획팀 이부장님이 근로자위원을 맡아주면 좋을 텐데, '골통'으로 소문난 영업팀의 장사원이 근로자위원으로 나와 당선되지는 않을지 벌써부터 걱정이 태산이다. (후략)

(출처: 한경, 2025년 1월 21일, https://www.hankyung.com/article/2025012071951i)

Question !

1. 노사협의회가 인기가 없는 이유는?
2. 노사협의회가 진정으로 근로자 이해관계를 반영하는 기구가 되려면?
3. 우리나라에서 노사협의회와 노동조합은 어떤 점에서 역할이 겹치는가?

주요 참고문헌

배규식 · 노용진 · 심상완(2007), 「무노조 기업의 고용관계 – 노사협의회와 대안적 근로자대표기구를 중심으로」, 정책연구 2007-03, 한국노동연구원.

송민수(2017), 「유노조 · 무노조 사업체의 노사협의회 설치 현황」, 『노동리뷰』, 93～97.

이영면 · 나인강(2011.1.10), 「무노조 사업장의 유사 임금교섭활동: 노조사업장과 비교를 중심으로」, 제6회 사업체패널 학술대회, 서울: 서울대학교 호암교수회관.

이영면 · 성상현 · 이동진(2011), 「노사협의회 운영실태 조사 및 개선방안 연구」, 노동부 정책연구용역 사업 보고서.

이주희 · 이승협(2005), 『경영참여의 실태와 과제』, 서울: 한국노동연구원.

정응기(2017), 「주식회사에서의 근로자 경영참여의 필요성과 헌법적 근거」, 『법학연구』, 28(4), 185～217.

최준하 · 이영면(2017), 「노사협의회에 대한 최근 연구성과 및 향후 연구과제: 노동조합의 대체재와 보완재 논의를 중심으로」, 『인사조직연구』, 25(4), 97～130.

한국노동연구원(2022), 『2021년 임금체계 실태조사』.

황석만 · 박준식 · 노진귀(1995), 『참여경영과 노동조합의 과제』, 서울: 한국노총 중앙연구원.

PWC 삼일회계법인(2020.4), Samil Issue Report, 「COVIC-19 코로나19가 가져올 구조적 변화: 디지털 경제 가속화」.

Appelbaum, E. and R. Batt(1994), *The New American Workplace: Transforming Work Systems in the United States*, Ithaca: Cornell University Press.

Bailey, T., Berg, P. and Kalleberg, A.(2000), *Manufacturing Advantage: Why High-Performance Work Systems Pay Off*, Ithaca: Cornell University Press.

Barron, A., Pereda, A. and Stacey, S.(2017), "Exploring the performance of government affairs subsidiaries: A study of organization design and the social capital of European government affairs managers at Toyota Motor Europe and Hyundai Motor Company in Brussels," *Journal of World Business*, 52(2), 184～196.

Capolieti, M., Gomez, R. and Gunderson, M.(2013), "Does Non-Union Employee Representation Act as a Complement or Subtitute to Union Voice? Evidence from Canada and the United States," *Industrial Relations*, 52(S1), 378～396.

Freeman, R. B. and Medoff, J. L.(1984), *What Do Unions Do?*, New York: Basic Books.

Freeman, R. B. and Lazear, E. P.(1995), "An economic analysis of works councils," In Rogers, Joel and Wolfgang Streek(Eds.), *Works Councils: Consultation, Representation, and Cooperation in Industrial Relations*, 27~50, Chicago, WI: The University of Chicago Press.

Freeman, R. B. and Edward P. Lazear(2004), "An Economic Analysis of Works Councils," *Personnel Economics*, 1, 560~583.

Gordard, John & Garola Frege(2013), "Labor Unions, Alternative Forms of Representation, and the Exercise of Authority Relations in U.S. Workplaces," *Industrial and Labor Relations Review*, 66(1), 142~168.

Kaufman, B. E. and Taras, D. G.(Eds.)(2000), *Nonunion Employee Representation: History, Contemporary Practice, and Policy*, New York, NY: Sharpes, M.E.

Kaufman, B. E. and Levine, D. I.(2000), "An Economic Analysis of Employee Representation," in Kaufman, Bruce E. and Daphne Gottlieb Taras(Eds.), *Nonunion Employee Representation: History, Contemporary Practice, and Policy*, New York, NY: Sharpes, M.E.

Rogers, Joel and Wolfgang Streek(1995), *Works Councils: Consultation, Representation, and Cooperation in Industrial Relations*, Chicago, WI: The University of Chicago Press.

미주

1) 이주희 · 이승엽(2005), 『경영참여의 실태와 과제』, 서울: 한국노동연구원.

2) 이원덕 · 유규창(1997), 『근로자 참여적 경영의 실태 – 한국과 미국기업의 비교』, 서울: 한국노동연구원.

3) Pfeffer, Jeffrey(1994), *Competitive Advantage through People*, Boston, MA: Harvard Business School Press.

4) 고용노동부(2024.10.4), 「우리사주조합 현황(2023)」.

5) 경영참여를 의미하는 유사한 용어로는 경영참가, 참여경영, 참여적 경영 등이 사용되고 있으나 여기서는 같은 의미로 사용하기로 한다. 영어로는 democracy at work, economic democracy, industrial democracy, sociotechnical systems, worker control, work councils 등의 다양한 용어가 사용되고 있다[Marshall, Ray(1987), *Unheard Voices: Labor and Economic Policy in a Competitive World*, New York, NY: Basic Books, 157 참조].

6) 김동원(1996), 『종업원참여제도의 이론과 실제』, 서울: 한국노동연구원.

7) 이영희(1997), 「미국 자동차산업의 작업조직의 변화」, 『산업노동연구』, 3(1) ; Johnston, Nancy, B.(1999), "Saturn Corporation: Lessons Learned, Saturn Corporation" ; Sawyer, Christopher A. (1993), "Saturn's Synchronous Engineering," *Automotive Industries*, March, 36~37; 이영면(2009), 『새턴자동차공장 작업장 혁신의 성과와 시사점, 뉴패러다임센터』, 한국노동연구원.

8) Mondron, Humanity at Work 2017, https://www.mondragon-corporation.com/wp-content/uploads/2017/MONDRAGON-ING.pdf, 2018.1.18. 내려받음.

9) 한국사회적기업진흥원, 협동조합 현황 > 주요 통계, https://www.coop.go.kr/home/statistics에서 2023.1.24.에 확인함.

10) 오건호(1994), 「각국의 경영참여유형과 실제」, 『노동조합의 경영참여』, 노동조합 기업경영분석 연구상담소.

11) 한국노총 중앙연구원(1995), 『참여경영에 관한 실태조사』, 6월.

12) 동국대학교 산학협력단(2017), 「2017년 일터혁신지수로 본 한국기업체 진단평가」, 2017년 노사발전재단의 연구용역사업.

13) 황석만 · 박준식 · 노진귀(1996), 『참여경영과 노동조합의 과제』, 한국노총 중앙연구원.

14) Miller, K. I. and P. R. Monge(1986), "Participation, Satisfaction, and Productivity: A Meta-Analytic Review," *Academy of Management Journal*, 29(4), 727~753.

15) Kelley, M. R. and B. Harrison(1992), *Unions, Technology, and Labor Management Cooperation, in Unions and Economic Competitiveness*, Lawrence Mishel and Paula B. Voos(eds.), New York: M. E. Sharpe, Inc.

16) 김동원(1996), 『종업원참여제도의 이론과 실제』, 서울: 한국노동연구원.

17) Gordard, John & Garola Frege(2013), "Labor Unions, Alternative Forms of Representation, and

the Exercise of Authority Relations in U.S. Workplaces," *Industrial and Labor Relations Review*, 66(1), 142～168.

18) Capolieti, Michele, Raeael Gomez, and Morley Gunderson(2013), "Does Non-Union Employee Representation Act as a Complement or Substitute to Union Voice? Evidence from Canada and the United States," *Industrial Relations*, 52(S1), 378～396.

19) Kaufman, Bruce and Taras, D. G.(2000), Introduction, 3～8 in B. E. Kaufman and D. G. Taras(eds.), *Nonunion Employee Representation: History, Contemporary Practice, and Policy, Armonk*, NY: M.E. Sharpe; Bryson, A.(2004), "Managerial responsiveness to union and non-union worker voice in Britain," *Industrial Relations*, 43(1), 213～231; Haynes, Peter, Peter Boxall, and Mironi Mordehai(2010), "Regraming the representation debate: Going beyond union and non-union options," *Industrial and Labor Relations Review*, 63(3), 367～383.

20) Kamata, Satoshi(1982), *Japan in the Passing Lane: An Insider's Account of Life in a Japanese Auto Factory*, New York.

21) 勞働厚生省(2000), 勞使關係總合調査.

22) 청년유니온(2022.12.20), 2022년 제2차 상임위원회 온라인 Zoom 미팅 회의자료.

23) 글로벌경제신문(2022.10.6), 카카오모빌리티, 대리노조 측과 잠정합의… 프로서비스 단계적 폐지.

24) 이윤재(2012), 「학교비정규직의 실태와 개선방안」, 『월간 복지동향』, 169, 40～46.

25) Rogers, Joel and Wolfgang Streek(1995), *Works Councils: Consultation, Representation, and Cooperation in Industrial Relations*, Chicago, WI: The University of Chicago Press.

26) Rogers and Streek(1995), 위의 책 참조.

27) Boulton, Patrick and Dewatripont, Mathias(1994), "The Firm as a Communication Network," *Quarterly Journal of Economics*, 109(4), 809～839.

28) Kaufman, Bruce E. and Levine, David I.(2000), "An Economic Analysis of Employee Representation," in Kaufman, Bruce E. and Taras, Daphne Gottlieb(Eds.), *Nonunion Employee Representation: History, Contemporary Practice, and Policy*, New York, NY : Sharpes, M.E.

29) 최준하 · 이영면(2017), 「노사협의회에 대한 최근 연구성과 및 향후 연구과제: 노동조합의 대체재와 보완재 논의를 중심으로」, 『인사조직연구』, 25(4), 97～130.

30) Kaufman and Levine(2000), 앞의 논문 참조.

31) 장인성 · 김정우 · 송민수 · 김기민(2022), 『6～8차년도 사업체패널조사 기초분석보고서』, 한국노동연구원.

32) 위 보고서.

Chapter 13

일터의 미래: 고성과 일터와 일터혁신

로봇, 자동화와 스마트화, 빅데이터, 인공지능 등을 포함한 제4차 산업혁명은 일터를 근본적으로 바꾸어 가고 있다. 특히 로봇이나 자동화를 포함하여 생산방식의 근본적인 혁신은 인간에 의한 일자리를 급격하게 그리고 광범위하게 대체하고 있다. 물론 그 성과를 근로자들이 공유하게 된다면 놀고 쉬면서 살아갈 수 있지만, 일하는 사람들이 일터에서 배제되는 매우 위험한 결과를 가져올 수도 있다. 어떻게 하면 일터에서 일하는 사람이 경쟁력 있는 기업과 공존할 수 있을까? 이러한 근본적인 문제를 고민하면서 일터의 미래를 생각해 보고자 한다.

본 장에서는 지난 20여 년간 미국을 중심으로 기업들이 주도한 일터의 성과향상 프로젝트인 고성과 일터에 대해서 살펴보고, 유럽을 중심으로 기업과 노동조합이 공동으로 주도하는 일터혁신에 대해서 살펴보고자 한다. 이러한 사례를 중심으로 우리 일터의 미래를 모색해 본다.

제1절 고성과 일터

전통적 노사관계 관점에서 사용자 주도의 인적자원관리 또는 노무관리는 부정적이었다. 특히 몰입형 인적자원관리, 고성과작업시스템 또는 참여적 작업시스템, 유연작업시스템, 대안적 작업시스템으로 불리는 인적자원관리는 근로자의 기업에 대한 몰입(commitment) 제고를 목표로 하기 때문에 근로자에게는 노동강도의 강화, 개별성과 지향에 따른 연대감 약화 등의 부정적 요인이 있다(박경원 · 김동배, 2014). 하지만 노사간에 균형된 힘을 바탕으로 고성과 인적자원관리를 지향한다면 긍정적인 측면도 없는 것은 아니다. 최근 기업을 둘러싼 환경의 변화는 기업도 어렵게 만들고 있다. 노사가 공동으로 힘을 합쳐서 어려운 여건을 극복할 수 있다면 바람직한 결과를 만들어 낼 수 있다.

1 고성과작업시스템

1) 고성과 일터

여기서는 단순히 **고성과작업시스템**(High Performance Work System, HPWS)보다는 노사간에 협력을 바탕으로 하는 **고성과 일터**(high performance workplace)란 개념을 사용해 보고자 한다. 고성과 일터란 '노사간에 파트너십을 통해 근로자의 능력을 배양하고 참여를 촉진하는 고성과 작업관행들을 체계적으로 활용함으로써 생산성과 품질을 향상시키고 근로생활의 질을 개선해 나가는 조직'이라고 할 수 있다.

이러한 고성과 일터의 주요 특징으로는 첫째, 근로자 참여이다. 즉, 근로자들의 일상적인 관리 및 업무실행이 자율적으로 이루어지며, 작업조직 내 주요 의사결정과정에 대한 근로자들의 참여가 적극 권장된다고 하겠다. 둘째, 교육훈련 및 지식근로자 육성이 강조된다. 적극적인 교육훈련과 효과적인 일터 학습을 통해 근로자들의 능력개발과 숙련도 향상을 강조한다. 셋째, 경영정보의 공유다. 근로자와 사용자 간에 경영정보의 공유가 활발히 이루어지고 근로자들이 성과향상을 위해 그 정보를 활용한다. 넷째, 숙련 및 성과에 연동된 보상체계이다. 근로자에게 지식 및 숙련개발의 동기를 부여하고 그에 따른 성과를 보상하는 보상체계가 구축되어 있다는 점이다. 이러한 고성과 일터의 특징을 정리해 보면 현재 우리나라의 노사협의회는 이에 걸맞은 제도로서 고성과 일터 활성화에 큰 가능성을 가지고 있다고 하겠다.

2) 무노조기업의 인적자원관리와 노동조합

전통적인 노사관계 관점에서 인적자원관리는 사용자의 반노동조합 전략의 일환으로 이해되어 왔다.[1] 그 이유는 사용자 주도의 인적자원관리에서는 근로자들의 직무와 근로조건의 개선만이 아니라 일터에서의 발언 기회 제공과 의사결정 참여기회를 제공한다. 이는 전통적으로 노동조합이 사용자와의 투쟁과 협상을 위해 획득해 온 일터 내 핵심적인 사항들이다. 따라서 효과적인 인적자원관리는 노동조합에 대한 도구성 인식을 낮추고 결국 노동조합에 대한 수요감소를 가져온다는 이유 때문이다. 즉, 인적자원관리가 노동조합이 전통적으로 수행해온 역할을 대체하는 것이다.[2]

여기서 생각해 볼 점이 하나 있다. 인적자원관리가 노동조합을 대체하는 역할을 수행한다면, 무노조기업에서는 근로자 이익을 대표할 수 있는 일터 체제가 될 수 있다는 점이다. 노동조합이 조직되기 어려운 무노조기업의 근로자들에게는 인적자원관리가 노동조합의 대안적 일터 역할을 수행함으로써 그들의 이익을 대표할 수 있다.

3) 외국정부의 고성과 일터 지원

고성과 일터에 대한 학술적인 연구도 활발하게 진행되고 있지만 외국에서는 정부 차원에서 고성과 일터를 만들어가기 위한 정책적인 지원도 아끼지 않고 있다. 미국의 경우 1993년 노동부 내에 만들어진 노사협력실(Office of the American Workplace, OAW)은 전국 대학을 통하여 일터혁신연구를 수행・전파하였으며 1996년 동 업무가 **연방조정알선청**(Federal Mediation and Conciliation Service, FMCS)으로 이관되어 초기 분쟁해결을 위한 소방수 역할에서 최근에는 경쟁력 강화와 노사간 역동적 파트너십을 촉진・지원하는 다양한 서비스를 제공하고 있다. 상무성(Department of Commerce) 산하의 국립표준기술연구소(National Institute of Standards and Technology)에서는 고성과조직의 기준을 제시하고 이를 충족하는 우수기업을 시상하고 있다.

캐나다의 경우는 초기 연방조정알선청(FMCS)에서는 초우량작업조직의 도입과 형성을 촉진하기 위해 **노사 파트너십 프로그램**(Labour-Management Partnerships Program, LMPP)을 시행하였으며 1991년 처음 실시된 노사 파트너십 프로그램은 ① 일터 재구축 파일럿 프로젝트(pilot projects), ② 일터・노사관계 연구 프로젝트, ③ 노사간 공동훈련 등의 노사합동 프로그램들을 지원한 바 있다.

유럽의 경우 독일의 '노동과 기술' 연구 프로그램을 보면 연방정부 교육・과학・연구・기술부(BMBF)와 노동사회부(BMA)의 재원지원을 통해 새로운 형태의 작업조직에 대한 연구를 진행하고 **인간지향적 기술**(human-oriented technologies) 발전을 시행하며 시범 프로젝트를 수립하도록 지원한 바 있다. 핀란드의 일터 발전 프로그램은 1996년 이후 기업들로 하여금 전문가의 지원을 받아 근로자의 지식과 혁신적 작업조직의 활용을 증진하고 있으며, 특히 기술, 작업조직, 경영조직, 숙련, 근로조건, 산업안전 등을 망라한 일터 작동방식에서 근본적인 변화를 이룰 수 있는 프로젝트들을 우선적으로 지원하고 있다. 아일랜드도 1995년부터 기업들이 급속도로 변화하는 사회적・경제적, 글로벌 비즈니스 환경 속에서 경쟁력을 확보하도록 새로운 작업조직 프로그램 운영을 지원하고 있다.

4) 우리나라의 고성과 일터 구축방안

우리나라의 노사협의회는 노동조합의 결성과 상관없이 사업장에서 노사간의 협력을 통해 근로자의 복지증진과 기업경쟁력 강화를 도모하고 있는 제도이다. 역사적으로는 제도화된 지 50여 년이 넘어서 기본적인 의사소통 통로로는 역할을 하고 있고 최근 글로벌화와 기술혁신 등 기업의 경쟁력 강화를 위한 기제로는 잠재성을 가지고 있으나 아직 실현되고 있지는 못하고 있는 단계라고 할 수 있다. 따라서 상생・협력의 노사문화 확산과 고성과 일터 구축을 통한 경쟁력 제고와 근로자의 삶의 질 향상을 위하여 노사협의회를 적극 활용할 수 있는 방안을 모색하는 것은 의미가 있을 것이다.

따라서 우리나라도 노사협의회를 활용하고 경쟁력을 갖춘 고성과 일터 구축을 활성화할 필요가 있을 것이다. 고성과 일터를 구축하기 위해서는 먼저 노사간의 대화가 활성화되고 신뢰를 바탕으로 협력이 강화될 필요가 있다. 이를 위한 정책적인 방향으로는 다음과 같은 방법을 고려할 수 있을 것이다. 첫째, 고성과 일터 구축의 필요성에 대한 노사의 공감대 형성이다. 둘째, 고성과 일터 구축 관련 노사협의회 운영을 활성화하는 방안이다. 마지막으로는 고성과 일터 구축 기반조성 및 확산 노력이다.

제2절 임금체계 개편

2016년 법정 정년 60세가 시행된 이후에 정부는 고정적인 성격의 임금결정방식에 유연성을 제고하여 기업의 부담도 줄이고 경쟁력도 확보하려고 했으나 공공부문의 성과연봉제 추진에서 본 것처럼 박근혜 정부 조기퇴진의 시발점이 되기도 했다. 문재인 정부는 성과연봉제를 기관의 자율에 맡김으로써 사실상 폐지했다. 임금지급의 양이 고정되면 근로자의 입장에서는 안정성을 확보할 수 있지만 사용자의 입장에서는 동기부여 효과를 가지지 못한다. 열심히 하고 잘한 사람에게 더 많은 임금을 주려고 하는 게 사용자의 생각이고, 공평하다고 할 수 있다. 윤석열 정부 들어서서는 상생형 임금체계라는 정책을 통해 연공중심의 임금체계를 직무와 성과를 반영하는 임금체계로 개편하려는 노력을 기울였지만 별다른 성과 없이 이재명 정부로 바뀌었다.

1 고용유연성과 임금유연성

최근 우리 사회의 노동시장을 설명하는 데 있어서 고용불안, 다시 말해 고용불안을 해소하면서 **고용유연성**(labor flexibility)을 제고하는 것이 주요 과제로 제시되고 있다. 기업에서 볼 때 고용유연성은 노동수요 변화에 따라 양적 및 질적 수준에 대한 조정을 통해 인력운영의 최적을 추구하는 것인데, 양적 조정은 수량적 유연성, 그리고 질적 조정은 기능적 유연성으로 부른다.* **수량적 유연성**은 정규직 고용조정이나 비정규직 채용을 통해서 노동의 투입을 조정하는 방식으로 진행되는데, 앞에서 살펴본 비정규직 증가는 바로 이런 수량적 유연성 제고의 핵심 방안이라고 하겠다. 해수욕장에서 사계절 근로자를 고용할 수는 없으며, 아이스크림 공장은 겨울에도 여름처럼 공장을 운영할 수는 없을 것이다. **기능적 유연성**은 근로자의 역량을 제고하는 것이다. 예를 들어 **다기능**(多技能, multi-skilling)을 보유하게 되면 유연하게 생산작업을 할 수 있어서 기존의 인력으로도 생산량을 높일 수 있기 때문에 인건비가 증가해도 생산성 제고로 이를 흡수할 수 있는 것이다.

---

* 기능적 유연성은 근로자의 능력을 제고함으로써 환경변화에 신속히 대응하는 유연성을 확보하는 것이다.

고용유연성과 함께 대두되는 또 다른 개념은 **임금유연성**이다. 굳이 시장의 수요공급을 논하지 않더라도 노동에 대한 수요는 임금 수준에 따라 결정된다는 점은 이미 알고 있다. 우리나라는 전통적으로 근속연수의 증가에 따라서 임금이 거의 자동으로 상승하는 연공급이 공무원을 포함한 공공부문, 유노조 대기업의 주요 임금체계로 자리 잡고 있으며 연봉제를 시행하는 경우에도 기본급이 존재하며 이 기본급은 근속연수나 직급에 따라 인상되는 것이 일반적이다.

이러한 이유로 기업의 입장에서는, 특히 노동조합에 의해서 고용조정이 사실상 어려운 경우에, 추가적인 정규직 채용을 자제하고 연공급으로 인해 임금이 높은 중고령층을 조기 퇴출시키고자 하는 유인을 가지게 된다. 그 결과 고용이 불안하지만 고용유연성이 높은 비정규직을 더 많이 활용하게 되고, 기존의 고령근로자는 정년에 도달하기 전에 사실상 강제퇴직인 명예퇴직 대상자가 되는 문제점이 발생하게 되는 것이다.

여기서 임금, 특히 우리나라에서 임금결정방식인 **임금체계**의 개편이란 연공급의 경직성 완화를 의미하는데, 구체적으로는 기본급과 근속연수의 자동적인 연결을 완화하는 대신 기본급과 조직에 대한 기여도를 연계함을 의미한다. 조직에 대한 기여도는 직무가치, 보유역량, 보유역량이 발휘된 성과 등 다양한 의미를 갖는다. 따라서 **임금유연화**란 첫째, 기본급 결정요인을 근속연수와 같은 고정적 성격요소에서 직무나 역량과 같은 비고정적 성격요소로 바꾸어 가는 임금체계 개편, 둘째, 전체 임금에서 고정적 성격의 기본급의 비중을 축소하는 대신 성과배분과 같은 변동급 비중을 확대하는 방안으로 구분할 수 있다.

2021년에 한국노동연구원에서 국내 100인 이상 사업체 1,075개를 대상으로 조사한 기본급에 대한 임금체계를 보면 경영지원직의 경우 개인별 차등인상(고과승급)이 50.8%, 근속연수에 따른 인상(호봉급)이 36.4%, 직무수행능력 반영(직능급)이 12.8%를 차지하고 있었다.[3] 생산직의 경우는 호봉급이 51%, 고과승급이 36%, 직무수행능력 반영이 13%로 구분되었으며, 호봉급의 경우 직급별 호봉제와 단일 호봉제가 비슷한 비율로 절반씩을 차지하고 있었다.

2 임금체계 개편 노력

우리나라의 임금체계는 1950년대와 1960년대 경제성장 초기에 만들어지기 시작했는데 이때는 임금수준이 매우 낮았고, 일자리를 구하는 게 어렵지 않았기 때문에 이직률이 높았다. 그래서 근속기간이 길어질수록 임금수준이 올라가는 연공급(호봉제)을 시행하게 되었다. 매년 임금이 자동으로 인상되기 때문에 가급적이면 현재 일하고 있는 회사를 떠나지 않게 되는 것이다. 회사로서는 높은 이직률을 피할 수 있는 방법이었다. 그런데 1960년대를 지나면서 일부 기업들이 보너스를 지급했다. 경영성과가 좋으니 근로자들에게도 연말에 월급여의 100%나 200%를 보너스로 지급했다.

그런데 1980년대 노동자대투쟁의 시기를 거치면서 노동조합이 역할을 강화하게 되자 성과가 좋은 경우에 지급하던 보너스가 고정적인 **상여금**이 되어 갔다. 이러한 변화에 기업들은 임금체계를 개편하려고 했다. 기존의 **연공급(호봉제)**을 직무의 난이도를 반영하는 **직무급**, 직무를 수행하는 능력을 반영하는 **직능급** 등으로 대체하려고 했다. 하지만 노동조합의 반대가 있다 보니 생산현장에서는 기존의 연공급(호봉제)이 계속 유지되고, 사무관리직에서만 임금체계 개편이 이루어졌다.

그렇다고 해서 사무관리직도 완전히 개편된 것은 아니고 연공급, 직무급, 직능급 등이 혼합된 형태의 복잡한 임금체계가 만들어져서 현재까지 유지되고 있으며, **연봉제**라는 형태로 불리고 있다. 그러다가 고령화사회가 되면서 법정 정년이 60세로 연장되었고, 연공급 임금체계로 기존의 50대 초중반에서 60세까지 계속 임금이 인상되었다. 기업들은 **임금피크제**를 도입하여 정년이 연장된 기간에 대해서는 더 이상 임금이 올라가지 않게 하거나 임금수준을 낮춤으로써 정년연장에 따른 추가적인 인건비를 노사가 분담하자고 주장하였고, 여러 기업에서 임금피크제를 도입하였다.

하지만 임금피크제는 임시방편의 방식이고 좀 더 근본적인 임금체계 개편이 필요하게 된 것이다. 은행에서는 온라인금융의 확대로 지점이 폐쇄되고 잉여인력에 대해서는 추가적인 보상을 더해서 퇴직하게 만드는 **희망퇴직제**를 수년째 시행하고 있다.

여기서는 민간부문을 중심으로 임금체계 개편에 대한 논의를 간략히 진행해 보기로 한다. 근로자의 입장에서 고용안정과 임금인상을 둘 다 확보할 수 있다면 제일 좋겠지만, 만약에 둘 중에 하나를 양보해야 한다면 고용보다는 임금이라고 생각한다. 그래서 임금체계 개편을 통해 임금에 대한 유연성을 확보한다면 일자리를 확보할 가능성을 제고할 수 있기 때문이다. 다만 공무원을 포함한 공공부문에서는 법적으로 고용이 보장(안정)되어 있으므로, 굳이 임금에 대한 유연성을 양보할 필요가 없다. 그래서 국민의 입장에서는 공무원을 포함한 공공부문의 인력채용에 대해서 신중함을 강조한다.

3 임금피크제의 의미와 도입

우리나라는 경제의 성숙과 안정적 환경으로 빠르게 고령화사회로 진입하고 있다. 그에 따라 임금과 생산성과의 연계성을 기존의 생애 관점에서 단기적으로 강화하는 방향이 필요할 수 있다.

고령자의 임금과 관련해서는 앞에서 설명한 대로 근속연수를 중시하는 연공급(호봉제)의 경우 고령자의 급여가 계속 상승하게 됨에 따라 기업의 부담이 커지고 결국 정년 이전에 퇴직을 유도하게 되는 결과를 가져온다. 하지만 전통적으로 유지되어 온 근속급을 쉽게 전환하기 어렵기 때문에 임시적이기는 하지만 고령자의 임금을 삭감하되 고용을 유지하는 **임금피크제** 도입이 최근 활성화되고 있다.

임금피크제는 2000년 이후 국내에서 사용되기 시작한 용어인데, 고령층의 조기퇴직이 일반화되는 과정에서 고령층의 고용안정이 사회적 화두로 대두됨에 따라 고령층의 고용보장과 임금삭감을 교환하자는 것을 임금피크제라고 하고 있다.[4)]

최근 임금피크제에 대한 소송이 이어지고 있는데 그 이유는 근로자들이 부당하게 임금피크제 적용대상자가 되어서 받아야 할 임금을 받지 못했다는 주장이다. 일부 판례에서는 임금피크제 도입 당시 그 취지에 맞게 삭감한 임금을 청년채용 등 고용창출에 활용하고, 해당 근로자의 직무수행 부담을 줄여주는 등의 노력을 기울였다면 문제가 없지만, 단지 임금만 삭감하고 원래 취지에 맞는 청년채용이나 직무변경 등이 이루어지지 않았다면 부당하다고 판결하고 있다.

4 공공부문의 임금체계 개편

공공부문 특히 공무원의 경우는 여전히 기본급에 호봉을 적용하는 **연공급** 체계를 유지하고 있다. 상위직급으로 승진하게 되면 호봉기준이 바뀌게 되지만 승진하지 않는다고 하더라도 30년 정도까지는 호봉상승으로 기본급이 계속 인상된다. 여기에 매년 이루어지는 임금인상으로 호봉상승에 호봉기준의 인상으로 두 가지 차원에서 임금수준이 올라간다. 하는 일은 그대로라고 해도 임금은 계속 상승하는 것이다. 하지만 공무원에 대한 임금체계를 개편한다는 이야기는 잘 들리지 않는다.

5 해외 국가의 임금체계

미국의 경우 20세기 초반에 직무급이 확립되어, 1976년 민간기업의 75% 정도가 **직무급**을 위한 **직무평가**를 실시하고 있었던 것처럼 직무급이 지배적인 임금체계다. 그와 함께 **숙련급**(skill-based pay)이 꾸준히 시도되어 왔고 최근 직무급 개편에 대한 논의가 다시 이루어지고 있다. 사실 미국에 있어서 숙련급은 기술직군에서는 이미 오래전부터 활용되어 왔는데, 과학 및 기술직 업무의 경우 전통적 직무평가가 불가능했기 때문에 직무평가가 아니라 **시장임금조사**로 대체했고, 그 업무도 과업에 기반한 직무기술이 불가능했기 때문에 사람, 즉 학위와 학위 이후 연구경력으로 대체되었다.[5)]

숙련급이 본격적으로 도입되기 시작한 계기는 탈-테일러리즘, 즉 **근로생활의 질**(Quality of Working Life, QWL)운동이 시작된 1970년대 초반 이후 설립된 고성과·참여적(high-involving/performance) 신규공장들이다. 이 공장들은 생산직 근로자들에게 숙련의 폭, 그리고 경우에 따라서는 숙련의 깊이에 따라서 보상을 차등하는 **숙련급**을 채택하기 시작하였다.

이러한 숙련급의 등장배경에는 경쟁격화에 따른 유연한 작업시스템이 요구된다는 노동과정상의 변화가 있었다. 예컨대, 조직의 수평화(flat), 팀 작업, 로테이션, 과업의 지속적 변화가 발생하는 경우 표준화된 과업의 집합으로서의 직무 개념이 더 이상 적합성을 유지하기 힘들게 된 것이다. 즉, **대량생산시스템**에서 **유연생산시스템**으로의 노동 및 작업체계 패러다임 변화가 보상체계의 변화를 낳았던 것이다.

일본은 기본적으로 인적 기준, 즉 사람을 기준으로 임금이 결정된다. 나이, 근속연수, 학력, 업무능력 등 일을 하는 사람의 속성을 기준으로 삼고, 업무능력에 대한 평가인 인사고과를 임금결정의 필수요소로 본다(이시다 미쓰오, 2014). 일본도 임금체계의 변화가 있었는데 1945년 이후 1960년대까지 연공적인 성격이 강했던 시기, 이후 1990년대까지 능력이 강조되고 직무급과 직능급에 대한 논의가 확산되던 시기, 그리고 이후 성과주의가 강화되고, 직무등급이 강조되는 지금까지 세 시기로 구분할 수 있다.

일본도 우리와 비슷하게 연령이 증가함에 따라 임금이 상승하는데 50~54세를 정점으로 감소하기 시작한다. 정규직은 그러한 일반적인 곡선형태를 보이지만 비정규직은 평평한 선 모양으로, 연령이 높아져도 임금수준은 큰 차이가 보이지 않는다.

독일의 경우 산업별 단체협약이 특징인데, 최근 단체협약의 적용률이 하락하고는 있지만 여전히 다수의 근로자가 산업별 단체협약에서 정한 임금체계에 따르고 있다. 독일 금속산업에 종사하는 근로자 임금은 임금등급에 따라 **기본급**(Grundentgelt), 개별 근로자의 성과에 따른 **능률급**(Leistungslohn), 업무수행 부담 정도에 따른 추가수당(Belastungszulage)으로 구성되는 것이 일반적이다(김기선, 2014).

독일의 산업별 단체협약상의 **임금결정**(Entgeltfindung)에 있어 연령과 관련된 규정은 다양한 형태로 나타날 수 있다. 그러나 개별 근로자의 임금등급에 따라 결정된 기본급에 근속이 고려되지만, 동일한 임금등급 내에서만 근속연수를 고려하며, 근속연수에 따라 임금등급이 변화되지는 않는다.

6 임금체계 및 결정방식 개선방안[6)]

임금체계의 개선방향은 크게 기존의 임금체계를 유지하면서 문제점을 개선해나가는 점진적인 방향과 기존 임금체계 대신 다른 임금체계를 도입하는 급진적인 방향이 있을 수 있다. 점진적인 방안으로는 **호봉승급**을 **자동승급**에서 **고과승급**으로 전환하는 방식, 기본급의 구성에 호봉급, 직능급, 직무급 등을 혼합하는 방식, 그리고 **직급별 호봉제**를 도입하는 방식을 생각해 볼 수 있다. 급진적 개혁은 현행 연공급체계 대신 대안적 임금체계를 도입하는 것인데, 우리나라의 경우 호봉제 연공급에 대한 개선을 검토한다면 대안적 임금체계란 **직무급**을 의미한다고 볼 수 있다.

직무급은 미국 기업들이 기본적으로 채택하고 있는 임금제도이다. 미국의 경영자들은 종업원의 노동에 대한 대가를 지불하는 방법으로 지금까지 크게 두 가지를 사용하여 왔다. 역사적으로 먼저 나타난 것이 생산량에 따라 임금을 비례하여 지급하는 **성과급**이었고, 그 다음 나타난 것이 성과급의 폐단인 인간성 상실을 방지하면서 동시에 공정한 보상을 확보하기 위해 노동운동세력이 수세기에 걸쳐 투쟁하여 얻어낸 임금제도인 **직무급**(job-based pay)이었다. 직무급은 '동일노동 동일임금'의 원칙을 지킬 수 있는 임금제도로 인정을 받았다. 그 뒤에 직무급의 단점을 극복하기 위해 다양한 임금제도가 등장하였는데, 업무담당자의 지식과 능력을 반영하는 **지식급**(knowledge-based pay)과 **숙련급**(skill-based pay), 그리고 사무관리직에게 업적을 반영하기 위해 도입된 성과급인 **메리트 임금**(merit pay)과 **인센티브 임금**(incentive pay)들이 있다.

우리나라에서 연공적 성격을 줄이고 직무를 반영하는 임금체계 개편 노력이 수차례 기업 차원에서 그리고 정부 차원에서 진행되었지만 대부분 실패로 돌아갔다. 하지만 경영지원직 같은 사무직의 경우에는 점진적으로 연공적 성격을 줄이고 직무가치를 반영하는 임금체계로 전환되었고, 연봉제같이 기존 성과를 반영하는 방식이 널리 활용되고 있다. 중소기업의 경우 대체로 근속기간이 길지 않기 때문에 호봉제 연공급을 시행한다고 하더라도 기업에 큰 부담을 주지 않는다. 따라서 기업이 부담스러워하는 경우는 노동조합이 있는 대기업의 생산직이다. 기업들은 연공이 중시되는 임금체계에서 직무가치나 업무성과를 반영하는 임금체계로 전환하려고 했지만, 노동조합의 거센 반대로 여전히 연공급 중심의 임금체계가 운영되고 있다. 인건비의 지속 상승으로 인한 자동화와 로봇사용 확대, 신규채용 감소, 젊은층 근로자의 공정성 불만 증대, 협력업체의 인건비 삭감 등 인건비 부담에 따른 부정적인 결과들이 나타나고 있지만, 그럼에도 불구하고 노동조합은 **연공성**을 줄이는 임금체계 개편에 부정적이다.

따라서 정부가 임금체계 개편을 추진하려면 가장 중요한 것은 한국노총이나 민주노총과의 **사회적 대화**를 통해서 임금체계 개편을 수용하도록 만드는 것이다. 이를 위해서는 진정한 노사정 대화가 필요할 것이며, 근로자들이 피해본다는 생각에서 벗어날 수 있도록 대안을 제시하는 것이다. 앞에서 논의한 점진적 개선이다. 5년, 10년 동안 조금씩 변경함으로써 근로자의 부담을 줄여주는 동시에, 채용규모의 확대나 숙련도 향상 교육훈련을 통한 생산성 제고 등과 같은 그에 상응하는 조치를 함께 하는 것이다. 임금수준이 높으니 삭감하겠다는 논리는 통하지 않는다.

그럼에도 불구하고 윤석열 정부는 노조의 회계 투명화, 건설노조의 횡포에 대한 조치, 민주노총 주요 간부의 국가보안법 위반 등 노정관계를 대립적으로 가져갔다. 이러한 상황에서 노정간의 대화는 더욱 어려워질 것이고, 임금체계 개편 같은 노력은 쉽게 성과를 보이기 어려울 것으로 보인다.

두 번째 방법은 기업단위에서 자체적으로 임금체계를 개편하는 경우 인센티브를 제공하는 것이다. 정부가 정한 기준에 맞는 임금체계 개편이 이루어지는 경우 정부입찰과정에서 가산점을 부여하거나, 기업대출 이자율을 낮추어 주는 등의 인센티브를 제공하는 것이다. 물론 형식적인 경우에는 향후 패널티를 부여할 수 있을 것이다.

세 번째는 임금체계를 개인 차원에서 개편하는 경우에는 한시적으로 정년을 연장하거나 65세까지 촉탁직과 같은 형태로 계속 일할 수 있도록 허용하는 방법도 있다.

네 번째는 임금체계 개편을 통해 절감한 인건비가 있다면 이를 협력업체 인건비로 지원하는 방법이다. 정규직 노조가 비정규직 근로자를 지원하는 방식으로 노조는 사회적 명분을 쌓을 수 있고, 귀족노조라는 비판을 벗어나 노조 이미지도 개선할 수 있다.

7 정년연장 논의와 임금체계 개편

2016년 대기업과 공공부문, 그리고 2017년부터 전면적으로 법정 60세 정년이 법적으로 의무화되었다. 앞에서 설명한 것처럼 고용이 60세까지 연장되었으니 기업은 인건비에 대한 부담을 줄이기 위해 임금체계를 개편하고자 했지만 실패하고 임시방편의 성격을 가진 임금피크제가 도입되었다. **임금피크제**의 핵심은 특정 연령에 도달하면 임금을 삭감하는 것이다. 단순하게 보면 연령에 따른 **임금차별**로 해석될 수 있지만, 당시에는 삭감한 임금으로 청년채용을 늘린다든가, 특정 연령에 도달하면 수행하는 직무를 바꾸는 등으로 차별 논의에서 벗어났다. 하지만 이후에 연령에 따른 차별이라는 소송이 확산되는 혼란을 겪고 있다.

최근 65세까지 정년을 연장하자는 노동계의 주장에 대해 대기업을 중심으로 임금체계 개편을 연계하자는 주장을 펴고 있다. 임금의 연공성이 강하기 때문에 역량의 점진적 하락에도 불구하고 임금수준이 계속 올라가는 **연공급 임금체계** 변경 없이는 곤란하다는 주장이다. 이에 대해 노동계는 표면적으로는 연공급 임금체계의 유지를 주장하고 있다. 속마음은 정확하게 읽기 어렵다. 연공급 임금체계는 1960년대 사무직을 중심으로 도입되었고 이후 1980년대 노동자대투쟁을 거치면서 생산직에도 적용되었다. 원래의 취지는 경험이 쌓이면 숙련이 향상된다는 점이었지만 그 배경에는 회사를 떠나지 않으면 임금이 올라간다는 점, 나이가 들수록 생활비가 많이 든다는 점 등이 반영된 임금체계이다.

문제는 일정한 기간이 지나면 숙련도 향상이 멈추지만 임금을 계속 올라가게 만든 호봉제 임금체계가 문제가 되었다. 독일의 경우에도 특정한 숙련은 5년 정도만 경험을 반영하는데 우리는 일정한 숙련에 대해서 30년, 40년 계속 임금이 올라가는 구조다. 예를 들어 9급 공무원의 경우도 31호봉까지 존재하는데 이는 같은 일을 하더라도 31년 동안 계속 임금을 올라가게 만든 것이다. 2025년 기준으로 9급 1호봉은 2,000,900원인데 비해 31호봉은 3,604,900원으로 약 80% 더 높은 임금을 받는다.* 이러한 임금체계는 상식에도 맞지 않지만 다른 나라에서도 찾아보기 어렵다. 우리가 과거 참고했던 일본은 직능급이나 역량급 등 여러 가지 노력을 기울여서 연공 성격이 많이 약해져 있다.

최근 정년 연장 논의에서 문제가 되는 임금체계 개편은 이러한 배경을 가지고 있다. 그래서 경영계는 임금체계 개편이 없는 정년 연장을 반대하고 있다. 물론 그 자체로 노동계는 손해를 보지 않겠지만, 청년 채용의 감소, 지속가능성의 한계 등 폭넓은 생각을 가질 필요가 있다.

제3절 일터혁신**

우리나라에서도 **일터혁신**이 언급된 지는 20여 년이 되었다. 하지만 문제는 일터혁신의 핵심인 근로자의 참여가 제대로 반영되지 않아서 주로 사용자가 주도한 혁신이 강조되어 자동화나 스마트공장과 같은 **제조혁신**과 차별성을 가지지 못한다는 점이다.

---

* 공무원의 보수체계는 호봉급 외에 각종 수당(직급 보조비, 정액 급식비, 초과근무수당 정액분 등)이 있어서 총액을 계산하기가 매우 어렵다. 인사혁신처의 2024년도 공무원 전체의 기준소득월액 평균액은 552만 원, 평균 연봉은 6,624만 원이었다(이데일리, 2024.5.15). 기준소득월액은 공무원 성과상여금, 직무성과금, 시간외근무수당, 야간근무수당, 휴일근무수당, 연가보상비 등이 모두 포함된 세전 소득이다. 복지포인트, 기타 비과세 소득은 제외돼 있다. 인사혁신처가 매년 1월 1일 발표하는 공무원 봉급표에 제시된 호봉급은 전체 보수의 절반 정도를 차지한다.

** 이하의 내용은 이영면(2023), 일터혁신 이론에 대한 소고, 산업관계연구, 33(2), 153~200을 주로 참고하여 정리하였다.

1 일터혁신의 배경

저출산 고령화에 따른 생산가능인구의 감소, IT기술의 발달로 시공간 제약의 약화, 모든 산업에 전반적으로 강화된 디지털화, 그리고 코로나19로 인한 비대면 선호 등은 결국 디지털 경제의 가속화로 가고 있다.[7] 이는 결국 기업의 경쟁력 강화를 위해서는 일터(작업장)에서의 혁신을 불가피한 과정으로 만들고 있다.

일터혁신은 기술적인 측면에서 제4차 산업혁명으로 대변되는 기술혁신을 일터에서 구현하기 위해서, 그리고 경제적인 측면에서는 대부분 저성장 기조에 빠져있는 선진국 경제 구조에서 경제에 활력을 불어넣기 위해서 필요하다.[8] 미국의 Remaking America, Manufacturing Renaissance, 그리고 **제조업혁신네트워크**; 독일의 Industry 4.0; 일본의 **일본재흥전략**, **사회** 5.0 등은 모두 이러한 일터혁신을 강조하는 정책이라고 할 것이다.

우리나라의 경우도 최저임금 인상, 주 52시간제 도입 등 기업경영환경이 어려워지고 있는데 생존을 위해서는 생산성 향상과 효율성 제고가 불가피하며, 여기에 중국의 성장, 4차 산업혁명 등은 혁신을 통한 대응만이 생존과 번영을 위한 방향이라고 하겠다.[9]

2 일터혁신 정의

일터혁신은 좀 추상적으로는 일하고 싶은 일터를 만드는 것이라고 할 수 있으나, 구체적으로는 일터의 청결, 정리정돈, 안전한 일자리 만들기를 위한 작업환경 개선과 같은 기본적인 부분에서부터 중고령 인력을 배려한 작업공정배치, 공정 최적화, 품질관리방식 개선, 그리고 인적자원관리방식 개선 등과 같은 개선과 혁신이라고 할 수 있다.[10]

하지만 민주노총에서 정의한 일터혁신 내용을 보면 직장 내 민주주의, 저임금 장시간 노동체제의 극복, 적정인력 배치, 교대제 개편, 일・가정 양립과 성차별 해소, 자기개발 강화 등을 강조하고 있고,[11] 한국노총에서도 현장의 노동강도를 높이고 노조를 무력화시키는 노동통제 강화수단으로 보고 있다.[12] 하지만 한국노총에서도 좋은 일자리와 고용을 보장하는 수단이 될 수 있고 노사관계 안정화에 기여할 수 있다는 긍정적인 입장도 가지고 있다.

이와 같이 노동계는 부정적인 입장을 가지고 있는데 일터혁신을 성공적으로 실현하기 위해서는 사용자가 생각하는 제조혁신을 통한 생산성향상・비용절감・인건비절감뿐만 아니라 안전한 일터, 고용이 안정된 일터, 일하고 싶은 일터와 같은 노동계의 입장도 동시에 고려하고 반영되어야 할 것이다. 그래서 일터혁신은 일과 일하는 방식의 변화를 통해 노사 모두가 일하기 좋은 일터로 만들기 위한 현장 혁신활동으로 정리할 필요가 있다.

3 일터혁신에 대한 이론적 접근

일터혁신(workplace innovation, WPI)이 국내에 소개된 지도 20여 년이 넘었지만 북유럽 국가를 포함한 유럽에서는 1950년대 이후부터 사회적 주제로 논의되어 왔다. 그 핵심적인 내용은 조직이 외부환경 변화에 대응하기 위해서는 생산방식과 같은 기술적인 요인만이 아니라 근로자의 태도와 행동, 조직구조와 설계 같은 사회심리적 요인이 함께 고려되어야, 조직의 성과와 개인의 근로생활의 질이 동시에 제고되고 그래야 조직이 지속가능하다는 설명이다. 일터혁신 이론에서 주장하는 내용을 지지하는 실증분석 연구가 계속 제시되고 있지만, 아직 유럽 국가에서도 법과 규제를 통해 강제로 일터혁신을 추진하는 나라는 별로 없다.

1) 구조 차원의 조직설계 관점

구조 차원의 조직설계 관점에서는 현대사회기술체계설계론(M-STSD), 직무요구-통제(JD-C)이론, 직무요구통제지원(JDCS)이론, 직무요구-자원(JD-R)이론 등을 생각해 볼 수 있다.

먼저 **현대사회기술체계설계론**(Modern-Sociotechnical System Design, M-STSD)은 1950년대부터 논의된 **사회기술체계설계론**(Sociotechnical System Design, STSD)에 기반을 두지만 이후 추가적인 조직설계 연구들과 구분하기 위해 Modern(현대)이라는 단어가 추가되었다. M-STSD는 조직성과(예를 들면 품질, 유연성, 효과성, 효율성 등)와 근로생활의 질, 그리고 더 나은 노사관계를 동시에 달성하는 것을 목표로 한다. M-STSD에서 핵심내용의 하나는 직무수준에서 통제요건(질적 · 양적 직무요구의 균형)과 통제능력(직무통제 또는 자율성)의 균형이다. 이 M-STSD이론에서는 조직의 생산성과 근로생활의 질을 동시에 제고하기 위해서는 조직의 기술적인 측면과 함께 사회적 측면이 중요함을 강조한다. 여기서는 분업을 설계하면서 혁신적이고 인간적인 조직을 만들어가기 위해 근로자의 **자율성**을 강조한다. 그리고 나라별로는 많은 차이를 보이지만 분업을 통해 생산흐름, 직무통제나 자율조직 등을 활용하여 일의 속도를 높이는 환경을 만드는 공통점이 있다. 궁극적인 목적은 몰입된 근로자들을 통해서 더 기민한(agile) 조직을 만드는 것이다.

직무요구-통제(Jod Demand-Control, **JD-C)이론**은 직무요구 수준이 높아도 과업을 수행하고 일 관련 활동들에 대한 (직무)통제 수준이 높으면 부정적으로 스트레스가 높아지기보다는 긍정적으로 동기부여가 되고 학습을 촉진하여 '**적극적인 직무**(active jobs)'로 이어진다고 주장한다. 이 적극적인 직무는 학습에 대한 기회를 제공하고 스트레스에 대해서는 대처능력을 제공한다. 그러나 직무요구 수준은 높은데 직무통제 수준이 낮으면 직무와 관련된 스트레스가 높을 위험이 발생할 수 있으며 결국 높은 긴장을 수반한 직무가 되어서 심장질환이나 정신적 건강문제로 연결될 수 있다고 예측하고 실증적인 결과를 제시한다. 따라서 JD-C이론은 직무요구와 직무통제 간에 균형을 강조하고 있다.

JD-C이론은 이후 동료와 상사의 지원을 의미하는 사회적 지원과 생산적이고 혁신적인 일 행동 개념(Support)을 추가하여 직무요구통제지원(JDCS)이론이 된다. 일터혁신 과정에서 역량 개발, 일에서 찾는 웰빙, 그리고 직무관련 스트레스 예방은 **JDCS이론**에서 강조하는 내용과 연계된다.

직무요구-자원(JD-R)이론은 모든 직업은 스트레스와 관련된 위험요인이 존재하는데, 이 요인들은 **직무요구**와 **직무자원**이라는 두 가지 유형으로 나누어진다고 전제한다. 직무요구는 근로자의 스트레스를 유발할 수 있는 신체적・심리적 노력을 요구하는 조직의 특성들이고, 직무자원은 근로자들이 목표를 달성하고, 개인적인 성장을 유도하며, 직무요구를 줄이는 데 도움을 주는 일 환경의 모든 요인들을 의미한다. 높은 직무요구는 근로자의 정신적・신체적 자원을 소진하게 만들어서 에너지 소진과 건강 문제를 야기시키지만[**건강 과정**(health process)], 직무자원은 근로자의 참여를 유도하고 추가적인 역할 수행을 유도한다[**동기부여 과정**(motivational process)]는 주장이다.

2) 문화 차원의 근로자참여 관점

일터혁신의 구조적 측면에서 직무설계를 강조하였다면, 문화적 측면에서 핵심 개념은 근로자의 참여라고 할 수 있는데, 여기서는 노동조합의 단체교섭이나 노사협의회와 같은 근로자대표의 간접참여보다는 근로자 개인 차원의 직접참여를 강조한다. 특히 북유럽 국가들은 근로자 참여를 **민주적 대화**(democratic dialogue)라고 부른다. 문화 차원의 근로자 참여 관점에서는 근로자주도혁신(EDI)이론, 민주적 대화이론, 노동과정론, 관계조정론, 소시오크라시를 정리하였다.

근로자주도혁신(Employee-Driven Innovation, EDI)**이론**은 모든 근로자들이 기업의 혁신과 성장에 기여할 수 있는 잠재력을 가지고 있다는 믿음에서 시작된다. 조직에서 하향식으로 이루어지는 일반적인 혁신과는 달리, EDI는 상향식 과정이며, 근로자의 일상적인 경험과 지식을 바탕으로 하는 실천이다. EDI는 근로자의 직접적인 참여를 강조하며, 회사의 모든 이해관계자들이 공통의 이해관계를 가진다고 전제한다. 오랫동안 EDI를 강조해온 노르웨이 노총은 EDI를 혁신과정의 민주화로 이해하고 있으며, EDI는 직접 또는 간접적인 참여가 전제되어야 한다고 강조한다.

민주적 대화이론은 근로자 참여와 직접적으로 연결된다. 일반적으로 노동시장에서는 사용자와 근로자대표들이 만나서 협상을 하는데, 민주적 대화이론에서는 근로자들이 직접 참여하며 모든 이슈가 논의대상에 포함된다. 대화는 의사소통에 대한 관점으로부터 시작된다. 대화로 인정받으려면 모든 참여자들이 공평하게 대화에 의견을 개진할 수 있는 기회를 가져야한다는 점이다. 평등주의에 기반하여 혁신적이고 신뢰를 제고하는 의사소통 방식이어야 하고, 참여자들 사이에서 신뢰의 수준, 그리고 새로운 형태의 조직을 만들어가기 위해 협력하고 참여를 보장할 수 있는 의지와 능력이 중요하다. 일터혁신에서 민주적 대화이론은 일터에서의 개입과정을 부드럽게 이루어지도록 하는 데 중요한 역할을 한다.

막스의 관점을 바탕으로 하는 **노동과정론**은 자본주의를 불균형적인 권력관계로 보고, 사용자가 탈숙련 · 기술양극화 · 저임금 · 최소한의 사회보장 등을 통해서 근로자를 통제하는 방식을 설명한다. 노동과정론을 지지하는 연구자들은 파업과 같은 집단행동을 통해서 근로자의 근로조건, 보상 그리고 직무의 질을 제고해야 한다고 주장한다.

관계조정론에서는 서로 상호작용이 많은 일의 경우 목표공유, 지식공유, 상호존중 등으로 대표되는 관계를 통해서 가장 효과적으로 조정될 수 있으며, 자주 · 시의적절 · 정확 · 문제해결형 소통이 도움을 준다고 주장한다.

민주적인 가치는 혁신적이고 인간적인 조직을 만드는 데 매우 중요하다. **소시오크라시**는 전략적 의사결정에서 참여적인 측면을 강조한다. 참여적이고 민주적인 전략적 의사결정은 전략적인 직무통제 가능성을 제고하고, 근로자 몰입을 가능하게 하며, 노사관계 개선에 중요한 역할을 한다.

3) 경영진의 전략적 선택 관점

경영진의 전략적 선택이나 경영관리체제가 일터혁신 이론에 포함되기 위해서는 생산성이나 품질 그리고 재무적 성과와 같은 경제적 목표만이 유일한 것이 아니라, 발언권을 포함한 근로생활의 질을 동시에 고려해야 하는 전제조건이 있다. 경영진이 일방적으로 조직성과만을 강조한다면 이는 **혁신 이론**에는 들어갈지라도 **일터혁신 이론**에 포함된다고 보기는 어렵다. 일터혁신이 결국 경영진의 전략적 선택이라는 관점에서는 자원기반이론/동적역량/고성과작업체계/지식자본이론, 린경영 접근법, 관리기술접근법, 고신뢰조직(High Reliability Organization, HRO), 분배리더십 등을 정리하였다.

먼저 **자원기반이론/동적역량/고성과작업체계/지식자본이론**과 같은 주장들은 시스템적인 관점에서 시작하는데, 제품과 서비스의 경쟁력만이 아니라 경영관리기술, 일조직, 지식 그리고 역량과 같은 **경쟁우위**(competitive advantage)를 가지는 내부자원을 강조한다. 경쟁우위란 위와 같은 내부자원이 효율성과 효능감(efficacy)을 제고할 때와 다른 조직들이 복사해 가기가 어려울 때 확보된다고 한다. 자원기반이론이나 동적역량이론(Eisenhardt & Martin, 2000)에서는 환경변화에 대해 적응하는 것이 필요하며 이는 조직이 의도적으로 자원기반(resource base)을 만들고 확장하며 수정할 수 있는 능력이다.

린경영 접근법은 M-STSD와 유사한 직무설계 방식인데, 원래는 낭비를 줄여서 직무의 질이나 근로자의 역량개발에 재투자함으로써 조직, 근로자 그리고 소비자 모두에게 도움되는 결과를 가져온다는 설명이다. 핵심적인 내용은 린경영방식이 혼류주문생산방식 하에서 시장수요에 신속하게 반응하기 위한 가이드와 도구를 제공하며, 간섭과 낭비에 대응하는 직무통제력을 제고하기 위해 지속적인 개선이 이루어지도록 가이드와 도구를 제공하는 것이다.

관리기술접근법은 관리역량의 적절한 조합이 경제적 성과제고와 연계되어야 한다고 주장한다. 경영자는 경영관리에 대한 선택을 하기 때문에 경제적 성과는 단순히 시장상황의 결과만은 아니다는 설명이다.

고신뢰조직(HRO)은 비상시에 한해 비정형적인 업무를 수행해야 하는 경우인데, 예를 들면 전력배송기관, 항공관제소, 핵추진 항공기, 병원응급실, 사고조사팀 등이다. 비록 HRO의 핵심은 안전이지만 짧은 시간 동안 집중적으로 일해야 하는 특징을 가진다. 그리고 실수와 재앙수준의 사고를 예방하기 위해 매우 높은 수준으로 표준화와 공식화가 이루어져 있지만, 실제로 발생한 상황들은 각각 독특한 사정들이 있기 때문에 이러한 규정에만 따르지는 않는다. 그래서 그들은 지속적으로 기준과 규정들을 검토하고 수정해간다. 결과적으로 HRO는 과업을 엄격하게 구분하지 않는 직무를 설계한다. HRO는 적극적인 직무(active jobs)이며, 이러한 직무들이 전형적인 일터혁신의 특징이며 결과라고 할 수 있다.

일터혁신이 가능하게 하는 중요한 요인의 하나는 리더십이다. 리더가 일터혁신에 필요한 권한위양을 통해 **분배리더십**을 시행하게 되면, 직무자율성이 확대되고, 사람 중심의 리더십 스타일을 통해 부하의 직무수행에 열정을 가지게 되며, 구체적으로는 조직 내에서 권한위양과 수평조직이 강조된다.

4) 통합적 관점

마지막으로 이론가와 실무전문가 그리고 정책입안자들의 관점을 종합하는 통합적 관점에서 **통합일터혁신**(Total Workplace Innovation, TWIN)**이론**은 M-STSD를 시작점으로 해서 통합일터혁신의 부분 개념이라고 할 수 있는 경영관리, 운영관리, HR, 그리고 ICT 등에 대한 관점을 정리하고 있다. **TWIN이론**은 아직 완성된 형태는 아니지만 조직성과와 일의 질을 향상시키기 위해서는 근로자가 참여해야 한다는 점을 강조하고 있어서 향후 기대가 되는 설명이다. 또한 근로자들은 입사와 퇴직이 반복되고, 인간-환경 간의 조정은 끊임없이 반복된다는 점이다.

TWIN이론은 STSD이론에 기반하지만 이 STSD이론은 핵심적인 내용만을 강조하기 때문에 여기에 린경영(물류와 품질관리), 통합생산적 관리(total productive maintenance, 운영과 관리의 통합을 강조), HRM이론(인력관리정책), 관계조정이론(수평적 의사소통 향상), 정보통신기술(정보인프라설계), 일의 신세계(New World of Work, 시간과 장소에 구애받지 않은 일과 유연한 설비 구축), 그리고 소시오크라시(참여적인 전략적 의사결정과 정책) 등의 이론적 내용을 더하게 된다.

4 일터혁신 현황과 전망

1) 우리나라 일터혁신 현황[13)]

우리나라의 경우 근로자 수에 비해 로봇 도입 대수가 많다고 하지만 해당 로봇의 수준은 그다지 높은 편이 못 된다. 고성과작업관행 일자리와 **고성과작업관행지수**를 보면 OECD 주요 국가들 중에서는 이탈리아 다음으로 제일 낮은 수준이다. 그 이유로는 기업경영진의 기술 중심의 사고, 현장근로자들의 능력과 가능성을 일터혁신에 활용하려는 진지한 접근과 전략의 부족으로 판단된다.

또한 일터혁신은 사람의 변화, 일의 변화, 그리고 공정의 변화를 의미하지만 일반적으로 사람과 일에 대해서는 관심이 부족하고 주로 공정의 변화, 즉 **스마트공장**에 대해 생각하는 경우가 많다. 스마트공장이라 하면 주로 모든 제조과정에 기계화, 자동화, 인공지능화 등을 통해서 효율성이 제고되기 때문에, 기업에는 효율성 제고로 경쟁력을 확보하게 되지만, 일하는 사람(근로자)에게는 고용불안이라는 걱정이 앞선다.

2) 일터혁신의 방향

일터혁신이 제대로 추진되기 위해서는 다음의 몇 가지를 잘 정리할 필요가 있다. 첫번째는 일터혁신의 목표를 기업만이 아니라 근로자(노동조합)의 목표가 공동으로 설정되어야 한다. 제조혁신을 통한 생산성 향상과 일하고 싶은 일터가 양립되어야 한다. 흔히 일터혁신은 회사가 주도하고, 근로자들은 따라가면 된다고 생각한다. 하지만 일터혁신이 성공적으로 진행되고 정착되어 중장기적인 경쟁력으로 이어지려면 회사, 근로자, 그리고 근로자대표제도, 이 세 주체가 합심해서 추진해야 한다.

둘째, 필요하다면 정부도 노사 상생의 일터혁신이 성공적으로 추진될 수 있도록 지원을 아끼지 말아야 한다. 예를 들면 경제사회노동위원회에서 '**사람 중심의 스마트공장** 확산을 위한 업무협약'을 체결하는 것이다. 불필요한 갈등을 최소화하는 것이다.

셋째, 전문가의 도움도 적극적으로 받을 필요가 있다. 기업의 경영진은 4차 산업혁명에 대한 전문가는 아니라는 점을 인정하고, 기술적인 차원에서 자문을 받아야 한다. 그리고 전문가를 활용하여 일터혁신에 대한 근로자들의 불안심리를 극복할 수 있도록 해야 한다.

넷째, 중소기업의 경우에는 대기업의 지원도 적극적으로 받도록 한다. 예를 들어서 포스코는 2019년 7월 **등대공장**에 선정되어 하청기업의 스마트공장화를 체계적으로 지원하고 있다.[14] 등대공장이란 세계경제포럼이 맥킨지의 자문을 받아서 제조업으로 미래를 혁신적으로 이끄는 공장을 선정하는 것으로 독일의 BMW, 바이엘, 보쉬, 지멘스, 미국의 존슨앤존슨, P&G 등 전 세계 26개사가 선정되어 있다. 그 외에 자동차부품진흥공단도 기술지도를 하고 있으며,[15] 모기업이 협력사의 제조혁신 모델을 만들고 협력사별로 맞춤형 컨설팅을 하는 경우도 있다.

다섯째, 근로자는 구조조정 대상이 아니라 일터혁신의 핵심인력이 되어야 한다. 제조혁신은 기업생존과 관련된 문제로서 제조혁신이 기존 고용부문을 위축시키더라도 추진이 이루어져야 하며, 추진과정에서 기존인력의 피해를 최소화하기 위한 노력이 필요하다. 가능하면 제조혁신과정에서 기존 인력의 참여를 유도하고, 인력감축을 최소화하는 방향에 대한 고려가 필요하고, 기존인력의 고용 영향을 최소화하기 위해서는 근로자들의 자발적 참여가 절대적으로 필요하다. 그리고 근로자들이 일터혁신의 핵심인력이 되려면 기업은 교육훈련을 확대해야 하고, 근로자는 스마트한 인력으로 바뀌어야 할 것이다.

일터혁신이 제대로 추진되면 결과적으로는 일자리가 확대된다. 실제적으로 작업현장 개선, 품질 향상, 납기 충족 등으로 인해 오히려 매출 및 이익이 증대되고, 이를 통해 인력 충원을 할 수 있는 여지가 확대된다.[16] 중소기업인 프론텍이란 회사를 보면 5S를 통해 현장이 깨끗하고, 질서 있게 변모되자 방문한 고객(바이어)이 물량을 확대해 주었고, 새한진공열처리의 경우도 MES구축을 통해 열처리 온도 등 데이터를 관리하자, 고객사에서 물량을 추가 배정했다.

정리문제

1. 다음을 간단히 정리하시오.

- 고성과작업시스템과 고성과 일터
- 임금체계 개편
- 고용유연성과 임금유연성
- 임금피크제와 문제점
- 일터혁신과 일터혁신 이론 개요

2. 다음에 관해 의견을 제시하시오.

- 임금체계 개편 방향
- 정년연장과 임금체계 개편
- 일터혁신 이론 : 구조 차원의 조직설계 관점
- 일터혁신 이론 : 문화 차원의 근로자참여 관점
- 일터혁신 이론 : 경영진의 전략적 선택 관점
- 일터혁신 이론 : 통합적 관점

3. 팀보고서를 작성하시오.

- 고성과 일터의 시사점
- 일터혁신 전망

토론문제

1. 똑똑한 일터는 어떻게 만들어지는가? 생성형 AI시대의 일터혁신

본 연구의 목적은 기업이 새로운 기술과 경영관리 기법을 도입하고 구성원들의 혁신 역량을 강화함으로써 '똑똑한 일터'로 진화할 수 있는 전략 모델을 제시하는 것이다. 앞서 논의한 문제의식에 기반하여 연구진은 다음과 같은 세부 목표를 설정하였다.

첫째, 선행연구에 대한 체계적 문헌 분석을 통해 일터혁신에 영향을 미치는 요인들을 종합적으로 검토한다. 기술, 조직, 인적자원 등 다양한 차원에서 일터혁신의 동인과 장애물이 무엇인지 이론적 토대를 마련하고자 한다. (중략)

둘째, 일터혁신에 성공한 기업과 그렇지 못한 기업의 사례를 심층 분석하여 성패를 가르는 핵심 요인을 도출한다. (중략)

셋째, 기업들의 일터혁신을 가로막는 내외부 환경적 요인들을 진단하고, 이를 개선하기 위한 정책적 과제를 제안한다. (중략)

넷째, 이상의 분석 결과를 토대로 기업이 똑똑한 일터를 만들어가기 위한 단계별 실행 로드맵을 제시한다. (중략)

다섯째, 일터혁신의 지속가능성 확보를 위한 성과 측정과 보상체계를 설계한다.

이를 통해 본 연구는 그간 다소 피상적이고 단편적으로 이뤄졌던 일터혁신 논의를 한 단계 발전시키는 한편, 경영 현장에서 바로 활용할 수 있는 실용적 처방을 제공하고자 한다. 또한 산업계 전반에 일터혁신의 중요성을 환기시키고, 기업과 정부의 실천 의지를 고취하는 데도 기여할 수 있을 것이다. 특히 본 연구가 제시하는 일터혁신 촉진 모델은 생산성 향상과 근로자 웰빙의 조화로운 발전이라는 시대적 과제 해결에 중요한 이정표가 될 것으로 기대한다.

더불어 후속 연구를 위한 풍부한 시사점도 제공할 수 있을 것이다. 일터혁신의 실행 과정과 메커니즘에 대한 본 연구의 발견은 향후 더욱 정교한 이론적 논의와 실증연구를 위한 기초가 될 수 있을 것이며, 산업별·기업 규모별 맞춤형 혁신 방안 연구의 토대가 될 수 있을 것이다.

(출처: 한국직업능력연구원, 2024년 10월 31일)

Question!

1. 똑똑한 일터란?
2. 기술과 인간의 일자리는 공존할 수 있는가?
3. 개인적으로 이러한 변화에 어떻게 대응해야 할 것인가?

주요 참고문헌

고용노동부 노사협력정책과(2022), 「일터혁신 개편방안-현장의 실질적 변화 촉진, 사업 전략화 및 내실화 중심」, 일자리위원회 일터혁신TF 발표자료, 2월 11일.

노민선(2019), 「기술혁신형 중소기업의 핵심인력 장기재직 활성화 방안」, 국회토론회 발표자료.

노세리 · 노용진 · 임운택 · 옥지호(2019), 『중소 제조기업 일터혁신 연구』, 세종시: 한국노동연구원.

오계택(2020), 「일터혁신의 현황과 과제」, 『노동리뷰』, 2020년 2월호.

이영면(2023), 「일터혁신 이론에 대한 문헌 고찰」, 『산업관계연구』, 33(2), 153~200.

이인갑(2018), 「03. 일터혁신의 제조혁신 프로그램 강화 방안」, 일터혁신 TF 워크숍 발제자료(2018 일터혁신 TF), 25쪽.

이주호(2019.12.12), 「노동시간단축과 일터혁신」, 일자리위원회 일터혁신 TF 발표자료.

장홍근 · 전우석 · 박준식 · 정승국 · 김동배(2019), 일터혁신의 이론 및 실천에 관한 기초연구, 정책자료 2019-08, 세종특별자치시: 한국노동연구원.

정문주(2019.7.26), 「일터혁신을 위한 조건과 과제」, 일자리위원회 일터혁신 TF 발표자료.

조성재 · 김동배 · 심용보 · 류성민 · 김윤호 · 신가희(2021), 한국형 일터혁신 모델 탐색, 정책연구 2021-16, 세종특별자치시: 한국노동연구원.

조성재 · 오계택 · 김동배 · 전우석 · 임운택(2019), 『일터 혁신의 현단계와 발전 방향』, 한국노동연구원.

조철(2019), 「02. 제조혁신의 필요성과 과제」, 일터혁신 TF 워크숍 발제자료(2018 일터혁신 TF).

최준하 · 이영면(2017), 「노사협의회에 대한 최근 연구성과 및 향후 연구과제: 노동조합의 대체재와 보완재 논의를 중심으로」, 『인사조직연구』, 25(4), 97~130.

Bailey, T. P. Berg and A. L. Kalleberg(2000), *Manufacturing Advantage: Why High-Performance Work Systems Pay Off*, Ithaca: Cornell University Press.

Barron, A., Pereda, A. and Stacey, S.(2017), "Exploring the performance of government affairs subsidiaries: A study of organisation design and the social capital of European government affairs managers at Toyota Motor Europe and Hyundai Motor Company in Brussels," *Journal of World Business*, 52(2), 184~196.

Oeij, P., Rus, D., & Pot, F. D.(Eds.)(2017), *Workplace innovation: Theory, Research and Practice*, Springer.

Shin, Duckjung and Alison M. Konrad(2017), "Causality between high-performance work systems and organizational performance," *Journal of Management*, 43(4), 973~997.

Totterdill, P., Exton, O., Exton, R., & Gold, M.(2016), "High-performance work practices in Europe: Challenges of diffusion," *European Journal of Workplace Innovation*, 2(1). Retrieved from http://journal.uia.no/index.php/EJWI.

미주

1) Kochan, Thomas(1980), "Industrial relations research: An agenda for the 1980's," *Monthly Labor Review*, 103(9), 20~25.

2) Kochan, Thomas(1980), "Industrial relations research: An agenda for the 1980's," *Monthly Labor Review*, 103(9), 20~25; Fiorito, Jack(2001), "Human Resource Management Practices and Workers Desires for Union Representation," *Journal of Labor Research*, 22(2), 321~334.

3) 한국노동연구원(2022), 「2021년도 임금체계 실태조사」.

4) 이영면 · 정선아(2014), 「베이비부머 세대 은퇴기 임금피크제의 정책적 활성화 방안에 대한 탐색적 연구: 임금피크제에 대한 기존 국내 연구의 분석과 정책적 시사점을 중심으로」, 『노동정책연구』, 14(1), 35~67.

5) Mahoney, T. A.(1991), "Job Evaluation: Endangered Species or Anachronism?," *Human Resource Management Review*, 1(2), 155~162.

6) 이하의 내용은 김동배 · 박우성 · 박호환 · 이영면(2006), 『임금체계 및 결정과정 개선방안』, 서울: 한국노동연구원의 내용을 요약하여 정리한 것임.

7) PWC 삼일회계법인(2020.4), Samil Issue Report, 「COVIC-19 코로나19가 가져올 구조적 변화: 디지털 경제 가속화」.

8) 오계택(2020), 「일터혁신의 현황과 과제」, 『노동리뷰』, 2020년 2월호.

9) 오계택(2020).

10) 노세리 · 노용진 · 임운택 · 옥지호(2019), 『중소 제조기업 일터혁신 연구』, 한국노동연구원.

11) 이주호(2019.12.12), 「노동시간단축과 일터혁신」, 일자리위원회 일터혁신 TF 발표자료.

12) 정문주(2019.7.26), 「일터혁신을 위한 조건과 과제」, 일자리위원회 일터혁신 TF 발표자료.

13) 오계택(2020)에서 재인용함. 원출처는 노사발전재단(2019.4).

14) 동아일보(2019.7.4), 스마트팩토리 포스코, 제조업 미래 밝힐 '세계 등대공장'에; 한경비즈니스(2020.11.30), 한성수산에 포스코 'IoT 센서' 구축…아날로그에서 디지털로 공장이 달라진다.

15) 조철(2018), 「02. 제조혁신의 필요성과 과제」, 일터혁신 TF 워크숍 발제자료(2018 일터혁신 TF), 20쪽.

16) 이인갑(2018), 「03. 일터혁신의 제조혁신 프로그램 강화 방안」, 일터혁신 TF 워크숍 발제자료(2018 일터혁신 TF).

| 찾아보기 |

저자소개

이영면

[학력 및 주요 경력]

연세대학교 경영학과 졸업(경영학사)

서울대학교 대학원 경영학과 석사과정 졸업(경영학 석사)

미국 미네소타대학교(University of Minnesota), 대학원 산업관계학과 박사과정 졸업(Ph.D. in Industrial Relations, 노사관계·인적자원관리 전공)

현: 동국대학교 명예교수(전 동국대학교 경영대학 경영학과 교수)
중앙노동위원회 공익위원
지속가능발전국가위원회 경제분과위원장

주요 경력:
한국경영학회 회장, 한국인사조직학회 회장, 한국윤리경영학회 회장
한국(고용)노사관계학회, 한국인사관리학회 부회장
산업관계연구, 인사조직연구, 윤리경영연구 편집위원장
경제사회발전노사정위원회 인구구조변화 대응 계속고용위원회 위원장 및 임금연구회 공동좌장
노사관계개혁위원회, 지속가능발전위원회 전문위원
정부투자기관 및 산하기관 평가단 평가위원, 공인노무사, 입법고시, 5급 공채 출제위원
미국 미네소타대학교 객원조교수 및 연구 교수

[최근 주요 논문 및 저서]

「노동위원회의 개인수준 노동분쟁 사건 처리 현황과 개선 방향」, 분쟁해결연구, 22(1): 196～237. (2인 공저, 제1저자) (2024)

「미국의 부당노동행위에 대한 화해·조정제도와 우리 제도 개선방안」, 산업관계연구, 34(3): 1～41. (2인 공저, 제1저자) https://doi.org/10.37926/KJIR.2024.9.34.3.1 (2024)

「SK이노베이션의 협력적 노사관계 사례연구: 3층 노사관계 분석 틀(KKM 모델)을 이용하여」, 산업관계연구, 33(3): 107～148. (2인 공저, 교신저자) https://doi.org/10.37926/KJIR.2023.9.33.3.107 (2023)

「일터 혁신이론에 대한 문헌 고찰」, 산업관계연구, 33(3): 107～148. https://doi.org/10.37926/KJIR.2023.6.33.2.153 (2023)

「중소기업 일터혁신의 성공적인 추진과 정착 요인에 관한 연구」, 노동정책연구, 22(1): 145～176. (2인 공저, 제1저자) http://doi.org/10.22914/jlp.2022.22.1.006 (2022)

「노동조합 도구성과 노동조합 가입의사의 종단연구: 잠재성장모형을 중심으로」, 산업관계연구, 32(2): 1～23. (2인 공저, 교신저자) https://doi.org/10.37926/KJIR.2022.06.32.2.1 (2022)

『K-HRM: AI 시대를 선도하는 인적자원경영』(경문사, 2023) (공저)

『글로벌 시대의 노사관계, 길을 묻다』(클라우드나인, 2020) (공저)

『매니지먼트 이론 2.0』(클라우드나인, 2019) (공저)

"Employment relations: Labour issues and the labour union," in *Routledge Handbook of Korean Business and Management*, Taylor & Fransis (2025)

"Examining the seniority-based pay system in Korean companies: current trends and its implications for Asian economies," *Asia Pacific Business Review*, 31(1), 112～132. (with Kim, J. E.) (2025)

"Korean human resource management as number one: lessons for the Asia Pacific," *Asia Pacific Business Review*, 31(1), 1～14. (with Oh, I., & Rowley, C.) (2025)

Management from Incheon, Co-Editor with Young Sung Kim, Seoul: Knowledge Flatform (2021)

The Historical Development of Korean Industrial and Employment Relations, Co-Editor with Bruce Kaufman, Edward Elgar Publishing (2018)

"Union Strategy to Revitalize Weakening Worker Representation in South Korea," Co-author, *Korea Observer* (2018)

"The Development of Human Resource Management in South Korea," *The Development of Human Resource Management Across Nations: Unity and Diversity*, Co-author, Edward Elgar: Northampton, MA: USA (2014)

새로 쓴 **고용관계론**

인쇄 2025년 9월 10일
발행 2025년 9월 15일

저자협의 인지생략

편저자 이영면
펴낸이 한헌주
펴낸곳 도서출판 경문사
등록 1995년 11월 9일 제300-1995-138호
주소 서울특별시 서대문구 독립문로 21-9
전화 738-7035(대표) / 팩스 722-4678
이메일 kmsp@korea.com
홈페이지 http://www.kmsp.co.kr

ISBN 978-89-420-0083-8 93320
값 38,000원